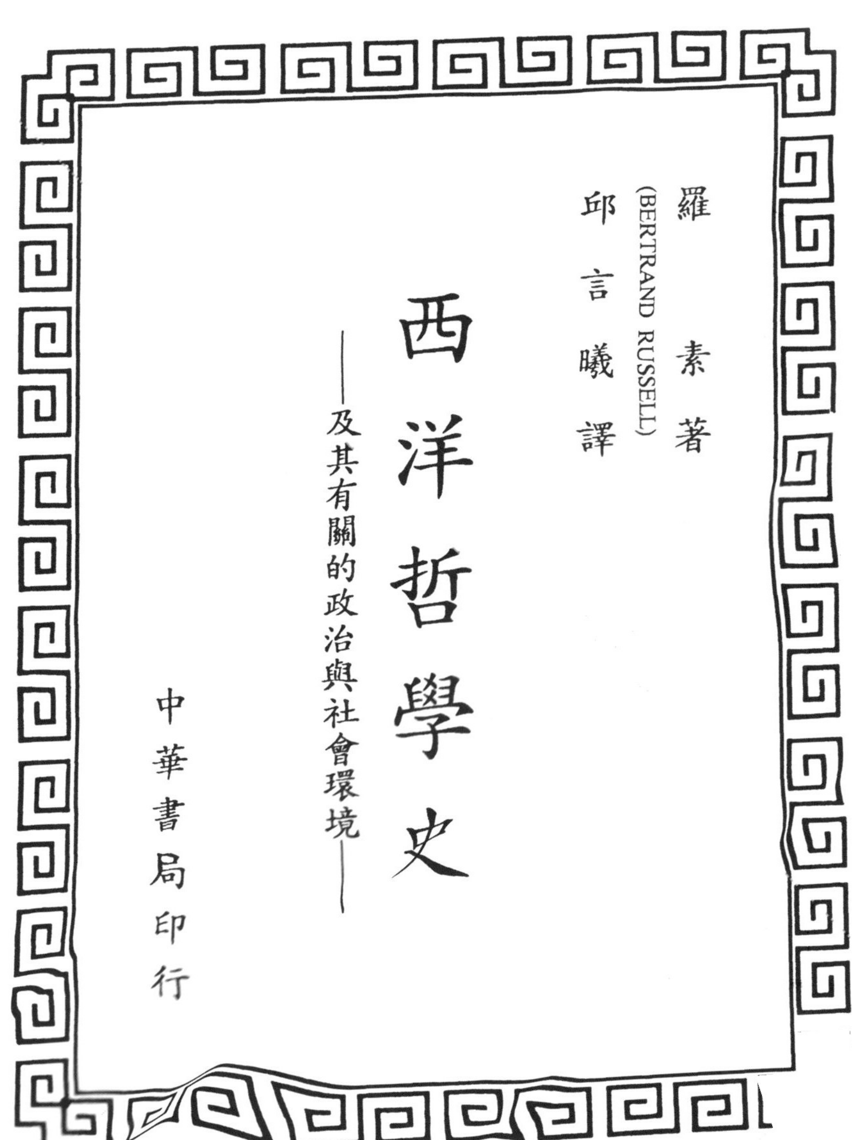

羅素著
(BERTRAND RUSSELL)
邱言曦譯

西洋哲學史

——及其有關的政治與社會環境——

中華書局印行

著者自序

西洋哲學史已經有很多部，我的目的不祇在數量上增加一部而已，而在說明哲學是政治與社會生活。爲實現此一目的，需要考慮到一般歷史的，較哲學史家通常所考慮的爲多。我發現一般讀者可能對的不可分的一部份；不是卓越的個人的孤立冥想，而是兼爲不同制度所影響的不同社會的原因與結果不熟悉的時代，特別有這種需要。經院哲學的興盛時期是第十一世紀教會改革的結果，同時，又是較前一個時期的腐化的反擊。不多少瞭解一點自羅馬滅亡至中世紀教皇制度興起這幾百年的歷史，就無從瞭解第十二世紀與第十三世紀知識界的環境。涉及這個時代，像涉及其他時代一樣，我的目的都祇在敍述一般歷史中我認爲必要的部份，對哲學家給予「同情的瞭解」，證明時代造就了他們，他們也幫助造就了時代。

這種觀點的結果之一是，一個哲學家的重要地位，常常不是以其哲學上的價值來判斷的。例如以我的觀點而言，斯賓諾莎是比洛克更偉大的哲學家，但衡量其影響，則遠較洛克爲低。有些人——例如盧梭與拜倫，雖然以學術觀點而論，完全不算是哲學家，但却如此深刻地影響了一般哲學的氣質，假如對他們予以漠視，就無以瞭解那個時代哲學的發展。卽使祇有行動的人在這方面也佔重要的地位，很少有哲學家能像亞歷山大大帝、查理曼、拿破崙給予哲學那麼多的影響。黎克格斯，如確有其人，則是一個更顯著的例子。

欲涵蓋從古至今這樣長的一個時期，必需有一嚴格選擇的原則。我從閱讀一般的哲學史中獲得結論，卽簡短的紀錄對於讀者沒有什麼價值，因此我刪除了所有（極少例外）我認爲不值得詳加敘述的哲學家，而對於列入探討的哲學家，我也附帶提到了我認爲適宜於使讀者知道的他們的生活與社會環境；我有時甚至提到一些瑣事，本身並不重要，但我認爲有助於解釋某一個人或屬於他的那個時代。

最後，我需要向熟悉我所探討的巨大課題的任何一部份的專家們有所解釋並致歉。對每一個哲學家都能够瞭解，有如專門研究少數哲學家的人所瞭解的一樣多，這顯然是不可能的。我確定知道，對我所提到的每一個別的哲學家，除對萊布尼玆外，許多人都瞭解得比我深切。但是，假如認爲這就有充足理由讓我保持有禮貌的緘默，則結果將沒有人去從事研究比一小段更長的歷史了。斯巴達對盧梭的影響、柏拉圖對第十三世紀以前基督教的影響、景教徒對阿拉伯人以至阿奎那的影響、聖安布路斯從倫巴底諸城市的興起一直到現在對自由主義的政治哲學的影響，諸如此類，都是祇有包羅較廣的歷史才能探討的課題。由於上述理由，讀者如發現我在這個課題上有某些知識是不够正確的，請多賜原諒，如果我不需要由於記得「時間是生翅的雙輪車」這句諺語，而倉卒寫成，可能會做得更好一點。

我能完成這本書，應向巴爾納斯博士(Dr. Albert Barnes)致謝，這本書最初的計劃是在賓夕凡尼亞州巴爾納斯基金會擬訂的，其中一部份並曾在基金會講述。

如同我十三年來的大多數的著作一樣，在蒐集資料及其他許多方面，內子派翠西亞·羅素(Patricia Rusell) 給予我很大的幫助。

柏爾權德·羅素 (Bertrand Russell)

引　言

對生命與宇宙的各種觀念，即我們稱之爲「哲學」的，是兩種因素的產物：第一是傳統的宗教與倫理觀念，第二或許可以稱爲「科學」的研究，「科學」一辭在此是以廣義來解釋的。哲學家將這兩種因素引入自己的學說中的比例，彼此間有很大的差別，但在某種程度上，必須這兩種因素同時存在，始成爲哲學的特徵。

「哲學」一辭，有許多不同的用法，有的意義較廣，有的較狹。我建議採較廣的含意，容試圖解釋如下。

據我所瞭解的，「哲學」是一種介於神學與科學之間的學問。一方面類似神學，含有對若干「確定的知識」截至現在尚無法切實瞭解的事物的揣測；但一方面又類似科學，訴諸人類的理性，而不是訴諸權威，無論爲傳統的權威，或信仰的權威。我是這樣主張的，一切「確定的知識」都屬於科學；一切教條以至於超越「確定的知識」的都屬於神學。但在神學與科學之間，有一「無人地帶」，可能遭受來自兩方面的侵襲，這一個「無人地帶」就是哲學。幾乎一切習於揣測的心靈具有最大興趣的問題，都是科學所不能解答的，而神學家的具有自信心的解答似乎已不再像過去若干世紀一樣地能夠說服別人。是否世界可分爲精神的與物質的，如果是的，那麼什麼是精神，什麼是物質？是精神受物質支配，還是物質受精神支配？宇宙有任何統一性和本身的宗旨嗎？宇宙是否正向某種目標演變中？是否眞有「自然的規律」，還是我們相信有這種規律，祇因爲我們天生喜愛秩序？人是否卽如天文學家所見的，是一小撮混雜的碳和水，軟弱無力地在一個微小而不重要的星球上爬行着呢？或者人眞像哈姆雷特所見的那樣超卓？或者兩種性質同時存在？是否有一種高貴的生活方式，而另一種是低賤的，或者一切的生活方式都是徒勞無益的呢？假如有一種高貴的生活方式，所包含的是什麼？怎麼樣我們才能做到？「善」是否必須永恒，而應受世代尊仰，或者卽使宇宙不可改變地走向滅亡中，「善」仍值得去追求呢？是否有「智慧」這種東西？或者這似乎祇是愚蠢的最後的改良？這些問題在實驗室內都無法尋求解答。神學自稱已給予解答，皆顯得過份確定；而就是這種「確定」促使現代人的頭腦以懷疑的態度加以衡量。哲學的任務是研究這些問題，不一定要解答這些問題。

你或許要問，爲什麼要在這些不能解決的問題上浪費時間呢？對這個問題，你可以作爲一個歷史家，或者作爲面對宇宙洪荒的恐懼的個人來加以解答。

作爲歷史家的解答，當盡著者所能，在本書中依次陳述。從人類能夠自由推測之日起，在許多重要的事情上，他們的行爲卽決定於他們的觀念——諸如對宇宙與人生的觀念，何者爲善何者爲惡的辨別等等。過去如此，現在仍是如此。要瞭解一個時代或一個國家，必須瞭解其哲學，要瞭解其哲學，必須我們自己成爲某種程度的哲學家。這是互爲因果的：人類的生活環境大體上決定他們的哲學，反過來說，他們的哲學也大體上決定他們的生活環境。若干世紀以來，這種互爲激盪的關係，也就是下文所要討論的主題。

但是，還有一種更屬於我私人的看法。科學告訴我們能够知道的事情，但我們能够知道的太少，假如我們忽視我們不能知道的事情實在太多，我們就會對許多極其重要的事情，感覺遲鈍。另一方面，神學引導我們進入一種敎條式的信仰，在這裏面我們所擁有的「知識」事實上都是「無知」，因此，對宇宙產生一種漠不相干的「魯莽」的判斷。對具有明顯希望與恐懼的人，「不確定」是痛苦的，但假如我們希望在沒有神話故事的支持下生活下去，就必須忍受這種「不確定」。忽視哲學所提出的問題，或者使自己相信已經獲得不容置疑的解答，都是不對的。敎導如何在「不確定」的情形下生活，而又不爲懷疑所癱瘓，也許是我們這個時代，哲學仍能爲研讀哲學的人所提供的服務。

哲學與神學不同的一點是，在紀元前六世紀始發源於希臘。經過古希臘時期後，當羅馬滅亡、基督敎興起時，哲學又爲神學所淹沒。哲學的第二個壯盛時期是從第十一世紀到第十四世紀，除出現少數偉大的反叛者如菲德烈二世（一一九五——一二五〇）者外，哲學是受天主敎會支配的。此一時期直到由混亂造成宗敎革命爲止。第三個時期是從第十七世紀到現在，哲學在此時期受科學的支配較多；傳統的宗敎信仰仍居重要地位，但已感覺有加以辯明的需要，並且在科學認爲有必要的地方，有所修正。此一時期的哲學家極少在天主敎的立場上被認爲是正統的，他們認爲「塵世」的國家比敎會更爲重要。

整個時期，社會凝結與個人自由，就像宗敎與科學一樣，一直在衝突或不穩定的妥協中。在希臘時代，社會凝結是由對「城邦」的忠誠達成的；卽使亞里斯多德（雖然在那個時期，亞歷山大正在廢棄「城邦」制）也不認爲其他任何政治制度有什麼價值。個人自由因其對「城邦」的責任而削弱的程度，各「城邦」的情形迥不相同。在斯巴達，個人自由小到有如在今日的德國或俄國；在雅典，雖偶有迫害，但在最開明的時期，公民確擁有逾格的自由，不受國家強制性的約束。希臘思想，一直到亞里斯多德，都是受一種對「城邦」的宗教的與愛國的奉獻所支配；其倫理體系適應於「公民」的生活並具有很多的政治因素。當希臘人首次臣服於馬其頓人，再次臣服於羅馬人後，適合於他們獨立時代的觀念不再適用了。這在一方面，由於傳統的破滅而喪失活力，另一方面則產生一種更多傾向於個人而更少傾向於社會的倫理。斯多噶派認爲高尙的生活是靈魂與上帝之間的一種聯繫，而不是公民與國家之間的聯繫。他們爲基督教舖路，基督教也像斯多噶主義一樣，起源是非政治的，因爲在最初三個世紀，其信徒是沒有政府的影響的。自亞歷山大到君士坦丁六個半世紀中，社會的凝結，不是靠哲學，也不是靠傳統的忠誠，而是靠力量，最初是軍隊的力量，後來是行政的力量。先建立羅馬軍隊、羅馬道路、羅馬法典、羅馬官吏，然後再維持一強大的中央集權的國家。沒有什麼是歸功於羅馬哲學的，因爲根本就沒有羅馬哲學。

在此一漫長的時期中，從自由時代流傳下來的希臘觀念也經歷一次逐漸演變的過程。某些古老的觀念，顯然我們認爲是具有特殊宗教性的，變得相當重要；其他更具有理性的則由於不再適合那個時代的精神而被摒棄。因此，後來的異教徒不斷修正希臘的傳統，直至其適宜於倂入基督教的思想爲止。

基督教使一項重要的信念普遍被接受，這項信念曾在斯多噶派的學說中暗示過，但不是一般古老的思想所固有的——人對上帝的責任比對國家的責任更爲必要。這項信念——「我們應該服從上帝，重於服從世人」，有如蘇格拉底和基督的信徒所說的，挽救了君士坦丁改變其信仰，因爲早期的信基督教的帝王們都是雅里安族人或是傾向於雅里安主義的。當他們改信希臘正教時，雅里安主義即被擱置。在拜贊廷帝國中，雅里安主義仍潛伏存在着，如同後來的俄羅斯帝國一樣，向君士坦丁堡獲取了天主教。（這就是爲何現代的俄國人不認爲我們應該服從辯證唯物主義而不服從史達林。）但是在西方，信天主教的帝王們有如秋風落葉般地被異端邪說的蠻族征服者取而代之後（高盧部份例外），宗教對「政治忠誠」的優越性依然存在，直到現在還有某種程度的保留。

蠻族的入侵斷絕了西歐文明約六百年。在愛爾蘭苟延了一個時期，直到丹麥人在第九世紀將之毀滅爲止，在此以前，產生了一位著名的人物，蘇格蘭的艾利基納。在東方帝國中，希臘文明以一種「乾枯」的方式被保留，就像古博物館裏一樣，直到一四五三年君士坦丁堡陷落爲止。君士坦丁堡除藝術的傳統與繼承羅馬法的茹斯丁尼安法典外（茹斯丁尼安一世爲東羅馬皇帝 527-565 —譯者註），對世界沒有提供任何重要的貢獻。

在黑暗時期，自第五世紀末到第十一世紀中葉，西羅馬發生了一些饒有趣味的變更。基督教所引起的對上帝的責任與對國家的責任的衝突，表現於教會與國王的衝突。教皇的宗教管轄權擴及義大利、西班牙、英倫三島、日耳曼、斯坎的納維亞與波蘭。最初，在義大利與法蘭西南部以外地區，教皇對主教與修道院的主持們的控制非常微弱，但自格利哥里七世的時期開始（第十一世紀末葉），控制卽變爲嚴密有效。自此，所有西歐的僧侶卽組成統一性的團體，受羅馬指揮，殘忍而機智地追求權力，通常是勝利的，一直到一三〇〇年與「塵世的統治者」發生衝突爲止。敎會與國家的衝突不僅是僧侶與俗人的衝突，而且也是地中海世界與北方蠻族衝突的再起。敎會的團結響應了羅馬帝國的團結；敎會的祈禱都用拉丁語，統治階層多爲義大利、西班牙、或南部法蘭西人。當敎育重振時，他們的敎育是古典的；他們對法律與政府的觀念，馬休斯・奧雷利厄斯(Marcus Aurelius 羅馬皇帝，在位期間爲 161-180，同時爲斯多噶派學者與作家——譯者註）會比當時的帝王們更容易理解。敎會同時代表過去的延續以及當時最有文明的事物。

另一方面，「塵世」的權力則握在帝王與條頓後裔的貴族們的手中，他們竭盡其能維護了他們從日耳曼森林中帶來的風俗。絕對的權力在這種風俗裏是沒有的，枯燥而缺乏生氣的法規對於這些充滿活力的征服者也是不適合的。國王必須與封建貴族們分享權力，但都被認爲得以戰爭、屠殺、掠奪或強姦，發洩其偶然的衝動。帝王們或許會懺悔，因爲他們對宗敎還是虔誠的，而且，懺悔本身也是一種發洩感情的方式。但敎會永遠無法使他們養成一種正當行爲的習慣，像現代的雇主對雇員所要求的，並且通常都能做到的一樣。假如帝王們不能隨心所欲地去飲酒、屠殺、漁色，那麼他們征服國土有什麼用呢？爲什麼他們擁有驕橫武士的軍隊應該接受那些迂腐的敎士們的命令，發誓過獨身生活，並且放棄他們的軍隊呢？他們不顧敎士們的反對，以戰爭來保持其好勇鬭狠與考驗自己的風尙，並且發明了武士們的馬上比武賽會與宮廷的求愛方式。他們在盛怒時，甚至偶而屠殺顯赫的敎會人士。

所有的軍隊都站在國王的一邊，但勝利仍屬於教會。教會獲勝，部份由於其獨佔教育，部份由於帝王們連綿不絕的相互戰爭，但主要的原因還是統治者與人民（祇有極少的例外）都一樣深信教會擁有決定性的權力。教會可以決定一個國王死後永住天堂或永墮地獄；教會可以赦免對國家不忠的罪責，因此就可以鼓勵反叛。並且，教會在無政府的地區維持秩序，結果獲得新興的商人階級的擁戴。特別在義大利，最後一個因素是具有決定性的。

條頓人對教會試圖維持至少一部份的獨立，不僅表現於政治，也表現於藝術、愛情、騎士精神與戰爭。但在知識界則表現得很少，因爲教育幾乎完全被教會所控制。中世紀的公開流傳的哲學並不能忠實反映那個時代，而祇是反映一個教派的思想。不過，在教士中——特別在法蘭昔斯會的教士中，爲了種種原因，有一部份人與教皇齟齬。並且，在義大利，文化在俗人間傳佈，比阿爾卑士山以北地區要早幾個世紀。非德烈二世試圖創設一種新的宗教，爲代表反教皇文化的極端；湯瑪斯·阿奎那（Thomas Aquinas 義大利神學家 1225–1274 —譯者註）出生於非德烈二世所統治的那不勒斯王國，但直到今日仍被認爲是教皇哲學的最佳代言人。但丁，後於阿奎那五十年，達成了一種體系，賦予觀念紛歧的整個中古的世界唯一平衡的解釋。

但丁之後，由於政治與學術的原因，此項中古哲學的體系即告瓦解。此一體系，當其存在時，確有一種井然有序的特質與範圍狹小的完整性；無論此一體系的價值如何，但與其有限宇宙的其他思想相較，仍有其確定的地位。但宗教的大分裂（Great Schism）、修好運動、以及文藝復興期間的教皇制度，引發了宗教改革，毀滅了基督教世界的統一以及環繞於教皇周圍的政府的教條式的理論。文藝復興時期，對於古代典章文物以及地球表面的新知識，使人厭聞「體系」，感覺這是精神上的監獄。哥白尼的天文學使人與地球的地位比「天動說」(Ptolemaic) 理論所講的，大爲降低。在知識份子中，對新事物的興趣代替了推理、分析與建立系統化的興趣。雖然在藝術方面，文藝復興仍是有秩序的，但在思想方面，却傾向於一種較大規模而收穫豐碩的「無秩序」狀態。

在政治思想方面，像其他方面一樣（藝術除外），秩序完全崩解。在中世紀，雖然實際上動盪不安，但在思想上却被對規律的熱忱及政治權力的嚴酷理論所支配。一切權力最終皆來自上帝；祂在神的事務上對教皇有委任的權力，在世俗的事務上，則委任於皇帝。但在第十五世紀時，教皇與皇帝同樣失去其重要性。教皇變成祇是義大利的王公之一，涉入義大利權力政治的、難以置信的複雜而卑鄙的鬪爭。法蘭西、西班牙、英格蘭的國王在他們本身的領土內獲得教皇與羅馬皇帝皆不能干涉的權力。主要由於火藥武器的應用，「民族國家」得以影響人民的思想與感情，這是以前所未曾有過的，也是以進步的方式毀滅了在統一的文明下留存下來的對羅馬的信仰。

政治上的混亂表現在馬其維利的「王公術」一書。在沒有任何指導原則下，政治變成了赤裸裸的權力鬪爭。「王公術」就如何成功地玩弄政治提供了機敏的建議。發生在偉大的希臘時代的事情又在文藝復興時代的義大利重演：傳統的道德約束消逝了，由於其牽涉到迷信；不受束縛的自由促使個人活躍而富創造性，出現了天才輩出的百不一見的盛世；但是道德墮落不可避免地造成混亂與叛逆，促使義大利人成爲集體的軟弱無能，於是，他們沒落了，像過去的希臘人一樣，被文明不如他們但不像他們那樣缺乏社會凝聚力的各國所統治。

自第十六世紀以後，歐洲的思想史卽爲宗教改革所支配。宗教改革是一項複雜而涉及各方面的運動，其成功也有多方面的因素。主要這是北方諸國對新興的羅馬統治的反叛。宗教是降服北方的力量，但宗教在義大利已經沒落：教皇制度作爲一種慣例延續下去，自日耳曼與英格蘭收取大量的貢物，但這些仍舊虔誠的國家，對義大利的豪門貴族已不再有敬意，他們聲稱可以從煉獄中拯救別人的靈魂，而獲取金錢報酬，浪擲在奢侈與不道德的生活上。國家的動機、經濟的動機、道德的動機結合在一起，增強了對羅馬的叛亂。再則，王公們很快就察覺到，在他們領域內的敎會變成祇是屬於國家的，他們就能夠加以支配，他們在國內將遠較與教皇分享統治時更有權力。由於這一切的原因，馬丁路德的神學革新在北歐的大部份地區，普遍受到統治者與人民的歡迎。

天主教會有三種不同的來源。其神聖的歷史是猶太的，神學是希臘的，政府與法規至少間接是來自羅馬的。宗教改革排斥了羅馬的因素，減弱了希臘的因素，而大幅增強了猶太的因素。因此它與國家主義者的力量合作，這種力量正在從事於曾經首度爲羅馬帝國、再度爲羅馬教會所達成的團結社會的工作。在天主教會，神的啓示不止聖經，而是通過教會的媒介代代相沿地繼續下去的，因此，個人有義務使其私見服從神的啓示。相反的，新教徒否認教會是啓示的媒介；認爲眞理祇能在聖經中去尋求，每個人都能有自己的解釋，假如各有解釋不同，沒有什麼神所委任的權威可以去裁決這種爭議。

事實上，國家聲言擁有過去屬於教會的權力，但這是一種篡奪。在新教的理論中，在個人的心靈與上帝之間，不應有任何塵世上的仲介者。

此一變動的影響是廣大的。眞理不再爲解釋的權威所決定，而是出於內在的領悟。一種無政府主義的傾向迅速在政治上發展，神秘主義（相信心靈可與上帝直接交通——譯者註）的傾向則在宗教上發展，這都是很難適合於天主教正統的體系的。不僅祇有一種新教，而是有許多教派；不僅祇有一種反對經院派的哲學，而是有各種哲學，其數之多有如當時的哲學家；不是像第十三世紀一樣，祇有一個皇帝反對教皇，而是有一大羣異教徒的國王。結果，如同在文學上一樣，出現一種日益加深的主觀主義，首先自精神的桎梏中獲得徹底的解放，而又趨向於一種與社會凝結相牴觸的個人的游離。

現代哲學起始於笛卡兒，在基本上確定的是他本身的存在和他的思想，而外在的世界卽可由此推斷而知。這祇是發展的第一階段，經過柏克萊、康德、到費希特，對於他們每一件東西都祇是「自我」的發洩。這是跡近瘋狂的，而由於這一極端，哲學自此就一直試圖進入每天都可以遭遇的常識的世界。

哲學上的主觀主義與政治上的無政府主義齊轡並進。馬丁路德仍在世的時候，不受歡迎及不被承認的信徒已經發展了「再洗禮論」(Anabaptism)的思想，有一段時期，支配了整個敏斯特城(Munster位於德國西部）。再洗禮論者否定一切的法律，因爲他們認爲好人一時一刻都在神的引導下，他們不能受公式的拘束。由此一前提出發，到達了共產主義與性的雜交；因而他們在一場英雄式的抵抗之後被消滅。但是他們的思想，則以較溫和的方式，傳佈到荷蘭、英格蘭與美洲；在歷史上，這就是教友派教義（Quakerism）的來源。一種強烈的無政府主義——不再與宗教有關，在第十九世紀興起，在俄國、西班牙發生相當影響，在義大利影響較少，一直到現在仍舊是美國移民局所恐懼的不祥之物。此一現代的形式，雖然是反宗教的，但仍含有早期的新教教義；主要的區別在無政府主義以馬丁路德針對教皇的敵意針對「塵世」的政府。

主觀主義，一旦脫出羈絆，卽無法再加拘束，直到其盡情發洩爲止。新教在道德上強調個人的良心基本上卽是無政府主義的。習慣與風俗，如此強而有力，除偶然衝破有如敏斯特的情形之外，卽使倫理的個人主義的信徒也必須繼續照傳統道德的禮俗行事。但這是一種不穩定的平衡。十八世紀的對「理性」的崇拜開始將它摧毀：一項行爲受敬仰，不是由於其好的結果，也不是由於其合乎某項道德的規範，而是由於其背後激勵的熱情。由此發展了對英雄的崇拜，表現於喀萊爾（Thomas Carlyle 蘇格蘭散文家與歷史家 1795-1881——譯者註）、尼采、拜倫式的對所有暴烈的熱情的崇拜。

藝術、文學與政治的浪漫主義運動與這種主觀主義結合在一起，對人的衡量，不以其爲一個社會的組成份子，而以其爲凝視中的審美的目標。虎比羊美麗，但我們喜歡關在鐵柵內的虎，而典型的浪漫主義者就要拆除鐵柵，欣賞猛虎撲羊時的壯美的一躍。他勸人想像自己是虎，別人眞照他的話做了，結果是並不十分愉快的。

對於現代的這種更接近瘋狂的主觀主義，有各種不同的反動。首先是折中妥協的哲學，卽自由主義，試圖分配政府與人民的應有地位。這種現代形式的自由主義起始於洛克，他是非常反對「熱情主義」的——「再洗禮派」的個人主義——以至絕對的權威與對傳統盲目的屈從。一種更充分的「反動」引起崇拜國家的思想，所給予國家的地位，如同天主教給予教會有時甚至是上帝的地位。霍布士、盧梭、黑格爾代表了此種思想的不同面貌，而他們的思想事實上體現於克倫威爾（Oliver Cromwell 英國大將與政治家，曾任首相 1599-1658 —譯者註）、拿破崙與現在的納粹德國。共產主義在理論上袪除了這類哲學，但事實上則驅使建立一種非常接近由國家崇拜造成的社會型態。

經過此一長期的發展，自紀元前六百年至今，哲學家可大體分爲兩類，一類是希望加緊社會的約束，另一類是希望予以鬆弛。其他的哲學家都與此種分野有關聯。管制主義者主張某種新或舊的教條體系，因而多少被迫敵視科學，由於他們的教條不能由經驗來證明。他們幾乎是一致地宣揚，快樂不是「善」，而「高貴」與「英雄主義」是值得愛慕的。他們對人性中的不合理部份予以同情，因爲他們覺得理性不適合社會凝結的需要。另一方面，自由主義者，除極端的無政府主義者外，則傾向於科學、實用主義、理性主義，反對暴烈的熱情，成爲一切更深奧的宗教形式的敵人。這種衝突在我們認爲是哲學的這門學問興起以前，就早已經在希臘存在了，並且在最早期的希臘思想中即已發生相當公開化的衝突。這種衝突現在仍以各種不同的方式持續下去，而且在未來的許多年以後，仍將綿延不絕。

顯而易見，爭辯的任何一方——持續了多年的爭辯，都有對的一部份，也有不對的一部份。社會團結是必要的，而人類從來沒有祇憑說理，成功地加強這種團結的。每一個社會都面對兩種相反的危險：一方面，由於過多的管制與對傳統的崇拜而變得僵硬；另一方面，由於使合作成爲不可能的個人獨立與個人主義的發展而導致社會崩解或屈從於外國的征服。大體說來，重要的文明總是先從一種嚴格的迷信的制度開始，然後逐漸鬆弛，在某一階段，走向一個光輝燦爛人才輩出的時期，此時傳統的好的一部份仍然存留，而促使社會分解的壞的因素還沒有發展。但當壞的因素倍增，就會導向無政府主義，結果不可避免地造成一種新的專制，產生一種新的教條主義所保護的新的社會體系。自由主義的思想是逃避無休止的往復擺動的一種嘗試，自由主義的主要目標就是要達成一種社會秩序，不是以不合理的教條爲基礎，但可以在不實施管制超過維持社會所需要的程度下，確保穩定。至於這種嘗試能否成功，祇有未來可以決定了。

目錄

第三部　現代哲學

第一部　古代哲學

第一章　蘇格拉底以前時期

第一節　希臘文明的興起

在所有的歷史中，沒有像希臘文明的崛興那樣使人驚奇而難於解釋的了。大部份締造文明的因素早已在埃及與米索帕達米亞存在了幾千年，並傳佈到鄰近國家。但總是缺少某些因素，直至希臘人予以補充完成爲止。他們在藝術與文學上的成就，爲衆所耳熟能詳，但他們在純知識領域內的成就甚至更爲優異。他們發明了數學（註一）、科學、與哲學；他們首先著述歷史而不僅是紀年表；他們自由推測宇宙的本質與生命的目的，而不受任何傳統教條的束縛。其成就是如此可驚，以致直到最近，人們仍在讚嘆不絕，以不可思議的心情談論着希臘人的天才。但是，以科學方法去瞭解希臘的發展仍是可能的，而且也值得這樣做。

哲學起源於泰利斯（希臘人 640–546 B.C.），幸而可以計算出他在世的年代，因爲根據天文家的記載，他曾預測紀元前五八五年發生日蝕。希臘的哲學與科學——開始時並非分開的——由此於紀元前六世紀同時誕生。在此以前，希臘與其鄰近國家又是什麼情形呢？任何解答都帶有部份推測性的，但在本世紀，考古學使我們遠較我們的祖先所知道的爲多。

埃及發明文字約在紀元前四千年前左右，稍後不久，巴比倫尼亞也發明了文字。在所有的國家中，文字皆起源於設定目的物的繪圖。這些繪圖迅卽變成習慣化，因此，文字卽以象形表意，目前在中國仍舊如此。再經過幾千年，這種累贅的方法就逐漸發展成爲一套字母。

埃及與米索帕達米亞早期文明的發展是由於尼羅河、底格里斯河、幼發拉底河，使土地易於耕耘而收穫豐碩。這和西班牙人在墨西哥和秘魯所發現的文明有許多方面都是很近似的。在這些國家，都有一位神聖的國王，具有專制的權力；在埃及，國王擁有一切土地；具有多神的宗教，但其中有一位超越一切的神，國王與之有特殊親密的關係；有軍事的貴族制，也有宗教的貴族制，假如國王軟弱或陷入艱苦的戰爭中，宗教貴族常常可以侵佔國王的權力。土地耕種者是奴隸，屬於國王、貴族、或祭司。

埃及與巴比倫尼亞的神學有很大的區別。埃及人特別重視死亡，並且相信死者的靈魂將沉淪於地下的世界，由奧斯雷斯神就他們在世時的生活情況加以審判。他們相信靈魂最終將復歸軀體；故製作木乃伊並建築堂皇的墳墓。金字塔是許多帝王建造的，時間約在紀元前四千年的末期到紀元前三千年的早期。自此以後，埃及文明愈來愈固步自封，宗教上的保守主義完全阻礙了進步。約在紀元前一八〇〇年時，埃及被希克索斯(Hyksos)族的塞姆人所征服，受其統治約兩個世紀。他們在埃及沒有留下長久的影響，但他們在埃及的統治必定有助於將埃及的文明傳佈到敍利亞與巴勒斯坦。

巴比倫尼亞較埃及具尚武精神。首先，統治的種族並非塞姆人，而是森末爾人，其來源不詳。他們發明了楔形文字，後來塞姆人征服了巴比倫尼亞又承襲了這種文字。這個時期，有許多不同的城市，相互爲戰，但最後巴比倫佔了優勢，建立了一個帝國。其他城市的神皆降爲附從，巴比倫的神馬都克獲得宙斯神在希臘諸神中的地位。同類的事情也在埃及發生，但時間遠較此爲早。

埃及與巴比倫尼亞的宗教皆起源於對生殖力的崇拜，像其他古代的宗教是一樣的。地爲女性，太陽爲男性。公牛通常被認爲是一種男性生殖力的具體象徵，而牛神是非常普遍的。在巴比倫，地之女神伊詩塔凌駕在所有的女神之上。在全部西亞地區，「偉大之母」以各種不同的名稱受崇拜。當希臘在小亞細亞的殖民者發現了她的廟宇，即改稱爲「月之女神」（Artemis），並繼續膜拜。這就是「幼發西安的狄安娜」（註二）的來源。基督教將之改稱爲聖女瑪利，這是由於幼發蘇斯城的一項會議，使「上帝之母」的名稱，像「聖母瑪利亞」一樣地被承認。

當某一宗教與一個帝國的政府結合時，政治的動機大有助於改變其原始的特徵。神或女神與國家發生關聯，不僅必須賜予豐收，而且在戰時賜予勝利。一個富有的祭司階級主管儀式與神學，把帝國組成份子的忠魂，一併在「衆神殿」中祀奉。

由於與政府有關聯，諸神也與道德發生關聯。立法者從神那裏獲得法律；因此犯法成爲對神的不敬。現在所能知道的最古的法典是出自巴比倫王哈姆拉比（Hammurabi），時間約在紀元前二千一百年。國王宣稱這部法典是馬都克神交給他的。整個古代時期中，宗教與道德之間的關係日益密切。

巴比倫尼亞的宗教，與埃及不同，關切現世界的繁榮，勝於死後在另一世界的幸福。巫術、占卜、星象，雖非巴比倫尼亞所獨有，却較其他地區更爲發達，而且主要是由於巴比倫之故，這些技藝才能維持到古代的後期。巴比倫的某些學術是屬於科學的：例如把一日分爲二十四小時，把圓分爲三百六十度，並且發現日月蝕的週期性，使人可以準確地預測月蝕，而預測日蝕也有相當程度的可能性。我們可以看出，巴比倫尼亞的這項知識後來爲希臘的泰利斯所承襲。

埃及與米索帕達米亞的文明是農業型態的，其周圍國家的文明則是畜牧時代的。隨同商業的發展，產生了新的因素，最初幾乎完全屬於沿海城市。直到紀元前一千年，武器皆爲銅製，而那些在本身領土內沒有這種必需的金屬的國家，就取之於貿易或海上掠奪。掠奪祇是一種暫時的權宜之計，在政治與社會情況相當穩定的地方，商業則更爲有利。克里特島似乎是商業的開拓者。大約有十一個世紀，約自紀元前二千五百年至紀元前一千四百年，一種在藝術方面很進步的文明，稱爲明諾安文明(Minoan)的，存在於克里特島。留存下來的克里特藝術給人一種歡樂的，幾乎是接近墮落的奢華的印象，和埃及廟宇的可怖的陰暗迥不相同。

此一重要的文明，直到伊凡爵士(Sir Arthur Evans)等人的發掘，始爲世所知。這是一種海洋性的文明，與埃及有密切關係（希克索斯統治的時代除外）。從埃及的圖畫中可以證明克里特島的航海者在埃及與克里特島之間經營相當規模的商業；在約紀元前一千五百年時達到顛峯狀態。克里特的宗教似與敍利亞與小亞細亞有密切關聯，而藝術方面則與埃及的關係更爲密切，雖然克里特藝術是非常原始的，但使人驚異地充滿了生命力。克里特文明的中心是在克諾索斯的「邁諾斯宮」，其遺蹟留存着雅典的希臘傳統。克里特島的各宮殿都很壯美，但在紀元前第十四世紀末毀於希臘的侵略者之手。

克里特歷史的紀年，來自在克里特島發現的埃及遺物以及在埃及發現的克里特遺物；而我們在這方面的所有知識都是靠考古學的證據而得到的。

克里特人崇奉一位或數位女神。其中最可考證確實的女神是「動物的女主人」，是一位女獵人，並且可能是古代的「月神」（Artemis）的起源（註三）。她或另一女神同時也是母親；除「動物的男主人」之外的唯一男神是她的兒子。有若干證據顯示他們相信死後的靈魂，像埃及人所相信的一樣，在世上的生活將在死後接受獎賞或懲罰。但從他們的藝術來看，克里特人大體上是歡樂的，沒有被陰森的迷信所壓制。他們喜愛鬪牛，女鬪牛士像男鬪牛士一樣地作驚人的技能表演。鬪牛是一種宗教慶祝儀式，伊凡爵士認爲表演者屬於最高級的貴族。遺存下來的鬪牛圖畫充滿了動作與逼眞的描寫。

明諾安文明在毀滅以前，約當紀元前一千六百年時，曾傳佈到希臘大陸，經過幾個階段的逐步衰敗，一直保留到紀元前九百年爲止。此一大陸的文明，現在稱爲邁昔奈安文明（Mycenaean）的，是由於帝王們的墳墓與山嶺上的堡壘才發現的，堡壘表示他們比克里特人更恐懼戰爭。墳墓與堡壘都可以增強世人對古希臘狀況的想像。較古老的宮中藝術品實際上若非出於克里特工匠之手，卽是非常接近克里特型態的製品。邁昔奈安文明，我們透過一層神話的薄霧所看到的，也就是荷馬史詩中所描敍的文明。

關於邁昔奈安人，有許多方面不能確定。他們之有文明是由於被克里特人征服過嗎？他們說希臘語，或者他們是早期的土著民族嗎？對這些問題不可能有確定的解答。但大體說來，他們似乎是說希臘語的征服者，至少他們的貴族含有來自北方的金色毛髮的侵入者，希臘語卽隨之而來。希臘人到希臘經過三個連續的階段，首先是艾奧尼亞人（Ionians），然後是阿克人（Achaens），最後是多利亞人（Dorians）。艾奧尼亞人雖然是征服者，却似乎完全接受了克里特文明，就像後來羅馬人接受了希臘文明一樣。但艾奧尼亞人却被後來的阿克人所騷擾，大部份被攫奪。我們從波加玆桂（Boghaz-keui）所尋獲的殘碑的記載中知道，阿克人在紀元前第十四世紀時曾組成一龐大的帝國。邁昔奈安文明由於艾奧尼亞人與阿克人的戰爭而趨於衰微，實際上則被多利亞人——希臘的最後征服者所毀滅。前此的征服者大部份接納了明諾安的宗教，而多利亞人則保持了他們祖先的印歐（Indo-European）原始宗教。但邁昔奈安時代的宗教仍繼續保存下去，尤其是在下層階級。古希臘的宗教就是明諾安宗教與印歐原始宗教的混合。

雖然上述的推算似有可能性，但我們並不確知邁昔奈安人是否卽是希臘人。我們所確知的是，他們的文明衰落了，大約在他們的文明結束時，鐵器代替了銅器，有一段時期，海上優勢爲腓尼基人（Phoenicians）所奪。

邁昔奈安時代的末期及此一時代結束後，一部份征服者定居下來，從事耕作，另一部份人繼續前進，最初到近海各島與小亞細亞，然後到西西里島與義大利的南部，在那裏他們建立了城市，以航海貿易爲生。就是在這些沿海的城市裏，希臘人最先對文明提供了新的「質」的貢獻；繼而有超卓的雅典文明，而這與海上武力同樣是有聯帶關係的。

希臘大陸多山，大部份土地貧瘠。但却有許多肥沃的山谷，便於出入海濱，而被山陵隔斷，不便於陸上的相互交通。在這些山谷中，小規模的個別孤立的社區發展起來，靠農業爲生，而以一個城鎭作爲中心，通常離海很近。在這種情況下，祇要任何一個社區的人口增加過多，使當地資源不能負荷時，那些不能靠土地爲生的人就很自然地向海上發展。大陸城市建立了殖民地，通常是那些遠較在本土易於獲得生存必需品的地方。因此，在最早的有史時期，小亞細亞、西西里島、與義大利的希臘人遠較留在大陸的希臘人爲富庶。

希臘各地的社會制度迥不相同。在斯巴達，一小羣的貴族靠來自不同種族的被壓迫的奴隸勞動而生活；在較貧困的農業區域，人口主要爲由其家人協同工作的自耕農所組成。但在工商業發達的區域，自由公民由役使奴隸而致富——男奴掘礦，女奴紡織。這些奴隸在艾奧尼亞都是來自周圍的蠻族，通常都是在戰爭中擄獲的。隨同財富增加，上層的婦女愈益被隔離在閨閫之內，以後在希臘生活中文明發展的方面，卽不佔地位，祇有斯巴達是例外。

希臘諸城市有一項非常普遍的發展，最初是從君主制到貴族制，然後是專制與民主的相互交替。帝王不像埃及和巴比倫尼亞那樣具有絕對的權威；由一個元老會議作他們的顧問，他們不能無所忌憚地違犯習慣的約束。「專制」並不一定意指壞的政府，而祇是指某一個人的統治權，不是以世襲制度取得的。「民主」意指由所有的公民組成政府，但奴隸與婦女不包括在內。早期的專制者，例如麥地西家族，是由於他們是財閥集團中的首富而取得權力的。通常他們財富的來源是因爲擁有金銀礦，新的鑄造錢幣的技術使他們獲利愈豐，這種鑄幣術來自毗鄰艾奧尼亞的利地亞王國，大約是在紀元前七百年以前不久發明的。

商業或海上掠奪——最初這兩者很少區別——對於希臘人的重要影響之一是學會書寫的技術。雖然書寫在埃及與巴比倫尼亞早已存在了幾千年，同時明諾安的克里特人也有了文字（沒有人能解釋其字意），但沒有決定性的證據證明希臘人在紀元前第十世紀以前知道如何書寫。他們從腓尼基人那裏學會書寫，像其他敍利亞的居民一樣，腓尼基人接受埃及與巴比倫尼亞兩方面的影響，並在海上貿易握有優勢，直到艾奧尼亞、義大利、西西里的希臘人的城市興起爲止。在紀元前第十四世紀時，敍利亞人上書艾克納頓（Ikhnaton，埃及信異教的國王），仍舊用巴比倫尼亞的楔形文字；但泰爾（Tyre位於腓尼基南部——譯者註）的希蘭王（969–936 B.C.）用了腓尼基的字母，大約是從埃及文字發展出來的。埃及人最初用象形文字；圖形逐漸習慣化，就變成代表一個音節（最初的音節是繪出的事物的名稱），最後才發展成爲簡單的字，造字的原則例如：「A是一個弓箭手（Archer）正在射一個青蛙。」（註四）最後的一個步驟不是由埃及人自己以任何完整的形式做成的；對字母加以充分的運用的是腓尼基人。希臘人自腓尼基人輸入字母，加以改變，以求適應希臘語，並有一項重要的演進，就是在子音之外，再加上母音。無庸置疑，獲得此項書寫的便利，加速了希臘文明的興起。

第一個希臘文明的重要產品是荷馬。一切關於荷馬的傳說都祇是臆測而已，但最好的意見是：荷馬不祇是一個詩人，而是一羣詩人。伊利亞德與奧德賽兩首史詩，是用大約兩百年的時間完成的，自紀元前七五〇年到紀元前五五〇年；也有其他的人認爲「荷馬」是在大約紀元前第八世紀末完成的。荷馬的史詩是以現在所見的形式由裴昔斯特拉圖王(Peisistratus)帶給雅典，他統治雅典的時期是紀元前五六〇年到紀元前五二七年（其間有中斷）。從他的時代起，雅典的青年以背誦學習荷馬的史詩，成爲他們所受教育中最重要的一部份。在希臘的某些部份，例如斯巴達，荷馬並不具有同樣的聲望，一直到稍後，才克享盛譽。

荷馬的詩篇，有如後來中世紀的宮廷傳奇，代表文明的貴族的觀點，而忽視平民間的各種迷信，這些迷信一直到現在仍然是在平民間流行的。在荷馬後很久的時期，許多的這類迷信又公然再度流行。現代的作者受人類學的引導，已獲致結論，認定荷馬祇是詩的修訂者，絕非原始的作者，有如十八世紀使古代神話合理化的修訂者，保持了一種上層階級的文雅的、開明的理想。奧林帕斯山的諸神，在荷馬史詩中代表宗教的，並非希臘人所崇奉的僅有的對象，在荷馬當時或以後都是如此。在平民的宗教中，還有更邪惡與野蠻的成份，由希臘的知識份子妥予保存，等到在軟弱或恐懼的時候，就突然用這種邪教來保護自己。在衰落的時代，荷馬所摒棄的宗教信仰，證明在整個古代都繼續存在（一半被埋沒了）。假如沒有這一事實加以解釋，許多事情看來是矛盾而驚人的。

任何地方，原始宗教都是爲了一個部落，而不是爲了個人。舉行某種儀式，目的在以巫術增進部落的福利，特別在土地的肥沃、蔬菜的增產、人與牲畜的平安方面。在冬至日，必須祈求太陽不繼續減弱其熱力；春季與收穫季節也需要有適當的慶典。如是則常產生一種強烈的羣體興奮，個人在其中失去他們的孤立感，而自覺與部落合爲一體。全世界的宗教，在演進到某一階段時，都把人和動物在儀式中當作一種祭品殺而食之。在不同的地區，這一階段發生的時間也不同。殺人以爲祭品比以吃人爲儀式的持續得較久；在希臘，有史時期的開始時，這種風俗尚未絕跡。但祈禱豐收的儀式祛除這類殘酷行爲的，在希臘已很普遍；特別是伊留昔斯（Eleusis—位於雅典西北的城市—譯者註）神秘教的標誌是以農產物爲主的。

我們必須承認，在荷馬詩中的宗教並不具有很濃厚的宗教性。神完全就是人，所不同於人者祇是不死和具有超人的力量。在道德方面，他們無可稱述，也很難想像他們如何能使人敬畏。在某些方面，時間雖嫌過遲，他們現在仍受到懷疑論者的輕蔑。在荷馬史詩中表現的眞正的宗教感，與奧林帕斯山諸神的關係，還不如一些更隱秘的神祇，諸如死神、貧困之神、命運之神，對於他們，即使宙斯神也要低頭。死神對所有希臘的思想，都有重大的影響，或許還是科學發現自然的法則的起源之一。

荷馬史詩中的諸神是屬於征服的貴族之神，不是對眞正耕作土地者有益的豐收之神。吉爾伯・穆勒（Gilbert Murray 十九世紀英國古典學者——譯者註）說：

「大多數國家的神皆聲稱創造了世界，但奧林帕斯山的諸神卻不如此。他們曾經做過的大部份的事情是征服世界……當他們征服了那些王國，他們又做什麼呢？他們參與政府嗎？他們推廣農業嗎？從事工商業嗎？一點也沒有這樣做。他們爲什麼要眞正工作呢？他們發現靠奉獻以及對不奉獻的人加以雷劈這種方式生活更爲便利。他們是征服的首領，王室所供養的海盜。他們戰鬪、飲宴、嬉戲、並奏樂；他們酖於酒，對伺候他們的跛足的鐵匠，大聲嘲笑。他們除對自己的王以外從無忌憚。他們除在愛情與戰爭中以外，也從不說謊。」

荷馬史詩中的塵世的英雄，同樣地行爲不端。第一家庭是屬於伯羅奔尼人的，但並沒有成功地樹立一幸福家庭生活的典型。穆勒又說：

「唐塔勒斯（Tantalus 希臘神話中的財神，爲宙斯神之子，伯羅普與尼奧比之父—譯者註），亞細亞王朝的創建者，以直接攻擊諸神爲立功之始，誘騙他們去吃他自己的兒子伯羅普的肉。伯羅普奇蹟地復活之後，就輪到他來攻擊了。他曾在著名的與庇沙國王奧伊諾繆斯對抗的雙輪車競賽中獲勝，由於庇沙王的雙輪車御者邁爾梯羅斯受賄而故意退讓。伯羅普本來承諾給御者賄金的，却反而把他投入海中滅口。他的報應落在他的兒子阿特雷奧斯與泰伊斯特斯的頭上，希臘人稱之爲 ate，即是一種雖非不可抵抗也是很強烈的犯罪衝動。泰伊斯特斯買通了他的嫂子，設法盜走了家裏的『祥瑞』——著名的金毛的公羊。阿特雷奧斯將其弟放逐，又藉口妥協將其召回，饗以他自己兒女的肉。後來，報應又輪到阿特雷奧斯之子，阿蓋面儂，由於殺死了一頭神的牡鹿而開罪了『月神』，以致用自己的女兒愛菲珍妮亞作犧牲來安撫這位女神，使他的艦隊能够安全通往特洛伊城。這次又輪到他自己遭殃，被他不貞的妻子克莉泰姆尼斯特拉和她的奸夫，泰伊斯特斯遭難未死的兒子，艾基斯多斯所害。阿蓋面儂之子，奧雷斯特斯，又爲父復仇，殺其母與奸夫。」

荷馬史詩最後是在艾奧尼亞完成的，亦卽希臘人所統治的小亞細亞的部份地區及其鄰近島嶼。至遲在紀元前第六世紀時，荷馬的史詩即以現在的形式固定不變。此一世紀，希臘的科學、哲學與數學開始萌芽，同時，具有基本重要性的事件也在世界的其他部份發生。孔子、釋迦牟尼、左羅阿斯特(Zoroaster 波斯教的創始人——譯者註）大約皆屬於同一世紀。在此一世紀的中葉，塞魯斯（Cyrus 波斯王，在位期間 550-529B.C. ——譯者註）建立了波斯帝國；對其毗鄰的艾奧尼亞的希臘人的各城市，波斯人允其作有限度的自治，引起一場失敗的叛亂，為大流士王（Darius）所敉平，而叛亂者中的優秀人物就變為流亡者。此一時期的一些哲學家即是難民，在希臘人地區中仍未被奴役的部份，從一個城市流浪到另一城市，傳佈在當時仍局限於艾奧尼亞範圍的文明。在流浪中，他們備受優遇。芝諾芬尼斯(Xenophanes)，在紀元前第六世紀末葉享盛譽的哲學家，同時也是一個難民，他說：「這是在冬天的爐火邊應該談論的事情，當我們躺在柔軟的長椅上，飽餐佳肴、啜飲醇酒之後，嚼着山䅟豆時——先生是那一國的？貴庚多少？當米底亞人出現的時候，有多少歲了？」

希臘的其餘部份在沙拉米斯與柏拉塔伊亞的戰役中，成功地保持了它的獨立，其後，艾奧尼亞也有一段時期重獲自由（註五）。

此時，希臘分裂成許多獨立的小邦，每一邦有一城市及其周圍的農業區域。在希臘的不同地區，文明的程度也各有不同，而祇有少數城市對希臘的成就具有貢獻。斯巴達在軍事的意義上很重要（後文將加詳述），但不是在文化上。科林斯（Corinth）富足而繁榮，是一重要的商業中心，但不出生偉人。

然後，還有完全以農牧爲生的鄉野社會，例如像著名的阿卡地亞（Arcadia），在城裏人的想像中是純樸而恬適的，但事實上則充滿了自古傳留下來的野蠻的暴行。居民崇奉半人半羊的牧神（Pan），並有多種生殖力的崇拜，其中，僅祇一塊方柱就算是神像了。山羊是生殖力的象徵，因農民太窮，養不起公牛。當食物歉收時，牧神的像卽被敲打（類似的事情也發生在中國偏僻的鄉村）。其中有一部落被認爲是具有狼性的人，可能與用人作祭品及食人肉有關。他們認爲無論誰吃過當作祭品的人肉，就會變成狼性的人。有一山洞因宙斯・李開奧斯（狼性的宙斯神）而變成神聖不可侵犯；在這座山洞裏，沒有人有影子，無論誰進入後，一年內必死。所有的這些迷信在古代希臘一直流傳不衰。

牧神的原來名字是「帕奧安」（Paon），意指飼養者或牧人，當波斯戰爭後，紀元前第五世紀，雅典人繼續奉祀時，卽改爲世人更熟悉的名稱——「潘」，意指萬有之神。

在古代希臘，有很多事情，照我們解釋這個詞彙的意義，我們認爲都是宗教性的。這不僅與奧林帕斯山有關，也與狄奧尼蘇斯或巴區斯有關，我們極其自然地認爲後者是不名譽的酒神或醉神。其崇奉的方式引發了一種深邃的神秘感，影響了許多哲學家，甚至對基督教神學的形成也有部份的影響。這是非常重要的，凡希望研究希臘思想發展的人都應該知道。

狄奧尼蘇斯或巴區斯原本是色雷斯的神（Thrace 在愛琴海北岸，跨越希臘與土耳其的地區——譯者註）。色雷斯人的文明遠較希臘人爲低，被後者認爲是野蠻人。像所有的原始農耕者一樣，他們崇奉生殖力，有一位增加生殖力的神，名爲巴區斯。從未有人辨明巴區斯的形狀是人還是牛。當他們發現了如何釀造啤酒時他們想到醉神，把這個榮譽給了巴區斯。以後，他們發現了葡萄，知道喝葡萄酒，就更喜愛醉神了。他的一般功能是增強生殖力，但比起與葡萄發生關聯及經由葡萄酒所帶來的飄飄若仙的狂醉的功能，就似乎是次要的了。

我們不能確定究在何時，崇奉酒神的習俗自色雷斯傳入希臘，但似在有史時期前不久。崇奉酒神與正統的習俗是不合的，不過，還是保留了下來。其中包含許多野蠻的成份，例如把野獸撕裂，然後生啖其肉以至於盡。其中也有一種奇異的女權主義。一大羣貴婦與淑女在沒有樹木的山坡上消磨整夜，酣舞忘形，一部份是由於酒精刺激，但主要是由於一種帶有神秘氣氛的狂亂。丈夫們爲此而苦惱，但因其爲宗教而不敢反對。這種美感與野蠻交織的崇拜儀式曾在尤里披蒂斯（Euripides 希臘悲劇作家480-406B.C.——譯者註）的「巴凱」（Bacchae 酒神的女伴——譯者註）一劇中出現。

酒神在希臘獲普遍崇拜，也無足爲奇。像所有迅速進入文明的社會一樣，希臘人，或至少一部份的希臘人，滋生了一種原始的愛，渴望一種超越當時道德所禁錮的、更屬於本能的、更熾熱的生活方式。在強制的壓力下，男人和女人在行爲上比內心的感覺爲文明。理性是令人厭煩的，道德被認爲是一種負擔，一種束縛。這在思想、感情、與行爲上，都引起反動。思想的反動是我們所特別關切的，但我們必須先談感情與行爲。

文明人所異於野蠻人者主要在「節儉」，或用意義較廣一點的詞彙——「預謀」，爲將來的快樂忍受現在的痛苦，即使將來的快樂似乎還很遠。隨同農業的興起，此一習慣開始變得重要；沒有動物或野蠻人會爲了多天獲得食物而在春天勞動，除非是出於純粹本能型態的動作，例如蜜蜂釀蜜、松鼠埋藏果核等等。像蜜蜂松鼠這種情形，並非有「預謀」，根據人的觀察，這是一種直接的衝動，顯然在以後才證明是有用的。眞正的「預謀」是一個人在沒有衝動在背後驅策下去做事，由於理智告訴他將在未來的某一時期獲利。狩獵不需要「預謀」，因爲這是一種樂趣；而耕地是苦役，不會由於自發的衝動去做的。

文明抑制了衝動，不僅由於「預謀」（這是一種自我的抑制），也有賴於法律、習俗與宗教。這可以抑制自野蠻時代遺留下的惡習，但同時也抑制了天性，使行爲更趨於規律化。某些行爲被指爲有罪並加以懲罰；某些其他的行爲雖未受法律制裁，但被指爲邪惡，使犯這些過失的人受到社會的非難。財產私有制使婦女居於附從地位，且通常由此創立奴隸制度。一方面，社區的意向強加在個人身上，另一方面，個人習於自整體衡量自己的生活，爲將來而更增加現在的犧牲。

證據顯示，此一方法可能有些人做得過分，例如守財奴。但雖非如此走入極端，節儉仍很容易使人失去生命中某些最好的東西。崇拜酒神是反對節儉的。人在沉醉中，無論是肉體的或精神的，會發現曾被節儉所熄滅的一種感情的熾熱狀態；會發現世界充滿了歡樂與美妙；想像力突然從日常生計的桎梏中解放出來。崇奉酒神的儀式產生了所謂「狂熱」，語言學上意指，使神進入崇拜者的體內，相信這樣就和神結爲一體。許多人類最偉大的成就，都有一些「沉醉」的成份（我所指的精神上的沉醉，而不是因酒而沉醉），抑制被熱情所驅走。沒有狂醉的成份，生活乏味，有了，又危險。抑制對抗熱情是一種永恒的衝突，不是一種我們可以完全贊成任何一面的衝突。

在思想方面，冷靜的文明大體與科學同義。但科學是純眞的，不能使人滿足；因此人也需要熱情、藝術與宗教。科學或許可以限制知識的範圍，但不應限制想像的範圍。在希臘的哲學家之中，也像其後的哲學家一樣，有一部份人主要是屬於科學的，另有一部份人主要是屬於宗敎的；後者直接或間接受酒神敎的重大影響。這尤其可以適用於柏拉圖，由柏拉圖以後逐漸發展，最後在基督敎的神學中獲得實際的體現。

崇拜酒神的原始形式是野蠻的，有許多方面使人厭惡。它不是以這種形式影響哲學家的，而是以歐爾非尤斯（Orpheus 希臘神話中的阿波羅之子，爲音樂之神——譯者註）的淨化心靈的形式；它是禁慾的，以精神享受代替肉體的迷醉。

歐爾非尤斯是一位並不顯赫但很有趣的人物。有人堅信他事實上是人，另有人堅信他是神或虛構的英雄。傳統的說法是他像巴區斯一樣來自色雷斯，但似乎更可能的是他(或與他的名字有關的活動)來自克里特島。其思想確含有許多發源於埃及的東西，而埃及影響希臘，主要是通過克里特島的。據說歐爾非尤斯是一名改革者，爲受酒神敎正統派鼓勵的瘋狂的梅那玆撕成碎肉。他之嗜好音樂，在早期的神話中，沒有像後來那樣著名。他主要還是一名祭司與哲學家。

不管歐爾非尤斯的敎諭內容爲何（假定他是存在的），他的敎諭是人所共知的。這一派的人相信靈魂的轉生，靈魂或享受永恒的極樂，或遭受永恒或暫時的折磨，悉依其在世的生活方式而定。他們旨在成爲「純淨」，部份由洗罪的儀式，部份由避免某類的污染。其中最正統的信徒放棄吃肉，除非在典禮中，他們可以象徵性地吃一點以外。他們認爲人半屬於地，半屬於天；過純淨的生活，則天的成份增加，地的成份減少。最後，人可能變成巴區斯（Bacchus）的一個伴友，稱爲「一名巴區斯」。還有一種精心編造的神話說，巴區斯曾出生過兩次，一次是他的母親生下來的，一次是他父親宙斯神的雙腿之間生下來的。

有許多種有關巴區斯的神話。其中一種說，巴區斯是宙斯與勃蕾斯芬的兒子；仍在孩提時，被泰坦的巨神們撕爲碎肉，盡啖而獨留其心，有些人說宙斯把心給了巴區斯的母親，另有人說宙斯自己把它吞下去；無論如何，巴區斯是復活了。在儀式中撕裂野獸，由「巴凱」生啖其肉，算是泰坦巨神們撕裂吞食巴區斯一事的重新扮演，而這個野獸在某種意義上却是神的化身。泰坦巨神們原爲俗人，吃過神的肉之後，就具有神性了。因此，人半屬於塵世，半屬於神，巴區斯的儀式卽尋求使自己成爲接近完全的神。尤里披蒂斯（Euripedes）的悲劇中，一位歐爾非尤斯派的祭司作了一段具有敎誨性的自白：

歐羅巴的泰爾之神
宙斯之子，把克里特的百座神殿
在你的足前奉獻，
我走出那幽暗的廟宇，向你找尋，

架以精巧的雕樑，
覆以鐵瓦與野牛之血，
柏木緊密地連接
使它更堅實，築在清澈的河旁。

我的去日苦多，我開始成爲
巴區斯化身的忠僕；
隨着他作午夜的漫步；
忍耐着聽他巨吼如雷；

爲他做好鮮血淋淋的餐宴；
爲他舉起「大母山」的野火
我終於得到自由的善果
被賜以帶甲祭司的頭銜。

穿着純白袍服，原要度過純淨的一生

從血污的出胎時到蓋棺入土，
却爲了我的嘴唇而遭放逐
因爲接觸那些曾有過生命的葷腥。
（英譯文出於吉爾伯・穆勒之手，韻脚悉依其原譯。本章內各詩均此。）
——譯者註

歐爾非尤斯的若干石碑在古墓中發現，其內容是對死者靈魂的指行，告訴他如何找尋通往另一世界的道路，以及爲證明自己值得被超度應該說些什麼話。石碑多殘缺不全；最接近完整的一塊石碑有如下的文字：

你在冥府之左可找到一處泉水，
泉水之旁立着一棵白色的柏樹。
從這一泉水有段很遠的路，
但你會在「記憶」之湖濱找到另一泉水，
流出冷水，前面有守護之神
說：「我們是繁星之天與大地所生，
但我們的種是單純來自天上的，你自己知道。
看！我們渴極欲死，快給我

自記憶之湖流出來的冷水。」
他們會把自己要喝的聖水分給你喝，
此後，你就在其他的許多英雄中有一席之地……

另一石碑說：「歡呼吧，你已經受盡了煎熬，你要由人變爲神了。」還有一石碑說：「快樂與有福的人，你將成神，不再是人。」

死後靈魂不應去喝的泉水名爲利齊，喝了就會忘記一切；另一泉水名尼莫辛，則有助於記憶。靈魂在另一世界，如欲獲超度，則不應忘記，相反地，需要獲得一種超人的記憶力。

歐爾非尤斯的信徒是屬於禁慾者的教派；對於他們，酒祇是一種象徵，就如同基督教的聖餐一樣。他們所追尋的迷醉是與神相結合的「熱情」的迷醉。他們相信可以由此獲得不能由普通方法獲得的神秘的知識。就像歐爾非尤斯是巴區斯教的改革者一樣，畢達哥拉斯（Pythagoras）是歐爾非尤斯派的改革者，首先把這種神秘的因素注入希臘的哲學，由畢達哥拉斯傳之於柏拉圖，由柏拉圖傳之於希臘一切帶有任何宗教性的哲學。

凡是歐爾非尤斯派具有影響的地方，都一定保存了某種程度的巴區斯教的因素。其中之一是女權主義，畢達哥拉斯已經談得很多，到柏拉圖，甚至主張婦女在政治上的完全平等權。畢達哥拉斯說：「婦女以其性別而更自然地傾向於虔敬。」另一巴區斯的因素是對暴烈感情的尊崇。希臘悲劇是由膜拜狄奧尼蘇斯的儀式中產生的。尤里披蒂斯特別尊崇歐爾非尤斯教派的兩位主神，巴區斯與伊洛斯

（Eros）。他看不起冷峻的、自以爲是的、行端坐正的人，在他的悲劇中，這類人總是陷於瘋狂，否則就是由於諸神厭惡其褻瀆神祇而使他們陷於悲傷。

希臘人一般的傳統是，他們表現一種可敬的安詳，這使他們可以自外澄定熱情，感覺到它所表現的一切純美，而他們自己則保持冷靜，像神一樣的莊嚴。這是一種片面的觀察。也許荷馬、索弗克里斯（Sophocles 希臘三大悲劇作家之一 495-406B.C.——譯者註）、亞里斯多德是這樣的，但不是那些直接間接受巴區斯教或歐爾非尤斯教派影響的希臘人所能做到的。在伊留昔斯城，當地的神秘主義者建立了雅典國教的最神聖的一部份，在那裏有一首讚美詩唱着：

讓你的酒杯高揚
使你歡樂到瘋狂
來，向伊留昔斯花繁似錦的山谷
來，向巴區斯讚美、歡呼！

在尤里披蒂斯的「巴凱」一劇中梅達茲們（巴區斯的女侍）的合唱表現了一種詩與狂野的貢獻，這和安詳是相反的。他們爲肢解一匹野獸然後四處生啖其肉的歡樂而慶祝。合唱中有這樣的詞句：

啊，興高采烈地在山崗
在疲乏的人羣中暈倒，
當神聖的麂皮貼近

其他的一切都被抛棄，
樂於見到被撕裂的山羊的血漿，
那急速迸發的紅色噴泉
那擄獲野獸的榮耀，
當山巔迎着晨曦的時候
就走向弗雷吉亞與利地亞的山崗
我們跟在巴區斯的身後。

女侍們在山區的舞蹈不僅狂烈，而且是對文明的憂慮與負擔的一種逃避，逃向「非人間」的美妙，享受在野風與星光下的自由。她們以較溫和的語調歌唱着：

那長時間的舞，能否再來？
徹夜的舞，直到星暗光衰。
直到晨露入我喉，清風梳我髮？
直到我們的素足隱約可見在微曦下？
幼鹿奔向青翠的樹林，
獨自在如茵碧草上奔跑；
跳躍而去，不再爲獵人而驚，

逃離了帶來死亡的網罟繒繳。
却仍有遠處傳來的聲音
是來自可怖的追獵的犬羣，
啊，狂野的動作，凶猛而急速，
在山谷與溪流邊追奔——
是快樂，是恐懼，你疾如暴風的足？
你要逃到不受人干擾的幽獨的安樂鄉
靜寂無聲，在綠樹叢中隱藏，
讓你這小動物在看不見的山林裏倘佯。

在重新談論希臘人是「安詳的」以前，試先想像美國費城的貴婦們所表現的嫻靜風度，即使在奧尼爾(Eugene O'Neill)的戲劇中也是如此。

歐爾菲尤斯敎派的信徒並不比未經改革的巴區斯敎徒更爲「安詳」，對於歐爾菲尤斯的信徒，在這個世界上的生命是痛苦的，使人厭倦的。我們注定要墮入無窮盡的生死交替的輪廻裏；我們的生命是屬於星辰的，却被塵世所羈絆。祇有澄淨、自制與禁慾的生活，才能使我們逃脫輪廻而最後獲得與上帝連合的狂喜。這不是現在生活得富足而快樂的人的看法，却很像黑人的宗敎觀：

當我回「家」的時候，

我要把一切的苦惱向上帝傾訴。

不是全部，却是很大一部份的希臘人在與他們自己人作戰時，是熱情的，但並不快樂。一方面受理智支配，一方面又受感情驅策，在想像中，相信有天堂，也相信剛愎自用會墮入地獄。他們有「凡事勿過度」的格言，但事實上，他們在每一件事情上都是過度的——無論是純思想、吟詩、宗教、或罪惡。當他們有偉大成就時，那是感情與理智的結合所造成的。沒有單獨任何一方可以使他們那樣劃時代地改變了這個世界。他們的神話中的典型不是奧林帕斯山的宙斯，而是普洛米修士(Prometheus)，他自天上竊來火種而因此受永恒的懲罰。

假如從整體來觀察希臘人的性格，正如同方才所說的，認爲希臘人的性格是「安詳的」，那是片面的看法。實際上，希臘人有兩種趨勢，一種是熱情的、宗教的、神秘的、屬於另一世界的；另一種是歡樂的、經驗主義的、理性主義的，有興趣獲得各種不同的事實上的知識。希羅多德斯（Herodotus紀元前第五世紀希臘史學家，被稱爲史學之父——譯者註）代表後一種；還有最早期的艾奧尼亞的哲學家們；在某一點上，還有亞里斯多德也可作爲代表。貝洛克（Beloch 1870-1953，美國作家）在描敍歐爾菲尤斯敎派之後說：

「希臘充滿了青年的活力，以致不能普遍接受一種信仰，去否定現在的世界，而把眞正的生命寄託於來世。因此歐爾菲尤斯敎派的思想仍被局限在相當狹小的草創範圍之內，對希臘的國敎並無絲毫影響，卽使在個別的社區也是如此，例如在雅典，就把神秘主義的慶典放進國家的儀式中，並予以法律的保護。整整過了一千年後，這些觀念——披上一種完全不同的神學的外衣，才在希臘世界中獲得勝利。」

這些話似乎渲染過分，特別是關於伊留昔斯城的神秘主義者，這是與歐爾菲尤斯教派具有同一起源的。大體上說來，那些具有宗教氣質的人成爲歐爾菲尤斯教派的信徒，但理性主義者則對此表示輕視。這種情形與十八世紀末十九世紀初英國的美以美會的情形，或有近似之處。

我們多少知道一點，一名受教育的希臘人從父親處學到什麼，但我們極少知道，他在孩提時代從母親處學到什麼，通常她們是大部份被摒棄在男人所享受的文明之外的。受過教育的雅典人，似乎是這樣的，即使在他們的極盛時期，不管他們在公開的有意識的精神生活中，表現得如何有理性，却仍維持自傳統與孩提時代保留下來的原始的思想與發洩感情的方式，而這在他們處於劣境的時候，總是證明可以爲他們帶來勝利的。因此，對希臘外貌的任何單純的分析似乎都是不正確的。

宗教，尤其是奧林帕斯山以外的宗教，對希臘思想的影響直到最近才獲得正確的認識。一部富有革命性的書，珍妮・哈里遜(Jene Harnison)的「希臘的宗教研究」的序言中強調一般希臘人的宗教具有原始和艾奧尼亞的雙重因素；康福德（F.M. Cornford）的「從宗教到哲學」一書曾試圖使研究希臘哲學的人瞭解宗教對哲學家的影響，但他的許多解釋或者他的解釋此一現象的人類學，並不能使人認爲可以完全信賴。我所知道的最公正的說明是約翰・柏奈特（John Burnet）的「早期的希臘哲學」，尤其是第二章——「科學與宗教」。他說，科學與宗教發生衝突，由於「宗教復甦在紀元前第六世紀時風行於希臘」，同時宗教的重心亦自艾奧尼亞西移。他又說：「大陸希臘人的宗教發展了一種和艾奧尼亞不同的方式。尤其是狄奧尼蘇斯的崇拜，起緣於色雷斯，僅在荷馬史詩中曾經提到的，包含了一種嶄新的人與宇宙關係的看法的胚芽。用任何讚揚的目光來看色雷斯人當然是錯誤的；但無可置疑，對於希臘人，極樂狀態卽暗示靈魂不僅是自己的微弱的化身，而且祇有在脫出軀壳之後，才能現出其眞實的本質。……

「希臘宗教似乎將要進入東方宗教已經進入的同一個階段；至於科學的興起，很難知道什麼可以阻止這種趨勢。通常說，希臘人所以免於東方型態的宗教，是由於沒有僧侶制度；但這樣說是倒果爲因的。僧侶制度並不制訂教條，但一經制訂，卽保持不墜；在東方宗教發展的早期，東方人也並不存心要有僧侶制度。並非僧侶制度的『不存在』，而是科學的『存在』，保持了希臘文明。

「新的宗教——在某種意義上是新，在另一種意義上是與人類同時開始——以歐爾非尤斯教派的社區爲基礎，達到其發展的巓峯。據我們所知，這種社區最初開始於阿提卡城，但隨卽以驚人的速度擴展，特別在義大利南部與西西里島。首先他們崇拜狄奧尼蘇斯——酒與戲劇之神，但有兩點是不同的，在希臘人中也是前所未聞的。他們把『啓示』當作宗教權威的來源，同時他們自組人爲的社區。含有這類神學的詩是色雷斯人歐爾非尤斯所寫的，他自己曾進入地獄，因此，他可以安全引導在另一世界的脫離了肉體的靈魂通過各種險阻。」

柏奈特續稱，歐爾非尤斯教派的信仰與同時期在印度流行的信仰，有可驚的相似之處，雖然他堅信這兩者之間不可能有任何接觸。他後來又提到「狂歡」（Orgy）一詞的原來意義，歐爾菲尤斯教派解釋為「聖餐」，目的在淨化信徒的靈魂，使之逃脫生死的輪廻。他們不像奧林帕斯山的崇奉者的祭司們，他們創立了我們稱之為「教會」的組織，也就是宗教的社區，任何人不分種族與性別，都可以獲准受洗；正由於他們的影響，哲學孕育而成為一種生活方式。

（註一）埃及人與巴比倫尼亞人有過算學與幾何學，但主要是實際經驗中得來的。從一般前提中作推理性的論據是由希臘人創始的。

（註二）狄安娜在拉丁文中是阿爾特密斯(Artimes)，希臘文的聖經曾提及此名，英文則據此譯為狄安娜。

（註三）她有一雙胞的兄弟或配偶，稱為「動物的男主人」，但她比較不著名。相當時期以後，阿爾特密斯才被承認為是小亞細亞的「偉大之母」神。

（註四）例如，Gimel，希伯來文的第三個字母，意為駱駝（Camel），形狀為一隻駱駝的習慣化的圖形。

（註五）由於雅典被斯巴達擊敗的結果，波斯人又重新獲得了小亞細亞的全部濱海地區，他們的統治權在安塔昔達斯和議(Peace of Antalcidas 387–386 B.C.)中獲得承認，約五十年後，併入亞歷山大帝國。

第二節　梅里脫斯學派

在每一本為學生而編寫的哲學史中，都首先提到哲學起源於泰利斯，他曾說一切東西都是水做的。這將使初學者失望，因為他們曾努力（或許並不很強烈）使自己能夠照課程所預期的，對哲學懷有敬意。但還是有堅強的理由去尊敬泰利斯的，或許以現代詞彙的意義來說，他毋寧是一位科學家，而非哲學家。

泰利斯出生於梅里脫斯，小亞細亞一個繁盛的商埠，其中有衆多奴隸，而自由人民中，貧富之間也有慘烈的鬪爭。羅斯托弗塞夫在其所著的古代世界史中說：「在梅里脫斯，平民先戰勝了貴族，並屠戮其妻子，後來貴族又戰勝了，乃生焚其敵人，用活人作火炬照亮這個城市的廣場。」在泰利斯的時代，類似的情形普遍發生在小亞細亞大多數的希臘人的城市裏。

梅里脫斯，像艾奧尼亞其他的商埠一樣，在紀元前第七世紀到第六世紀，經濟與政治上有重要的發展。最初，政權屬於擁有土地的貴族，但逐漸爲商人的財閥政治所取代，然後，又爲一個專制君主所取代，而通常此一君主得以獲得權力是由於民主黨派的支持。利地亞王國（Lydia）位於海岸各希臘人的城市之東，但彼此保持友好關係，直到紀元前六百十二年寧伊芙城的陷落爲止（Nineveh，古代敍利亞的首都，其遺跡在伊拉克境內的泰格雷斯河邊——譯者註）。這使利地亞得以自由轉移其注意於西方。但梅城通常都能與利地亞續保友好，尤其和利地亞的最後一代國王克羅伊蘇斯，關係更爲融洽。利地亞於紀元前五百四十六年爲波斯王塞魯斯所滅。梅城與埃及也有重要關係，因爲埃及王需用希臘人作傭兵，並開放若干城市與希臘通商。希臘人首先在埃及安頓下來的處所是爲梅里脫斯軍隊據守的一座堡壘；但最重要的駐屯處所是從紀元前六百一十年到五百六十年這一段時期的達弗奈（Daphnae）。耶利米（Jeremiah 基督教聖經所載希伯來的先知）及其他許多猶太人也由於巴比倫王尼布加筆撒的迫害而避難居此。埃及人對希臘人有影響，猶太人則否。我們也不能認爲耶利米對這些特殊的艾奧尼亞人毫無恐懼之感，而樂與相處。

至於泰利斯的在世年代，我們所知道的最佳證據，是他以預測發生在紀元前五百八十五年的日蝕而著名，這是根據天文學家的紀錄。現在有的其他的一些證據同意他大約在這段時期有過這類預測。但沒有證據證明，他預測日蝕是出於他在這方面的特殊天才。梅城與利地亞結盟，而利地亞與巴比倫尼亞有文化上的關係。巴比倫尼亞的天文學家發現日月蝕每十九年一次。他們可以完全成功地預測月蝕。至於日蝕，則因在此處或能看到在他處則不能的事實而困惑。結果，他們祇能知道，在某某日期，值得去注意有沒有日蝕，泰利斯所能知道的也止於此。他們都不知道日月蝕爲什麼會有週期。

泰利斯據說曾到埃及旅行，因此，就把幾何這門科學傳給希臘人。埃及人所知道的幾何學僅憑實際的經驗，沒有理由相信泰利斯已經做到以推理來作論據的程度，像後來希臘人所做到的一樣。他似乎已發明以陸上的兩點來推算一條海船離岸的距離，或以射影的長度來推算金字塔的高度。其他許多幾何學的定理也歸功於他，但可能是以訛傳訛的。

他是希臘的七大智者之一，每一位都有他一句代表性的名言，根據傳說，他的名言是：「水是最好的。」

據亞里斯多德說，他認爲水是原始的要素，其他的一切都是水組成的；他堅信地是浮在水上的。亞里斯多德並且說，他曾說過磁鐵裏面有靈魂，因爲它能够將鐵移動；還說，一切東西都充滿神性。

萬物皆成於水的說法被認為是一種科學的假定，但絕非愚蠢的假定。二十年前，被接受的一種看法是，萬物成於氫，而氫則佔水的三分之二。希臘人輕於作假定，但梅里脫斯學派至少還準備以經驗來測試。泰利斯是否可能成功地因測試而修改自己的看法，我們知道得太少，但在梅城他的後繼者的成功，卻為世所知，而推測他們的某些成就可以歸功於泰利斯，當屬合理。泰利斯的科學和哲學都是原始的，但却鼓舞了其他人的思想與觀察。

有很多關於他的傳說，但我不認為除我已經提到過的以外，還有更多是為世人所熟悉的。有些故事是有趣的，例如亞里斯多德在「政治學」一書說：「他曾因貧窮而遭叱斥，這似乎表示哲學無用。據說，他因熟稔星象，可以在冬天預測次年橄欖的大豐收；他有了一點錢，就在契阿斯和梅城的倉庫裏囤積了各種榨橄欖油的器具，租倉費很低廉，因為沒有人和他競爭。次年橄欖果然大豐收，對這些器具的需求突然激增，他照他高興要的高價賣出，賺了一大筆錢。他以此告訴世人，哲學家可以隨心所欲地致富，但他們志不在此，而另有所寄。」

亞那齊曼德(Anaximander)是梅里脫斯學派的第二位哲學家，是遠較泰利斯更有趣味的人物。他在世的年代不能確定，但據說他在紀元前五四九年是六十四歲，這大概是接近事實的。他堅信所有的東西都來自單一的主要物質，但不是像泰利斯所說的是水，或其他任何我們所知道的物質。這種物質是無限的，永恆的，無始無終的，而且「包圍了所有的世界」——他認為我們這個世界祇是許多世界中的一個。主要的物質變成我們所熟悉的各種各類的物質，而彼此之間又可以互變。對此，他作了一個很重要的值得注意的宣告：

「物質注定又回復到造成它們的主要物質之內，因爲這些物質由於『不公正』而必須照指定的時間，相互補償與滿足。」

在宇宙與人生兩方面的「公正」的觀念，對希臘的宗教與哲學都有影響，而這一切都不是一個現代人容易瞭解的；「公正」一詞確實不能表達其眞正意義，但又很難找到另一更恰當的詞彙。亞那齊曼德所要表達的意思似乎是：世界上的火、土、水須有一定的比例，每一種元素（想像中都有一個神爲其主宰）永遠在試圖擴展其領域。但有必要或一種自然的規律永遠在作矯正，使其保持平衡；例如，有火即有灰燼，灰燼亦即是土。這種「公正」的觀念——永不踰越固定的界限——是希臘思想中最深刻的部份之一。神像人一樣也要對「公正」服從，但此一至高無上的權力本身是無形的，也不是超越一切的上帝。

亞那齊曼德曾以這種說法來證明主要的物質不可能是水或其他爲人所知的物質，因爲假如其中任何一種是主要的物質，就會征服其他所有的物質。亞里斯多德說他認爲這些爲人所知的物質是彼此相反的。空氣是冷的，水是濕的，火是熱的。「因此，假如其中的任何一種是無限的，其他的物質早就不存在了。」所以，主要物質在宇宙的「物質衝突」中必須是中立的。

有某種永恆的運動，在進行的過程中成爲各種世界的起源。世界不是創造的，如同猶太教或基督教義所說的那樣，而是演變而來的。動物的世界也是演變而成的。當太陽將水蒸發時，動物卽由此一水的因素而形成。人像其他動物一樣，都是魚的後代。但人又必定是起源於某種不同的動物，因爲，幼年期如此之長，原始的人類不可能像現在的人一樣，能够生存得下去。

亞那齊曼德胸中充滿了科學的好奇心。據說他是第一個畫地圖的人。他堅信我們的世界的形狀像一個圓筒，各種紀錄都說他認爲太陽和世界一樣大，或爲世界的二十七八倍。

不管他原始到什麼程度，他總是科學的，理性主義的。

亞那齊曼尼斯（Anaximanes），梅里脫斯學派的最後一位學者，就不如亞那齊曼德那樣有趣。他在世的年代很難稽考，但一定較亞那齊曼德爲後，而且一定在紀元前四百九十四年之前卽已成名，因爲這一年，由於波斯人鎭壓艾奧尼亞人的暴動之故，梅城爲戰火所毁。

他說基本的物質是空氣。靈魂是空氣，火是更活躍的空氣；當凝縮時，最初變成水，再凝縮就變成泥土，最後變成石塊。此一理論的價値在使基本物質的不同含量形成一切不同的物質，完全視其濃縮的程度而定。

他認爲世界的形狀像一面圓桌，而空氣包圍了一切：「就像原本是空氣的靈魂支撑了我們的軀體一樣，風與空氣包圍了整個世界。」似乎大地也在呼吸一樣。

在古代亞那齊曼尼斯所受的敬仰過於亞那齊曼德，雖然幾乎任何現代的人都會作相反的估價。前者對畢達哥拉斯及其後的若干推測有重要的影響。畢達哥拉斯派的學者發現世界是球形的，但是原子論者還是維持亞那齊曼德的看法，其形狀像一個圓盤。

梅里脫斯學派是重要的，其價值不在他們的成就，而在他們的嘗試。這一學派的產生由於希臘思想與巴比倫尼亞、埃及的接觸。梅城是一個富庶的商業城市，由於和許多國家交往，原始的偏見與迷信因而沖淡。艾奧尼亞在文化上是希臘世界中最重要的一部份，直至紀元前第五世紀初葉爲波斯王大流士征服時爲止。它幾乎沒有接觸到與巴區斯及歐爾菲尤斯有關的宗教活動；其宗教仍是屬於奧林帕斯山的，但似乎也並不十分認眞。泰利斯、亞那齊曼德、與亞那齊曼尼斯的推測應被認爲是科學的假定，極少表現任何神人共有的慾望與道德觀念的不正當的侵入。他們所問的問題是很切當的，他們的思想活力鼓舞了後繼的研究者。

希臘哲學的次一階段，與義大利南部的希臘城市關係密切，具有更濃厚的宗教性，特別是更傾向於歐爾菲尤斯教派，在某些方面，更有趣味，其成就更值得敬仰，但比梅里脫斯學派較少科學的精神。

第三節　畢達哥拉斯

本節要敍述的是畢達哥拉斯（Pythagoras）對古代與現代的影響。畢達哥拉斯在知識上是自有生民以來最重要的人物之一，不管是衡量他所做的明智或不明智的事。數學以實驗的推理爲論據，他是創始者。數學對哲學的影響，一部份是由於他的關係。自他的時代起，其影響既深切而又不幸。

讓我們先就所知的一點資料，敍述他的生活。他出生於薩摩斯島（Samos 在土耳其以西，屬希臘），約在紀元前五三二年前後成名，有人說他是重要公民厄薩科斯之子，又有人說他是阿波羅神之子，究竟如何，留給讀者自己去選擇吧。在他的時代，薩摩斯被專制者波利克雷斯——一個老惡棍所統治，他成爲鉅富，並擁有龐大的海軍。

薩摩斯是梅里脫斯的商業轉口站；其貿易遠至於西班牙的塔爾特昔蘇斯——以礦產著稱的地方。波利克雷斯成爲薩摩斯島的統治者約在紀元前五三五年左右，到紀元前五一五年爲止。他不甚爲道德的顧忌而困擾。他驅逐了他的兩個兄弟，最初他們曾和他在專制上合作。他的海軍大部份用於海上掠奪。他因梅里脫斯屈服於波斯而得利。爲了阻遏波斯進一步的向西擴張，他就與埃及王阿瑪昔斯結盟。但當坎庇昔斯（波斯王）盡全力以圖征服埃及時，波利克雷斯知道波斯王會獲勝，乃轉而與埃及爲敵，派遣了一支爲他的政敵所組成的艦隊去攻打埃及；這支艦隊又中途叛變，回航薩摩斯去進攻波利克雷斯。他雖將叛變敉平，但最後終由於他自己的貪財助人叛國而滅亡。波斯薩爾德斯的省長向他表示要反叛波斯王，願付一大筆金錢以期獲得他的協助，他因此赴亞洲大陸面洽，却被波斯王的手下捕獲，釘死在十字架上。

波利克雷斯是藝術的贊助者，以精緻的藝術品放置在通衢而美化了薩摩斯島。亞奈克雷昂（Anacreon 572-488 B.C.）即是他的宮廷詩人。畢達哥拉斯不喜歡他的政府而離開了薩摩斯。據說，他去過埃及，在那裏學到了許多智慧的言行；不論是否如此，我們確知，他最後定居於義大利南部的克羅頓城。

義大利南部希臘人的城市，亦如薩摩斯島與梅里脫斯一樣，富足而繁榮；而且沒有被波斯侵犯的危險（註一）。最大的兩座城市爲塞巴雷斯與克羅頓。前者以奢侈著稱，據狄奧多魯斯說，在其極盛時期，人口達三十萬，但不免有所誇張。克羅頓的幅員略如塞巴雷斯，兩座城市皆依存於艾奧尼亞商品對義大利的輸入，部份用於在義大利的消費，部份轉口運輸到高盧與西班牙的西岸。在義大利的各希臘人的城市相互激戰不已。當畢達哥拉斯到達克羅頓時，正當爲洛克雷城所敗。他到達後不久，克羅頓城又在與塞巴雷斯城的戰爭中大獲全勝，並將後者徹底毀滅（510B.C.）。塞巴雷斯曾與梅里脫斯有密切的商業關係。克羅頓則以醫藥著稱；某一藥販先後成爲波利克雷斯與大流士王的御醫。

畢氏在克羅頓城創立了一個他的信徒社團，有一段時期在本城頗具影響力。但最後，市民轉而反對他，使他不得不遷避到米塔彭申（也在義大利南部），最後卽在此逝世。他死後不久被渲染爲一個神話性的人物，具有神蹟與魔法，但他也是數理學派的鼻祖（註二）。兩種相反的傳說爲他而爭辯，但很難獲致結論。

畢氏是歷史上最有趣也是最使人困惑的人物之一。不僅有關他的傳說幾乎是一種難解難分的眞與僞的混合，而且卽使留給我們的看起來最單純最少爭辯的傳說，也使我們發生一種怪誕的感覺。他也許被描敍爲大體上是愛因斯坦與艾廸夫人（Mrs. Mary Baker Eddy 1821–1910，美國基督敎科學敎派的創始人——譯者註）的聯合。他創立了一個宗敎，其主要的敎義是靈魂轉世與食豆類有罪。他的宗敎以一種敎規而獲體現，並以此在各處控制了國家的權力，並制訂若干聖者應遵守的戒條。但不虔誠的信徒渴望食豆，先後叛教而去。

某些畢氏教派教規的戒條如下：

一、不食豆類。

二、不拾起落下的菓子。

三、不接觸白色的公鷄。

四、不撕裂麵包。

五、不跨越一塊橫木。

六、不以鐵器撥火。

七、不在整塊長麵包上咬食。

八、不在花園中採摘。

九、不坐在夸特的容器上。

十、不吃動物的心臟。

十一、不在大道上步行。

十二、不讓燕子在屋頂上築巢。

十三、當燒罐自火中取出時，勿在灰燼中留下痕跡，須將灰燼攪和。

十四、不在燭光前照鏡子。

十五、當你脫睡衣起床時，將睡衣捲好，把睡時肉體上印紋弄平整。

所有的這些戒條都屬於原始的禁忌觀念。

康福在他的「從宗教到哲學」一書中說：「畢氏學派代表了神秘傳統的主流，我們認爲這是和科學的趨勢相反的。」他認爲巴曼尼德斯（Parmenedes），他稱之爲「邏輯學的發明人」的，是「畢氏學派的旁支，柏拉圖自認以義大利哲學爲其靈感的泉源。」他說畢氏學派是歐爾非尤斯敎派的改革運動，而歐爾非尤斯敎派又是對崇拜狄奧尼蘇斯者的改革運動。貫串於全部歷史的理性與神秘的衝突，首先出現於希臘人之間，卽奧林帕斯諸神與其他較野蠻的諸神的衝突，後者據人類學者研究，與原始信仰有更密切的關係。在此一領域內，畢氏是站在神秘主義這一邊的，雖然他的神秘主義具有一種特別的學術性。他自稱具有近似神的品性，他似乎說過「有人，有神，也有半神半人，像畢達哥拉斯這樣。」康福說，他所鼓舞的一切制度「皆傾向於另一世界，置一切價值於目不能見的與上帝的結合上，而貶抑這個可見的世界爲虛假的幻象，由於一種錯亂的媒介，使天上的光采被遮斷隱沒在濃霧與黑暗之中。」

狄凱亞科斯說，畢氏的敎義是：「首先，靈魂不死，而祇是轉移進入另一種有生命的東西之內，並且，無論轉生爲何物，都在固定週期的輪廻中，沒有什麼是絕對新生的；對一切帶有生命的東西皆應以親族相待。」據說，畢氏像聖法蘭昔斯一樣，曾向動物講道。

在他所創立的社團裏，男女獲平等待遇；財產公有，生活方式一致。卽使科學與數學的發明也必須認爲是屬於集體的，而雖在畢氏死後，仍具有神秘的約束力。米塔彭中城的希派索斯違犯了這個規定，結果遇船難而死，認爲這是他不忠所受的神譴。

所有的這些與數學何關？首先，此與某種道德的方法有關，這種方法讚揚默想的生活。對此，柏奈特在「早期的希臘哲學」一書中描敍這種思想說：

「我們是這個世界的過客，身體是靈魂的墳墓，但我們不應以自殺來尋求逃避；因爲我們是上帝的『動產』，上帝是我們的『牧人』，沒有祂的命令，我們無權自求解脫。在今世的生活中，有三種不同的人，正如到奧林匹克競技大會來的，也有三種不同的人一樣。最低級是那些來買來賣的人，較高一級的是來競賽的。最高級的人祇是來觀察的。因此，最偉大的淨化是公正無私的科學，獻身於此者是眞正的哲學家，他能够最有效地使自己脫離『生的輪廻』。」

字義的變化常常是有益的。我曾在前面提到「狂歡」一詞；現在我願意再談論「理論」(Theory)一詞。這原本是歐爾菲尤斯派的詞彙，康福解釋爲「熱情與同情的默想」。在這個階段，他說：「觀察者與痛苦的神結爲一體，神死他也死，神再生他也復活。」在畢氏看來，「熱情與同情的默想」是學術性的，分佈於數學的知識中。由於畢氏學派的闡釋，「理論」逐漸變成現代所指的意義，但對於所有受畢氏鼓舞的人，仍保持一種狂喜的啓發的因素。對於那些在學校勉強學了一些數學的人，這種感覺是不會有的，但對於那些曾經驗過數學所時常給予的豁然貫通的如醉如狂的喜樂的人，對於那些愛好這種感覺的人，畢氏的看法即使是不眞實的也是完全自然的。經驗派的哲學家似乎祇是物質的奴隸，但純推理的數學家，就像音樂家一樣，是他自己的有秩序而美妙的世界的自由創造者。

在柏奈特對畢氏學派的評估中，觀察與現代價值相反的事情，當饒有興味。在足球比賽中，現代人認爲球員比觀衆偉大。至於國家，也與此類似，他們尊敬那些在政壇角逐的政客，而不是那些僅作旁觀的人。價值的變化與社會制度的變化有關——戰士、紳士、財閥、獨裁者，各有其自己的眞與善的標準。紳士在哲學理論上佔長期的支配地位，因爲他們和希臘的才士們是二位一體的，因爲沉思的美德獲得了神學的支持，因爲公正無私的眞理使學術生活受人尊仰。紳士的定義是社會中享有平等的一份子，這些人是靠奴隸的勞動而生活的，或者說這些勞動者的卑賤地位是沒有人加以懷疑的。必須注意此項定義也包括聖者與哲人在內，這些人毋寧是生活於默想，而非生活於積極的行動。

現代眞理的定義，諸如實用主義與功利主義，毋寧是實際的，而非默想的，爲工業制度所鼓舞，而是反對貴族制度的。

無論對一個容忍奴隸的社會作如何想法，我們之有純推理數學，總算是受賜於上面所說的紳士的。默想引發創造純推理的數學，是一種很有用的活動；因此增加了它的聲望，使它在神學、倫理、哲學方面受到重視，否則就不會有這樣的成功。

解釋畢氏有兩方面的看法：把他當作宗教的預言家，或純推理的數學家。他在兩方面，都有不可估計的影響力，而這兩者並不那樣相互隔離，像現代的所想像的那樣。大多數的科學，在開始時，與若干虛僞信仰的形式有關，給科學以一種虛構的價值。例如，天文學與占星術有關，化學與煉金術有關。數學則與一種更易於掩飾的錯誤有關。數學知識似較確定，且適用於現實的世界；可以僅由思考而形成，而不必經過觀察。結果，數學被認爲是供給一種理想的學問，日常經驗的知識因此而貶值。在數學的基礎上，思考重於感覺，直覺重於觀察。假如感覺的世界不能適合於數學，則感覺必定有錯誤。他們從各方面去尋求接近數學理想的方法，結果表示，形而上學與認識論具有許多錯誤，此一哲學的型態卽開始於畢氏。

每一個人都知道，畢氏曾說過：「一切東西都是數字。」這種說法，以現代方式來解釋，是邏輯上的荒謬，但以他的解釋來說，却並非全然荒謬。他發現了數字在音樂上的重要性，他所建立的音樂與算學的關係，至今尙保存在數學的名詞中如「調和函數」與「調和級數」之類。當形狀表現於骰子與紙牌時，他把數字當成形狀。我們現在仍說數字的平方與立方，這些名詞都是由他而來的。他也提到長方形的數字、三角形的數字、金字塔形的數字等等。至於小圓石的數字（或者在我們說是圓球更爲自然）要變成形狀，則有問題。他假定世界是原子組成的，身體是分子產生的，而分子又是各種型態的原子組成的。他希望由此使算學如同硏究美學一樣地成爲硏究物理學的基礎。

畢氏或其門徒最偉大的發現是有關直角三角形的定理。卽連接直角的兩邊的平方等於另一斜邊的平方。埃及人早已知道一個三邊爲 3, 4, 5 的三角形必定有一個直角，但顯然是希臘人首先觀察到 $3^2 + 4^2 = 5^2$，由此發明一普遍性的定理。

不幸地，畢氏定理立卽促使發現「無公共因子」的情形，這似乎推翻了他的全部哲學。在一個二等邊的三角形中，斜線的平方應爲任何一邊的兩倍。假如每邊爲一吋長，則斜邊是多長呢？假定其長度爲 m/n 吋，則 $m^2/n^2=2$。假如 m 與 n 有一共同因子，則除後，如非 m 卽 n 一定是奇數的。現在 $m^2=n^2$，所以 m^2 是偶數，n^2 是奇數。假定 $m=2p$，則 $4p^2=2n^2$，$n^2=2p^2$，因此 n 是偶數，與斜邊相反。因此，m/n 不可能以分數來衡量斜邊。以上的證明主要見之於歐幾利得的著作。(註三)

此一理論證明，無論我們用什麼長度的單位，有些長度與單位並無精確的關係，因爲沒有兩個整數的 m, n, 以 m 來測定未知的長度，卽是以 n 來測定單位。這些理論使希臘的數學家相信，幾何學必須在算學之外，獨立存在。柏拉圖的對話錄中，有若干章節中證明在他的時代，幾何學已經得到獨立的地位；其獨立體系是由歐幾利得完成的。在其著作的第二卷中，以幾何學證明的許多東西我們應該用代數學來證明，例如 $(a+b)^2=a^2+2ab+b^2$。由於缺乏「共同因子」的困難，他才認爲走這個方向是必要的。這同樣適用於他在第五六兩卷對「比例」的處理。整個體系給予一種邏輯上的喜悅，與十九世紀數學家的嚴酷逈不相同。祇要「無共同因子」的精確的算學理論不存在，歐幾利得的方法是在幾何學中可能找到的最好的方法。當笛卡兒發明配合的幾何學時，算學又藉此取得超越地位。他假定有解決「無公共因子」問題的可能性，但在他的有生之年，並沒有找到解決的辦法。

幾何學對哲學與科學方法的影響是深刻的。由希臘人建立的幾何學，開始於公認的原理，它是(或被認爲是)不辨自明的，然後以推理的方法前進，達成某些定理，但早已不是「不辨自明」的了。公認原理與定理在經驗所給予的實際情況中被證明爲眞實的，因此，卽有可能在現實的世界中有所發現，最初由於注意「不辨自明」的事情，然後用推理去達成。此一觀點影響柏拉圖與康德及大多數的哲學家。當美國獨立宣言說：「我堅信這些眞理是不辨自明的，」這是以歐幾利得的思想爲典範的。十八世紀天賦人權的思想是在政治上尋求歐幾利得的原理（註四）。牛頓定律的形式，雖屬公認的經驗的物理，但仍完全受歐幾利得原理的支配。神學以其純學院派的形態，也出於同樣的淵源。個人的宗教起源於「狂喜」，神學則起源於數學；而這兩者都存在於畢氏的學說中。

我認爲數學是相信永恆與絕對的眞理的來源，也是相信超感覺的理性世界的來源。幾何學尋求「絕對的圓」，但任何能够感覺到的東西都不是絕對圓的，不管我們如何謹愼地用我們的兩脚規，畫出來的圓總有一些地方是不完整與不規則的。這顯示一切絕對的推理祇適用於理想，但不適於能够感覺的物件。這是很自然的，進一步探討，則認爲思想比感覺高貴，思想中的事物較感覺到的事物更爲眞實。神秘主義的思想諸如時間與永恆的關係也由於純數學而加強，因爲數學的對象，例如數字，假如全是眞的，也必定是永恆的，而不是暫時性的。這些永恆之物可被信爲是上帝的思想。因此柏拉圖認爲上帝是一位幾何學家，傑恩斯爵士（Sir James Jeans 1877-1946 英國數學家，物理家及天文家——譯者註）相信上帝窮研算學。理性的而非神所啓示的宗教，自畢氏開始，更顯著的自柏拉圖開始，即完全受數學與數學的方法所支配。

始自畢氏的數學與哲學的結合，成爲希臘的宗教哲學的特徵，這在中世紀、現代以至於康德，亦復如此。在畢氏以前的歐爾非尤斯教派是類似亞洲的神秘主義。但在柏拉圖、聖奧古斯丁、湯瑪士·

阿奎那、笛卡兒、斯賓諾莎與康德，宗教與理性已有密切的調和，對永恆存在的眞理發生邏輯上的崇敬與道德上的渴望，（這是起源於畢氏的），使歐洲的理智化的神學與亞洲的更率眞粗野的神秘主義隔離。畢氏學派的錯誤在何處，直到最近才有可能作明白的指摘。我不知還有其他任何人，在思想領域內的影響，可與畢氏相提並論。我所以這樣說，是因爲柏拉圖思想所表現的，當加以分析後，其主要成份皆可在畢氏學說中見其淵源。對一個永恆世界的全部信仰，由理智而非感覺顯示，也是從畢氏開始的。沒有他，基督徒不會根據聖經去考量基督，沒有他，神學家不會去尋求上帝與不朽的邏輯的證明。但這一切在他的學說裏仍是含混的，後來如何演變爲明確的信念，則將在後文敍述。

（註一）西西里島的希臘城市有受迦太基人侵犯的危險，但在義大利，此一危險並不認爲是緊迫的。

（註二）亞里斯多德曾說他「最初致力於數學與算學，後來有一段時期，屈身從非雷昔德斯學習巫術。」

（註三）不是出於歐幾利得，可參閱希斯所著「希臘的數學」。柏拉圖可能知悉上述的證明。

（註四）美國的佛蘭克林以傑斐遜的「神聖與不可侵犯」代替了「不辨自明」一詞。

第四節　赫拉克里特斯

現在對希臘人的兩種相反的態度頗爲流行。一種是，實際上自文藝復興到最近都是非常普遍的，以幾乎近於迷信的崇仰來看希臘人，認爲他們是一切最好的東西的發明人，是超人的天才，是現代人不可能企及的。另一種態度，則爲科學發達與一種對進步的樂觀信念所鼓舞，認爲古希臘人的權威是一場惡夢，堅信大部份他們對思想所提供的，現在最好都置諸腦後。我自己不能贊成任何一面極端的看法；我的意思是，每一方面都有部份對的，也都有部份錯的。在進一步作詳細分析之前，容試舉何種智慧，我們仍可得自希臘思想的研究。

對於宇宙的本質與結構，可能有各種各類的假定。形而上學的進步（一直存在至今），逐漸使所有的這些假定局限於某一範圍之內，發掘其含意，把每一種重新加以系統性的說明，以應付各種互爲牴觸的假定的信徒們的反對。按照每一種假定的體系去學習對宇宙的認識，有馳騁想像的歡樂與一種解除教條束縛的自由。而且，卽使沒有一種假定可供實驗，但如能發現究爲何種因素促成每一種假定，而使其本身與已知的事實符合一致，也就是眞正的知識。幾乎一切支配現代哲學的假定都起源於希臘人的思想；他們在抽象的事情上富於想像的創造力，應該得到最高的讚譽。我對於希臘人所能說的，主要是出於這種觀點；我認爲他們創造了某種理論，有獨立的生命與發展，雖然最初略嫌幼稚，但後來證明能够在兩千年以上的時間繼續生存而繼續發展。

希臘人並且還有其他方面的貢獻，證明抽象觀念更具永恆的價值：他們發明了數學與推理的方法。尤其幾何學是希臘人的發明，沒有幾何學，現代科學是不可能的。但與數學有關的，希臘天才們的片面之見似乎是，從看來「不辨自明」的事情加以推理性的思考，而非根據觀察所得加以歸納性的判斷。運用此一方法的驚人成功不僅將古代世界、也將大部份的現代世界引入歧途。經過一段很緩慢的過程，科學方法，也就是從觀察特殊事實以歸納來尋求原則的方法，才代替了希臘人的出於哲學家構想的信念，相信來自明白的公認原理的推斷。因此（尙有其他原因），以迷信式的崇仰來對待希臘人是錯誤的。雖然其中少數希臘人首先對科學方法略有所知，但以整體而言，科學距離他們精神上的氣質，仍是很遠的，而試圖以輕視最近四百年來的知識進步來讚美希臘人，對現代思想則有阻礙的作用。

反對崇仰，無論對希臘人或其他任何人，還有一更普遍的論據。研究一位哲學家，正確的態度是既不崇仰也不輕視，但首先要抱一種假想的同情，一直到能够確知在他的理論中有什麼是似乎可以相信的，然後才能恢復批判的態度，儘可能類似一個放棄成見的人的心理。輕視會干擾此一研究過程的前一部份，而崇仰則妨礙其後一部份。必須記住兩點：一個人的意見或理論如值得研究，應先假定其必有幾分才智；但無人曾經找到過在任何論題上的完全與最後的眞理。當一位智者表示一項意見，在我們看起來顯然是荒謬的時候，我們不應該試圖證明其或者有幾分道理，而應該試圖瞭解爲什麼曾經看起來好像有道理。這種歷史的與心理想像的訓練可以立卽擴大我們思想的領域，幫助我們瞭解，對於一個具有不同的精神氣質的時代，我們自己所堅持的許多偏見又是如何的愚蠢。

在畢達哥拉斯與本節所要討論的赫拉克里特斯之間，還另有一位次要的哲學家，名爲芝諾芬尼斯。其在世年代不詳，但大體可以由以下的事實推斷，卽他的著作裏提到過畢達哥拉斯，而赫拉克里特斯的著作裏提到過他。他生於艾奧尼亞，大部份的時間生活於義大利的南部。他相信一切東西都是水和土做成的。至於對神的看法，他是一個非常驚人的自由思想者。他說：「荷馬與希昔奧德（紀元前八世紀之希臘詩人）把人類一切可恥與不名譽的事情，偷盜、通姦、欺騙等等，都歸罪於神……人類認爲神也像人一樣是父母所生的，像人一樣穿衣服，有聲有形，……是的，假如牛、馬、或者獅子有一雙手，一雙可以繪畫的手，可以像人一樣製作藝術品，馬繪出的神的形狀一定像馬，牛繪出來的一定像牛，把牠們的身體畫成各種不同的形態。衣索比亞人使他們的神變成黑膚和扁鼻子的；泰爾人說他們的神是藍服和紅髮的。」他相信祇有一個神，形狀與思想都不相同於人——「不需辛勞終日，祇需以精神的力量卽可自然支配一切。」芝諾芬尼斯嘲笑畢氏學派的靈魂轉生的理論說：「他們說有一次，他（畢氏）經過的地方，有一條狗正受人鞭打，他就說：『停下來，不要打牠！牠的前身是一位朋友，當我聽到牠叫的聲音時，就已經知道了。』」他認爲要確認神學上所說的眞實性是不可能的。「沒有人知道什麼是確定的眞理，也不會有人確知神以及我說到的一切有關的事情。卽使有人碰巧說了一些完全對的道理，他自己仍然不知道——除猜測之外，什麼都沒有。」

芝諾芬尼斯在繼承反對畢氏等神秘主義趨勢的理性主義者之中，自有其地位，但以一個自由思想者而言，他不算是第一流的。

我們知道，要分辨畢氏和他的門徒之間思想上的區別是非常困難的。雖然畢氏自己的時代很早，但其學派的影響主要還是對於後起的哲學家。其中有一位，他所發明的理論對現在仍有影響的是赫拉克里特斯。他約在紀元前五百年前後成名。關於他的生活情形，我們知道得太少，祇知道他是伊非蘇斯城的一位貴族。他之所以在當時著名主要是由於他的理論——一切東西都在不斷變遷之中，但我們知道・這祇是形而上學的一部份而已。

赫氏雖是艾奧尼亞人，但並未承襲梅里脫斯人的科學傳統。他是神秘主義者，但屬於很特殊的一類。他認爲火是基本的物質；一切東西，像火焰一樣，是由於其他東西的消滅而產生的。他說：「人卽是神，神卽是人，人生於他人之死，而死於他人之生。」在宇宙中有統一，但這種統一是由相反的東西的連合而形成的。他說：「萬有成於一，一成於萬有。」但許多東西都沒有像「一」那樣眞實，那就是上帝。

從他所存留下的著作來看，他似非和藹可親的人。他慣於輕視別人，這種性格和民主生活方式是相反的。他談到他的同城公民時說：「伊非蘇斯的每一個成年人，最好都上吊自殺，把這座城市留給尚未生鬚的少年們；因爲他們把赫莫多拉斯——他們之中最好的人趕走了，他們說：『我們不要在我們之中有最好的人，假如有這種人，讓他到別處去，和別人在一起吧。』」他對所有著名的前輩人物都有惡評：「荷馬應該提出來加以鞭打。」「在所有我所聽過的演說裏，沒有一個人能够瞭解智慧是不同於其他一切東西的。」「學習許多東西祇是食而不化，否則就是教以希昔奧德、畢達哥拉斯、芝諾芬尼斯、希卡泰厄斯的一大堆理論。」「畢達哥拉斯自稱有智慧，實際上祇是一大堆知識加上一種加以玩弄的藝術而已。」唯一不受他譴責的人是條塔默斯（Teutamus），當我們研究其原因時，發現條塔默斯曾說過：「大多數的人是壞蛋。」

他對於人類的輕視使他認爲祇有力量會驅迫他們爲自己的利益而行動。他說：「每一條牲畜都是在鞭策之下到草地去的。」他又說：「驢寧願要草，而不要黃金。」

或許可以預期到的，赫氏崇信戰爭。他說：「戰爭是萬有之父，萬有之王；某些戰爭創造神，某些戰爭創造人物，某些人因此被禁錮，某些人因此而獲自由。」他又說：「荷馬的話是錯的：『讓人神之中的鬪爭消逝吧！』荷馬不知道他正在祈求宇宙的毀滅；因爲，假如他的祈禱實現了，所有的一切都完了。」他還說：「我們必須知道，戰爭使人團結，鬪爭是正當的，萬物由鬪爭而生，由鬪爭而死。」

他所持的道德是一種自傲的苦行主義，很像尼采。他認爲靈魂是火與水的混合體，火是高貴的，而水是卑賤的。他把火佔大部份的靈魂稱爲「乾」的，而「乾的靈魂是最好的最聰明的。」「享樂使靈魂潮濕」「當一個人喝醉了，由一個無鬚的少年攙扶着，搖搖擺擺地，不知道自己的脚踏在什麼地方，就使他的靈魂潮濕了。」「死亡使靈魂變水。」「與人心的慾念爲戰是困難的。不管這慾念希望得到什麼，都是以靈魂爲代價去交換的。」「人們得到一切他們所希望得到的是不好的。」可以說赫氏重視由自制得來的力量，而鄙視足以分心喪志的情慾。

赫氏對當時宗教，至少對巴區斯教的態度大體上是懷有敵意的，但並不敵視科學的理性主義者。他有他自己的宗教，對當時的神學，一部份解釋其意義，使符合他自己的思想，一部份則以非常輕蔑的態度加以否定。他被康福稱爲巴區斯教徒，又被弗萊德雷爾認爲是神秘的宗教儀式的詮釋者。我不認爲關於這方面的片言斷句可以代表他的看法。例如他說：「在人前舉行的神秘的宗教儀式都是邪惡的。」這暗示在他心目中也可能有不邪惡的神秘的和當時的事實大不相同的宗教儀式。假如他在傳道時不用太多的粗俗的語言，他一定成爲一名宗教改革者。

以下是他現存的全部語錄，足以表現他對當時神學的態度：

神傳諭於德爾菲神殿，既不明說亦不隱藏其意義，祇用徵兆來表示。

昔柏爾（古希臘的女巫）口中發出囈語，說些索然寡味的事情，卸去華麗而傖俗的衣服，身上未抹香水，因爲神在她的身體中，她的聲音可以保留到一千年以上。

靈魂在地獄中腐壞。

死得愈壯烈，其地位也愈高（死後成神）。

夢遊者、魔法師、巴區斯教的祭司、守着大酒桶的女祭司、神秘的宗教儀式的販賣者，都是一丘之貉。

在人前舉行的神秘的宗教儀式都是邪惡的。

他們向神像祈禱，就像向一個人的屋子說話，而不知道這屋子裏所供的神或英雄是誰。

假如他們不是爲了狄奧尼蘇斯，作了一次遊行，並唱出可恥的崇拜陽物的讚美詩，他們會做出最不知羞恥的行爲。他們爲崇仰狄奧尼蘇斯而瘋狂，而舉行大酒桶的宴會，地獄裏也是同樣的情形。

他們以血來污染自己，用這種方式來淨化自己的靈魂是徒勞無益的，就如同一個人踏入泥土中，又想在泥土中洗淸自己的脚。任何人曾做出這種事情，就可以認爲他瘋了。

赫拉克里特斯相信火是最基本的元素，其他萬物皆由此而生。讀者當能記憶，泰利斯認爲萬物成於水；亞那齊曼尼斯認爲空氣是原始因素；赫氏則以火爲基本元素。最後恩貝多克利斯（Empedocles紀元前第五世紀的希臘哲學家）建議作一政治家式的妥協，允許四種基本元素並存，土、空氣、火與水。古代的化學卽以此爲止境，在科學上不再有進步，直到回敎的煉丹者着手尋求「哲學家的寶石」、長生不老的藥酒、與化銅鐵爲金的煉金術。

赫氏的形而上學具有充分的想像力，可以滿足大多數的忙碌的現代人：

「這個世界和其他所有的世界一樣，並非任何一個神或人所創造，過去是、現在是，將來也是一團永恆存在的火。火，有方法加以點燃，也有方法加以熄滅。」

「火的變形，首先是海；海的一半是地，一半是旋風。」

在這個世界中，永恆的變是可以預期的，而永恆的變也就是赫氏所信仰的。

他有另一種理論，甚至比永恆的變遷討論得更多；這就是「相反相成」的理論。他說：「人不知道如何化異爲同，這是一種相反的緊張狀態的調和，就像弓弦和七絃琴的情形一樣。」他崇信鬬爭與此一理論有關，因爲在鬬爭中，相反的雙方聯合產生一種運動，那就是調和。在宇宙中有統一，但這種統一是由紛歧產生的結果：

「對偶可以是一整體，也可以不是。調和使之結合，不調和使之隔離。萬有成於一，而一成於萬有。」

有時他所說的，一若統一更在紛歧之先：

「善與惡爲一事。」

「在上帝看來，一切事情是公平的、善良的、正當的，但人却堅持某些事情錯，某些事情對。」

「走上坡與走下坡是相同的。」

「上帝存在於晝與夜、多與夏、戰與和、飽與饑；祂祇是以各種各類的形式存在，就像火一樣，用以薰燔各種香料時，就以其所散發的氣味命名。」

但是，假如沒有相反的東西去聯合，就不會有統一，所以：「相反對我們是有用的。」

此一理論孕育了由相反的綜合而產生的黑格爾哲學。

赫氏的形而上學，一如亞那齊曼德的形而上學，是受一種「天道至公」的理論所支配的，防制相反的任何一方在鬪爭中完全獲勝。

「萬物與火互變，火與萬物互變，甚至就像首飾化爲黃金，黃金也化爲首飾一樣。」

「火生於氣滅，氣生於火滅；水生而土化，土生而水化。」

「太陽不會踰越其範圍；倘有踰越，愛爾妮斯——『公正』的侍女就會查得出來。」

「我們必須知道戰爭是一切人所共有的，鬪爭是正當的。」

赫氏一再提到「上帝」，以示有別於「諸神」。「人的道路沒有智慧，但上帝的道路就有智慧……上帝稱人爲孩子，就像人稱他的兒女一樣……最聰明的人比起上帝來也祇是一個猿猴，正如同最漂亮的猿猴和人比起來還是醜陋的。」

上帝無疑是「天道至公」的實際體現。

萬物皆在變遷中是赫氏最著名的學說，根據柏拉圖「論戲劇」一書所說的，也是赫氏門徒們最強調的學說。

「你不可能向同樣一條河踏入兩次，因爲永遠有新的水流過。」

「每天的太陽都不同。」

他對於「一切在變」的信念表現於他的名言「萬物皆在流動。」但這可能祇是傳說而已，像華盛頓的「父親，我不能說謊」，威靈頓的「兵士們，衝上去，對準敵人。」他的著作，像柏拉圖以前所有的哲學家一樣，祇是因爲被引用而流傳下來的，而且大部份是柏拉圖與亞里斯多德爲了要反駁他才引用的。當想到假如有任何現代的哲學家，僅由於他的反對者的爭辯而爲世所知，他將變成什麼樣的人物，就可以知道蘇格拉底以前的哲學家是如何値得尊敬了，因爲卽使被他們的敵人所散佈的毒霧所籠罩，他們看起來仍然如此偉大。但柏拉圖或許同意他所說的「無物一如過去，萬物皆在變遷中」，亞里斯多德或許同意他所說的「沒有什麼是固定不變的。」

我應該再反顧柏拉圖與赫氏理論的關係，他大體上是要駁斥此一理論的。現在，暫時不去查考哲學對其評價如何，而是詩人對之作何感觸，科學界的人作如何的說法。

尋求某些可以永恆存在的道理是引人走向哲學的最強烈的本能之一。無疑地，這是起源於對家庭的愛與逃離危險的欲望；因此，我們發現，最容易受災難突襲的生命，也最富熱情。宗教以兩種形式尋求永恆，上帝與不朽。在上帝那裏，沒有可變性，也沒有變的預兆；死後的生命也是永恆而不變的。十九世紀的歡樂使人轉而反對這些靜止的觀念，而現代自由主義的神學相信天國也在進步而神性也在演變。但即使在變的觀念中，也有某些是永恆的，例如永恆的進步及其固有不變的目標。一次災難可使人類的希望回復到古老的超現世的想法：假如生活在這個世界上是絕望的，則祇能向天國尋求安寧了。

詩人們爲冲走一切他心愛之物的「時間」的威力而哀傷。

時間在剝削年輕人壯美的身肌
催使佳人的柳眉凋落
呑食了原野上的一切珍奇
什麼都已不在，祇留下荒草待割。

他們總是加上一點希望，希望他們自己的詩句是不朽的。

但願我的詩句長存不朽，
值得你讚揚，儘管時間有雙殘酷的手。

這祇是一種習慣性的文字的自誇而已。

哲學傾向神秘，不能否定任何東西在時間上都祇是過渡的，但發明了一種永恆的觀念，雖不能在無窮盡的時間內保持，卻能在整個的時間過程之外生存。根據某些神學家如英芝（Dean Inge）的說法，永恆的生命並不意指未來的所有時間都能存在，而是完全脫離時間而獨立的存在，其中無「前」無「後」，因此，在邏輯上卽無改變的可能。渥恩（Henry Vaughan 1622-1696 英國詩人——譯者註）曾以詩句表達此一觀念：

我見到永恆，時夜方闌，
像純白無極的偉大光環，
萬有俱寂，當它的光華燦爛；
「時間」以時、以日、以年，

圍繞着，為天體所牽；
像在移動的巨大影子裏，
世界及其所載一切都被拋棄。

若干最著名的哲學體系曾試圖以淸晰的散文來表達這個觀念，耐心尋求什麼理由可以促使我們予以相信。

赫氏自己在他的「變的信念」之外，也容許某些東西可以永存。永恆的觀念（這和無窮盡的時間是相反的），來自巴曼尼德斯（Parmenides），不是來自赫氏的學說。他認為「中心之火」永不熄滅：「世界過去是、現在是、將來也是一團永遠燃燒着的火。」但火是一種繼續不斷在變的東西，其不變是一種過程的不變，而非物質的不變——雖然此一看法並不是赫氏發明的。

科學像哲學一樣，希望能逃避永恆變遷的思想，在變的現象中尋求不變的本體。化學似乎可以滿足這種欲望。化學發現火看起來在毀滅，實際祇是在變化物質：元素可以重組，但每一在燃燒前存在的原子，在燃燒後仍然存在。因此假定原子是不可毀滅的，而物質世界的一切變化都祇是既有元素的重組。此一看法盛行到發現放射能時，才知道原子也能夠分裂。

物理學家勇往直前，發現了新的更小的單位，稱為電子與質子，原子由此兩者而組成。有幾年的時間，假定這些小單位具有不可毀滅性，像過去想像中的原子一樣。不幸，質子與電子似乎可以相遇而爆炸，不是形成一種新的物質，而是形成一種能波（wave of energy），以光速穿越宇宙。「能」必須以代替物質而永恆存在。但「能」，不像物質，並非常識所指的「東西」，而祇是物理過程的一種特徵。這或許和赫氏所說的火相類似。但「能」是燃燒，而不是所燃燒之物。「所燃燒之物」的觀念在現代的物理學中已經不存在了。

從至小談到至大，天文學家不再認爲天體是永恆的。行星自太陽分裂而成，太陽又是從一個星雲中分裂出來的。太陽存在過一段時間，將來還要存在一段時間，但遲早——可能是幾十億年後——將會爆炸，毀滅所有的行星，化爲廣大擴散的氣體。天文學家會這樣說，或許將來的天文家，當「末日」比現在更接近時，才會發現他們的計算略有錯誤，也說不定。

赫氏所主張的「永恆變遷」說，據我們所知，科學還無法加以否定。哲學家的野心之一就是使科學似乎已經否定的事情，重獲「生」機，因此，以非常堅定的立場，找出某些不受「時間」支配的東西。此項探求開始於巴曼尼德斯。

第五節　巴曼尼德斯

希臘人無論在思想或實際行爲方面，都無取於適中之道。赫拉克里特斯堅持「萬有皆變」，巴曼尼德斯則反駁說：「萬有皆不變」。巴氏出生於義大利南部的伊利亞城，成名於紀元前第五世紀的中葉。據柏拉圖說，蘇格拉底在青年時代（約在紀元前四百四十年左右）曾謁晤巴氏，此時他已入老年，蘇格拉底從他那裏獲益甚多。是否確有此一會晤，尚可從其他證據去推論，即柏拉圖本人亦深受巴氏思想的影響。南義大利與西西里的哲學家比艾奧尼亞的哲學家更傾向於神秘主義，而艾奧尼亞的哲學家比較傾向於科學化與懷疑主義。但在畢達哥拉斯的影響下，數學在瑪格納格雷西亞較艾奧尼亞爲盛行，不過，當時的數學和神秘主義還有夾雜不清的關係。巴氏受畢達哥拉斯的影響，惟影響的程度如何，還難以推斷。巴氏之所以居歷史上的重要地位，是因爲他發明了一種形而上學的辯證方式，在後來大多數的形而上學者中，以各種不同的面貌出現，包括黑格爾在內。

他常被稱爲邏輯學的發明者，但他眞正發明的是以邏輯爲基礎的數學。

巴氏學說萌生於他的一首「大自然」的詩。他認爲感覺是騙人的，所有能够感覺的東西都是一種幻覺。唯一眞實存在的東西是「一元」，這是無限的，也是不可分裂的。這不像赫拉克里特斯所說的相反的統一。他顯然認爲，例如，「冷」的意義祇是「不熱」（不是熱的反面），「黑暗」的意義祇是「不光明」（不是光明的反面）。巴氏想像中的「一元」並不是我們想像中的上帝，他似乎認爲這是一種物質，並且是可以擴展的物質，因爲他說這是球形的。但這是不能分裂的，他的整體充塞宇宙間，無所不在。

巴氏把他的學說分爲兩部份，稱爲「眞理之道」與「見解之道」。我們不需要討論後者。根據他所留下來的著作，「眞理之道」的主要論點如下：

「你不能認識根本不存在的東西——這是不可能的，也不能加以表明；因爲可以表明的東西和可以思考的東西是一致的。」

「那麼，現在不存在的東西在未來如何能存在？或者過去如何能存在？假如過去存在過，現在卽不會存在，將來要存在的，現在也不會存在。因此，『變』這個字彙爲人所熟知，『消逝』一詞則甚爲陌生。」

「可以思考的東西和爲此而使思考存在的東西是一致的；因爲你不能在沒有某些可以表明的東西的時候去尋求思想。」（註一）

其主要的論點是：當你想的時候，一定想到某些東西；當你用一個名稱的時候，這必須是某種東西的名稱。因此，思想與語言都需要它們本身以外的東西。因爲你可以在某一時間或另一時間都想到或說出一件東西，所以無論所想所說是什麼，必須是任何時間都存在的，結論是，不會有「變」，因爲「變」必須包含在將來可存在或不再存在的東西之內。

這是哲學中最先的論據，從思想與語言談到整體的宇宙的。當然這不能算是正確的。但值得探討這裏面有什麼是正確的。

我們可以這樣說：假如語言並不是毫無意義的，名稱必須意指某種東西，通常這不應該祇是意指另一名稱，不管我們是否談論它，它必須是實際存在的東西。例如，你談到喬治・華盛頓，除非確有一歷史上的人物，有這樣一個姓名，這個姓名看起來就不發生意義，含有這個姓名的語句也就沒有意義。巴氏堅持不僅華盛頓必須過去曾經存在過，而且在某種意義上，他必須現在仍然存在，因爲我們仍在有意義地提到他的姓名。這看起來顯然是不對的，但我們怎樣才能駁倒這種理論呢？

讓我們來談一位想像中的人物，譬如哈姆雷特。先研究這個說法：「哈姆雷特是丹麥的王子。」在某種意義上，這是對的，但在眞正歷史的意義上說，就錯了。眞實的說法應該是：「莎士比亞說哈姆雷特是丹麥的王子。」或者更明確地說：「莎士比亞說丹麥有一位王子名『哈姆雷特』。」到此，任何東西不再是想像的了。莎士比亞、丹麥與「哈姆雷特」這個聲音都是眞的，但「哈姆雷特」並不眞正是一個名字，因爲沒有人是眞以「哈姆雷特」爲名的。假如你說：「哈姆雷特是一個想像中人物的名字」，那是不完全正確的，你應該說：「這可以想像到『哈姆雷特』是一個人的名字。」

哈姆雷特是一想像中的人物，獨角獸是一想像中的動物。某些語句說到「獨角獸」一詞是誠實的，某些是揑造的，但都不是通過直接的觀察。一條獨角獸祇有一隻角，牛有兩隻角。證明後者，你必須對一條牛加以觀察，祇說書上講牛有兩隻角是不够的。但是獨角獸祇有一隻角的證據祇有在書上可以找到；事實上正確的說法是：「某些書說有祇生一隻角的動物名爲『獨角獸』」所有提到獨角獸的祇是指「獨角獸」這個字，正如同所有提到哈姆雷特的祇是指「哈姆雷特」這個字而已。

然而，顯然在大多數的場合，我們所說的並不是「字」，而是「字」所指的東西。這又回到巴氏的理論了，就是假如可以有意義地用一個「字」，必定意指某種東西，而不能一無所指，因此，在某種意義上說，凡是「字」所指的東西必定是存在的。

那麼，關於華盛頓，我們應該怎麼說呢？我們似乎祇有兩種選擇，一種是說他仍然存在；另一種是說，當我們用「華盛頓」這個字的時候，我們確在談論一位有這個名字的人。兩者都是似是而非的，而後者比較合理，容試圖說明如下。

巴氏假定「字」有其永恒的意義，這確是他的理論基礎，也是他自己認爲無可置疑的。雖然字典或百科全書解釋字義，包括官方與社會所禁忌的字義在內，但不會有兩個人用同樣一個字，而在他們的心目中具有同樣的想法。

華盛頓能夠用他自己的名字，與「我」爲同義字。他能夠覺察到自己的思想和自己身體的行動，因此，當他用這個名字的時候，比其他任何人用起來更可能具有其充分的意義。他的朋友在他面前可以覺察到他身體的行動，推測他的思想；對於他們，「華盛頓」在他們的經驗中代表某些實際存在的東西。在他死後，他們必須以記憶代替察覺，這就牽涉到當他們提到他的名字時的心理狀態的一種變化。我們從來不認識他，但彼此的心理狀態還是不同的。我們也許會想到他的畫像，自言自語地說：「就是他。」我們也或許會想到「這是美國第一任總統。」假如我們是非常無知的，則他對於我們祇是「一個名字叫華盛頓的人。」無論這名字對我們所指的是什麼，一定不是他的本來面目，因爲我們並不認識他，祇是現在賦予我們的感覺、記憶或思想的某一個人。這就可以看出巴氏理論的錯誤了。

字義的永恒變化，通常是被一項事實遮蓋住了，那就是字義變化對出現這個字的見解的眞僞，並不發生影響。假如你摘出一個出現「華盛頓」字樣的句子，把「華盛頓」換成「美國第一任總統」，這句話的意思還是一樣的。但也有例外。在華盛頓被選出之前，一個人或許可以說「我希望華盛頓成爲美國第一任總統。」但他不能說「我希望美國第一任總統成爲美國第一任總統」，除非他對「同一的規律」有他特殊的癖好。不過，爲這些例外的情況，也很容易理出一個頭緒來，就是在這些情況中，你仍然可以任何單獨適用於他的描敍詞彙來代替「華盛頓」的字樣。而祇有用這些詞彙，我們才知道關於華盛頓我們究竟知道些什麼。

巴氏辯稱：因爲我們現在能够知道大家都認爲是過去的東西，牠就不可能眞正是過去的，在某種意義上，現在仍然是存在的。因此，他推斷就沒有「變」這回事。我們所提到關於華盛頓的事正可以反駁這種理論。也許可以這樣說，在某種意義上，我們對過去什麼也不知道。當你重新記憶，最初所搜索到的，和你最後搜索的結果並不相同。但記憶可以產生一種過去事蹟的「描敍」，並且爲了最實際的作用，分辨「描敍」與所描敍的東西的眞實情況是不必要的。

整個的爭論表示分辨語言與形而上學的結論的區別是如何地容易，唯一避免這種謬見的方法就是推動語言的邏輯與心理的研究，比大多數形而上學者已經做過的更進一步。

假如起巴氏於地下，讀到我所說的，他會認爲這是非常幼稚的。他可能問：「你如何知道你關於華盛頓的說明是指過去的時間呢？由於你自己的衡量，直接所指的是目前尙存在的東西；例如，你的記憶是發生在現在的，不是在你想要記憶的時候。假如記憶可以被承認爲知識的一種來源，過去必定比『現在』所想的更重要，因此，在某種意義上，過去仍然存在。」

後代直到輓近時期爲止的哲學，從巴氏那裏承襲下來的思想，不是「萬有皆變」的不可能性（那是過分自相矛盾的），而是「物質不滅」論。在他的後一輩的哲學家之中，「物質」一詞還沒有出現，但在他們的推論裏，已經有這種觀念存在。物質被假定為以各種不同形式表現的永遠存在的主體。這種觀念持續了兩千年以上，並且成為哲學、心理學、物理學、與神學的若干基本觀念之一。此點容在後文詳述。現在我祇是在不否定顯著的事實及給予巴氏公正評價的條件下，介紹他的思想而已。

（註一）柏奈特的註解：「我認為其含意是：不可能有任何思想與某一名稱互為表裏，而這名稱不代表某種實際存在的東西。」

第六節　恩披多克利斯

我們發現畢達哥拉斯集哲學家、預言家、科學家、與江湖術士於一身，而恩披多克利斯則是這種混合體的更完整的擴展。恩氏成名約為紀元前四四〇年前後，是和巴曼尼德斯同時而出生較晚的人。不過，他的思想在某些方面，都比較接近赫拉克里特斯。他是西西里島南岸阿克拉加斯城的公民；是一位主張民主政治的政客，同時又自稱為神。在大多數的希臘城市中，尤其是在西西里的，民主派與專制派不斷地鬪爭；失敗一方的首領們不被處死即被放逐。放逐者無所忌憚地和希臘的敵人勾結，在東方是波斯，在西方是迦太基。恩披多克利斯也是因此而被放逐，但被逐之後，他似乎更願意做一個哲人，而不做勾心鬪角的政治難民。在青年時代，他似乎多少傾向於歐爾菲尤斯；在放逐之前，他研習政治與科學，祇有在他中年以後，他才成為一個預言家。

關於恩氏的傳說很多。他製造了一些奇蹟，或者類似奇蹟的事情，有時用魔術，有時用他的科學知識。據說，他可以控制風；他曾經使一個似乎死了三十天的婦人復活，最後，他躍入伊特納的火山口而死，以證明他自己是神。詩人的語句說：

偉大的恩披多克利斯，壯烈的靈魂，
躍入伊特納火山，生焚其身。

馬修・阿諾德爲此事寫過一首詩，雖然寫得不好，但其中沒有上述的句子。像巴曼尼德斯一樣，恩氏也寫散文。魯克雷特尤斯，頗受他的影響，稱讚他爲詩人。關於這個問題，意見甚紛歧，由於他的著作僅存有斷簡零篇，他在詩上的地位，仍是値得懷疑的。

我們有必要分別討論他的科學和他的宗教，因爲這兩者是互相牴觸的。我將首先硏究他的科學，其次是他的哲學，最後是他的宗教。

他對科學最重要的貢獻是他發現空氣是一種獨立的物質。他由以下的觀察得到證明，當一個吊水桶，或任何類似的盛水器，倒過來放入水中，水並不進入吊水桶。他說：

「當一個少女，頂着一個閃亮的銅製的滴漏壺，以她的玉手揑住水管的口子，把滴漏壺浸入清澈的河水中，但河水並不流入壺中，裏面祇有大量的空氣，壓迫着窄小的洞口，將水排除在外，直到她使河水不受壓制，然後空氣才逸出，而讓等量的水流入。」

這段文字是在解釋人的呼吸器官時出現的。

他發現了至少是離心力的例證：以繩末揮舞杯水，水並不溢出。

他知道植物有性別，他發明物種演進與適者生存的理論(雖稍感奇妙，但必須予以承認)。他說：「世界之初，不計其數的一羣一羣的動物，廣爲分布，形形色色，蔚爲奇觀。」有無頸之頭，無肩之臂，無額之睛，分隔的四肢。這些肢體會由於偶然的機會而聚合在一起；生有無數隻手的怪物，蹣跚而行，有的動物頭與胸不是同一方向的，有的動物牛身而人面。有陰陽合體的人，兼具男與女的特質，但不會生育。最後，祇有某些型態的動物保存了下來。

至於天文學，他知道月亮發光是由於反射；他認爲太陽也是如此；他說光的進行需要時間，但快得使我們無法察覺；他知道日蝕是由於月亮的遮蓋，這件事似乎是從亞那齊哥拉斯那裏學來的。

他又是義大利醫學的創始人，他的醫學影響了柏拉圖與亞里斯多德。據柏奈特說，而且還影響了整個科學與哲學思想的趨勢。

所有的這些都表現了他那個時代的科學的活力，這和希臘後期的情形是不同的。

現在來談他的宇宙論。前曾述及，是他確認土、氣、火、水爲四大元素的(雖然他並沒有用元素一詞)。每一種元素都是永恒存在的，但它們能够以不同的比例混合，因此，我們可以在世界上找到由此產生的各種可變的複合物質。它們因「愛」而合，因「爭」而分。在恩氏看來，「愛」與「爭」

和土、氣、火、水同樣是原始因素。某些時期，「愛」佔優勢，某些時期，「爭」佔優勢。曾經有過一段黃金世紀，「愛」獲得完全勝利。此時，人祇敬拜塞普魯斯的艾弗羅戴特(Aphrodite 愛與美的女神)。世界的變遷不受任何目標的支配，而是受「偶然」與「需要」的支配。這是有循環性的，當元素由「愛」而混合在一起，「爭」又逐漸把它們分開；當「爭」已經把它們分開了，「愛」又逐漸使它們重圓。因此，一切複合的物質都是暫時性的；祇有基本元素，與「愛」與「爭」在一起是永恒不變的。

這種類似赫拉克里特斯的理論，不過稍稍減弱而已。因爲不是僅僅「爭」，而是「爭」與「愛」在一起產生了變化。柏拉圖在「雄辯術」一書中把赫拉克里特斯與恩披多克利斯結合在一起。「艾奧尼亞人和較晚時期的西西里人，在沉思中獲致結論，要兩種本質（一與多的本質）合而爲一，而存在即是一與多的並存。雖然較溫和的因素不堅持永恒的『爭』與『和』，而允許一種和緩與交替，但這些元素在一起仍有敵意與友誼，時而分，時而合。有時和平與團結在艾弗羅戴特女神的支配下佔絕對優勢，然後又由於『爭』的本質而使多元與戰爭再度出現。」

恩氏堅信物質的世界是一球形；在黃金世紀，「爭」在外，「愛」居內；然後漸漸地變爲「爭」進入而「愛」被擠出，直到最壞的情形，「爭」完全在世界之內，而「愛」完全在世界之外。然後——不知道是什麼原因——一個相反的運動開始，又逐漸回到黃金世紀，但不能永久保持。以此周而復始，循環不絕。也許有人假定極端可以保持穩定，但那不是恩氏的看法。他雖然一方面考慮到巴曼尼德斯的學說，但一方面也希望解釋「運動」，而他也不希望在任何程度上達成「宇宙不變」的結論。

恩氏對宗敎的看法主要是承襲畢達哥拉斯學派。在一篇大體上可確認所指爲畢氏的斷簡中他說：

「在衆人中有一人，具珍貴的知識，嫻習一切精巧的工作，擁有最多的財富與智慧；祇要他集中他的全部心力時，就可以很容易地看見一切比人的生命長十倍二十倍的東西（指神）。」前曾述及，在黃金世紀人類祇崇信艾弗羅戴特——主愛與美的女神，「祭壇不再瀰漫着牛血的臭味，把動物撕裂，然後吃它的肥大四肢，這種祭禮是人所最厭憎的事情。」

有一次他把自己說成是神：

「朋友們，你們居住在這宏偉的城市，俯瞰阿卡拉加斯黃色的岩石，仰視巍峩的城堡，忙於做美好的工作，在港口歡迎陌生的訪客，那些不會用工具的生手，都一律向他們歡呼。我走在你們之間，是神，不再是人，受所有遇見我的人尊仰，冠以束髮帶與花環，每當我驅車直入城內，男男女女都進入繁盛的鬧市，向我表示崇敬；他們追隨在我後面，提出無數的問題，問我賺錢的方法是什麼；有些人希望得到神的啓示，又有些人，經歷了多日的各種疾病的苦痛，向我乞求治病的眞言……但爲什麼我要爲這些事情而浪費唇舌，一若我超越那些不能免於死亡的凡人，就是一件了不起的事情呢？」

另有一次，他覺得自己是一個大罪人，正爲他的不敬而贖罪：

「這是『需求』之神的諭示，神的古老的命令，永久生效而爲明白的誓言所忠實保證的：任何時間，一個凶惡的人，他的死期已指日可待，曾以血沾污過他的手，或參加鬬爭並且預先宣過誓的，必定被摒棄在神聖的天宮之外游蕩三萬年，整個時間，不斷地變成所有各類的動物，經歷一痛苦的生命後，再變爲另一生命。大氣將他驅入海中，海又將他吐出到陸地上；大地把他放在熾熱的太陽照射之下，他又回到大氣的漩渦中。他與其他人必須隔開，所有的人都不睬他。我現在就是其中的一個，一個諸神中的被逐者，游蕩者，因此，我祇能依賴愚蠢的無理性的鬪爭。」

他究竟身犯何罪，我們不知道，或許不是什麽我們認爲很嚴重的事情，因爲他說：

「啊，多可憐呀，死期並未將我眞正毀滅，因爲我曾用嘴做了吞食不當的行爲！……」

「絕不接觸桂樹的葉子……」

「可憐的人，十分可憐的人，不要用手去碰豆子！」

因此，他或許並沒有做過比咀嚼桂葉或飽食豆類更嚴重的事情。

柏拉圖最著名的一段話，恩氏早就提到過了。這段話是把這個世界比作一個洞穴，在裏面，我們所看見的祇是上面的光明世界中的實體的影子。最初是起源於歐爾菲尤斯教派的說法。

某些人——猜想是經過多次輪廻沒有犯過罪的人——達成不朽的極樂，與諸神同在。

「但是，最後他們（註一）出現於人羣中，成爲預言家、作曲家、醫生、與王公；當諸神受讚美時，他們也躍昇，與其他諸神分享居所，同桌起坐，不受凡人的災難，不受命運的播弄，而且是不受任何傷害的。」

恩氏的創造力，包含在他的四大元素及用「愛」與「爭」的兩大本質去解釋變化的學說裏。

他否定一元論，認爲自然的秩序受機會與需要的支配，而不是有目標的。在這些方面，他的哲學比巴曼尼德斯、柏拉圖、亞里斯多德更接近科學。在其他方面，他確是受了當時迷信的潛移默化；不過，他並不比後來的很多科學家更壞。

（註一）沒有說明「他們」是誰，但可猜想他們卽是保持純淨的人。

第七節　雅典與文化的關係

雅典的壯盛開始於兩度與波斯作戰的時間（紀元前四九〇年爲第一次，紀元前四八〇年到四七九年爲第二次）。在此以前，祇有麥格納·格雷西亞（南義大利與西西里島的希臘人的城市）出生偉人。雅典在馬拉松抗拒波斯王大流士（紀元前四九〇年）以及在雅典領導下的希臘聯合艦隊與大流士之子則爾喀昔斯王作戰的勝利，使雅典克享盛譽。居於各島及一部份小亞細亞大陸的希臘人曾反叛過波斯的統治，在雅典將波斯人逐出希臘大陸後，始重獲自由。在此一戰役中，斯巴達人並未參加，祇求自保疆土而已。故雅典在抗波斯聯盟中居於領導地位。依照盟約，任何組成的邦國必須貢獻指定數量的艦隻，或相當於這些艦隻的金錢。多數國家選擇後者，雅典乃在海上取得凌駕其他邦國的優勢，逐漸將盟邦轉變爲雅典帝國。雅典成爲富國，在貝雷克利斯的明智領導下，日臻繁榮，他是由公民選舉出來的，秉政約三十年，直到紀元前四三〇年爲止。

貝雷克利斯的時代是雅典歷史上最幸福最光輝的時代。艾斯其魯斯（Aeschylus 525-456 B.C.），曾在抗波斯的戰爭中作過戰，首創了希臘的悲劇；他所著的悲劇之一是普爾賽（Persae），擺脫了取材荷馬史詩的窠臼，描敍大流士王的敗績。在他之後接踵而至的是索弗克利斯(Sophocles 495-406 B.C.)，然後是尤里披蒂斯，但他取材於貝羅風尼西亞戰爭的黑暗時期（發生在貝雷克利斯死後），在他的著作中，反映了後來的懷疑主義思想。與他同時的喜劇作家兼詩人亞里斯多番尼斯（Aristophanes 448-380B.C.）以粗魯的態度與有限的常識嘲笑所有的主義；更特殊的是他想使蘇格拉底受譴責，說他否認宙斯神的存在，並涉及邪惡的僞裝科學的神秘儀式。

雅典曾一度陷於則爾喀昔斯之手，亞克羅波里斯山上的各廟宇均被焚毀。貝雷克利斯又將這些廟宇重建，我們現在還能看到遺蹟的巴齊儂神殿和其他廟宇都是在他手中興建的。雕刻家非第亞斯受國家任命，製作神與女神們的雕像。在此一時期，雅典是希臘世界最美麗最堂皇的城市。

希羅多特斯（Herodotus，紀元前第五世紀），被稱爲史學之父，出生於小亞細亞的哈利卡納蘇斯，但定居於雅典，受雅典邦的鼓勵，以雅典的觀點，記載與波斯的戰爭。

貝雷克利斯時代雅典的成就或許是全部歷史中最使人驚羨的事情。在此以前，雅典較許多希臘城市爲落後；無論在藝術或文學方面，都沒有出生過任何偉人（索龍 Solon 是例外，但他主要是一位法學家）。突然，在勝利與富足以及重建需要的激勵下，建築家、雕刻家、戲劇家應運而生，他們的成就即使到現在仍舊沒有人能够超越，他們的作品影響後世，至今不衰。當我們計算當時雅典的人口時，會更感驚奇，在紀元前四三〇年，雅典的人口最多祇有二十三萬人（包括奴隸在內），四周農業區域的人口則更少。在此之前，在此以後，都從未有過人口數量相近的任何地區，能够達成這樣卓越的成就。

在哲學方面，雅典祇有兩位巨人，蘇格拉底與柏拉圖。柏拉圖出生較晚，但蘇格拉底則在貝雷克利斯的治理下渡過他的少年與早期的成年時代。當時的雅典人，在哲學方面，能傾聽來自其他城市的教師們的演說，已經很感滿足了。希望學習辯論術的青年們求師於雄辯家之門；在「普洛塔哥拉斯」(Protagoras 希臘第五世紀哲學家) 一書中，蘇格拉底對那些熱心的門徒們爲來訪名人的詭辯之辭而不知所措的情形，有一段很有趣的諷刺性的描敍。我們知道，貝雷克利斯曾邀請亞那查哥拉斯在雅典定居，蘇格拉底自己說從他那裏學習到思想創造的卓越能力。

大部份被認爲是柏拉圖的對話，皆出自貝雷克利斯的時代，從這些對話可以想見當時富人的逸樂生活的情形。柏拉圖生於雅典的貴族家庭而在兩次大戰前的傳統生活中成長，此際民主政治亦尙未將上層階級的財富與保障摧毀。當時的青年無需工作，大部份時間消磨於研究科學、數學、與哲學。他們幾乎可以背得出荷馬的史詩，對職業性的詩篇朗誦者的優劣，他們是評判人。推理的方法也在隨後發明，他們由於在整個知識界中發現新理論而興奮，不論其是否眞實。在這個時代，像其他某些時代一樣，「福」「慧」兼而有之，並且由「慧」而生「福」。

產生此一黃金世紀的力量均衡是不穩定的。其均衡兼受內外兩方面的威脅——在內是民主政治，在外是斯巴達。欲瞭解貝雷克利斯以後的情形，我們必須略事研究亞梯卡的早期歷史。

亞梯卡在有史時期的開始是一小規模的自給自足的農業區；雅典爲其首府，市區也不大，但居住着日益增多的工匠與熟練的圖樣設計人，向海外推銷他們的產品。後來雅典人逐漸發現種葡萄與橄欖比種穀更有利，因此就寧願輸入穀類，主要是來自黑海的沿岸區域。但種葡萄橄欖需要更多的投資，小農卽因此而負債。亞梯卡，像希臘其他的城邦一樣，在荷馬的時代，都實行君主制，但國王僅成爲一個沒有政治權力的宗敎領袖，政府掌握在貴族手中，他們同時壓迫鄉村的農人與城市的工匠。紀元前第六世紀早期，索龍實現了傾向民主政體的一項妥協，其著作大部份一直到裴昔斯特拉脫斯(Peisistratus) 及其子孫的專制時代，仍被保存。這一時代結束後，反對專制的貴族們在民主政體中亦獲有一席之地，直至貝雷克利斯去位，貴族們在民主政治的演進中所享有的權力，大致和十九世紀的英國貴族相同。但在他臨終之前，民主政治的領袖們開始要求分享更大的權力；同時，貝氏爲雅典帶來經濟繁榮的帝國主義政策，此時却與斯巴達發生日益嚴重的衝突，終至發生貝羅風尼西亞的戰爭（431-404 B.C.），雅典徹底戰敗。

雅典雖在政治上崩潰，但在其他方面的聲譽猶存，幾乎在整整一千年的時期中，雅典仍保持爲哲學的中心。亞歷山大城在數學與科學方面使雅典黯然失色，但亞里斯多德與柏拉圖則使雅典在哲學上居於至高無上的地位。柏拉圖曾施敎於此的學院，也挽救了所有的其他學派，在羅馬帝國改信基督敎後的兩個世紀中，巍然獨存，成爲異敎的庇護所。最後在紀元五二九年，東羅馬皇帝茹斯丁尼安由於他的宗敎偏見而將它封閉，黑暗世紀乃降臨歐洲。

第八節　亞那查哥拉斯

哲學家亞那查哥拉斯（Anaxagoras），雖不能與畢達哥拉斯、赫拉克里特斯、巴曼尼德斯相比，但在歷史上仍有其相當的重要性。他是艾奧尼亞人，具有艾奧尼亞的科學與理性主義的傳統。他是第一個把哲學介紹給雅典的人，也是第一個主張精神是物質變化的主要原因的人。

他生於艾奧尼亞的克拉左米奈城，約當紀元前五百年前後，但在雅典居住了近三十年，從紀元前四六二到四三二年。他可能是受貝雷克利斯的邀請而來的，由於貝氏熱望他的市民接受文明的教化之故。或許是亞斯派西亞，一位來自梅里脫斯的學者，介紹他給貝氏的。柏拉圖在他所著的「論非德魯斯」（Phaedrus，紀元前第五世紀希臘哲學家）一書中說：

「（貝雷克利斯）似對亞那查哥拉斯很傾倒，他是一位研究科學的人，飽學許多研討天空的理論，可以分辨智慧與愚蠢的不同本質，這就是亞氏演講的主題，不管是一種什麼性質，他確是以此爲開端，進而研究說話的藝術。」

據說亞氏也影響了尤里披蒂斯，但這是更難確定的。

雅典的公民，像其他時代其他大陸的公民一樣，對於那些試圖引入一種較平時他們所習慣的更高級的文化的人，都懷有相當的敵意。當貝雷克利斯年老時，他的政敵卽以攻擊他的朋友作爲反貝氏運動的開始。他們譴責非第亞斯盜用黃金，爲自己鑄造若干雕像。他們通過了一項法律，允許檢舉那些不參加宗教儀式和教授有關天空理論的人。依上項法律，他們檢舉亞氏教授太陽是一赤熱的石塊，月亮是一團泥土（蘇格拉底的檢察官以同一題目譴責蘇氏曾嘲笑這種說法是過時的）。除非亞氏離開雅典，他或有不測之禍。可能是貝雷克利斯救他出獄並設法助他逃走。他回到艾奧尼亞後，創辦了一所學校，照他的遺囑，每年以他逝世的那一天作爲學童們的假日。

亞氏堅信一切物質均可無窮盡地加以分裂，卽使物質的最小的一部份，也含有若干更小的元素。物質的形狀決定於什麼是它所含最多的元素。例如，一切東西都含有火的元素，但祇有在火的元素佔優勢時，我們才稱之爲火。他像恩披多克利斯一樣，反對「空」的觀念，說滴漏壺或一個脹大的皮袋雖然看起來中無一物，但實則有空氣在內。

他和早輩的哲學家不同的是，他認爲精神也是一種物質，進入有生命的身體結構中，使它與沒有生命的物質迥然有別。他說，每一種東西都有一定比例的各種物質，却沒有「精神」在內。但有些東西却有了「精神」。「精神」的力量支配了一切有生之物；它是無限的，自律的，不與他物混合的。除「精神」所貫注的以外，一切東西，不管多微小，都包含了一部份相反的東西，例如熱與冷，白與黑。他堅持雪是黑的（一部份是黑的）。

「精神」是一切行動的來源，並產生一種旋轉的運動，逐漸充塞於世界，使最輕的物質擴散於周圍，最重的物質聚集於中心。「精神」是一致的，在動物體內的和在人體內的一樣好。人之所以顯然佔優越地位是因爲有一雙手，一切看起來似乎是智力上的不同，實際上都由於身體的不同。

亞里斯多德與蘇格拉底都抱怨亞氏在首倡「精神」的觀念後，却很少去用它。亞里斯多德指出他祇是把「精神」當一種因素來介紹，此外則一無所知。在他能够解釋時，祇有機械的解釋。他否認機會與需要是物質的起源；但在他的宇宙論中，又沒有「上帝」。他似乎很少想到倫理和宗教；也許他正如他的檢舉人所認定的，是一個無神論者。除畢達哥拉斯外，所有他的前輩哲學家都對他有影響。巴曼尼德斯對他的影響和對恩披多克利斯的影響是一樣的。

在科學方面，他有很高的評價。他首先說明月光是由反射而來，雖然巴曼尼德斯的斷簡中暗示他也知道這一點。亞那查哥拉斯發現了日月蝕的正確理論，知道月亮居於太陽之下。他說太陽與衆星都是燃燒着的岩石，我們感覺不到衆星之熱，是因爲距離太遠。太陽比貝羅蓬尼蘇斯（希臘南部一半島）要大一點。月中也有山巒與居民。

據說，亞氏是屬於那齊米尼斯學派的；他的確保持了艾奧尼亞人的理性主義與科學的傳統。在他的學說裏，找不到倫理與宗教的成份，而這兩者是由畢達哥拉斯傳至蘇格拉底、柏拉圖，爲希臘哲學帶來一些潛在的偏見的。亞氏不算是第一流的，但就首先將哲學引入雅典及作爲形成蘇格拉底的影響因素之一而言，他和第一流的哲學家同等重要。

第九節　原子論者

發明原子學說的有兩人——留昔帕斯（Leucippus）與狄謨克里特斯（Democritus）。很難將他們分辨，因爲通常總是將兩人並列的，顯然某些留昔帕斯的著作後來被誤認爲是狄謨克里特斯的。

留氏似在紀元前四四〇年前後成名，來自梅里脫斯，也帶來了梅城的科學的理性主義的哲學。他受巴曼尼德斯與齊諾(Zeno)的影響很大。因世人很少知道他，伊披克尤魯斯(Epicurus，狄謨克里特斯的門徒)曾經根本否定有這個人存在，現代的某些哲學家也有同樣的想法。但是在亞里斯多德的著作中，確有很多處提到他（包括引用他的原文），假如他是一名虛構的人物，則亞氏著作中就不會這樣提到而且引用他的學說了。

狄謨克里特斯是一個更可以確定的人物。他生於泰利斯的阿伯德拉；至於他在世的年代，據他自己說當他年輕時，亞那查哥拉斯已經老了，此時大約爲紀元前四三二年。史家認爲他成名當在紀元前四二〇年左右。他爲求知而遍訪南方與東方各地，在埃及可能居住了一段相當長的時間，他確定曾經訪問過波斯，然後再回到阿伯德拉，以後卽未再出行。齊勒(Zeller)稱他「在知識的豐富上，超過所有在他之前及與他同時的哲學家，在思想的精當與邏輯的正確方面，則超過其中的大多數人。」

狄氏與蘇格拉底及雄辯家同時，如按年代記載，在歷史上應稍後述及。但困難在於他與留氏無法分開，因此，我把他置於蘇格拉底與雄辯家之前，雖然他學說中的一部份是有意爲他的同鄉最著名的雄辯家普洛塔哥拉斯作解答的。普氏到雅典時，曾受到熱烈的歡迎，而狄氏則相反，他自己說：「我來到雅典，沒有人認識我。」有很長一段時間，他的學說在雅典默默無聞。柏奈特說：「不能確定，柏拉圖知道任何有關狄謨克里特斯的事情……一方面，亞里斯多德却對他很熟悉，因爲他也是來自北方的艾奧尼亞人。」柏拉圖在他的「對話錄」中從未提到過他，但狄奧基尼斯（Diogenes 412-323，希臘犬儒派哲學家——譯者註）說柏拉圖非常厭惡他，但願他的書都被燒掉。奚斯（Heath 英國哲學史家，著有「自泰利斯到柏拉圖」——譯者註）把他視爲一個數學家而對他評價很高。

留氏與狄氏的共同學說的基本概念是出自留氏，但衡量其發展結果，則不可能將他們分開，也沒有必要爲了達到我們研究的目標而這樣做。留氏或狄氏在試圖「折中」巴曼尼德斯與恩披多克利斯所分別代表的一元論與多元論時，發明了原子學說。他們的觀點非常近似現代科學的觀點，並且避免了大多數的希臘哲學家因揣測而產生的錯誤。他們相信一切東西皆由原子組成，但原子祇是在物理上不能分裂，而不是幾何學上不能分裂；原子與原子之間有空隙；原子是不能毀滅的；原子過去是將來也是永遠在運動的；原子的數量是無限的，種類是一致的，其不同在形狀與大小。亞里斯多德說，根據原子論者的理論，原子也由於熱度而不同，組成火的球形的原子是最熱的；至於重量，他引用狄氏的話說：「任何含有不能分裂的原子愈多的東西，則重量愈增。」在原子論者的學說裏，是否原來卽提到重量，至今仍在爭辯中。

原子永遠在運動，至於最初運動的性質，則各有不同的說法。某些原子論者，尤其是齊勒，堅持認爲原子永遠是往下墜落的，愈重的原子下墜得愈快；剩下來的輕原子，遇見衝力，就像撞球一樣地被衝散。這確定是伊披克尤魯斯的觀點，他的學說大部份以狄氏爲基礎，却試圖（毋寧是不智的）接受亞里斯多德的批評的影響。不過，有相當堅強的理由可以相信留氏與狄氏原來並沒有提到原子有重量。他們的看法似乎是，原子的最初運動是散漫的，就如同現代有關氣體運動的理論一樣。狄氏說在無限空間中，無上下之分，原子在主體中的運動就如同微塵當無風時在陽光照射下的運動一樣。這是遠較伊披克尤魯斯爲明智的看法，而我認爲可以假定這就是留氏與狄氏的看法。

當集體的原子互撞時，卽形成若干漩渦。其餘的理論頗近似亞那查哥拉斯，但解釋漩渦是機械性的反應而非出於精神的主宰，却較亞氏爲進步。

在古代，一般人皆譴責原子論者將一切歸因於機會。事實正相反，他們是眞正的定命論者。他們相信一切都依照自然的規律而運行。狄氏曾明確否定任何事情能够因偶然而發生。留氏雖然是否眞有其人尚成問題，却傳說他曾講過：「無中不能生有，但萬有皆有其本，亦皆由需要而生。」他確未解釋宇宙之初爲何是這樣的狀態，這或許可以歸因於偶然，惟一旦宇宙已經形成，其後的發展卽不可改變地爲機械性的規律所支配。亞里斯多德等人指責留氏和狄氏沒有考慮到原子的最初運動，但在這一點，原子論者比他們的批評者更具科學精神。造因必須從某些東西開始，而且不論從何處開始，却無法自其最初的狀態指出其目標何在。宇宙或許可以歸因於上帝創造的，但卽使上帝本身（爲何有上帝）也是無法解釋的。事實上，原子論者的理論比古代任何其他的學說更接近現代的科學。

原子論者不同於蘇格拉底、柏拉圖、亞里斯多德，原子論者祇求解釋世界，而不提出「目標」與「終極目標」的觀念。一件事情的「終極目標」卽是將來的一項結果，爲了這個預期的結果才去做這件事情的。在人間的事情上，這個觀念可以適用。爲什麼烤麵包師要做麵包？因爲有人不吃麵包要餓肚子。爲什麼築鐵路？因爲有人要旅行。在這種情形下，事情發生就可以從牠所服務的目標去解釋，當我們問「爲什麼」，就關繫到一項結果。我們這樣說可能有兩種不同的意思，我們的意思可能是：「這種結果的目標何在？」也可能是：「以前是什麼環境造成了現在這種結果？」對於前者的答覆是一種「目的論」的解釋，或者是以最後目標來加以解釋；對於後者的答覆則是一種機械性的解釋。我看不出，如何能夠預知科學應該問那一個問題，或者是否兩個問題都應該問。但經驗顯示，機械性的問題引向科學的知識，而「目的論」則否。原子論祇提出機械性的問題，給予機械性的答覆。他們以後的人，一直到文藝復興，則更傾向於「目的論」的問題，因此將科學引入一條死巷。

關於以上兩個問題，有一項限制在一般觀念與哲學思想中皆常被忽視。就是，不能對眞實的整體（包括上帝在內）而祇能對眞實的某些部份提出問題。如採用「目的論」的解釋，通常不久就會接觸到有一個造物主或至少是「精巧的設計人」的問題，以爲其目標可以從宇宙的演進中尋求。但假如有人固執地追問造物主的目標是什麼，則顯然是對上帝不敬的，而且是無意義的，因爲如欲使它變得有意義，我們必須假定造物主是更高的造物主所造的，而前者是爲了後者的目標而服務的。因此，「目標」的觀念祇能適用於眞實的內部，而不能擴及眞實的整體。

相類似的論據也可以適用於機械性的解釋。某一結果是另一結果造成的，而另一結果又是兩者之外的第三結果造成的，由此而層層相因。假如我們問整體的造因是什麼，則我們又要回到造物主的問題，而祂本身必須是沒有造因的。以此之故，一切對於造因的解釋最後必有一不能確定的開始，而原子論者的理論放棄解釋原子運動的最初起因，不能算是有什麼缺點。

我們必須不去假定他們的理論根據由實驗而來。原子理論在現代又用以解釋化學上的若干現象，但這些現象當時的希臘人是不知道的。在古代，實驗性的觀察與邏輯的論據之間並沒有明確的界限。巴曼尼德斯輕視觀察的現象，而恩披多克利斯與亞那查哥拉斯則常將他們的形而上學與他們所觀察到的滴漏壺與旋轉的水桶等現象結合在一起。在雄辯家出現之前，似乎沒有一個哲學家曾經懷疑可以由大部份的推理與一小部份的觀察建立完整的形而上學與宇宙論。幸而，原子論者作了一種假定，兩千餘年後獲得了某些證明，但在當時，他們的信念是沒有任何堅強的根據的。

如同當時的其他哲學家一樣，留氏也在尋求一條路，以折中巴曼尼德斯的理論（萬有不變）與運動及變化的顯著事實。亞里斯多德說：

「雖然這些意見（巴曼尼德斯的）在一項辯證的討論中，似乎是合乎邏輯的，但當以事實爲衡量時，就會覺得這些意見已接近狂亂。因爲，最蠢的人也似乎不會如此失去理智，至於假定『火與冰爲一』：什麼是對的，什麼在習慣上看起來是對的，某些人就連這一點也不知道其間究竟有什麼分別。」

但留氏認爲他有一種理論可以與理性的知覺相調和，而不至於否定未來與過去的東西，也不至於否定運動與物質的多樣性。他一方面承認知覺的事實，一方面又承認一元論的假定——沒有「虛空」就沒有運動。其結果就產生一種理論，如同他自己所說明的：

「『虛空』是『無』，『有』的任何部份不能是『無』，因爲在這個名詞的嚴格解釋上，『有』是一種絕對的『充滿』。但是，此一『充滿』並不祇有一個；相反的，而是無限的『多』，由於其微小而無法察見。『多』在『虛空』中運動：相聚而生未來，相離而成過去。而且，每當偶然接觸時，它們運動而掙扎着（因爲它們不是一元的），它們因相聚而造成物質並纏結在一起。另一方面，如果眞是出於『一元』，就不會成爲多種的物質了；也不會眞是出於很多的『一元』，那是不可能的。」

有一點當時每一個人似乎都是同意的，譬如在一「充滿」的實物中沒有運動。像這一類的觀念都是錯誤的。假如這實物是一直存在的，就能有週期性的運動。當時的觀念是：一件東西祇能向空的地方運動，而在一「充滿」的實物中，沒有空的地方。也許可以主張，也許這是正確的，運動永不能在一「充滿」的實體中開始，但不能說運動根本不會發生。但希臘人似乎認爲一個人若非同意巴曼尼德斯的宇宙不變論，卽須承認有「虛空」存在。

巴曼尼德斯反對「無」反對有「虛空」的理論似乎在邏輯上是無可反駁的，由於發現看起來中無一物的東西却有空氣在內，就更加強了此一觀點（這是一個例子顯示邏輯與一般性的觀察糾纏在一起後的困惑）。我們可以用下面的話解釋巴曼尼德斯的觀點：「你說有『虛空』；因此『虛空』不是無物，旣非無物，卽不是『虛空』。」原子論者並未解答這個問題，他們祇是主張加以忽視，因爲基本上運動是一經驗的事實，無論難以置信到什麼程度，必定有一「虛空」存在。

讓我們研究此一問題嗣後的演變。最明顯的避免邏輯上困擾的方法是把「物質」和「空間」分開。「空間」不是無物，而祇是屬於一種「容器」的性質，可以有也可以沒有某一部份塡入了「物質」。亞里斯多德說：「『虛空』存在的理論牽涉到『地方』：因爲可以下定義說，『虛空』就是實體被奪去的『地方』。」此一觀點，後來的牛頓有極其淸晰的說明，他說到「絕對的空間」，由此而作「絕對運動」與「相對運動」的分辨。在有關哥白尼學說的辯論中，雖然雙方本身並不自知，却都同意亞里斯多德的看法，因爲他們認爲說「天自東向西轉」和「地自西向東轉」是有分別的。假如運動是相對的，則以上所說祇是同一事的兩種不同的說法，就如同「約翰是詹姆斯的父親」和「詹姆斯是約翰的兒子」一樣。但是，假如所有的運動是相對的，空間不是眞實的，就又要回復到巴曼尼德斯學派的反對有「虛空」存在的理論了。

笛卡兒的理論和早期希臘哲學家的相類似，認爲空間是物質的本性，因此，一切地方都有物質。對他來說，空間是形容詞，不是名詞；空間所指的名詞是物質，沒有物質，空間不能存在；因此，無「物質」的空間就像快樂而沒有具知覺的生物感到快樂一樣地荒謬。萊布尼玆（Leibnitz 1646–1716德國哲學家與數學家——譯者註）在不同的論證上，也相信「充滿」的理論，但他認爲空間祇是一種相對的體系。在這一點上，發生著名的萊布尼玆與牛頓之間的爭論，後來又由克拉克代表牛頓發言，此項爭端迄未解決，直至愛因斯坦的相對論出，才給予萊布尼玆決定性的勝利。

現代物理學家雖然相信物質在某種意義上是原子，但不信有「全無一物」的空間。其中卽使沒有物質，却仍有某些「東西」，最顯著的例如光波。物質不再具有由於巴曼尼德斯的學說在哲學領域中所獲得的崇高地位。物質並非不變的實體，祇是一種聚集一羣現象的方式。某些現象可以歸於實體物質的一羣，某些現象則否，例如光波。現象才是組成世界的要素，而每一種現象都是短暫的。在這方面，現代物理學是贊成赫拉克里特斯（萬有皆變）而反對巴曼尼德斯（萬有不變）的；但在愛因斯坦的相對論與量子論出現以前，物理學是贊成巴曼尼德斯的。

至於說到空間，現代的看法是，既非如牛頓所主張的及留狄兩氏所說是一種物質，也不是像笛卡兒所想的是物體擴展的一個形容詞，而是像萊布尼玆所堅持的，是一種相對關係的體系。這一觀點，是否能與「虛空」存在說並存，完全無法確定。或許作爲抽象邏輯的一個事例，可以與「虛空」存在說相互調和。我們也許可以說，在任何兩件東西之間，有較大或較小的距離，而距離並不表示存在於兩件緊相連接的東西之間。但是，這種看法不能在現代物理學中加以運用。因爲照愛因斯坦的理論，距離存在於現象之間而非實物之間，並且像牽涉空間一樣，也牽涉到時間。這是一個主要的關鍵性的信念，以現代物理學而言，在距離中，不能有運動。但是，所有的這些理論都是基於經驗，而非基於邏輯的推理。而且，現代的觀點除非以「微分方程」也無法加以說明，因此對於古代的哲學家是不可理解的。

原子論者的觀點的合理發展似乎卽是牛頓的絕對空間的理論，這就會遭遇到將「實有」歸於「無」的困難。對此一理論，「邏輯」上是無可反對的。主要的反駁是絕對的空間是絕對不可知的，因此在實驗科學上不可能是一必要的假定。更實際的反駁是物理學沒有牛頓的理論仍可以存在發展。但是，原子論者的世界在邏輯上依舊是可能的，比古代任何其他哲學家的世界更接近事實。

狄氏把他的理論研究得很詳盡，有些研究成果是很有趣味的。他說，原子內無空隙，故不能進入也不能分裂。當你用刀剖開一個蘋果，必須找到可以進入的空隙；假如蘋果無隙可乘，則是無比堅硬的，因此在物理上是不可分裂的。每一原子的內部是不變的，事實上這等於是巴曼尼德斯的理論。原子所做的唯一之事是運動與互相衝擊，當它們偶然形成能夠相互連接的狀態時，就結合在一起。原子有各種不同的狀態；火是由球形的原子組成的，靈魂也是如此。原子因互撞而生漩渦，由漩渦而生實體，最後卽形成世界。有很多世界，某些正在成長，某些正在衰敗；某些世界無太陽或月亮，某些有好幾個太陽與月亮。每一世界皆有其開始與終結。較小的世界可能被較大的世界撞擊而毀滅。此一宇宙論可歸納於雪萊的一首短詩中：

無數世界永遠在廻旋
從新創到敗毀，
像河流的泡沫，一圈一圈，
閃爍，爆裂，破碎。

生命在原始的黏土中成長。在一有生命的身體中，每一處都有火，而腦與胸中最多（此點各家說法不同）。思想是一種運動，因此也可以造成他處的運動。知覺與思想是一種物理的過程。知覺有兩種，一是感覺，一是瞭解，後者祇能用於可以察覺的東西，前者也要靠我們的觸覺，因此，都容易成爲幻象。像洛克一樣，狄氏堅信某些特質如熱、味、色，並不眞正屬於物體，而祇是出於我們的感官，但某些特質如重量、密度、硬度則是眞正屬於物體的。

狄氏是一徹底的物質主義者；我們知道，他認爲靈魂是由原子組成的，思想是物理過程。宇宙無目的；祇有爲機械規律所支配的原子。他不信一般宗教，他反駁亞那查哥拉斯的天空學說。在倫理方面，他認爲歡樂是生活的目的，而適中與文化是達成歡樂的最好方法。他不喜歡一切暴烈與狂熱的事情；他反對性行爲，他說這引入快感的極度而非適中之道。他很看重友誼，但認女人爲禍水，他不要兒女，因爲教育他們會干擾他研究哲學。這一切，他都很像邊沁（Jeremy Bentham 1748–1832 英國法學家及哲學家——譯者註）；他也同樣熱愛當時希臘人稱爲民主的制度。他說：「民主下的貧窮之有勝於專制下的富足者，正有如自由之於奴役。」

狄氏——至少這是我的意見——是最後一個希臘哲學家，沒有犯某些錯誤，污染了所有後來的古代與中世紀的思想的。截到此處爲止，我們所硏討過的哲學家，都曾經以一種公正的努力去瞭解宇宙，他們以爲比實際的情形容易瞭解，但假如沒有這種樂觀態度，他們就不會有勇氣着手去做。他們的態度祇要不是完全反映當時的偏見，大體上是純科學的。但這不止於科學；而且也是富想像力的，充滿活力與冒險的樂趣的。他們對一切都感興趣——流星與日月蝕，魚與旋風，宗教與倫理；他們把赤熱的童心與透闢的智力結合在一起。

由此開始，雖然以前有不可企及的成就，但敗壞的種子已在潛長暗滋。卽使狄氏以後最優秀的哲學家，也犯有錯誤，就是：與宇宙比較而言，過分強調人的重要。最初是懷疑論者，還有雄辯家，開始研究如何我們能够瞭解新的知識，而非祇是試圖獲取新的知識。然後是蘇格拉底，強調倫理；柏拉圖，主張純思想的自我創造的世界而否定感覺的世界；亞里斯多德，相信目標是科學的基本觀念。儘管柏拉圖與亞里斯多德是天才，他們的思想仍有錯誤，證明爲貽害無窮的。在他們之後，活力減退，普遍迷信的舊病逐漸復發。天主教的教條主義的勝利出現部份新的情況；但一直到文藝復興，哲學才重獲作爲蘇格拉底前期特徵的生氣與獨立精神。

第十節　普洛塔哥拉斯

波瀾壯濶的蘇格拉底前期哲學，在紀元前第五世紀後半葉，出現了一種懷疑主義運動，其中最重要的人物是普洛塔哥拉斯（Protagoras），也是雄辯家的領袖。「雄辯家」（Sophist）一詞最初並沒有壞的含意；非常接近我通常稱爲「教授」的意思。雄辯家就是以教授青年爲生的人，所教授的內容是認爲對他們的實際生活有用的知識。因爲政府並不提供這種教育，所以雄辯家因謀生而祇教授富人或富人的子弟。這樣就給予他們一種階級的偏見，因政治環境而日益增加。在雅典及其他希臘城市中，民主雖在政治上佔優勢，但從未剝奪來自舊貴族家庭份子的財富。主要是富人代表了希臘的文化：他們受教育而有閒暇，旅行使他們捐除若干傳統的偏見，他們用於討論的時間使他們才智敏銳。所謂民主並沒有影響到奴隸制度，這樣可以使富人能够享用其財富，而不需要去壓榨其他的自由公民。

在許多城市中，特別是雅典，貧窮的公民對富人由於嫉妒與維護傳統而懷有加倍的敵意。富人被認爲——這種看法常常是公正的——是不虔誠的，不道德的；他們毀敗古老的信仰，可能試圖推翻民主。因此，政治民主與文化保守聯結在一起，而文化革新者則傾向於政治上的反動。這情形類似現代的美國，坦曼尼協會（Tammany Society），民主黨內的天主教組織，抵拒開明份子的攻擊，保衞傳統的神學與倫理的教條。但美國開明份子在政治上較雅典的開明份子爲弱，因爲他們沒有和財閥聯合一致。但是，有一重要而具高等知識的階級，與保護財閥有密切關係，卽是企業律師的階級。在某些方面他們執行了類似當年雅典的雄辯家的任務。

雅典的民主，雖不包括婦女與奴隸，但在某些方面，却比現代的任何政治制度更爲民主。法官與大多數的首要官吏皆由公衆選舉，而任期甚短。因此，他們與一般公民無異，近似我們的陪審團員，具有一般公民的偏見，而缺少職業性的訓練與責任心。通常，審理每一件案子都有人數衆多的法官。原告與被告，或檢察官與被告，都必須親自到場，不能委託職業性的律師代表。這樣勝敗就大半要看訴諸公衆偏見的演說能力了。雖然到場者必須自己說話，但可以雇用專家替他寫演說稿，或者，如同許多人所樂意的，預先用錢去學習在法庭上獲勝的技術，這也就是雄辯家所教授的技術。

雅典史中的貝雷克利斯時代與英國史中的維多利亞時代很近似。此時雅典富強而不爲戰爭困擾，擁有一部由貴族執行的民主憲法。在討論亞那查哥拉斯的一節中已經提到過，一個反貝氏的政團逐漸得勢，對貝氏的朋友陸續施以攻擊。貝羅風尼西亞戰爭(Pelophonesian War)爆發於紀元前四三一年；

雅典與其他許多地方一樣，瘟疫流行，雅典原有的人口二十三萬人因此大減，此後亦未再復原。紀元前四三〇年，貝氏被免職，並以濫用公款被處罰鍰，此時法庭的法官竟達一五〇一人。他的兩個兒子因染瘟疫而死，他自己也於次年逝世（紀元前四二九年）。非第亞斯與亞那查哥拉斯受譴；亞斯帕西亞被控不虔誠及治家無方，但宣告無罪。

在這樣一個社區裏，人自然對民主政客懷有敵意並希望能懂得辯護的技術。雅典人雖有許多人被控，但有一點尚較現代美國爲開明，卽允許那些被控不敬與貽害青年的人爲自己辯護。

雄辯家在某一階級受歡迎，在另一階級則否。但在他們自己的心目中，確在致力於若干更超然的目標，而與哲學有密切關聯。柏拉圖總是諷刺詆毀他們，但他們的價值不應僅自柏拉圖的駁斥文字中去評斷。在他的一段比較輕鬆的文字裏——「論尤昔第謨司」，提到兩名雄辯家狄奧尼索多魯斯與尤昔第謨斯，設好圈套愚弄一名頭腦簡單名叫克利昔普斯的人。狄奧尼索多魯斯先說：

「你說你有一條狗是嗎？」

「是的，每個農人都有一條。」克利昔普斯說。

「他有小狗？」

「是的，小狗們很像他。」

「你的狗是他們的父親嗎？」

「是的，我確實看見他和小狗的母親在一起過。」

「他不是你的嗎？」

「他當然是我的。」

「那麼，他是一位父親，而他又是你的；所以，他是你的父親，小狗是你的兄弟。」

比較嚴肅的，容以柏拉圖的對話錄中名爲「雄辯家」的一篇爲例。這是有關定義的邏輯性的討論，以雄辯家作爲一種例證。其推理情形如何，現在暫時不談，我想引述的這篇對話祇是結論的一段：

「然後他追溯雄辯術的淵源如下——雄辯家，屬於有意或無意地製造自我矛盾的技術的一類，是外形的模倣者，是製造幻象者的支派，作更支離的創造，字句的戲弄，創造人而不是神——任何人確認雄辯家的淵源血統，都會說出他們的眞象。」

有一項關於普洛塔哥拉斯的故事，當然祇是傳說而已，但可以說明在一般人的心目中雄辯家與法庭的關係。據說，他教過一個年輕人，條件是假如年輕人出師後在打官司時勝訴，就應該向教師繳納一筆學費，如不勝，即免繳，結果年輕人食言，而普氏訴之於法。（法庭上的辯論是循環性的，學生說如判我繳費，卽是敗訴，既敗訴，則不必繳費，教師說如判不必繳費，卽是他勝訴，既勝訴，卽應繳費，以此夾纏不已。——譯者註。）

暫且不提這些傳說性的故事，讓我們來敍述普洛塔哥拉斯的眞實的簡史。

普氏在紀元前五百年前後生於阿布德拉，亦卽狄謨克里特斯出生之地。他曾兩度訪問雅典，第二次訪問早於紀元前四三二年。他在紀元前四四四——三年，爲蘇雷城制訂了一部法典。據說他曾因不敬罪被訴，但似非事實，雖然他寫過一本「關於諸神」的書，開宗明義地說：「關於諸神，我既不能確定他們的有無，也不能確定他們的形狀何似；因爲有許多東西妨礙了確定的知識，使主題模糊而具有凡人的缺點。」

柏拉圖以略帶諷刺的語調描敍他第二次訪問雅典的情形，而在「齊埃梯特斯」一書中，則以嚴肅態度討論他的思想。他最著名的學說是：「人是一切物質的容器，所容之物是則是，所容之物非則非。」其解釋是每一個人既皆是一切東西的容器，當有所不同時，在道德上卽無客觀的眞理，判定孰是孰非。此一學說主要是懷疑主義的，可能是以感覺的「欺騙性」的理論爲基礎。

實驗主義的三個創始人之一希勒（F.C.S. Sheller）習於稱自己爲普氏的信徒。我想，這是因爲柏拉圖在「齊埃梯特斯」中解釋普氏的理論說，某項意見可能比另一項更「好」，雖然不比另一項更「眞」。例如，當一個人生黃疸病時，一切東西看起來都是黃的。我們不能說，一切東西其實都不是黃的，而祇是健康的人所看到的顏色；但是，我們可以說，因爲健康比生病好，所以健康的人的意見也比生黃疸病的人的意見好。這種看法顯然是傾向於實驗主義的。

既然不相信有客觀的眞理存在，就祇有讓大多數來決定應該相信什麼了。因此，普氏成爲法律、習俗、與傳統倫理的保衞者。我們瞭解，他並不知道是否有神，但他認爲敬神是對的。這種看法，對於一個充分與合理的理論上的懷疑主義者，顯然也很適當。

普氏成年後的生活皆用於在希臘各城市的旅行演說，收取學費，教授「任何想學習實際的效率與更高的精神文化的人」。柏拉圖反對——照現在的觀念，似近於勢利——雄辯家以教授換取金錢的做法。柏拉圖本人擁有私人財富，顯然不能體察那些沒有這種幸運的人的需要。這是很奇怪的，現代的教授絕無拒受束脩之理，却在如此重複地轉述柏拉圖反對收費的批評。

還有一點，雄辯家是和當時的哲學家不同的。除雄辯家外，一位教師通常會創辦一所學校，某些財產爲一個團體所共有；或多或少過着一種團體生活，遵守類似修道院的規律，總有一些不向外公開的獨傳之秘。所有的這些也是很自然的，因爲哲學導源於歐爾非尤斯教派。但是，在雄辯家中，却沒有人辦這種學校。在他們心目中所要教的和宗教與品德無關。他們教辯論的技術以及一切有助於這種技術的知識。大體上說，他們像現代的律師一樣，準備表演如何爲贊成或反對某項意見而辯論，而並不關切要獲得他們自己的結論。那些以哲學爲一種生活方式與宗教有密切關聯的人自然會感到震驚；對於他們而言，雄辯家似乎是輕浮的，不道德的。

在某種程度上——雖然不可能說出那種程度——雄辯家所遭受的譴責，不僅來自公衆，而且來自柏拉圖及其後繼的哲學家，原因是由於他們在智力上的價值。追求眞理，當全心全力以赴的時候；必定漠視道德上的考慮：我們無法預知在某一社會中眞理必定具有陶冶品德的作用。雄辯家卽物窮理，不論其引向何處，而他們常被引向懷疑主義。其中一位名爲哥基亞斯的雄辯家說：沒有東西是眞正存在的；假如有任何東西存在，也是不可知的；卽使有人知道，也無法向其他的人說明。我們不知道他的理論根據是什麼，但可以想像到他的理論必定具有一種含於邏輯的力量，壓迫他的反對者向「品德陶冶」尋求庇護。柏拉圖經常提倡一些他認爲可以陶冶人民的品德的意見；他在知識上却經常是不誠實的，因爲他縱容自己以其社會的影響來判斷某項學說的價値。卽使在這一點上，他也是不誠實的，他佯作研究某項理論，以純學術的標準來加以衡量，但事實上，他總是把論點歪曲以求達成符合道德的結論。他首先把這種錯誤引入哲學，而一直保持到現在還沒有消除。他的對話錄所表現的，對雄辯家大部份懷有敵意。自柏拉圖以來的所有哲學家所犯的過失之一就是，他們在研究倫理問題時，是在假定他們已經知道應該得到什麼樣的結論下進行的。

在紀元前第五世紀後半葉的雅典，似有人教授政治理論，在當時人的心目中，這種理論是不道德的，在現在的民主國家，似乎也是如此。塞拉西馬諸斯（Thrasymachus）在他的「共和國」第一册中說，除強者的利益外無正義；法律是政府爲牠本身的利益而制訂的，在權力的角逐中不可能訴諸超越個人因素的標準。據柏拉圖在其「論哥基亞斯」一篇中說，迦里克利斯持同樣的見解。他說自然的規律卽是強者的規律，但爲了便利，人以制度及道德去約束強者。這種思想在現代遠比在古代獲得更廣泛的贊同。不管對這種思想作如何看法，却不能算是雄辯家的特徵。

在紀元前第五世紀——不論雄辯家在這種變動中佔什麼地位——雅典的風氣從某種程度的呆滯嚴肅的質樸精神變爲機敏而跡近殘酷的譏誚態度，而與遲鈍而又同樣殘酷的爲破滅中的傳統習俗所作的辯護發生衝突。紀元前第五世紀之初，雅典領導艾奧尼亞各城抗拒波斯，紀元前四九〇年在馬拉松獲勝。最後在紀元前四〇四年，雅典爲斯巴達所敗；紀元前三九九年，蘇格拉底被處死。此後，雅典在政治上卽失去其重要性，但却在文化上保持其卓越的地位，直到基督教獲得全面優勢爲止。

在紀元前第五世紀中，爲瞭解柏拉圖及其後希臘哲學家的思想，雅典佔主要地位。第一次對波斯的戰爭，由於在馬拉松的勝利，光榮歸於雅典人。十年後第二次對波斯的戰爭，雅典人仍在希臘人中握海上武力的牛耳，但地面戰爭的勝利則歸功於斯巴達人，當時已是希臘世界所公認的領導者。但斯巴達人的目光是狹窄而局限於地方性的，並且當波斯人被逐出歐洲的希臘領域後，卽不再與波斯人敵對。亞洲希臘人及爲波斯人所征服的各島嶼的重獲自由之戰，皆由雅典領導，且獲得光輝的勝利。雅典成爲海上霸主，對艾奧尼亞各島，獲得相當多的統治權。在貝雷克利斯——一位溫和的民主份子也是一位溫和的帝國主義者——的領導下，雅典日臻繁榮。那些現在留有遺蹟的壯大廟宇，是出於他的指示建造的，以替換以前被則爾喀昔斯焚毁的建築。雅典城的財富急遽增加，文化昌盛，而當時一般的情形是，當富足特別依賴對外貿易時，傳統道德與傳統信仰卽告崩壞。

此際雅典人才鼎盛。三大戲劇作家艾司奇魯斯、索弗克利斯、尤里披蒂斯，都屬於同一世紀。艾氏曾在馬拉松作戰並目擊沙拉米斯之戰。索氏仍是信仰正統宗教的。但尤氏則受普洛塔哥拉斯及當時自由思想的影響，處理神話的態度是懷疑主義的、破壞性的。亞里斯多芬尼斯——喜劇詩人，每嘲諷蘇格拉底、雄辯家、與哲學家，但實際上他是屬於他們這一類的；在他的劇作中，以柏拉圖的口吻對蘇格拉底甚表敬意。雕刻家非第亞斯，我們以前曾提到過的，則屬於貝雷克利斯這一派。

此一時期雅典人所表現的才華毋寧在藝術方面而不在知識方面。紀元前第五世紀中，沒有大數學家或大哲學家是雅典人，祇有蘇格拉底是例外，但他不是著作者，而祇是以談話討論學問。

貝羅風尼西亞戰爭爆發於紀元前四三一年，貝雷克利斯死於紀元前四二九年，此後卽進入雅典的黑暗時期。雅典人在海上佔優勢，斯巴達人則在陸地佔優勢，並不斷在夏季佔領亞梯卡地區（雅典除外）。結果，雅典人口壅塞，瘟疫流行。紀元前四一四年，雅典派遣一支龐大的遠征軍，企圖佔領斯巴達的盟邦，西西里島的席拉克尤斯；但結果失敗。戰爭使雅典人變得凶殘。紀元前四一六年，雅典人征服米羅斯島，將所有壯丁處死，並將所有居民擄爲奴隸。尤里披蒂斯的「楚羅占婦人」一劇卽是對這種野蠻行爲的抗議。這項衝突也有其意識型態的一面，因爲斯巴達是寡頭政治的擁護者，雅典則實施民主政治。雅典人有理由懷疑他們自己的貴族通敵叛國，在紀元前四〇五年艾哥斯波達米的戰役中，促使雅典海軍的最後失敗。

戰事終結後，斯巴達人在雅典建立一寡頭統治的政府，稱爲「三十人的專制」。三十人中的某幾個人包括其領袖克雷梯亞斯(Critias)曾受業於蘇格拉底。這三十人行事乖謬，爲人民所厭棄，在一年內卽被推翻。獲得斯巴達的應允，又恢復民主政治，但這是一種悲慘的民主，原有一項特赦，不對其內部政敵作直接報復，但仍可製造任何藉口，使人不受特赦庇護而加以控訴。紀元前三九九年，蘇格拉底卽在此種環境中被控而處死。

第二章　蘇格拉底、柏拉圖、與亞里斯多德

第一節　蘇格拉底

在歷史家看來，蘇格拉底是一位非常難以研究的人物。對於許多人，可以確定知道得很少，對於另外一些人，可以確定知道得很多，但對於蘇格拉底，究竟知道得多還是知道得少，也不能確定。他無疑是一位中產階級的雅典公民，他的時間多用於辯論，他教授青年哲學而不像雄辯家那樣收取學費。他確定是在紀元前三九九年被控訴、被宣告死刑而處死，此時，他年約七十歲。他無疑在雅典是一位名人，因為亞里斯多芬尼斯（詩人兼喜劇作家）在「雲」一劇中曾諷刺過他。但除上述各點之外，就頗有爭議了。他的兩名學生，齊諾風（Xenophon）與柏拉圖，寫了長篇累牘的關於他的事，但他們的說法各有不同。他們有相同的地方，據柏奈特推測是齊諾風抄襲柏拉圖的。至於他們不同的地方，有人相信甲，有人相信乙，有人兩者都不相信。在這樣危險的爭議中，我將不貿然贊成任何一邊，而祇是簡要地敘述各種不同的看法。

我們先從齊諾風說起，他是一名軍人，並不具有多少自由思想，其儀態也是完全合乎當時的習俗的。蘇格拉底被控不敬神並以此貽害青年，他覺得很痛苦，他辯稱，事實與此正相反，蘇格拉底極其虔誠，在這一點上，對受他影響的人，有充分的良好效果。蘇格拉底的思想似乎與「破壞性」逈不相

侔，毋寧是接近枯燥與淺俗。這樣爲蘇格拉底辯護並不適當，因爲這並未解釋何以有人對他仇視，正如柏奈特所說（見「自泰利斯至柏拉圖」一書）：「齊諾風爲蘇格拉底所作的辯護把他說得太好了，假如他眞是這樣，就永遠不會有人把他處死。」

但有一種趨勢認爲凡是齊諾風說的話都一定是眞的，因爲他沒有足夠的智力去想到任何不眞實的事情。這種論點是非常軟弱的。一個學人永遠不可能對一個聰明人所說的話作正確的報導，因爲他會不知不覺地將他所聽到的變成他的腦子所能瞭解的一些東西。我寧願讓哲學家中最尖刻的敵人，也不願我的不懂哲學的朋友來報導我的思想。我們不能接受齊諾風所說的話，不管這是否解答哲學上的難題，抑或作爲證明蘇格拉底受枉屈判刑的辯詞。

但是，齊諾風的某些回憶錄是很可信賴的。他敍述（柏拉圖也這樣做過）蘇格拉底如何不斷地研究使賢能者獲得權位。他會問：「假如我有一隻鞋要修補，應該找誰呢？」有些敏捷的青年就會立卽回答：「啊，蘇格拉底，去找鞋匠呀！」然後他繼續問有木器和銅器要修補怎麼辦，回答自然是找木匠和銅匠，最後他就問：「應該由誰來修補國家這條『船』呢？」當他和「三十人專制」發生衝突時，其領袖克雷梯亞斯，一度從學於蘇格拉底，熟悉他論辯的方法，就禁止他繼續敎導青年，並且告訴他：「你還是和那些鞋匠、木匠、銅匠去打交道吧，他們由於你的宣傳，一定生意興隆，正在得意着呢！」這事發生在貝羅風尼西亞戰爭結束後斯巴達人在雅典建立一短暫的寡頭政府的時候。大多數的時期，雅典是實行民主政治的，以至於卽使將軍也是由羣衆選擧或選擇的。蘇格拉底有一次遇到一個青年，希望成爲將軍，他勸服這個青年最好能先熟悉一點戰爭的藝術。這青年就去學了一點戰術，回來再找他，蘇格拉底作了一些諷刺性的稱讚之後，就把他送回去再求深造。他並曾勸使另一個青年去學習理財的原則，他用同樣的方法對待過很多人，包括國防部長在內。於是，有人決定，要使他不說話，用毒藥比改正他所指責的缺點要容易得多。

至於柏拉圖的紀錄，我們所遭遇的困難和齊諾風的情形大不相同，例如，我們很難判斷柏拉圖有多少成份認眞地去描摹出一個歷史性的蘇格拉底，又有多少成份企圖使名叫「蘇格拉底」這個人在他的對話錄裏，僅僅作爲他自己的代言人。柏拉圖，除爲哲學家之外，又是一位具傑出才華與魔力及充滿想像的作家。沒有人認爲，而他自己也不有意僞裝，他的對話錄中的會話就是一字一句照實紀錄下來的。但是他的對話錄的前面一部份是完全順乎自然的，人物也有可信性。柏拉圖寫故事的才華使人懷疑他作爲一個歷史家的地位。他對話錄中的蘇格拉底是一位前後一貫、特殊有趣味的人物，遠超過大多數人的智力所能製造的；但我認爲柏拉圖「可能」製造了他。至於是否「眞的」如此，那是另一問題。

對話錄中最普遍認爲有歷史性的部份是「自辯辭」。這是蘇格拉底受審時爲他自己辯護所作的演說——當然，不是逐字逐句的記錄，而是事過幾年後，就柏拉圖的記憶所及，重新組合，然後以文學技巧加以渲染而成的。蘇格拉底受審時，柏拉圖在場，所記當屬柏拉圖回憶中蘇格拉底所說的話，大體上說來，他寫作的原意是歷史性的。雖然仍有許多缺點，但已足够對蘇格拉底的性格，作相當忠實的描寫。

蘇格拉底受審這一事實是不容置疑的。控訴的主要罪名是：「他是一個爲害社會者、一個古怪的人，探求事物，上窮碧落下黃泉；使壞事看來是好事，而且把所有這些傳授給別人。」他眞正被仇視的原因，幾乎確定是，他被認爲與貴族這一派人有關係；他的學生大多數屬於這一派，其中某些人曾居於權要地位，已經被判定是對國家有害的。但由於特赦規定，這個理由不能引用。因此他以其他罪名被大多數判定有罪，根據雅典法律，可能受到比死刑較輕的處罰。假如他被判有罪，法官們必須在檢察官所要求的與被告自己所建議的刑罰之間作一選擇，在這種情形下，蘇格拉底當以建議自己受較重的處罰爲有利，因爲法庭可能認爲尙屬適當而接受。但他竟建議罰款三十米奈（Mina，古希臘貨幣，其單位價值略如現代貨幣之銀元，一米奈等於一百 drachmae——譯者註），這筆錢他的朋友包括柏拉圖在內都願意出面擔保。但他所自請的處罰太輕，使法庭爲之震駭，結果以較認定他有罪時更大的多數判處他死刑。他顯然不願意以讓步求免死，因爲讓步似乎等於他自認有罪。

檢察官是亞尼特斯，一個民主派政客；梅里脫斯，一名悲劇詩人，「年輕而無藉藉名，直髮而少鬚，有一個鷹鉤鼻子」；里孔，一個不著名的修辭學者。他們主張蘇格拉底有罪，由於不膜拜國家所膜拜的諸神而又引入其他新神，且以此敎導青年，貽害青年。

讓我們不再進一步爲「理想的蘇格拉底」是否其本來面目這個無法解決的問題而困擾，來看一看柏拉圖怎樣記載他的老師答辯此一控訴。

他首先譴責檢察官逞口舌之辯以入人於罪，他否認詭辯的罪名可以適用到他身上。他說唯一使他能够發揮口才的是眞理。請他們務必不要生氣，如果他用一向所習慣的語調說話，而不是「一篇準備好的演說，用字句來裝飾堆砌的演說。」他已年逾七旬，務請他們原諒他不以在法庭上辯論的方式說話。

他繼續說，除他的正式原告以外，他還有一大批非正式的原告，自法官們尙在孩提時代以來，就在說：「蘇格拉底，一個智者，上究天文，下窮地府，使壞事看來是好事。」他說這些人應該被認爲是不信有精神存在的。這種多年以來出自公衆輿論的控告比正式起訴更加危險，尤其危險的是他不知道，除亞里斯多芬尼斯之外，他們究竟是誰，這種控告從誰而出（註一）。爲答辯過去許多人敵視他的理由，他指出自己並不是研究科學的人──「我從未從事物質上的研究」──他不是一名教師，從未以教人而取費。繼之，他嘲諷雄辯家，否認他們自稱所具有的是眞正的知識。那麼，他說：「是什麼理由，爲什麼我要被稱爲智者而又揹上這樣一個惡名呢？」

德爾非神殿的祭司曾被人問過，有沒有比蘇格拉底更聰明的人，祭司代表神諭回答說沒有。蘇格拉底自稱感到極度困惑，因爲他實在愚昧無知，但神又是不可能說謊的。於是他走訪許多以聰明著稱的人，看他能否證實神的錯誤。首先他去找許多人認爲聰明、而他認爲尤其聰明的一位政客，但他發現這位政客並不聰明，然後很溫和但很堅定地告以實情，「結果他懷恨在心。」他又去找一些詩人，要求他們解釋自己的詩句，他們不能解釋。「於是我知道詩人寫詩不是靠智慧，而是靠一種天分和靈感。」然後他又去找工匠，但結果同樣地失望。他說在尋訪的過程中，製造了許多危險的敵人。最後他作結論說：「祇有上帝是聰明的。過去祭司祇是意圖以這個答覆來說明人的智慧都是很少或者根本沒有價值的。他說的並不是蘇格拉底，他祇是用我的名字來作解釋，好像在說，你們這些人，他是最聰明的，像蘇格拉底，因爲他知道自己的聰明眞是什麼價值也沒有。」這種點醒自作聰明者的工作佔據了他全部的時間，使他陷於貧窮，但他自覺有責任爲神諭作辯護，雖至困窮而不悔。

他說，富裕階層的青年無所事事，很高興聽他揭穿人的僞裝，而且學他的榜樣去做，所以他的敵人就更多了。「因爲他們不願意承認他們僞裝有知識已經被發現了。」

談過去的非正式控告者，即到此爲止。

蘇格拉底繼而檢討他的檢察官梅里脫斯，「正如他自己所說的，他是一位善人和眞心的愛國者。」他問誰是使青年進步的人，梅里脫斯首先提到法官們；然後在追問之下一步一步地擴大，說除蘇格拉底之外，每一個雅典人都使青年進步；蘇格拉底就爲雅典有這樣的幸運而祝賀。然後，他指出好人比壞人生活得好，所以他不可能愚蠢到有意去使好人變壞；假如是無意的，則梅里脫斯應該教導他，而不是控告他。

控告詞中說蘇格拉底不僅否認國家供奉的諸神，並且引入他所信奉的其他的神；但梅里脫斯說蘇格拉底是徹底的無神論者，並且說：「他認爲太陽是岩石，月亮是泥土。」蘇格拉底回答說梅里脫斯似乎想控告亞那查哥拉斯，他的意見可以在戲院中的一齣戲劇中聽到（推測是尤里披蒂斯的劇本）。

蘇格拉底當然要指出：新的控告說他是徹底的無神論者，是和原來的控告互相矛盾的。然後蘇格拉底又轉而談論一般性的問題。他曾經作過戰士，戰後受命仍留在軍中一段時期。如今則「受命於上帝，去完成哲學家的任務，深入地探討自己與其他人，」假如他逃避他現在的任務，就如同逃避作戰一樣地可恥。怕死是不聰明的，因爲沒有人知道是否「死」可能有勝於「生」者。假如他被准許活下去，條件是不再像他以前所做過的那樣去思索各種問題，那麼他的回答就是：「雅典人，我敬愛你們，但我應該服從上帝而不是服從你們，一息尙存，我就永遠不會停止敎授哲學的工作，勸導我所遇見的任何一個人……因爲我知道這是上帝的命令；我相信在這個國家中從未有過比我對上帝的服務更偉大的善行。」他繼續說下去：「我還有一些事情要說，你們聽了也許會喊叫；但我相信這些話對你們是有好處的，所以我乞求你們不要喊叫。我要你們知道，假如你們把一個像我這樣的人殺死，你們對自己的傷害將超過你們對我的傷害。沒有東西會傷害到我，旣不是梅里脫斯也不是亞尼特斯——他們做不到，因爲上帝不准一個壞人去傷害一個比他自己好的人。亞尼特斯也許會殺掉這個人，或者將他放逐，或者剝奪他的公民權；亞尼特斯會以爲，而別的人也會以爲，他在使這個人受到極大的傷害：但我以爲並非如此。因爲，做這件事爲他自己帶來的災禍，像他正在做的——不公正地剝奪另一個人的生命——遠比這個人所受的災禍要大得多。」

他說，他祈求不是爲自己，而是爲他的法官們。他是一個令人討厭的喋喋不休的人，但却是上帝賜給這個國家的，而不容易找到另外一個像他一樣的人。「我敢說你們或許會勃然震怒（像突然在睡夢中被弄醒的人一樣），你們想到或許很容易就把我處死，如同亞尼特斯所建議的，然後又昏昏入睡地過一輩子，除非上帝照顧你們，再給你們送一個令人討厭的喋喋不休的人。」

爲什麼他祇是和私人打交道，而不對公共事務表示意見呢？他說：「你們已經聽到，我在不同的時間不同的地方談到我所得到的神諭或啓示，這種神性是梅里脫斯在他的控告裏所嘲笑的。當我在孩提時代，就得到這種啓示，那是一種聲音，永遠是禁止我不要做某些事情，而從來不命令我去做任何事情。就是這些啓示阻止我做一個政客。」他繼續說，在政治圈中沒有一個誠實的人可以活得長久。他舉出他不可避免地牽入公共事務的兩個實例，第一是他反對民主，第二是「三十人專制」，每逢當政者的行爲不合法時，他就會提出意見。

在宣判之後，也就是法官們拒絕另一可供選擇的處罰三十米奈的罰款之後（於此蘇格拉底曾提名柏拉圖作他的擔保人之一，當時柏拉圖也在法庭），他作了一次最後的演說：

「現在，判我刑的人啊，我將樂於對你們作預言；因爲我行將就死，人在臨死前的一刻就獲有預知的能力。現在我向你們這些屠殺我的人預言，在我受『離世』的刑罰之後不久，遠比你們加在我身上更重的刑罰就正在等着你們……假如你們認爲殺人可以防止某些人責難你們邪惡的生活，那你們就錯了。所有逃避這種責難的方法，如非不可能卽是不名譽的；最容易也最高貴的做法不是剝奪別人的能力，而是改善你自己。」

然後他轉向那些投票贊成判他無罪的法官們說，對他這天所做過的一切，神沒有表示過反對，雖然在其他的場合，神常常在他講話的中途加以阻止。他說：「這是一種暗示，我所遭遇的是一件好事，那些認爲死是災禍的人却錯了。」因爲，不管死是無夢的睡眠——那顯然是好的——還是靈魂轉移到另一個世界。「假如一個人可能與歐爾菲尤斯、慕塞烏斯（Musaeus）、希昔奧德（Hesiod）、荷馬對話，他還有什麼不能放棄的呢？假如眞是如此，就讓我死吧，一再地死吧。」在另一世界，他將與所有寃死的人談話，最重要的，他將繼續尋求知識。「在另一世界，不會因爲一個人提出許多問題就把他處死，當然不會，因爲除比我們快樂之外，他們是不死的，假如這種說法是眞的……」

「分別的時刻已經到了，我們分道揚鑣，我去死，你們去活着。那一種好，祇有上帝知道。」

「自辯辭」爲某種型態的人，刻畫出一幅清晰的圖像：一個非常有自信的人，具高度智慧，漠視世俗的成功，相信自己爲一種神的聲音所引導，認爲清晰的思想是正當生活最重要的條件。除最後一點外，他很像基督教的殉道者或清教徒。在他「自辯辭」的最後一段中，我們覺得他堅決相信死後不朽，他所表示的「不確定」祇是假設而已。他不像基督徒那樣，爲死後永恒的折磨而困擾，他不懷疑他在另一世界的生活是快樂的。在「非多」一書中，柏拉圖所描敍的蘇格拉底曾說明他相信死後不朽的理由；是否這些就影響了歷史上所記載的蘇格拉底，這也是不可能推斷的。

無可置疑的，歷史上記載的蘇格拉底自稱爲一種神諭所引導。這是否卽類似基督徒所說的「良心的聲音」，或者他眞聽到了一種聲音，也不可能確定。聖女貞德是被這類聲音所鼓舞的，這是精神錯亂的一般現象。蘇格拉底確定稍有精神恍惚的情形；以此來解釋他在軍中服役時的一次偶發事件是很自然的：

「有一天早晨，他在思考一個他所不能解決的問題；他不肯放棄，他繼續思考，自晨至午——他一直呆立着在想，在正午時被人注意到了，遊蕩的人羣中紛紛傳說蘇格拉底從早到午，一直站在那裏想什麼事情。最後，在晚餐時間後，一些艾奧尼亞人，出於好奇，帶着草蓆，睡在露天下（我必須說明這不是冬天，而是夏天），看着他，看他是否能站一整夜。他的確站到第二天早晨，在曦光中向太陽祈禱後就走開了。」

像這類的事常在蘇格拉底身上發生，祇是不如此之甚而已。在柏拉圖「饗宴」一書的開始，蘇格拉底與亞里斯多第摩斯（Aristodemus）一同赴宴，但蘇格拉底因突然「出神」而落後，當亞里斯多第摩斯到達時，主人——阿加頓（Agathon）就問：「你把蘇格拉底弄到那裏去了？」亞里斯多第摩斯才吃驚地發現蘇格拉底沒有在一起；打發一個奴僕去找他，發現他在一所鄰宅的門廊裏。這個奴僕回報說：「他在那裏發呆，我叫他，他不理。」那些熟知他的人就說：「他有這種習慣，在任何地方停下來不走，沒有任何理由地自行失蹤。」他們就不再去管他，當宴會進行一半之後，他自己來了。

每一個人都同意蘇格拉底生得很醜；鼻子短而朝天，肚子突出；他比「諷刺劇中的所有森林之神都更醜」（齊諾風在「饗宴」中語）。他總是穿着破舊的衣服，赤着脚到處行走。他不怕冷熱饑渴的情形，使每一個人驚奇。亞昔比亞德斯（Alcibiades）在「饗宴」中，描敘蘇格拉底從軍的故事說：

「他的忍耐力簡直是驚人的，有一次，我們的補給被切斷，被迫枵腹行軍——在戰時這種情形是常見的，他不僅勝過我，也勝過所有的人：沒有人能夠和他相比……他忍耐寒冷的能力也是驚人的。有一次遇到嚴寒，在那一個區域多天眞是很可怕的，每個人不是躲在屋裏，就必須穿着厚重的衣服，脚穿氈靴，裏面襯着羊毛，才能出門：就在這些人中間，蘇格拉底却赤着脚在冰上行走，穿着普通的衣服，走得比那些穿氈靴的兵士更有精神，他們對他怒目相視，因爲他似乎很鄙視他們。」

他對於一切肉體欲望的控制能力常被傳爲美談。他很少飲酒，但喝起來却可以勝過任何人；沒有人看見他喝醉過。假如柏拉圖所說的是眞話，在愛情方面，卽使在最強烈的誘惑下，蘇格拉底都可保持「哲學家的風度」。他是一位完美的歐爾菲尤斯敎派的聖人：在天上的心靈與地上的肉體的「二元混合」中，他可以完全用心靈支配肉體。他最後從容就死，是他的這種支配力的最後證明。同時，他並非正統的歐爾菲尤斯敎徒，他所接受的祇是其基本思想，不是它的迷信與「淨化」的儀式。

柏拉圖所描敍的蘇格拉底也是斯多噶學派與犬儒學派的先驅。斯多噶學派堅信品德爲至高無上的善，一個人的品德不能爲外力所剝奪；此一想法已在蘇格拉底的自辯辭中暗示，卽法官不能加害於他。犬儒學派鄙視世俗的寶物，以遠離文明的舒適與便利表示他們的鄙視，這與促使蘇格拉底赤足與衣履破舊的觀點相同。

這似乎是相當確定的，蘇格拉底所全神貫注的是倫理而非科學。我們知道他在「自辯辭」中曾說：「我和物質上的推斷，沒有關係。」柏拉圖對話錄的最早的一部份，被認爲是最能代表蘇格拉底的，主要在探討各種倫理名詞的定義。「查爾米德斯」一節是談溫和或節制；「利昔斯」一節談友誼；「拉契斯」一節談勇氣。所有的這些探討，都沒有得到結論，但蘇格拉底使世人明瞭他重視對這些問題的探討。柏拉圖描敍中的蘇格拉底一直堅信他一無所知；但他不認爲知識是不可獲取的，相反地，他認爲探求知識是極端重要的。他堅信沒有人因智慧而有罪；因此，使所有的人都有品德，唯一的需要是知識。

強調品德與知識的關聯是蘇格拉底與柏拉圖哲學的特徵。在所有的希臘思想中，都或多或少地存在着這種性質，這是和基督敎的敎義相反的。在基督敎的倫理中，純淨的心靈是最重要的，至少，在無知識的人中，和在有知識的人中一樣可以找到這種純淨的心靈。希臘與基督倫理的這一區別直到今日仍然存在。

辯證術，亦卽以問答方式探求知識不是蘇格拉底發明的。這似乎是由齊諾——巴曼尼德斯的學生首先有系統地加以採用的。在柏拉圖的對話錄裏，齊諾詢問蘇格拉底，正如在其他部份，蘇格拉底詢問別的人一樣。但有充足的理由可以假定蘇格拉底採用並且發展了這種方法。我們知道，蘇格拉底被處死，他快樂地反應說他在另一世界可以繼續永遠地提問題而不可能被處死，因爲他的靈魂已經不朽。當然，假如他採行詢問的方式，像「自辯辭」所做的一樣，則他之受敵視是無怪其然的，所有雅典的騙子都會聯合起來反對他。

問答法適用於某些問題，對其他一些問題，則不適用。或許這種方法有助於形成柏拉圖好問的性格，因爲大部份可以採用這種方式。由於柏拉圖的影響，大部份的哲學家都被這種方法所帶來的限制所束縛。

某些事情顯然是不適用這種方法的——譬如實驗的科學。不錯，伽利略曾用對話的方式來提倡他的學說，但這祇是用於駁倒一些偏見——他的新發現的確實理由不可能插入一項對話中，而得以避免重大的矯揉造作。蘇格拉底在柏拉圖的著作中總是自謙地說，他祇是把他所問的人的已經有的知識誘導出來，以此，他把自己比喻爲助產士。在柏拉圖的「非多」與「米諾」兩書中，他把這個方法用到幾何學的問題上，他也在法庭提出任何法官都不會許可的問題。此一方法與「記憶卽學問」的理論是調和的，照這種理論，我們可以從回憶中產生知識。但是，反對這種方法的，就可以想到任何用顯微鏡達成的新發現，例如細菌傳染疾病，像這一類的知識，不可能用問答的方法，從一個以前對此一無所知的人身上誘導出來。

適用於蘇格拉底的方法的，祇是那些我們已有足够的知識去達成一項正確結論，但由於思考混亂或缺乏分析而不能最合理地加以運用的事情。「什麼是公正？」這類問題是非常適合在柏拉圖的對話錄裏去討論的。我們都任意用「公正」或「不公正」這些字眼，當我們檢討用這些字眼的方式，就能够以歸納的方法達成一項最適用的定義。我們所需要的祇是知道這些「在問題中」的字眼是怎麼樣去用的。但，當我們的詢問達到結論時，我們所達成的也祇是語意學上的發現，而不是倫理學上的發現。

我們把這個方法用在範圍較廣的問題上，是有助益的。凡辯論的主題是邏輯性的，而不是事實性的，討論便是誘導眞理的好方法。譬如有人主張民主是好的，但持某種意見的人不得投票，我們就可以判定他自相矛盾，兩項主張中至少有一項是錯的。我認爲邏輯上的錯誤比一般人所想的重要；這種錯誤使觸犯的人對每一個問題都不自覺地堅持他們的意見。任何思想上合於邏輯的主體一定有一部份與流行的偏見相左。問答的方法——或者一般地說，自由討論的習慣——可以提高邏輯的一貫性，因此是有用的。但目的如在發現新的事實，則不適用。「哲學」或許能够以此爲定義，即所有可用柏拉圖的方法去探求的知識就是哲學。但，假如這個定義是正確的，那也是因爲柏拉圖對後世哲學家的影響，才造成這樣的結果。

（註一）在「雲」一劇中，說蘇格拉底否認有宇宙神存在。

第二節　斯巴達的影響

欲求瞭解柏拉圖及以後的許多哲學家，有必要對斯巴達稍有認識。斯巴達對希臘思想有雙重影響：一是在實生活方面，一是在神話方面，兩者都是重要的。在實生活方面使斯巴達得以戰勝雅典，而神話則影響了柏拉圖及此後的不可勝計的作家的政治思想。神話以完全成熟的形式載於勃魯塔契（Plutarch）的「黎克格斯的生活」一書中；其所追慕的理想大有助於形成盧梭、尼采及國家社會主義的思想。在歷史上，神話甚至較實生活更重要；但我們還是先從實生活說起，因爲實生活是產生神話的來源。

以斯巴達爲首邑的拉科尼亞（Laconia）或拉昔戴蒙（Lacedaemon），位於披里番尼蘇斯半島的東南部。斯巴達人在多雷族自北方侵入的時代，征服了這個國家，並將當地的人降爲奴隸，稱之爲農奴（helot）。在有史時期，所有土地皆屬於斯巴達人，但法律與習俗却禁止斯巴達人自己耕種；理由是：一方面認爲這種勞動是低賤的，一方面這樣可以使斯巴達人永遠無牽掛地到軍中服役。奴隸並不買賣，而是附着於土地，隨土地移轉。土地被分成許多塊，每一斯巴達的成人分到一塊或一塊以上的土地。這一塊一塊的土地也像農奴一樣，不能買賣，祇是依法由父傳子（土地亦可遺贈給其他斯巴達人）。地主每年自種地的農奴收取七「米定尼」（約等於一〇五蒲式耳）的穀物，另十二「米定尼」給他的妻子，還有一些約定的酒與水菓（斯巴達男人的數量近六倍於他們的妻子）。任何超出這個數量的收穫卽歸農奴所有。農奴像斯巴達人一樣也是希臘人，深以作奴爲恥，有機會時，卽反叛。斯巴達人設立一秘密警察機構以應付此項危機，但實施防制則另有一機構：他們每年向農奴宣戰一次，在此時期內，他們的青年可以殺死任何一名看起來不服從的農奴而不負殺人的刑責。農奴可以被國家解放，但不能爲其主人所解放。而且這種機會是很少的，祇有作戰特別勇敢，才能有這樣的幸運。

在紀元前第八世紀中，斯巴達征服其鄰國米昔尼亞（Messenia），將其大部份居民降爲農奴。斯巴達是不開明的，但在新的領土上，有一段時期，却將此一不滿的來源——農奴制取消。

小塊土地是爲普通斯巴達人而設的，貴族另有其自己的土地，而小塊土地是由國家分配的。

拉科尼亞其他部份的自由居民稱爲「披雷奧伊昔」（Perioeci），無參政權。

斯巴達公民唯一的工作是戰爭，他們自出生之日起卽接受考驗。有病的嬰兒，經過族長們檢查後，卽遭遺棄，祇有被判爲健壯的才允許養育。所有的男孩在一所龐大的學校裏受訓，直到二十歲爲止；訓練的目的在使他們強壯，能忍受痛苦，服從紀律；文化與科學教育在這裏是無意義的；唯一的目標是製造好的戰士，完全獻身於國家。

在二十歲時，實際的兵役期間開始。任何人在二十歲後都可以結婚，但三十歲以前必須在「男屋」中居住，渡其婚姻生活，有如不合法的幽會一樣。三十歲後，才算眞正成年的公民。每一公民屬於指定的食堂，與他人共餐；必須自其土地收獲中貢獻一部份；國家的要求是：斯巴達的公民沒有人應該是貧困的，也不應該有富人。每一個人都應該依其土地維生，除作爲無償贈予外，不能讓售其土地。任何人不得持有金銀，錢幣是鐵鑄的。斯巴達的簡樸成爲舉世週知的事實。

婦女在斯巴達的地位也是很特殊的。她們不像希臘其他部份的婦女那樣被隔離。少女和少男接受同樣的體育訓練；更值得注意的是，男女在一起做體操，都是裸體的，而且他們是被要求這樣做的。我引述諾斯（Frederick North）所譯勃魯塔契的「黎克格斯」中的一段如下：

「少女必須以練習奔跑、摔跤、擲鐵餅、投標槍等鍛鍊其體格，目標在使她們得到日後可見的效果，養成一個健美而性感的身體，迅速生長而發育完好，因爲身體健壯，便很容易減少懷孕的痛苦。雖然少女公然裸示她們的肉體，但並沒有做出不誠實的事情。所有的這些運動充滿了戲樂，却並不放蕩。」

男人不願結婚是「牴觸法律」的，將被迫——卽使在最冷的天氣中，裸體行走，就在青年們作體操與舞蹈的體育館的外面，走來走去。

婦女不得作任何不利於國家的表情。她可以對一個懦夫表示鄙視，假如這懦夫是她的兒子，將因表示鄙視而受讚美；假如她們的新生嬰兒以孱弱而被處死，或她們的兒子在戰場上戰死，則不許表示哀傷。她們被希臘其他部份的人認爲特殊的貞潔；同時，一個不生育的婦人，當國家令其試驗其他男人是否比自己丈夫更能成功地使她生育公民時，則不會有所反對。法律鼓勵生育，根據亞里斯多德的記載，有三個兒女的父親可以免服兵役，有四個則免去一切對國家的義務。

斯巴達的憲法是很複雜的。有兩個國王，屬於兩國不同的家族，王位依照傳統繼承。在戰時，兩個國王中的一個指揮軍隊，但在平時，他們的權力是有限的。普通宴會中，他們所食爲其他任何人的雙倍，逝世時，舉國爲之服喪。設有元老會議，由三十人組成（包括國王在內）；國王以外的二十八人必須超過六十歲，且出身貴族，由全民大會選擇，當選後即爲終身職。元老會議審問罪犯，並爲全民大會的議案準備資料。全民會議本身不能提案，但可以對任何提出的議案作同意或反對的表決。法律未經全民大會同意不得制訂，但其同意雖爲「必要」，但並不「充分」；必經元老會議及法官正式宣佈後始能生效。

除國王、元老會議、全民會議之外，還有第四個政府機構，這是斯巴達所特有的，此即五位行政長。這些行政長亦由全民大會選出，這種方法，亞里斯多德稱之爲「兒戲」，而柏雷(Bury)則稱此爲眞正代表全體民意。憲法中有「民主」的因素，立意在平衡國王的權力。國王必須每月宣誓一次表示擁護憲法，然後行政長宣誓祇要國王忠於自己的誓言，卽擁護國王。當任何一位國王出征時，卽有兩位行政長隨同在側，察看他的行爲。行政長組成最高民事法庭，但對國王則擁有刑事裁判權。

據後來的猜測，斯巴達憲法是由一位名叫黎克格斯的人所制訂，而在紀元前八八五年公佈施行。事實上，斯巴達的制度是逐漸形成的，黎克格斯是一神話性的人物，據說原本是神。他的名字意指「狼的逐退者」，他的祖先是阿卡地人。

斯巴達引起其他希臘人的崇仰，這是使我們感到驚奇的。最初，它與其他希臘城市的差異比後來要少得多；他們和其他城市一樣產生優秀的詩人與藝術家。但約在紀元前七世紀，或更晚的時期，制訂了憲法（歸功於黎克格斯是假的）實現了我們所推想的那種形式；一切東西都爲戰爭的勝利而犧牲；斯巴達不再在任何部份對希臘對世界有所貢獻。對於我們說來，似乎是納粹如果勝利就可以以這種國家爲縮小的典型。對希臘人而言，則是崇仰的對象。柏雷說：

「當來自雅典或梅里脫斯的陌生人在紀元前第五世紀時來到這個由散處的鄉村形成的沒有城墻的樸實無華的城市，必然會有一種感覺，倒退到早已過去的時代，此時人較勇敢，更優秀而樸實，沒有被財富所腐蝕，沒有被觀念所干擾。對於一個哲學家，像柏拉圖那樣的，研究政治科學的，斯巴達似乎是最接近理想的道路了。一般的希臘人視之爲嚴整與樸實美的結合，一個多雷人的城市，莊嚴得像一座多雷的神殿，比一般希臘人的住所要高尙得多，但住在裏面却不是那麼舒適。」

其他希臘人崇仰斯巴達的另一原因是斯巴達的安定。所有其他的希臘城市都發生革命，但斯巴達的憲法則歷時數百年而不變，僅行政長的權力逐漸增強，但也是經過合法的手段的，並沒有發生暴亂。

不能否認，有一段很長的時期，斯巴達人為實現其主要目標是成功的——卽創造一不可征服的戰士所組成的種族。塞摩庇萊（Thermopylae）之戰（紀元前四八〇年）雖然是失敗了，但或許是表現他們英勇作戰精神的最好實例。塞摩庇萊是一個狹隘的山口，希望在那裏可以阻擋波斯軍的前進。三百個斯巴達戰士，另有若干後勤人員，擊退了所有來自正面的攻擊。但最後，波斯人發現另一條穿越山嶺的便道，乃得以向斯巴達人同時作前後夾攻。所有守軍皆就地戰死。有兩人因病假不在場，所患為幾乎暫時失明的嚴重眼疾。其中一人堅持令其農奴牽引至戰場，結果陣亡。另一人名亞里斯多德摩斯自分病重無法作戰，卽留後未去，當返回斯巴達時，沒有人和他說話；稱他為「懦夫亞里斯多德摩斯」。一年後，他勇敢地在巴拉塔伊亞之戰陣亡，才洗雪了他的恥辱，這一仗的勝利者是斯巴達人。戰後，斯巴達人在塞摩庇萊的戰場上，樹立了一座紀念碑，祇寫了短短的一行：「陌生人，告訴拉昔戴蒙人，我們為服從他們的命令，在此長眠。」

很長一段時期，斯巴達證明自己在地面上是不可征服的。他們保持這種優勢到紀元前三七一年在留咯楚阿（Leuctra）之戰被埃及的底比斯人擊敗為止。這是他們軍事強權的終結。

除戰爭以外，斯巴達的實生活從來就和它的理論是不很一致的。希洛多特斯，曾在斯巴達盛時在那裏居住過的，竟稱沒有一個斯巴達人會拒絕受賄，儘管斯巴達教育的重點在培養對財富的輕視及對儉樸生活的愛好。傳說斯巴達婦人是貞潔的，但發生過幾次這樣的事情，公認的王位繼承人，由於發現不是眞正他母親的丈夫所生的而被廢黜。又傳說斯巴達人是不屈不撓地熱愛國家的，但包桑尼亞國王——巴拉塔伊亞之戰的勝利者，結果却因接受則爾喀昔斯的賄賂而叛國。除這類聲名狼籍的事情之外，斯巴達的政策經常是瑣屑的、地域性的。當雅典自波斯人手中解放了小亞細亞及鄰近島嶼的希臘人時，斯巴達人却保持冷淡疏遠的態度；祇要披羅番尼蘇斯（通往斯巴達的要隘）是安全的，對於其他希臘人的禍福，則一概漠不關心。所有試圖聯合希臘世界爲一體的努力，皆由於斯巴達的「個別主義」而失敗。

亞里斯多德，在斯巴達滅亡後在那裏居住過的，對它的憲法，頗多惡評。他所說的與別人大異其趣，以至使人難以相信所指爲同一地方，他說：「立法人希望使整個國家堅強而節儉，但祇在男人身上實現了他的意向，却忽略了女人，她們過着各種各樣的浪費與奢侈的生活。結果是，在這樣一個國家，財富變得非常重要，尤其男人經過激烈的競爭之後（男多女少），臣服於他們的妻子時……卽使勇氣，在日常生活中也沒有用處，而祇是作戰時才需要，拉昔戴蒙婦女的影響是最有害的……她們的放縱在最早的時期就開始了，而且這是唯一可以對她們預期的……傳說黎克格斯希望把婦女置於他的法律控制之下，但她們反抗，他就放棄了。」

他繼續譴責斯巴達人貪財，他認爲這應該歸咎於財產的分配不均。土地雖不能買賣，但可以贈予或遺贈。五分之二的土地屬於婦女，結果公民的數量大幅減少：一度有一萬人，但在被底庇斯擊敗時，則減至不到一千人。

亞里斯多德抨擊斯巴達憲法的每一個部份。他說行政長常常是很窮的，所以很容易接受賄賂；而他們的權勢却如此之大，卽使國王也要討好他們，因此這部憲法已經成爲「民主」的了。行政長具有太多的特權，過着與憲法精神相牴觸的生活，一方面普通公民受管制過嚴，至不能忍受，而向秘密的不合法的肉慾享樂逃避。

亞里斯多德寫出這些話時，斯巴達已經沒落，但在某幾點上，他特別強調說他所提及的害處在早期就存在了。他的語調如此冷靜而切實，很難使人不相信他，而且這情形也符合我們所目覩的現代法律過分控制造成的後果。但是人們想像中的並非亞里斯多德所說的斯巴達，而是勃魯塔契的神話性的斯巴達，以及柏拉圖「理想國」中斯巴達的哲學的理想化。多少世紀以來，年輕人讀了這些書，懷着熾熱的野心，想成爲黎克格斯或哲學家的國王，結果理想主義與權力慾的結合一再地使人墮落，迄今不止。

中世紀與現代讀者所讀到的斯巴達神話主要是在勃魯塔契手中定型的。當他寫此書時，斯巴達已成傳奇性的往跡；其盛世和他的時間距離正如哥倫布和我們的時間距離一樣。對他所說的話，法律學的史家一定處以十分審慎的態度，但神話的史家則認爲有極端的重要性。希臘經常以想像、理想、希望的效果影響世界，但不是直接以其政治的力量。羅馬築路，其大部份至今猶存；所制訂的法典是許多現代法律的淵源，但這是羅馬的軍隊使它具有如此重大的影響的。希臘人雖崇拜戰士，但並不征服他人，因爲他們祇是彼此相互激戰。結果讓半開化的亞歷山大在近東傳播希臘文化，在埃及、敍利亞、小亞細亞的島嶼部份，使希臘文成爲文學的用語。希臘人永不可能達成這樣的工作，不是因爲缺乏軍力，而是因爲不能在政治上團結一致。希臘文化的政治方面的傳播媒介永遠是非希臘的；這是希臘的天才，鼓舞了外國的征服者，使它們傳播被征服者的文化。

世界歷史家認爲重要的不是希臘各城邦之間的零星戰爭，或黨派權勢間的無謂的爭辯，而是這一段「主要的插曲」結束後，人類所留下的記憶，有如山居的人正在掙扎着渡過艱苦的風雪交加的一天時，我們却在回憶阿爾卑斯山的壯美的日出。這些記憶，雖在逐漸地消逝，却仍在人類心靈中留下崇高的影像，曾在晨曦中放射異彩，保持着知識的活力，有如在雲層內的光輝，仍然存在，任何時間可以顯耀出來。其中，柏拉圖在早期的基督教是最重要的，亞里斯多德則對於中世紀的教會是最重要的；但自文藝復興後，世人開始重視政治自由，轉而崇仰勃魯塔契。他對十八世紀的英法自由份子及美國的創建者具有深刻的影響；他也影響了日耳曼的浪漫主義運動，並且繼續以間接的管道影響現代德國的思潮。在某些方面，他的影響是好的，某些方面是壞的。至於黎克格斯與斯巴達的影響則是壞的。他所說關於黎克格斯的話至爲重要，我將對此作一簡單評述，卽使稍有重複亦所不惜。

黎克格斯——據勃魯塔契說——決定爲斯巴達制訂法律，卽到處旅行研究不同的法典。他喜歡克里特島的法律，以其「非常簡截而嚴酷」，但不喜歡艾奧尼亞的，以其「繁瑣而尙虛榮」。在埃及，他學習到將兵士與人民分隔的益處，後來自旅行歸來時，卽「在斯巴達實施：使商人、工匠、工人各有其區域，他的確建立了一高尙的共和政治。」他將土地平等地分給所有斯巴達的公民，以消除城市內的一切赤貧、嫉妒、貪婪、口腹之嗜、以及貧富的差異。他禁用金銀幣，祇許鐵鑄的錢流通，因其價值小，「如堆積相等十個米那的鐵錢，就會塞滿一棟房子的地窖。」他用這種手段消除了一切的浪費與不產生實利的科學，因爲沒有足够的錢去供他們作試驗之用；他的法律也使對外貿易無法進行。修辭學家、妓館經營者、珠寶商，因爲不喜歡鐵錢，都避免到斯巴達來。他並且規定所有的公民必須一起進食，吃同樣的食物。

黎克格斯，像其他的改革者一樣，認爲兒童教育是「法律的改革者必須辦好的最主要也是最重大的事情」；也像其他所有以軍事強權爲目標的人一樣，他急於要增加生育率。「少女在少男之前裸體演戲，做體操和舞蹈，就是一種刺激，引誘少男去結婚：並非如柏拉圖所說的，結婚是由於要生兒育女，而是由於互相喜悅，由於戀愛。」結婚最初幾年，必須做得像幽會一樣，「是爲了繼續保持雙方仍在燃燒着的熱愛，以及彼此間一種新鮮的慾望。」——這至少是勃魯塔契的意見。他繼續解釋說，老夫少妻而讓另一青年男子爲她生子，並沒有什麼不對，「這同樣也是合法的，一個誠實的人愛上別人的妻子……懇求她的丈夫，使他痛苦，和她一起睡，這樣更可以挑起情慾，生出更可愛的兒女。」不許有愚蠢的嫉妒，因爲「黎克格斯不喜歡兒女屬於任何人私有，而應該爲公共福利而屬於公有。因此不應該每一個人都生育未來的公民，而應該由最好的人享受這個權利。」他又繼續解釋說，農民養牲畜，也適用這個原則。

當嬰兒出生後，父親把他帶到族中的長者那裏去檢查：如果是健康的，就讓他的父親領回養育，否則就丟入一深水坑中淹死。在孩提時就要通過一連串嚴酷的鍛鍊，有些是好的——例如不把他們放在包裹很緊的衣服裏。七歲時，男孩卽須離家，進入一住宿的學校，分成若干班，每班依智力與勇氣自選其班長，並接受其命令。「他們是輪流上課的，故時間有限。其餘的時間，他們學習如何服從，袪除痛苦，忍受苦役，在戰爭中保持鎭靜。」他們遊戲，大部份時間是裸體的；十二歲後，不穿上衣，經常是「骯髒」的，一年中除某些日子外，從不沐浴。他們在草床上睡覺，冬日則覆以薊草。他們學習偷盜，如失風就要被處罰——不是處罰其偷盜，而是處罰其笨拙。

同性戀——不管是男性的或女性的，在斯巴達都是許可的，而且在青年男子的教育中，這是被承認的行爲。一個男孩的同性戀人因這個男孩的行爲而負連帶責任。勃魯塔契說，有一次一個男孩因打架受傷而哭，他的同性戀人卽爲這個男孩的懦怯而被處罰款。

一個斯巴達人的任何階段的生活都是不自由的。

「在他們完全成年之後，仍須繼續過紀律與秩序的生活。任何人不得自由擇居，必須住在市內，一若在一所集中營裏一樣，每個人都知道他可以靠多少收入維生，在他的號召下，還能做些什麼其他的事情。簡言之，他們都必須有這樣的觀念，他們生下來不是爲自己服務的，而是爲國家服務的……黎克格斯爲這個城市所帶來的最好也是最愉快的事情之一是讓它的公民具有很多的休閒時間，祇是禁止他們從事卑賤的職業：他們不需要嚮往致富，因爲這個地方貨物旣不能圖利也不受重視。戰時被擄的農奴會替他們耕地，每年貢獻固定數額的作物。」

勃魯塔契繼續講到一個故事，說有一雅典人因游手好閒而被罰，一個斯巴達人聽到後就大叫：「把我帶到受罰的人那裏去看看，他因生活得高貴像一位紳士而受罰。」

黎克格斯（勃魯塔契繼續說）「使公民養成習慣，以致他們不願也不能單獨生活，而祇能彼此聯合，永遠聚族而居，像蜜蜂隨同蜂王生活一樣。」

斯巴達人不許旅行，外國人除做生意外也不得進入斯巴達，唯恐外國的習慣腐蝕了他們的品德。

勃魯塔契說，法律允許斯巴達人在祇要他們認為有這樣處置的必要時，就可以殺死他們的農奴，但不相信這樣惡劣的事情是出於黎克格斯的意思。「我不能相信黎克格斯會創立或規定這樣邪惡有害的行為，像這種條例所表現的：在我想像中，他的性格是溫和的、仁慈的，我們可以從他在處理其他事情的寬厚公正上看得出來。」除這一點外，勃魯塔契都是讚美斯巴達的憲法的。

斯巴達對柏拉圖的影響，這是我們在這裏所特別關切的，可以從他的「共和國」一書中獲得證明，將於下一節中詳述。

第三節　柏拉圖思想的來源

柏拉圖與亞里斯多德是古代、中世紀、現代所有哲學家中最具影響力的，兩位之中，柏拉圖對後世的影響更大。我這樣說有兩個理由：第一、亞里斯多德本身是柏拉圖影響下的人物；第二、基督教的神學與哲學，一直到十三世紀，柏拉圖的影響遠超過亞里斯多德。因此，在哲學思想史上，以更完整的方式處理柏拉圖——對亞里斯多德則稍遜——超過所有在他們以前及以後的哲學家，確有必要。

柏拉圖哲學中最重要的理論是：第一、他的「理想國」，這是他一連串著作中最早的一部；第二、他的觀念論，這是研究現在仍未解決的普遍問題的最先嘗試；第三、他贊成死後不朽的理論；第四、他的宇宙論；第五、他相信知識毋寧是回憶的記錄而不是理解。但在述及任何以上的論題之前，容先稍述其生活環境及對其政治與哲學思想的影響。

柏拉圖生於紀元前四二八—七年之間，正當貝羅風尼西亞戰爭的早期。他是一相當富有的貴族，與「三十人專制」周圍的若干人有關係，雅典戰敗時，正當盛年，可能對摧毀民主政制有貢獻，他的社會地位與家庭關係可能使他鄙視民主。他就學於蘇格拉底，師弟之誼甚深，而蘇格拉底是被民主政治處死的。是則無怪其傾向斯巴達，作爲他理想社會的剪影。柏拉圖具有這種裝飾他的反自由的主張的藝術，以至矇蔽後世，使人崇仰其「理想國」而從不覺察其主張所眞正包含的意義。讚美柏拉圖永遠是對的，但並沒有眞正去瞭解他。這是偉人們的共同悲運。我的目標與此相反，我希望瞭解他，但不是出於虔誠膜拜的心情，對待他一若對待一個現代的英國或美國主張極權主義的人。

純哲學對柏拉圖的影響，也使他偏向於斯巴達，大體上，這些影響來自畢達哥拉斯、巴曼尼德斯、赫拉克里特斯與蘇格拉底。

自畢達哥拉斯處(不論是否通過蘇格拉底)，柏拉圖從他的哲學中獲得的歐爾菲尤斯敎派的因素：

宗教的傾向、對靈魂不朽的信念、死後的世界、僧侶的語調；他對於數學的尊敬，以及學會把知識與神秘主義緊密的結合在一起。

從巴曼尼德斯處，他得到信念，現實是永恒的、無始無終的，在邏輯的觀念上，一切變化都是虛幻的。

從赫拉克里特斯處，他學到否定的思想，在感覺的世界中，沒有什麼是永恒的，這與巴曼尼德斯的思想融合，所得結論是，知識不能從感覺獲得，祇能由智力達成。這也同樣適合畢達哥拉斯的思想。

從蘇格拉底處，他大概學到有關倫理問題若干先入爲主的觀念，以及爲宇宙尋求目的論而非機械論解釋的趨向。「善」支配他的思想超過對蘇格拉底以前哲學家的支配，這不能不歸因於蘇格拉底的影響。

所有這些如何與政治上的極權主義發生關聯呢？

第一、因爲「善」與「眞」是永恒的，最佳的情況必定是模倣天國典型最接近的那一種，具有最小限度的變化與最大限度的靜止的完美，其統治者也必須是最能瞭解「永恒之善」的人。

第二、柏拉圖像其他所有神秘主義者一樣，在他的信念中，有一確定的中心，除某一種生活方式外，基本上是不能傳達的。畢氏學派曾致力於制訂一項秘密入社的規則，這正是柏拉圖基本上所需要的。假如一個人要想成爲好的政治家，他必須認識什麼是「善」；而祇有經過知識與道德的聯合鍛鍊才能做得到。假如允許沒有經過這種鍛鍊的人參加政府，則他們勢將不可避免地促使政府腐敗。

第三、照柏拉圖的原則，造就好的統治者，需要很多時間來教育。在我們看來，堅持以幾何學教授年輕時代的狄奧尼蘇斯或專制的席拉克尤斯，爲了使他成爲一個好的國王，是不明智的，但柏拉圖則認爲這是不可缺少的。這一點他完全是畢達哥拉斯的信徒，認爲沒有數學就不可能有眞正的智慧。這一觀點卽有贊成寡頭政治的含意。

第四、柏拉圖和大多數的希臘哲學家一樣，認爲閒暇對智慧是不可缺少的，因此，智慧不屬於那些必須爲生活而工作的人，而祇存在於那些有獨立的財富或不需要顧慮衣食的人。這基本上是貴族的觀點。

將柏拉圖與現代觀念作比較，將引起兩個問題，第一、是否有「智慧」這樣的東西？第二、假如有，能够設計出一套憲法賦予「智慧」以政治的權力嗎？

「智慧」，照其所假定的意義，並非任何一種專門的技藝，如同鞋匠、醫生、軍事戰術家所具有的。它必定較此爲廣泛，因爲智慧可使人明智地治理國家。我認爲柏拉圖可能會說，知識中有「善」，而且可以用蘇格拉底的思想來證明這個定義，卽沒有人會因有智慧而犯錯，這又可以引伸到，任何人祇要知道什麼是「善」，所做所爲就都是對的。在我們看來，此一觀點離事實太遠。我們應該說各有不同的利益，而政治家應該去達成可能範圍內的最佳妥協。同一階級同一國家的人或有其共同利益，但經常與其他階級其他國家發生衝突。當然，人類亦有其整體利益，但不足以左右政治的行爲。或許在將來可以，但祇要有那麼多獨立國家，就確定做不到。就是做到了，尋求一般利益最難的一點仍在達成相互對抗的特殊利益之間的調和。

卽使我們假定有「智慧」這樣的東西，那麼，是否有任何形式的憲法可賦予政府以「智慧」呢？這是很明白的，例如普遍性的會議，可能犯錯誤，事實上，也犯過錯誤。貴族並不經常是明智的；國王則常是愚蠢的；敎皇，儘管被認爲絕對不會犯錯，也犯過重大的錯誤。有任何人主張把政府付託給大學畢業生甚至神學博士嗎？或付託給那些出身寒微後來變成鉅富的人嗎？這是很明白的，依法律規定所選擇的公民，事實上不會比全體更爲明智。

也許可以主張，人可以經由適當訓練獲得政治智慧。但問題在：什麼是適當訓練？這將變成一個聚訟紛紜的問題。

如何尋求一羣「智慧」的人而託之以政府是一個不能解決的問題。這就是爲什麼要實行民主的最基本的理由。

第四節　柏拉圖的理想國

柏拉圖最重要的對話錄——「共和國」，大體上包含三個部份。第一部份（接近對話錄第五册的結尾）包含一個理想社會的建設，這是理想國中最早的一個。

結論之一是：統治者必須是哲學家，第六册第七册卽討論有關「哲學」一詞的定義，這項討論構成第二部份。

第三部份討論各種實存的憲法及其優點與缺點。

「共和國」的文義上的目標在要爲「公正」下定義，但最後決定，任何事物皆以其大而易於觀察，以其小而不易觀察，故毋寧探究什麼造成一公正的國家，而非什麼造成一公正的個人。因爲公正必然存在於可以想像的最好的國家的特徵中，故必須先繪出這樣一個國家輪廓，然後決定它所完成的那一點是應該稱爲「公正」的。

讓我們先敘述柏拉圖的「理想國」的粗略大綱，再從中研討其所引起的問題。

柏拉圖首先決定，公民必須分爲三個階層，一般人民、軍人、監護人，祇有最後一階層可獲政治權力，人數遠較前兩者爲少。最初他們似爲立法者所選舉，以後即依血統繼承，但在特殊情形下，一個具發展潛力的兒童可以從較低的階層中拔擢爲監護人階層；同時，監護人階層中不長進的兒童或青年也可以貶謫到較低階層去。

正如柏拉圖自己所覺察到的，主要的問題在如何能保證監護人會實現立法者的意向。爲了這個目標，他提出各種建議——教育的、經濟的、生物學的、宗教的。這些建議對監護人以外的階層適用到什麼程度，無法確知，但某些建議是確定可以適用於軍人的。柏拉圖所關切的祇是監護人，他們是特殊階級，像舊巴拉圭的耶穌會教徒，到一八七〇年爲止各天主教國家的神父，現在蘇聯的共產黨一樣。

第一件考慮的事情是教育。又可分爲兩部份，音樂與體操，但都較現在的含意爲廣：「音樂」意指所有「足以娛人」的事物，「體操」則意指所有與體格鍛鍊與適應有關的事物，「音樂」的意義幾乎與我們稱之爲「文化」的相同，「體操」的意義則較我們所稱的「運動競賽」爲廣。

文化的貢獻在使人成爲「紳士」，主要由於柏拉圖的影響，其意義與英國的相似。當時的雅典在某些方面與十九世紀的英國相同，都有一個貴族階級，享受財富與聲譽，並不能壟斷政治權力；貴族階級都需要以高尚行爲作爲手段以儘量保持其權力。但在柏拉圖理想國中，貴族得以不受約制地統治其國家。

嚴肅、禮節與勇氣似爲教育所要培養的主要氣質。自很早的年齡開始，可以親近那一類文學，允許聽那一類音樂，都經過嚴格的檢查。母親與護士祇許向兒童講述政府指定的故事。荷馬與希昔奧德（Hesiod 紀元前八世紀之希臘詩人）是禁止講述的，有多種原因：第一、他們敍述諸神有時行爲不端，這是和陶冶氣質相牴觸的，兒童必須告以邪惡永不來自諸神，因爲上帝並不創造一切，祇創造好的東西。第二、荷馬與希昔奧德被認爲使他們的讀者怕死，但教育上的每一部份都應該使青年樂於在戰場上赴死。青年必須教以相信死猶勝於被奴役，因此，青年必須做一個標準好人，永不哭泣與悲傷，卽使爲了友人的死，也不哭泣。第三、禮儀要求必須不大聲譁笑，但荷馬仍說到「諸神間的不斷笑聲」，如少年引述這段話，則校長如何能有效地譴責他們譁笑？第四、荷馬有詩句讚美豐盛的宴會，並描敍諸神的情慾；這些詩句都不鼓勵節儉。（英芝 Dean Inge，一位眞正柏拉圖信徒，反對一首著名的讚美詩的辭句：「勝利者的歡呼，聚宴者的歌唱」，這是描寫天國的歡樂的。）最後是，不得講任何故事，其中邪惡者歡樂，或善良者沮喪；因爲對幼小心靈的道德影響，可能是最不幸的。照以上這些衡量來看，詩人都應該受譴責。

柏拉圖對戲劇有一很奇怪的說法。他說，好人應該拒絕模倣壞人；許多劇本都有惡棍；因此劇作家以及扮演惡棍的演員，都必須模倣犯各種罪惡的人。不僅是罪犯，還有女人、奴隸，和一般卑賤的人，也不應該由較高等的人去模倣。（在古希臘，猶如英國的伊麗莎白時代，女人的角色都是由男人扮演的。）因此，戲劇如基本上有此可能，必須除家世良好的完善無過失的男性英雄外，沒有其他角色，但事實上這是辦不到的，柏拉圖就決定把戲劇從他理想國的城市中排除：

「當任何啞劇演員，靈巧到能够模倣任何東西，向我們提議，表演他自己或朗誦他的詩，我們將拜倒，崇敬他是一位可愛而神聖的奇才；但我們必須同時告訴他，在我們國家裏，像他這樣的人是不允許存在的，法律不允許他們存在。當我們在他身上塗以香料，在他頭上加上呢絨的花冠，我們將把他送到另一城市去。」

其次，我們要談到音樂的檢查。柏拉圖認爲利地亞與艾奧尼亞的合唱是必須禁止的，前者因爲表示憂傷，後者則過分輕鬆，祇有多雷（激勵勇氣）與弗雷堅亞（提倡節制）的音樂可以通過。音調必須簡單而調和，這樣才可以表達一種勇敢而和諧的生活。

身體的訓練必使能適應非常儉樸的生活。不得食魚，不得食烤肉以外以他種方法烹調的肉，不得食香腸或糖菓。他說，人在這種養生之道中長大，就不需要看醫生了。

到達一定年齡之前，青年必須不能看到醜惡或罪行。但在一適當時機，他們必須暴露在「迷惑」的考驗之下，一種是恐怖的形式，他們必須不感恐懼，另一種是邪惡的享樂，他們的意志必須不因受誘而動搖。祇有他們能够抵抗通過這種考驗之後，才能被認爲適合於做一個監護人。

少年在長成之前，雖然他們自己不去作戰，但必須去觀戰。

至於經濟生活：柏拉圖建議在監護人之間實施徹底的共產主義；我想還包括軍人，雖然不能十分確定。監護人應食住簡樸，築屋共居，聚而共食，除絕對必需品外，不得有私產。金銀是被禁止的。富雖非富有，但沒有理由爲什麼他們不能過得快樂；城市的目標是爲了全體而不是某一階級的幸福。富有與貧窮都是有害的，在柏拉圖的理想城市中，都不許存在。另有一關於戰爭的奇怪論點，理想國城市很容易「買」到盟邦，因爲它不願分享戰利品。

柏拉圖描敍中的蘇格拉底並主張將共產主義適用於家庭。他說，朋友應共享一切，包括婦人與子女，他承認這有困難，但認爲並非不能克服。首先，少女應與少男受絕對相同的教育，學習音樂、體操、與少男一起學習戰爭的技術。男女應在一切方面平等。「同樣的教育可使男子成爲好的監護人，亦可使女子成爲好的監護人，因爲他們原始的本性都是一樣的。」無疑男女之間有區別，但不在政治方面。有些女人是「哲學的」，適宜於作監護人，有些女人凶悍，可以成爲好的戰士。

立法者，有男有女，選出監護人後，就規定他們必須同居共食。婚姻變動頻繁，（這些婦女必須無例外地成爲所有男人的共妻，無人得擁有單獨屬於自己的妻室。）在指定的宴會中，新娘與新郎以其保持人口所需要的數量，被羣衆把他們拉攏在一起，並教以相信上述的這些規則；但事實上，城市的統治者將灌輸羣衆優生學的原則。他們將設法使品質最好的父親生出最多的兒女。嬰兒誕生後卽離開其父母，並切實注意使父母不知道誰是他們的子女；子女也不知道誰是他們的父母。殘廢的子女或低能父母的子女「將被送走到一神秘不可知的處所，因爲應當這樣做。」子女不經國家許可而爲父母扶養者視爲不合法。母親的生育年齡必須在二十五歲至四十歲之間，父親則在二十五歲至五十五歲之間。在此規定年齡之外，可自由交媾，如受孕則必須強制墮胎或殺嬰。在國家所安排的婚姻中，當事者無權爲自己發言，他們的行爲必須決定於爲國家盡責的思想，而非已被消滅的詩人過去所經常讚美的情感。

由於無人知道誰是他的父母，他必須稱呼所有年齡與他父親相當的男人爲「父親」，依此類推地稱呼別人爲「母親」、「兄弟」、與「姊妹」。（這種情形也發生在一些野蠻部落裏，使傳敎士爲之困惑。）「父」「女」、「母」「子」不得通婚；一般地，但非絕對地，「兄弟姊妹」也不許通婚。（我想柏拉圖如再多加斟酌，就會發現這等於禁止一切婚姻，祇剩下他認可的極少數例外的「兄弟姊妹」通婚。）

現代人對「父母子女」這些字所代表的感情，仍然適用於柏拉圖安排下的「父母子女」；例如，一個青年男子不應攻擊一老年男子，因爲他打的可能是他的父親。

當然柏拉圖所尋求的便利卽是抑制私人感情，從而剷除精神上統治公衆的障礙，以及默許消滅私人的財產；僧侶的獨身制度也是出於類似的動機。

最後談到神學方面。我所想到的不是那些已被接受的希臘諸神，而是政府所反覆灌輸的某些神話。柏拉圖很明顯地說：說謊是政府的特權，猶如醫生施藥一樣。我們已經知道的，理想國的政府欺騙人民，佯作婚姻是羣衆所安排的，但這不屬於宗教的範圍。

柏拉圖希望有「一個崇高的謊言」，或許可以欺騙統治者，但確定可以欺騙全國其他的人。這個「謊言」說得很詳細，最重要的部份是說上帝造人分爲三類，第一類用金，第二類用銀，普通人用銅鐵。用金子造的人適合於做監護人；用銀子造的人適合於做軍人；其他的人應從事手工。通常但絕不是永遠，子女與其父母屬於同一類，如果不是，就要按其品質升降。使當代的人就相信這種神話可能有困難，但對第二代以後，可加以教育，使他們不生懷疑。

柏拉圖相信第二代就可以相信這種神話是對的。日本人被敎以天皇是太陽女神的子孫，日本建國比世界所有其他部份爲早，任何大學教授，卽使經過考據，如對此教條表示懷疑，將由於其「非日本」的行爲而被解聘。柏拉圖似乎未能認清的是：強制接受這種神話是和哲學互不相容的，而且是一種杜塞智力的教育。

「公正」的定義，這是整個討論的象徵性的目標，達成於第六册。其中包含，每個人做他自己的事情，不十分忙碌：當商人、勞工、監護人，每個人做自己的工作而不去干涉其他階級的工作，城市生活就是公正的。

「各管各事」無疑是一可尊敬的教言，但很難意指這就是現代人所稱的「公正」。希臘語譯爲「公正」一詞，其所代表的觀念，在希臘思想中佔極重要的地位，但我們却沒有意義完全相同的詞彙。這值得我們引述亞那齊曼德所說的一段話：

「依照自然規律，物質再度消逝而回返其本原：由於『不公正』而在一定的時間，相互補償與滿足。」

在開始有哲學之前，希臘人卽對宇宙有一種理論或感覺，或可稱爲宗教的、倫理的。依照此一理論，每一人每一物皆有其指定的地位與功能。這並不出於宙斯神的命令，因爲宙斯神本身也要遵照同樣的規律去統治別人。此一理論也與命運或需要的觀念有關，並適用於天上的諸神。但，凡有充分活力之處，卽難免有超越公正的約束的傾向；因此就發生鬬爭。某種超奧林帕斯諸神的法律懲罰了赫布雷斯，恢復了侵略者意圖破壞的永恒的秩序。此種原始觀念就不知不覺地滲入到哲學裏面，同樣也可在鬬爭的宇宙觀中尋求其蹤跡，例如赫拉克里特斯與恩披多克利斯的學說，並且影響例如巴曼尼德斯的一元論的學說。這是自然規律與人類法典的思想的來源，也爲柏拉圖「公正」的觀念奠定了基礎。

「公正」一詞仍在現代的法律中使用，其意義比在政治上所使用的更接近柏拉圖的觀念。在民主思想的影響下，我們把「公正」和「平等」聯結在一起，但柏拉圖却不是這個意思。「公正」的意義幾乎與「法律」相同。當提到「公正的審判」時，主要的關係在財產權，而與「平等」無關。在「共和國」一書開始時，最初提出的「公正」的定義是：「公正」表示依約還債。此一定義很快被認爲不當而放棄，但其痕跡則始終保留在他的「共和國」裏。

關於柏拉圖所下的定義，有幾點值得注意。第一、使沒有「不公正」的情形下，保持權力與特殊利益的不平等狀態。監護人具有一切權力，因爲他們是社會中最聰明的構成份子；照柏拉圖的定義，祇有在其他階級的人有比某些監護人更聰明的，才能產生「不平等」。這是他爲什麼讓公民能够升降的原因，雖然他相信，血統與教育的雙重有利情況，使監護人的子女大多數比其他階級的子女優秀。假如政府能照更精確的科學方法組成，人民更能確定地服從政府的教導，則柏拉圖的制度也是很值得稱道的。把最好的球員選入足球隊，卽使給他們很大的特權，也不會有人認爲不公正。假如足球隊的組成像雅典政府一樣採民主的方式，則大學的球員可以由羣衆來選擇，亦無大礙。但政府的事情，就很難知道誰最有才能，而且更難確定一個政客必定會將他的才能用於謀求公共利益，而不是他自己、或他的階級、黨派或宗教信仰的利益。

第二點、柏拉圖「公正」的定義，假想一個國家的組成，不是照傳統的方式，就是完全照他自己的意思，屬於道德的理想主義的。他告訴我們，「公正」包含每人做他自己的工作的意思。但什麼是一個人的工作？像古埃及或英卡斯王國那樣的國家，子承父業，代代相沿，不發生問題，但在柏拉圖的理想國裏，沒有人有合法的父親，其工作必須決定於本人的興趣或國家對他才能的判斷，後者正是柏拉圖所希望的。有些工作，雖然需要高度的技巧，却可能認爲是有害的；柏拉圖指的是作詩，我們指的應該是拿破崙的事業。因此，政府的目標在決定一個人做什麼工作時佔最重要的地位。雖然所有的統治者都應該是哲學家，但思想不容有革新：一個哲學家應該永遠瞭解並贊同柏拉圖。

當我們問：柏拉圖的共和國想達成什麼？其解答毋寧是單調乏味的。想達成的是與人口大約相同國家的作戰勝利；保障某些少數人的生活；由於其嚴酷的紀律，幾乎確定不會產生藝術與科學；在這方面，以及其他方面，都很像斯巴達。不管說得如何美好，能够達成的將祇是足食與能征慣戰而已。柏拉圖經歷過雅典戰敗與饑饉時期的生活，或許下意識地認爲能够避免這些災害，就是治國安邦的最佳成就了。

一個理想國，假如認眞求其實現，自然要實現創建者的理想。讓我們思考一下，「理想」的意義是什麼？首先，理想是被信仰它的人所需求的；但與人需求一己舒適的情形不同，例如需求食物與住所。「理想」與普通需求的目標的區別在於前者是超越個人的，不特別牽涉到（至少表面上如此）感覺這種需求者的一己利害，因此在理論上能够爲每一個人所需要。所以，我們或許可以下定義說，「理想」是某些可需求的東西，不是自我中心的，作這種需求的人也希望其他所有的人都有這種需求。我或許希望所有的人都能吃飽，希望每一個人都能善待他人等等，假如我有這種希望，也會希望別人有這種希望。由此，我可以建立一種看來是超個人的倫理，雖然這仍基於我個人的需求——因爲即使所需求不牽涉自己的利害，需求却仍舊是由我而生的。例如，一個人可能希望每一個人瞭解科學，另一人希望每一個人欣賞藝術，這是由於兩人之間的不同而產生不同的需求。

需求一旦發生衝突，個人的因素就顯示出來了。假如有人說：「你希望所有的人快樂是錯的；你應該希望德國人快樂而所有其他的人都不快樂。」這裏所稱「應該」的意思或許就是說話的人希望我去需求的。我可能會加以反駁，既非德國人，在心理上，我不可能希望所有非德國人都不快樂；但此一解答似乎不够充分。

另外還可能有純個人的理想。尼采心目中的英雄與基督教的聖人不同，但兩者都是超個人崇拜的，前者的崇拜者是尼采的信徒，後者的崇拜者是基督教徒。我們除依靠自己的需求外，如何在兩者之間加以選擇呢？假如沒有其他的方法，倫理上的紛爭就祇能取決於感情的傾訴，或者取決於武力——最後的手段是戰爭。在事實的問題上，我們可以訴諸科學或科學的研究方法，但對於倫理的問題，似乎不會有相同的看法。假如眞是如此，倫理的爭論祇有靠權力競賽來解決——包括宣傳的權力在內。

在「共和國」的第一册中，特拉昔馬區斯(Thrasymachus)——像幾乎所有對話錄的人物一樣，是實有其人的——曾粗略地表示同樣的意見。他是一位來自查爾昔東的雄辯家，同時亦爲有名的修辭學的教師：他出現於亞里斯多芬尼斯在紀元前四二七年演出的第一個喜劇。其中，蘇格拉底和藹可親地與一名叫塞法魯斯的老年人及柏拉圖的兩位兄長格勞康、亞德曼脫斯討論「公正」的問題，有一段時間後，特拉昔馬區斯越聽越不耐煩，進而對這種幼稚無意義的討論作強烈的抗議。他強調地聲稱：「公正者無他，祇是強者的利益而已。」蘇格拉底駁斥這種說法是詭辯；它從未被公正地考量過。這引發倫理與政治上的基本問題，例如：「好」與「壞」，除使用這個字眼的人所希望的以外，有沒有任何客觀的標準呢？假如沒有，特拉昔馬區斯所提到的後果似乎是不可避免的。但我們怎麼能說有這種標準呢？

在這一點上，我們首先覺察到，宗教有一個簡截了當的解答：上帝決定什麼是好什麼是壞，凡意志與上帝的意志相調和的人就是好人。但這個答案還不是正統的。神學家說上帝是好的，這暗示另有一種「好」的標準，與上帝的意志無關。因此，我們被迫面對一個問題：諸如「快樂是好的」的說法是否和「雪是白的」一樣，可以辨出客觀上的眞假？

要解答這一問題，需要長時間的討論。有人或許會想，我們可以由於實際的目標規避這個基本上的爭論說：「我不懂『客觀的眞實』，但我對一切調查過或實地調查過的人所贊同支持的事情，都認爲是『眞實』的。」根據此意，雪是白的、凱撒被暗殺、水是氫與氧組成的等等，都是「眞實」的。此時，我們卽遭遇一實際問題：在倫理上也有任何類似的可以同意的說法嗎？假如有，就可以作爲個人行爲準則與政治理論的基礎；假如沒有，則不論哲學上的眞實爲何，我們將在事實上被驅迫作武力或宣傳的競爭，或武力與宣傳兼而有之的競爭，一旦在有力的集團之間，發生不可妥協的倫理上的歧見，這種競爭卽不可避免。

對柏拉圖來說，這個問題並不眞正存在。雖然他的「戲劇性的感覺」使他強調地說明特拉昔馬區斯的立場，但他不瞭解它的堅強有力，而相當不公平地去反駁它。柏拉圖相信，確有「好」存在，而上的否定所犯的錯誤一樣。

它的本質是可以探求的。當世人不同意這個本質，就總有人在知識上犯錯，就如同對某些事實的科學上的否定所犯的錯誤一樣。

柏拉圖與特拉昔馬區斯之間的區別是非常重要的，但對哲學史家而言，祇要能够注意就够了，並不需要作決定。柏拉圖認爲他可以「證明」他的理想共和國是好的，一個相信倫理的客觀性的民主份子也許認爲他可以「證明」共和國是壞的。但任何同意特拉昔馬區斯的人都會說：「這不是證明或反證的問題，而是你是否喜歡柏拉圖的需求的那一類國家的問題。假如你喜歡，對你就是好的，假如你不喜歡，對你就是壞的。假如很多人喜歡，另外很多人不喜歡，就不能取決於說理，而祇能公開或秘密地取決於力量。」這是哲學上仍待解決的問題之一，每一面都有人獲得崇信，但有很長一段時間，柏拉圖的主張幾乎是無人加以爭辯的。

我們應該進一步地觀察，代替對某項客觀標準有一致意見的看法是會有不好的後果的。譬如像伽利略這樣的科學革新者，他的主張極少人同意，但最後卻幾乎贏得了所有人的支持，我們應該如何去衡量呢？他們贏得支持是以辨理爲手段，不是靠訴諸感情或國家的宣傳，或使用武力。這表示在一般人的意見之外另有準繩。在倫理的事情中，某些情形與偉大的傳道家相同。基督教導說，在安息日摘取穀穗並不犯錯，但恨你的敵人是錯的。像這樣的倫理上的創見顯然在主張某些與一般意見不同的標準，但此一標準，不管是什麽，却並非像一個科學問題那樣的客觀事實。這問題是困難的，我不敢說有能力加以解決，目前，讓我們祇是加以注意就够了。

柏拉圖的共和國，不像現代的烏托邦，或許眞是想要去創建的。這不像我們所想的那麼奇妙或不可能。許多規則，包括那些我們認爲非常不切實際的，事實上已經在斯巴達實行過了。畢達哥拉斯曾試圖由哲學家治理國家，在柏拉圖的時代，畢氏學派的信徒亞其塔斯在塔蘭斯（現在的塔蘭多 Tara-nto，義大利東南部海港）具有政治影響力，此時柏拉圖正旅行西西里島及義大利南部。城市聘請一位哲人制訂其法律，在當時已成很普遍的習慣；索龍曾爲雅典制法，普羅塔哥拉斯曾爲蘇里（Thurii）制法。至於殖民地，完全不受其母邦的控制，如果說有一羣柏拉圖的信徒在西班牙或高盧（現在的法國）的海岸建立一共和國，這是很有可能的。不幸，柏拉圖把希望寄托在席拉克尤斯，一個偉大的商業城邦，却正與迦太基進行絕望的戰爭；在這種氣氛下，哲學家所能爲力者甚少。迨其下一代，馬其頓人崛興，使所有的小國不復存在，而所有小規模的政治實驗也爲此歸於無用。

第五節　柏拉圖的觀念論

「共和國」的中段，從第五册的後半部到第七册結尾，主要是討論與實際政治相反的純哲學的問題。這些問題是由一項突如其來的說明開始的：

「直到哲學家成爲國王，這個世界的國王與王子都具有哲學的精神與力量，政治的偉業與智慧合而爲一，而那些天生的庶民，敢於尋求哲學或政治的力量，以使自己能脫穎而出的，都被迫退出，城邦將永遠不能免於災難——我相信整個人類也不能免於災難——直到此時，我們國家才有生存的可能，才能獲見天日。」

假如眞是如此，我們必須決定，成爲一個哲學家的條件是什麼，「哲學」的意義是什麼。由此而產生的討論卽是「共和國」一書中最著名的一部份，或許也是最有影響的一部份。其中有些部份具有特殊的文學上的優美；讀者也許不贊同（我就是不贊同的）他所說的話，却不能不爲他的辭令所感動。

柏拉圖的哲學著重眞實與形狀的區別，最初由巴曼尼德斯開始研究，一直到現在我們所作的討論，巴氏的言辭與論點仍不斷再現。但是，對於眞實，有一宗教性的說法，毋寧是畢達哥拉斯的，而非巴曼尼德斯的；其中有很多部份談到數學與音樂，這是直接受畢氏信徒的影響的。巴氏的邏輯、畢氏的死後世界觀、歐爾非尤斯教派的神秘主義，這三者結合在一起，產生一種同時使知識與宗教熱情滿足的思想。這是非常強有力的綜合，以各種不同變化的形式，影響了大多數的著名哲學家，包括黑格爾在內。但受柏拉圖影響的尙不限於哲學家。爲什麼淸教徒反對音樂、繪畫、以及天主教的莊嚴華美的儀式？你可以在「共和國」的第十册中找到解答。爲什麼兒童在學校必須學習算術？第七册中會向你說明理由。

下面是柏拉圖的觀念論的梗概。

我們的問題是：什麼是哲學家？首先是照「語源」來解答的：哲學家是愛好智慧的人。但這和愛好知識的人不同；一個好問的人也可以說是愛好知識，但一般人的好奇並不能造就一個哲學家。因此，定義修改爲：哲學家是愛好「眞理的觀察力」的人。但這種觀察力又是什麼？

假定一個人愛好美的事物，在新演出的悲劇中表現了他的觀點，欣賞新的繪畫，聆聽新的樂曲，這樣的人並不是哲學家，因爲他祇是愛好美的事物，而哲學家則愛好美的本身。祇愛好美的事物的人沉醉在夢中，而瞭解「絕對美」的人則非常清醒。前者祇有意見，而後者則擁有知識。

「知識」與「意見」有何區別？有知識的人必須知道「某些事物」，卽某些實際存在的事物，因爲不存在卽是「無物」。（這使我們回想到巴曼尼德斯）。因此，知識是永不錯誤的，由於在邏輯上不可能犯錯。但意見可能犯錯。爲什麼呢？因爲意見不能由「無」而生，這是不可能的，也不能因「有」而生，如果這樣，就成爲知識了。所以，意見必須是包含「有」「無」兩者的產物。

這怎麼可能呢？回答是，某些特殊的事物永遠含有幾分相反的性質：美的事物也是如此，在某些方面，是醜的；公正的事情在某些方面是不公正的，諸如此類。柏拉圖主張，一切有特殊感覺的事物都有這種矛盾的性質，因此所有介於「有」「無」之間的事物，可作爲產生意見的對象，但不是產生知識的對象。他說：「那些看到『絕對』、『永恒』、『不變』的人可以言『知』，不僅祇有意見而已。」

我們可獲致結論，意見屬於訴諸感覺的世界，而知識則屬於超感覺的世界；意見與特指的美的事物有關，知識則與美本身有關。

唯一進一步的爭論是：假定一件事物可以同時爲美與不美，或公正與不公正，這是自相矛盾的，但的確有某些事物似乎含有這種矛盾的性質。因此，特指的事物是不眞實的。赫拉克里特斯曾說過：「我們踏入也是沒有踏入同一的河流裏；我們是這樣，也不是這樣。」以此與巴曼尼德斯的理論聯結在一起，就可以達到和柏拉圖同樣的結論。

在柏拉圖的思想裏，有某些部份非常重要，爲以前的哲學家所沒有的，這就是「觀念」或「形式」的理論。這項理論部份是邏輯的，部份是形而上的。邏輯的部份與一般詞彙的意義有關。有許多個別的動物，我們都可以說：「這是一隻貓。」當我們說「貓」這個字時，所指是什麼意義呢？顯然和每一特指的貓有別。一個動物之所以成爲一個貓，是因爲它具有一切貓的共同特性。沒有像「貓」這樣的一般性的詞彙，而這些詞彙並非證明爲無意義的，則語言無法構成。但假如「貓」這個字代表任何東西，則並非意指這個貓或那個貓，而是指普遍性的貓類。這個字不由某一特指的貓的誕生而誕生，也不由某一特指的貓的死亡而消滅。事實上，它不佔時間與空間，它是「永恒」的。這是柏拉圖觀念論的屬於邏輯的一部份。贊成這種論點的，無論最後是否正確，總是堅強有力的，對形而上的部份而言，具有相當的獨立性。

根據形而上的部份而言，「貓」一詞意指某種理想的貓，爲上帝所造的，不同於尋常的。特指的貓具有貓的特性，但多少是不完整的；正由於其不完整，才會有很多的貓。理想的貓才是眞實的；特指的貓祇是「可見」而已。

在「共和國」的最後一冊中，就像評判畫家的開場白一樣，對觀念或形式有很清楚的說明。

柏拉圖解釋說，凡一羣個體有一共同名稱的時候，必定也有共同的「觀念」或「形式」。例如，雖有許多張床，但床祇能有一種「觀念」或「形式」。正如同映在鏡中的床祇是「可見」而非「眞實」，各種特指的床也是不眞實的，祇是「觀念」的模倣，「觀念」的床是上帝所造的眞實的床。對這張床，我們能够產生「知識」，但關於木匠所造的各種各類的床，我們祇能有「意見」。哲學家發生興趣的祇是理想的床，而不是許多在感覺世界中的床。哲學家對普通的世俗的事情有一種漠視：「他既然具有精神上的偉大，是一切時間與一切『存在』的推理者，如何能够多想世俗的生活呢？」一個能够成爲哲學家的青年，將有別於他的同伴，他是公正的、溫和的、好學、記憶力強、而擁有一自然調和的頭腦。這樣的人應該教育成爲哲學家，成爲監護人。

在這一點上，亞德曼特斯（Adeimantus）曾有所抗辯。當他試圖與蘇格拉底爭論時，他說，他感覺自己在走每一步路時都在迷失，一直到最後，他以前的觀念都被徹底推翻爲止。不管蘇格拉底會說什麼，情況還是一樣的，任何人都可以看得到，那些孜孜終日於研究哲學的人都變成了怪物，甚至完全是騙子；卽使最好的人也要被哲學養成廢物了。

蘇格拉底承認在這個世界的確是如此，但他認爲應該受譴責的是別人，而非哲學家；在一個聰明的社會裏，哲學家就不會顯得愚蠢；祇有在愚蠢的人之間，聰明人才會被指爲不聰明。

對於這樣一個僵局，我們怎麼辦呢？有兩條路去創建「共和國」，一是讓哲學家成爲統治者，一是讓統治者成爲哲學家。第一條路在開始時似乎不可能，因爲一個尙未「哲學化」的城市中，哲學家是不受歡迎的。但一個世襲的王子可能是一個哲學家，「一個人已經夠了；讓一個城市服從這個人的意志，他或許可以使理想的政策實現，對這些政策，世界都是以懷疑的眼光來看它的。」柏拉圖希望在年輕的狄奧尼蘇斯——席拉克尤斯的專制者的身上找到這樣一位王子，但這個年輕人結果是使他失望了。

在共和國的第六與第七册中，柏拉圖提出兩個問題：第一、什麼是哲學？第二、如何把一個具有適當資禀的青年男女教育成爲一個哲學家。

對柏拉圖而言，哲學是一種觀察力——「眞理的觀察力」。它不是「純理智」的；也不僅是智慧，而且是對智慧的愛好。斯賓諾莎所說的「對上帝的理智的愛」，與此極爲類似，是一種思想與感覺的緊密的結合。每一個曾經從事任何創造性工作的人，都多少有過這種精神狀態的經驗，就是長時間的工作之後，眞理或純美在一豁然開朗的情況下出現，或者恍惚出現——這可能祇牽涉到一件小事，但也可能關繫到整個宇宙的大事。這經驗在當時是極具說服力的，事後也許會懷疑，但在當時是絕對肯定的。我認爲在藝術、科學、文學、哲學方面，最好的創造性的成就，大部份都是出於這一珍貴的時刻。別人是否如此，我不知道。在我個人，我曾發現，當我要爲一個題目寫一本書時，我就把自己浸淫於許多片斷的資料中，直到我對於所有關於這個題目的各部份都已熟悉之後；假如我夠幸運，有一天我會全盤理解，使所有的各部份貫串一體，這以後，我祇要把我所看到的寫下來就行了。最近似的景象是，首先在霧中走遍了一座山，直到各別地熟悉了每一條山徑，每一座山峯，每一個山谷，然後從遠處在燦爛的陽光下清晰地望見整座的山。

我相信這個經驗對優秀的創造性工作是必要的，但這還是不够的；這種經驗所帶來的主觀肯定可能使人誤入歧途。威廉・詹姆斯(美國心理學家1842–1910)描敍過一個人，從「笑氣」(laughing-gas)中得到這種經驗，每當他在「笑氣」的影響下，他就能探悉宇宙的秘密，但當他恢復時，又都忘掉了。終於，經過極大的努力，他在影像消逝之前，把它寫下來，在他完全恢復之前，趕緊看他所寫的是什麼，結果祇是：「石油的味道充塞宇宙。」豁然開朗可能使人誤入歧途，當神聖的沉醉狀態過去之後，必須清醒地加以試驗。

柏拉圖的觀察力，當他寫作「共和國」時所完全信賴的，仍需一種寓言——原始的寓言的幫助，以便將它的本質明告讀者。但一開始必須有各種初步的討論，才能使讀者知道「觀念世界」的必要性。

首先，要區別理智的世界和感覺的世界；然後，理智與感覺又都可以分成兩類。感覺的兩類與我們無關，可置之不論，理智的兩類可分別稱爲「理性」與「瞭解」。其中「理性」屬於較高的一類，牽涉到純觀念，它所用的方法是「辯證」的。「瞭解」是用於數學的一種理解力；這比用不能實驗的假定的「理性」爲低。例如在幾何學上，我們說：「讓ABC成爲直線三角」。研究ABC是否眞的直線三角是違反規律的，假如我們繪出這樣一個圖形，就可以確定那是不正確的，因爲我們不可能劃出絕對的直線。因此，數學永遠不能告訴我們眞象是什麼，而祇是假定如何就會變成什麼……在感覺的世界不會有直線；因此，數學必須超越假設的眞理，我們必須爲了超感覺直線的存在向超感覺的世界尋求證明。這可以從「瞭解」求得，但根據柏拉圖的說法，這可以求之於「理性」，不能求之於「瞭解」，顯示在天國會有一種直線三角，幾何上待證的問題可以由分類而非假定而獲得證明。

在這一點上，柏拉圖沒有注意到一項困難，雖然這對現代的唯心主義的哲學家，已經不成問題。我們知道上帝祇造一張床，所以很自然地可以假定上帝也祇畫一條直線，但假如天國有一個直線三角，祂就必須畫至少三條直線。幾何學的圖形，雖然屬於理想的，但必須有許多實例，譬如需要有兩個相聯結的圓環等等。這表示，在柏拉圖的理論中，幾何學不可能是最後的眞理，而應該被宣告爲對形狀的研究的一部份。不過，我們對這一點也可暫置不論。

柏拉圖試圖由視覺來說明純理智的觀察與純感覺的錯誤觀察之間的區別。他說，視覺與其他感覺不同，因爲視覺不僅需要眼睛與目標物，也需要光。我們在陽光下可以清晰地看見目標物；在黯淡的光線下，我們就看不清楚，在漆黑中，我們就完全看不見。觀念的世界就是當我們在陽光普照下能夠清晰辨物時所看見的；而萬物皆變的世界正是我們在黯淡光線下所看見的世界。眼睛猶如靈魂，太陽卽光的來源猶如眞理或「至善」。柏拉圖說：

「靈魂像一隻眼睛，當眞理與『存在』在它面前發光時，靈魂感覺到了，也瞭解了，充滿着『理智』；但成爲變化消逝中的黯淡光線時，靈魂就祇能有『意見』，閃爍不定，開始時持某種意見，然後又持另一種意見，似乎沒有理智……是什麼把眞理授予已知的事情，是什麼把求知的力量授予有知識的人？正是我要你們稱爲『正確觀念』的東西，而你們可以認爲這就是科學的來源。」

這可以連帶說明著名的地窖或洞穴的比喻。那些不懂哲學的人也許可以比喻爲地窖中的囚犯，他們祇能朝一個方向看，因爲他們是被綁住的，他們後面有火，前面有墻，在他們與土垣之間什麼也沒有，他們所能看見的祇是自己的影子，以及火光將他們身體後面的物件投射在墻上的影子。他們不可避免地把這些影子當成眞實，而對於這些影子所代表的本物却沒有觀念。最後有一囚犯逃出地窖，看見了陽光；他第一次看見了眞的東西，才知道被影子欺騙了。假如他是哲學家，就適宜於做監護人，他會覺得這是自己的責任，重下地窖去找他過去的難友，指示他們什麼是眞實，告訴他們如何攀登脫險。但他在試圖說服他們時，會有困難，因爲他從陽光下來，看影子反不如他們看得淸楚，在他們看起來，他比逃脫以前愚蠢。柏拉圖說：

「現在，我說，讓我給你們打一個比喻，說明我們的本性如何被啓發，又如何被矇蔽：——看！一羣人生活在一所地窖裏，有一朝向光亮的洞口，一直通往地窖；他們從孩提時代起就在這裏，頭項與脚脛都鎖以鐵鍊，因此不能轉動，因爲頭部被鐵鍊限制，不能作左右顧，祇能向前看，遠遠地在他們的背後，在他們的頭頂上，有火把在燃燒着；在囚犯與火把之間，有一條隆起的路，沿路有一堵短墻，像玩木偶者放在前面的幕，他在後面表演他的木偶。

「我明白了，有人說。

「我說，你是否看見，沿着墻走過的人，帶着各種各樣的水瓶，用木、石、及其他材料雕琢成的動物的模型，在墻頭上出現嗎？有些在談話，有些默不作聲。

「有人說，你告訴我一個奇怪的景象，而他們也是奇怪的囚犯。

「我回答說：像我們自己一樣。他們祇能看見自己的影子，或互相看到各人的影子，那是從背後的火光投射到對面墻上的影子。」

在柏拉圖的哲學中，「善」的地位是很特殊的。他說，科學及眞實與「善」相似，但「善」具有更高的地位。他說：「善不是本質，但在其力量與高貴的地位上，遠超過本質。」辯證法由於「絕對的善」的悟解而進到理智世界的盡頭。辨證法用「善」爲手段才能免除數學家的假設。最重要的假設是，眞實和形狀是相反的，是完整而徹底的「善」；因此感覺「善」即是感覺眞實。在柏拉圖的哲學中，到處都有和畢達哥拉斯學說同樣的理智與神秘主義的融合。但在這最後的巓峯上，神秘主義顯然佔着優勢。

柏拉圖的觀念論含有很多錯誤，儘管如此，仍然代表了哲學上很重要的一項進步，因爲這是首先強調「普遍性」問題的，仍以各種不同的型態一直保留到現在。開始總是粗略的，但其開創性不能因此而被漠視。卽使經過一切必要的修正後，若干地方仍須保留柏拉圖的說法。其中至少限度應該給與保留的，卽使照最敵視柏拉圖的人看來，也有如下述：用完全由專有名詞所組成的語言，我們將無法表達自己，我們必須也用一般性的詞彙例如「人」「狗」「貓」等等；或者若干關係詞彙例如「相似」「以前」等等。這些詞彙並非無意義的噪音，但假如世界上都完全是特指的事物，而由專用名詞來表明，就很難說這些詞彙有什麼意義了。這可能還有爭論的餘地，但不管怎麼樣，這提供了贊成「普遍性」的基礎，我應該暫時接受，這是有幾分正確性的。雖然這一部份可以接受，但並非意指柏拉圖其餘所說的話也可以接受。

首先，柏拉圖不瞭解哲學的造句法。我可以說「蘇格拉底是人」「柏拉圖是人」等等，在所有的這些語言中，可以假定「人」都是絕對同一個意義。但不管意義爲何，必意指與蘇格拉底或柏拉圖以及組成人類的個體有所不同的事物。「人類的」是形容詞；如果說「人是人類的」是沒有意義的。柏拉圖犯了同樣的錯誤。他認爲美是美麗的；他認爲普遍性的人是上帝所造模範人的名字，實際上的人是不完整的，毋寧是不眞實的複製品。他完全沒有認識普遍性與特指性之間的距離是如何的大；他的「理想」其實祇是另一種特指的人，不過在道德上美感上都高於普通人而已。後來他自己也開始發現了這個困難，在「巴曼尼德斯」一書中，有一段最著名的故事，表示一個哲學家的自我批判。

「巴曼尼德斯」一書假定是安梯風（Antiphon 柏拉圖的堂兄）所敍述的，祇有他還記得這段對話，當敍述時，他變得祇對馬匹有興趣了。他們找到他時，正帶着一副馬鞍，說服他追述巴曼尼德斯、齊諾與蘇格拉底這段着名的討論，還頗費了一番唇舌。他告訴我們，當這次討論發生時，巴曼尼德斯已年老（約六十六歲），齊諾尙在中年（約四十歲），蘇格拉底却正當青年。蘇格拉底解釋他的觀念論；他肯定有喜愛、公正、美與善的觀念；他不能肯定有人的觀念；他憤然否定那種認爲有頭髮、泥土等物的觀念的主張——雖然他補充說，有時他也曾想過天下萬物皆有其觀念。他逃避這種看法，是爲了恐懼墜入一個無意義的無底深坑。

「是的，蘇格拉底，」巴曼尼德斯說，「這是因爲你還年輕，假如我判斷不錯的話，當你對哲學有更深的領會時，你就不會鄙視最微不足道的事物了。」

蘇格拉底同意他的看法。他說：「有某些觀念爲所有的事物所分享，由此獲得其名稱；譬如，類似物成爲類似，因爲共同分享類似的性質；偉大的事物成爲偉大，因爲共同分享偉大的性質；公正與美好的事物成爲公正與美好，因爲共同分享公正與美好的性質。」

巴曼尼德斯提出困難的問題在：㈠個別的事物分享全盤的觀念還是部份的觀念呢？無論那一種看法，都會有反對的意見。假如是前者，一件東西必須在同一時間分散在許多地方，如果是後者，觀念是分裂的，一件事物，具有細小的一部份，將較絕對的細小更爲細小，這是荒謬的。㈡當某一個體分享一個觀念，個體與觀念是相似的，因此，必須有另一觀念，兼涵特指事物與原始的觀念，並且還要有另一觀念包括特指人物與兩個觀念，如此，至於無窮。因此每一觀念——不是一個觀念而是變成無窮盡的一系列的觀念（這與亞里斯多德所稱的「第三人」相同）。㈢蘇格拉底主張觀念或許祇是思想，但巴曼尼德斯則指出思想必定不是凌空，而是附着於某些實物的。㈣觀念不能和共享其本質的特指的事物類似，由於第二點所指出的理由。㈤觀念假如有的話，必然不爲我們所知，因爲我們的知識不是絕對的。㈥假如上帝的知識是絕對的，祂會不知道我們，因此也不能統治我們。

雖然如此，觀念論是不容全盤放棄的。蘇格拉底說，這樣心靈會沒有可憩息的地方，因此理性也將被摧毀，巴曼尼德斯告訴他，他的困難是缺少事先的訓練。但這一討論沒有達成確定的結論。

我不認爲柏拉圖邏輯上反對可以感覺的特指事物必須通過考驗。他說，譬如，不管如何美麗，仍有某些方面是醜惡的；增加一倍有時等於減少一半，諸如此類。但是，當我們說一件藝術品在某些方面是美的，在其他方面是醜的，分析常可以（至少在理論上）使我們指出「這一部份美，那一部份醜」。至於「倍」與「半」，這是比較性的詞彙——2是1的「倍」而又是4的「半」，並非矛盾的事。柏拉圖由於不瞭解比較性的詞彙而經常犯錯。他想，假如A大於B，小於C，則A同時是大又是小，這在他看起來是矛盾的。這些困難是由於哲學的「幼年症」。

「眞實」與「形狀」的區別，其重要性不是出於巴曼尼德斯、柏拉圖與黑格爾的貢獻。假如「形狀」眞是顯示出來了，則並非「無物」，因此必定是「眞實」的一部份；這是正確的屬於巴氏學派的論點。假如「形狀」不能顯示出來，那我們爲什麼要去想它呢？但是或許有人說：「形狀並不眞正顯示，祇看起來在顯示。」這不能解決問題，因爲我們可以再問：「是眞正看起來在顯示，還是似乎看起來在顯示？」即使形狀祇是看起來在顯示，遲早我們將遇到某種東西，眞正在顯示的，因此，也是眞實的一部份。柏拉圖絕不想否定看起來有許多床，雖然祇有一張床，就是上帝所造的那張床。但他似乎沒有面對一項事實，形狀有多種，而「多種」即是眞實的一部份。將世界分成許多部份，使其中一部份比其他部份更「眞實」，這是做不到的。

與此有關的是柏拉圖另一奇怪的看法，即知識與意見的主題是不同的。我們通常說：假如我認爲將要下雪了，這是意見；假如隨後我眞的看見下雪了，這就是知識；但所指是同一事物。不過，柏拉圖則認爲對它有意見的事物永不可能成爲知識。知識是確定的、不虛僞的；意見不僅是虛僞的，而且必然是錯誤的，因爲它把僅僅是形狀的東西假定爲知識。這些都是重複巴曼尼德斯已經說過的話。

祇有一點，柏拉圖的形而上學與巴曼尼德斯有所不同。巴氏認爲觀念祇有一個，柏拉圖則認爲有很多，不僅有眞、善、美，而且據我們所知，還有上帝所造的天床、天人、天狗、天貓等等，由諾阿所乘的方舟而來（見舊約創世紀第六章——譯者註）。所有的這些，在「共和國」一書中似乎並沒有得到正確的思考。柏拉圖所謂觀念或形式並不是一種思想，雖然可能是一種思想的目的物。很難看出上帝如何能創造此一觀念，因爲它是無始無終的，除非上帝決心想到把柏拉圖告訴我們的那張床，使它存在，否則祂不可能造好一張床。無始無終之物是不能創造出來的。在這裏我們遭遇一個困難，困擾過許多研究哲學的神學家。祇有偶然的世界——亦卽有時間與空間的世界是可以創造的；但這個日常所見的世界已經被貶責爲虛幻的、罪惡的。因此，造物者似乎祇造虛幻而有害之物。一些諾斯士教的信徒（Gnosie——聯合基督教及希臘教的教派，存在於第一世紀至第六世紀間）非常堅持這種看法，但柏拉圖的思想裏，這種困難仍隱伏未現，在「共和國」一書中，他似乎從未覺察到這一點。

根據柏拉圖的說法，將要成爲監護人的哲學家必須回到「地窖」中去，與那些從未見眞實的陽光的人住在一起。這似乎說，上帝自己，祂如願改良祂的製造品，也應該這樣做；一個基督教的哲學家可能以此來解釋基督之所以降世爲人的道理。但仍然完全不可能解釋上帝何以不滿足於觀念的世界。

哲學家知道「地窖」是存在的，並且爲回到地窖的仁慈所激勵；但造物者——假如祂造萬物，有人會想到，祂可能根本避免到地窖去。

或許這個困難祇在相信一個造物主的基督教教義才會發生，對柏拉圖是沒有作用的，因爲他說，上帝並不造一切，祇造好的事物。根據這一觀點，感覺世界的多種事物，除上帝外，另有其創造的來源。觀念或許也不是照上帝的本質組成的。但牽涉到多重觀念的多元論並不是最終的結論，觀念最終必祇屬於上帝或「至善」。以上是對柏拉圖思想的一種可能的解釋。

柏拉圖繼續描述培養青年成爲監護人的正當教育方法，這一段很有趣味。我們知道，青年人被選而膺此榮寵，是基於理解與道德品質：他必須公正而溫恂、好學、記憶力強，具有一和諧的心靈。被認爲具有這種條件的青年，必須自二十歲到三十歲，以十年的時間去學習畢氏學派的四門科目：算學、幾何學（平面與立體）、天文學與和聲學。這些學習不存有任何實用的意義，而是爲了使他的心靈能覺察到具有永恒價值的事物。例如，對天文學，他不用過分留意實際的天體狀態，而毋寧是多研究理想的天體運動的數學問題。這在現代人聽起來，似乎是荒謬的，但說來也怪，這個觀點被證明對現代實驗的天文學是很有用的。這個方式是奇特的，值得我們去思考的。

明顯的星球運行，在能够精細地加以分析之前，看起來是不規則的、複雜的，根本不像畢氏學派所說的造物者所選擇的那樣。顯然當時每一個希臘人都相信，天體應該是數學的「美妙」的實例，而祇有星球作圓形的運動，才能有這種情形。由於柏拉圖強調「善」，這尤其有助於證明他的思想。問題在於：是否有任何假設的學說，可以減少星球運行的不規則性，而使之歸於規律、美妙與單純呢？假如有的話，「善」的觀念就可以證明我們說有這樣一個假設是對的。薩摩斯島的亞里斯塔楚斯（Aristarchus）發現這樣一個假定：一切星球，包括地球，皆環繞太陽運行。這個看法被否定了兩千年，部份是由於亞里斯多德的權威影響，他的另一種假定是近似畢氏學派的。繞日運行說因哥白尼而復活，其成功似乎證實了柏拉圖在天文學上審美的偏見。但不幸地，克卜勒（Kepler, 1571–1630 德國天文學家——譯者註）發現星球是以橢圓形而非正圓形運轉的，以太陽爲焦點，而不是以太陽爲中心。然後牛頓又發現星球甚至並不以絕對的橢圓形運轉。於此，柏拉圖所尋求的以及似乎已被亞里斯塔楚斯所發現的，最後證明爲不確。

此一科學史的片斷證實了一句普遍適用的格言：任何假定，不論如何荒謬，如果能使發現人以新的方法去構思，對科學或許仍是有用的。但如果靠運氣去作假定，就很可能成爲向前再進步的障礙。對「善」的信仰，作爲科學地瞭解世界的鎖鑰，在某一階段的天文學是有用的，但在繼續發展的階段却是有害的。柏拉圖的倫理與審美的偏見，以及亞里斯多德更多的偏見，對扼殺希臘的科學，關係很大。

儘管柏拉圖非常重視算學與幾何，對他的哲學具極大的影響，值得注意的是，現代的柏拉圖信徒却幾乎沒有例外地漠視數學。這是專門化的害處的一個實例：他們認爲一個人不應該去寫關於柏拉圖的思想，除非他消磨了那麼長的青年時代在希臘；而結果却反而沒有時間去接觸柏拉圖認爲重要的事情。

第六節　柏拉圖的靈魂不朽論

對話錄「非多」以後的部份在好幾個方面是很有趣的。主旨在描寫蘇格拉底臨死前的情形：在他服毒前後，直到他失去知覺的一段談話。這表達了柏拉圖心目中的人的典型，他有至高無上的智慧與善良，對死亡全無恐懼。柏拉圖所描敍的蘇格拉底面對死亡的情形，無論在古代或現代，都具有倫理的重要性。「非多」對於異教徒或自由哲學家所產生的眞理的價值，正如同十字架之於基督徒。(註一)但是，蘇格拉底臨死前的鎭定是出於他對靈魂不朽的信仰，「非多」之重要，不僅在表揚殉道者之死，而且還解釋了許多後來屬於基督教的思想。聖保羅以及神父們的神學皆直接間接由此產生，假如不瞭解柏拉圖，也很難瞭解他們的思想。

對話錄的較前部份——「克里多」，敍述蘇格拉底的某些朋友與學生安排了一個計劃，可以使他逃亡到濟沙里(Phessaly)。假如他能離開，雅典的當政者似乎祇有高興，所以這個向他提出來的計劃很可能會成功，但蘇格拉底拒絕了。他辯駁說，他已經通過法律程序被判死刑，做任何不合法的事去逃避刑罰是不對的，他首次宣告一項原則，我們可以比之於摩西十誡的，他說，「我們不應對任何人以傷害報復傷害，不論我們被這個人傷害到什麼程度。」然後他幻想自己與雅典的「法律」對話，其中它們指出，他應對它們尊敬，猶如子之於父，奴隸之於主人，甚至於更高的尊敬；而且，每一個雅典公民如不喜雅典城邦，都可自由遷出。「法律」最後講了一段話：

「蘇格拉底，聽我們說的話，你是我們帶大的。不要先想到生死和你的兒女，然後再想到正義，你必須先想到正義，這你在地下世界的統治者之前，或許可以被證明爲正當的。因爲假如你照克里多所說的去做，你和你的家人都不會因此在今生變得更快樂、更神聖、更公正，也不會在來生活得更快樂。現在你無辜受死，爲邪惡所苦，而非邪惡的製造人；是他人的犧牲者，而非法律的犧牲者。但假如你以邪惡還報邪惡，以傷害還報傷害，破壞了你和我們之間所訂的契約與協議，對那些最不應該犯錯的，犯了錯，這是指對你自己、你的朋友、你的國家以及我們（法律）犯了錯，我們將在你仍活着的時候，表示憤怒；我們的同道——地下世界的法律，會把你當作敵人來接待；因爲他們知道你曾經竭力想摧毀我們。」

蘇格拉底說，這聲音「我似乎聽見在我的耳邊蕩漾着，像神秘主義者所耳聞的吹笛的聲音一樣。」他因此決定，他有責任留下來，服從死刑的宣判。

在「非多」中敍述，最後的時刻到來；他的鐐銬被解除，他可以與朋友們自由交談，他把哭泣着的妻子遣走，使她的憂傷不致於干擾他們的討論。

蘇格拉底開始時說，雖然一個具有哲學修養的人不會怕死，相反地，樂於就死，但仍不願自殺，因爲這是被認爲不合法的。他的朋友問他何以自殺不合法，他的答覆是遵循歐爾非尤斯教派的說法的，却幾乎和一個基督徒可能會說的話相同。「有一種秘密傳播的思想，說人是囚犯，無權奪門而逃；這是我所不能瞭解的偉大的神秘思想。」他把人與上帝的關係比作貓與它的主人；他說假如你的牛不受約束而自由奔走，你會發怒，所以「可以有理由說人應該等待，而不應該自殺，直到上帝召喚時爲止，現在上帝正在召喚我了。」他不爲死而憂傷，因爲他相信「首先我正在投奔其他的神，他們是聰明而善良的（我儘可能使自己確定也有任何這樣的品德），其次（我不能十分確定）離世的人比留在世間的人要好。我有理由希望仍有一些東西留給死去的人，好人比惡人所得到的要好得多。」

蘇格拉底說，死是靈魂與肉體的分離。此處我們又回到柏拉圖的多元論了：眞實與形狀、觀念與感覺目的物、理解與純感官、靈魂與軀體的問題了。每一對都有連帶關係，但原始的一對，無論在「眞」與「善」的方面，都比以後的要好。苦行者是此種多元論的自然的產物。基督教採納這種思想的一部份，但永遠沒有全盤採納過。因爲有兩重障礙。第一是，假如柏拉圖是對的，則創造一可見的世界必定是邪惡的行爲，因此上帝不能是「善」的。第二是，正統的基督教從不譴責婚姻，雖然它認爲獨身更高貴。摩尼教徒在這兩方面，更爲堅持。

精神與物質的區別，在哲學、科學、一般的思想中，已成爲普遍注意的問題，但這種觀念却起源於宗教，開始是解釋靈魂與肉體的分別。一個歐爾非尤斯教派的信徒自稱爲大地與多星的上天之子；自地得其肉體，自天得其靈魂。這就是柏拉圖想要用哲學的語言來表達的理論。

在「非多」中，蘇格拉底緊接着闡述他思想中的苦行者的含意。但是他的禁慾主義是中和的紳士型的。他並沒有說哲學家應該完全放棄一般性的快樂，而祇是不要成爲快樂的奴隸。哲學家不應縱情飲食，但當然可以照他所需要的進食；同時也並不主張齋戒。我們知道，蘇格拉底雖不喜飲酒，但有時可以喝得比任何人更多，而又從未喝醉過。他所要譴責的不是飲酒，而是沉湎於酒。哲學家亦不應以類似的態度沉湎於愛情、喜好昂貴的衣履或其他玩好之物。他應該全神貫注地關切自己的靈魂，而非軀體。他說：「他要儘可能不爲形役，而轉向靈魂。」

顯然此一思想通俗化之後就變成禁慾主義，但正確地說，它的意向並非禁慾主義。哲學家不必克制自己去放棄感官的享樂，但除此之外必須思考其他的事情。我知道有許多哲學家爲讀書而忘記進餐，但最後還是要進餐的。這些人正是照柏拉圖所說的去做，他們並非以一種道德的原因放棄貪食，而祇是對其他的事情更有興趣。顯然哲學家也應該結婚生子，祇是在日常生活中善忘而已，在婦女被解放之後，這種生活就變得更爲困難。無怪蘇格拉底之妻艾克桑齊披是一個悍婦了。

蘇格拉底繼續說，哲學家試圖使靈魂不受肉體的汚染，而其他的人則認爲一個人「如無快樂的感受或不具有肉體的快樂，」就不值得活下去。柏拉圖在上述辭句中——或許是無意地——似乎贊成某些道德家的看法，認爲肉體享樂是唯一決定性的因素。這些道德家主張，不追求感官快樂的人必須遠離一切快樂，過着純淨的生活。這一錯誤的貽害不可勝言。如精神與肉體可以分隔，則最壞的與最好的享樂都是精神方面的——例如嫉妒、各種形式的殘忍、對權力的貪愛等等。密爾頓的撒旦，其作惡超越對肉體的折磨，致力於毀滅，由此得到一種完全屬於精神上的快樂。許多著名的傳教士，放棄了感官的享樂，不以此防範他人，却爲權力的貪愛所支配，使他們以宗教爲名用苦刑與迫害去鎭懾他人。在我們這個時代，希特勒就屬於這一類；無論從那一方面看，感官的快樂對於他是非常不重要的。從專制下解放肉體將是偉大的貢獻，但所貢獻於罪惡者與所貢獻於品德者同樣的「偉大」。

不過，這已經離開本題了，我們必須回過來討論蘇格拉底。

我們現在討論到宗教的理智方面，這是柏拉圖（不管是否正確）歸功於蘇格拉底的。他告訴我們肉體是獲得知識的障礙，所見所聞都是不正確的影像：眞實的存在如果能夠顯示，則必顯示於思想，而非顯示於感覺。讓我們試思此一理論的含意——這牽涉到完全否定經驗性的知識，包括所有的歷史與地理。這表示，我們不能知道有雅典這樣一個地方，有蘇格拉底這樣一個人；他的死，他臨死時的從容，這都是屬於「形狀」的世界的。我們祇是通過所見所聞才知道所有的這些事情，而眞正的哲學家却無視所見所聞。然則，哲學家還保留了什麼呢？首先是邏輯與數學，但這些是假設的，不能證明有關眞實世界的任何確定的主張。第二步——也是有決定性的一步——則需要依賴「善」的觀念。談到這一個觀念，哲學家應該知道「善」即是「眞」，因此也可以推論出觀念的世界亦即是眞實的世界。嗣後的哲學家曾有論據以證明「眞」與「善」的一致，但柏拉圖似乎假定這是可以「自我證明」的。假如我們想瞭解他，我們必須假定他的假定是對的。

蘇格拉底說，當精神集中，不爲聞、見、苦、樂所擾，暫離肉體以追尋眞實的存在時，思想是最好的；「以此哲學家鄙視肉體。」蘇格拉底繼續談到觀念、形式、與本質。有絕對的公正，也有純美與純善，但不是眼睛可以看得見的。他說：「我所說的不止於此，還有絕對的偉大、強健與力量、以及本質或一切事物的眞實本性。」所有這些祇有在理智的視野中才能看見。因此，當我們仍在肉體的羈絆之內，當我們的靈魂仍被肉體的邪惡的所汚染時，我們對「眞實」的欲望就不會得到滿足。

此一觀點排除了以科學觀察與實驗作爲獲取知識的方法。因爲實驗者的精神是不能「自己集中」的，也不準備避免耳有所聞、目有所見。柏拉圖所推薦的兩種追尋精神活動的方法是數學與神秘的識見力。這足以解釋，在柏拉圖與畢達哥拉斯的思想中，何以這兩者之間具有密切的關連。

對於經驗主義者而言，肉體使我們接觸到外在世界的眞實，但對於柏拉圖而言，肉體則加倍的有害，是一歪曲的媒介，使我們透過一層玻璃而視覺矇矓，並且也是情慾的來源，使我們分心，不能專志於追尋知識與眞實的現象。玆引述下面一段，更可明晰解釋此一論點。

「肉體對於我們是無窮盡的困擾，因爲它祇是需要食物；並且必定會生疾病，壓制我們妨礙我們尋求眞實的存在：它使我們充滿了愛、情慾、恐懼與一切幻想，以及無窮盡的愚蠢的念頭，事實上，正如有些人所說的，根本剝奪了我們一切思想的力量。戰爭、互毆、派系的傾軋從何而來？不是從肉體及肉體的情慾而來嗎？戰爭起於貪愛金錢，獲得金錢的目的在肉體的享受；由於這一切的障礙，就沒有時間去研究哲學了；最後也是最壞的，卽使有閒暇使自己做一點推理的事，肉體總是從中干擾，使我們在研究時感到不安與困惑，因此嚇阻我們，使我們不能見到眞實。我們的經驗證明，假如我們要想獲取任何事物的眞實知識，就必須脫離肉體——其中的靈魂一定能看見事物的本態：然後我們才可以獲得我們所要求的智慧，才可以自稱爲智慧的愛好者；在世時是做不到的，必須在死後：因爲當與肉體連合在一起時，靈魂不可能有純淨的知識，假如有這種知識，必須死後才能得到。

「滌除肉體的愚蠢後，我們自己必須純淨，必須與純淨的人談話，在瑩澈普照的光亮中瞭解自己，這不是別的，就是眞理之光。因爲不純淨的人不允許去接近純淨的人……什麼是純淨，就是靈魂脫離肉體……此一脫離與靈魂自肉體中解放就稱爲死……眞正的哲學家，也祇有他們，在永久追求靈魂的解放。

「僅有一種眞正的貨幣，可以購買一切，那就是智慧。

「神秘教的創始者似乎很認眞地，不是信口胡謅地講到一個比喩，沒有經過『神聖化』及參加儀式的人進入地下世界後將伏臥在泥沼中，而經過參加儀式及淨化的人則將與諸神同住。很多人像他們在神秘儀式中所說的，祇是戴着密錐花的形式上的信仰者，極少數人才是眞正的神秘主義者，照我解釋這個字的意義，也就是眞正的哲學家。」

所有的這些言辭都是具有神秘色彩的，也都是從神秘儀式中得來的。「純淨」是歐爾菲尤斯教派的信仰，主要是儀式中的意義，但對柏拉圖而言，即意指從肉體及其需求的奴役中把靈魂解放出來。這是很有趣的說法，他說戰爭是由於貪愛金錢，而金錢祇是爲了替肉體服務。此一意見的前半段和馬克斯所主張的相同，但後半段則屬於一種特殊的現象。柏拉圖認爲一個人可以靠很少的錢生活，祇要他的需求減少到最低度，這是不錯的。但他又認爲哲學家應該免於作體力勞動；因此他必需靠別人所賺來的財富過活。在一個非常貧窮的國家裏，大概不會有哲學家。貝雷克利斯時代的雅典帝國主義使雅典人有可能去研習哲學。大體說來，知識上的產品正如同物質上的商品同樣費錢，同樣不能脫離經濟上的條件。科學需要圖書館、實驗室、望遠鏡、顯微鏡等等，而科學家的生活必須靠別人的勞動來支持。但對於神秘主義者來說，這一切都是愚蠢的。一個印度或西藏的聖人並不需要器具，祇穿一件纒腰巾，所食僅止於米飯，得到的施捨非常微薄，因爲他被認爲是智慧的，可以無視物質的生活。這是柏拉圖觀點的合乎邏輯的發展。

現在回到「非多」，西比斯懷疑死後靈魂還能存在，並且要求蘇格拉底表示意見。蘇格拉底提出了他的論點，但我認爲那不是很堅強的。

第一個論點是：萬物有其相反的性質的，亦由其相反的性質而產生——這使我們聯想到亞那齊曼德關於宇宙「公正」與相互補償的看法。生與死是「相反」的，故必定「相成」；死後靈魂保留在某處，又依序復歸人世。聖保羅 (Saint Paul) 說：「種子必待死後才能發芽。」似乎與此一理論相通。

第二個論點是：知識是回憶的紀錄，因此靈魂必定在生前已經存在。主要是由於，我們具有諸如「絕對相等」的不可能得自經驗的觀念。我們有過「約略相等」的觀念，但在可感覺的事物中，從來沒有「絕對相等」，但我們仍然瞭解「絕對相等」的意義。我們既然不能從經驗中得到這種知識，那一定是由前生得來的。他說，同樣的論點可以適用到一切觀念。本質的存在以及我們瞭解這種本質的能力，證明生前存在着帶有知識的靈魂。

一切知識皆出於記憶的爭論在「米諾」一書中有更多的發展。蘇格拉底說：「不必敎授，祇要有記憶就行了。」他爲證明此點，請米諾叫來一童奴，問他幾何學上的問題，他回答得好像眞正懂得幾何學，雖然他從來不知道自己有這方面知識。在「米諾」中，得到和「非多」同樣的結論，知識是生前的靈魂帶來的。

首先可以看出，此一論點完全不適於實驗性的知識。這個童奴除非親身經歷過，不可能「記得」金字塔築於何時，或特洛埃城攻陷於何時。祇有稱爲抽象的知識——特別是邏輯與數學——可能存在於每一個沒有實際經驗的人。事實上，這是柏拉圖所承認的（除神秘的觀察力以外）唯一的眞正的知識。讓我們來看此一論點應用到數學上的情形如何。

以相等爲例。我們必須承認，在可感覺的事物中，沒有「絕對相等」的經驗，我們祇能見到「約略相等」。然則，我們如何得到「絕對相等」的觀念呢？或者我們有沒有這種觀念呢？

讓我們舉一個實例來說，以米突來衡量巴黎在某一溫度下的某一根鐵桿。假如我們說另有一鐵桿的長度恰好是一米突，這有什麼意義呢？我不認爲有任何意義。我們可以說，科學目前所能知道的最精確的衡量方法，不能表示我們的鐵桿比巴黎的標準米突較長或較短。我們或許還可以加上一點預言，說嗣後在度量衡技術上的精密程度也不會改變這一結果。不過，這仍是一實驗性的說明，在某種意義上，實驗性的證據可以在任何時間把它推翻。我不認爲我們眞正具有「絕對相等」的觀念，像柏拉圖假定爲我們所有的。

卽使我們有這種觀念，兒童在到達一定年齡之前，也確定不會有這種觀念。而且，觀念由經驗引發，雖然並非直接由經驗而來。除非生前的靈魂不是具有感覺的，則將與現在的生命一樣不能產生觀念；假如生前的靈魂有一部份是超感覺的，又爲什麼不對現在的生命作同樣的假定呢？在所有的這些理由上，這種說法都是站不住的。

當知識卽記憶的理論被認爲已成立時，西比斯說：「我們所需要的一半已經得到證明了，卽是靈魂在我們生前已經存在——但另一半，卽靈魂在人死後仍然存在一如在生前已經存在，則有待證明。」於是，蘇格拉底專心談這個問題，他說，他以前說過，萬物相反相成，因此由死而生，正如由生而死一樣。但他又加上另一論點，這是具有很古老的淵源的：祇有複雜的事物可以分解，靈魂猶如觀念，是很單純的，不是由各部份聯結起來的。凡是單純的東西就被認爲無始無終，也不可變更。本質是不變的，例如純美是不變的，雖然美的事物却不斷在變。因此，可見的事物是暫時的，不可見的是永恆的。肉體可見，靈魂不可見，故靈魂應歸於永恆的一類。

永恆的靈魂在思考永恆的事情時，是澄定的，當在感覺中思考可變事物的世界時，卽陷於迷亂與困惑。他說：

「當靈魂用肉體作爲感覺的工具，亦卽用視覺聽覺或其他感官時（通過肉體去察覺卽等於通過感官去察覺）……卽被肉體引入可變的迷惘的領域，而遭遇困惑。當靈魂接觸到變化時，天旋地轉，靈魂有如一醉鬼。……但靈魂回復到所思考的本質時，就進入另一世界，純淨的、永恆的、不朽的、不可變的領域，這些都是和靈魂同源的，靈魂將與之永遠同在，此時靈魂是自由的，無拘無束的，不再走入岐途，永遠與不變的事物聯結在一起。此一靈魂的狀態謂之智慧。」

一個眞正的哲學家的靈魂，在生前不爲其肉體與意志所奴役，死後進入不可見的世界，在極樂中與諸神爲伴。但是，不純淨的靈魂，愛好肉體，死後變成在墓地出沒的鬼，或進入一動物的軀體，依其特性變爲驢、狼或鷹。一個非哲學家的好人會變成蜜蜂、蝴蝶、螞蟻，或者一些其他有合羣性的過羣體生活的動物。

祇有眞正的哲學家死後才進入天堂。「沒有讀過哲學以及在死時不完全純淨的人都不准進入諸神之列，祇有愛好知識的人才獲得允准。」這是爲什麼眞正的哲學愛好者放棄肉體的情慾之故：他們並不恐懼貧賤，而是「知道靈魂就是被束縛或黏附在肉體中的，直到哲學來解開它們。靈魂祇能通過監獄的鐵窗去窺測眞實的存在，而不是通過靈魂自己……且由於情慾之故，靈魂成爲自己被囚禁中的主要同謀者。」哲學家是有節制的，因爲「每一種快樂與痛苦都是一個釘子，把靈魂和肉體釘在一起，直到靈魂變成與肉體一樣，以肉體所肯定的眞實爲眞實。」

於此，西米亞斯提出畢達哥拉斯學派的意見說，靈魂是一種和聲，並要求答覆：假如七絃琴碎了，和聲還能存在嗎？蘇格拉底回答說，靈魂不是和聲，因爲和聲是繁複的，而靈魂却是單純的。而且，靈魂是和聲的說法不適用於事前的存在，這種存在已經爲「記憶的理論」證明過了；和聲在那張七絃琴之前並未存在。

蘇格拉底繼續評估他自已的哲學，饒有興味，却並非他的主要論點。他繼續說明他的觀念論，引導至一項結論說：「觀念存在，附着其中的其他事物也存在，從中獲得名稱的事物也存在。」最後他描敍靈魂死後的命運，善者入天堂，惡者入地獄，介於兩者之間的到煉獄。

他臨終時的情形是記載下來了。他最後的遺言是：「克里多，我還欠阿司克里披亞斯一隻鷄，你能記得替我還給他嗎？」人通常病好之後就送阿司克里披亞斯一隻鷄，蘇格拉底曾經患過斷續發熱的病。

非多作結語說：「在同時代的所有的人之中，他是最聰明的，最公正的，最善良的。」

柏拉圖所描敍的蘇格拉底是以後許多年來哲學家的典型。在倫理上我們怎麼樣估量他呢？（我祇看到柏拉圖所描敍的）。他的價值是很明顯的。他漠視世俗的成功，無所恐懼，他保持鎮靜、溫雅、幽默，直到最後；關切他所信仰的眞理，甚於其他任何事物。但是，他也有一些重大缺點。他在爭論時常用詭辯，在個人的思考中，他用智慧去證明與他意見相符的結論，而不是公正無私地去尋求知識。他有些地方自鳴得意或自我安慰，這使人想到牧師中壞的一類。假如他不是相信他自己去陪伴諸神享受極樂，則他面對死亡的勇氣當更值得珍視。他不像某些他的前輩，他在思想上是不科學的，祇是想證明宇宙符合他的倫理標準。這是對眞理不忠實的，犯了哲學上的最大錯誤。以做人而論，我們可能承認他是聖人，但作爲一個哲學家，他還需要在「科學的煉獄」中停留很長一段時間。

註一：卽使對許多基督徒而言，其重要性亦僅次於基督之死。「沒有任何悲劇，古代或現代的，沒有任何詩與歷史所敍述的事件（僅有一個例外——卽基督之死）可與蘇格拉底臨死前的時刻相比。」此語出於喬維特牧師(Rev. Benjamin Jowett)。

第七節　柏拉圖的宇宙論

柏拉圖的宇宙論見於「梯美烏斯」一書，曾由西塞羅(Cicero)譯成拉丁文，結果成爲對話錄中唯一爲中世紀的西方所知的一部份。對於當時及稍早的新柏拉圖主義，這一部份也是最有影響力的。但奇怪的是，這一部份也比其他部份包含更多的荒誕可笑的內容。在哲學上，這是不重要的，但在歷史上卻具有如此重要的影響，我們不得不考量到它的一些細節。

在「梯美烏斯」一書中，蘇格拉底的地位爲一個畢達哥拉斯的信徒所取代，這一學派的思想主要是採納過去的，包括以數字解釋宇宙的看法。這是共和國前五部書的節略，然後是亞特蘭特斯的神話，說在赫克利斯的拔拉斯的外海有一大島，大於利比亞與小亞細亞的總和。然後梯美烏斯，畢氏學派的天文學家繼續陳述世界誕生以至創造人類的經過。他所說的大略如下：

不變之物爲智力與理性所知，可變之物則爲意見所知。世界是可以感覺的，故不可能是永恆的，必定是上帝所創造的。因爲上帝是善良的，以永恆的形式創造世界，沒有嫉妬，希望一切都儘可能與他自己相似。「上帝要求一切爲善，沒有是惡的，盡量做到如此。」「發現一切可見的事物都不是靜止的，而以不規則的無秩序的形式轉動，由無秩序中產生秩序。」（柏拉圖的上帝似與猶太與基督教的上帝不同，不由「無物」創造世界，祇是就已有的物質加以重新安排。）祂把智慧賦予靈魂，又將靈魂賦予肉體。祂把整個世界造成一個具有靈魂與理智的生物。世界祇有一個，而非如蘇格拉底前期哲學家所說的，有許多世界；祇能有一個世界，因爲這是一個倣製品，盡可能照上帝所瞭解的永恆的原始型態來製造的。世界整體是一可見的動物，其中包含其他的一切動物。世界是圓的，因爲「相似」較「不相似」爲公平，而祇有在球形上每一處都是相似的。它是旋轉的，因爲祇有圓形的運轉才是最完美的；而且這是唯一不需要手與脚的運動。

四大元素——火、氣、水、土，每一種皆以數字爲代表，彼此皆有一定的比例，卽是火與氣的比例等於氣與水的比例，氣與水的比例又等於水與土的比例。上帝用所有的四大元素製造世界，因此是完美的而且能够免於老病。它在比例上是調和的，使世界具友善的精神，因此除上帝以外，沒有其他力量可加以分解。

上帝先造靈魂，後造肉體。靈魂包含「不可分不可變」及「可分可變」的雙重性質，具有第三種的介於兩者之間的本質。

下面是一個畢氏學派的人對宇宙的衡量，引發了一項對時間肇始的說明：

「當天父與造物主見到祂使之動作而有生命的動物——永恆的諸神的造形，祂感到快樂，乃決定製造更類似原型的倣製品；因爲原型是永恆的，故宇宙也是永恆的——到現在爲止，似乎也是這樣的。理想事物的本質是永遠不變的，但將此一性質全部賦予一個動物，則爲不可能之事。因此，祂決定要有一個永恆而又一直在動的形象。當祂使天使納入軌範時，製造了這個永恆而運動的形象，永恆本身雖一律靜止，但此物則依照數字而運動；我們稱此形象爲時間。」

在此之前，無日無夜。對於永恆的本質，我們必須不說「過去是」或「將來是」，祇有說「現在是」才是正確的。這暗示說，對於「永恆的運動的形象」——時間，說「過去是」與「將來是」却是正確的。

時間與天體在同一瞬間誕生。上帝創造了太陽，以便動物知道數字——如沒有日夜，我們不會想到數字。日、夜、月、年造成了數字的知識，並使我們有時間觀念。因此而有哲學。這是我們應該知道的最大的恩賜。

除世界本身以外，有四類動物：神、鳥、魚、陸地動物。神主要是火造成的；星辰是神聖而永恆的動物。造物主告訴神，祂能够將他們毀滅，但不願這樣做。祂叫諸神在祂爲其他一切動物製造了不朽與神聖的部份之後，去製造可以腐朽的一部份。（這猶如在柏拉圖著作中談到神的其他篇章，也許不必十分認眞。一開始，梯美烏斯就說他所尋求的祇是可能性，他不能確定如何如何。許多地方顯然祇是想像的，並不眞正是這個意思。）

梯美烏斯說，造物主爲每一顆星造一個靈魂。靈魂有激動、喜愛、恐懼、與憤怒；如能克服這些，就可以過正當的生活，否則就不行。假如一個人生活得正當，死後就進入屬於他的星球，永享快樂。假如他生活得不正當，來生將爲女人；假如他（或她）多做邪惡的事，來生就會變成野獸，繼續變化下去，直到理性佔優勢爲止。上帝把靈魂放諸地、放諸月、放諸其他的星辰，而讓神去塑造其形體。

有兩種不同的因素，一種是理智的，一種是感情的——爲他人所感動，反過來，也被迫去感動他人。前者具有思想，是美好事物的製造者，後者祇產生沒有秩序與計劃的偶然的效果。兩種因素都應該加以研究，因爲製造是混合而成的，由需要與思想混合而成。（或許可以說需要並不受上帝的支配。）梯美烏斯繼續討論需要對造物的貢獻。

土、氣、火、水並非最初的本質、文字或因素；甚至並非一羣音節或最初的化合物。例如火，不應該說「這個」，而應該說「像這樣的」——這就是說，火並非物質，而毋寧是物質的一種狀態。在這裏就要問：清晰的本質僅僅祇是名稱而已嗎？回答是，思想是否與意見相同。假如不是的，知識必定是本質的知識，因此本質不可能僅僅是名稱而已。思想與意見必定是不同的，因爲前者是由教諭而來的，而後者則是由勸服而來的；前者具眞正的理由，後者則否；所有的人都可以有意見，但思想則是神的貢獻，祇有極少數的人才有。

這引發一種稍涉怪誕的「空間」的理論，某種介於本質的世界與可變的感覺的事物之間的東西。

「有一物焉，永恆不變，不可造，亦不可毀，從未自外納入任何事物，亦不排除本身之物，以入於其他之物，不可見，不可感覺，唯有理智可加思考。與此同名者，具有另一性質，可以被感覺，被創造，恆常運動，來到一處，又自此處消逝，這是由感官與印象可以察覺到的。另有第三性質，卽是空間，它是永恆的，不可摧毀的，容納一切造成之物，不由感覺之助也可以瞭解，這是由於一種虛假的理由，不是眞實的；我們見物如同在夢中，所有存在之物必定需要有一處所，佔據一個空間，但這個既不在天也不在地之物是不存在的。」

這是一段很費解的文字，我不敢說完全瞭解。我認爲，上項理論必定起源於幾何學，因爲它像算學一樣，是純理性的東西，而且與空間有關，又是感覺世界的一部份。大體上，不容易在後世哲學家中找到相類似的說法，但我不能不想到，康德一定喜歡「空間」的說法，猶如找到一位與他自己酷肖的人一樣。

梯美烏斯說，物質世界的眞正元素並非土、氣、水、火，而是兩種直角三角形，一種是方形的一半，另一種是等邊三角形的一半。最初萬物皆在渾沌中，「各種元素在形成宇宙之前散亂在各處。」但上帝後來以形式與數字來造就它們，「使它們從不公正的不好的事物中儘可能變成最公正的也是最好的。」上述的兩種三角形是最美的形式，故上帝以此造物。用這兩種三角形，可以造出五種有規則的固體的四種，四大元素的每一種原子都是規則的固體。土的原子是立方體；火的原子是四角形；氣的原子是八角形；水的原子是二十角形。（我現在應該說是十二角形。）

規則固體的理論始見於「歐幾利得」一書的第十三冊，在柏拉圖的時代還是一種新發現；此一理論於齊埃梯特斯手中完成，在對話錄中，他似乎仍爲一青年。他首先照已有的推測，證明祇有五種規則的固體，並且發現了八角形與二十角形。規則的四角形、八角形、二十角形都可以有等邊三角形；二十角形則有規則的五角形，不能爲柏拉圖所說的兩種三角形組成。由於這個原因，他把這一理論用到四大元素上去。

至於二十角形，柏拉圖祇說「還有第五種組合，上帝用以描繪出宇宙的輪廓。」語意含混，似乎暗示宇宙是二十角形的；其他方面都說是球形的。五角器具在魔術中是常用的，顯然是由於畢氏學派的影響，他們稱之爲「健康」的，並以此爲承認兄弟情誼的象徵。這似乎是由於二十角形包含有五角形，在某種意義上，是宇宙的象徵。這個論題是具有吸引力的，但很難由此探求很多可以確定的道理。

經過一番刺激的討論之後，梯美烏斯繼續解釋人有兩種靈魂，一種是不朽的，一種是不能免於死亡的，前者爲上帝所造，後者爲神所造。後者「屈服於可怕的不可抗拒的情愛——首先是快樂，走向邪惡的最大的激動，然後是痛苦，它妨礙爲善；還有輕率與恐懼，兩種愚蠢的影響，不可妥協的憤怒，容易引人入迷的希望；諸神按照必需的規律以此與不合理的感覺及充分勇敢的愛，混合在一起，就這樣構造了人類。」

不朽的靈魂在頭腦中，腐朽的靈魂則在胸腔之內。

有某些奇怪的生理學，列如腸的作用在防止貪食者將食物存留體內，然後有另一種輪廻的說法，儒怯與不公正的人來生將爲女人；無知而輕率的人，以爲不需要數學知識僅憑注視星辰就可以學習天文學，將變成鳥類；不懂哲學的人將變成陸地動物；非常愚蠢的人將變成魚類。

最後一段作結語如下：

「現在我們可以說，談論宇宙的本質可以到此爲止了。世界容納動物，有不免於死的，也有不朽的，到處都是，本身成爲一可見的動物，也包含着可見的——可感覺的上帝，祂是智慧、最偉大、最好、最公正、最完美的代表——唯一的代表，唯有在天國才能產生的。」

很難分辨，在「梯美烏斯」一書中，那一部份是認眞的，那一部份是遊戲文章。我認爲，把創世看作將混亂整理出秩序來，這一點是很認眞的；還有四大元素之間的比例，以及與規則固體和所賴以組成的三角形的關係，也是很認眞的。對於時間與空間的衡量，還有所造的世界是另一永恆的原型世界的倣製品，顯然都是柏拉圖的看法。世界是「必需」與「目標」的混合實際上是所有希臘人的共同信念，早在哲學興起之前就已經存在了。柏拉圖承襲了這一點，所以也避免了爲惡的問題，這個問題後來困擾了基督敎的神學。我認爲他的世界卽動物之說也是認眞的。但是關於靈魂轉世的細節，歸功於神的那一部份，以及其他不重要的枝節，我認爲祇是放進去作爲可能的實例而已。

正如我曾經說過的，整個對話是值得研究的，由於它對古代及中世紀思想的重大影響；其影響並不限於其中最不怪誕的那一部份。

第八節　柏拉圖論知識與感覺

大多數的現代人相信實驗的知識依賴感覺或由感覺而獲得。但在柏拉圖以及其他學派的哲學家，則持不同的思想，大意是，凡是從感覺獲得的知識都不値得稱爲「知識」，而唯一眞正的知識是由觀念而來的。試看，「二加二等於四」是眞正的知識，但「雪是白的」這一類的說明却如此模棱兩可而不確定，在哲學家的眞理的頭腦中是沒有地位的。

此一看法可能追溯到巴曼尼德斯，但首先明白指出來的却是柏拉圖。在本節中，我將僅敍述柏拉圖對知識等於感覺之說的批判，其內容佔「齊埃梯特斯」一書的上半部。

此項對話希望爲「知識」下一定義，但結果除消極的結論外，一無所得；有幾項定義提出來後又被否決，所提出的定義都不能使人滿意。

首次提出，也是我唯一認爲可考慮的，出自齊埃梯特斯的說法：

「在我看來，一個人知道某些東西，是在感覺到他所知道的東西，目前我能看到的，知識無他，感覺而已。」

蘇格拉底認爲這種說法與普洛塔哥拉斯相同，他說「人是萬物的衡量者」，意卽任何指定之物「對於我祇是我所看到的，對於你祇是你所看到的。」蘇格拉底說：「所以，感覺永遠是一種現象，以知識而言，則是虛幻的。」

此後一大部份的論點都是關於感覺的特徵的：當這一點完成時，很快就可以證明凡出於感覺的東西都不能成爲知識。

蘇格拉底在提到普洛塔哥拉斯之後，又提到赫拉克里特斯的學說：萬物常變，亦卽「一切我們願意說確是如此的東西都在變的過程中。」柏拉圖相信這對感覺的目的物是對的，但不適用於眞正知識的目的物。在整個對話中，他的堅決主張都以此爲理由。

從赫拉克里特斯的學說中看，卽使祇能適用於感覺的目的物，但與知識卽感覺的論點相聯結，則其推論當爲，知識是屬於變動中的事物的，不是屬於目前的狀態的。

這在非常基本的問題中產生若干困惑。因爲六大於四，而又小於十二，故亦大亦小，這是相互矛盾的。再譬如，蘇格拉底身軀高於齊埃梯特斯，後者爲青年，尙未完全長成；過幾年蘇格拉底將矮於齊埃梯特斯。故蘇格拉底亦高亦矮。「關係問題」的觀念似乎困擾了柏拉圖，也困擾了大部份的第一流哲學家，一直到黑格爾（包括在內）。但這種困擾與本題並無密切關係，可置而不論。

回到感覺問題，被認爲是目的物與感覺器官之間的交感作用，照赫拉克里特斯的學說，兩方面都永恆在變，而所變者是感覺。蘇格拉底說，當他健康時，覺得酒是甜的，生病時，覺得酒是酸的。在此處，由於「感覺者」本身的狀態變了，感覺也隨之而變。

某些與普洛塔哥拉斯相反的說法是進步的，某些在後來又被撤回去了。它要求普洛塔哥拉斯同樣承認猪與狒狒也是萬物的衡量者，因爲它們也有感覺。問題在睡夢中與瘋狂中的感覺是否正確。假如普洛塔哥拉斯是對的，則人人的智力皆應相等：普洛塔哥拉斯不僅像神一樣地聰明，更嚴重的，他也像笨人一樣地愚蠢。而且，假如一個人的判斷和別人一樣正確，則判定普洛塔哥拉斯爲錯誤的人，以同樣的理由，也應該被認爲正確的。

蘇格拉底暫時把自己當作普洛塔哥拉斯，對許多反對的意見，提出了答覆。關於作夢的問題，感覺與醒時的感覺是同樣眞實的。關於豬與狒狒，這是低俗的曲解，不必考慮。至於人爲萬物的衡量者，人人智力相等，蘇格拉底提出一很有趣的答覆，就是一項判斷不可能比另一項更眞實，但可能更好，因爲產生更好的後果。這就是實用主義。

雖然蘇格拉底這樣說，但不能使齊埃梯特斯滿足。他說，譬如，當醫生診斷我病況的未來變化，他實際上知道我的未來比我自己更清楚。當人們就國家的法令發生歧見時，顯示某些人對未來發展比別人知道得更多，因此，我們不得不下一結論，聰明人比蠢人對事情有更正確的衡量。

所有這些都是反對人人皆爲萬物的衡量者的說法的，反對對知識卽感覺的說法，則祇是間接的，因爲後者是前者的推論。但是，有一直接的論點，記憶應與感覺等量齊觀。如果這點被承認，則所提出的定義也要照此修正。

其次，我們將談到對赫拉克里特斯的批評。這是他的信徒在向伊弗蘇斯城的青年講習時，首次走入極端。一個東西可有兩種變法——一種是運轉的變，一種是品質的變。變遷之說認爲萬物在兩方面皆變（註一）。不僅萬物永遠在作某些品質上的改變，而且永遠在改變其全部品質。據說伊弗蘇斯城的聰明人的看法卽是如此。這有很危險的後果。我們不能說：「這是白的」，因爲當我們開始說這句話時雖然是白的，但在這句話還沒有說完之前已經不是白的了。我們說正在看一件東西是不對的，因爲「看」永遠在變爲「不看」。假如萬物皆在各方面變，則「看」不應稱爲「看」，毋寧稱爲「不看」，感覺不應稱爲感覺，毋寧稱爲「無感覺」。當我們說「感覺卽知識」時，還不如說「感覺非知識」。

以上的論點值得重視的是，不管什麼其他的事情可能是永遠變遷的，但字的意義必須是固定的，至少有一段時期是固定的，否則，沒有任何主張是確定的，也沒有任何主張是眞實的，而毋寧是虛僞的。假如可能有知識，則必須有某些東西多少具永久的性質。我認爲這是應該承認的。但大規模的變遷與此也並不矛盾。

若干人拒絕討論巴曼尼德斯，理由是因爲他太偉大。他是一個「虔誠的莊嚴的人物。」「在他內心有一種深度，就是高貴。」在這方面，柏拉圖表示了他對靜態的宇宙的愛，對赫拉克里特斯的變遷之說的憎惡——他是爲了辯論才引用他的學說的。在表示過虔敬之後，他就以講述巴曼尼德斯來代替赫拉克里特斯。

現在我們來談柏拉圖反對知識與感覺一致的最後一段的辯論。他首先指出，我們是「通過」耳目去感覺，而非「用」耳目去感覺，又指出，某些知識與任何感覺器官沒有關係。譬如，我們知道聲音和顏色是不同的，雖然沒有任何一個器官對兩種現象都能感覺。我們沒有特別的器官去辨別「存在與不存在、相似與不相似、同與異、統一與一般性的數字。」同樣也可以適用於榮與辱、善與惡。「心靈通過它自己的功能去思考某些事情，其他則通過肉體的功能。」我們通過觸覺感到硬與軟，却是由心靈來判斷它們存在以及硬與軟是相反的。祇有心靈能够接觸存在，不接觸存在就不能接觸眞相。由此推論，我們不能僅憑感覺瞭解事物，僅憑感覺不能知道存在的事物，知識生於思考，而非生於印象，感覺不是知識，因爲「完全不能瞭解眞相，由於完全不能瞭解存在。」

在反對知識卽感覺的論點中，分辨何者我們可以接受，何者必須拒絕，並非易事。柏拉圖討論的三項互有關連的課題是：

㈠知識卽感覺；

㈡人爲萬物的衡量者；

㈢萬物皆在一變遷的狀態中。

第一點，這是論辯的主題，除我們所提到的最後一段對話之外，並沒在本身的範圍內有所討論。現在的論點是，對比、存在的知識與數字的瞭解是知識的要素，但不能包括在感覺的範圍內，因爲這些都不能通過感覺的器官而產生。但也有不同的事物，試先以相似與相異點開始討論。

譬如，兩種不同的顏色，我都在看，可能相近或相差很遠，在我這方面應該不以「感覺」而以「感覺的判斷」來接受。我們應該說，感覺不是知識，而祇是某件事情發生了，分別屬於物質的世界與心理的世界。我們自然也會像柏拉圖一樣認爲感覺是一種感覺能力與目的物之間的關係：我們說：「我看見一張桌子。」這裏的「我」與「桌子」是邏輯上的造句法。原始事態的重心祇是一片顏色。與觸覺的印象有關，可能產生詞彙，也可能變成記憶的來源。充滿觸覺印象的感覺成爲一個「目的物」，認爲是屬於物質世界的；具有詞彙與記憶的感覺就成爲「知覺」，它是一個「實體」的一部份，並且認爲是精神現象。感覺祇是一件事情發生了，旣不眞也不假；具有詞彙的是一種判斷，可以是眞實的，也可以是虛幻的。對這種判斷，我稱之爲「感覺的判斷」。「知識是感覺」的主張必須解釋爲「知識是感覺的判斷」。祇有以這種形式，才能認爲它在文法上是正確的。

現在回過來說相似與相異，我們同時看到兩種顏色，這是很可能的，相似與相異是其徵象的一部份，可由感覺的判斷加以分辨。柏拉圖的論點——無分辨相似與相異的感覺器官——忽略了皮膚，並假定一切感官都在軀體的表面。

認爲相似與相異也應包括在可能感覺的範圍內，此一論點有如下述。假定我們看見兩種顏色A與B，並判斷「A近似B」。像柏拉圖那樣，再作進一步的假定，此一判斷對一般來說是正確的，以個別情形而論，我們也認爲是正確的。以此，A與B之間確有相似的關係，不僅我們的判斷認定爲相似而已。假如僅僅是我們的判斷，則爲武斷，談不到眞假的分辨。既然能有眞假，則相似確存在於A與B之間，不可能僅僅是「心靈上的」。判斷「A近似B」爲眞是由於這是事實，正如同判斷「A是紅的」或「A是圓的」一樣。心靈在相似的感覺中的地位並不高於其在顏色的感覺中的地位。

現在再談存在，這是柏拉圖所特別強調的。他說，例如聲音與顏色，我們的思考可以同時包括兩方面，意卽它們是存在的。存在屬於一切事物，尤其是心靈本身可以知覺的事物，不能接觸存在，也就不可能接觸眞實。

反對柏拉圖的此一論點與反對相似與相異之說的情形大不相同。在此處反對者駁稱，柏拉圖所說一切關於存在的話都犯了文法上的錯誤，或毋寧是出於拙劣的造句法。這一點很重要，不僅關係到柏拉圖，也關係到其他問題，例如爲上帝存在所作的超邏輯的辯論。

假定你對一個小孩說：「獅子是存在的，但獨角獸不存在。」關於獅子，你可以把他帶到動物園去說：「看，那是一頭獅子。」除非你是哲學家，你不會加上說：「你可以看見獅子是存在的。」如果你眞是哲學家，加上這句話，又變得毫無意義。說「獅子存在」的意思是「有獅子」，也就是「『x是一頭獅子』是眞的，如有適合的x。」但我們不能說適合的x「存在」着；我們祇能把「存在」這個動詞用於一個完整或不完整的描敍。「獅子」是不完整的描敍，因爲它適用於很多目的物。「動物園中最大的獅子」是完整的敍述，因爲祇適用於唯一的目的物。

假定我現在看着一塊鮮紅的布，我可以說：「這是我現在的感覺」或者「我現在的感覺存在着」，但我不能說「這個存在着」，因爲「存在」這個字祇有用於描敍而非單獨的「名稱」時才有意義（註二）。這樣就把「存在」當作心靈所知道的目的物的一種狀態。

現在我們再來瞭解數字。這有兩種截然不同的看法應加考慮。一種是算學的見解，另一種是數字的經驗的體認。前者有如「二加二等於四」，後者有如：「我有十指。」

我同意柏拉圖的看法。算術和純數學大體上是不能從感覺產生的。純數學包含有重複語，等於「人是人」，但通常要比較複雜。我們如想知道一項數學上的見解是正確的，不需要去研究世界的實況，而祇是研究符號的意義；當我們對符號下定義（其目的僅爲簡化）時，符號就變爲「或者」「不是」「全體」「某些」這一類的字，不像「蘇格拉底」這樣的字特指現實世界的某一事物。數學上的相等表示兩組的符號具有同樣的意義，祇要我們不越出純數學的範圍，其意義必須是可以瞭解的，而不需要知道任何可以感覺的事物。數學的眞理，正如柏拉圖所主張的，與感覺沒有關係；但這是非常特殊的眞理，祇與符號有關係。

計數的識解，例如「我有十指」，則大異其趣，顯然至少有一部份是依靠感覺的。「手指」這個觀念是由感覺而來；但「十」這個觀念又如何而來呢？此處我們似乎已接觸到眞實宇宙或柏拉圖所說的觀念。我們不能說「十」是出於感覺，因爲任何可以感覺爲十的東西也可以同樣在別的東西上看到。假定我用「伍」這個字來表示一隻手的所有手指，我就可以說「我有兩個伍」，而這和我用「十」來描敍的事實是相同的。因此，在「我有十指」這句話中，如與「這是紅的」相比，前者感覺佔較小的地位，觀念佔較大的地位。但這祇是程度上的問題。

關於「十」這一個字所發生的見解，徹底的解答是，當對此加以正確的分析後，其中不包含與「十」這個字相調和的成份。以「十」這樣較大的數字來解釋這種情況是複雜的；讓我們改稱：「我有兩隻手。」這意思是：

「有一個 a，又有一個 b，不管 x 是什麼，a 與 b 是不同的，『x 是我的一隻手』這句話是眞實的，但祇有 x 是 a 或 x 是 b 的時候。」

在此「二」這個字並不存在。有兩個字 a 與 b 存在是不錯的，但我們不需「知道」這是兩個，正如我們不需要知道這是黑的、白的、或可能是任何顏色的。

因此，在一非常確定的意義上，數字是一種形式。事實證明，有許多識見，表示各種組合都有兩個數字，不是組成份子，而是形式。對於自由神、或月亮、或喬治・華盛頓，所見自然不同。這特別關係到空間——時間的問題；在這方面，一切關於自由神的說明都有其共同點。但如所見爲「有兩個某類東西」，除形式相同之外，不可能有共同點。因此，「兩」這個符號與所發生的識見之間的關係，遠較「紅」與所發生的識見之間的關係爲複雜。在某種意義上，我們可以說「兩」這個符號沒有意義，因爲，當發生在一眞實的說明時，在說明的意義中，沒有相同的因素。我們也可以繼續說，數字是永恆的、不變的，但我們必須明瞭，數字是邏輯的虛構物。

關於聲音與顏色，還有進一步的觀察。柏拉圖說：「加起來是二，其中的每一方是一。」我們既然已經研究過「二」了，就必須也要研究「一」。在此處，柏拉圖犯了和討論「存在」時同樣的錯誤。述語形容詞「一」不能適用於事物，而祇能適用於單位的等級。我們可以說：「地球有一衞星」，但如說：「月亮是一」，卽犯了造句法的錯誤，因爲，這樣說有什麼意義呢？你也可以說：「月亮是許多」，因爲月亮有許多部份。說「地球有一衞星」是說明「地球衞星」此一觀念的特性，也就是下列的特性：

「有一 c，祇有當 x 是 c 的時候，『x 是地球的一個衞星』才是眞實的。」

這在天文學上是眞實的；但，假如對「地球的一個衞星」這句話，你以「月亮」或任何其他特指名稱代替，結果如非無意義卽是不必要的重複。因此，「一」是某種觀念的特性，正如同「十」是「我的手指」的特性。但如說「地球有一衞星，卽是月亮，故月亮是一」，其不通正如說「基督使徒是十二；彼得是使徒，故彼得是十二」，這句話我們如以「白」來代替「十二」就是正確的了。

以上的思考表示，有一種形式上的知識，卽邏輯與數學，不是由感覺而來的。柏拉圖提到形式以外的一切知識都是虛假的。上述的論證當然不足證明柏拉圖的結論是錯的；而祇能證明他沒有提出理由假定它是對的。

第二點，我們來研究畢達哥拉斯的主張，人是萬物的衡量者，或者，照別人解釋的，每一個人都是萬物的衡量者。在此，我們必須先決定進行討論的層次。首先，我們顯然應該分辨感覺與推斷。在感覺中，每一個人不可避免地局限於本身的能力；他所瞭解於別人的感覺者，是用自己聽與讀的感覺去推斷出來的。至於做夢者與瘋子的感覺，以感覺而論，無異於常人，祇是他們的上下的連貫性是特殊的，常作虛假的推斷。

然則，推斷又如何呢？是否同樣是個人所私有的呢？在某種意義上，我們必須承認它們也是的。我相信某些理論，因爲某種理由爲我所接受。我的理由也許是別人的定論，這是不錯的，但或許也是一個完全正確的理由——譬如我是一個法官在聽取證據一樣，不管我是否畢達哥拉斯的信徒，在計算數字的推斷上，我放棄自己而接受會計師的意見是合理的。因爲我或許已經屢次發現，我先前不同意他，但經過進一步計算後知道他是對的。在這方面，我或許承認另一個人比我聰明。畢達哥拉斯的主張，照正確的解釋，並不認爲我永不犯錯，而祇是犯錯的證據一定會使我看見。我的過去可以加以判斷，正如別人可以被判斷一樣。但這一切都需要預先假定在推理而非感覺上有一公正的確當的標準。

假如我所得到的某項推論像其他任何人一樣正確，則柏拉圖從畢氏那裏演繹出來的知識的混亂狀態的確是存在的。但實驗主義者又會說，感覺是在實驗物質中的推理正確與否的考驗。

第三點，宇宙恆變的學說是受柏拉圖嘲諷的，但也沒有人像他所說的那樣抱極端的態度。假定我們所看見的顏色不斷在變，「紅」這個字適用於各種不同的紅，假如我們說「我看見紅了」，在我們說這句話的一段時間，沒有理由否定這是眞實的。柏拉圖得到這個結果，是用繼續變化的程序，例如邏輯上的相反詞——感覺與不感覺，知與不知。實際上，這類相反詞並不適合於描敍不斷變的程序。假定在一有霧之日，你看見一個人在街上從你身邊走開，他變得逐漸黯淡，到一個時刻，你確定已經不再能看見他了，但其間仍有似見不見的懷疑的時期。邏輯上的相反詞是爲了我們的便利而發明的，但不斷變化的察覺則需要有定量的儀器，這可能是被柏拉圖忽略了。因此，他對於這個問題所談的話大部份是沒有把握重心的。

同時必須承認，除非詞彙在某種程度上有其確定的意義，討論將成爲不可能的事。但是，一方面也容易流於過分確定。詞彙確實會變換其意義，譬如「觀念」這個字。祇有通過相當的教育過程後，我們才能學到「觀念」這個字，一個像柏拉圖所給予的一樣的詮釋。字義的變化應較字所描敍的目的物的變化爲緩慢，這是必要的；但如說字義不應有變化，這是不對的。或許這不適用於邏輯與數學的抽象名詞，但這些字，我們知道，祇能適用於所見的形式，而不適用所見的物質。在此，我們又發現邏輯與數學是很奇怪的，柏拉圖受了畢達哥拉斯的影響，在數學中吸收了太多的其他方面的知識。很多偉大的哲學家和他犯有同樣的錯誤，但不管如何，這總是一種錯誤。

（註一）柏拉圖與伊菲蘇斯城的熱情青年們似皆未注意運轉說不能爲極端的赫氏學說所容。運動必須某一物一時在此處，一時在彼處，雖動而仍爲一物。柏拉圖的思想則爲品質與地位可變，但物質不變。在這一點上，現代量子物理家比柏拉圖時代的赫氏學派最激進的信徒更爲激進。柏拉圖可能認爲這有害於科學，但後來證明不是如此。

（註二）關於這一點，可參閱古代部份的最後一節。

第九節　亞里斯多德的形而上學

研讀任何重要的哲學家，特別是研讀亞里斯多德，都有必要從兩方面着手，一是查考他的前輩，一是查考他的後繼者。在前者，亞里斯多德有極大價值，對後者，他有同樣大的過失。但就過失而言，他的後繼者比他應負更多的責任。他處於希臘思想的創造時代的末期，自他死後兩千年，世界沒有產生過任何可以認爲與他相比擬的哲學家。這樣一段長的時期，他的權威幾乎與教會一樣地不容置疑，在科學上，哲學上，都變成進步的嚴重阻礙。自從十七世紀以來，幾乎每一項重要的知識上的進步，都必須以攻擊亞里斯多德的某些學說爲開始，以邏輯而言，即使現在也仍是如此。但任何他的前輩假如也具有同樣的權威（或許狄謨克里特斯除外），其爲害的程度是一樣的。對他作公平估價，我們必須首先忘去他身後的過情之譽，也要忘記所帶來的同樣過分的身後之毁。

亞氏大約生於紀元前三八四年，色雷斯的斯塔基拉城。他的父親是世襲的馬其頓王的家庭醫生。

十八歲時，他來到雅典，成爲柏拉圖的學生；他留在學院裏長達二十年，直到柏拉圖於紀元前三四八——七年逝世爲止。他旅行了一段時期，然後和一位專制者名叫赫米亞斯的妹妹或姪女結婚。（詆毀者說她是赫米亞斯的女兒或妾侍，但兩者證明都是不確的，因爲赫米亞斯是個閹人。）在紀元前三四三年時，他成爲亞歷山大的家庭教師，當時亞歷山大祇有十三歲，一直教到十六歲，亞歷山大的父親腓力宣佈他已成年，並任命他爲腓力不在京城時的攝政。我們所希望知道的有關亞里斯多德與亞歷山大之間關係的每一件事情，都是不確定的，人們愈想多知道一點，傳說也就製造得愈快。他們之間的通信，一般都認定是僞造的。對他們兩者都崇拜的人總假定教師會影響學生。黑格爾認爲亞歷山大的事功顯示了哲學的實用價值。對於這一點，比恩（A. W. Benn）說：「這是很不幸的，假如哲學沒有比亞歷山大的性格更好的實證來表現自己……傲慢、酗酒、殘酷、記恨、迷信，總之，他集山地酋長的罪惡與東方君主的狂亂於一身。」

在我來說，我雖然一方面同意比恩對亞歷山大性格的描敍，但一方面也認爲他的事功非常重要而有利，如果不是他，整個希臘文明的傳統可能已經毀滅了。至於亞里斯多德對於他的影響，我們就照認爲最合理的程度去自由推測吧。我的意思是假定這種影響是「零」。亞歷山大是一個野心很大而感情激動的青年，與他的父親不和，大約也沒有耐心去求學。亞里斯多德認爲一個國家不應該擁有十萬之衆的公民，並宣揚中庸的思想。我不能想像他的學生會敬他如師，而祇是把他當一個平凡的老腐儒，父王把他放在自己身邊，管束他不要胡鬧而已。不錯，亞歷山大對雅典文明有一種趨炎附勢式的尊敬，但當時整個朝廷都是如此，他們想藉此證明自己不是野蠻人。這和十九世紀俄國貴族對巴黎文明的看法是一樣的。所以，這不能歸功於亞里斯多德的影響。我在亞歷山大身上看不出任何其他事情是出於亞里斯多德的教導。

更值得驚奇的，亞歷山大對亞里斯多德也很少影響，後者對政治的推測忘記了一個事實，即城邦的時代已經過去，代之以興的是帝國的時代。我揣測亞里斯多德最後終於認淸他是「逸樂的剛愎自用的靑年，他永遠不會瞭解哲學的任何問題。」以全盤而言，這兩個偉人之間的接觸似乎是沒有結果的，一若他們生活在不同的世界裏一樣。

自紀元前三三五年至三二三年，（亞里斯多德在較晚的時間逝世）這段時間，他居住於雅典，以十二年的時間創辦了一個學校，著作大部份他的書籍。當亞歷山大死時，雅典人反叛了，與他的朋友包括亞里斯多德聯合；他被控對上帝不敬，但不像蘇格拉底，沒有受到懲罰，在亞歷山大逝世的第二年（紀元前三二二年），他也溘然長逝。

亞里斯多德，作爲一個哲學家，在許多方面和他的前輩不同。他是第一人，寫起來像一個哲學家，他的論說是有系統的，他的討論容納各種不同的課題，他是一名職業性的敎師，不是一個激動的預言者。他的著作是具有批評性的，謹愼的，平易近人的，沒有任何酒神敎的熱情主義的痕跡。柏拉圖的歐爾菲尤斯敎派的氣質傳給了亞里斯多德，但與堅強的常識基礎相混合；因爲他是柏拉圖主義者，他本性中的節制就被他所敎的內容掩蓋了。他不是具有熱情的，或在宗敎上具任何虔誠的信仰。

他的前輩的錯誤是一般青年人愛慕尊榮追求不可能的夢想的錯誤，而他的錯誤則是那種年齡稍長不能脫離習慣上的偏見束縛者的錯誤。他在分析與批評上表現得最好，但他沒有偉大的建設，因爲缺乏基本上的明確觀念與巨大的衝力。

很難決定欲探究亞里斯多德的形而上學，應從何處開始，或許最好開始於他對觀念論的批判及他自己以此爲代替的普遍性的學說。他首先以強有力的論點反對一些大部份在柏拉圖的「巴曼尼德斯」一書已敍述過的觀念。最堅強的論點是「第三人」：假如一個人，因爲近似理想的人，所以是人，則必須還有另一理想人，普通人和理想人都和他相似的。再則，蘇格拉底同時是人又是動物，問題在理想人是否也是理想動物；假如是的，有多少種動物，就有多少理想動物了。這不需要尋求事實：亞里斯多德的意思顯然是，當一羣個體共用同一敍述詞時，不能由於與某種東西發生同類的關係而普遍化，而祇有更理想化。這也許可以證明是對的，但亞里斯多德自己的學說非常不明晰，正由於不明晰，才引起中世紀的唯名論者與現實主義者的衝突。

大體上說來，亞里斯多德的形而上學是被常識沖淡了的柏拉圖思想。他的困難在柏拉圖的學說不容易和常識混合在一起。當試圖瞭解他時，有時認爲他在說明一個不懂哲學的常人的看法，有時又認爲他在以新的詞彙解釋柏拉圖。我們不能過分強調他著作中的任何一段，因爲其後必有另一段對上一段加以改正或加以中和。以全盤而言，欲瞭解他的普遍說及物質與形式說，最簡易的方法是首先瞭解佔他學說中一半的常識性的理論，然後再考慮他所信服的柏拉圖主義對他的影響。

在某一點上，普遍說是很簡單的。語言上有專有名詞與形容詞。專有名詞適用於「物」與「人」，這種名詞祇適用於唯一的「物」或「人」。日、月、法蘭西、拿破崙是專有的，這是專有名詞不適用於一羣人與物的實例。另一方面「貓」「犬」「人」則適用許多不同的目的物。普遍性的問題就與這些字的意義有關，還有形容詞，例如「白」「硬」「圓」等等也是一樣的。他說：「關於『普遍性』，我的意思是，具有這樣的性質，可以為許多主格作述詞的，而『個別性』則不能作這樣的敍述。」

一個專有名詞所表示的是一個「實體」，一個形容詞或等級名稱所表示的例如「人」所表示的稱為「普遍性」。一個「實體」，可冠以「這個」；一種普遍性的事物則祇能冠以「這樣的」——是指這一類的東西，而非實際上特指的某一件東西。一種「普遍性」事物不是實體，因為不是特指的「這個」。（柏拉圖所說的天國的床對於能够感覺的人來說是實體，這一點亞里斯多德不表同意。）亞里斯多德說：「任何普遍性的名稱成為一個實體，都不可能。因為……每一件東西的實質是它所專有的，不屬於其他任何東西；但普遍性的東西是共有的，因為它之所以稱為普遍性，是由於它屬於不祇一件東西。」到現在為止，爭論的重點在於，普遍性不能獨立存在，祇有在許多特指的事物中存在。

表面上，亞里斯多德的學說已經够清楚了。假如我說「有這樣一種事情，就是足球比賽」，大部份的人都會認為我說的話是對的。但假如我推論說沒有踢足球的人，足球不能存在，我就被認為在說無意義的話。同樣可以認為，因有父母而有父母的愛，因有甜物而有甜味，因有紅的東西而有紅色。但這種依賴沒有相互的關係。現在踢足球的人仍舊是存在的，卽使他們從未踢過足球；原來是甜的東西可以變酸；我的臉原來是紅的，可能變成灰白，但仍是我的臉。我們獲得一結論，一個形容詞的意義視其所形容的專有名稱爲定，但不能倒過來應用。我想這就是亞里斯多德的意思。他的學說在這一點上，如同在其他方面一樣，是一種以迂腐方式表達出來的常識的偏見。

對他的理論不易有明確瞭解。如承認沒有踢足球的人足球不能存在，但踢足球的人沒有很多東西仍可存在。如承認一個人不踢足球仍可存在，但他如不做「某些事情」（例如不食）就不能存在。紅色沒有「某些」主體不能存在，但它沒有「這個」或「那個」主體却仍能存在；同樣地，一個主體沒有「某些」品質不能存在，但沒有「這個」或「那個」品質却仍能存在。他所設想的物質與品質的區別方法似乎是錯誤的。

眞正區別的基礎事實上是語意學的；得自於造句法。其中有專有名稱、形容詞、關係詞彙等等；我們可以說：「約翰是聰明的，詹姆斯是愚笨的，約翰比詹姆斯長得高。」此處「約翰」與「詹姆斯」是專有名稱，「聰明」與「愚笨」是形容詞，「比……高」是關係詞彙。自從亞里斯多德以來，形而上學者卽以形而上學解釋這種造句法的區別。約翰與詹姆斯是實體，聰明與愚笨是具有普遍性的，（關係詞彙被漠視或誤解）。如細心考察，或許會發現形而上的區別與造句法的區別有某些關係，如此，則這種關係祇能用長期作業的方法才能獲得，難免要創造一種人爲的哲學語言。這種語言沒有約翰或詹姆斯這些名字，沒有聰明與愚笨這些形容詞，所有普通語言中的字彙都要經過分析，然後代之以意義較不複雜的字彙。在此工作完成之前，特殊與普遍性的問題不能正確地加以討論。當我們到達可以討論的時候，將發現我們要討論的問題和我們最初所假定的已經大不相同了。

因此，假如我未能把亞氏的普遍性的學說講明白，是因爲它本身不明白。但在觀念論上，這確是是一種進步，並且關繫到一項眞正的非常重要的問題。

另有一名詞在亞氏與其學術上信徒的思想中是很重要的，卽是「本質」一詞。這與「普遍性」絕非同義詞。你的「本質」卽是「所以造成你的本性。」可以說，這是你的「財產」，你失去了就不成其爲你了。不僅某一個體，而且是某一種類，也有其「本質」。一個種類的定義必須提到其「本質」。我將在後面再續談亞氏的本質論與亞氏邏輯學的關係。目前我祇能作一種走向迷霧的觀察，不可能有明確的論斷。

亞氏形而上學的第二點是「形式」與「物質」的區別。（必須瞭解「物質」在此處的意義是與「形式」對立，和與「精神」對立的「物質」不同。）

此處，仍有亞氏學說中的常識背景，但柏拉圖思想對它的限制較其普遍說爲多而重要。我們現以大理石的雕像爲例，大理石是物質，雕刻家所造的形狀是形式。或者，以亞氏所舉的例子而言，假如有人造了一個銅球，銅是物質，圓是形式；以一片平靜的海而言，水是物質，平靜是形式，截至現在，這一切都很單純。

亞氏繼續說，正由於形式之故，物質是某種確定的東西，就是這件東西的實體。亞氏所指似仍爲明白的常識：一件東西必有其界限，而界限則造成形式。以一定容量的水爲例：其中的任何一部份都可以取出來裝入一瓶中，這部份卽變成一件「東西」，但在沒有自大量同類中取出來之前，却不是一件「東西」。雕像是一件東西，用作雕像的大理石，在某種意義上，和另一塊大理石的一部份，或採石場原石塊的一部份沒有什麼不同。我們不應認爲形式決定實質，但原子的假定却根深蔕固地存在於我們的想像中。每一原子，假如是一件「東西」，必由於其他原子的界限而成爲現存狀態，在某種意義上，卽是一種「形式」。

現在我們接觸到一項新的理論，這在最初看起來是很難理解的。亞氏告訴我們，靈魂是肉體的形式。在此處，「形式」的意義顯然並非「形狀」。靈魂爲肉體的形式之說容後再作討論，目前僅就亞氏的學說體系研究，靈魂是將肉體造成爲一件「東西」的主人，使它具有統一的功用，具有與「組織」同義的特徵。眼睛的功用是看，但離開肉體就不能看。事實上，是靈魂在看。

「形式」似乎是爲一部份的物質帶來統一的主人，而這種統一如非永遠也常常是「目的論」的(teleological)。但「形式」的含意又遠較此爲大，這一點也是很難理解的。

亞氏告訴我們，一件東西的形式卽是其本質與主要的實質。形式是主體，普遍性不是主體。當人製造一銅球時，形式與物質早已存在，他祇是將兩者合而爲一而已；他沒有製造形式，正如他沒有製造銅球一樣。並非每一件事物都有物質；但有某些永恒的東西並沒有物質，除其中有些事物可以在空間移動之外。事物以獲得形式而增加；物質如無形式則僅爲一種潛在的東西。

形式爲主體，證明可以脫離物質獨立存在，亞氏的這種說法似與柏拉圖觀念相反。亞氏之意，形式與普遍性大不相同，但具有許多相同的特徵。亞氏告訴我們，形式較物質更爲眞實，這是「觀念爲唯一眞實」論的再現。亞氏對柏拉圖形而上學所作的改變不如其所說之甚。齊勒（Zeller）卽持此看法，對於形式與物質問題，他說：

「亞里斯多德意欲澄淸此一問題的最後說明，事實僅有一半解脫了柏拉圖的本體論的趨勢，亞氏言『形式』，柏拉圖言『觀念』，都是以其本身所造的形而上的名詞去範圍一切個別的事物。當他敏銳地自其經驗辨察觀念的成長，尤其當這些經驗迅速變爲直接感覺時，結果卽自一人類思想邏輯的產物變形爲一種直接的感覺世界的描敍，以及在這方面的一種直覺理解的目標。」

我看不出亞氏對這項批評能作如何的答覆。

我能够想像的唯一答覆是，沒有兩件東西能有相同的形式。假如一個人造了兩個銅球，每一個皆有其特殊的球形，這是眞實的又是特指的，一個普遍性「球形」的實例，但彼此並不相同。我不認爲我所引述的辭句足以支持此項解釋。這也易於遭受反對，照亞氏的看法，特指的球形是不可知的，但亞氏的形而上學的要旨是，由於形式多而物質少，「東西」將漸漸地變爲「可知」。這和亞氏其他方面的看法是一致的，假如形式可在許多特定的「東西」中獲得體現。但假如他說，可以作爲「圓形」實例的形式和「圓的東西」一樣多，則對他的哲學，是一項非常激烈的改變。例如，他認爲形式與本質相同，與上述的解釋是不能並存的。

亞氏物質與形式之說與潛能及現狀的區別有關。原物質被認爲是形式的潛能；對所有的變化，我們應該稱爲「演變」，因爲經過變化之後，這個所指的「東西」就較前具有更多的「形式」，並且認爲更切「實際」。上帝是「純形式」與「純實際」；因此上帝不能改變。此一學說似乎是樂觀的，「目的論」的，宇宙與萬物將不斷地改善。

假如能够把我們的敍述變爲一種形式，其中沒有「潛能」的概念。潛能的概念在某些關係上是便利的。「一塊大理石是一潛在的雕像」意思是：「由一塊大理石，經過適當的工作，就產生了雕像。」但是，當「潛能」被用作一種基本的缺乏條理的概念時，就永遠陷於思想的混亂。亞氏用此是其哲學體系中的一個缺點。

亞氏的神學是饒有興味的，並且和他形而上學的其他部份有密切的關係——「神學」事實上卽是我們稱爲「形而上學」的各種別名之一。（對於以形而上學爲名的書籍，亞氏却並不以形而上學相稱。）

他說，世上有三種不同的物質：第一種是可感覺也是可毁滅的，第二種是可感覺但不可毁滅的。第三種是旣不可感覺又不可毁滅的。第一種包括植物與動物，第二種包括天上的日月星辰（亞氏相信除運行外是永恒不變的），第三種包括人身中的具有辨別力的靈魂，也包括上帝。

最重要的部份是爲上帝所作的辯護：必須有某種力量爲運動的肇始者，而其本身必須是不動的、永恒的、主要的、實體的。亞氏說，欲望與思想的目標產生一種不需要本身運動的運動。因此，上帝因被愛而產生運動，但其他所有的運動都由本身的運動而起（像撞球一樣）。上帝是「純思想」，因爲思想是最好的。「生命也屬於上帝；因爲思想的實體卽是生命，上帝亦卽是這個實體；上帝本身所依賴的實體卽是最好的永恒的生命。上帝是有生命的、永恒的、最好的，故生命、時間的持續、永恒，都屬於上帝；因爲這就是上帝。」

「由上述解說，已很明白，有一實體是永恒的、不可移動的、與可感覺的事物相隔開的。此一實體沒有任何磁性，但却是不可分割的……也是不可傷害的，不可改變的；因爲所有其他的一切變動都是位置變動之後發生的。」

亞氏的上帝並沒有基督教上帝的特徵，因爲這將削弱祂的完整性，想到完整以外的任何事物；完整亦卽是祂自己。「神聖的思想所想到的必須是屬於祂自己的事物(由於祂是一切事物中最高貴的)，而思考也就是對思考的思考。」我們必須假定上帝不知道塵俗世界的存在。亞氏像斯賓諾莎一樣，主張雖然人必須愛上帝，但上帝愛人是不可能的。

上帝不能限定爲唯一的「不動的推動者」。相反的，天文學的研究得出的結論，宇宙有四十七個或五十五個不動的推動者。這與上帝的關係沒有說得清楚；自然的解釋是有四十七位或五十五位神。在上述詞句之後，亞氏繼續說：「我們必須不可漠視究竟祇有一個或一個以上這樣的實體的問題。」，並立卽獲取一項論點，主張有四十七個或五十五個不動的推動者。

有一個不動的推動者的信念是很難確立的。現代人的頭腦認爲變化的原因必須是在他之前有另一變化，假如宇宙完全是永恒靜止的，則將永遠維持如此。欲求瞭解亞氏所指的意義，我們必須估量他關於造因所說的話。他說，有四種造因，分別稱爲物質的、形式的、效率的、終結的。讓我們再以雕像的人爲例。雕像的物質造因是大理石，形式的造因是製作雕像的主旨，效率的造因是與大理石接觸的鑿刀，終結的造因是雕琢家心目中的製成品。在現代的名詞中，「造因」僅限於效率的造因，不動的推動者可能被認爲終結的造因：供給一個變的造因，結果是走向與上帝相似的一種演變。

我認爲亞氏在氣質上對宗教不是很虔誠的，但這祇有部份是對的。他的宗教觀或許可以在某一方面作自由的解釋如下：

上帝永遠存在，是「純思想」，快樂與完全的「自我滿足」，沒有任何不能實現的目標。可感覺的世界與此相反，是不完整的，却有生命、欲望、思想與渴念，屬於不完整這一類的。所有的生物或多或少地認識上帝，因敬愛上帝而被推動。因此，上帝是一切行爲的終結造因。從形式到物質，都會有變化，但在可感覺的東西，物質的基礎保持不變。祇有上帝包含形式而沒有物質。世界繼續不斷地向包含更多成份的形式演變，也就是變得更像上帝。但這種演變的程序不可能完成，因爲物質不可能全部消滅。這是進步與演變的宗教，由於上帝「目的論」的完整，祇須通過有限生物對祂的愛而推動世界。柏拉圖是數學的，亞氏是生物學的，這就是他們在宗教上的不同點。

但是，這祇是對亞氏的宗教的片面之見；他仍有一般希臘人對「月的完整」的愛，且性喜沉思而不喜行動。他有關靈魂的思想表現了他這一方面的哲學。

亞氏曾否以任何方式講授靈魂不朽論，在研究他的學者中是一煩惱的問題。亞弗羅伊斯（Averroes

西班牙哲學家 1126–1198——譯者註）主張說他不曾講授，基督教的國家中多有從其說者，最極端的是但丁在地獄裏遇見的伊比鳩魯派的學者。事實上，亞氏的學說很複雜，容易引起誤解。在他「論靈魂」一書中，他認爲靈魂與肉體結合在一起，並嘲笑畢達哥拉斯的靈魂轉世說。靈魂似與肉體同時毀滅，他說：「靈魂無疑是不可自肉體分隔的。」但他立卽又說：「或者至少靈魂的某些部份是不可分隔的。」肉體與靈魂的關係有如物質與形式：「靈魂在形式的意義上一定是一個具有生命潛存在內的實質軀體的本質。但本質是實體，故靈魂卽上文所描敍的一個肉軀的實體。」「靈魂是本質，其性質有如一件物品本質的固定程式，意謂具有方才所說本質的軀體的『不可缺少的東西』卽是靈魂。」「靈魂是具有潛在生命的自然軀體的最初級的實質。這樣的軀體就是有組織的軀體。」探究靈魂與肉體是否爲一，其無意義有如探究蠟印所給予的蠟與形狀是否爲一。植物所具有的唯一物理能力是自我給養；靈魂則是肉體的「終結的造因」。

在這本書裏，他說明「靈魂」與「心靈」的區別，他說心靈高於靈魂，但與肉體連結的程度較少。他在談論過靈魂與肉體的關係之後說：「心靈的情形不同；它似乎是一種深植於靈魂中的實質，是不可能被毀滅的。」他又說：「我們現在還沒有心靈或思想力的證據；它似乎是一種大不相同的靈魂，在永恒與可以毀滅之間的不同；心靈能够與其他一切物質的力量分隔而單獨存在。靈魂的其他部份，證明一如我們所說的——雖有某些人持相反的說法——是不能分隔存在的。」心靈可使我們瞭解數學與哲學；其目的是沒有時間性的，因此它本身也是沒有時間性的。靈魂是推動肉體的，去感覺可感覺的目的物的；它的特徵是「自我給養」的、激動的、思考的、有動機的；但心靈具有更高級的思考的功能，和肉體或感覺沒有關係，因此心靈可以不朽，而靈魂的其他部份則否。

欲求瞭解亞氏的靈魂說，我們必須記得他所說的靈魂是肉體的「形式」，空間的形狀也是一種「形式」。靈魂與形狀有什麼相同之處呢？我認爲相同之處在對一定量的物質給予統一性。以後將變成雕像的一塊大理石，在沒有和大理石的其他部份隔開時，仍不成其爲「東西」，還沒有任何統一性，在雕刻家製造了雕像以後，就有了統一性，這是從它的形狀中獲得的。靈魂的主要特徵，由於是肉體的「形式」，卽在使肉體成爲一有組織的整體，有其作爲一個人的目標。一個單獨的器官，目標在其本身之外；一隻被分隔的眼睛看不見東西。因此，以一個動物或植物的全部爲主體，可以包含許多東西，這個整體不能以其中的任何部份爲代表。在此一意義上，組織與形式賦予實質，對動植物而言，卽是亞氏所稱的「靈魂」。但「心靈」與此不同，與肉體的結合較少；可能是靈魂的一部份，但祇有一小部份的生物才有。據推斷，心靈不可能是運動的造因，因爲它從來不思考實用的事物，也從不說什麼是應該避免的，什麼是應該追求的。

一項相類似的學說——雖然所用的名詞略有差異，曾在亞氏所著「尼可瑪契派的倫理學」一書中發現。大意是：靈魂含有理性的因素與非理性的因素。非理性的部份又分兩種，一種是生長的，在任何生物卽使植物中都有；一種是具有食慾的，存在於所有的動物。理性靈魂的生活含有沉思，這是人的快樂的極致，雖然不易完全達成。「對於人來說，如此生活或陳義過高；因爲這不是由於他是人就想過這樣的生活，而是由於某種神性進入他的身軀內；而且由於這種神性高於我們的組成本質，其行爲也優於其他品德的實踐（實用的品德）。假如理性是神性的，則與人作比較，由神性支配的生活也與一般人的生活不同。但我們必須不去追隨給我們勸告的人，他們也是人，想的是人間的事，他們不是不朽的，想的也並非不朽的事；我們必須儘可能使自己不朽，振作起每一根神經，遵照我們軀體中最佳的理性去生活；卽使其體積甚小，但可獲得遠較巨大的權力，可以超越一切。」

從這一段看，似乎是：個體——使人有所異於他人者——關繫到肉體與非理性的靈魂，而理性的靈魂或心靈是神聖的不屬於個人的。一個人喜食牡蠣，另一人喜食鳳梨，這使他們有所區別；但當他們想到「乘法表」（multiplication table），而假定他們想得都對，他們之間就沒有區別了。非理性使我們分隔，而理性使我們統一。因此，心靈或理性的不朽並非分隔的個體的不朽，而祇是分享上帝的不朽。亞里斯多德似乎並不相信個人的不朽，有如柏拉圖所教導的，或後來基督教所傳播的。他祇相信，祇要人是理性的，就分享了神性，這也就是不朽的。人可以自主地增加其本質中的神性，這樣做卽是他最高的品德，但如果他成功了，就不再是一個分隔的人。這或許不是亞氏議論的唯一可能解釋，但我認爲這是最自然的解釋。

第十節　亞里斯多德的倫理學

在亞里斯多德的遺著中，有三篇論說是討論倫理學的，但其中兩篇一般認爲是他門徒的著作。第三篇——「尼可瑪契學派的倫理學」大部份證明是出自亞氏本人的手筆，但即使這本書，也有一部份（第五、六、七各章），許多人相信是出自其門徒的著作。但我將擱置此一矛盾性的問題，假定本書爲完全出自亞氏手筆的著作。

亞氏對於倫理學的看法主要代表了當時受過教育通達世事者的一般意見。他們不像柏拉圖那樣充滿了神秘主義的宗教性；他們也不贊成「共和國」中所談有關財產與家庭的非正統的理論。這些人既不高於也不低於一般高尚的、行爲良好的公民的水準，在「倫理學」一書中將找到一連串有系統的原則，足以軌範他們的行爲。但那些要求超過此一範圍的將感到失望。這本書對有地位的中年人具吸引力，尤其從第十七世紀起，並且被他們用以壓制青年的熱情。但對於一個具有任何深邃感情的人，這一套倫理祇有令人生厭而已。

亞氏告訴我們，「善」即是快樂，也是靈魂的一種活動。亞氏說柏拉圖是對的，把靈魂分爲理性與非理性的兩部份。非理性部份又分爲生長的與食慾的，（前者見之於一切生物包括植物，後者見之於所有動物）。食慾的部份或許具有某種程度的理性，當所尋求的食物是理性所准許的時候。這是考量品德時不可缺少的因素，因爲在亞氏學說中，祇有理性是純思考的，沒有食慾的幫助，不會發展出任何實際的活動。

品德有兩種，理智的與道德的，正如靈魂有兩種一樣。理智的品德來自教導，道德的品德來自習慣。立法者的工作就是以造成好的習慣來培養好的公民。我們由實踐公正的行爲而成爲公正的，其他的品德也是一樣。亞氏認爲，我們被強迫養成好的習慣，有時會發現行善是一件樂事。這使我記起哈姆雷特對他母親說的話：

假如你沒有品德，就僞裝一下吧。
那個怪物，風俗，以全能吞吃掉
惡習的魔鬼，成爲安琪兒，雖然魔鬼仍然在內，
對於公正而善良的行爲，
他也會頒賜一襲僧衣或官服，
很合身地穿上。

現在讓我們來討論「中庸」的思想。每一種品德都是兩個極端的折衷，而極端卽是罪惡。這在考驗過各種品德之後已經得到證明。勇氣是懦怯與輕率的折衷；慷慨是浪費與吝嗇的折衷；適度自尊是虛榮與卑遜的折衷；敏捷的機智是諂笑與粗魯的折衷；謙和是羞怯與無恥的折衷。某些品德似乎不適合這種方法，例如眞實。亞氏說，自吹與虛僞的謙遜之間也有折衷，但這祇能適用於某一個人本身的眞實，我却看不出眞實有任何更廣的意義可以適用於這種方法。有一位市長採納了亞氏的學說，在任滿卸職時作演說，自稱他一直遵循偏見與公正之間的一條狹路辦事。和這個故事相比，以眞實爲折衷的看法就不算是很荒謬了。

亞氏在倫理問題上的意見永遠和當時的一般看法相符。某些方面却與我們現在的看法不同，主要

是由於當時的貴族制度。我們認爲至少在道德觀念上，人類應該一律平等，公正與平等有關。亞氏認爲公正並不涉及平等，而涉及正確的比例，祇能有時是平等的。

主人或父親的公正與一般公民不同，因子與奴是一項財產，對自己的財產不能有不公正的處置。但在奴隸方面，有一項細微的修正，問題在一個人是否可能成爲他奴隸的朋友：「主奴之間沒有什麼是相同的；奴隸是有生命的工具……以奴隸的地位而言，一個人不能做他的朋友，但以人的地位而言，又可以做他的朋友；因爲，這似乎是相當公平的，任何一人與任何其他人可以同在一項法律之下，或共簽一項契約；他既然是人，就可以同樣有友誼。」

父親可以不認其子，假如他行爲不端；但其子不能不認父親，因爲子虧欠父的是不可能補償的，特別是其身體的存在受之於父親。在不平等的關係中，這是正當的，因爲每一個人都應按其身價的比例被愛，位卑者之愛位高者應超過位高者之愛位卑者：妻子、兒女、臣屬之愛丈夫、父母與君主應超過後者之愛前者。在一美滿的婚姻中，「男人依其地位治家，祇管男人該管的事情，適合於女人的事情，還是讓妻子去管。」他不應該在她的領域中去統治，她更不應該管男人的事，當她是唯一繼承人時，這種事情偶而會發生的。

照亞氏所說，最好的個人和基督教的聖人大不相同。他應該有適當的自傲，不低估自己的身價。他應該鄙視應受鄙視的人。其對一個驕傲或慷慨（註一）的人的描敍是很有趣的，表現了異教與基督教倫理之間的區別，所以，尼采認爲基督教義是一種奴隸的道德。亞氏說：

「慷慨的人，最值得稱爲也必定是最好的。因爲，較好的人得到較好的評價，最好的人得到最好的評價。眞正慷慨的人必定是好人。每一種品德的偉大處似乎都是一個慷慨的人的特徵。臨難苟免、坐視不救、冤枉他人，這些事情是最不可能發生在慷慨者的身上的；他做這些不名譽的事情有什麼目的呢？他對誰做的事情不是很偉大的呢？……慷慨似乎是品德之冠，因爲它使其他的品德更偉大，而沒有其他的品德，它也不會被發現。因此，要做到眞正慷慨是很難的；沒有高尙與善良的品格是做不到的。慷慨的人所最關切的是榮譽與不榮譽。慷慨的人對好人所賜予的高尙榮譽，是會相當感到高興的；想到這是他自己努力的收穫，甚至自己的努力超過收穫；沒有任何榮譽可以相當於完美的品德的，但他無論如何還是接受了，因爲可以給他的不能再有過於此了。但榮譽如來自粗心大意的人，出以玩忽戲弄的態度，他是絕對要加以鄙視的，因爲這不值得他接受，對於誹謗他也不能接受，因爲在他的身上不可能是公正的。……由於榮譽之故，權力與財富都是需要的；卽使榮譽在他看來也是小事，認爲他人也必須這樣想。故慷慨的人被認爲是輕視一切的……慷慨的人不冒因玩忽而生的危險，但勇於面對重大的危險。當他在危險中時，不惜犧牲生命，認爲在某些環境下，生命是不值得保持的。他加惠他人，却恥於受惠。加惠是高等人的特徵，受惠是低等人的特徵。他如受惠，必加倍還報，使原來加惠的人在受到償還以外，還要虧欠他的。慷慨的人的特徵是不要求或很少要求任何東西，但却敏於助人，對居高位的人保持尊嚴，對中層的人保持謙遜；因爲，對前者「自高」是一件困難而被認爲是傲慢的事，對後者就不同了。對前者傲慢並不表示粗野，如對卑賤的人傲慢，其粗野就有如向弱者炫耀力量一樣……他必須敢於表示恨、表示愛，因爲掩飾感情等於是，重視他人的想法過於重視眞實，這是懦夫的行爲。他自由談論，因爲他是輕慢的，他有權說出眞象，除非在他向卑賤的人有諷喻的時候……他不崇拜什麼人，對於他，沒有什麼是偉大的……他不閒談是非；因爲他既不談自己，也不談別人，他保有美麗而不值錢的東西，而非有用而值錢的東西……慷慨的人適宜於緩步慢行，語音低沉而平穩……這就是慷慨的人；低於他的人是不合理的卑遜，想超越他是愛虛榮的。」

一個人想到愛虛榮是什麼，當必有所警惕。

不管如何考量一個慷慨的人，有一件事是很明白的，在一個社區裏，像這種人是不多的。我的意思並不祇是，在一般的意義上不會有很多具有品德的人，因爲敦品礪德是不容易辦到的；而且是，慷慨的人的品德一大半要靠特殊的社會地位。亞氏認爲倫理是政治的分支，在他讚美自傲之後，認爲君主制是政府的最佳形式，貴族政治次之，也就不足爲奇了。君主與貴族可能是「慷慨」的，但普通公民想高攀這種生活方式，就覺得可笑了。

這又引起一個問題，一半是倫理的，一半是政治的。假如一個社區，其基本憲法將最好的事物限定給少數人，而要求大多數人滿足於次等的事物，我們能夠認爲在道德上是正當的嗎？柏拉圖和亞里斯多德說是的，尼采贊成他們的看法。斯多噶派學者、基督徒、民主主義者說不是的。但他們表達反對的方式是大不相同的。斯多噶派學者與早期基督徒認爲品德是最好的，外在環境不能限制一個人有品德；因此不需要尋求一個公正的社會制度，因爲社會的公正祇對不重要的事情有影響。民主主義者與此相反，通常認爲至少在政治的關係方面，最重要的是權力與財產；因此，不能同意有一個在權力與財產方面不公平的社會。

斯多噶派學者與基督徒對於品德的看法和亞里斯多德的大不相同，因爲前者必定主張奴隸和主人同樣可以有品德。基督教的倫理反對自傲，亞氏却認此爲品德；基督教倫理讚美謙卑，亞氏却認此爲罪惡。理智的品德，柏拉圖與亞氏認爲是高於其他一切品德的，但在基督教倫理中必須完全被剔除，以便使貧賤的人能够和任何其他人一樣地有品德。教皇格利哥里一世（Gregory the Great）曾爲了一名神父教授文法而嚴加譴責。

照亞氏的看法，最高的品德是爲了少數人的，在邏輯上，倫理須服從政治。假如目的在建立一好的社會而非好的個人，則好的社會可能會有這種服從的關係。在一個交響樂團中，第一小提琴比木簫重要，雖然兩者對整體的優秀都是必要的。把每一個人都當作分隔的個體，給他最好的地位，照這樣的原則是不可能組成交響樂團的。同樣的情形適用於一個龐大的現代國家的政府，儘管它是民主的政府。現代的民主——不像古代的——對某些選擇的個人，總統與總理等等給予重大的權力，預期他們具有非普通公民所能具有的優點。當人民沒有想到宗教與政治的衝突時，他們似將主張，一個好的總統應比一個好的泥水匠受到更多的尊敬。在一民主社會中，所期望於一位總統者並不像亞氏所說的慷慨的人，但仍與一般公民有別，必須具有與他的地位有關的某些優點。這些特殊優點或許不認爲是「倫理的」，但這是由於我們用這個形容詞的意義，比亞氏所指的意義爲狹的緣故。

由於基督教的教條，道德與其他優點之間的區別比希臘時代更爲明顯。做一個大詩人、大作曲家、大畫家，要有某種優點，但不是道德上的優點。我們並不認爲他有這種才能就有更多的美德，更能進入天堂。道德的優點祇與意志支配的行爲有關，也就是，在「可能」的行爲目標中作正當的選擇。(註二)我不能因爲不去創作一部歌劇而受責備，因爲我不知道如何去做。正統的教義是，每當某項行爲有兩種做法時，良心會告訴我們何者爲正當何者爲罪惡。品德毋寧是免於作惡，而非積極地做任何事。沒有理由期望一個受教育的人必定在道德上超過未受教育的人，或聰明的人在道德上必定超過愚笨的人。由此看來，很多具有社會的重要性的優點必須摒除在倫理的領域之外。「不道德的」這個形容詞在現代的用法，遠較「令人生厭的」這個形容詞的意義要狹得多。低能是令人生厭的，但並非不道德的。

很多現代哲學家並不接受這種看法。他們認爲必須首先爲「善」下定義，然後再說我們應該如何去行「善」。此與亞氏的看法相似。亞氏認快樂卽是「善」。不錯，至高無上的快樂祇有哲學家才能享受，但對於亞氏而言，這和他的理論並不相反。

倫理學可能分爲兩類，視其以品德爲目標或手段而區別。以整體而論，亞氏的看法爲品德是達到一種目標的手段，這目標卽是快樂。「目標是我們所希望達到的；手段是我們深思而後所選擇的，與手段有關的行爲必須依照選擇與志願。是則，品德的實行是與手段有關的。」但品德另有一項意義，就是說品德是包括在行爲的目標之內的：「人類的善是靈魂按照完美生活的品德所作的活動。」我想他的意思是：理智的品德是目標，實用的品德祇是手段。基督教的倫理學家主張，雖然有品德的行爲的後果通常是好的，但不如有品德的行爲本身好，這是以行爲本身而非行爲的效果來評價的。另一方面，以快樂爲「善」的人認爲品德祇是手段。其他關於「善」的定義，除作爲品德的定義之外，將得到同樣的後果，卽品德爲行「善」的手段，而非實現其本身的手段。在這個問題上，亞氏已經說過，雖非完全却是大體上同意，倫理學的第一件工作就是爲「善」下定義，可以將這一品德的界說定爲：一種傾向於產生「善」的行爲。

倫理與政治的關係引起另一重要的倫理上的問題。假定正當行爲以「善」爲目標是爲了整個社會的「善」，或者最後是爲了全人類的善，那麼，這些爲許多個人所共享的行爲就是社會的「善」，主要是屬於全體，而非部份嗎？我們可以用人體來作比喩。快樂大體與身體不同的部份有關，但我們認爲屬於一個人的整體；我們可以享受到香味，但我們知道單靠鼻子不能有此享受。有人相信在一個組織嚴密的社會裏，同樣地，優點屬於全體而非部份。形而上的學者，像黑格爾，會相信不管「善」的品質是什麼，都是對宇宙全體的一種貢獻，但他們大概又會說，將「善」貢獻於國家比貢獻於個人較少錯誤。在邏輯上，這個看法可以作以下的解釋。我們所能貢獻於一個國家的，有各種事物不能貢獻於個別的組成份子——那就是人口稠密、擴張、權力等等。我們在倫理方面的考慮卽屬於這一類，它們祇能通過移轉的手續屬於個人。某人可以屬於一人口稠密的國家，或好的國家，但這些形而上學者說，這個人最好的貢獻是生育衆多的子女。德國哲學家多作此主張，亞氏並不如此，也許在他對「公正」的觀念裏，可以找到某種程度的類似點。

亞氏倫理學的相當大的一部份在討論友誼，包括一切親密的關係。他說，祇有在好人之間，才能有完全的友誼，和許多人都有友誼是不可能的，一個人不應與比他自己地位高的人爲友，除非他也有更高的品德，值得別人對他表示尊敬。在不平等的關係中，例如夫與妻、父與子，較高者應接受更多的愛。與上帝爲友是不可能的，因爲祂不可能愛我們。亞氏討論到一個人能否做他自己的朋友，結論是祇有好人才可能與己爲友；惡人常常是怨恨自己的。好人必須以高貴的品德愛自己。在不幸時，朋友是一種安慰，但不應爲求取同情而使朋友不快樂，像女人或有女人氣的男人所做的那樣。不僅在不幸時需要朋友，幸福的人也需要朋友分享他的幸福。他說：「沒有人願意在必須寂寞獨處的條件下去擁有世界，因爲人是政治動物，人的本性是與他人共同生活。」他所說的一切關於友誼的話都是合理的，但沒有一個字是超越常識之上的。

亞氏在討論到快樂時，又再度表現了他的合理化，而柏拉圖是以苦行主義的觀點來看快樂的。快樂，照亞氏用這個字的意義，是與幸福有區別的，雖然沒有快樂就沒有幸福。他說，對快樂有三種看法：㈠那永遠是不好的；㈡某些快樂是好的，但大部份是壞的；㈢快樂是好的，但不是最好的。他否定了第一種看法，理由是，痛苦一定是壞的，故快樂一定是好的。他很公平地說，假定一個人受拷打時能够感覺快樂是無意義的：某種程度的外在舒適對於快樂是必要的。他又說明他的看法，一切快樂是屬於肉體的；一切東西都有或多或少的神性，因此，也能够獲得更高級的快樂。好人除非在不幸時都是快樂的，上帝永遠享受一種單純的快樂。

在倫理學一書的較後部份，又再度討論到快樂，與上述的意見並不完全一致。在此處的論點是，有壞的快樂，但並非好人的快樂；這或許是不同種類的快樂；快樂的好壞和行爲的好壞有連帶關係。有比快樂更有價值的事，一個人假如一生都祇有兒童的智力，卽使這是快樂的，也不會感到滿足。每一種動物都有其專有的快樂，而人類的專有快樂是和理性有關連的。

這引導出這本書裏唯一不僅是常識的思想。他說，幸福存在於有品德的行爲，完全的幸福存在於最好的行爲，那就是沉思。沉思勝於戰爭、政治、或其他任何實際的事業，因爲沉思要有閒暇，而閒暇是幸福所不可缺少的。實用的品德祇能帶來次級的幸福；至高無上的幸福是理性的鍛鍊，因爲理性比任何其他事物更屬於人的特徵。人不可能完全沉思，但當沉思時，卽共享神性的生活。他說：「上帝的行爲，在幸福上超越一切的，必須是沉思的。」在所有人類中，哲學家在行爲上最接近上帝，所以是最快樂的，也是最好的：

「他鍛鍊理性、培養理性，是心靈的最佳狀態，也最親近諸神。假如神對人間事有任何關切，像大家所想的那樣，則合理的推斷應該是，諸神應該樂於看到最好的也最親近他們的本質(卽是理性)，對愛好理性也最尊敬理性的人給予獎賞，因爲他所關切的事是神所珍視的，他的行爲正當而高貴。所有的這些貢獻顯然大部份要歸功於哲學家。因此，他是諸神最親愛的人，也可以假定爲最幸福的人；哲學家比其他任何人更幸福。」

這一段事實上是「倫理學」的結論，其後的幾段卽轉到政治方面去了。

現在讓我們來決定，倫理學的優點與缺點爲何。與希臘哲學家所研究的其他課題不同，在確實的發現上，倫理學沒有獲得任何肯定的進步；在倫理學中，沒有任何內容被認爲有科學意義的。因爲沒有理由說，一篇古代有關倫理的論說在任何方面會有遜於現代的論說。當亞氏談到天文學時，我們可以確定說他是錯的；但當他談到倫理時，在同樣的意義上，我們既不能說他錯也不能說他對。大體說來，我們可以用有關倫理的三個問題質諸亞氏或其他任何一位哲學家：㈠其內部是否調和一致？㈡是否與作者其他方面的看法調和一致？㈢是否對與我們自己的道德上的感情有連帶關係的倫理問題，提出答案。假如第一及第二問題的答覆是否定的，被問的哲學家必定犯了理智上的某些錯誤。但假如對第三個問題的答覆是否定的，我們却無權說他是錯誤的，祇有權說我們不喜歡他。

讓我們對「尼可瑪契的倫理學」中所發表的理論，依序就以上三個問題加以考驗。

㈠以整體而言，這本書除一些不重要的方面以外，是自我調和的。「善」是幸福，幸福包含在結果良好的行爲中，這些學說講得很精闢。每一種品德都是兩個極端的折衷，此一學說雖經精妙地解說，但其成功性較次，因爲這個方法不適用於理智的沉思，他告訴我們沉思是一切行爲中最好的。但可以說中庸思想祇可以適用於實用的品德，而非理性的品德。或許，從另一點說，立法者的立場也是模稜兩可的。他想使兒童與青年養成好的行爲習慣，最後，引導他們發現品德中的快樂，自然行善而無需法律的強制。顯然立法者也可能使青年獲得壞的習慣；假如想避免這一點，他必須具有柏拉圖所說的監護人的一切智慧：假如不能避免，有品德的生活是快樂的這一說法就不能成立。但是，這一問題或許屬於政治的成份多於倫理的成份。

㈡亞氏的倫理學在一切方面都是和他的形而上學相互調和的。他的形而上學的理論實際上本身是一種倫理的樂觀主義的表現。他相信「終結造因」的科學的重要性，這也表示他相信目的支配宇宙中發展的方向。他認爲變化主要是組織或「形式」的增加的體現，基本上，有品德的行爲就是那些贊助這種趨勢的行爲。不錯，許多實用的品德不單獨是哲學的，祇不過是研究人間事務的結果；但這一部份的理論，雖然可能獨立於他的形而上學之外，却並不是相互矛盾的。

㈢當我們把亞氏在倫理學上的趣好和我們自己的作一比較，首先就會發現（已經說到過的）他接受不平等，這是現代人所厭惡的。他不僅不反對奴隸，或丈夫父親凌駕妻子兒女的優越性，而且堅信最好的東西主要祇是爲了極少數的人——自傲的人與哲學家。推論似乎是，大多數的人主要祇是產生少數統治者與聖人的工具。康德主張每一個人有他自己的目標，這也許可認爲是基督教義所首先啓導的看法的一種表現。但是，康德的觀點有其邏輯上的困難，因爲沒有說出當兩個人的利益衝突時如何加以裁決的方法。假如每個人都自有其目標，我們如何去找到一項原則來決定誰應該讓路呢？這樣的原則必須顧到社會而非個人。以這個字的最廣的意義而言，我們要有「公正」的原則。邊沁（Jeremy Bentham）與功利主義者把「公正」解釋爲「平等」：當兩人的利益衝突時，對的一方屬於產生最大幸福的人，不管這種幸福是由兩人中的那一人享受，或如何由兩人分享。假如好人比壞人得到的更多，這是因爲，從長期的觀點看，由獎善罰惡之故，一般的幸福增加了，而不是因爲有一基本的倫理思想，好人理應比壞人得到的更多。根據這種看法，「公正」包含其所牽涉的幸福的程度，既不贊助也不反對某一個人或某一階級。希臘哲學家，包括柏拉圖與亞氏在內，對「公正」另有其觀點，而且一直到現在仍然流行。他們認爲——最初是出於宗教上的理由——每一件東西或每一個人皆有其適當的領域，超過這個領域，就是不公正。某些人，由於其地位與才能，擁有比別人更廣的領域，假如他們享受更大的幸福，並沒有什麼不公正。亞氏接受了這種觀點，但它的來源是原始宗教，這在最早期哲學家的思想中有顯著的證明，在亞氏的著作中，已經不再是很明顯的了。

在亞氏思想中，幾乎完全沒有可稱爲仁愛或慈善的觀念。人類的痛苦，爲他所熟知的，並沒有使他感動；他在理智上相信這些痛苦是有害的，但沒有證據表示這使他不快樂，除非不幸的人恰巧是他的朋友。

更普遍的，他的倫理學中缺乏熱情，與他的前輩哲學有所不同。亞氏對於人間事務的推想，有不適當的沾沾自滿之處；一切使人互相感到一種溫情的事情，似乎都被他忘記了。他卽使對友誼也是不加重視的。他似乎沒有任何使他難於保持神智清明的經驗；道德生活中的更深邃的方面顯然他是不知道的。可以說，他把全部與宗教有關的人類經驗的領域，都置之不問。他所說的對感情冷漠而生活舒適的人是有用的；但他沒有提到那是被神或魔鬼所佔有的人，或那些因環境的不幸而陷入絕望的人。由於以上原因，儘管他的倫理學是著名的，我的評價是，它缺乏實質上的重要性。

（註一）希臘語「偉大靈魂的」，在字義上通常譯爲「慷慨」，但牛津譯本則譯爲「自傲」。照現在的用法，兩個字都不能完全表現亞氏的意義，但我寧取「慷慨」，以此代替自牛津譯本引述的「自傲」一辭。

（註二）亞氏確實也說過這樣的話，但照他的意思，其後果沒有像基督教義所說的那樣深遠。

第十一節　亞里斯多德的政治學

亞氏的政治學既有趣而又重要——其有趣在於表現了當時希臘受過教育者的一般偏見，其重要在於其爲許多政治原則的來源，影響直至中世紀的結束。我不認爲對今天的政治家還有多少實用的價值，但它有許多內容反映了當時希臘世界不同部份之間的衝突。它對非希臘世界的政府統治方法知道得很少。其中確實提到埃及、巴比倫、波斯、與迦太基，但除迦太基外，所述皆嫌草率。沒有提到亞歷山大，甚至對他加之於世界的翻天覆地的改變，也好像一無所知。全部討論祇限於城邦，也沒有預見城邦制行將廢棄。希臘由於其分成若干獨立的城邦，成爲政治的實驗所；但從亞氏的時代到中世紀意大利諸城市的興起爲止，沒有一處是眞正切合於這類實驗的。在許多方面，亞氏感到興趣的經驗，反而切合較現代的世界，過於他寫成此書後一千五百年內的任何地區。

其中有若干附註，我們在開始討論他的政治理論之前不妨加以引述。他告訴我們尤里披蒂斯在馬其頓國王阿契勞斯的宮廷中供職時，被一狄堪尼朱斯人辱駡他口吐臭氣，國王爲使他消怒，讓他去鞭打那個辱駡他的人，他就照辦了。等了許多年之後，那個狄堪尼朱斯人參加了一次成功的政變，殺死了國王，但此時尤里披蒂斯已經去世了。亞氏告訴我們，受孕應在冬日，當風從北方來的時候；他又告訴我們必須留意避免綺語，因爲「可羞的言詞引發可羞的行爲。」除在寺廟中外，猥褻應永遠禁絕；法律甚至允許在寺廟中說淫詞穢語。不應在年齡太小時結婚，因爲這樣做將多生女嬰，且體質荏弱，妻子易涉淫邪，丈夫的發育受妨礙。婚姻的適當年齡，男子爲二十七，女子爲十八。

我們知道泰利斯，因貧窮而受辱，以分期付款方式囤積所有的橄欖壓榨器，然後得以壟斷其售價。他這樣做是要表示哲學家也能賺錢，假如他們依舊貧窮，是因爲他所考量的有比財富更重要的事情。以上這些都是題外的話，現在我們應該回到本題，來討論一些更嚴肅的事情了。

這本書一開始就指出國家的重要；這是最高級的社會，而目標在達到至高無上的「善」。以時間的順序而言，首先是家庭；這是建立在兩種基本的關係上的，夫婦與主奴，兩者也都是自然形成的。若干家合而爲村，若干村合而爲國——假如它大到足够自給自足。國家的組成雖然在時間上後於家庭，但在本性上却較家庭甚至個人爲優先；因爲「每一種東西在充分發展後，我們稱之爲本性」，人的社會充分發展後即成爲國家，而整體是比部份爲優先的。此處所涉及的是「有機體」的觀念：亞氏告訴我們，一隻手當整個軀體被毀時，即不再成爲一隻手。這表示，一隻手應由其目標來支配——目標在掌握——祇有連結在一個有生命的軀體上時，才能實現其目標。準此，個人也不能實現其目標，除非他是國家的一部份。亞氏說，創建國家者是最偉大的造福者；因爲如果沒有法律，人是動物之中最壞的，而法律的存在要靠國家。國家不僅是一個爲了便利交易及防制犯罪而存在的社會，他說：「

國家的目標在好的生活……國家是家庭與村莊的聯合，過着一種完整的自給自足的生活，我們所指是幸福而光榮的生活。」「一個政治社會的存在是爲了高貴的行爲，不僅是爲了合羣而居。」

國家由戶而組成，每一戶代表一個家庭，因此，討論政治應從家庭開始。這項討論的大部份將涉及奴隸，因爲在古代，奴隸被認爲是家庭的一部份。他說，奴隸制度是有利的、正當的，但奴隸應「自然地」較主人爲卑賤。有些人生來爲奴隸，其餘的因法律規定而爲奴隸。一個人生下來就不屬於自己而屬於另一人卽是自然的奴隸。奴隸不能爲希臘人，而是較少生氣的劣等種族。馴良的動物爲人所畜時，活得很好，生來卑賤的人在被主人統治時也是如此。也許可以問，自戰俘中獲得奴隸的這種習慣是否公正；爲戰爭帶來勝利的力量似乎表示有較高的品德，但並不永遠是如此。但是，當討伐那些天意認爲應該被統治而又不服從的人時，戰爭是公正的，在這種情形下，擄戰俘爲奴隸也是正當的。這似乎又足够表示，任何存在過的征服者都是正當的；因爲沒有一個國家會承認它天生是應該被統治的，而決定什麼是天意的唯一證據來自戰爭的結果。因此，在每一次戰爭中，勝利者總是對的，失敗者總是錯的。這是非常圓滿的判決！

其次討論到貿易，這對學術上的曲解具有深刻的影響。他說，一物有兩用，一爲正當，一爲不正當；以鞋爲例，可以穿，這是正當的用途，可以用於交易，這是不正當的用途。因此，鞋匠爲生活而必須賣鞋，卽降低了身份。亞氏告訴我們，零售不是致富的自然方法，自然方法是房地產的有效經營。經營房地產所得的財富是有限度的，經商所得的財富是無限度的。貿易必須用「錢」，但財富並不指擁有錢幣。由貿易致富應該受到敵視，因爲這是不自然的。他說：「有最堅強的理由加以痛恨的是高利貸，這是以錢本身而獲利，而非由於錢所購買的目的物。錢是用於交易的，不應由生利而增加……在所有致富的方法中，這是最不自然的。」

此種議論從何而來，可以一讀陶尼（Tawney）的「宗教與資本主義的興起」一書，雖然陶尼的個人歷史是可靠的，但他偏袒所謂「先期的資本主義」。

「高利貸」意指所有借出去的錢都要利息，並不僅指像現在這樣以過高的利率貸款。從希臘時代一直到現在，人類——或至少在經濟發達的社會——可分爲兩類，債務人與債權人；債務人不贊成付利息，債權人贊成付利息。大部份的時間，地主是債務人，從事商業者是債權人。哲學家的看法（極少例外）是和他們那個階級的財務上的利益相一致的。希臘哲學家屬於或受雇於地主階級；因此，他們不贊成付利息。中世紀的哲學家是教士，教會的主要財產是土地，因此，他們認爲沒有理由修改亞氏的意見。他們之反對高利貸又因反猶太主義而加強，由於大部份的流動資本是來自猶太人的。教士與貴族之間常有爭執，有時甚爲激烈，但他們可能聯合起來反對猶太人，因爲大部份的流動資本是猶太人的，猶太人乘他們收成不好的時候給予貸款，而自覺應該因節儉而有餘款貸人而獲得某種獎勵。

宗教革命後，情形改變了，大部份最熱心的新教徒是商人，對他們貸款取利是當然的事。結果最初是喀爾文（John Calvin, 1509–1564，法國宗教改革家）繼之其他新教的牧師應允付利息。最後天主教也被迫照辦，因爲舊的禁律已不適合現代的世界。這時哲學家的收入來自大學的投資，也贊成付利息，因爲他們不再是教士，和土地所有權沒有關係了。在每一階段，都有許多理論，支持這種便利於經濟運行的意見。

亞氏以各種理由批評柏拉圖的理想國。第一個非常有趣的理由是，國家過分統一，會使它變成單一的個體。第二個理由是反對消滅家庭的建議，這是每一個讀者自然會想到的。柏拉圖認爲，祇有稱所有某些年齡的人爲「子」，才能確立「子」的意義，一個人才能對整個這一羣產生普通人對眞正的「子」所有的感情，而與「父」的頭銜發生關連。亞氏的意見與此相反，他說最多的人所共有的受到的關切也最少，假如「子」爲許多「父」所共有，結果必被共同漠視；寧可做一個實際上的表弟，也不要做柏拉圖所指的兒子；柏拉圖的計劃使父子之親淡如清水。然後，還有一個奇怪的論點，他說，不犯私通是一種美德，所以如果建立一個社會制度消除這種美德及與此有關的罪惡是很可惜的。他問道，假如婦人是共有的，那麼誰還會去管理家務呢？我有一次寫了一篇論文，題爲「建築與社會制度」，提到所有提倡共產主義與消滅家庭的人都會主張建立容納大量人口的房舍，有共同的廚房、餐廳、與托兒所。要實現柏拉圖的計劃，這是必要的，但這顯然並不比柏拉圖建議的其他計劃更難於實現。

柏拉圖的共產主義使亞氏苦惱。他說，這將引起大家對懶人的憤怒，以及同住者之間的普遍爭吵。最好還是每人祇管自己的事。財產應爲私有，但人民應教以仁愛，使一般人皆能實踐。仁愛與慷慨是美德，無私產就沒有這種美德。最後亞氏告訴我們，假如柏拉圖的計劃是對的，應該早就有人想到了。我不贊成柏拉圖，但假如有任何東西可以使我贊成他，那就是亞氏反對他的論點。

我們知道有關奴隸的問題，亞氏不相信平等的觀念。但，就算奴隸與婦人的屈服是當然的，是否一切公民都在政治上平等，仍是一個問題。他說，有些人以一切革命都要改變財產的法規爲理由，認爲平等是應該的。他反駁此一論點，認爲最大的罪惡是由於過剩而非貧乏；沒有人因爲要避免挨凍而成爲一個暴君。

當一個政府的目標在謀取整個社會的利益，就是一個好政府，祇關切本身的利益，就是壞政府。好政府中有三類：君主制、貴族制、憲政制（或政團制）；壞政府中也有三類：獨裁政治、寡頭政治、民主政治。此外，還有許多混合的中間的形式。我們可以留意觀察到，好與壞的政府決定於握有權力者的道德水準，而非決定於組織的形式。但，這祇有部份是對的。貴族政治是由有品德的人統治，寡頭政治是由富人統治，而亞氏並不認爲品德與財富有密切的關連。根據中庸思想，他相信節制的能力是最接近美德的，他說：「人類不以身外的財貨而獲得或保持美德，但以美德與幸福而獲得身外的財貨；是否包含快樂或美德（或兩者皆有），常常可以在那些心靈與氣質具有最高涵養的人身上找到，而不是那些多積財貨至無用的程度却缺乏更高品質的人。」因此，最好的人（貴族）和最富的人（寡頭政治）的統治就有了區別，最好的人似乎祇保有適度的財產。民主與「政團制」，除政府有道德標準上的不同之外，也有本質上的區別，因爲亞氏所稱的「政團制」仍保留若干寡頭政治的成份。但在君主制與獨裁制之間，就祇有道德上的區別了。

他在區分寡頭政治與民主政治時，特別強調統治階層的經濟情況：實行寡頭政治時，富人統治而不計窮人的疾苦，實行民主政治時，窮人統治而漠視富人的利益。

君主制勝於貴族制，貴族制勝於「政團制」。但最好的政制腐化後卽變成最壞的，因此獨裁政治遜於寡頭政治，寡頭政治遜於民主政治。在此，亞氏爲民主政治作了有力的辯護；大多數實際當政的政府是壞的，因此，在實際當政的政府中，民主政府似乎是最好的。

希臘人對民主的觀念在許多方面比我們「極端」，亞氏說推舉行政長是寡頭政治，由全民來選任才是民主。在極端的民主政治中，公民大會的權力超越法律，可獨立裁決每一個問題。雅典的法庭是全民所選擇的一大羣公民所組成的，不需要任何法律學家的協助；他們勢必爲原被告的口才或黨派的熱情所左右。如民主政治受批評，必須瞭解其癥結卽在於此。

亞氏曾以很長的篇幅討論革命的原因。希臘常發生革命，就像現在的拉丁美洲一樣，故亞氏受很多這類經驗的影響。亞氏說，革命主要的原因在寡頭政客與民主份子的衝突。民主政治的起源在於相信人類在獲取自由方面平等亦應在一切其他方面平等；寡頭政治相信僅在某些方面優於他人者可以作過多的需求。兩者都各有其道理，但兩者都不是最好的。「因此，兩方面，不管其在政府中的權力分配如何，由於原有的觀念不同，就激發了革命。」民主政府較少被革命推翻的可能，因爲寡頭政治常發生內訌。寡頭政客似乎多爲精力飽滿的人。亞氏告訴我們，在某些城邦，他們在就職宣誓中說：「我要成爲人民的敵人，盡我所能，設法傷害他們。」現在，反動份子不會像這樣坦誠了。

防止革命的三種手段是：教育中滲入政府的宣傳，尊重法律——卽使對很小的事情，在執法與施政時做到公正，也就是「照比例分配的平等，每個人各享其應得的一份。」亞氏似從未認識「照比例分配的平等」的困難。假如這眞是公正的，則比例必須指品德高下的比例。品德是難以衡量的，因此成爲黨派間的爭議。在政治實務中，品德傾向於以收入來衡量；亞氏爲貴族政治與寡頭政治試作區別，祇有在世襲的貴族制確立的地方才有可能。卽使如此，但如有一富足階級是非貴族的，卽由於恐懼他們革命而必須讓他們擁有政治權力。世襲的貴族不能長久保有政權，除非土地幾乎是財富的唯一來源。就長期觀點而言，一切社會的不平等都是由於收入的不平等。民主政治的部份論點是：「比例的公正」的嘗試絕非以平均財富爲基礎。爲寡頭政治辯護的人聲稱：收入與品德成正比；大衞王說他從未見過一個正直的人向人乞討麵包，亞氏認爲好人的收入適得其中，不多也不少。但這些看法是荒謬的。每一種「公正」除絕對的平等外，事實上，所鼓勵的都是品德以外的某些品質，因此是必須加以譴責的。

有一節討論專制是很有趣的。一個獨裁者需要財富，但一個帝王則需要榮譽。獨裁者以傭兵爲護衞，帝王在公民中選擇護衞。大多數獨裁者是煽動家，由承諾保護人民反抗著名人物而獲得權力。亞氏以諷刺的馬其維利式的語調解釋一個獨裁者應如何保持其權力。他必須防制任何特殊有功者的興起，如有必要則將他處死或暗殺。他必須禁止集宴、俱樂部及任何可能產生敵意的教育。不許有文學的集會與討論。不許人民互相熟稔，強迫他們在大門外與公衆來往。他必須雇用間諜，像美國席拉克尤斯市(Syracuse)有人雇用女偵探一樣。他必須挑撥他的人民互鬭，而使他們淪為赤貧。他必須使他們困於繁重的工作，像埃及的帝王建造金字塔一樣。他應該將權力給予婦人與奴隸，讓他們作他的耳目。他應該發動戰爭，使他的人民有事情可做而永遠需要一個領袖。

使人感到可悲的是：這一段是全書中最適合於今日情況的一部份。亞氏作結論說，獨裁者的邪惡是無以復加的。但是，保持獨裁還另有一種方法，即是「節制」與形式上的宗教。究竟那一種方法更有效，則無法作確定的證明。

其中有一大段在證明征服外國不是國家的目標，祇表示有很多人採帝國主義的觀點而已。但有一例外：征服「天生的奴隸」是正當的。亞氏贊成對野蠻人作戰，但不贊成對希臘人作戰，因為希臘人之中沒有「天生的奴隸」。以通常的情形而言，戰爭祇是手段，不是目標；一個處於隔離地位的城市，不可能被征服，這是幸運的；處於隔離狀態的國家不應該是懈怠的。雖然外來的征服不可能，但上帝與宇宙仍是活躍的。一個國家所追求的幸福不應來自戰爭（雖然有時戰爭是必要的手段），而應來自和平的活動。

這又引起一個問題，一個國家應有多大？亞氏告訴我們，大城市永遠無法妥善治理，因為龐大的人口不能整然有序。一個國家應大到足够自給自足，但不能過大，以至不能組成立憲的政府；應該小到使公民熟稔彼此的性格，否則選舉與訴訟不能有正確的判斷。領土應狹小到足以在坡頂上一覽無餘。亞氏告訴我們，一面應自給自足，一面應有進出口貿易，這似乎是相互矛盾的。

爲謀生而工作的人不應獲得公民權。「公民不得以工商業爲生，因爲這種生活不高貴而有害於品德。」公民應不事稼穡，因爲他們需要閒暇。公民應擁有財產，而農夫則爲來自其他種族的奴隸。北方民族具活力，南方民族富智慧，故奴隸應來自南方，因爲倘奴隸具活力，將造成許多不便。祇有希臘人既具活力又富智慧；內部管理較蠻族爲佳，如能團結一致，可以統治世界。或許有人預期這一點會提到亞歷山大，但結果並未提到。

至於國家的大小，亞氏所犯的錯誤與現代自由份子的錯誤相同，祇是程度有別而已。一個國家必須在戰時有能力防衛自己，假如想保存任何自由的文化，則應在不十分艱苦的情形下防衛自己。一個國家需要多大，當視其戰爭的技術與工業爲定。在亞氏之時，城邦制已經過於陳舊，因其不足以抗拒馬其頓。在我們這個時代，整個希臘包括馬其頓在內，以抵抗侵略的需要而言，也已經是陳舊過時，這一點在最近已得到了證明。（本書作於一九四一年，正當希特勒席捲希臘之後——譯者註）。主張希臘或其他任何小國的完全獨立，其徒勞無益等於主張一個城市的完全獨立，其領土可以在高坡上盡收眼底一樣。除非一個國家或聯盟強大到足够以本身的力量逐退一切外來征服的嘗試，即無眞正的獨立可言。任何比美英兩國聯合起來爲小的國家都不能滿足這個要求；甚至這樣的領域都嫌太小了。

以我們所見到的而言，這本書似未完成，結尾是討論教育。當然，教育祇是爲將來成爲公民的兒童而辦理的；奴隸可教以有用的技術，如烹飪之類，但這不算是教育。公民應依其所屬的政府型態而塑造，故寡頭政治與民主政治下的公民所受的教育應有不同。在討論中，亞氏却主張一切公民應分享權力。兒童應學習有用的知識，但不應學習低俗的事情，例如不應教以任何可能使身體損傷的競技或使他們能够賺錢的方法。他們必須以溫和的方式練習運動項目，但不需要達到職業性的水準；因參加奧林匹克運動而受訓的男童，健康反而受損，事實證明凡是在童年獲勝的人很少在成年後獲勝。兒童應學習繪畫，以便能够欣賞人體美；他們必須被教以這種繪畫與雕刻是表現道德觀念的。他們可以學習歌唱與演奏樂器，但以能用批判的態度欣賞音樂爲限，不必成爲嫻熟的演奏人；因爲公民除非在酒醉時，不會奏樂器或唱歌。他們當然要學習讀寫，儘管讀寫並無多大用處。但教育的目標在「品德」，而不在實用。亞氏所指「品德」的意義已在「倫理學」一書中告訴我們，本書中一再提到「品德」一詞。

亞氏在「政治學」中的基本假定和現代的著作家大不相同。在他看來，國家的目標在產生文明的紳士——兼具貴族的智力與對學習及藝術的愛好。這種混合，以其最高的完成，存在於貝雷克利斯時代的雅典，不能見之於一般的人民，祇能見之於富有階層。這個階層在貝雷克利斯統治的後期崩解了。此時，一般沒有文明的人轉而攻擊貝雷克利斯的朋友，那些被迫保衛富人權益的人。一般人所用的手段是叛國、暗殺、不合法的暴政、以及其他不文明的方法。蘇格拉底死後，雅典民主的偏見隨之消逝，雅典仍爲文化中心，但政治中心則爲其他地方所代替。一直到古代的後期，權力與文化總是分開的。權力握於粗魯的軍人手中，文化則屬於無權力的希臘人，常常是希臘的奴隸。這在羅馬的全盛時期，祇有部份是對的，但在奧雷利厄斯王（Marcus Aurelius 紀元後 121–180，在位期爲 161–180，同時亦爲斯多噶派之哲學家——譯者註）之後及西塞羅（Marcus Tullius Cicero, 106-43 B.C.，羅馬政治家及作家——譯者註）之前，這種情形特別顯著。自從蠻族入侵後，「紳士」是北方的蠻族，文明人是機敏的南方教士，這種情形或多或少地繼續存在，一直到文藝復興教外俗人獲得文化的薰陶爲止。從文藝復興以後，古希臘的由文明紳士組成政府的觀念逐漸佔優勢，到十八世紀，盛極一時。

各種力量使這種情形爲之終止。首先是在法國大革命及此後的時代中所體現的民主。文明的紳士在貝雷克利斯之後，必須爲保衞自己的權益與平民對抗，在此一過程中，變得既非紳士也沒有文明。第二個原因是工業文明的興起，科學技術與傳統文化迥然有異。第三個原因是教育普遍，它帶來讀寫的能力，但並不帶來文化，却使新型的煽動家便於實行新的宣傳方法，像我們在獨裁政治中所看到的一樣。

無論是好是壞，文明紳士的時代總是過去了。

第十二節　亞里斯多德的邏輯學

亞里斯多德在各門學科中都有重大影響，但影響最大的還是邏輯學。在古代的後期，當柏拉圖仍居形而上學的最高地位時，亞氏在邏輯學上的權威已被承認，而且一直在整個中世紀中保持其地位。到紀元後十三世紀時，基督教的哲學家才給予他在形而上學的最高地位，此一地位在文藝復興後已失去大半，惟在邏輯學的至高無上的權威則保持未變。即使在今天，所有天主教的哲學教授以及其他許多人仍舊固執地否定現代邏輯的發現，並以奇異的狂熱堅持一項像埃及的天文學一樣陳舊的體系。這使人對亞氏的歷史價值作公正評斷發生困難。他對於現代的影響不利於清晰的思考，使人不復記憶，他比起他的前輩（包括柏拉圖）有了多麼重大的進步，或者他的邏輯學如繼續進步，而不是寂然靜止（事實上是如此），繼之兩千年的停滯不前，他的成就又如何值得崇拜。談到亞氏的前輩，我想不需要提醒讀者，他們的理論不是直接由言詞傳述下來的；因此，儘可讚美他們的才能而不需要一定贊同他們的全部學說。亞氏的學說與此相反，特別在邏輯學上，仍然是聚訟紛紜之地，不能用純歷史的觀點加以評斷。

亞氏在邏輯學中最重要的一點是他的三段論法。其中包含三個部份：大前提、小前提與結論。三段論法有很多種，每一種皆各有其「繁瑣學派」給予的名稱。最熟悉的一種稱爲「芭巴拉」Barbara：

凡是人必死（大前提）。

蘇格拉底是一個人（小前提）。

因此：蘇格拉底必死（結論）。

或者：凡是人必死。

所有希臘人都是人。

因此：所有希臘人必死。

（亞氏沒有把這兩種形式加以區別，這是錯誤，在以後的討論中可以看出。）

其他的形式還有：凡魚皆無理性，一切鯊魚都是魚，故鯊魚無理性。（此稱爲「席拉倫特」Celarent）。

凡人皆有理性，某些動物是人，故某些動物有理性。（此稱爲「達蕊」Darii）。

希臘人都不是黑的，有些人是希臘人，故有些人不是黑的。（此稱爲「弗雷奧」Ferio）。

以上這四種形成「第一類比喻」；亞氏又加上第二類及第三類；後來的邏輯學教授再加上第四類。以後加上的三類可以用各種方法歸併入第一類。

從單一的前提可以作幾種推論。從「某些人必死」中，我們可以推論：「某些必死之物是人。」照亞氏的說法，也可以推論：「凡是人必死。」從「凡是神必不死」中，我們可以推論：「凡必死者都不是神」，但從「某些人不是希臘人」中，不能推論說「某些希臘人不是人。」

除以上的推論外，亞氏及其信徒還認爲所有推理性的論斷，加以精確的說明時，都是三段論法。如能宣佈所有正確的三段論法及任何以三段論法間接表達的論點，就有可能避免一切謬見。

此一體系是形式邏輯的起源，因此，它重要而值得尊敬。但如考量到形式邏輯的終結而非起源，則將引起以下三種批評：

㈠在其體系本身內，具有形式上的缺點；

㈡與推理論斷的其他形式比較，過分高估三段論法；

㈢作爲一種論斷的方式，過分高估推理的地位。

對每一種都需要略加說明。

㈠形式上的缺點：讓我們從兩項聲明談起，「蘇格拉底是一個人」與「所有希臘人都是人」。這兩者之間，應作明確的區分，但亞氏的邏輯學中沒有這樣做。「所有希臘人都是人」這句話一般解釋為表示世上一定有希臘人，否則，某些亞氏的三段論法就是不正確的。例如：

「所有希臘人都是人，所有希臘人都是白人，故某些人是白人。」這必須世上有希臘人，否則就不正確。假如我這樣說：

「所有金山都是山，所有金山都是金的，故某些山是金的」，雖然大前提在某種意義上是對的，但我的結論可能是虛僞的。假如我們要說得明白，必須把「所有希臘人都是人」這句話分成兩段，一段是「世上有希臘人」，另一段是「如有任何東西是一個『希臘的』，那就是一個人。」後一段是純粹假設性的，並不肯定表示世上有希臘人。

因此，「所有希臘人都是人」在形式上遠較「蘇格拉底是一個人」為複雜。「蘇格拉底是一個人」有蘇格拉底作為主體，但「所有希臘人都是人」不能把「所有希臘人」作為主體，因為無論在「世上有希臘人」或「如有任何東西是一個『希臘的』，那就是一個人」的聲明中，都無法確定什麼是「所有的希臘人」。

此一形式上的錯誤是形而上學與認識論錯誤的來源。試思我們對於「蘇格拉底必死」與「凡是人必死」的認識。為了認識「蘇格拉底必死」是眞的，大多數的人要有見證後才會滿足；但如果依賴見證，就必須找到某一個人，他認識蘇格拉底並且看見他死的。一種可以感覺的東西——蘇格拉底的屍體，加上我們知道這就是「蘇格拉底」，就足够向我們證實蘇格拉底是必死的。但我們對於普遍性的主張就是一非常困難的問題。有時它們僅僅是字面上的：「所有希臘人都是人」可以被瞭解，是因爲除非是人，沒有東西可以稱爲「一個希臘的」。這類普遍性的說明可以在字典中確定；字典祇告訴我們字的用法。「凡是人必死」並不包括在內，一個不死的人在邏輯上並沒有自相矛盾的地方。我們相信所有人必死的主張是基於推理，因爲沒有明確的證據說人可以活過一百五十歲（假定爲一百五十歲）；但這還祇是可能如此，並非完全確定，祇要有活人存在，就不能完全確定。

形而上學的錯誤起因於假定「所有的人」卽是「所有的人必死」的主體，猶如「蘇格拉底」是「蘇格拉底必死」的主體。在某種意義上，可能使人相信「所有的人」指示的實體與「蘇格拉底」所指的是一樣的。這使亞氏相信在某種意義上一個種類卽是一個本體。亞氏作此聲明時，措辭謹愼，但他的信徒，尤其是波菲雷（Porphyry）表現得比較輕率。

亞氏由此而發生的另一錯誤是認爲述語的述語可以成爲原來主格的述語。假如我說：「蘇格拉底是希臘人，所有希臘人都是人，」亞氏認爲「人」是「希臘人」的述語，而「希臘人」是「蘇格拉底」的述語，故顯然「人」也是「蘇格拉底」的述語。但事實上，「人」不是「希臘人」的述語。名稱與述語的區別，或者在形而上學的語言中，特殊與普遍性的區別因此含混不清，爲哲學帶來不幸的後果。所造成的困惑之一是假定一班祇有一個學生，這一班與這一學生相等。這使對「一」這個數字具有正確理論成爲不可能的事，而在統一這一點上，不斷地引向錯誤的形而上學。

㈡過分高估三段論法。三段論法祇是各種推理方法中的一種。在數學中——這是純推理的，就沒有三段論法存在。當然也可以把數學中的論點改寫成三段論法的形式，但這將變成非常矯揉造作，而並不增加任何說服力。試以算學爲例。假如我買了價值美金四元六角三分的物品，付出一張五元的鈔票，應該找我多少呢？把這些簡單數字用三段論法來表示就很荒謬，並且將掩蓋此一論點的眞正性質。再則，在邏輯上，尙有非三段論法的推論，例如：「一匹馬是一種動物，因此一個馬頭是一個動物的頭。」事實上，正確的三段論法祇是正確的推理中的一小部份，對其他部份並沒有邏輯上的優越性。試圖給予三段論在推理中的優越地位，使哲學家誤解數學理性的本質。康德覺得數學不是三段論法，因此推論說數學用的是邏輯以外的原則，但他又假定這些原則和邏輯一樣的確定。康德也像他的前人一樣，雖方式不同，却都由於尊敬亞氏而誤入歧途。

㈢高估推理。一般說來，希臘人比現代哲學家更相信推理在作爲知識來源上的重要性。在這方面，亞氏比柏拉圖犯的錯誤較輕；亞氏一再承認推理的重要性，並且很注意這個問題：我們如何知道推理必須從這裏開始的第一前提呢？但是，他和其他希臘人一樣，在他尋求知識的歷史中，給予推理不應有的卓越地位。例如，我們會同意史密斯先生是必死的，也可以隨意地說，我們知道這點是因爲我們知道所有的人都是必死的。但我們眞正知道的並不是「所有的人都是必死的」，我們所知道的毋寧是「所有在一百五十年前誕生的人都是必死的，而所有一百年前誕生的人幾乎也都是如此。」這是我們認爲史密斯先生必死的理由。但此一論點是歸納法，而不是演繹法。這比推論更少說服力，已退居爲可能性，而非一確定的知識。但另一方面，也帶來推理所不能帶來的新知識。邏輯以外的一切重要推斷及純數學都出於歸納法，而非演繹法；僅有的例外是法律與神學，每一種皆以不容質疑的主題，亦卽法律全書或聖經，爲其張本。

除討論三段論法的「優先分析」一書外，亞氏尙有其他若干著作，在哲學史上具有相當重要性。其中之一是「論類別」——一篇較短的著作。波非雷，一位新柏拉圖主義者，對這本寫了一篇評述，這對中世紀的哲學具有很大的影響，但現在我們且放下波非雷不談，專談亞里斯多德。

「類別」的意義究竟爲何，無論在亞氏、康德與黑格爾的著作中，我必須坦承，我都從來沒有能夠瞭解過。我自己也不相信「類別」這個名詞代表任何明確的觀念，在哲學中有什麼用處。在亞氏的著作中，把各種事物分爲十類：實體、品質、數量、關係、地方、時間、地位、情況、行動、與情愛。他對「類別」唯一所下的定義是：「意義絕不含混的表達」，然後就是上述十類的名單。其意似在每一個字的意義，都不與其他字的意義混淆，都代表一種物質或數量等等。但沒有說明，這十類是根據什麼原則編成的。

「本體」主要是一個「不可描述」的主體，也不存在於主體中。一件東西被稱爲「存在於主體中」，雖然不是主體的一部份，但不能沒有主體而單獨存在。例如，一項文法上的知識存在於心靈中，或者某一種白顏色存在於身體上。以上述的主要意義而論，一個本體卽是一個物件，或一個人，或一個動物。但以次要的意義而論，也是一個種類或概念，例如人或動物——也可以稱爲一個本體。這次要的意義似乎是立場薄弱的，使後來的學者，走入僞劣的形而上學之門。

「事後分析」一書主要是討論必然使任何推理學說陷入困惑的一個問題，就是：如何得到第一個前提？因爲推理必須從某一點開始，我們必須從某些未經證明的事情開始，而這是由實驗以外的方法知道的。我不擬詳述亞氏理論的細節，因爲這與「要素」的觀念有關。亞氏說，一個定義是對一件東西的基本性質的說明。「要素」的觀念是自亞氏後每一派哲學的一個密切不可分的部份，一直到現在仍是如此。依我看來，這是一個無望的昏庸的觀念，但以其歷史上的重要性，我們又不得不稍加討論。

一件東西的「要素」的意義似乎是「這件東西的性質之一，是不能改變的，否則就會失去本來面目。」蘇格拉底有時快樂，有時悲傷，有時健康，有時生病。因爲他可以改變這類性質，而仍不失其爲蘇格拉底。所以不是他的「要素」。但他是人這一點却是蘇格拉底的「要素」，雖然畢達哥拉斯學派的人因相信轉世之說，不會承認這一點。事實上，「要素」祇是字彙的用法問題。我們如將同樣的名稱用於不同的場合，一件「東西」或一個「人」所表示的意義就會不同。因此，蘇格拉底的「要素」包含了某些性質，沒有這些性質，就不能用「蘇格拉底」這個名字。這是純語言學的問題：一個「字」可以有要素，一件「東西」不能有要素。

「本體」的觀念，一如「要素」，祇是把語言上的便利轉變成爲形而上學。我們發現在描述世界時，描敍一定數量的事件是比較方便的，例如「蘇格拉底」的生活實況，或其他一定數量的事件，例如「史密斯先生」的生活實況。這使我們想到「蘇格拉底」或「史密斯先生」時，就要指出某些持續了多年的東西，在某些方面較一時發生在他身上的事情更「持久」更「眞實」。假如蘇格拉底病了，我們會想到他在其他的時候是健康的，因此蘇格拉底的存在和他的病是沒有關係的；另一方面，病必須有人生病才能存在。但是，雖然蘇格拉底不必一定生病，如果蘇格拉底被認爲是存在的，却必須有「某些事情」發生在他身上。所以，他並不眞正比發生在他身上的事情更「持久」。

「本體」這個觀念，如認眞研究，是困難重重的。一個本體被認爲是若干性質的主體，而與所有的性質有別。但是當我們撇開所有的性質來單獨想像「本體」，會發現結果一無所有。試以另一種方式解釋：用什麼在一個本體和另一個本體之間加以區別呢？不是用性質的不同來區別，因爲，照本體的邏輯來看，性質不同必須以本體間的許多歧異爲先決條件。故兩個本體必須「祇是」兩個，在它們本身沒有任何區別，然則，如何能够知它們「的確是」兩個？

「本體」事實上祇是蒐集各種事件加以歸納的一種便利的方法而已。我們能認識史密斯先生的是什麼？當我們看着他，我們見到一堆顏色，當我們聽他說話，我們聽見一連串的聲音。我們相信，他像我們一樣有思想有感覺。但離開這一切發生的事件之後，史密斯先生又成爲什麼呢？祇是一個幻想中的掛鈎，假定有許多發生的事件可以「掛」在上面的。事實上，它們並不需要一個掛鈎，就像地球並不需要有一隻象活在上面一樣。任何人都可以知道，一個地理區域也是同樣的情形，譬如「法蘭西」祇是爲了語言上的便利，沒有一件稱爲「法蘭西」的東西可以超越它本身所包含的各個部份。史密斯先生也是同樣的情形，祇是一連串發生的事件的集體名稱。假如我們認爲尙不止於此，則所指必定爲完全不可知的事情，因此也沒有需要去表達我們所不知道的事情。

「主體」這個字是形而上學的一種錯誤，由於把含有主詞與述語的文句的結構轉變爲實存世界的結構。

我的結論是，我們在這一節所討論的亞氏思想全部是錯的，三段論法可能是例外，但即使對也沒有多少重要性。現代任何人想學邏輯，讀亞氏及其門徒的著作，祇是浪費時間而已。然而，亞氏的邏輯學顯示了他的卓越才能，如在知識的創造力仍很旺盛的時代出現，可能有益於人類。不幸，它出現在希臘思想創進時期的尾聲，因此才取得權威的地位。在邏輯學的創造性復甦之前，經過了兩千年，亞氏的權威一直很難加以推翻。在現代，事實上，每一項科學上、邏輯上或哲學上的進步，都必須在亞氏信徒的激烈反對之下達成。

第十三節　亞里斯多德的物理學

在這一節中，我建議研究亞氏的兩本書，一本是「物理學」，另一本的名稱是「論天體」。兩本書之間有密切關係；第一本書所留下來的未決問題，第二本書再繼續討論。兩本都極具影響力，支配科學直到伽利略的時代爲止。像「第五元素」與「月以下的地位」這些詞彙即導源於這些書所表達的理論。因此，儘管事實上根據現代科學衡量其中沒有一句是可以接受的，哲學史的學者却仍必須加以研究。

欲求瞭解亞氏的看法，猶如瞭解大多數希臘人在物理上的看法一樣，必須認識他們想像的背景。每一個哲學家，除他所提供的形式體系之外，都還另有一種他所不知道的更簡單的體系。假如他知道，他也可能認爲這不會十分有用，因此秘而不宣，而宣佈某些比較成熟的東西，他相信這種東西是由於它與他的原始體系相似，他要求別人接受的東西，是由於他認爲已經做到使它不能被推翻的地步了。成熟來自層層的反駁，但僅僅如此，永遠不能產生確實的結果，最多表示，一項理論「或許」是對的，但不「一定」是對的。不管哲學家所知如何的少，確實的結果是來自想像的先入之見，或者桑塔耶那（Santayan 1863–1952，西班牙出生的美國哲學家——譯者註）所稱的「動物的信念」。

在物理上，亞氏的想像背景與現代的學生迥然不同。現在一個學生開始學機械學，顧名思義，就知道所指的是機械。他經常看到汽車與飛機；即使在他下意識想像中的最幽微之處，也不會想到汽車裏面裝着馬一類的東西，或者飛機能飛是因爲裝上鳥翼，具有神奇的魔力之故。在我們世界的構想中，動物已失去其重要性，人類幾乎單獨成爲一個大半無生命却是有用的物質環境的主人。

對於希臘人，如給予「運動」一種科學的估量，純機械的看法已經不能自我表達，祇有少數天才如狄謨克里特斯與阿基米德是例外。似乎有兩種現象是重要的：動物的運動與天體的運動。對於現代的科學家來說，動物的身體是一種非常精密的機械，具有非常複雜的理化結構；每一次新的發現都在消除動物與機械間的鴻溝。對希臘人來說，把顯然無生命的運動轉化爲動物的運動，似乎是很自然的事。一個兒童仍能將活的動物和其他無生命的東西加以區別，因爲有前者可以自己動的事實；對許多希臘人，尤其是亞氏，此一「怪事」卽自動成爲物理學的一般理論的基礎。

然則，天體的運動又如何呢？這與動物不同，是由於其運動的規律性，但基本原因或許祗在天體的更高的完美性。每一位希臘哲學家，不論他成年後的想法如何，在童年時都被教以日月是神；亞那查哥拉斯被控不敬，因爲他認爲日月是無生命的。很自然地，一個哲學家不再認爲天體本身是神聖的，却可以認爲它之所以動是由於神的意志，具有像希臘人一樣的對秩序與「幾何學的單純明確」的熱愛。故一切運動的來源是「意志」：在地上是人類與動物的多變的「意志」，在天上是至高無上的造物主的不變的「意志」。

我並不認爲這可以適用於亞氏所說的每一個細節，但我的確認爲這個「意志說」是他的想像背景，而在他開始着手研究的時候，就確認它是對的。

經過初步探討後，讓我們研究亞氏對物理學實際上說了些什麼？

在亞氏看來，物理學卽是希臘人所稱的 phusis 或 physis，這個字可譯爲「自然」，但和我們所解釋的這個字的意義，不完全相同。我們仍常說「自然科學」與「自然史」，但「自然」的獨立意義，（雖然這個字的解釋模稜兩可），却與 phusis 並不絕對符合。phusis 有成長的意義，我們可以說橡子成長爲橡樹是很「自然」的，這種情形，就是照亞氏的意義來用這個字。亞氏說，一件東西的「自然」就是它的目標，它是爲這個目標而存在的。因此，這個字牽涉到「目的論」。某些東西因「自然」而存在，某些東西則有其他原因。動植物與單一實質（卽元素）自然存在，並且有一種動的內在原理。（這個字譯爲動或運動 motion or movement，含義較移動 locomotion 爲廣，除移動位置外尙包括品質與大小的變化。）「自然」是動或靜止的來源，有了這一類的內在原理，就有了「自然」。「根據自然」這句話適用於這一類東西及其屬性。（卽由於這個觀點，「不自然」成爲表示譴責的言辭）。「自然」在於形式而不在物質；「潛在」的魚或「潛在」的骨還沒有獲得本身的「自然」，當一件東西自我完成時，就具有更多的本性。這一切觀點似乎是生物學的：橡子「潛在地」是一顆橡樹。

「自然」屬於一種原因，爲某些目的而發生作用。這引起討論「自然」無目的而是由必需而產生的問題，在這方面，亞氏提到恩披多克利斯所說「最適者生存」的話。亞氏說，這是不對的，因爲萬物以固定的方式發展，當一個體系完成時，所有以前的步驟都是爲了要完成這個目標。這些東西是「自然」的，「由於一種內在原理所引發的繼續不斷的運動而達到某種完成。」

關於「自然」的一切觀念，雖然似乎非常適合於解釋動植物的成長，但結果却成爲科學進步的重大障礙，而且成爲若干不道德的造因，後者至今仍是有害的。

亞氏告訴我們，動是「潛伏存在」的完成。此一觀點，除其他缺點外，對於移動的相關性是不適合的。當A相對地向B移動，而B也相對地向A移動，沒有理由說兩者之一在動而另一個在靜止中。當一條狗去搶一塊骨頭，常人都知道狗在動，骨保持靜止（直至被抓到），動有它的一個目標，就是滿足狗的「自然」。但這個觀點却不能適用於無生命的東西，以科學的物理學而言，「目標」的觀念是無用的，在科學的嚴格意義上，任何運動都祇能認爲是相對的。

亞氏否定留昔帕斯與狄謨克利特斯的「虛空」說。然後他繼續一項稍涉怪異的有關時間的討論。他說，也許有人可以主張時間並不存在，因爲時間包含過去與未來，前者已經不復存在，而後者則尙未存在。但亞氏否定此說。他說時間是可以計算的運動（何以他認爲計算如此重要，未加說明）。他繼續說，我們可以問，沒有靈魂，時間能否存在，因爲除非有人去計算，不可能有任何可以計算的東西，而時間是牽涉到計算的。他似乎將時間認爲是多少小時，多少天或多少年。他又說某些東西是永恒的，由於不受時間的限制，可以假定他所指的某些東西就是數字。

過去一直在動，將來也永遠在動，因爲沒有不動的時間，除柏拉圖外，大家都同意時間是不能創造的。在這一點上，基督教中亞氏的信徒必須反對亞氏，因爲聖經告訴我們宇宙有一個開始。

「物理學」的結尾談到一個「不動的推動者」，我們認爲這是與他的「形而上學」有關的。「不動的推動者」直接造成了循環性的運動，這是原始的一種，也是唯一可以繼續至於無限的一種。第一個「推動者」不可分割也沒有容積，而是位於宇宙的圓周邊緣上。

現在讓我們來談天體。

亞氏「論天體」表達了一項很有趣而單純的理論。月以下的諸物是創造出來的，會腐壞的，月以上的諸物不是創造出來的，是不可摧毀的。地是圓的，居宇宙的中心。在月以下的領域中，萬物皆由土、水、氣、火四種元素組成；但另有第五種元素，這是組成天體的元素。地上元素的自然運動是直線的，第五元素的運動則是圓形的。天體完全是圓形的，上層較下層爲神聖。恒星與行星不是由火而是由第五元素組成的；其運動決定於它們所屬的領域。（所有這些都在但丁的神曲中以詩的形式出現。）

四種地上元素不是永恒的，但相互產生——火是絕對輕的，由於它的自然運動是向上的；土是絕對重的。氣是相當輕的，水是相當重的。

此一理論爲後世帶了許多困擾。彗星被認爲是可以毀滅的，應該屬於月以下的一類，但在十七世紀，發現它們是繞日而行的，很少有像月亮那樣接近地球的。因爲地上諸物的自然運動是直線的，必須認爲一顆砲彈直線發射後，一定作直線運動一段時間，然後突然垂直降落。伽利略發現砲彈是以拋物線運動的，震驚了亞氏的信徒。哥白尼、克卜勒、伽利略必須與亞氏及聖經對抗，以建立其觀點，即地球並非宇宙中心，每日自轉一次，每年繞行太陽一次。

更具一般性的問題，亞氏的物理學與牛頓的「運動的第一定律」也是互相衝突的，這個定律最初是由伽利略宣佈的。運動的第一定律說，每一物體如已經在運動，將自行繼續以直線及統一的速度運動。外來的因素，不因運動而需要，而因運動的變更而需要，無論是速度或方向的變更。循環運動，即亞氏認爲天體的「自然」現象者，牽涉到運動方向的不斷變更，因此，照牛頓的引力定律，需要在圓形的中心發生一種力量。

最後，天體爲永恒與不可毀壞的看法是必須放棄的。太陽與星球的壽命很長，但並不永久存在。它們從星雲中誕生，最後或爆炸或因冷却而死去。在感覺世界中，沒有任何東西可以避免變化與衰亡；亞氏的信念與此相反，雖然爲中世紀的基督徒所接受，但也促成了異教徒對日月星辰的膜拜。

第十四節　希臘早期的數學與天文學

我在本節所討論的數學，不是以其本身的價値，而是以其與哲學的關係——一種非常密切的關係，這在柏拉圖的學說中，尤其是如此。希臘人在數學與天文學上，比在其他方面更具有明確的卓越地位。他們在藝術、文學、哲學上的作爲，可依照各人不同的看法，而作或好或壞的評斷，但他們在幾何上的成就是完全不容置疑的。他們從埃及學到一些知識，從巴比倫尼亞，也學到一點，比從埃及學到的更少；從這些來源得到的主要是數學中的經驗法則以及天文學中的長期觀察的記錄。數學的實驗方法幾乎完全是由希臘人創始的。

有許多有趣的故事（可能祇是傳說）表示實際問題如何刺激了數學的研究。最早的也是最簡單的故事與泰利斯有關，這時，他正在埃及，國王要他算出金字塔的高度。他等到一天中的某一個時辰，當他的影子和他的身高相等時，就去量金字塔的影子，這自然也和它的高度相等了。據說，透視法的定律是由希臘幾何學家亞加薩克斯（Agatharcus）首先研究出來的，爲了要替艾斯契魯斯（Aeschylus）的戲劇繪製佈景。計算在海中的一條船的距離問題，據說曾被泰利斯研究過，很快就解決了。希臘幾何學家所潛心研究的重大問題之一是立體的加倍，據說起緣是某一寺廟的祭司，神諭告訴他神需要一座雕像，比現有的正好大一倍。最初他們祇簡單地想到把雕像的所有長度、厚度加倍就行了，後來才知道這樣做的結果要比原來的雕像大八倍，化費比神所要求的大得多。於是，他們派人去找柏拉圖，看他的學院中是否有人能解決這個問題。幾何學家擔負起這個責任，研究了幾個世紀，也附帶產生了很重要的結果。這問題當然也就是決定二的立方根的問題。

二的平方根——這是第一個發現的「無理數」，早期的畢氏學派的人就已經知道了，一些迂拙而天眞的算出接近正確結果的方法也發現了。其中最好的一種是這樣的：先分成兩組數字，一羣 a 與一羣 b，每一組皆以1爲開始。第二個 a 以次，每一階段皆加上前次 a 與 b 已經得到的數字，第二個 b，得自前次的 b 加上前次 a 的兩倍。以此計算，最初的六對是 (1,1)(2,3)(5,7)(12,17)(29,41)(70,99)，在每一對中 $2a^2-b^2$ 卽是1或等於1。因此 b/a 就接近二的平方根，每走一步就更接近精確一步。譬如，讀者可能自己感到滿足，99/70 的平方與二已經很接近了。

畢達哥拉斯——永遠是一個帶有神秘性的人物——普洛克魯斯(Ploclus)稱他爲使幾何學得以自由教授的第一人。許多權威包括奚斯爵士都相信他大概是發現了那個以他爲名的定律——畢氏定律，卽在一直線的三角，與直角相對線的平方等於直角兩邊線的平方之和。無論如何，畢氏學派的人很早就知道這個定律。他們也知道一個三角形的三角之和等於兩個直角。

除「二的平方根」之外，還有其他的無理數曾被研究過，濟奧多魯斯 (Theodorus 蘇格拉底同時代的人）研究個別的情形，齊埃梯特斯（Theaetitus與柏拉圖同時，但年齡較大）研究一般的情形。狄謨克利特斯曾就「無理數」寫過一篇論文，但內容不詳。柏拉圖對此深感興趣，他提到濟奧多魯斯與齊埃梯特斯的成就，對話錄中並且有一章就是以後者爲名稱的。在「定律」一章中，他說一般人漠視這個問題是可恥的，並暗示他在晚年才開始認識這個問題。這無疑在畢氏學派的哲學中具有重要地位。

發現「無理數」的重要影響之一是歐多克索斯（Eudoxus, 408–355B.C.）發現幾何學中的「比例」原理。在他之前，祇有算學上的比例原理。根據此一原理，a與b的比例等於c與d的比例，則a乘b，等於c乘d。在沒有算學上的「無理數」的原理之前，這個定律祇適用於有理數。但是，歐多克索斯找出一個不受此約束的定義，啓發了現代的分析方法。歐幾利得發揚光大了這一原理，在邏輯學上具有卓越的地位。

歐多克索斯發現或完成了「窮究法」，後來爲阿基米德用得很成功。這種方法是完整的微積分法的初步。以圓的面積爲例，你可以在一個圓圈中，繪出一規則的六角形、十二角形或者一千角乃至一百萬角的多角形，不管有多少角，其面積和這個圓的直徑的平方是成比例的。角數愈多，卽愈接近圓的面積。你可以證明，假如你繪出足够多的多角形，其面積與圓的差距卽較以前所繪出的爲短，儘管所縮短的差距很小。「阿基米德的原理」卽由此產生。簡單地說，假定將兩個數字中較大的一個加以等分，再將其一半加以等分，直到最後，必定會產生一個數字，少於原有兩個數字中較小的一個。換句話說，假如a大於b，另有一未知數爲n，這就是2^n乘b大於a。

「窮究法」有時可以得出精確的結果，例如阿基米德用於計算拋物線的長度；但有時用於計算圓周的長度祇能接近精確而已。計算圓周長度的問題，亦即是決定圓周與直徑比例的問題。阿基米德算出接近精確的比例是22/7；用繪製九十六角形的方法，算出這個比例少於三又七分之一，而大於三又七十一分之十。這方法可用以算出最接近精確的比例，解決這個問題，也祇能到此爲止。開始用這個方法的人可以追溯到安梯風(Antiphon)，此人與蘇格拉底同時。

在我年輕時，歐幾利得的著作仍爲當時少年學習幾何學的唯一教本。歐氏曾居住於亞歷山大港，約當紀元前三百年前後，在亞歷山大與亞里斯多德死後數年。他的「原理」大部份不是他發明的，但意見的整理，使之具有合理的結構，則大部份是他的功蹟。一個人愈研讀幾何學，愈尊敬這些原理。以著名的「平行線條件」的方法來處理平行線，具有兩方面的價值，一是推理的嚴格性，一是不隱藏對原始假定的懷疑。歐多克索斯以後的比例原理，避免接觸一切與「無理數」有關的困難，所用的方法近似衞爾斯特拉斯所用的，以至十九世紀的分析法，也是如此。歐幾利得當時却研究到幾何的代數學，並在他的第十本書中，討論「無理數」的問題。在此以後，他專門研究幾何學，以「規則立體」的研究爲結尾，此項研究由齊埃梯特斯完成，而在「梯美烏斯」一書中爲柏拉圖攫爲己有。

歐幾利得的「原理」確定是最偉大的書籍之一，也是希臘知識界最完整的紀念碑之一。當然，這仍有典型的希臘人的短處：所用方法是純推理的，而且不能考驗原始的假定。這些假定被認爲是不容置疑的，但在十九世紀，「非歐幾利得」的幾何學表示他的原理或許有部份是錯誤的，這祇有實地觀察才能決定是否如此。

歐幾利得輕視柏拉圖所反覆強調的實用思想。據說，一個學生聽講後問道，學幾何學，他能得到什麼，歐幾利得喚一名奴隸來說：「替這個年輕人拿三個銅錢來，他一定要從所學之中得到實利。」但他之輕視實用在當時是認爲正當的。希臘時代，沒有人認爲圓錐曲線之類有什麼用處；到十七世紀，伽利略發現砲彈以拋物線運動，克卜勒發現行星循橢圓形運動，希臘人由於純粹熱愛理論所達成的工作突然變成人類福祉與天文家的鎖鑰。

羅馬人過於注重實用，不能欣賞歐幾利得；第一個提到他的是西塞羅（Cicero），在他的時代，歐氏著作可能還沒有拉丁文的譯本，在波伊齊厄斯(Boethius 生於紀元後四八〇年)以前，尙無拉丁文翻譯的記載。阿拉伯人比較能欣賞歐氏，約在紀元後七六〇年，拜贊廷皇帝把一份抄本給了回教教主；約在紀元後八〇〇年，在拉希德（Harun al Rashid）的指導下將歐氏著作譯爲阿拉伯文。第一個也是至今尙保留的拉丁文譯本，是在紀元後一一二〇年，由阿瑟哈德（Athelhard）自阿拉伯文轉譯的。自此以後，西方世界逐漸恢復研究幾何學；但到文藝復興時，幾何學才開始有重要的進步。

希臘人在天文學上的成就和在幾何學上的一樣値得珍視。在他們之前，巴比倫尼亞人與埃及人多少世紀的觀察記錄已經奠定了基礎，行星的顯著運行情況已記錄下來了，但尙不知夜間的星與凌晨的星是同一顆星。巴比倫尼亞人確定已發現，埃及人可能已發現日月蝕的週期性，使預測月蝕相當可靠，但預測日蝕則否，因爲在某些地方不一定能看到日蝕。巴比倫尼亞人把直角分爲九十度，又把一度分爲六十分；他們喜歡六十這個數字，卽使計算方法也以此爲基礎。希臘人喜歡將他們的先導者的智慧歸功於到埃及去旅行，但在希臘人以前的成就是微不足道的。泰利斯對日蝕的預測却是外來影響的一個實例；沒有理由假定他在從埃及或巴比倫尼亞學來的天文學上，有任何增益，他的預測證明確實祇是靠運氣而已。

讓我們先談一些最早期的發現與正確的假設。亞那齊曼德認爲大地是自由浮動的，不靠任何東西支持。亞里斯多德，常否定與他同時的最好假設，也否定亞那齊曼德的學說，認爲大地居於中心，保持不動，因爲沒有理由祇朝一個方向移動而不朝另一方向移動。亞氏說，如果這是對的，那麼，一個人位於圓周的中心，四周都放了食物，這個人將會餓死，因爲他沒有理由選擇某一處的食物而捨棄另一處的食物。此一論點又在學院派的哲學中重現，却與天文學無關，而與「自由意志」說有關。這是說到「布雷丹的笨驢」，由於無法在放置於左右距離相等的兩堆稻草之間，作一選擇而饑餓致死。

畢達哥拉斯確定是第一個認爲地是圓的人，但他的理由毋寧是美學的，而不是科學的。但不久之後，就發現了科學的理由。亞那查哥拉斯發現月亮發光是由於反射對日月蝕做了正確的解釋。他自己仍認爲地是平坦的，但月蝕時，地的影子的形狀，使畢氏學派的人最後的論點贊成地是圓形的。他們再進一步以地球爲行星之一。他們知道——據說自畢氏本人就知道，晚星與晨星是同一的星，他們認爲所有的行星包括地球在內皆作圓形的運動，不是繞日而行，而是繞着「中心的火」而行。他們又發現月亮永遠以同一面朝向地球，而地球也是永遠以同一面朝向「中心的火」。地中海區域是背向「中心的火」的，因此永遠看不見這個火（不是太陽）。「中心之火」稱爲「宙斯之居」或「諸神之母」。太陽發光是由於「中心之火」的反射。除地球外，有另一星球，稱爲「反地球」，其距離於「中心之火」者與地球相等。他們的學說有兩方面的理由，一方面是科學的，一方面是得自算學的神秘主義。科學的理由是出於正確的觀察，月蝕有時發生在日月同在地平線上的時候，故月蝕一定由於地球以外的某一天體的陰影。另一理由是日、月、五個行星、地球、反地球、「中心之火」組成十個天體，而十是畢氏的神奇數字。

畢氏學說應歸功於非羅勞斯(Philaus)，一個梯班人，生活於紀元前五世紀的末葉。雖然這是空想的，其中一部份非常不科學，但這是很重要的，因爲牽涉到大部份的想像的效果，而這是相信哥白尼的假定所需要的。相信地球並非宇宙的中心，祇是行星中的一個，不是永遠不動的，而是在太空中游蕩的，表現了從早期學說中的特殊解放。當這個人類原有對宇宙的自然想像動搖了，也就不太困難以科學的論點求取更精確的學說。

各種觀察對這一點都有貢獻。奧伊諾披德斯（Oenopides），較亞那查哥拉斯稍後，發現了地球軌道是斜線的，亦即橢圓形的。不久即明白瞭解太陽必定遠大於地球，這些事實支持了那些否定地球居宇宙中心的說法。柏拉圖身後不久，畢氏學派的人又將「中心的火」及「反地球」之說推翻。彭特斯城的赫拉克利第斯（Heraclides 388-315 B.C. 約與亞里斯多德同時）發現金星與水星也繞日而行，並採納地球每二十四小時自轉一次的說法。尤其後者爲一項很重要的進步，爲前人所未敢主張者。赫拉克利第斯出身於柏拉圖的學院，必定是一位大學者，但沒有得到其應得的尊敬；有人形容他爲腦滿腸肥的花花公子。

薩摩斯島的亞里斯塔區斯(Aristarchus)，在世時期爲紀元前三一〇年至二三〇年，比阿基米德大二十五歲，是所有古代天文學家中最使人感覺興趣的一位，因爲他啓發了哥白尼的全部假設，即所有行星包括地球皆繞日而行，地球自轉每二十四小時一次。使人稍感失望者是亞里斯塔區斯的現存著作「日月的大小與距離」，仍不能完全脫離以地球爲中心的窠臼。這本書所談到的問題，採納何種理論已無關宏旨，因此，他可能認爲，因爲不必要地反對當時一般天文學家的意見，而使自己的主張增加阻力，是不智的；或者在寫成此書之後才達成和哥白尼同樣的假設。奚斯爵士在他研究亞里斯塔區斯的著作中，載有其原著的譯文，傾向於後一種看法。無論如何，他啓示了哥白尼學說的證據是不容置疑的。

第一個也是最好的證據是，有一個與他同時的年輕人寫信給季龍——席拉克尤斯的國王說，「亞里斯塔區斯出了一本書，其中有許多假設，恒星與太陽保持不動，地球在一圓周上繞日而行，太陽居於軌道的中心。」勃魯塔契(Plutarch)有一段話說克林濟斯(Cleanthes，紀元前三世紀斯多噶派哲學家)「認爲希臘人應該控告亞里斯塔區斯不敬，因爲他假定『宇宙之家』(即地球)是動的，這可以有助於支持他的觀點，卽天體保持不動，地球以橢圓形的軌道運轉，同時也以本身的軸心自轉。」克林濟斯是亞里斯塔區斯同時代的人，死於大約紀元前二三二年。勃魯塔契另有一段話說，亞里斯塔區斯祇是假設如此，而他的衣鉢弟子席里奧克斯（Seleucus，約於紀元前一五〇年成名）才以此爲一種確定的主張。艾梯斯（Actius）與恩披雷克斯（Empiricus）也說亞里斯塔區斯啓發了以太陽爲中心的假設，但不認爲他曾經宣佈這祇是假設而已。卽使他這樣宣佈過，似乎也並非像兩千年後的伽利略一樣，是由於恐懼觸怒宗教偏見，而多半是恐懼上述克林濟斯所表示的那種態度。

亞里斯塔區斯所啓示的天體假設，不管他本人是堅決的還是試探性的，席里奧克斯却是肯定地採納下來，但古代哲學家中，除他以外，並無別人。一般人之所以否定這種假設主要是由於希帕區斯（Hipparchus），他成名於紀元前一六一年至一二六年之間。奚斯爵士稱他爲「古代最偉大的天文家」。他是第一個有系統地著述三角學的人；他發現了「晝夜平分點」；他計算一個月的時間，誤差祇有一秒鐘；他改進了亞里斯塔區斯對日月大小距離估計；他編製了包括八百五十恒星的目錄，標明它們的經緯度。與亞里斯塔區斯的天體中心說相抗，他採用並改進了「周轉圓」的學說（epicycle 卽小圓圈的中心在一更大的圓圈中轉動），這是阿波隆紐斯（Apollonius）發現的，此人成名於紀元前二二〇年前後；以後又發展爲以紀元後二世紀中葉成名的天文家勃托里米（Ptolemy）爲名的勃托里米的系統。

哥白尼對亞里斯塔區斯的假定略有所聞，而所知不多。他爲自己的改革能够找到古代的權威而鼓舞，否則他的假設對後世天文家卽無影響可言。

古代天文家估計日、月、地球的大小與日月的距離，所用方法在學理上是正確的。但他們由於缺乏精密的工具而受限制。在這種情形，許多方面的成績優異是驚人的。伊拉托濟尼斯（Eratosthenes）

估計地球的直徑是七八五〇英里，誤差僅爲五〇英里。勃托里米估計月與地球間的平均距離爲地球直徑的二十九倍半，正確的倍數則爲三〇點二。沒有人能對太陽的大小及太陽與地球的距離作較接近的估計，他們都估計得太低，以地球直徑的倍數而論，他們的估計是：

亞里斯塔區斯：一八〇倍；

希帕區斯：一二四五倍；

波昔多紐斯：六五四五倍；

正確的數字是一一、七二六倍。我們可以看出，估計一次比一次接近（勃托里米則是退步），波昔多紐斯（註一）所估計的約爲正確數字的一半。以整體而言，他們對於太陽系的推測，距離事實並不太遠。

希臘的天文學是幾何學的，不是動力學的。古希臘人認爲天體的運行是統一的、循環的，或許多循環運行的聯合。他們沒有「力」的觀念。他們祇知道在一整體系統中有若干球體在動，有若干固定不動。因牛頓與萬有引力之說，產生了一項幾何性較少的新觀念。很奇怪地，愛因斯坦的相對論又回復到牛頓的引力觀念所擯棄的幾何學的看法。

天文家的問題在於：觀察圓形天空的各種天體的明顯運動，如何以假設的方法，提出「第三對等」的觀念——深度，使天體現象的描敍，愈簡單愈好。哥白尼假設的價値不在眞實，而在簡單；由於運動的相對性，也並不發生眞實與否的問題。希臘人尋求一種「可以保全現象」的假設，事實上

（雖然並非完全有意如此）是以科學的正確方法發掘了問題。與他們的前人及截至哥白尼爲止的後人相較，不得不使每一個研究天文學的人承認他們眞正驚人的天才。

紀元前三世紀的兩大偉人——阿基米德與阿波隆紐斯，是古希臘最後的兩位第一流的數學家。阿基米德是席拉克尤斯國王的朋友或表兄弟，當紀元前二一二年羅馬人攻入時被殺。阿波隆紐斯自少年時代起卽居住於亞歷山大城。阿基米德不僅是數學家，也是物理學家與「靜水力學」的研究者。阿波隆紐斯則以研究圓錐曲線的成就而著名。對於他們，不擬再多加論述，因爲他們出生較晚，已經不能影響希臘的哲學思想了。

此後，雖仍有値得重視的工作在亞歷山大城進行，但偉大的時代畢竟已經結束了。在羅馬統治下，希臘人喪失了附着於政治自由的自信心，但對他們的前輩却有一種固執的崇敬心。羅馬軍人殺死了阿基米德，是羅馬迫使整個希臘世界的思想創造力寂滅的象徵。

（註一）波昔多紐斯是西塞羅的教授，於紀元前第一世紀的後半葉成名。

第三章　亞里斯多德以後的古代哲學

第一節　希臘化世界

古代希臘語世界的歷史可分爲三個時期：自由城邦的時期，以腓力王與亞歷山大大帝的征服而結束；馬其頓統治的時期，以克麗奧派特拉王后死後羅馬吞併埃及而結束；最後是羅馬帝國統治的時期。在上述三個時期中，第一個時期的特徵是自由與混亂，第二個時期是降服與混亂，第三個時期是降服與秩序。

第二個時期稱爲希臘化的時代，在這個時代中，科學與數學上的成就是前所未有的。在哲學方面，產生了伊比鳩魯與斯多噶的學派，同時懷疑主義也成爲一明確而有系統的思想，因此，在哲學上仍是重要的，雖然不如柏拉圖及亞里斯多德的時代那樣重要。紀元前第三世紀後，希臘哲學沒有新的發展，直到紀元後第三世紀新柏拉圖主義的興起爲止。但這個時代，羅馬統治的世界已經接近爲基督教哲學所籠罩的時期了。

亞歷山大大帝的短暫功業突然改變了希臘世界。從紀元前三三四年到三二四年，他征服了小亞細亞、敍利亞、埃及、巴比倫尼亞、波斯、撒馬爾罕，與彭加布。波斯——當時被認爲有史以來的最大帝國，在三次戰役後覆亡。對巴比倫尼亞人的古老學術附帶他們的古老迷信，希臘人最初感到好奇，後來也耳熟能詳了；對波斯祆教的二元論與印度的宗教（這時佛教正逐漸佔優勢中）也是如此。亞歷山大大帝所到之處，即使在阿富汗的山區，賈克薩梯斯的河岸上，印度河的支流處，他都會建立希臘化的城市，使希臘的制度重現，有一個自選的政府。雖然他軍隊的組成份子主要是馬其頓人，而大部份的歐洲希臘人又不心悅誠服，但他最初仍認爲自己是希臘文化的傳播者。後來他的征服區域逐漸擴大，他就採用了使希臘人與野蠻民族同化的政策。

他這樣做有多種動機。一方面顯然由於他的軍隊並不龐大，不能純以武力長期控制一廣大的帝國，必須依賴對被征服人民的安撫。另一方面，東方人除擁戴一神聖的君主外，不習慣任何其他方式的政府，而他自己正好可以負起這個神聖君主的任務。他是否眞的相信自己是神，抑祇由於政策上的動機而自居爲神，則是應該由心理學家去研究的問題，因爲歷史上的證據無法確定。無論如何，他確曾樂於接受埃及人的阿諛，以自己爲「法老」（古埃及王尊號）的繼任者，在波斯接受大帝的尊號。但是，馬其頓的軍官們——被稱爲「夥伴」的，對他的態度，有如西方的貴族們對待立憲制的君主：他們拒絕向他膜拜，他們甚至冒生命危險向他諫諍；在緊急時刻，他們控制他的行動，強迫他從印度河班師，而不是照他的原定計劃進軍征服恆河區域。東方人祇要他們的宗教偏見受到尊重，比較容易相處；這對於亞歷山大來說，並不困難，祇需要承認埃及的太陽神阿蒙或小亞細亞的伊薩柏拉就是宙斯神，並宣佈自己是神之子就行了。心理學家認爲亞歷山大怨恨其父腓力王，且曾與聞謀殺他的陰謀；他樂於相信他的母親奧玲披亞斯，像希臘神話中的婦人一樣，曾做過一位神的愛人。亞歷山大的功業是如此的神奇，大家很可能想到他為神所生是他驚人成功的最佳解釋。

希臘人對野蠻民族具有強烈的優越感；亞里斯多德無疑是代表了一般希臘人的看法，認為北方種族富活力，南方種族文明進步，而希臘人則兼而有之。柏拉圖與亞里斯多德都認為以希臘人為奴隸是不對的，但以蠻族為奴隸則理所當然。亞歷山大不算是希臘人，曾試圖打破這種優越感。他自己曾娶兩位蠻族的公主為妃，並強迫馬其頓的領導階層與波斯的貴族婦女通婚。可以想像，他所建立的許多希臘城市中，殖民者必然男多於女，他們也必然學他的榜樣，娶當地女子為婦。此一政策的結果為富於思想的人帶來天下一家的觀念；過去對城邦的忠誠、對希臘民族的忠誠（較前者為淺），似已不再算是恰當的了。在哲學上，天下一家的觀點自斯多噶學派開始，但在實際表現上，則較此為早，始自亞歷山大。結果希臘人與蠻族是互相影響的，蠻族向希臘人學習一點科學，而希臘人則從蠻族學到了很多迷信的事情。

希臘文明主要是城市性的。當然也有很多希臘人從事農業，但對希臘文明貢獻甚微。自梅里脫斯學派以後，在科學、哲學、文學上著名的希臘人都與富庶的商業城市有關，這些城市常常是被四鄉的蠻族所包圍的。這種文明的型態，不是希臘人而是腓尼基人創始的。泰爾、西頓（腓尼基首都）與迦太基人即在內依靠奴隸提供人力，而在對外作戰時，則依靠雇來的傭兵。他們不像現代的城市那樣依靠同血統的具有平等政治權力的大量農民。最近的實例是十九世紀後半葉的遠東城市。像新加坡、香港、上海及中國的其他通商口岸，有一些對外隔開的歐人區，組成一白人的商業貴族，依靠苦力的勞動爲生。在北美洲，梅生——遜克遜線以北地區，無法取得這種勞動力，白人必須自己從事農業。因此，白人在北美的地位是安全無虞的，而在遠東的地位則已經大部份消逝，可能完全喪失。但是這種文明的形式，尤其是工業文明，將可保持。類似的情形可以幫助我們瞭解希臘人在亞歷山大帝國東部的地位。

亞歷山大在亞洲留下的影響是廣泛而久遠的。麥卡比斯的第一本書，作於亞歷山大死後幾百年，一開始卽表揚他的功業：

「馬其頓王腓力之子亞歷山大，崛起於琪亭之士，擊敗了波斯與麥地西之王大流士，取而代之。他是第一個征服了希臘的人，身經百戰，攻下許多堅強的堡壘，誅滅世上的諸王，進攻到大地的窮荒，在各國擄獲無算，全世界幾乎都被征服，他接受讚頌，意氣飛揚。他集合了強大的軍隊，統治各國、各民族、與國王們，他們已向他納貢稱臣。此後，他得了病，自覺行將崩逝，於是他召集他的大臣，他們是和他從少年時代一起長大的，在他仍活着的時候，把帝國分封給他們（註一）。亞歷山大統治十二年後逝世。」

在回教中，他成爲一神話性的英雄。直到今天，喜瑪拉雅山區的酋長們尚自稱爲亞歷山大的後裔。沒有其他歷史上的英雄能够有這樣好的機會成爲神話中的人物。

亞歷山大死時，大臣們曾試圖保持帝國的統一。但他的兩位王子，一個尚在襁褓，一個尚未誕生。兩個王子都各有其擁立者，但在以後的內戰中，兩個王子都被廢棄。結果帝國分屬三個統兵者，大體說來，其中一人獲得歐洲部份，一人獲得非洲部份，一人獲得亞洲部份的亞歷山大屬地。歐洲部份最後落入安梯哥納斯（Antiganus）的後裔；勃托里米（Ptolemy）佔據了埃及，以亞歷山大城爲首都；席留克尤斯（Selecus）經過多次戰役後獲得了亞洲部份，因忙於作戰，無法定都，後來才以安梯沃克城爲其朝廷所在地。

勃托里米與席留昔玆（稱爲席留克尤斯王朝）放棄了亞歷山大使蠻族與希臘人同化的嘗試，而建立軍事的專制，以馬其頓軍隊及希臘傭兵爲基礎。勃托里米王朝統治埃及相當鞏固，但在亞洲，却打了兩百年混亂的宮廷戰爭，直到被羅馬征服時爲止。在此混戰期中，波斯曾被巴齊亞（波斯北部）征服，亞洲西南部的希臘人愈來愈陷於孤立。

在紀元前第二世紀（其後他們卽急速衰退），這些希臘人有一位共主——米南德（Menander），其所建立的印度帝國相當龐大。他有兩段與佛敎大師的對話記錄仍保留至今，且有中文譯本。塔安博士認爲第一篇對話原本是希臘文；第二篇的結尾稱米南德遜位出家爲僧，不是出自希臘文。

佛敎在當時已成富活力的改革性的宗敎，阿索卡（Asoka, 264–228 B.C.）——信佛敎的國王，據現在仍保留的文獻中顯示，曾派遣弘法使者分訪所有馬其頓的國王們：「這是國王陛下最重要的思想征服，用『佛法』來征服；陛下以此降服其本身的國土及所有鄰邦，多至六百——甚至到希臘王安梯奧區斯的宮殿，以及四個國王勃托里米、安梯哥納斯、馬加斯、亞歷山大的宮殿……並且在國王的屬地——約納斯人之中（卽彭加布的希臘人）。」不幸，西方的紀錄中，沒有見到過這種弘法使者。

巴比倫受希臘文明的影響較深。古代唯一附和亞里斯塔區斯天體學說的人是居於底格里斯河岸的席留西亞城的席留鳩斯，他成名約在紀元前一五〇年。塔西脫斯（Tacitus 紀元後第一世紀的羅馬歷史家）告訴我們，在第一世紀時，席留西亞「並沒有失愼採用帕西亞蠻族的習慣，仍然保留了創立人希臘的席留鳩斯的制度，（席留鳩斯之名所指爲國王而非天文學家）。」依財富與智慧選出三百公民組成參議院，一般公民也可以分享政權。整個米索帕達米亞區域，成爲西方的延伸，希臘文是學術與文學的用語，直到被回教徒征服爲止。

敍利亞（朱地亞除外）的城市在語言與文學方面已全盤希臘化。但鄉村人民較保守，仍維持他們原來所習慣的宗教與語言。在小亞細亞，沿海的希臘城市對鄰近蠻族的影響，已歷時數百年，馬其頓人征服此地後，影響更爲加深。希臘文化與猶太人的首次衝突，見於麥卡比斯的著作中。這是一個非常有趣的故事，與馬其頓帝國的其他故事迥不相同。但我將留待討論基督教義的緣起與成長時再談。除此之外，希臘影響沒有遭遇到像這樣堅強的反抗。

以希臘文化的觀點而論，紀元前第三世紀最輝煌的成功是亞歷山大城的建立。埃及比馬其頓帝國的歐洲與亞洲部份較少牽入戰爭，而亞歷山大城的位置在商業上極其有利。勃托里米諸王獎勵學術，吸引了當時最好的學人到他們的首都來。到羅馬帝國崩解爲止，亞歷山大城都一直是數學的中心。阿基米德是西西里人——這一部份的希臘城市仍保持獨立（到紀元前二一二年阿基米德死時爲止）；但阿基米德也曾經就學於亞歷山大城。厄拉托斯齊尼茲（Eratosthenes 紀元前第三世紀希臘天文家及地理學家——譯者註）是亞歷山大城著名圖書館的館長。數學家與科學家在紀元前第三世紀時多少都與亞城有關，他們的成就和他們前代的希臘人一樣重要。但他們不像他們的前輩，無所不學，討論一切有關哲學的問題；他們專精一門，有如現代人所稱的專家。歐幾利得、亞里斯塔區斯、阿基米德與阿波隆紐斯皆以做一個數學家而自足；對哲學上的創造，他們並不熱心。

專門化成爲當時各個部份的特徵，不僅限於知識界。在紀元前第五世紀第四世紀的希臘獨立城市中，一個人須假定爲無所不能。他應該集軍人（當戰爭發生時）、政客、立法者與哲學家於一身。蘇格拉底雖然厭惡政治，却不能免於牽入政爭。在青年時代，他是軍人（雖然他在「自辯辭」中曾加否認），也是物理學的學者。普洛塔哥拉斯在向貴族青年講授懷疑主義、搜集最新的例證之餘，曾爲屠雷城制訂法律。柏拉圖涉足政治，雖然是不必要的。齊諾風在著書敍述蘇格拉底及作一個鄉村紳士之餘，却作了一位統兵的將軍。畢氏學派的人曾試圖掌握某些城市的政府。每個人都必須做陪審員並從事其他各種公共事務。但在紀元前第三世紀時，這一切都變了。在舊的城邦中，固然仍在實行民主政治，但一切在馬其頓軍隊的掌握中，活動範圍縮小也變得不重要了。眞正的權力鬬爭發生在馬其頓的軍人之間；所爭不是原則問題，而祇是敵對的野心者的地盤分配問題。這些受教育較少的軍人在行政和技術方面，把希臘人當作專家；例如在埃及水利與下水道的工作做得很出色。有軍人、官吏、醫生、數學家、哲學家，但沒有人能够集衆智於一身。

人在老年，多半擁有財富而無意於權力鬬爭，可以享受快樂生活——假定刼掠的兵士不會闖入他的居所。學者如獲王公賞識，可享受豪華生活，祇要他們善於阿諛，不介意成爲無知的王公們戲謔的對象。但這並不表示能克保安全。一次宮廷革命可能撤除對這些弄臣們的供養；迦拉西亞的士人可能把富人的別墅燒毀，一個城市也可能由於一次宮廷戰爭而被破壞。在這種情形下，就無怪人民要膜拜幸運的女神了。在人間事務的秩序中，似乎已經沒有合理的東西存在。那些固執的尋求合理的人祇好反求諸己，決定像密爾頓的撒旦一詩中所說：

心靈居於原地，現其本性，
可將天堂變地獄，地獄變天堂。

除自私的野心家以外，一般人不再有任何興趣去參加公共事務。亞歷山大輝煌的功業結束之後，希臘世界陷於混亂，由於沒有一個專制者足够強大到達成穩定的至高無上的地位，或者一項堅強的原則足够使社會團結一致。希臘知識界，在面對新的政治問題時顯得軟弱無能。羅馬與希臘相較，無疑爲愚蠢與殘酷，但他們至少建立了秩序。一般人容忍過去的自由而混亂的日子，是因爲每一個公民都可以參與政治；但是馬其頓的混亂，是無能的統治加之於被統治者身上的，故絕不能容忍——其不能容忍的程度遠超過以後受羅馬統治的時期。

社會不滿與革命的恐懼充斥於世。自由勞工的工資下跌，是由於東方的奴工的競爭；生活必需品却漲價。亞歷山大在他的霸業開始時，居然有時間訂立條約，以維持窮人的現狀。紀元前三三五年，在亞歷山大與柯林斯國家聯盟訂立條約中，雙方須監視聯盟國的任何城市不得取消私人財產，分割土地，消除債務，或爲革命而解放奴隸。在希臘城市中，廟宇即是銀行，持有黃金儲備，控制債權債務。在紀元前第三世紀初期，底洛斯的阿波羅神殿以利息一分貸款給人，以前，利率較此更高。

自由勞工，以工資過低，如年輕而富活力，必定能够轉業爲傭兵。無疑傭兵的生活充滿了艱苦與危險，但同時也有出頭發跡的機會，或許可在若干東方的富庶城市掠奪，或許還有因叛變而獲利的機會。一個司令官在戰役終止後解散軍隊對他個人來說是很危險的，這也是何以戰爭總是繼續不停的原因之一。

在舊的希臘城市中，傳統的公民權多少仍被保留，但亞歷山大新建的城市中則不然——包括亞歷山大城在內。初期，新建的城市總是由舊城市的移民組成的，對故鄉仍有一種懷念。這種感情持續很久，可以用紀元前一九六年藍勃薩克斯城的外交活動作爲實例。此城受到席留昔德國王安梯奧區斯三世的威脅，乃決定求援於羅馬，其使者並沒有到羅馬，卻不顧路途遙遠，先到馬賽，因爲馬賽的居民與藍城一樣是來自弗開亞城的，但與羅馬的關係更友善。馬賽人在聽到使者的陳詞之後，立即決定派遣他們自己的代表團到羅馬去，表示支持他們的姊妹城。居於馬賽內陸的高盧人也參加支持，作書給他們在小亞細亞的同族人——加拉太人，希望他們也支持藍城。羅馬樂於找一個干預小亞細亞事務的藉口，由於羅馬的干預，藍城終獲保持其自由——直到羅馬感到對它自己不利爲止。

亞洲的統治者一般自稱爲「希臘的愛好者」，在政治與軍事情況的允許下，儘可能與希臘城市修好。這些城市要求（當有能力這樣做時）並宣稱有權組成民主的自選政府，不納貢，不接受皇家的駐軍。以當時的情勢，和這些城市妥協是值得的，因爲它們富足、可供應傭兵，其中很多城市有重要的港口。但如果它們在內戰中選擇錯誤，就有被完全征服的可能。大體上，席留昔德王朝及以後逐漸興起的王朝，對這些城市都採寬容的態度，但也有一些例外情形。

新城市雖有其自選的政府，但與舊城市的傳統不同。新城市的公民並非來自同一來源，而是來自希臘的各個部份。他們主要是冒險者，有如在約翰尼斯堡的征服者或移民一樣，並非虔誠的朝聖者，有如早期的希臘移民或登陸新英格蘭的清教徒一樣。結果，沒有一個亞歷山大所建的新城市組成一政治上強有力的單位。這是有利於王朝統治的，但不利於希臘文化的傳佈。

在希臘化世界中，非希臘的宗教與迷信的影響雖非全部但大體上是很壞的。也許事實並非如此。猶太教、波斯祆教、佛教確定優於通俗的希臘多神教，並且即使由最高深的哲學家去研究，也能因此獲益。不幸的是，希臘人的想像力受巴比倫尼亞人或查地亞人的影響最大。第一、他們具有神奇的古老歷史；僧侶的紀錄可追溯到幾千年以上，自稱更較此爲悠久。再則，他們確有才智：巴比倫尼亞人之預測日月蝕，遠在希臘人之前。但這些祇是接受的起因，主要所接受的是占星術與巫術。穆勒教授（Gilbert Murry, 十九世紀英國古典學者）說：「占星術流行於希臘人心中，猶如瘟疫流行於某一遙遠的海島居民一樣。據狄奧多魯斯描敍，奧齊曼第亞斯的墓，刻上了許多占星家的符號，在康瑪琴尼發現的安梯奧區斯一世的墓，也是同樣的情形。帝王們相信星宿守護着他們是很自然的。但每一個人都準備接受星象所帶來的災禍。」占星術首先於亞歷山大時由一名叫貝洛蘇斯的查地亞人傳給希臘人，據塞尼卡（Seneca 第一世紀羅馬政治家及哲學家——譯者註）說，貝洛蘇斯授徒於科斯城，並解釋「貝爾」神（巴比倫尼亞的主神——譯者註）的諭示。穆勒教授說：「此必定意指他將『貝爾神之眼』譯成希臘文，原作爲七十塊碑文，在阿歇巴尼帕爾的圖書館中發現（紀元前六八六年至六二六年），是在紀元前三千年左右爲沙岡一世所作的。」

我們可以看到，卽使大多數優秀的哲學家也相信占星術。由於認爲未來是可以預測的，所以也相信貧窮或災禍是前定的，這可以用來反對流行的祈福的觀念。大多數人兩者都相信，而從不注意這是相互矛盾的。

一般人的心理困惑必然帶來道德的墮壞，有過於知識的衰微。在長年持續的不安定中，雖然仍有極少數人保持至高無上的聖德，但一般有地位的公民的日常品德却在貶抑中。當明日你所有的儲蓄可能化爲烏有時，節儉似乎已無助益；當你對一個人誠信而這個人一定會欺騙你時，誠信卽歸於無用；當目標並不重要也沒有獲得穩定勝利的機會時，沒有理由非固守一個目標不可；當祇有柔順屈從可以保護生命與財產時，就沒有人願意爲眞實而辯護。一個人的品德除適應塵世需要外，無所依附，在這樣一個混亂世界中，如有足够勇氣，將成爲冒險者，如沒有勇氣，卽自甘卑微，做一個懦怯的趨炎赴勢者。屬於那個時代的米南德說：

我知道有很多這種情形，
本性並不想詐騙的人，

這樣做是迫於環境和惡運。

這就是紀元前第三世紀的道德上的一般徵象，祇有極少數的人是例外。卽使在這幾個人中，恐懼也代替了希望，生活的目的在逃避不幸，而不是達成任何積極的善舉。「形而上學退居背後，個人的私利成爲最重要的事。哲學已不再是引導少數勇於尋求眞理者的火炬，毋寧是追隨在爲生存而掙扎者之後的救護車，把衰竭與受傷者救上車去。」（註二）

（註一）這一點是與史實不符的。

（註二）原文見安格斯（C.F. Angus）所著古代史。米南德之言亦自同書中引述。

第二節　犬儒學派與懷疑學派

知識界著名人物與當時社會的關係，因時代不同而迥然有異。在某些幸運的時期，他們大體上和環境是諧調的——當然也會主張他們認爲必要的改革，但自信他們的主張會受歡迎，而卽使這個世界維持現狀，未曾改革，他們也不會抱怨。在其他某些時期，他們又具有革命性，認爲需要激烈的改變，但預期一部份必須由於他們的提倡，而這種改變卽將在近期內發生。還有某些時期，他們對世界已經絕望，感覺他們雖然明知世界需要的是什麼，但自己却無能爲力。這種心境很容易陷於更深的絕望，認爲在世上的生命基本上是痛苦的，祇有寄望於一個未來的生命或神奇的「脫骨換胎」。

在某些時代，所有以上的這些態度都爲生於同時的不同的人所採納。試以十九世紀爲例，歌德是安適的，邊沁是改革者，雪萊是革命者，里奧帕底(Conte Glacomo Leopardi 意大利詩人——譯者註)是悲觀主義者。但大多數的時代，偉大作家都有一類似的心境。十八世紀伊麗莎白統治下的英國作家是安適的；在一七五〇年前後，法國作家是革命的；自一八一三年以後，德國作家是國家主義的。

在教會統治的時代，自十三世紀至十五世紀，理論上的信念與實際的感覺發生衝突。在理論上，現在的世界是「苦淚之谷」，爲到另一世界的痛苦的準備。但事實上，著書人——幾乎都是教士，不能不感到爲教會的權力所鼓舞；他們發現有很多從事有益活動的機會。因此，他們具有統治階層的想法，而自覺並非被流放到一個「陌生世界」的人。這是貫串整個中世紀的奇異的二元論，部份是由於事實上教會雖然以另一世界的信念爲基礎，却是處理日常世界最重要的機構。

基督教義的另一世界的心理準備，開始於希臘化時期，並與城邦的沒落有關。一直到亞里斯多德，希臘的哲學家，雖然他們或許諸多抱怨，但主要並不是對一切絕望的，他們也不認爲自己在政治上是無能的。他們有時候或許屬於被攻擊的一面，果屬如此，他們失敗是由於衝突時的運氣不好，而不是由於任何智力的衰弱。即使像畢達哥拉斯、柏拉圖這樣的人，在某種心境下譴責塵俗的世界而向神秘主義逃避，也有實際的計劃以使統治階層成爲聖哲。當政治權力入於馬其頓人之手，希臘的哲學家自然要遠避政治，更使自己獻身於個人品德或靈魂獲救的問題。他們不再問，如何人類可以建立一個好的國家？他們祇問：人如何能夠在一邪惡的世界中保有品德，或者如何能夠在一痛苦的世界中獲得快樂？不過，這祇是程度上的改變；這種問題在以前也問過，後期斯多噶學者曾一度牽入政治——

不是希臘而是羅馬的政治。改變是有的，除斯多噶派哲學在羅馬統治時期曾作有限度的擴展之外，認眞思想與觀察的人變得更順服而祇顧一己的利害，直到最後，基督教傳佈了個人獲救的福音，鼓舞了宗教熱忱，建立了教會制度爲止。在此以前，哲學家沒有可以全心依俯的機構，因此，其對權力的合法的愛好也沒有一正當的出路。紀元前第三世紀後的希臘哲學家，在做人的權利上所受的限制，尙有過於鼓勵人民忠順的城邦時代。他們仍在思想，因爲不能不思想；但他們很少希望他們的思想會對現實的世界產生結果。

亞歷山大時代，哲學上創立了四個學派。最著名的兩派是斯多噶派與伊比鳩魯派，將在後節中敍述，本節專論犬儒學派與懷疑主義學派。

犬儒學派通過其創始人狄奧基尼斯（Diogenes），起緣於蘇格拉底一個名叫安梯斯濟尼斯（Antisthenes）的門徒，比柏拉圖約長二十歲。安梯斯濟尼斯是一個突出的人物，在某些方面頗似托爾斯泰。蘇格拉底死前，他一直生活在貴族的同學圈子裏，並沒有反正統的表示。但當年齒漸增，某些因素影響了他——雅典的戰敗，或蘇格拉底之死，或對哲學的模稜性的厭惡——使他鄙視以前他所珍視的東西。除純善外，他拋棄了一切。他和工人交往，衣着一如工人。他作露天演說，設辭淺顯，使未受教育的人都能聽懂。他主張一切高深的哲學都是沒有價值的；凡是可以懂的知識，平常人也都可以懂。他信仰「回返自然」，且走向極端，以至主張無政府、無私產、無婚姻、無固定的宗教。若非他本人卽是他的門徒曾譴責奴隸制度。他並不絕對節儉，但鄙視奢侈與一切對人爲的感官享樂的追求。

他說：「我寧願瘋狂，不願享樂。」

他的門徒狄奧基尼斯的名望蓋過了他本人。「一個從席諾勃城到歐克齊尼城來的年輕人，老師最初看見他，並不喜歡。他的父親是一個不名譽的錢幣兌換人，因破壞幣制而入獄。安梯斯濟尼斯命他離開，他不予理會，擊之以杖，昂然不動。他需要『智慧』，他認爲安梯斯濟尼斯可以給他。他生活的目的在『子承父業』——破壞幣制，但規模遠較宏大。他要破壞世界上的一切幣制。他認爲一切通行的標誌都是虛僞的。被指明爲將軍與帝王的人，被指爲榮譽、智慧、幸福、富足的東西，都是虛有其表的劣等金屬。」（見穆勒所著「五個階段」Five Stages）。

他決定生活得像一條狗，故稱爲「犬儒」，亦卽是與犬同類的（canine）。他否定一切習俗——無論是宗教的、禮儀的、衣飾的、居住的、食物的或正當行爲的。據說他住在一個大桶中，但穆勒告訴我們，這是錯的：事實上那是一個較大的帳幕。原始時代作爲葬禮用的。他像印度的托鉢僧一樣，靠乞討爲生。自稱不僅與一切人類爲兄弟，亦與動物爲兄弟。他是一個傳說很多的人物，卽使在他有生之年也是如此。每一個人都知道，亞歷山大曾訪晤過他，問他有什麼要求，他回答說：「祇要你走開不擋住我的陽光就行了。」

狄奧基尼斯所講授的內容，絕非如我們所說的「憤世嫉俗」的——正與此相反。他主張無視世俗的享用，對「品德」具有熱忱。他由不受物慾的束縛去追尋品德與道德自由：漠視財富所能帶來的享用，你就可以無所恐懼。我們可以看出，在這方面，他的思想爲斯多噶派學者所採納，但他之否定文明的樂事（如音樂、禮貌等），則不爲他們所附和。他認爲蒲洛米濟厄斯因介紹美術使生活陷於繁複與矯作而判罪服刑是公正的。這一點，他很像中國的道家、盧梭與托爾斯泰，却比他們更固執。

他雖然和亞里斯多德同時，但他的思想却具有希臘後期的特質。亞歷山大是希臘最後一個以愉悅的心境面對世界的哲學家。在他以後，都有一種「退避」的思想，祇是表現的方式不同而已。這個世界是不好的，讓我們學會如何遺世而獨立。身外之物是變動無常的，爲幸運所賜，而非我們本身努力的報償。祇有發自內心的享用——品德，或由放棄而產生的滿足才是不可剝奪的。僅僅這些就會爲智者所珍視。狄奧基尼斯本人充滿活力，但他的思想，像一切希臘後期的思想一樣，祇能吸引那些因失望而喪失天生熱忱的人。除對邪惡的權力抗議外，這種思想當然不足以推展藝術、科學、或政治家精神，或任何有益的活動。

觀察犬儒學派流行後變成如何一種東西，是很有趣的事。紀元前三世紀的初棄，犬儒學派盛行，尤其在亞歷山大城。他們印行了教諭，指出倘物質上一無所有，卽如何便於做事，食物簡易是如何安適，一個人如何不需穿貴重的衣服而仍能保暖（此在埃及或許是對的），對故鄉感到親切，或爲兒女或朋友的死而哭泣是如何的愚蠢。一位通俗化的犬儒學者泰利斯說：「因爲我的兒子或妻子死了，難道就有任何理由讓仍舊活着的我無視自己，不再留意照顧我自己嗎？」在這一點上，使人變得難於對所謂簡單生活有任何同情，因爲這種生活的一切變得太簡單了。究竟什麼人贊成這些教諭。是富人嗎？因爲他們希望想到窮人的痛苦都是虛構的。或者是新破產的窮人嗎？因爲他們試圖鄙視成功的商人。

或者還是那些弄臣嗎？因爲想使自己認爲他們所接受的賞賜是不重要的。泰利斯對一個富人說：「你自由地施捨，我勇敢地從你那裏接受，既不卑躬屈膝，也不必讓自己低聲下氣，更不必喋喋訴怨。」流行的犬儒主義並不教人放棄世上的美物，祇是投之以某種程度的漠視而已。以借錢的人來說，祇是減少對貸方的義務（指利息）。由此可以看出「犬儒說」一詞在日常生活上是代表什麼意義了。

犬儒主義最好的一部份傳給了斯多噶主義，這是一種較完整而圓通的哲學。

懷疑主義之成爲一個學派，首先是由皮爾霍(Pyrrho)所宣佈的。他在亞歷山大的軍中服役，並一直從征遠至却度。他似乎已倦於遠遊，而渡其餘年於出生的伊利斯城；死於紀元前二七五年。在他的思想中並沒有多少新意，祇是把舊的懷疑論加以某種程度的系統化體例化而已。懷疑主義有關感覺的論點，從很早的時期開始，就已經使希臘哲學家彌感困惑，僅有的例外是像巴曼尼德斯、柏拉圖那樣的人，他們否定感覺對知識的價值，並且使他們的否定有利於理智的教條主義。詭辯學者，以普洛塔哥拉斯與哥基亞斯爲例，已被模稜兩可與顯著的感覺上的矛盾帶入與休謨相類似的主觀主義。皮爾霍（他很聰明沒有寫過書）似乎除對感覺懷疑之外，又在懷疑主義之上加上了道德與邏輯的懷疑。據說他主張永遠不可能有任何合理的原因，捨棄某種行動而採取另一種行動。實際的意義是指每個人必須與他所居住的國家調和一致。現代的教徒習於在星期天上教堂，而跪拜中節，但沒有任何宗教上的信仰假定是可以鼓舞這些行爲的。古代的懷疑主義者參加異教徒的全套儀式，甚至做祭司，懷疑主義告訴他們這種行爲不能證明爲錯的，而他們的常識告訴他們（常識挽救了他們的哲學）這種行爲却是適合的。

懷疑主義自然也吸引了非哲學家的一般的人心。一般人觀察各學派的歧異以及他們爭辯的激烈，認爲所有學派都把事實上不能接受的事情僞裝爲知識。懷疑主義是懶惰者的自慰，它表現無知的人與著名學者同樣具有智慧。懷疑主義不能滿足那些在本性需要信仰的人，但有如一切希臘後期的思想，都可以用爲憂慮的解毒劑。爲什麼要爲將來煩擾呢？將來是不確定的，你儘可以享受現在；「要來的事是不能確定的。」因此，懷疑主義相當受一般俗人的歡迎。

應該瞭解，懷疑主義哲學不僅是懷疑，而且還有或許可以稱爲敎條主義的懷疑。科學家說：「我想是如何如何的，但我不能確定。」對知識具好奇心的人說：「我不知道是怎麼囘事，我希望能够研究出來。」哲學的懷疑主義者會說：「沒有人知道，永遠沒有人能够知道。」就是這個敎條主義的原因，使它的體系容易被打破。懷疑主義者當然否認他們以敎條主義說明知識的不可能性，但他們的否認沒有什麼說服力量。

菲爾霍的門徒梯蒙（Timon），另立新說，從希臘邏輯的觀點，是很難予以反駁的。希臘人唯一接受的邏輯是推理，而一切推理，像歐幾利得定理一樣，都必須從「自我證明」的一般原則開始。梯蒙則否定可以找到這些原則。因此，一切事情必須用其他一些事情來證明，一切論據如不是「自己繞圈子」的，就是一條無所依附的無窮盡的鍊條。無論那一種情形，都不能證明什麼。我們可以看出，這個論點在動搖統治了整個中世紀的亞里斯多德哲學的根本。

今天並非十足懷疑主義的人所提倡的某些懷疑的方式，在古代的懷疑論者的身上是找不到的。古代懷疑論者並不懷疑現象，也不懷疑在他們看來祇是直接關繫到現象的意見。梯蒙的大部份著作已散失，但保存的斷簡可以解釋這個觀點。其中一人說：「現象永遠是確實的。」另一人說：「如說蜜是甜的，我拒絕這樣表示，如說蜜嚐起來是甜的，我完全接受。」現代的懷疑主義者却會指出現象祇是「發生」，既非確實，也非不確實。凡可認爲確實與否的問題必須是一項敍述，而沒有任何敍述可以切合現象到不可能帶有虛僞的程度。由於同一原因，現代懷疑主義者會主張「蜜嚐起來是甜的」祇有很高的可能性，但不能絕對地肯定。

在某些方面，梯蒙的思想很像休謨（Hume）。梯蒙主張某些從未觀察過的東西——例如原子——即不能確實地加以推斷；但當兩種「現象」常在一起觀察時，其中一種可以從其他一種去推斷。

梯蒙長壽，晚年都住在雅典，死於紀元前二三五年。自他死後，菲爾霍學派即不再成爲一個學派，也隨之消逝。但看來也許很奇怪，他的學說，經過修改後，却爲代表柏拉圖傳統的學院所接納。

引起這場可驚的哲學革命的人是亞席西勞斯（Arcesilaus），與梯蒙同時，死於紀元前二四〇年，此時他已是一老人。大多數人從柏拉圖那裏學到的是相信有一個超感覺的理智世界，以及必死肉體中的不朽靈魂的優越性。但柏拉圖是多方面的，在某些方面，也可以認爲他也在講授懷疑主義。柏拉圖所描敍的蘇格拉底自認一無所知；我們很自然地會當成這是諷刺性的，但也可以認眞地加以考量。許多對話沒有達成確定的結論，目的在把讀者留在疑霧中。例如「巴曼尼德斯」一書的後半部，似乎是無目標的，祇是表示任何問題的正反兩面，都可以在相等的合理性上成立。柏拉圖的辯證法可以當作一種目的，而非手段，果屬如此，卽進入懷疑主義的境界。這似乎是亞席西勞斯爲柏拉圖作註解的一種方式，他仍舊宣稱是追隨柏拉圖的。他斬殺了柏拉圖，但無論如何，留存的殘軀却是眞正代表柏拉圖的。

假如從學於他的青年能够避免被癱瘓，則他的敎學方法就很值得讚揚的了。他主張門徒不寫論文，但對門徒所寫的任何論文，都要加以反駁。有時，他在連續的場合中，自己提出兩種相互矛盾的主張，表示如何爲兩種都作有力的辯護。一個富活力的門徒起而抗辯可能學到機巧與避免犯錯。事實上，除巧辯與漠視眞理外，似乎沒有人能够學到任何東西。但亞席西勞斯的影響甚大，柏拉圖學院爲懷疑主義所籠罩，幾約兩百年。

在此懷疑主義的中期，有一件有趣的事發生了。卡尼阿第斯（Carneadas），亞席西勞斯的衣鉢繼承人，做了學院的院長。在紀元前一五六年，雅典派了三位哲學家到羅馬去擔負一項外交的任務，他是其中的一位。他認爲他的外交身份不應該妨礙他的本業，就宣佈在羅馬講學。當時急於模倣希臘作風學習希臘文化的青年乃趨之若鶩。他的第一講說明亞里斯多德、柏拉圖對公正的看法，是完全屬於正面解釋的。但在他的第二講中，却對第一講所說的都加以駁斥，目的不在建立一反面的結論，而在表示一切結論都是不適當的。柏拉圖所敍述的蘇格拉底曾說，一個犯罪者攻擊不公正的判決比爲此判決而受苦更爲邪惡。卡尼阿第斯在第二講中對這個論點加以嘲笑。他指出，偉大的國家因侵犯他的較軟弱的隣居而變得偉大；在羅馬這種情形是不能否認的。在一次船難中，儘可以因救自己而犧牲弱者，否則你就是傻子。「婦孺優先」，他認爲並非救人的不變原則。當你被擊敗而逃亡時，你失去了自己的馬，但你看見一個受傷的戰友騎在另一匹馬上，這時你將怎麼辦呢？假如你是聰明的，不管「公正」是如何規定的，你會把他拉下來，奪去他的馬。所有這些非教導性的討論，可使一個普通的柏拉圖信徒驚詫，但似乎很能取悅思想較新的羅馬青年。

其中有一人表示不悅，是年齡較長的卡托(Cato)，他代表嚴苛、僵硬、愚蠢與殘酷的羅馬法律，而羅馬即是以此而擊敗迦太基的。自青年至老年，他一直生活簡樸，起身早，從事苦力勞動，祇吃粗劣的食品，從不穿着一件售價超過一百個小錢的衣服。他對國家絕對忠誠，不掠奪，不受賄。他苛求其他的羅馬人也要有和他一樣的品德，並聲稱控告與追捕惡人是一個誠實的人所能做的最好的事。他儘可能地加強羅馬禮儀的嚴謹性：

「卡托把一個馬尼利厄斯人逐出參議院，這時他已經很有希望在翌年當選執政官，被逐的理由是他在白晝當女兒之面熱吻其妻：卡托譴責他這一點，並告訴他，他自己的妻子除非在打雷時，從未吻過他。」

當卡托當政時，禁止奢侈與飲宴，他命其妻不僅爲自己的兒女哺乳，也爲奴隸的兒女哺乳。當他的奴隸年老不能工作時，他毫不顧惜地將他們賣掉。他堅持他的奴隸不在睡眠就要工作，並鼓勵奴隸相互爭吵，因爲「假如他們成爲朋友就不會服從主人。」當奴隸犯了嚴重錯誤時，他就召集其他所有的奴隸，並誘使他們主張將犯錯的人處死，然後他當其餘人的面，親手行刑。

卡托與卡尼阿第斯的對比是很顯著的；一個是由於過於嚴酷古老的道德律而變得殘忍；另一個是由於希臘社會解體所造成的過分散漫的道德律而變得卑鄙。

「卡托對青年開始學習希臘語，而希臘語在羅馬已漸受重視，自始就不滿意：擔憂羅馬的青年熱心學習與訓練口才，最後將放棄軍事上的榮譽與光耀……他有一天在參議院公開發現一件錯事——來自希臘的使節們停留得過久而仍未回國：而且想到他們都是很機敏的人，應該很容易達成任務。假如他們沒有另外的任務，最好早日給他們答覆，把他們送回自己的學校去教希臘人的子弟，不要讓他們碰羅馬人的子弟，他們將會學習服從法律與參議院，像他們過去一樣。他向參議院說，他不是像有些人所想的，他對卡尼阿第斯有任何私人的怨恨：祇是因為他自己敵視一般的哲學。」

在卡托看來，假如沒有法律，雅典人會成為次等種族；假如他們由於知識界的淺薄詭辯家而墮落，也沒有關係，但羅馬青年必須保持嚴謹、效忠帝國、殘暴而愚蠢。但是，他失敗了；以後的羅馬人一方面保持了他的許多惡習，一方面也學會了卡尼阿第斯的惡習。

卡尼阿第斯以後的繼任院長是一位迦太基人，他的眞名是哈斯都巴（Hasdiubal），但在和希臘人打交道時，他喜歡被稱為克里托馬區斯（Clitomachus）。他不像前任那樣祇限於講學，他寫了四百本書，其中一部份用的是腓尼基文。他的基本學說似與卡尼阿第斯相同。在某些方面，他們是有益於社會的。這兩位懷疑主義者都反對相信愈益盛行的占卜、巫術與占星術。他們又發明了一種建設性的學說——討論可能性的程度；雖然我們永遠不能在感覺性的確定上被認爲是眞實的，但某些東西確似乎比其他某些東西更爲眞實。可能性可以作爲我們實際行爲的指導，因爲依照最具成功可能性的假定來行動也是最合理的。大多數的現代哲學家都會同意這種看法。不幸，闡明這一學說的著作已經散失，很難從殘存的提示中，加以重建。

自克里托馬區斯之後，學院卽不再爲懷疑主義所佔，從安梯奧區斯（他死於紀元前六十七年）的時代起，事實上懷疑主義與斯多噶主義已經夾纏不清，難分涇渭，像這樣持續了幾百年。

懷疑主義並沒有消逝，後來又由於來自克諾索斯的艾尼昔第慕斯（Aenesidemus）而復甦。我們知道克諾索斯這個城市有懷疑主義者存在，更比菲爾霍早兩千年，他們以懷疑駁斥司牧動物的女人的占卜取悅那些淫亂的國家。艾尼昔第慕斯的在世年代不詳。他放棄卡尼阿第斯所主張的「可能性」學說，回復到最早的懷疑主義的形式。他的影響是很大的，繼之而起的是紀元後第二世紀的詩人——魯西安（Lucian），稍後是恩披雷克斯（Empiricus）。——唯一有著作傳世的古代懷疑主義哲學家。例如，他有一短篇論文「反對信仰上帝的論點」。貝凡在他所著的「後期希臘宗教」一書曾將此文譯爲英文，並稱據克里托馬區斯說，其內容是得自卡尼阿第斯的傳授。

這篇論文開始時卽說明，懷疑主義者在「行爲」上是正統的：「我們懷疑主義者在實際生活上從衆隨俗，却對此不堅持任何意見。我們說神存在，並對神膜拜，說他們會保佑我們，但不表示有任何信仰，並避免任何教條主義者的輕率。」

然後他辯稱，對上帝的本質，各人意見不同，有人認爲祂是有形的，有人認爲是無形的。因爲我們沒有見過祂，我們不知道祂的徵象是什麼。上帝的存在不是自我證明的，因此需要另有證據。使人感覺困惑的爭論表示，不可能有這樣的證據。然後他又提出邪惡的問題，其結論如下：

「那些堅決主張上帝存在的人不可避免地犯不敬之罪。因爲假如他們說上帝支配一切，這就使祂也成爲邪惡的創造者；假如他們說上帝祇支配某些事情，或不支配任何事情，就使上帝成爲吝惜或無能，如此顯然也是不敬。」

雖然懷疑主義存在於某些受過良好教育者的心目中，一直到紀元後第三世紀，但和時代的精神是相反的，那個時代已經愈來愈傾向於教條主義的宗教與救世的思想。懷疑主義有足夠的力量使受教育的人不滿國定的宗教，但沒有積極的東西（即使在純理智的範圍內）可以提出來代替它的地位。從文藝復興期後，神學的懷疑主義，大多數的主張，都由於對科學的熱烈信仰而獲得補充，但在古代，就得不到這種補充。對於懷疑主義者所提出的問題，古代的人不準備尋求解答，祇是擱置不理。奧林帕斯諸神已不被信任，於是東方宗教乘虛侵入，因贊成迷信而受歡迎，直到基督教佔優勢爲止。

第三節　伊比鳩魯學派

希臘後期的兩大學派——斯多噶派與伊比鳩魯派同時創立，其創立人齊諾（Zeno）與伊比鳩魯（Epicurus），差不多在同時出生，以學派領袖地位在雅典立足，前後相距亦不過數年。因此，以何者爲先，是個人的偏好問題，但我仍願先談伊比鳩魯學派，因爲他的學說在創立時卽已定型，而斯多噶學派則「長期發展」，一直到紀元後一八〇年去世的羅馬皇帝馬休斯・奧雷利厄斯（Marcus Aurelius）爲止。

有關伊比鳩魯的一生，知道最多的是紀元後第三世紀的狄奧基尼斯・賴爾梯厄斯。但也有兩項困難：第一、狄奧基尼斯本身也準備接受很少或根本沒有歷史價值的傳說；第二、他的「生活」一書中含有斯多噶學者用以攻擊伊比鳩魯的醜聞，他沒有說明這是代表他自己的敍述還祇是當作一種誹謗來引述。斯多噶學者所製造的傳說，關於他們自己的是事實，正當一般人讚美他們的高尚品德時，也會記住這些故事，但關於伊比鳩魯的却非事實。例如，傳說他的母親是一名喋喋不休的女祭司，狄奧基尼斯說：

「他們（指斯多噶學者）說他從前常常隨着他的母親，一家一家地挨門誦讀淨化心靈的祈禱文，並且幫助他的父親，爲一點微薄可憐的津貼去敎小學生。」

對這一點貝萊（現代英國哲學家）說：「假如這個故事有任何眞實性，就是他做過他母親的助手，誦讀過她的咒文，他也許在早年就已經痛恨迷信了，但迷信却成爲他後來敎學內容的顯著特徵。」這個說法是吸引人的，但衡量後來的人所製造的醜聞，則極端輕率，萬不足信。譬如說他對母親有不尋常的強烈的愛。

但是，伊比鳩魯的生活史，大體上是可以確定的。他的父親是一個貧苦的移居薩摩斯島的雅典人。伊比鳩魯生於紀元前三四二年，出生地為薩摩斯或雅典，則不得而知。不管如何，他的童年是在薩摩斯島渡過的。他自稱在十四歲時即開始研習哲學，十八歲時，約當亞歷山大逝世之年，他到雅典去，目的顯然在取得其公民權，但當他到達時，雅典的移民又被薩摩斯島逐出（紀元前三二二年）。伊比鳩魯一家又流落到小亞細亞，以後他再從雅典趕去與家人團聚。在陶斯城，他受教於一個瑙昔番尼斯人，此人顯然是狄謨克里特斯的信徒（Dimocritus）。雖然他獲益於狄謨克里特斯者，較得自其他任何哲學家為多，但他對瑙昔番尼斯人祇表示鄙視，他稱之為「軟體動物」。

紀元前三一一年，他創立了他的學派，最初在米梯里尼城，後來移至藍勃沙克斯城，紀元前三〇七年以後，再移至雅典，他在紀元前二七〇年或二七一年死於雅典。

他經過青年時代的顛沛困苦後，在雅典的生活，除健康較差外，大體上是舒適寧靜的。他擁有一所房屋和花園（兩者是隔開的），他就在花園中授課。最初他的學校中祇有他三個弟弟和另外很少的人，到雅典後，人數逐漸增加，不僅是研習哲學的門徒，還有朋友及其子弟、奴隸與女奴。最後一項成為他敵人攻擊的藉口，但顯然是不公正的。他可以大量接納純潔的友誼，向學派中同仁的子弟，寫許多使人愉悅的書信。他不像一般古代哲學家那樣莊嚴肅穆而喜怒不形於色；他的書信自然而不假矯飾到使人驚詫的程度。

學校中的生活很簡單，部份是由於原則，部份無疑是由於沒有錢。食物主要是麵包與水，伊比鳩魯對此已經感到很滿足了。他說：「當我祇靠麵包與水度日時，我在身體上至感愉快，我唾棄奢侈性的享樂，不是由於它本身的錯誤，而是由於事後所帶來的困擾。」學校的財源至少有一部份靠捐助。他寫信給一位朋友說：「請給我一些乾乳酪，這樣我在高興時，可以舉行一次宴會。」寫給另一朋友說：「代表你自己和你的兒女，給一些爲保持我們聖潔肉體生存所必需的東西吧。」他又寫道：「我所要求的唯一捐助——讓門徒們帶給我吧，卽使他們是神話中的北方人，也不妨做這件事。我希望你們每人每年捐助二百二十德拉契美（約當二十美元——註），僅此而已。」

伊比鳩魯一生爲病魔所纒，但他學會以不屈不撓的精神來承受。第一個主張人在受刑時仍可快樂的不是斯多噶學者，而是伊比鳩魯。他在逝世前數日及逝世當日所寫的兩封信，證明他的看法是對的。第一封信寫道：「作此信前七日，我的循環系統似已阻滯，感到一種瀕臨死亡的痛楚。倘有不幸，請照顧米楚多魯斯的四個兒女，爲期四五年，但所費不要超過你現在用在我身上的。」第二封信說：「在我一生中眞正快樂的一天，正瀕臨死亡時，我寫這封信給你。我的胃與膀胱的病已入絕境，通常的嚴重症候都已發生，但當我想起和你的談話時，內心仍感愉快，正如我所能期望的，你自幼卽傾心哲學並就學於我，我也期望你能照顧米楚多魯斯的兒女。」米楚多魯斯是伊比鳩魯的第一期門徒，早死，伊比鳩魯照他的遺囑扶養他的兒女。

雖然伊比鳩魯對大多數人都很和藹，但當他關涉到哲學時，尤其對那些他被認爲應該向他們感恩圖報的人，却顯示了他性格的另一面。他說：「我猜想那些向我喃喃抱怨的人，相信我是『軟體動物』（瑙昔番尼斯人）的門徒，和一些耽於飲酒的年輕人一起聽講。不錯，他是壞人，他的習慣永不能將人引導入智慧的境地。」他永遠不知應該如何感謝狄謨克里特斯。關於留昔帕斯，他說沒有這樣一個哲學家——其意當然不是指沒有這個人，而是這個人不是哲學家。狄奧基尼斯却有一張形容過當的名單，稱伊比鳩魯可與前輩中最顯赫的哲學家相比擬。伊比鳩魯除對其他哲學家苛刻之外，還有一項嚴重的錯誤，即專制性的教條主義。他的門徒必須學習一種教條，以行為體現他們所不容質疑的思想。沒有人敢於對這些教條加以增刪。兩百年後，魯克雷梯厄斯把伊比鳩魯的哲學轉寫為詩篇，照現在所能判斷的，並沒有在理論上增加任何新意，當作一比較時可發現魯克雷梯厄斯的詩與原有理論很接近，一般認為很多部份可以作為伊比鳩魯所著三百册書全部散佚後的補充資料。除少數書信、一些斷簡零篇及「基本思想」的說明外，他的著作已蕩然無存。

伊比鳩魯的哲學，和他同時代的一切哲學一樣（懷疑主義有一部份是例外），主要的目標是為了要獲取寧靜。他認為快樂即是「善」，而一切這種看法的推論，都與快樂貫串一體。他說：「快樂是幸福生活的開始與目標。」狄奧基尼斯在他所著「生活的目標」一書中引述他的話說：「假如我除去味覺的快樂、愛的快樂、視聽的快樂，我不知道如何能够表示『善』。」他又說：「一切善的根源與肇始都是腸胃的快樂；即使智慧與文化也必定與此有關。」他告訴我們，心靈的快樂即身體在默想中所感到的快樂。唯一可以超越肉體快樂的方法是學習默想快樂，而非痛苦，因此，我們控馭精神的快樂，更過於物質的快樂。除非意指尋求快樂的智慧，品德不過是空名而已。例如，公正意指沒有使其他人厭惡的行為——這引向社會起源的學說，與社會契約說很接近。

伊比鳩魯不贊成以前的唯樂主義哲學家，把快樂分成主動的與被動的，或活動的與靜止的。活動的快樂存在於一種所要求的目標的達成，而未達成目標時是與痛苦相聯結的。靜止的快樂存在於一種平衡的狀態，而這是沒有這種狀態就必須要求達成的結果。饑餓的滿足，在進行狀態中，可以說是活動的快樂，當饑餓已得到滿足時，繼之而來的寧靜卽是靜止的快樂。伊比鳩魯相信更宜於尋求第二種快樂，因爲這是不摻雜的，不必依靠痛苦去刺激的要求。當肉體在平衡狀態中，是沒有痛苦的；因此我們必須傾向於平衡及靜止的快樂，而不是刺激性的狂歡。伊比鳩魯似乎希望儘可能處於半飽後的安適狀態，而永遠不要以貪得無饜的欲望去進食。

因此，事實上他以解脫痛苦而非享有快樂作爲智者所追求的目標。胃可能是苦樂的根源，但與其胃痛則不如犧牲口腹的享受，因此，伊比鳩魯祇食麵包，在宴會時才加一點乾乳酪。口腹之慾，猶如貪圖富貴，是徒勞無益的，因爲這使人原本可以滿足的時候却終日孳孳不息。他說：「最大的善是節儉，甚至比哲學更寶貴。」根據他所瞭解的，哲學是實用的體系，目的在獲取快樂的生活，祇需要常識，不需要邏輯或數學，或任何柏拉圖所規定的繁複訓練。他要求他的青年門徒與他的朋友皮托克里斯「遠離一切方式的文化」。他勸誡勿參與公共生活是他學說的自然結果，因爲一個人愈有權力，卽愈遭受其他人的嫉妬，因此也希望他受到傷害。卽使他能逃過災禍，在這種情形下，他的心靈也不可能得到安寧。智者在人不知不覺中生活，這樣就不會製造敵人。

性愛——最「活動」的快樂之一自然是受禁制的了。他說：「性愛從來沒有使人受益，不受害已經是幸運的了。」他喜歡兒童（別人的），但爲了滿足他的興趣，他似乎依賴別人不依從他的勸誡——結婚。他似乎喜歡兒童，是違反了他的另外一種更重要的想法；因爲他認爲結婚生子將分散一個人更重要的心志。魯克雷梯厄斯，遵照他的原則捨棄愛情，發現祇要不動眞情，性交是沒有害處的。

伊比鳩魯說，最安全的社會關係的快樂是友誼。他也和邊沁一樣，認爲所有的人在所有時間內，祇尋求自己的快樂，有時是聰明的，有時是不聰明的；但，他也像邊沁一樣，被他自己和藹與親切的本性所引導，去做一些值得崇敬的事情，而根據他自己的理論，這些事情却是不應該做的。他顯然是喜歡朋友的，不管能在他們身上得到什麼，但他相信他自己也是自私的，正如他的哲學認爲所有的人都是自私的。據西塞羅說，他相信「友誼不能脫離快樂而存在，故必須培養友誼，因爲如無友誼，我們既不能活得安全而絕少恐懼，甚至也不能活得快樂。」有時，他多少忘記了自己的理論，他說：「所有的友誼都有其本身的價值，雖然他的起源是由於需要幫助。」雖然伊比鳩魯的哲學在別人看起來是卑賤的，缺乏道德上的崇高地位，但他本人却是很熱心的。我們知道，他提到學園中的團體時，稱之爲「我們的神聖組織」；他寫過一本書，名爲「論神聖」；他極端贊成宗教改革。他對受苦的人具豐富的同情心，並且堅信他們如能採信他的哲學，必能減緩其痛苦。這是一種弱者的哲學，適合一個不可能成爲冒險者樂園的世界。吃得少，因爲怕消化不良；酒喝得少，因爲怕第二天早晨頭暈；逃避政治、愛情及一切情緒激烈的活動；不爲結婚與兒女去做財產的奴隸；在精神生活中，告訴你自己默想快樂，不要默想痛苦。肉體上的痛苦誠然是有害的，但假如很嚴重，必定是短期的（指死亡），假如曠日持久，則可以用精神抑制的方法及默想快樂的習慣加以承受。總之，這樣生活就可以避免恐懼。通過避免恐懼的問題，伊比鳩魯始被引導進入純理論的哲學。他相信恐懼有兩大來源，一是宗教，一是怕死。這兩者之間是相互關連的，因爲宗教鼓勵了死是可怕的看法。因此，他尋求一種形而上的理論，證明上帝並不干預人間的事情，而靈魂與肉體同歸於盡。大多數的現代人以宗教爲一種安撫，但伊比鳩魯的想法則與此相反。在自然的進程中加以超自然的干涉，在他看起來是恐懼的來源，而肉體必死對於解除痛苦的希望是一種致命傷。因此他創立一精密的思想，目的在消除人類引發恐懼的信仰。

伊比鳩魯是唯物主義者，但不是定命論者。他追隨狄謨克里特斯，相信世界包含原子與虛空；但他不像狄謨克里特斯相信原子被自然規律所永遠控制。希臘的「必需」的觀念，在我們看來，乃起源於宗教，伊比鳩魯認爲攻擊宗教而使「必需」說存在是不够的。他認爲原子有重量，繼續地下墜；非以地球爲中心下墜，而是以某種「絕對的意義」下墜。原子常常爲一種自由意志所推動，自直接下墜而稍作轉向，於是卽與其他原子相撞。由這些觀點出發，星雲渦動說等等的發展（註一）保護了許多狄謨克利特斯的學說。靈魂是物質的，由諸如「氣」與「熱」的分子組成的。（伊比鳩魯認爲呼吸的氣與風及空氣是不同的物質，它們在運動時卽不是空氣。）靈魂的原子分佈於全部肉體。感覺的刺激是由於肉體所喪失的薄膜，游離到接觸靈魂的原子。這些薄膜也許在它們所依附的肉體休息之時仍然存在，這就是做夢。死亡時，靈魂分散，其原子當然繼續存在，但不再能够感覺，因爲不再與肉體發生關連。於此，伊比鳩魯說：「死亡對於我們無關重要，因爲崩解的肉體不再有感覺，既然沒有感覺，對於我們就無關重要。」

至於神，伊比鳩魯堅決相信有神，否則他無法解釋普遍存在的神的觀念。但他相信神不以人世間的事情自擾。他們是合理的快樂主義者，遵守自己所訂的規律，放棄公共的生活；政府是不必要的，在他們絕對幸福的生活中，不發生誘惑力。自然，占卜及其他類似的事情都是迷信，相信天國也是迷信。

因此，我們沒有理由恐懼神的怒譴，或死後在地獄中受苦。我們雖然受自然力量的支配，但這種力量可用科學的方法去研究，而且，我們仍有自由意志，在有限範圍內，仍是自己命運的主宰。我們不能避免死亡，但眞正瞭解死亡，就知道這是無害的。根據伊比鳩魯的原理，假如我們生活節儉，就可能獲得免於痛苦的方法。這是一個「微弱」的福音，但對於一個對世間慘苦印象至深的人，這已經足够鼓舞他的熱忱了。

在他本身的衡量中，伊比鳩魯對科學沒有興趣；他心目中科學的價值，祇在對迷信歸功於神力的現象，提出自然狀態的解釋。當幾種不同的解釋並存時，他認爲不必試圖有所選擇。例如，對於月亮，有許多不同的說法，祇要不涉及神，就同樣都是對的，而試圖在其中加以選定卽是好奇心的浪費。這一派學者事實上對自然科學一無貢獻是不足爲怪的。他們的用處在抗議後期的異教徒愈來愈迷信巫術、占星術與占卜；但他們仍和伊比鳩魯本人一樣，是教條主義的，固步自封的，除個人快樂外，無所縈心。他們能够背誦伊比鳩魯的教條，但在這個學派存在的幾百年中，沒有任何增益。

伊比鳩魯唯一著名的信徒是詩人魯克雷梯厄斯（Lucretius 99–55 B.C.）與凱撒同時。在羅馬共和國的末期，自由思想盛行，伊比鳩魯的思想頗受一般知識較高者的歡迎。羅馬第一任皇帝奧古斯都提倡復古，恢復古代的道德與宗教，使魯克雷梯厄斯的「釋物性」一詩，直到文藝復興期，始終被埋沒，不爲人知。這首詩在中世紀祇有一份抄本，且險遭頑固份子焚毀。很少有任何大詩人，等待了這樣久，才見知於世的，到了現代，他的價值幾乎已爲全世界所承認了。譬如，他與美國的佛蘭克林都是雪萊最喜愛的作者。

他的詩把伊比鳩魯的哲學化爲詩句。雖然他們兩人思想相同，但本性相異。魯克雷梯厄斯富熱情，比伊比鳩魯需要節制的勸誡。他曾經自殺過，似乎患週期性的瘋狂症——某些人斷言，這是由於愛情的痛苦，或由於誤用春藥的後果。他把伊比鳩魯當作救星，以宗教熱情式的辭句獻給他認爲摧毀了宗教的人：

當人的生命屈服在地上，
明白地受踐踏，暗中又被磨折，
在宗教的殘酷下。她伸出上面的天國外，
顯出形相，對下界的凡人，
示以可怖的一面，却有第一個希臘人
敢於抬起凡人的眼，敵視着她；

這是第一人，敢於站起來，反抗她。
神的故事、光亮、來自天上的
威脅的聲音都不能將他征服。
這一切祇有激發他靈魂中的勇氣
直到他急於想成爲第一人
去打破緊閉着的「自然」之門。
他心靈的勇猛活力彌漫着，
他繼續前進，一直走到
遠離焚燒着世界的圍墻，
使心靈與精神的領域宏遠
涵蓋不可終極的宇宙，然後，
作爲一位征服者，回到我們身邊，
帶來能存在與不能存在的知識，
教導我們，萬物依據什麼原則
獲取其有限的力量，
及其深植的堅固的界範。

現在宗教被踩在人的脚下，
輪到她來受踐踏了：
他的勝利把我們提到像天一樣高。

伊比鳩魯與魯克雷梯厄斯所表示的對宗教的痛恨，假如以希臘宗教與儀式的歡樂眼光來看，是不容易瞭解的。例如濟慈(Jhon Keats)的「希臘的古瓶頌」一詩，讚美一項儀式，但並非使人充滿陰暗恐怖印象的儀式。我認爲一般的信仰不是屬於歡樂的一類。對奧林帕斯山諸神的膜拜儀式比希臘其他方式的宗教或較少殘酷，但卽使祭奧林帕斯諸神，有時也要以活人作犧牲，到紀元前七世紀或六世紀才停止，此種陋習見之於神話與戲劇的記錄。在伊比鳩魯時代，整個蠻族領域仍實行以生人活祭；直到被羅馬征服後，仍在危急時實行，譬如在彭尼克戰爭時（指羅馬對迦太基的三次戰爭），卽使蠻族中最文明的一羣也是如此。

哈里遜(Jene Harrison)的話最具說服力，他說希臘人除膜拜宙斯神及其家族外，還有若干多少與蠻族儀式有關的信仰。這又與歐爾非尤斯教派有某種程度的關連，此一教派在宗教性濃厚的人羣中，已佔優勢。有一個時期認爲地獄之說是基督教創立的，但這是錯的。基督教在這方面祇是把過去流行的信仰加以系統化而已。從柏拉圖的「共和國」一書中知道，恐懼死後受罰的觀念在紀元前五世紀的雅典是很普遍的，而在蘇格拉底與伊比鳩魯之間的時期，情形並沒有改變。（我不是指受教育的少數知識份子，而是指一般人）。當然，一方面也把瘟疫、地震、戰敗及其他災禍，歸因於神譴與不重視不吉的預兆。我認爲照希臘的文學與藝術來探討當時的民俗是很可能走入歧途的。假如除貴族所著的書之外，沒有當時的實錄留下來，我們對十八世紀末葉的基督教美以美會又能知道什麼？美以美會的影響，也像希臘化時期的宗教一樣，是從下層開始的；在包斯威爾（James Boswell 1740–1795 蘇格蘭作家）與雷諾茲爵士（Sir Joshua Reynolds 1723–1792 英國畫家）的時代，美以美會已經很有影響力了，雖然在他們提到這一教派時，其影響力還不十分顯著。因此，我們不能從「希臘古瓶」的畫面或詩人與貴族哲學家的著作去判斷當時希臘的宗教。伊比鳩魯從他出身和交遊來看都不是貴族，或者這可以說明他何以對宗教極端敵視的原因。

通過魯克雷梯厄斯的詩，文藝復興以後的讀者才知道伊比鳩魯的哲學。他們不是職業性的哲學家，使他們印象最深的是他的哲學與基督教義的對照，例如其物質主義，對天堂與不朽的否定。尤其使現代讀者驚異的是那些現在看來認爲陰沉與沮喪的看法——卻對當時提供了一解除恐懼負擔的福音。魯克雷梯厄斯和任何基督徒一樣相信宗教信仰的眞實與重要。他形容人如何當他們成爲內心衝突的犧牲品時，尋求自我逃避，遷移居處以求解脫是徒勞無益的。他寫道：

每個人都想飛出自己，
却沒有力量逃避：
雖然輕視自己，也厭惡自己，
却黏着不放，雖然他病了，

但感覺不出病因何在：
假如他不能正確地認定，
就要把其他一切事情都丟開，
去學習研究宇宙的本質。
因爲這是在永恒的時間中，
我們的狀態，處境危疑，
不僅是一個小時的事，
人都要經過這樣的狀態，
他們死後還有無窮盡的時間
等着他們。

伊比鳩魯的時代是一疲憊的時代，死亡可能被當作從精神的勞頓中一種值得歡迎的安息。羅馬共和國的末期，與此相反，對於大多數的羅馬人，都不是一迷惑的時代：羅馬人以其巨大活力正在混亂中創建一新的秩序，這是馬其頓人所沒有做到的。但羅馬貴族則又避免牽入政治，對爭權奪利無所縈懷，而這種新秩序的建立過程使他們極感沮喪。再加上週期性的精神錯亂的悲哀，就無怪魯克雷梯厄斯把不存在的希望當作解救了。

但死的恐懼如此深植於人的本性之中，伊比鳩魯的福音無法在任何時間吸引大量的信徒；永遠祇是少數受教育者的教條。在奧古斯都之後，卽使哲學家也通常贊成苦行主義而拒絕接受伊比鳩魯的思想。誠然自伊比鳩魯死後，其思想的活力雖逐漸消逝，却維持存在了六百年；但當人類所受世間慘苦的壓力愈重的時候，則愈向哲學或宗教要求更強的藥劑。哲學家紛紛（祇有少數例外）向新柏拉圖主義逃避；未受教育的人則傾向各種不同的東方迷信，然後是愈來愈多的人傾向於基督教——其早期的形式，是把一切善歸之死後的生命，向世人提供的福音正與伊比鳩魯的相反。但是，與伊比鳩魯極相似的思想，却在十八世紀由於法國哲學家的提倡而復甦，又被邊沁及其門徒帶到英國；這樣做是有意與基督教對抗，他們敵視基督教，正如伊比鳩魯敵視他當時的宗教一樣。

（註一）現代的伊丁頓(Sir Arthur Eddington)在解釋他的「不確定原理」時，也表示同樣的看法。

第四節　斯多噶學派

斯多噶學派(Stoic)的起源與伊比鳩魯學派同時，延續的歷史較長，但在思想上則較多演變。紀元前三世紀創立人齊諾所講授的內容與紀元後第二世紀後半葉奧雷利厄斯所講的迥不相侔。齊諾是一個物質主義者，他的思想主要是犬儒主義與赫拉克里特斯學說的滙合；但後來又漸與柏拉圖主義合流，斯多噶學派這時却放棄了物質主義，最後沒有留下絲毫物質主義的痕跡。誠然，他們的倫理思想改變很少，其中大部份被認爲是最重要的。但卽使在這方面，其着重點也有某些改變。愈到後來，愈強調倫理以及最符合倫理的那一部份神學，也愈少論述倫理以外的事情。關於所有早期的斯多噶派學者，我們研究起來很困難，因爲事實上他們留下來的著作祇有一些斷簡零篇。到紀元後第一第二世紀的席尼卡、伊披克梯脫斯、奧雷利厄斯才留下了整本的著作。

斯多噶學派比我們所講過的任何學派都較少希臘的淵源。早期斯多噶主義者大多數是敍利亞人，後期大多數是羅馬人。泰恩在其「希臘文明」一書中懷疑斯多噶主義是否有查地亞人的影響。尤伯備格說得很對，在蠻族希臘化時期，希臘人祇把適合於蠻族的給了他們。斯多噶主義，與早期的希臘純哲學都不同，在感情上是狹隘的，在某種意義上是狂熱的，但同時也含有宗教的因素，這是世界感覺有需要而希臘似乎不可能提供的。這特別可以吸引統治者，穆勒教授說：「幾乎所有亞歷山大的繼位者，或者可以說，齊諾以後的歷代重要的國王都自稱爲斯多噶主義者。」

齊諾是腓尼基人，生於塞普魯斯的席梯恩城，約在紀元前第四世紀元的後半葉。他的家庭可能是從商的，第一次帶他到雅典也是爲了做生意。但他在雅典却熱心研習哲學。犬儒主義比其他任何學派更適合他的本性，但他仍是一個折衷主義者。柏拉圖的信徒又譴責他剽竊學院中的理論。

蘇格拉底是斯多噶主義者之中最主要的哲人；他在受審時所表現的態度，他之拒絕逃亡，他面對死亡時的鎭靜，他之辯稱不公正的裁判者傷害自己過於傷害被他犧牲的人，所有這些都完全適合斯多噶學派的理論。他對氣候寒暖的漠視，衣食的簡樸及完全擺脫一切肉體的享樂也是斯多噶主義的。但斯多噶主義者永遠沒有贊同過柏拉圖的觀念論，並否定他的靈魂不朽說。祇有後期的斯多噶主義者承認靈魂不朽；而前期斯多噶主義者則贊同赫拉克里特斯的看法，認爲靈魂是由火這種物質組成的。事實上伊披克梯脫斯(Epictetus)與奧雷利厄斯也有這種看法，但在他們心目中，火並不照字面解釋是組成物質的四大元素之一。

齊諾對形而上學的詭奧感覺不耐。他認爲重要的是品德，他認爲物理學與形而上學祇有在對品德有貢獻時，才產生價值。他試圖以常識的方法打擊當時形而上學的趨勢，這種常識在希臘即意指物質主義。對感覺可靠性的懷疑使他困擾，因而在「反懷疑」的思想上走入極端。

齊諾開始宣稱實有世界的存在。懷疑主義者問：

「你所謂實有是什麼意思？」

「我的意思是指實在的，物質的。我的意思是指這張桌子是實在的物品。」

「上帝與靈魂如何呢？」懷疑主義者問。

「完全是實在的，甚至比桌子更實在。」齊諾問。

「品德或公正或戲劇上的三一律也是實在的物質嗎？」

「當然，非常實在。」

(上述對話引自穆勒所著「懷疑主義哲學」)

在這一點上，齊諾也和其他許多人一樣，被反形而上學的熱忱驅入一種屬於自己的形而上學。

這一學派長期留存的主要思想是關於宇宙定命論與人的自由意志的部份。齊諾相信沒有「偶然」這回事，自然的進程都是受自然律的嚴格支配的。宇宙之始，祇有火；然後有其他元素——空氣、水、土，照上述順序逐漸產生。但遲早會有一次宇宙的大火，一切復歸於火。大多數的斯多噶派學者認爲，這不是最後的終結，像基督教所說的世界末日那樣，而祇是一個週期的終結；將會週而復始無窮盡地重演下去。每一件事情發生，都是曾經發生過的，將來還要發生，不是一次，而是無數次。

到現在所說的爲止，此一思想似乎是不愉快的，不比狄謨克里特斯之類一般物質主義更能使人愉快。但這祇是一方面的情形。在懷疑主義的思想中，就如同十八世紀的神學一樣，自然的進程是由一位「立法者」所規定的，祂也就是仁慈的上帝。自整體至於最小的細節，都是以自然的手段達到某些目標，這些目標除涉及上帝與魔鬼者外，都可以在人生中實現。每一物件皆有其與人類有關的目標。某些動物宜於食，某些動物可以考驗人類的勇氣；卽使床上的臭蟲也有用處，它在淸晨幫助我們早醒，不致於臥床過久。這至高無上的力量有時稱爲上帝，有時稱爲宙斯。席尼卡把這個宙斯和一般人所信仰的宙斯分開，後者雖然也存在，但地位較低。

上帝不自外於宇宙，祂是宇宙的靈魂，每一個人都享有祂的聖火的一小部份。每一物件都是一個完整體系的一部份，此一體系卽是「自然」。個體的生命與「自然」諧和時，卽是「善」的。在某種意義上，每一個物件都與「自然」諧和，因爲它是在「自然」的規律下所創造的；但從另一方面說，一個人的生命祇有在其個別意志以「自然」爲目標時，才能與「自然」諧和，品德包含在一種符合「自然」的意志中。邪惡的人雖自稱服從上帝的規律，並非出於志願；在克林濟斯的嘲諷下，他們猶如縛在車後的狗，車走到那裏，他們也跟到那裏。

在個人生活中，品德是唯一的「善」；健康、幸福、財產之類皆無足輕重。因爲品德存在於意志之中，一個人的生活中究竟何者爲善何者爲惡祇能由他自己來決定。他或許會貧窮，但此又何害？他仍然可以是有品德的人。一個暴君或許會將他關入監牢，但仍可堅忍不拔，繼續過着與「自然」諧和的生活。他可能被處死，但他可以像蘇格拉底那樣高貴地死去。其他的人祇對身外之物擁有權力，但品德是純善的，完全屬於個人所有。因此，每個人祇要能够從世俗的欲望中解放自己，就都有完整的自由。祇有經過錯誤的判斷，這些欲望才會佔優勢；具有眞確判斷的聖哲，卽是他所珍視的一切的命運主宰，因爲沒有任何外在的力量能够剝奪他的品德。

此一思想顯然有邏輯上的缺點。假如品德眞是唯一的「善」，則仁慈的上帝一定祇關心製造品德，但自然律却製造了衆多的罪人。假如品德是唯一的善，就沒有理由反對殘酷與不公正，因爲斯多噶派學者從來沒有被要求指出，殘酷與不公正對受難者正好提供了最好的機會去實踐品德。假如宇宙是完全「定命」的，則自然律將決定我是否有品德的人，假如我是邪惡的，那是「自然」強制我變成邪惡的，我不可能得到品德所應該給予我的自由。

在現代人的心目中，很難對一種不能帶來任何成功的品德生活發生熱烈的興趣。我們崇敬一個爲傳染瘟疫而冒生命危險的醫生，因爲我們認爲病是有害的，希望能加以撲滅。但假如病是無害的，醫生最好還是留在家裏納福吧。對於斯多噶派學者，他的品德本身就是目標，並不是爲了做一些有益的事。假如我們以最長期的觀點來看，最終的結果是什麼呢？現在的宇宙被大火所毀滅，然後整個過程再不斷的重演。還有比這個更徒勞無益的事嗎？在一個時期而言，或許各處略有進步，但就長期而言，這仍不過是循環性的重複而已。假如我們發現一些不可忍受的痛苦的事情，就希望過一段時間後，這類事情能夠不再發生，但斯多噶主義者却告訴我們現在所發生的事情還要不斷地重複發生。這樣有人就會想，上帝看到這整個的過程，最後將由於絕望而疲憊不堪。

與此俱來的是斯多噶主義品德觀念的冷酷性。不僅是邪惡的熱情而是一切熱情都要受譴責。聖人不應有同情心：當他的妻子或兒女死亡時，他的反應是這種事件不妨礙他的品德，因此並沒有深切的痛苦。友誼——這是伊比鳩魯派學者所高度珍視的，當然也很好，但不能到達一種程度，讓你的朋友在遭逢不幸時破壞了你的神聖的寧靜。至於公共生活，也許你有必須參與的責任，因爲這給你實踐公正與堅忍的機會，但你必須不爲造福人羣的欲望所驅使，由於你所能提供的福利——例如和平、食物的更有效供應——不是眞正的福利，無論如何，除你自己的品德外，對你都無關緊要。斯多噶主義者要有品德不是爲了做好事，而是做好事是爲了要有品德。愛他的隣居，像愛自己一樣，是不會發生在他身上的；愛，除非是一種浮淺的感覺，在斯多噶主義者品德的觀念裏面，是沒有這種東西的。

我方才這樣說，是把愛當作一種感情，而非原則。斯多噶主義却把「汎愛」當作一種原則來宣導。席尼卡和他的門徒都講過這個原則，也許是傳自更早的斯多噶主義者。邏輯使這一學派的理論，由於門徒們的仁慈而轉趨溫和，假如他們在邏輯上前後一貫，他們就會比當時所表現的要壞得多，意思是說，他們能够放棄一些過去的原則，就變得好得多了。康德——和他們一樣——說你必須對你的兄弟和藹，並不因爲你喜歡他，而是因爲道德律命令你這樣做；但我懷疑，康德眞的完全照這個原則生活。

把一般性的原理暫時擱置，讓我們來談斯多噶主義的歷史。

齊諾的著作祇有一些斷簡留傳下來。從其中可以看出，他似乎以上帝爲宇宙的熾熱心靈，他說上帝是一個有形的實體，整個宇宙組成了上帝的實體。根據齊諾的斷簡，特圖利安（Tetulian）曾說過，上帝管理整個實體宇宙，猶如蜜蜂管理它的蜂巢。又根據狄奧基尼斯說，齊諾相信「普遍定律」，亦即「正確的理性」，遍及萬物，與宙斯神相同，是「宇宙政府」的最高領袖：上帝、心靈、天命、宙斯神是同一物。定命是推動物質的力量；「上帝」與「自然」是它的別名。齊諾不相信應該爲神建廟。他說：「建廟是不必要的，因爲廟宇一定不會有偉大價值或任何神性的建物，凡是建築師機械工做出來的都不會有偉大價值或任何神性的。」他似乎像後期的斯多噶派學者一樣相信占星術與占卜。西塞羅說他把神奇的力量歸之於衆星。狄奧基尼斯說：「斯多噶主義者認爲一切占卜都是對的。他們說，假如有上帝，就一定有占卜。齊諾說，他們用許多占卜靈驗的事實來證明占卜術的眞實。」克雷昔帕斯（Chrysippus 280–207 B.C.）對於這一點有很明確的表示。

亞索斯城的克林濟斯是齊諾的衣鉢弟子，他以兩件事著稱於世：第一件事是，他堅信對薩摩斯島的亞里斯塔區斯應控以不敬之罪，因爲他使太陽而非大地成爲宇宙的中心。第二件事是他的「宙斯頌」，這類的頌詩，蒲伯（Alexander Pope）或牛頓以後的任何受教育的基督徒都寫過很多。克林濟斯的短篇祈禱文甚至更接近基督教的形式：

引導我，宙斯神啊，你，命運啊，

引導我前進。

給我什麼工作都可以，

引導我前進。

我追隨着，沒有恐懼，

否則我會因不受信任而落後，

但我仍然必須追隨。

克雷昔帕斯（Chrysippus）繼承克林濟斯的衣鉢，是一名多產作家，據說寫了七百零五本書。他使斯多噶主義系統化，引經據典，不厭其繁。他相信祇有宙斯神——至高無上的火是不朽的，其他的神包括日月，皆有生有死。據說他認為上帝不應分擔製造邪惡的責任，但他如何能使這個說法與定命論調和，則不得而知。其他地方，他以赫拉克里特斯的態度對待邪惡，主張萬物相反相成，沒有「惡」的「善」在邏輯上是不可能的：他說：「假如有人認為善可以沒有惡而存在，那就沒有比這個更可笑的了。善惡相反，但兩者皆需要有相反者始能存在。」他為了支持此一觀點，求助於柏拉圖而非赫拉克里特斯的學說。

克雷昔帕斯主張，善人永遠是快樂的，惡人則永遠不快樂，而善人之樂與上帝之樂相同。至於死後靈魂是否存在的問題，前後意見紛歧。克林濟斯認爲一切靈魂都存在，直到下一次的宇宙大火爲止（這時一切皆由上帝吸收回去）；克雷昔帕斯則認爲這祇能適用於聰明人。他在興趣上不像後期斯多噶主義那樣特別注重倫理；事實上，他以邏輯學爲基礎。「假設」與「交替命題」的三段論法，以及「交替命題」這個字，都是斯多噶學派發明的，研習文法、發明語尾變化中的「格」，也應歸功於他們。克雷昔帕斯或受他鼓舞的其他斯多噶派學者，有很精微的認識論，主要是經驗的，以感覺爲基礎的，雖然也容納若干觀念與原則，見之於「人類的協議」一書。但齊諾與羅馬的斯多噶派學者都認爲一切理論研究皆較倫理爲低級：他說哲學有如菓園，邏輯學是墻，物理學是樹，倫理是果實；或有如一個蛋，邏輯學是蛋殼，物理學是蛋白，倫理學是蛋黃。克雷昔帕斯似乎更容納理論研究的獨立價值。他的影響或可見之於一項事實，即斯多噶派學者之中有很多人在數學及其他科學上頗有成就。

自克雷昔帕斯之後，斯多噶主義受兩名重要人物的影響，巴奈梯厄斯（Panatius）與波昔多紐斯（Bosidonius）。前者引進了相當程度的柏拉圖主義的因素，摒棄了物質主義。他是比他年輕的西皮奧（Scipio, 237–183 B.C. 羅馬大將——譯者註）的朋友，並且對西塞羅有影響。羅馬人知道有斯多噶主義是巴奈梯厄斯之功。西塞羅曾在羅德斯島受敎於波昔多紐斯，故受他的影響更大。巴奈梯厄斯也敎過波昔多紐斯，約於紀元前一一〇年逝世。

波昔多紐斯（在世年代約爲 135–51 B.C.）是一名敍利亞的希臘人，當席留昔德帝國滅亡時，尙在童稚。或由於敍利亞的無政府狀態使他失望，乃決然西行，首先到雅典，在那裏吸收了斯多噶主義哲學，後來又遠行到羅馬帝國的西部。「他在當時已知的世界邊緣與西班牙對岸的北非沿海目覩大西洋上的日落，在這些地方，樹上爬滿了猿猴，到處都是從馬賽遷入內陸的蠻族所居的村莊，日常可以看到人頭掛在房舍門前，作爲戰利品。」（見貝凡著「斯多噶主義與懷疑主義」）他成爲一個科學方面的多產作家；他旅行的原因之一是想研究海潮，這在地中海是做不到的。他在天文學上有卓越的成就；在前面已經說過，他估計與太陽的距離，在古代是最接近事實的。他也是著名的歷史家，繼承了波利比厄斯（Polybius 205-125B.C. 希臘歷史家）的地位。但他主要仍以折衷派的哲學家著稱於世。他在斯多噶主義中摻入很多柏拉圖的思想，此時「學院」已爲懷疑主義所籠罩，似已將柏拉圖置諸腦後。

他與柏拉圖的密切關係見之於他有關靈魂與死後生命的說法。巴奈梯厄斯像大多數的斯多噶主義者一樣說靈魂與肉體同時消滅。波昔多紐斯則與此相反說靈魂繼續生存於空氣中，大多數可以保持不變，直到宇宙的大火爲止。地獄是不存在的，但惡人死後沒有善人那樣幸運，因爲罪惡使蒸發中的靈魂沾上泥土，使它不能上昇得像善人的靈魂那樣高。罪孽深重者留在地面，墮入輪廻；眞有品德者則昇入星雲領域，以觀看周圍的星辰度日。他們可以幫助其他的靈魂；波昔多紐斯認爲這可以說明占星術的眞實性。貝凡表示由於歐爾非尤斯觀念的復甦與新畢達哥拉斯主義的合流，波昔多紐斯或許已爲第二世紀諾斯士教鋪路。貝凡又說，對這一類哲學有致命傷害的不是基督教而是哥白尼學說。克林濟斯把薩摩斯島的亞里斯塔區斯當作危險的敵人是對的。

在歷史上（雖然不是哲學上）更比早期斯多噶主義者遠爲重要的是三個與羅馬有關的人：席尼卡、伊皮克梯脫斯、馬休斯・奧雷利厄斯——分別爲大臣、奴隸與皇帝。

席尼卡(Seneca 約爲 3 B.C.-A.D. 65）是西班牙人，其父爲移居羅馬的知識份子。席尼卡從政，已有相當地位，但於紀元後四十一年爲克勞第奥斯皇帝放逐至科西嘉島，因爲他獲罪於美莎琳娜皇后。克勞第奥斯的第二任皇后婀格麗皮娜於紀元後四十八年將他召回，任他爲十一歲的皇子的師傅，這位皇子後來就是尼羅皇帝。以一個斯多噶主義者，他雖然公開鄙視財富，但實際上却聚積了大量財富，據說有三百萬塞斯特斯——約當一千二百萬美金。這多半是他在英國放高利貸得來的，據狄奧說，由於利率太高，引起了英國的反叛。果屬如此，卽是一英勇的女王波地西亞領導了一次對宣導節儉哲學所代表的資本主義的反叛。

尼羅皇帝的荒淫愈來愈不受羈範，席尼卡也逐漸失寵。最後，是否確有其事不得而知，但他確被控共謀刺死尼羅皇帝，另立新帝，據說就是他自己。念其過去的功蹟，恩准自裁。

他的死是具有教育性的。最初他獲悉皇帝命他自裁的決定時，他卽開始寫遺囑，當告以時間不容許他這樣從容寫作時，他就轉向悲泣中的家人說：「沒有關係，我留給你們遠比世俗的財富更有價值的東西，一種有品德的生活的榜樣。」——其大意如此。然後他心寬意舒，召喚他的秘書記下他的遺言，據塔克脫斯說，他雄辯滔滔，直到最後一刻。他的姪子魯坎也同時被賜死。他是一位詩人，死前仍朗誦他自己的詩句。後世評斷席尼卡，毋寧以其可敬的言辭，而非其稍覺曖昧難明的行爲。有幾位神父稱他爲基督徒，而像聖傑羅米這樣的人也同意，席尼卡與聖保羅之間曾有書信來往。

伊披克梯脫斯（Epictitus 約生於紀元後六十年，死於一百年）雖然很有哲學家的氣質，但却是一個很不平常的人。他是希臘人，最初是伊帕弗羅第脫斯的奴隸，尼羅皇帝恢復他的自由，後來又任他爲大臣。他身體殘缺——據說是由於做奴隸時的酷刑所致。他居住並授徒於羅馬，直到紀元後九十年，當時多米申皇帝認爲知識份子於世無補，放逐了所有的哲學家。伊皮克梯脫斯因此隱居於尼可波利斯，從事寫作敎書數年後去世。

馬休斯・奧雷利厄斯（Marcus Aurelius, A.D. 121–180）又是社會階層的另一極端。他是羅馬的賢主安東尼奈斯（Antoninus）的繼子，原本是外甥與女婿，於紀元後一六一年繼位爲皇帝，並希望承襲他的品德。他貴爲帝王，却獻身於斯多噶主義。他亟需有不屈不撓的精神，因爲他的國土災禍頻仍——地震、瘟疫、長期而艱苦的戰爭，軍事叛亂等等接踵而至。他寫給自己看不是爲公開流傳的「沉思錄」表示他深感責任重大，而身心疲憊不堪。他唯一的兒子康謨德斯（Commodus），繼承了皇位，成爲許多壞皇帝之中最壞的一個。但是當他父親在世時，却成功地隱藏了自己邪惡的癖性。奧雷利厄斯的皇后福斯汀娜被控（可能是寃屈的）不貞，但他從未懷疑過她，並且在她死後，不惜祀她爲神。他誅殺基督徒，因爲他們拒絕信奉國敎，他認爲在政治上這樣做是必要的。他的一切所做所爲皆本諸良知，但大部份是失敗的。他是一個悲劇人物：許多沒有達到現世的欲望之一是，他發現最具誘惑力的願望是過退隱的鄉居生活。他從來沒有得到這種機會。有一部份沉思錄是在遠方戰場的帳幕裏寫的，戰場生活的艱苦，終於使他衰病逝世。

值得重視的是，在所有的哲學的問題上，伊皮克梯脫斯與奧雷利厄斯的意見是完全一致的。這表示，雖然社會環境影響一個時代的哲學，但一個人的環境所影響於這個人的哲學者，似較想像中的爲少。哲學家通常心胸開濶，大多數可以不介意他們私生活中的不幸事件；但他們無法轉移他們那個時代善與惡的一般趨向。居亂世，他們自求慰解之道，居治世，他們潛心研究學問。

吉朋（Edward Gibbon 1737-1794 英國歷史家——譯者註）的羅馬詳史卽以康謨德斯的罪惡爲始，而以安東尼奈斯的時期爲黃金世紀，十八世紀大多數的作家都同意這一點的。他說：「假如請某人指定世界史中，那一個時期人類的生活最快樂最繁榮，他會毫不遲疑地指出：這個時期應從多米梯安逝世起到康謨德斯卽位止。」對這個斷語，我們不可能全部同意。因爲奴隸制度造成很多人的痛苦，磨損了古代社會的活力。羅馬有人與野獸格鬪的表演，這是一種不可忍受的殘酷行爲，使以此爲樂的觀衆精神墮落。誠然，奧雷利厄斯命令格鬪必須准許用鈍劍，但這種改良沒有實行多久，他對強迫人獸之鬪的暴行畢竟無法革除。經濟制度不良，義大利幾乎已不再耕種，羅馬人的食用靠各省的自由供輸。一切主動皆出於皇帝及其大臣；整個漫長的帝國統治時期，除偶然有一些叛將外，所有人祇有服從而已，不敢主動做任何事。人們懷念過去的好日子，而將來呢，預期最好的情形是疲憊，最壞的情形就是恐怖了。我們把奧雷利厄斯的語氣和培根、洛克、康道塞（Marquisde Condorcet 1743-1794 法國數學家及哲學家——譯者註）相比，就可以看出前者代表怠倦，後者代表一個希望的世紀。在一個希望的世紀中，眼前的重大災禍尙可忍耐，因爲想到這卽將成爲過去；但在一個怠倦的世紀中，卽使有最美好的事物也無心欣賞。斯多噶主義正適合於奧雷利厄斯與伊皮克梯脫斯的時代，因爲它的「福音」毋寧是忍耐，而不是希望。

以一般人的幸福而言，無疑地，安東尼奈斯的時代遠比其後至文藝復興以前的任何時代爲好。但細加研究，並不如依照當時建築的遺跡所推想的那樣好。

希臘羅馬的文明祇局限於城市，很少涉及農村。卽使在城市中，仍有極貧窮的平民與衆多的奴隸。羅斯托弗則夫（Michael Ivanovish Rostovtseff 1870- 生於俄國之美國歷史家——譯者註）將當時城市社會經濟的情況簡略敍述如下（見所著「羅馬帝國的社會經濟史」）：

「其社會情況不如其外表動人。我們所得到的印象是，城市的壯麗是少數人所創造的，也祇爲少數人而存在；而卽使這少數人的基礎也是很脆弱的；大多數的市民或則收入有限或則過着赤貧的生活。一言以蔽之，我們不能誇張城市的富足：徒有其表而已。」

伊披克梯脫斯說，在世界上，在塵世的組織中，我們祇是囚犯而已。根據奧雷利厄斯的記載，伊皮克梯脫斯常說：「你是一個細小的靈魂支撐着一副死的軀殼。」宙斯神不能使我們的軀體自由，但把他的神性分賜我們。上帝是人類之父，而我們都是兄弟。我們不應該說「我是一個雅典人」或「我是一個羅馬人」，而應該說「我是宇宙的公民。」。假如你是凱撒的親屬，你會自覺安全，假如你是上帝的親屬，你豈不更自覺安全得多了嗎？假如我們瞭解品德是最眞實的善，我們就知道沒有眞正的災禍會降臨到我們頭上。他說：

「我一定會死，但我必須呻吟着死去嗎？我一定會被放逐，但有人能阻止我帶着笑容、勇敢而平靜地離去嗎？『把秘密說出來！』我拒絕說，因爲我有權不說。『我要銬上你！』你說什麼？銬上我？你能銬上我的腿，銬不住我的意志！『我要抓你進監牢！』你的意思是指我的軀體而已。『我要殺你的頭！』爲什麼？什麼時候我告訴過你，我是世界唯一不能殺頭的人呢？這些都是研究哲學的人應該深思的，應該每天寫下來的，也應該自己去實行的。

「奴隸與其他人平等，他們都同樣是上帝之子。

「我們必須服從上帝，像好的公民服從法律一樣。『軍人宣誓不尊敬任何人有過於對凱撒的尊敬』，但我們應該首先尊敬自己。當你在一個握有塵世大權的人之前，你必須記得，有另一『權威』在上面臨視塵世所發生的事情，你必須取悅於祂，而不是取悅眼前這個人。

「究竟誰是斯多噶主義者？

「向我指出一個人，照他自己所宣佈制定的模式來塑造自己，猶如稱那些照非第亞風格來雕刻的爲非第亞式的雕像。向我指出一個人，在病時仍快樂，處險境時仍快樂，在死亡時仍快樂，在放逐時仍快樂，在受辱時仍快樂。指出這個人是誰！我願欣然見到一個斯多噶主義者。你不能指出一個修鍊成功的斯多噶主義者，就指出一個在修鍊中的斯多噶主義者吧！行行好吧！不要吝惜給我這老頭兒一個機會看到我從來沒有看到的人。什麼！你想給我看非第亞所雕刻的宙斯神或雅典娜女神，那些金子和象牙的雕塑品嗎？但我要的是靈魂，向我指出一個人的靈魂，願與上帝同在，不再抱怨上帝及其他人，沒有失敗，不以災難爲意，不怒、不羨、不妬——總而言之，是一個人，想把他的人性化爲神性，以他卑賤的身軀與上帝相合。把他指給我看。不，你辦不到。」

伊拔克梯脫斯孜孜不倦地以家常對話的方法告訴我們如何應付災難。

他像基督徒一樣相信我們應該愛我們的敵人。大體上他與其他斯多噶主義者相同，都鄙視享樂，但也認爲有不應受鄙視的快樂。他說：「雅典是美麗的，但快樂遠比雅典更美——擺脫情慾與干擾，去感覺你的事情不依靠任何人的快樂。」「每個人都是上帝在一齣戲裏所指定的演員，不論演的是什麼，我們的責任是把我們的角色演好。」

伊拔克梯脫斯的講授紀錄措辭非常誠懇而純樸（是由他的學生亞里安紀錄的）。他的道德是高尙的，非塵俗的；在一個人的主要責任是反抗專制時，很難找到比他的敎諭更有助益的了。在某些方面，例如他認爲一切人都是兄弟，奴隸也有平等的權利，比柏拉圖、亞里斯多德、或爲城邦制度所鼓舞的其他任何人的哲學，更爲超卓。伊拔克梯脫斯時期的實際社會狀況遠比貝雷克利斯時期的雅典爲劣；但現存的災難却鼓舞他的熱望；他的理想社會優於柏拉圖，雖然他的實際社會劣於紀元前第五世紀的雅典。

奧雷利厄斯的沉思錄開始就提到祖父、父親、繼父、敎師與神對他的恩賜。某些他所列舉的恩惠是很奇怪的。他說，他從狄奧基尼斯學到不要聽信「奇蹟創造者」的話；他從魯斯梯克斯學到應該不寫詩篇；從塞克脫斯學到莊重而不矯飾；從文法家亞歷山大學到不改正別人說文法不通的話，而是在稍後把文法正確的表現方式說給他聽；從柏拉圖信徒亞歷山大學到不藉口事忙而稽延回覆信件；從他繼父學到不與男孩發生同性戀。他繼續說，感謝神，他祖父的姬妾扶養他的時間並不太長，他並沒有過早生育兒女；他的兒女既不愚蠢也未殘缺；他的妻子對他服從、親切而生活簡樸；當他決定研究哲學時，他沒有在歷史、三段論法或天文學上浪費時間。

沉思錄中不屬於私人生活的部份與伊披克梯脫斯的思想極爲相似。奧雷利厄斯懷疑靈魂不朽說，但是他又像一個基督徒那樣說：「由於你可能卽在此時離開生命，你應該以此管制你的一切行爲與思想。」生命與宇宙諧和卽是「善」；與宇宙諧和亦卽是服從上帝的意志。

「宇宙啊，一切與我諧和的都與你諧和。對於我，沒有什麼是過早或過遲的，對於你，一切時間正好。你的季節帶給我的，一切是果實。宇宙啊，萬物由你而生，萬物在你之中，萬物復歸於你。詩人說，親愛的塞克羅帕斯城，你不願意說，親愛的宙斯城嗎？」

我們可以看出，聖奧古斯丁的「上帝之城」的想像是得自這位異教徒的皇帝的。

奧雷利厄斯相信，上帝給每個人一個精靈，作爲他的引導——這說法又重現於基督教的所謂守護神的說法。他樂於認定宇宙是一嚴密組成的整體；他說，這是一個生命體，有一個實體和一個靈魂。他的原理之一是：「常常想到萬物與宇宙的關連。」「無論你發生何事，都是爲你全部的永恒作準備；因素的糾纏正是『永恒』在紡織你身上的細絲。」因此，不管他在羅馬的地位爲何，斯多噶主義者相信人類屬於一體：「以我是羅馬皇帝的地位，我屬於我的城市與國家，但以我的人的地位，則屬於這個世界。」斯多噶主義者很難以其定命論向自由意志說屈服。當他想到自己的統治者的責任時，他說：「人生存是由於相互的關係。」當他想到祇有品德是「善」時，他又在同一頁上說，「一個人的邪惡並不能傷害到其他人。」他從來沒有推論說過一個人的「善」對其他人無益，而即使他像尼羅皇帝一樣暴虐，除他自己外也不會傷害到任何人；但他還是作了以下的結論：

「愛那些卽使做了錯事的人是奇怪的。但這也是可能發生的，假如做錯事的人，是你的親屬，假如他做錯事是出於無意與無知，假如你們不久都將死去；最重要的，做錯事的人並沒傷害你，因為他並沒有使你的統治能力較前退步。」

他又說：「愛人類，跟隨上帝……這足夠使你知道自然法則統治一切。」

這些辭句顯示出斯多噶主義與神學間的傳統矛盾。一方面說宇宙是嚴密的定命的單一整體，一切發生的事情都是前期原因的結果。另一方面說，個人意志是完全自由的，沒有人能夠被外在的因素強迫去犯罪。這是第一個矛盾，還有第二個矛盾與此有關的。因為意志是自由的，祇有具品德的意志是「善」的，一個人既不能有益也不能有害於別人；因此，仁愛祇是錯覺而已。對於這兩種矛盾，必須略加進一步的探討。

自由意志與定命論的矛盾，從早期的哲學就有了，一直延續到現在，祇是時代不同，方式不同。現在我們所探討的是斯多噶主義的方式。

我認爲，假如使一個斯多噶主義者處於蘇格拉底式的詰問下，他的辯護大約是這樣的：宇宙是一單純的有機體，其靈魂可以稱爲上帝或理性。以整體而言此一有機體是自由的。上帝最初決定，祂必須照固定的一般法則行動；但他選擇了可以產生最佳結果的法則。有時，在特殊的情形下，這些結果並不完全使人愉快，但這種不便是值得去忍受的，如同人間的法律一樣，爲了保護立法的固定性，縱有缺點也值得去忍受一樣。一個人部份是火，部份是下層的泥土，既然是火（至少當這是最好品質的火時），他也就是上帝的一部份。當一個人的神性部份以品德來引導意志時，這個意志就是上帝的自由意志的一部份，因此，在這種情況下，人的意志也是自由的。

這是一個相當好的解答，但當我們想到取捨一件事情的原因時，這個解答就不行了。我們都知道，以經驗的事實而論，例如消化不良症對一個人的品德有壞的影響，強制用藥可以摧毁意志力。伊披克梯脫斯常以此作比方，一個人寃屈地被暴君下獄，近來這種例子比以前任何時期爲多。某些人在獄中表現了英雄式的斯多噶主義，某些人神秘地聽任擺佈。顯然，不僅酷刑可以擊毁任何人的毅力，而且嗎啡或「痲醉鹽」也可以使一個人馴服。事實上，祇有暴君不用這種方法時，意志才能脫離暴君而獨立。這是一極端的例子；但同樣的論點，贊成有機宇宙的定命論的，也在一般人的選擇中存在。我不是說——我也不認爲——這個論點具有決定性，我祇是說兩者都有堅強的基礎，沒有理由對一方面加以接受，對另一方面加以否定。斯多噶主義者要求對惡人採取寬容的態度時，自己會要求承認罪惡的意志是定命的；祇有道德的意志才是自由的。不過，這也是前後矛盾的。奧雷利厄斯說自己的品德得力於父母、祖父母與教師的良好影響；善良的意志完全和不良的意志一樣也是前因的後果。斯多噶主義也許會說，誠然，他的哲學是造成追隨這種哲學者的品德的原因，但除非有某種理智上的錯誤，似乎就不會有這樣好的效果。認定善惡都是前因不可避免的後果（斯多噶主義者應該這樣主張的），對道德的行爲多少有癱瘓性的影響。

我現在來談第二層矛盾。斯多噶主義者雖然宣導仁愛，但在理論上則相信，沒有人能够幫助或傷害他人，因爲品德本身卽是善，有品德的意志不受外在因素的影響。此一矛盾較前者更爲顯著，對斯多噶主義者來說更爲突出（包括某些基督教的道德家）。他們爲什麼沒有注意到這一點呢？因爲他們也像其他許多人一樣，有兩套倫理的體系，一套較高的是爲了他們自己，一套較低的是爲了「沒有法律的較劣等的種族」。當斯多噶主義者想到他自己時，他相信快樂與世俗所稱的「善」都是沒有價值的；他甚至會說，要求快樂是違反自然的，意卽謂這樣做不符合上帝的意志。但奧雷利厄斯實際上是治理羅馬帝國的人，他完全知道那種思想是沒有用處的。他的責任是監督運榖的船必須如期到達羅馬，採取措施解除瘟疫的災禍，阻止蠻族越過邊界。也就是說，他在應付這些問題時，不把自己當作斯多噶主義的哲學家，有意或無意地，他接受了世俗的判別善惡的標準，由於適用這種標準，他才能盡到做一個統治者的責任。奇怪的是，雖然這是從斯多噶主義的聖人認爲是從錯誤的道德推演出來的，但這個責任本身却是斯多噶主義聖哲應盡的較高境界的責任。

我能够想像的對這一矛盾唯一的解答，或者在邏輯上是顚撲不破的，但似乎是不可信賴的。我認爲康德會有一個解答，他的倫理體系和斯多噶主義的非常相似。他或許會說，誠然，除意志外，沒有什麼是「善」的，但意志朝向某些目標時，它本身就變得不重要了。例如，某甲是否快樂，並不重要，但假如我是有品德的，就會做某一類我相信可以使他快樂的事情，因爲這正是道德律的要求。我不能使某甲有品德，因爲他的品德要靠他自己；但我可以做某些事情，使他快樂、富有、博學、或健康。因此，斯多噶主義的倫理可作以下的解釋：某些事情是一般人認爲「善」的，但這是錯的；眞正的善是一種目的在使他人免受僞善蒙蔽的意志。此一思想沒有邏輯上的矛盾，但假如我們眞的相信一般認爲是「善」的都是沒有價値的，就很容易被駁倒，因爲這樣一來有品德的意志非常可能引向一些相反的目標。

事實上，這是斯多噶主義中一個「酸葡萄」式的想法。我們不能快樂，但我們可以是「善」的，那麼讓我佯稱，祇要我們是「善」的，不快樂也沒有關係。這一思想是勇敢的，在亂世有它的用處，但這既不十分眞實，在基本意義上，也不十分誠懇。

雖然斯多噶主義的要旨是倫理的，但在其他兩方面也發生影響，一是認識論，一是自然律與天賦權利的思想。

在認識論方面，不管柏拉圖的想法如何，他們接受了以感覺爲認識的方法；他們相信所謂感覺欺人眞正是錯誤的判斷，祇要稍加留意就可以避免了。一位斯多噶主義的哲學家司非魯斯 (Sphaerus)，齊諾的及門弟子，爲國王勃托里米邀宴，國王聽說過他的這種思想，就給一個蠟製的石榴讓他吃，他西祇是有靠感覺認識的可能而已。大體上，此一思想是健全的，合乎科學的。宴席上似乎不會有任何不能吃的東西。在這個回答中，他區分了某些東西能够靠感覺來確認，某些東正要吃的時候，國王笑起來了。司菲魯斯回答說，他感覺不能確定這是否眞的石榴，但他想在國王的

認識論方面的另一思想雖然更有疑問，却更多影響。這就是他們對固有觀念與原則的信仰。希臘的邏輯學全然是推理的，因此就引起第一命題的問題。第一命題應該至少有一部份是公認的，却無法可以證明這一點。斯多噶主義者認爲有某些原則是非常明顯的，爲所有的人承認的；這些原則有如阿基米德原理一樣可以成爲推理的基礎。固有觀念也一樣可用爲定義的出發點。整個中世紀的哲學家，甚至笛卡兒也同意這個看法。

天賦權利的思想出現於十六、十七、十八世紀的，雖然有重要的修正，却都有斯多噶主義思想的淵源。首先區分天賦權利與後天權利的是斯多噶主義者。自然律則是得自作爲一般知識基礎的主要原理。斯多噶主義並且主張所有的人生來平等。奧雷利厄斯在他的沉思錄中贊成「有一個政體，其中所有的人適用同一的法律，承認平等的權利與言論的普遍自由，有一個高貴的政府，尊重所有被統治者的自由。」這不過是一種理想，不能在羅馬帝國充分實現的，但對立法，特別在改善婦女與奴隸的地位上，有很大的影響。基督教接納了斯多噶主義這一部份的理論以及其餘很多部份的理論，終於在十七世紀，得到有效攻擊專制主義的機會；斯多噶主義的自然律與天賦權利說，披上基督教的外衣，獲取了一種在古代卽使皇帝也不能賦予的實際力量。

第五節　羅馬帝國與文化的關係

羅馬帝國以不同的程度在各方面影響了世界的文化史。

第一、羅馬對希臘思想發生直接影響，並不深遠也不重要。

第二、希臘與東方對羅馬帝國西半部，影響深遠，因爲這包括基督教的影響在內。

第三、羅馬的長期和平，使文化易於融合，也使人習慣於一種單一文化聯結於單一政府的觀念。

第四、把希臘文明帶到回教地區，最後也帶到歐洲的西部地區。

在考量羅馬的這些影響之前，略述其政治史的梗概是必要的。

亞歷山大沒有征服西地中海；在紀元前第三世紀初葉，此一地區被兩個有力的城邦所統治——迦太基與席拉克尤斯。在第一次及第二次的迦太基戰役中（264-241, 218-201 B.C.）羅馬征服了席拉克尤斯，並使迦太基的國力減弱到不值一顧。當紀元前第二世紀時，羅馬又征服了馬其頓君主所統治的埃及，以一屬國地位維持到紀元前三十年克麗奧派特拉死時爲止。在羅馬與漢尼拔的戰爭中附帶征服了西班牙；凱撒在紀元前第一世紀中葉征服了法蘭西；再一百年，羅馬征服了英格蘭。帝國在極盛時，其幅員廣及歐洲的萊因河與多瑙河流域，亞洲的幼發拉底河流域以至北非的沙漠地帶。

羅馬帝國主義在北非的表現也許是最好的，（在基督教史中的重要性在於北非是聖塞普里安與聖奧古斯丁的出生地），廣大的區域在羅馬征服前後是沒有開發的，後來變成沃土，輸供農產於人口繁盛的城市。羅馬帝國的和平盛世維持了超過兩百年，自奧古斯都（Augustus）即位（紀元前三十年）到紀元後第三世紀發生天災爲止。

羅馬憲法有很重大的發展。最初，羅馬是一個小的城邦，與希臘的城邦相似，尤其像斯巴達那樣，不依賴對外貿易。國王又像荷馬時代的希臘那樣，由一種貴族的共和制代替。雖然貴族的勢力仍以參議院的形式保持，民主的勢力又逐漸興起；結果產生妥協，斯多噶主義者巴奈梯厄斯（他的看法又爲波利比厄斯與西塞羅所複述）認爲是君主、貴族、與民主勢力的理想結合。但對外征服打破了這一奇異的平衡，因爲征服爲貴族階級帶來大量新的財富，其次的受惠者爲「武士」，稱爲上層階級及中層階級。義大利的農業本來是在小農的手中，以他們自己與家人的勞力，種植穀類，至此則變成了屬於貴族的大農莊，由農奴種植葡萄與橄欖。結果造成了參議院事實上的專權，無恥地聚斂個人財富，而置國家及其子民的利益於不顧。

紀元前第二世紀的後半葉，格拉契（Gracchi）引發了一項民主運動，造成一連串的內戰，最後——希臘常常是如此——建立了一種專制政體。在這樣廣袤的國土上，重複地發生這類事情，頗足怪異，因爲希臘祇是局限於很小的區域而已。奧古斯都是凱撒的繼子與繼位人，自紀元前三十年至紀元後十四年統治羅馬四十餘年，結束了內爭與對外的征服戰爭（後者祇有少數例外）。自希臘文明發韌以來，在古代這還是首次克享如此長期的和平與安全。

兩件事情破壞了希臘的政治制度：第一、宣佈每一城市的絕對自主權；第二，大多數城市貧富間的激烈流血鬪爭。自迦太基與希臘化的各王國被羅馬征服之後，世界卽不再爲第一種情形而煩擾，因爲已經不可能有任何城邦對羅馬作有效的抗拒。但第二種情形仍然存在。在內戰中，一個將軍自稱擁護參議院，另一將軍則自稱爲人民謀幸福，而勝利則屬於承諾給軍士們最高獎賞的人。軍士不僅需要金錢與戰利品，而且還需要土地所有權。因此，每一次內戰結束，都要驅逐許多地主（他們祇在名義上向國家承租），以便騰出土地來分配給勝利的軍人。軍費所需，雖然戰事在進行中，也可以用處死富人沒收他們的財產來支應。這一不幸的制度很難革除；最後，使每個人都感到驚奇，奧古斯都取得完全勝利，沒有競爭者還能向他的權力挑戰。

羅馬的內戰時期突然終止，除參議院這一派人外，爲所有的人帶來喜訊，對所有的人都是徹底的解救，在奧古斯都之下，羅馬終於達成了安定與秩序，這是希臘人與馬其頓人所求之不得的，也是奧古斯都以前的羅馬所沒有達成的。據羅斯托弗特則夫在他所著的古代史說，以希臘人看來，羅馬共和國「除貧窮、破產、禁止一切獨立的政治活動外，沒有出現新的事物。」

奧古斯都統治的時代，是羅馬帝國的盛世。各省政府終於不得不稍稍關切人民的福利，而不是一純掠奪壓榨的機構。奧古斯都死後不僅正式受奉祀，而且在許多省區被奉爲神明。詩人讚美他，商人發現世界和平對他做生意有利，卽使參議院——這是他以一切表面的形式表示尊敬的——也不放棄任何對他冠以榮譽與崇高地位的機會。

雖然世界是安樂的，生活却失去了某些情趣，因爲大家要安全而不要冒險。在早期，每一希臘人都有冒險的機會；腓力王與亞歷山大大帝又禁止冒險，而在希臘化的世界，祇有馬其頓的國王們才能享受製造混亂的自由。希臘人已失去其活力，非憤世嫉俗即託身宗教。在塵世的組織中實現理想的希望消逝了，因此，最有智慧的人也懨懨無生氣。對於蘇格拉底，天堂是一個他可以繼續在那裏辯論的地方；對於亞歷山大以後的哲學家，天堂與他們所存在的這個「下界」迥不相同。

在羅馬，有一項類似的發展，出於一種較少痛苦的方式。羅馬不像希臘那樣被征服過，相反地，却含有鼓舞成功的帝國主義的因素。在整個內戰期間，對混亂負責的應該是羅馬人。希臘人沒有因服從馬其頓人而得到和平與秩序，而希臘人與羅馬人，却因服從奧古斯都，兩者都得到了——和平與秩序。奧古斯都是羅馬人，大多數羅馬人自願服從他，不僅由於他的優越的權力；更由於他不惜掩蓋他的政府形成來自軍事勝利的事實，而仍以參議院的決議爲施政基礎。當然，參議院對他所表現的阿諛一大半是虛僞的，但除參議院這一階層外，沒有人因此感到屈辱。

羅馬人的心境頗似法國十九世紀的舉止穩重的青年，經過一度愛情冒險的生活後，締結一理性的婚姻，這心境是滿足的，但不是創造性的。奧古斯都時代的大詩人皆在艱苦中成長；荷雷斯(Horace)逃亡到非力披，他和另一詩人維基爾(Vergil)都由於改配給勝利的軍士而喪失了他們的田地。奧古斯都爲求安定，設法恢復古代的虔敬恭順之風，因此對質詢施政的自由也懷有某種敵意。羅馬開始變成一種定型，此項演變在以後的皇帝治下，仍在進行中。

奧古斯都的繼位者任意以殘酷行爲震懾參議員及帝位的競爭者。此一時期中央政府的倒行逆施也以某種程度延伸到省區；但就大體而言，奧古斯都所建立的這套統治機構仍能繼續有效地運行。

紀元後九十八年，查建安（Trajan）皇帝即位後，情況好轉，直至奧雷利厄斯於一八〇年逝世爲止。在此一時期，帝國政府比之任何專制政府，均無遜色。但到第三世紀又逆轉爲一個恐怖與災難的時代。此時軍人跋扈，以受賄而擁立或廢立皇帝，民不聊生，而軍隊結果也不成其爲能够打仗的武力。北方及東方的蠻族侵入並攫奪羅馬的領土，而軍隊聚精會神於搜刮財富與內鬨，也無力有效防衞。財政制度全盤崩潰，因爲一方面財源大減，一方面由於綿延的戰爭及賄賂軍人而支出大增。除戰爭外，瘟疫也使人口急遽減少，帝國似已瀕臨滅亡邊緣。

兩位具活力的人挽救了此一危機，狄奧克里申（Diocletain A.D. 286-305——在位時期）與君士坦丁（Constantine），他繼續不斷地統治了二十六年（A.D. 312-337）。此時，帝國已分裂爲東西兩個部份，大約以希臘語與拉丁語的區域爲分界。君士坦丁以拜贊廷（Byzantium）爲東半部的首都，並改名爲君士坦丁堡。狄奧克里申有一段時期，以改變軍隊組成方法來遏止軍人勢力的擴張，自他即位後，最有戰鬪力的軍隊是由蠻族——主要是日耳曼人組成的，所有高級統帥的職位都可能由他們出任。這顯然是危險的權宜之計，到第五世紀初，就自然發生了不幸的後果。蠻族此時認爲與其爲羅馬的主人打仗，不如爲自己打仗更有利。但無論如何，他的辦法收效，已逾百年。狄奧克里申的行政改革也頗能收效於一時，但長時期後，也同樣發生不幸的後果。羅馬的政治制度允許地方自治，最小的自治單位是鎭，任由其官吏自行抽稅，中央政府僅規定其應繳解中央的總額。這個制度在經濟繁榮時可順利執行，但在帝國需財孔亟時，所要求的收入即超過人民所能負擔的限度，按數繳納必致民生困苦。地方官吏徵稅有責，祇能出走以求逃避。狄奧克里申命令富有公民接替官吏，並嚴禁逃亡。由於類似的動機，他把農民貶為奴隸，株守土地，不得擅離。其繼位的皇帝也承襲他這個制度。

君士坦丁最重要的改革是以基督教為國教，顯然是因為有很多軍人是基督徒。後來，在第五世紀時，日耳曼人滅亡了西羅馬帝國，基督教以其崇高聲譽而使日耳曼人也信教，一方面由於教會早先吸收了古代文明，因此，得以在西歐維持大部份的古代文明於不墜。

羅馬帝國東半部的領土情形與此不同。東羅馬雖然疆土日蹙（除第六世紀茹斯丁尼安的短暫擴張之外），却保持到一四五三年君士坦丁堡被土耳其人攻陷為止。但原來是羅馬的東部諸省包括非洲以及西部的西班牙，則入於回教之手。阿拉伯人，不像日耳曼人，他們拒絕了被征服者的宗教，却接納了他們的文明。東羅馬帝國在文化上是希臘的，不是拉丁的。因此，從第七世紀到第十一世紀，保護希臘文學及一切希臘所保留下來的文明以抗拒拉丁文明的却是阿拉伯人。自十一世紀後，由於摩爾人(Moorish)的影響，西方才逐漸恢復失去的希臘傳統。

現在再從以下四點分析羅馬帝國對文化史的影響。

第一、羅馬對希臘思想的直接影響。這開始於紀元前二世紀的兩個人，一是歷史家波利比厄斯(Polybius)，一是斯多噶主義哲學家巴奈梯厄斯（Panaetius)。希臘人對羅馬人的態度是鄙視與恐懼交集；希臘人自感文明較高而政治地位較低。假如羅馬人在政治上做得更成功，這祇表示政治是卑污的行爲而已。紀元前二世紀的一般希臘人追求享樂、反應機敏、善於經商、對一切事情都不講道德。但仍有某些具有哲學修養的人。有些懷疑主義者，例如卡尼亞德斯(Carneades)——允許機敏代替審愼。某些像伊比鳩魯學派及斯多噶的一個支派，則完全過安靜的退隱生活。但也有少數比亞里斯多德在亞歷山大身上所表現的更富見識的人，認識羅馬之所以偉大是由於具備希臘人所缺乏的某些優點。

歷史家波利比厄斯約在紀元前二百年生於阿卡地亞，以囚犯之身遣送到羅馬，幸而成西皮奧(Scipio 237-183 B.C. 羅馬大將)青年時代的朋友，共同參與多次戰役。雖然大多數受過敎育的羅馬人懂得希臘文，但很少有希臘人懂得拉丁文。而波利比厄斯爲環境所驅，竟能精通拉丁文。他爲了希臘人的便利著作了使羅馬人得以征服世界的與迦太基兩次戰爭的歷史。當他譯述羅馬憲法時，他對羅馬憲法的崇敬已經顯得過時了，但一直到他那個時代，羅馬憲法在固定與效率方面，仍然優於大部份希臘城邦不斷修改的憲法。羅馬人讀了他的書，自然很高興，希臘人讀了如何，則不得而知。

我們曾在前節中述及巴奈梯厄斯，他是波利比厄斯之友，同樣也是受西皮奧庇護的人。當西皮奧在世時，他常居羅馬，但當西皮奧於紀元前一二〇年逝世時，他卽移居雅典，成爲斯多噶學派的領袖。羅馬人仍具有希臘人已經喪失的與從政機會有關的希望。因此，巴奈梯厄斯的思想比早期斯多噶主義者更傾向於政治方面，而較少傾向於犬儒主義。受過敎育的羅馬人對柏拉圖的崇拜，影響他放棄他前期的斯多噶主義者的偏狹敎條，他與他的繼承人波昔多紐斯賦予斯多噶主義更開濶的形式，強烈地吸引了羅馬人中比較嚴肅的學者。

此後，伊拔克梯脫斯雖爲希臘人，一生大部份的時間却居住於羅馬。他大部份的舉例都出於在羅馬的所見所聞；他常勸告，智者在皇帝之前不應惶恐。我們知道他對奧雷利厄斯的影響，但他對希臘人的影響則很難考證。

勃魯塔契（Plutarch, 約爲 A.D. 46–120）在他所著的「高貴的希臘人與羅馬人的生活」一書中，考證了兩國最顯赫的偉人間的相似點。他在羅馬居住了很長一段時間，頗受皇帝哈德雷安與查建安的尊崇。除上述一本書外，還寫了很多有關哲學、宗教、自然史、及道德方面的書籍。他的有關希臘羅馬人生活的書，顯然是想調和希臘與羅馬的思想。

除少數上述特殊人物外，以整體而言，羅馬對於帝國的希臘語區域是有害的。思想與藝術退化了；直到紀元後第二世紀末，希臘富有者的生活是快樂的，安逸的；但沒有發憤向上的動力，也沒有做大事成大功的機會。被承認的哲學諸派——學院派、逍遙學派（Peripatetics）、伊比鳩魯學派、斯多噶學派——繼續存在，直到紀元後五二九年，茹斯丁尼安一世以基督教的偏見將它們一律封閉爲止。但除了紀元後第三世紀的新柏拉圖主義外，在奧雷利厄斯死後的幾百年中，沒有一個學派表現了生氣，（新柏拉圖主義將在下節中敍述）；他們也都沒有受到羅馬的影響。帝國的希臘與拉丁兩個部份，愈益背離；希臘的知識很少傳到西部，在君士坦丁之後，拉丁文化在東方仍然保存的祇是法律與軍事而已。

第二、希臘與東方對羅馬的影響。有兩種不同的情形需要考慮：一、希臘藝術、文學、與哲學對受教養最好的羅馬人的影響；二、非希臘的宗教與迷信在整個西方世界的傳佈。

㈠當羅馬人首次與希臘人接觸時，自認文明落後而粗魯，認爲希臘人在許多方面皆高不可攀：在製造業與農業技術方面；在做一個好官吏所必需的知識方面；在談話與享受生活的藝術方面；在藝術、文學與哲學方面。羅馬人佔優勢的祇有在軍事與社會團結方面而已。羅馬人對希臘人的關係略似一八一四到一八一五年普魯士人對法國人的關係。但後者是短暫的，前者則是長期的。迦太基戰爭後，羅馬青年開始崇拜希臘，他們學習希臘文，模倣希臘的建築，雇用希臘的雕刻家。羅馬所祀奉的神和希臘是一樣的。羅馬人所編的特洛埃（Trojan）故事是用來連接荷馬式的神話的。拉丁詩人採用了希臘的韻律，拉丁哲學家承襲了希臘的思想。結果，羅馬在文化上是希臘的寄生者。羅馬人沒有發明新的藝術型態，沒有創立新的哲學體系，也沒有任何科學的發明。他們建築好的道路，制訂系統嚴謹的法典，訓練能征慣戰的軍隊；至於其他方面，就要靠希臘人的引導了。

羅馬的希臘化帶來一種柔和的風氣，這是羅馬元老卡托（Cato 234-149 B.C.）所憎惡的。在迦太基戰爭以前，羅馬人是一個農業民族，兼有農人的品德與惡習：節儉、勤勞、殘酷、頑固而愚蠢。他們的家庭生活是穩定的，完全建立在父權中心的基礎上，婦女與下一代必須絕對服從。這所有的一切由於突然增加的財富而改變了。小農莊消逝了，逐漸代之以面積廣袤的農場，雇用奴工實施新的科學化的耕種方法。強有力的商人階級興起，許多人以掠奪而致富，類似十八世紀英國的暴發戶。婦女過去是馴良的奴隸，現在却獲得自由而生活放縱，離婚成爲常見的事；富人不再生育兒女。希臘人在幾世紀以前，就經過這樣的演變，更向羅馬人發生示範作用，鼓勵了歷史家所稱的道德全面墮壞。卽使在羅馬帝國最放任的時期，羅馬人仍自命爲更純粹的道德水準的維護者，以抗拒希臘人的墮落腐化。

在紀元第三世紀後，希臘對羅馬帝國西部的影響急遽地消逝，主要是由於文化的普遍式微。這有許多原因，其中有一項是特別應該指出的，在東羅馬的末期，政府愈益無所掩飾地實行軍事專制，軍隊通常擁戴一位有戰功的將軍爲皇帝；但軍人卽使是居最高職位的，已不再是受過教育的羅馬人，而祇是邊疆的半野蠻人。這些粗魯的軍人用不着文化，而祇把高度文明的公民當作歲入的來源而已。私人貧窮無力對教育多所支持，而政府又認爲教育是不必要的。結果，在西部祇有少數特殊有學問的人才繼續讀希臘文。

㈡相反地，非希臘的宗教與迷信在西方的地位却愈來愈鞏固。我們已經知道，亞歷山大的征服如何爲希臘世界帶來巴比倫尼亞人、波斯人、與埃及人的信仰。同樣，羅馬的征服也使西方世界熟悉這些信仰，也熟悉猶太教與基督教。我將在後文討論猶太教與基督教，但在本節中，我將儘可能討論這兩者以外的異教。

在羅馬，有各式各樣的教派與預言家，有時且獲得政府最高層的青睞。魯席安（Lucian）雖在青年，却已經以穩重的懷疑主義者見稱，他講了一個大家都認爲是眞實的有趣故事，這是關於一個預言家兼巫術家名叫亞歷山大的帕弗拉哥尼亞人的。他爲人治病並作預言，到處遊歷欺詐。他的聲譽爲奧雷利厄斯所耳聞，這時他正在多瑙河上與馬可曼尼人作戰，就找他商議如何可以戰勝，他說如能將兩頭獅子拋入多瑙河中，就可大獲全勝。皇帝照這個預言家的話做了，結果的確大獲全勝，但不是羅馬人，而是馬可曼尼人大獲全勝。儘管有此失算，亞歷山大仍然聲譽日隆。一位著名的羅馬執政官——魯梯利安納斯，向他請教了許多問題之後，最後問到選妻的事。亞歷山大，像英地美安——希臘神話中那個爲月神所鍾情的美少年一樣，自認受月神鍾愛，賜給他一個女兒，他說奉神諭應以此女許配魯梯利安納斯。「此時，魯梯利安納斯年已六十，立卽遵從神的指示，爲慶祝其婚姻，以一百條牛爲犧牲，獻給他在天上的岳母。」（見比恩著「希臘哲學家」一書）。

比亞歷山大的占卜事業更重要的是伊洛加巴勒斯皇帝（Elogabalus A.D. 218-222 在位），在被軍隊擁立之前，還是一名敍利亞太陽敎的祭司。在從敍利亞到羅馬的緩慢行程中，他先送了一幅自己的畫像到參議院，作爲一種禮物。據吉朋在羅馬史中說，「他拖着絲織與金飾的僧袍，做照米底亞人與腓尼基人的寬敞而飄逸的式樣；戴着高聳的冠冕，他的多重衣領與項鍊飾以價值連城的珠寶。他以黑墨畫眉，以胭脂與白粉塗頰。表情凝重的參議員嘆道，經過自己國人的長期嚴酷專制後，羅馬又要屈辱在頹廢的奢侈的東方人專制之下了。」在軍中的有力派系支持下，這位皇帝興致盎然地將東方的宗敎習俗引入羅馬；所祀之神是伊米沙城所崇奉的太陽神，他在那裏做過祭司的。他的母親或祖母（是幕後的眞正統治者）感覺他做得太過份，就把他廢立，代之以他的姪子亞歷山大（在位時間222-235），其東方傾向較溫和。當時的東西混合敎條是他的私用敎堂裏宣導的，在此，他並且安置了亞伯拉罕、歐爾非尤斯、梯亞那的阿波羅紐斯、以及耶穌的雕像。

起源於波斯的密濟拉斯教與基督教是激烈的競爭者，尤其在第三世紀的後半葉。皇帝正在盡一切努力試圖掌握軍隊，認爲宗教或許可以帶來所渴求的穩定；但必須是一種新的宗教，因爲軍人贊成新的宗教。拜神儀式引入羅馬，並在軍人心目中留下深刻印象。密濟拉斯卽太陽神，但不像敍利亞的太陽那樣柔和；這位太陽神主司戰爭，善與惡的大戰，自從左洛斯特後，這一直是波斯教條的一部份。羅斯托弗則夫做造一座爲奉祀太陽神用的浮雕，眞品是在德國海德翰發掘的地下神殿中發現的，表示它的信徒當時必然遍佈軍中，不僅在東方，卽在西方也是如此。

君士坦丁之採用基督教在政治上是成功的，前一次他試圖引入一新的宗教却失敗了；但從政府的觀點看，前次的嘗試却和他的本意相近。這些之所以都有成功的機會是由於羅馬的不幸與疲憊。希臘羅馬的傳統宗教適合於對塵世有興趣對現世幸福抱希望的人。亞洲具有較長期的絕望經驗，以寄望另一世界的方式釀製出更成功的解毒劑；而其中最能爲人帶來撫慰的就是基督教。此時基督教在西方已成國教，吸收了很多希臘思想，摻雜着猶太教的成份，一直流傳到後世。

第三、政府與文化的統一。希臘在黃金時代的成就沒有像明諾安的文明那樣在世界上湮沒，首先要歸功於亞歷山大，其次是羅馬。假定在紀元前第五世紀時，有成吉思汗這樣的人興起，則希臘世界一切重要的資產都會被消滅；卽使假定則爾喀昔斯（Xerxos 519–465 B.C. 波斯王）的破壞效率更高一點，也可能使希臘文明遠比他被驅逐後所發展的爲低。從艾思契魯斯（Aeschylus）到柏拉圖這個時期——所有的一切都是在這個時期幾個商業城市居民中的少數人口所創造的。這些城市後來所表現的，並沒有抗拒外來征服的偉大能力，却有特殊的幸運。他們的征服者馬其頓人與羅馬人都是希臘文明的保護者，他們沒有毀滅他們所征服的，像則爾喀昔斯或迦太基所做的一樣。我們所知的事實是，希臘人在藝術、文學、哲學與科學的成就是由於西方征服者所帶來的安定，他們有清明的理性去崇敬受統治者的文明，而且盡全力加以維護。

在某些方面，例如政治與倫理，亞歷山大與羅馬人使他們產生了比任何自由時代所講授的更好的哲學。我們知道，斯多噶主義主張人類生來平等，並不祇是同情希臘人而已。羅馬的長期統治使人習慣於單一文明與單一政府的觀念。我們知道世界尚有其他重要部份並未臣服於羅馬——特別是印度與中國。但在羅馬人看來，帝國四境之外都祇是些偏遠的蠻族部落，任何時間認爲値得這樣做時，就可加以征服。在觀念上，羅馬人認爲帝國的疆域已大體上包括了全世界。這個信念又留傳給教會，卽是「天主教」，而不知此時與之並存的尙有佛教、孔子的儒教，以及後來的回教。教會自後期的斯多噶主義承襲「天下一家」的原則，其所以具吸引力是由於羅馬帝國在當時人看起來顯然是統轄世界的。自查理曼大帝（Charlemagne 742–814）以後，整個中世紀的教會與神聖羅馬都在觀念上自認是統轄世界的，雖然每個人都知道事實並非如此。一個人類的大家庭、一個天主教的宗教、一個世界性的文化、一個統轄世界的國家，這種觀念自從因有羅馬而接近實現之後，就一直在人的思想中作祟。

羅馬在擴大文明區域上所扮演的角色是非常重要的。羅馬軍團的有力征服，使北義大利、西班牙、法蘭西、德國的西部接受了文明的薰陶。所有的這些區域證明自己和羅馬一樣有能力享受高級的文化。在西羅馬帝國的末期，高盧人至少不遜於同時代的開發較早地區的人。正由於羅馬文化的融合，蠻族人才祇有短暫的「日蝕」，而不是長期的黑暗。或許可以說，這時文明的品質不再像貝雷克利斯時代那樣好，但在一個戰爭與毀滅的時代，以長期觀點來看，量幾乎和質一樣重要，而量的發展是要歸功於羅馬的。

第四、回教徒傳播希臘文化。第七世紀時「先知」的信徒征服了敍利亞、埃及、北非，第八世紀中，又征服了西班牙。他們的勝利得來容易，沒有經過激烈的戰爭。可能除了最初幾年外，他們並不是狂熱的；猶太人與基督徒祇要向他們納貢，就可以不受騷擾。阿拉伯人很快地接受了東羅馬的文明，但希望這個文明能夠產生一新興的政體，而非衰微與疲弱。阿拉伯的知識份子讀希臘文，以希臘文寫論文。亞里斯多德的聲譽主要是由於他們的頌揚；在古代，他很少被提到，並不認爲與柏拉圖具有同樣的地位。

有一些字是我們從阿拉伯文得來的，例如代數學、酒、煉金術、蒸餾器、鹹、地平經度、天頂(Algebra, alcohol, alchemy, alembic, alkali, azimuth, zenith)。除 alcohol 之外——其意並非指喝的酒，而是用於化學的一種物質——這些字證明我們有若干東西是受賜於阿拉伯人的。代數學是亞歷山大城的希臘人發明的，但進一步加以發展的却是阿拉伯人。煉金術、蒸餾器、鹹都與轉變劣等金屬爲純金的嘗試有關，阿拉伯人傳自希臘人，且以此而連帶研究希臘哲學。「地平經度」與「天頂」是天文學的名詞，而阿拉伯人則主要用之於占星術。

語源學的方法掩蓋了阿拉伯人對傳佈希臘哲學知識的貢獻，因爲當歐洲人再研讀希臘哲學時，所需的專門名詞皆來自希臘文或拉丁文。在哲學上，阿拉伯人更長於做批判者而不是開創的思想家。對我們來說，他們的重要性在於：東羅馬帝國所僅存的希臘傳統，其直接繼承者却是阿拉伯人，而非基督徒。由於在西班牙與回教徒的接觸——在西西里也有接觸，但較在西班牙者爲少——使西方知道了亞里斯多德，也認識了阿拉伯的數字、代數學與化學。正由於這次接觸，才在十一世紀開始恢復學習經院派的哲學，在十三世紀以後，才學習希臘文使人能夠直接閱讀柏拉圖、亞里斯多德及其他古代作家的著作。但假如阿拉伯人沒有維護希臘的傳統，則文藝復興時代的人可能不會懷疑恢復對古典文明的研究能有多少收獲。

第六節　新柏拉圖主義

勃洛梯納斯（Plotinus A.D. 204-270），新柏拉圖主義的創始者，是古代最後的一位偉大哲學家。他的生活幾乎與羅馬史中最不幸的時代相終始。在他誕生以前不久，軍隊已經認識了他們自己的權力，以金錢爲擁立皇帝的條件，以後再把他暗殺，製造另一次出賣皇帝的機會。這種做法不能使邊疆守衞的士兵心服，以致引起日耳曼人來自北方以及波斯人來自東方的猛烈侵犯。戰爭與瘟疫消滅了羅馬帝國三分之一的人口，甚至在未被敵人侵擾的省份，也由增稅及物力枯竭之故，導致財政破產，而文化較高的城市，受禍尤深；富者紛紛出走，以逃避稅吏的追索。一直到勃洛梯納斯死後，始恢復秩序，羅馬帝國以狄奧克里申與君士坦丁的有力措施而暫時得救。

勃洛梯納斯的著作中，對於上述的一切，都沒有提到。他掉頭不顧現世的毀敗與悲慘，而在默想中追尋一盡善盡美的永恒世界。在這一點上，他和同時代的具嚴肅思考的人是一致的。對於他們——包括基督徒與異教徒，現存的實際世界似乎是無望的，祇有另一世界才值得擁護。對基督徒來說，另一世界是死後享樂的天國；對於柏拉圖主義者來說，這是觀念的永恒世界，而相反的，現實世界祇是幻覺的現象。基督教神學家綜合了這些意見，體現了很多勃洛梯納斯的思想。聖保羅神學院長英芝（William Ralph Inge 1860–1954）在他極有價值的討論勃洛梯納斯的書中說，強調勃氏對基督教的貢獻是正確的。他說：「柏拉圖主義是基督教神學主要結構的一部份，我敢說，沒有其他任何哲學可以納入基督教義而不生衝突。」他又說：「從基督教義來實踐柏拉圖主義而不致把基督教支解割裂是絕對可能的。」他指出聖奧古斯丁曾說「柏拉圖的體系是所有哲學中最純潔最光明正大的」。他又說勃洛梯納斯是「柏拉圖的再生」，假如他出生稍遲，或許「會變更他的一些說法，而變成基督徒。」根據英芝說「聖湯瑪斯·阿奎那（St. Thomas Aquinas 1225–1274）距柏拉圖較近，而距眞正的亞里斯多德較遠。」

因此，勃氏以其對形成中世紀基督教及天主教神學的影響而具有歷史上的重要地位。歷史家在敍述到基督教時，必須注意其重大演變，甚至在同一時代，也有各種不同的形式。馬太、馬可及路加福音的基督教幾乎完全沒有形而上學的成份。在這一點上，美國現代的基督教却與此原始基督教相似；

在美國一般人的思想與感覺中，柏拉圖主義是陌生的，大多數的美國基督徒關切他們在塵世上的責任以及現實世界的社會進步，遠過於關切世界一切陷於絕望時安撫人類的超物質世界的希望。我並非意指教條有何變更，而是說明着重點與興趣所在的不同。一位現代的基督徒，除非他知道兩者不同到什麼程度，就不會認識過去的基督教。由於我們研究的是歷史，所關切的是過去的有力的信仰，因此不能不同意與英芝所說的柏拉圖與勃氏對基督教的影響。

勃氏不僅具有歷史的重要性，而且比其他任何哲學家更能代表一種重要的理論型態。判斷一種哲學體系的重要性，也許可以有各種不同的理由。最重要也是最顯著的理由是「我們認爲它或許是眞的」。沒有多少現代讀哲學的人會對勃氏有這樣的感覺，在這方面，英芝是極少數的例外。但眞實並非一個形而上學者能够保有的唯一優點。可能還有「美」，這在勃氏哲學中是必定可以發現的。他的某些辭句使人想起後來但丁的神曲；除但丁的神曲外，在文學中不會令人想起其他的作品。但丁常常描敍那個輝煌的永恒世界。

爲我們美妙的幻想
唱出完全諧和的不受干擾的樂章
歌唱在藍寶的王冠之前
那就是在上帝的身邊。

一種哲學的重要性，可能由於它適當地說明了在某種心境或環境下那一類人容易產生信仰。單純的歡樂與愁苦不是哲學所研究的事情，毋寧是適用於比較單純的詩篇與音樂去表達。祇有與默想宇宙萬物以俱來的悲歡才能產生形而上的理論。一個人可能是歡樂的悲觀主義者，也可能是憂鬱的樂觀主義者。莎繆爾・巴特勒（Samuel Butler 1835–1902 英國作家）可作爲前者的例子；勃氏則可作爲後者可尊敬的典型。在他的那個時代，憂苦逼人而來，至於快樂，假如快樂可求，亦必求之於默想遠離感覺生活的事情。這種快樂總是含有艱辛的因素在內；這和兒童的單純快樂是截然不同的。因爲這不是出於日常的生活，而是出於思維與想像，所以就需要有一種無視或鄙視感覺生活的力量。是故，享受本能的快樂者，不可能憑藉對超感覺世界存在的信仰創立形而上的樂觀主義。在塵世的意義上並不快樂但決心向觀念的世界尋求更高的快樂的人之中，勃氏具有崇高的地位。

他在純知識方面的價值也絕不可輕視。他在許多方面澄清了柏拉圖的教諭，他發展了一種理論的型態，力求和諧一致，與其他的許多理論相同。他反對物質主義的辯論是有力的，他對靈魂與肉體關係的觀念比柏拉圖或亞里斯多德的更爲清晰。

像斯賓諾莎一樣，他有一種道德上的高潔與莊嚴，予人印象至深。他永遠是誠懇的，從不叱斥或挑剔，終生不變地盡可能以簡單方法告訴讀者他認爲重要的事情。儘管有人說他是理論的哲學家，但不可能不把他當作一位可敬愛的人。

勃氏的生活能爲世人所知——照現在所知的——是由於他的朋友與信徒波菲雷所寫的傳記，是一個閃族人，眞名叫馬區斯。但其中有若干神奇不可思議的記載，使人對其他比較可信的部份也很難寄予完全的信賴。

勃氏認爲在塵世的形跡是不重要的，故不願談到自己的往事。不過他自稱生於埃及。據說他青年時就讀於亞歷山大城，並住到三十九歲時爲止，當時他的老師是安蒙紐斯·薩卡斯(Ammonius Saccas)，常被認爲是新柏拉圖主義的創始人。然後他又參加了戈第安三世征伐波斯的戰爭，據說他的目的在研究東方的宗教。皇帝仍在青年，却爲軍人所弒，此在當時已是常事，發生在紀元後二四四年美索帕達米亞的戰役中。勃氏因此放棄他的原定計劃，定居於羅馬，不久即開始授徒。聽他講授的有很多具影響力的人，迦萊納斯皇帝(註一)對他也頗爲賞識。有一次他擬具了一個在康潘尼亞地方建立柏拉圖理想中的共和國的計劃，新城即定名爲柏拉圖諾波利斯。皇帝最初贊同他的計劃，最後又收回成命。在如此接近羅馬的地方，還有空地建築新城，事屬蹊蹺，但眞正的原因可能是那個地區發現有瘴氣，像現在一樣，在此以前，却又沒有瘴氣。他在四十九歲之前，沒有著作，此後則著作甚豐。其弟子波非雷整理編訂了他的著作。波非雷之學近於畢達哥拉斯，而非勃氏，因此使新柏拉圖學派更成爲「超自然」的，如果其弟子皆忠於勃氏之說，情形就不應該是這樣了。

勃氏對柏拉圖極爲尊崇，通常提到時都稱「祂」。一般「往聖先賢」都受他敬重，但不包括原子論者。斯多噶主義者與伊比鳩魯主義者——此時仍很活躍——是受他駁斥的。前者是由於它的物質主義，後者是由於它的全部哲學。亞里斯多德對他的影響比表面上所能看到的爲多，因爲他常常不知不覺地引入亞氏的思想。有人認爲在許多方面也有巴曼尼德斯的影響。

勃氏的柏拉圖不是眞正柏拉圖的純粹血統。他的觀念論，「菲多」與「共和國」第五章的神秘思想，在「饗宴」一書對愛的討論，組成了幾乎是柏拉圖的全盤思想，一如在勃氏所著「恩尼德」一書所描寫的。柏拉圖對政治的興趣，尋求對不同品德的定義，鑽研數學之樂，對個人的戲劇性的親切的重視，尤其是柏拉圖的戲謔的態度，在勃氏思想中是完全不存在的。誠如喀萊爾（Thomas Carlyle 1786-1881 蘇格蘭散文家——譯者註）所說：「柏拉圖在天堂裏也是非常自由自在的。」勃氏則與此相反，始終保持他嚴肅端正的行爲。

勃氏的形而上學開始於他的三位一體論：「一」、精神、與靈魂，此三者不是像基督徒的三位一體論那樣平等；「一」是至高無上的，然後是精神，最後是靈魂。（註二）

「一」的意義是不確定的，有時稱爲上帝，有時稱爲「善」；它超越生命，這是「一」首先發生的結果。我們不能給予任何描敍，祇能說「它本來如此。」（這與巴曼尼德斯相類。）說上帝是「一切」是錯的，因爲上帝超越一切。上帝存在於萬物。上帝自然存在而不需要降臨。「無所在，亦無所不在。」雖然「一」有時是指上帝，他告訴我們「一」同時也包括善與美。有時「一」近似亞里斯多德所稱的上帝；勃氏告訴我們，上帝不需要他的轉述，上帝也無視所創造的世界。「一」是不能下定義的，欲求瞭解「一」，沉默比任何言辭更接近眞實。

我們現在來談第二位，勃氏稱之爲「瑙司」（Nous），很難在英文中找到意義相同的字。標準字典的翻譯是心靈（Mind），但含意並不正確，尤其是用到宗教哲學這方面。假如我們說勃氏置心靈於靈魂之上，這是完全不對的。麥肯那（Mackena）——勃氏著作的翻譯者，用「理智本質」（Intellectual-Principle）這個字彙，但這是笨拙的，不成為一個宗教上崇敬的目標。英芝用「精神」（Spirit），或許是能用的字彙中最好的一個了。但這樣又去掉了理智的因素，這在自畢達哥拉斯以來所有希臘宗教哲學中是非常重要的一部份。數學——觀念的世界以及一切不屬於感覺的思想，在畢達哥拉斯、柏拉圖與勃氏看來，是具有神聖性的。他們組織精神的活動，或至少我們認為是最接近這一類的活動。這是柏拉圖宗教中的理智因素，驅使基督徒——例如約翰福音的作者——將基督與「羅格斯」(Logos)視為一體。「羅格斯」在此處應譯為「理性」，如此，我們就不能以「理性」來譯「瑙司」。我願意附和英奇用「精神」這個字，却有一個「但書」，卽「瑙司」有理智的成份，這是「精神」所沒有的。

勃氏告訴我們，「精神」是「一」的形象。其產生是由於「一」在自我尋求時具有視覺，而此一視覺卽是「精神」。這是很難懂的觀念。勃氏說，一種整體不可分割的生命也許能知道自己，而看見的與被看見的同是一物。例如，柏拉圖相信上帝卽是太陽，光的「賜」與「受」為一體。尋求其同一性，精神或許可以作為「一」賴以看見自己的光。我們可能瞭解什麼是神聖的心靈，這是由於我們的自由意志而遺忘的。要瞭解神聖的心靈，我們必須先研究自己的靈魂，選擇它在最近似上帝的時候去瞭解。我們必須把肉體丟開，把塑成肉體的這部份靈魂丟開，把「具有慾望與衝動的感覺以及所有這類無益的事」丟開，然後剩下來的才是一個神聖理智的形象。

勃氏說：「那些為神聖所擁有所鼓舞的人至少會認識在他們身中有某些比較偉大的東西存在，雖然他們說不出這是什麼；從刺激他們的運動中，從他們自己所發出的言辭中，感到有一種力量在推動，而並非自己在動：同樣，當我們的精神是純淨時，我們卽面對上帝；我們知道自己有神聖的心靈，爲生命及其他一切帶來秩序；但我們也知道其他的東西，知道這一切都不是生命，而比任何東西更高貴的本質才是生命：更充實，更偉大；超越理性、心靈、感覺之上，它賜予這些力量，但不應和這些力量相混淆。」

當我們爲「神聖所擁有所鼓舞」時，不僅看到「精神」，也看到「一」。當我們與神聖接觸時，不能用言詞來分析表達，這是以後的事。「在接觸的一刹那，我們沒有力量去作任何肯定；沒有餘暇——分析這個感覺需要事後的回味。當靈魂突放光明時，我們也許能看見。這個光來自上帝，其本身卽是上帝。我們也許會相信上帝的降臨，像其他的神來到一個人的面前一樣，帶着光一起來，光卽是降臨的見證。因此，沒有經過這種視覺，靈魂一直是不見光的；見到光了，也就得到了它所尋求的。這就是爲靈魂而設的眞正目標——得到這個光，由上帝的光以見上帝，而不是以其他任何性質的光——看見上帝，循上帝以見上帝，照亮靈魂的，也正是我們所要見到的，正如同由太陽自己的光而看到太陽。

「怎樣才能達到這樣的境界？

把一切事情都丟開。」

勃氏常有「出神」（靈魂脫出自己的軀體）的經驗：

「這類事發生了很多次，脫出肉體，回復眞我，渾然物外，一切以我爲中心；見到奇異的美；然後比以前更能保持與最高尙的秩序一致；實踐高貴的生活，與神聖同體；達到後卽維持與神同在；超越一切較上帝爲次級的理智；但留居在神的中間後，仍有自『大智慧』降至『理性』的一剎那。我問自己，我如何會下降，靈魂如何進入我的身體，靈魂卽使已在身中，也自我表現爲超卓的事物。」

這段話提到了靈魂，三位一體中第三也是最低的一位。靈魂雖低於精神，却是一切生物的製造者；它製造了日月星辰以及一切可見的世界。它是走向神的智慧的跳板，它是雙層的，內層的靈魂，傾向「精神」，另一層靈魂，面對外在的世界。後者與下墜的運動有關，靈魂由此產生形象，卽是「自然」與感覺世界。斯多噶主義者認爲「自然」卽是上帝，但勃氏認此爲最低的層次，當靈魂疏於傾向「精神」時，偶然散發出來的東西卽是「自然」。這或許表示了諾斯士教的看法，說一切感覺的世界都是邪惡的，但勃氏並不是這個看法。他認爲感覺的世界是美麗的，是神聖的精神的居所，僅次於理智的世界。關於諾斯士教認爲宇宙及其創造者皆爲邪惡的看法，勃氏有一段很有趣但也很矛盾的評論。他同意其中的一部份，例如對物質的厭恨，也許是受柏拉圖的影響；但他主張其他非來自柏拉圖的部份，都是不眞實的。

他反對諾斯士教的有兩點。一方面，他說靈魂在創造物質世界時，是出於神的記憶，不是由於靈魂的下降；他認爲感覺的世界也有感覺世界的好處。他強烈地感覺到可感覺的事物的美：

「那些眞正感覺到理智領域的諸和的人，如果對音樂有一點愛好，誰會不受和諧的聲音的感應呢？那一個幾何學家、算學家，會對可見事物中的勻稱、調和、與秩序的本質，會不感到欣喜的呢？卽使以繪畫而言，那些用具體的感官去看繪畫作品的人，並不從單方面去看一件東西，他們爲認識到映入眼中的目標在觀念上的表現而深受感動，此卽稱爲眞實的回憶——正如同愛情產生的經驗一樣。假如美的景象卓越地在一張臉上重新創造（指繪畫），這個景象促使心靈走入另一境界，就絕不會有人認爲在感覺世界中的愛是不必要的——這廣濶的秩序，這星辰在遠方所表現的景色——沒有人會這樣遲鈍，這樣麻木，不被所有的這些回憶所感動，在想到所有的這些，如此壯偉，不由得不肅然起敬，不能不爲此壯偉而歡躍。如對此沒有反應，一定是沒有徹底瞭解這個世界，也沒有看到那另一個世界。」

否定諾斯士教的看法，還另外有一個理由。諾斯士教徒認爲日月星辰與神沒有關係；它們是一個惡鬼所製造的。在可感覺的事物中，祇有人的靈魂具有善的因素。但勃氏堅決相信天體是像神一樣的生命體，其勝於人類者，不啻千百倍。諾斯士教徒認爲「他們自己的靈魂，至少人類的靈魂，他們稱爲不朽神聖；但整個天體及天體中的衆星並不一樣具有不朽的本質，雖然這些遠較他們自己的靈魂純淨而可愛。」勃氏的看法是得自柏拉圖的「梯美烏斯」一書，某些基督徒例如奧雷金(Oregen)神父也持同樣的看法。它富有想像的吸引力；它表達了一種感覺，認爲天體自然鼓舞了人類，並使人類在物質世界中減少孤寂。

在勃氏的神秘主義中，沒有厭惡憎恨美的成份。但他是最後的一位宗教性的教育者，能够提到美的，從他以後，隔了多少世紀不再提到美了。很長的一段時間，美以及與美有關的快樂，都被認爲是惡魔；基督徒與異教徒皆變得讚美醜陋與骯髒。使徒朱里安(Julian the Apostle)，像同時代的正統派的聖哲一樣，以其鬍鬚滿腮爲榮。這些都是勃氏所沒有的。

物質是靈魂所製造的，沒有獨立的存在。每一個靈魂都有它的時間性，當靈魂衝動時，下降時，就進入一適合的驅體。其動機不是理性的，而是某些更與性慾類似的東西。當靈魂離開肉體時，假如是有罪的，它必須進入另一驅體，因爲正義要它受懲罰。在此生，如謀殺你的母親，來生亦成爲你的兒子所謀殺的母親。有罪必罰；但罰出於自然，由於犯罪者的錯誤的不斷推動。

我們死後，還能記得此生的事情嗎？他的解答是完全合乎邏輯的，但與現代的神學家所見不同。記憶與我們的生命有關，但最好的、最眞實的生命是永恒的。因此，當靈魂走向永恒的生命時，記憶即愈來愈淡；朋友、妻子皆漸漸被遺忘，最後對現世一無所知，而祇在純理智的領域中默想。對人物，無所記憶，在默想的視界中，不感覺自己的存在。靈魂將與精神合而爲一，但不會因此消逝，精神與個別的靈魂同時分而爲二，又合而爲一。

「恩尼德」的第四册，是討論靈魂的，其中有一章，即是第七章是章討論不朽的。

肉體是混合物，當然不會是不朽的。假如肉體是我們的一部份，則我們也不會是全部不朽的。但靈魂對肉體的關係是什麼？亞里斯多德（勃氏沒有明白指出）說靈魂是肉體的形式，勃氏不同意這種看法，理由是：假如靈魂是肉體的任何形式，就不可能有理智的行爲。斯多噶主義者認爲靈魂是一種物質，但靈魂的不可分性證明不可能是一種物質。而且，物質是被動的，也不可能創造自己；假如靈魂不去創造它，物質不可能存在；假如靈魂不存在，物質將在一瞬之間消逝。靈魂既非物質亦非肉體的形式，而是「要素」，「要素」是永恒的。在柏拉圖的論辯中暗示過靈魂是不朽的，因爲觀念是永恒的；到了勃氏，這個看法才有明確的解說。

靈魂如何從遙遠的理智世界進入肉體？回答是由於欲念。欲念雖然有時是不高尚的，但也可能是高貴的。在最好的情況時，靈魂「想要把在理智本質中（精神）所看到的典型加以精心製作。」這就是說，靈魂默想「要素」的內在領域，希望製造出某些東西，儘可能與此相似，可以自外見到，而不需要自內觀照——我們可以說，像一個作曲家，首先在想像中默念他的曲子，然後希望聽到有樂隊演奏他的曲子。

但這個創造的靈魂會有不幸的結果。祇要靈魂生存在純「要素」的世界中，就與生存在同一世界的其他靈魂聯結在一起；一旦進入肉體時，就有任務去支配較它爲低的事物，因此即與進入其他肉體的靈魂隔開。除非某些時候在少數人身上，靈魂通常是鎖閉在肉體之中的。「肉體掩蓋了眞實」，但「彼處」（註三）所有的靈魂保持純淨與隔離。

這一思想，與柏拉圖相同，不能避免造物是一項錯誤的看法。靈魂在最佳狀態時，是滿足於和精神——要素的世界在一起的。假定靈魂永遠是最佳狀態，就不會去造物，而祇是默想而已。這似乎是，造物的行爲可以原諒，因爲所造世界的主要部份是邏輯上儘可能造得最好的了。但這祇是永恒世界的一個仿製品，在「美」這一點，仿製只是可以做得到的。勃氏在討論諾斯士教徒的一章中有最明確的說明。

「問爲什麼靈魂創造了宇宙，等於問爲什麼有靈魂，爲什麼有一個造物主在造物。這問題也同樣牽涉到永恒世界的開始，也表示造物的行爲可以造出一種變化的生命，由一種東西變成另一種東西。

「有這種想法的人必定受到神的指示——假定他們所想的都是對的——並且放棄以巨大力量褻瀆神明，他們很容易取得這種力量，每個人在運用時都應該謹愼。

「卽使在宇宙的天廷中，也沒有理由受到這種褻瀆，因爲它具有理智偉大的顯著證明。

「進入生命的並非不定型的結構——像生命中較小的形式，由於生命本質的剩餘物而不斷產生的——宇宙是一個有組織的、有效率的、複合的、無所不知的生命，表現了一種深不可測的智慧。然則，如何有人能够否定理智的神有一個美麗的顯著的形象呢？無疑這是倣造品，不是原始的；但性質完全相像；一件東西不可能同時是模倣的而又是眞實的。如果說這是不正確的模倣就錯了；在物質秩序中的美的象徵，無所不包。

「這樣一個仿造品是必要的——雖然不是出於審愼的設計——因爲『理智』不可能是事物的終結，必須有雙重的行爲，一向內，一向外。因此，必須有比神較後產生的東西；因爲祇有喪失一切力量的東西，才不會向自己的某些部份下墜。」

這也許是勃氏思想可能給予諾斯士教徒最好的答覆。這問題以稍微不同的言辭留傳於基督敎的神學；他們同樣發現如沒有褻瀆神明的結論，就很難解釋造物這回事情；這個結論是：在造物之前，造物主缺少了某些條件。當然，基督徒的困難較勃氏爲大，因爲勃氏可以說「心靈」的本性驅使造物不可避免，而基督徒必須說，宇宙是上帝自由意志毫無束縛地執行的結果。

勃氏對某些抽象的美具有很清晰的感覺。在描敍「理智」的地位處於「一」與「靈魂」之間時，他突然說了一段非常動人的話：

「至高無上的神在行迹中，不可能通過沒有靈魂的媒介，甚至也不可能直接通過靈魂。祂來時有一種不可掩的美作爲預報：在偉大的王到來之前，首先到達較小的車輛，然後一次比一次高大，愈到後來，愈接近王者的氣象，在這些壯偉的車輛的最後，又來了祂自己的侍從，突然至高無上的主出現了，除非那些對祂出現之前的景象已眞的感到滿足而離去的人之外，所有的人都拜倒在地，向祂歡呼。」

有一章談到理智的美，表現了類似的感覺：

「所有的神的確是莊嚴而美麗的，美到非言詞所能形容。什麼使得他們這樣，是理智；尤其是在他們中間（神聖的太陽與星辰），使他們能爲人所見。

「在彼處生活是自由自在的，對於這些神，眞理就是他們的母親、護士，眞理使他們存在而維持生命；所有這些並不是產生的方法，而是他們所看見的眞正的生命，也就是他們全體。一切是透明的，所以沒有什麼是黑暗的，沒有什麼是阻礙的；每一個生命的廣度與深度對其他任何一個生命，都相互瞭若指掌的。光亮相互交射。每一生命之內包含了全體，同時都能相互見到，因此，全體充塞於每一處，而全體固然是全體，每一生命也是全體，其光榮是無限的。每一生命都是偉大的，微小也是偉大的。彼處的太陽卽是一切的星，而每一顆星又是太陽和一切的星。當生命的某種形態支配到其他一切生命時，一切皆可以相互照見。」

世界之所以不能盡善盡美，因爲它是倣造品，除此之外，對勃氏與基督徒而言，罪惡造成更確定的禍害。罪惡是自由意志的後果，勃氏以此來反對定命論者特別是占星家。他未敢否定所有占星家的確當，但他試圖加以約束，以使仍有與自由意志相容的餘地；他同樣以此施之於巫術；他說聖人是不受巫師的力量影響的。波非雷說有一敵對的哲學家試圖唸邪咒使勃氏受害，但由於勃氏的神聖與智慧，邪咒的力量反而害了他自己。波非雷及其他所有的門徒，都比勃氏更迷信，在那個時代，勃氏算是迷信最少的了。

有一項首要的建設，這是勃氏相信爲理想與希望的安全庇護所的，並且同時涉及道德與理智的努力。在第三世紀及蠻族入侵後的數百年，西方文化幾瀕於毀滅。幸而神學幾乎是唯一僅存的精神活動，此一可以被容忍的思想體系並非純粹的迷信，而是保存了——雖然有時是深藏不露的——一種思想，體現着希臘哲學的許多觀念，也體現着斯多噶主義者與新柏拉圖主義者所共有的道德的熱忱。這促成了經院派哲學的興起，後來，在文藝復興時，由重新研究柏拉圖及其他古代哲學家而獲得激勵。

另一方面，勃氏哲學的缺點在鼓勵人向內看而不是向外看；但我們向內看時，將看見「精神」，這是神聖的；當我們向外看時，將看見感覺世界的瑕疵。這一類的主觀性是逐漸成長的；這可以見之於畢達哥拉斯、蘇格拉底、柏拉圖以至斯多噶主義與伊比鳩魯主義的思想。但最初，這祇是思想上的，不是出於本性的；因爲有很長的一段時期，並不能消滅人類科學上的好奇心。我們知道波昔多紐斯（約在紀元前一百年）如何遠行到西班牙及非洲的大西洋岸研究海潮。但主觀主義逐漸侵入人類的感情，而不止於思想。科學不再發展，唯有品德才認爲是重要的。品德有如柏拉圖所相信的，牽涉到一切當時認爲可能獲致精神上成功的方法。但以後的若干世紀，愈益認爲祇牽涉到品德的意志，而與瞭解物質世界或改進人類所組成的世界的欲望無關。基督教在倫理思想方面也不免有這種缺點，雖然在事實上，相信傳佈基督教義的重要性，使道德活動有一實際的目標，不再限於自我的完成。

勃氏同時爲一終結，亦爲一開始——以希臘哲學而言是終結，以基督教世界而言是開始。對於古代世界，經過若干世紀的失望，由絕望的掙扎而枯竭，他的思想或許可以被接受，但沒有激勵的作用。對於更原始的野蠻世界，過剩的精力需要約制而非激勵，他的思想是有益的，因爲需要克服的禍害不是衰弱而是殘暴。傳佈他的哲學中能够保留部份的人，是羅馬末期的基督教哲學家。

（註一）關於加萊納斯，吉朋說：「他是若干好奇而無益的科學實驗者、機敏的演說家、動人的詩人、熟練的園丁、卓越的厨司、最可鄙的王子，當國家陷於急難，需要他處置時，却與哲學家勃洛梯納斯談話；耗費時間於瑣事或放蕩的享樂，爲他自己參加希臘神秘教的儀式作準備，或要求在雅典的最高法院獲得一個職位。」

（註二）奧雷金與勃氏爲同時代的人，並在哲學上同門受業，也同意勃氏的看法，謂三位一體中，第一位優於第二位，第二位優於第三位。但奧雷金的看法後來被宣佈爲異端邪說。

（註三）勃氏習慣說「彼處」，像一個基督徒對這個字的用法一樣，例如說：

生命無窮無盡，

在彼處無憂無愁。

第二部 中古哲學

緒　論

天主教哲學——我覺得應該用這個名詞——從奧古斯丁到文藝復興，支配了整個歐洲人的思想。這十個世紀以前及以後都有哲學家是屬於天主教的。譬如奧古斯丁以前，尚有早期的神父們，最著名的是奧雷金；文藝復興以後，一直到現在仍有許多正統派的天主教哲學講師，承襲中世紀尤其是湯瑪斯·阿奎那的理論體系。但祇有從奧古斯丁到文藝復興這段時期，最偉大的哲學家始關心建立或完成天主教的理論體系。奧古斯丁以前的基督教世紀，斯多噶學派與新柏拉圖主義者的聲光掩蓋了神父們在哲學上的才能；在文藝復興之後，沒有任何傑出的哲學家，卽使包括正統的天主教徒在內，仍有興趣承襲經院派或奧古斯丁的體系。

我們現在所討論的這一段時期，與其前期及後期的區別，不僅在哲學方面，而且也在其他許多方面。最顯著的一點就是教會的權力。教會使哲學與社會及政治環境發生比中世紀以前或中世紀開始時更密切的關係——我們或許可以把紀元後四百年到一千四百年這段時期稱爲中世紀。教會是建立在一種教條上的社會機構，部份屬於哲學，部份來自神聖的歷史淵源。它以教條而獲得權力與財富。現世的統治者常與教會發生衝突，但結果總是失敗，因爲絕大多數的一般人民，包括大多數的統治者本身，皆對天主教教義的眞實性，深信不疑。有若干羅馬與日耳曼的傳統，是教會必須竭力反對的。羅馬傳統在義大利是堅強的，尤其在法律方面；日耳曼傳統在由於蠻族征服而興起的封建貴族之中是最堅強的。但經過若干世紀，證明兩種傳統之中沒有任何一種能夠成功地抗拒教會；主要的原因在這些傳統沒有任何適當的哲學，作為支持它的基礎。

一部思想史，如同我們現在所研究的，在接觸到中世紀時，不可能避免會偏重一個方向。除極少數的例外，所有這個時期對知識有貢獻的人都是教會人士。中世紀的俗人逐漸建立了一種富有活力的政治與經濟制度，但他們的活動在某種意義說來是盲目的。中世紀的後期，俗人有很重要的文學作品，與教會文學迥不相同；在一般歷史中，這類文學應較在哲學思想史中獲得更多的重視。到但丁出現以前，沒有俗人能夠以這樣豐富的對那個時代的教會哲學的知識去寫作的。到十四世紀為止，教士們事實上壟斷了哲學，因此，哲學也是依照教會的觀點來撰寫的。如不詳述教會組織尤其是教皇制度的成長，即無法瞭解中世紀的思想。

中古世界，正與古代世界相反，其特徵在各種各類的雙重狀態。這種狀態見之於教士與俗人，拉丁人與條頓人，上帝的王國與現世的王國，精神與肉體等等。這一切都可以用教皇與國王的對立作為例證。拉丁人與條頓人的對立是蠻族入侵的結果，惟其他方面的雙重狀態則具有較古老的淵源。中世紀教士與俗人的關係是撒母耳（希伯來先知）與掃羅（以色列王）關係的沿襲；教士要求最高的地位，在印歐族或準印歐族的帝王時代即已開始。上帝的王國與現世的王國的雙重狀態最初見之於新約，奧古斯丁的「上帝之城」一書則加以系統化。精神與肉體的二元論最初見之於柏拉圖，再由新柏拉圖主義者加以強調；這在聖保羅的教諭中是很重要的，並且支配了第四、五世紀基督教的苦行主義。

天主教哲學被黑暗世紀分割為前後兩個時期，在黑暗世紀中的西歐，知識的活動幾乎是不存在的。自君士坦丁即位到波伊濟厄斯（Boethius 480-524，羅馬哲學家——譯者註）去世止，天主教哲學家的思想仍受羅馬帝國的支配，把羅馬帝國作為依舊存在的實體，或作為保留在記憶中的盛世。在這個時期內，蠻族是受人鄙視的，不被認為是基督教世界中獨立的部份。此時仍有文明發達的地區，富人能讀能寫，哲學家需要討好俗人，一如其討好教士。在此時期與黑暗世紀之間，約當第六世紀末葉，有一位格利哥里教皇，自認為拜贊廷皇帝的臣屬，但却傲視蠻族諸王公。在他之後的整個西方基督世界，教士與俗人的隔離愈來愈顯著。世俗的貴族創立了封建制度，稍微減輕了當時普遍混亂的無政府狀態；教士們教人謙遜，但眞正實行的祇有較低的階級；異教徒的尊嚴表現在決鬥、戰場上的考驗、比武大會與私人的報復上，教會對這一切都很厭惡却無法制止。第十一世紀初，教會經過艱苦的努力，成功地使自己從封建的貴族制中解放，此一解放也使歐洲得以脫離黑暗世界而重見天日。

天主教哲學第一個偉大世紀是受奧古斯丁支配的，而異教徒是受柏拉圖支配的。第二個時期以湯瑪斯·阿奎那為代表，對於他或他的繼承者，亞里斯多德的重要性遠超過柏拉圖。但「上帝之城」的二元論充分有力地留存下來。教會代表「上帝之城」，而哲學家在政治上是維護教會的利益的。哲學是為了保衞信仰，為此而祈求理由，以便和那些不接受基督教啓示例如回教徒之類的人辯論。哲學家以祈求所得的理由向批評者挑戰，不僅作為神學家，並且也發明一套理論以求適用於對任何教條都願意接受的人。「祈求理由」可能是一項錯誤，但在第十三世紀，似乎做得很成功。

第十三世紀的理論體系，具有一種完整與最後決定的精神的，終於被毀滅。這有許多種原因，或者其中最重要的一種是富裕的商人階級的興起，最初在義大利，然後擴展到其他各地。封建的貴族們大多數無知、愚蠢而野蠻；一般人傾向教會，因爲教會在知識、道德、消除混亂的能力方面，都優於貴族。但是，新興的商人階級却在智力上與教士相埒，熟悉塵俗的事務，在與貴族對抗方面，更有效率，作爲公民自由的擁護者，更易於受城市的低層階級的歡迎。民主的趨向於此日見明顯，商人幫助教皇戰勝皇帝之後，卽開始從事自教會的控制下爭取經濟生活的自由。

中世紀結束的另一重要原因是強有力的君主制的興起，例如法蘭西、英格蘭與西班牙。這些國王們，鎭壓了內部的混亂之後，卽與富裕的商人聯合對付貴族，約當第十五世紀中葉，在保護國家的利益上，已力足與教皇抗衡。

此時，教皇制度已失去其在第十一、十二、十三世紀所擁有的道德上的聲望。當教皇駐節在阿維格農（Avignon 法國東南部的城市）時，首先屈從於法蘭西，然後又是「大分裂」（Great Schism），這些事實都使當時的西方世界認識了教皇的獨裁制度既不可能維持也不合需要。在第十五世紀中，他們作爲基督世界統治者的地位，已屈居附從，有如義大利的王公，牽入複雜而輕率的義大利權力鬪爭之中。

中世紀的這一套思想體系還沒有達到任何可觀或任何顯然是完整的成就時，就被文藝復興與宗教革命打斷了。此一思想體系的成長與沒落卽是本書這一部份所要討論的主題。

整個中世紀，有思想的人的心境在關涉到現世的事務時是不快樂的，他們之能够勉強忍受，是由於寄望死後的另一世界。此一痛苦是整個西歐實際情況的反映。第三世紀是一天災頻仍的時期，一般生活水準急遽下降。經過第四世紀的一段休養生息之後，第五世紀所帶來的是西羅馬帝國的滅亡，取而代之以統治其原有疆域者是蠻族。後期羅馬文明所依附的城市中受過教養的富人，大部份已淪為窮困的難民；其餘的則避居於鄉村的農莊。新的暴亂不斷發生，沒有喘息的餘地。拜贊廷與倫巴族的戰爭毀滅了大部份義大利殘存下來的文化。阿拉伯人征服了大部份東羅馬帝國的領土，在非洲與西班牙建立政府，威脅法蘭西，有一次甚至刼掠了羅馬。丹麥人與諾曼人蹂躪了法蘭西與英格蘭、西西里島與義大利南部。這個時期的生活是不安定的，充滿了艱辛困苦。但迷信像現實生活一樣壞，使世人更感絕望。一般人相信卽使是大多數的基督徒死後也要進地獄。任何時間，人都可以感覺被惡鬼包圍，因此很容易受女巫的敲詐。除非有些人在幸運的一刻，尙能保持幾分兒童的天眞無邪之外，談不到有什麼生活的樂趣。一般人的痛苦加強了對宗教的熱情。好人在現世的生活是進入「天上之城」的旅程；在現世，除完整的品德可以在最後引向永恆的幸福之外，沒有任何東西是有價値的。希臘人在盛時曾在日常生活中找到快樂與純美。恩披多克利斯描敍他同住市民的生活情形說：「住在這偉大城市的朋友們，俯瞰亞克拉加斯山的黃色的岩石，仰觀城堡，忙於做精巧的工作，在碼頭上歡迎新來的人，那些不熟練的工人，大家都歡呼着。」這以後一直到文藝復興，人在「可見的世界」中已經沒有這種純眞的快樂，而祇是把他們的希望寄托在「不可見的世界」。耶路撒冷聖地代替了亞克拉加斯山。當人世的快樂終於回復時，追求另一世界的渴望也就逐漸沖淡了。人們在宗教上用的詞彙仍是一樣的，但虔誠的程度却減低了。

爲了使天主教哲學的根源與意義易於瞭解，我發現有必要比討論古代或現代哲學時，在一般歷史上，耗用更多的篇幅。天主教哲學主要是一個組織也就是天主教會的哲學；現代哲學，雖然遠離正統的教義，却大部份在關切天主教哲學所存留下來的問題，特別是在倫理與政治理論方面，很多是承襲了基督徒道德律的觀點以及天主教的國家與教會關係的思想。在希臘羅馬的異教教義中，沒有像基督教的所謂「雙重忠誠」，最初是兼對上帝與凱撒，後來，在政治上的意義上說，即是兼對教會與國家的忠誠。

由於「雙重忠誠」所引起的問題，在哲學家提供必要的理論之前，事實上大部份都已經解決了。在這個過程中，有兩個迥不相同的階段：西羅馬帝國滅亡之前與滅亡之後。代代相沿的主教們，一直到聖安布路斯，才爲聖奧古斯丁的政治哲學奠定了基礎。然後是蠻族的入侵，繼之以長期的困惑與無知。自波伊濟厄斯到聖安西林，經過五個世紀，祇產生了一位傑出的哲學家——約翰．斯各特，因爲他是愛爾蘭人，可以在大體上脫離塑造西方世界中愛爾蘭以外部份的各種約束。此一時期，雖然缺少哲學家，但並非沒有知識上的發展。混亂引起實際待決的問題，而這是用思想的形式與組織去解決的，此一思想在當時支配了經院派的哲學，而卽使在今天，仍佔有非常重要的地位。此一思想形式與組織不是神學家而是在實際鬪爭的重壓下的人所創設的。第十一世紀教會的道德改革，是經院派哲學的前驅，也是對教會日益被封建制所侵蝕的一種反抗。欲瞭解經院派哲學家，必須瞭解海德布蘭德（Hildebrand，即格利哥里七世），欲瞭解海德布蘭德，必須瞭解他所反對的某些惡行。當然，我們也不能忽略神聖羅馬的立國基礎及其對歐洲思想的影響。

由於以上這些原因，讀者將在以後的章節中讀到很多教會及政治的歷史。其與哲學思想發展的關係，並沒有直接的證明，但這樣就更有必要詳述這一個時期的歷史，因爲這一段歷史容易被忽略，對於許多在家裏擁有古代史與現代史的人也是陌生的。沒有幾個專門的哲學家對哲學思想的影響，可以比擬聖安布路斯、查理曼與海德布蘭德。因此，敍述這些人及其時代的要略，在任何正確研究本題的方法中，都是不可缺少的。

第一章 神父

第一節 猶太人的宗教發展

基督教當自後期的羅馬帝國移轉給蠻族時，第一、其中含有三種因素：某些得自柏拉圖及新柏拉圖主義者的哲學上的信念，另有一部份是得自斯多噶派學者的；第二、自猶太人處獲得的有關道德與歷史的觀念；第三，某些理論，特別是「救世」的觀念，雖然可追溯其部份源流於歐爾菲尤斯教派及近東相類似的教派，但在基督教義中，完全是以前所未曾有過的。

依管見所及，在基督教義中最重要的猶太因素是：

一、一部神聖的歷史，由創世開始，到未來的末日，並且向世人證明上帝的道路是正當的。

二、人類中有一小部份是上帝所特別鍾愛的。猶太人稱此爲「被選中的人民」(Chosen People)，基督徒稱之爲「上帝的選民」(the elect)。

三、一個有關「正義」的新觀念。例如，基督教的施捨的美德是得自後期的猶太教的。重視洗禮可能是得自歐爾菲尤斯教派或東方神秘的異教，但慈善心成爲基督教品德觀念的一個因素，似乎是得自猶太人。

四、基督徒雖然拒絕接受猶太人慶祝與儀式的部份，却承襲了一部份希伯來的法律，例如「十誡」。但事實上基督徒之服從「教條」的心情與猶太人服從法律上的心情是相同的。這連帶關繫到一種思想，卽正確的信仰至少和有品德的行爲同樣重要，這主要是希臘的思想。以猶太爲淵源的是「上帝選民」的獨占性。

五、彌賽亞——救世主。猶太人相信救世主會替他們帶來現世的繁榮，與擊敗現世敵人的勝利。而且，救世主可以在將來再度降臨。對於基督徒而言，救世主就是耶穌，與希臘哲學中所說的三位一體的第二位神（Logos）相同；救世主是在世上，而不是在天上幫助祂的信徒打敗敵人的。

六、天國觀念。「另一世界」的觀念是猶太人與基督徒和後期柏拉圖主義者所共有的，但具有遠比希臘哲學更具體的形式。希臘思想——在基督教哲學中很多，但在一般的基督教義中很少——認爲感覺的世界，在空間與時間上，都是一種幻象，一個人可以由智慧與道德的磨練，學會居住在永恆的世界裏——這是唯一的眞實的世界。另一方面猶太人與基督徒的思想是，相信「另一世界」並非在「形而上」的方面有異於現在的世界，而在未來的結果，善者死後永遠受福，惡者死後永遠受罰。這一信仰體現了報復的心理，也是一般人都容易瞭解的，但希臘哲學家的思想却並非如此。

爲瞭解這些信仰的淵源，我們必須考慮到猶太人的歷史，玆略述如下：

以色列的早期歷史，除舊約外，無法自任何來源加以考據，而且不可能分辨這是否純屬傳說。大衞與所羅門之爲以色列王，大概是確有其事的，但在我們所接觸的最早期的猶太人歷史中，我們已發現有兩個國家——以色列與猶大。舊約中首先提到的具有獨立紀錄的是以色列王亞伯，這是紀元前八五三年亞述人的信函中提到的。亞述人終於在紀元前七二二年征服了北方的以色列王國，遷徙其大部份的居民。此後，祇剩下猶大王國保存了以色列的宗教與傳統。猶大王國的壽命較亞述國略長，紀元前六〇六年，巴比倫尼亞人與麥地西人攻陷了奈尼維，亞述人的權力至此告終。但在紀元前五八六年，巴比倫尼亞王尼布查尼撒奪取了耶路撒冷，毀滅其廟宇，遷徙其大部份的居民於巴比倫。紀元前五三七年，麥地西人與波斯人的共主居留士又攻陷了巴比倫，巴比倫尼亞王國滅亡；居留士王敕令猶太人回返巴勒斯坦。許多猶太人在尼希米與以斯拉的領導下，復歸故居，重建廟宇，猶太的正統宗教乃開始發展爲固定的型態。

在被征服的時期，及這一時期的前後，猶太宗教獲得非常重要的發展。最初，自宗教的觀點而言，以色列人與其周圍的部落有很大的區別。「耶和華」祇是守護以色列兒童的部落之神，但以色列人也並不否定其他的神，且奉祀祂們亦已成爲習慣。十誡中的第一誡說：「除我之外，你不可信仰其他的神。」這是在被征服之前不久一項革新的觀念。這在許多早期預言的紀錄中可以找到證據。當時的先知首先告誡奉祀異教的神是有罪的。他們聲稱，爲贏得長期戰爭的勝利，耶和華的支持是不可缺少的；假如其他的諸神也受到崇敬，則耶和華將撤回他的支持。特別是耶利米與伊斯凱首倡其說，所有宗教除其中之一外都是欺人的，而上帝將懲罰偶像崇拜。

引述某些原文可以解釋他們的教諭以及他們所反對的異教奉祀的盛行。「他們在猶大城邑中和在耶路撒冷街上所行的，你沒有看見嗎？孩子們檢柴，父親燒火，婦女們摶麵作餅，獻給天后，又向別神澆奠祭，惹我發怒。」上帝對此發怒。「他們在欣嫩子山谷中建築陀斐特的邱壇，焚燒他們的子女，這不是我所吩咐的，也不是我心所起的意。」（見耶利米書第七章，照聖經中文譯本原譯，以下準此。）

這是在耶利米書中很有趣的一段，其中他公開指責在埃及的猶太人崇拜偶像。他曾有一段時期和他們同住。預言告訴在埃及的猶太難民說，耶和華要把他們一起毀滅，因爲他們的妻子向其他的神焚香膜拜。但他們拒絕聽從他的話，他們說：「我們定要成就我們口中所說的一切話，向天后燒香奠祭，按照我們與我們列祖、君王、首領、在猶大的城邑中，和耶路撒冷的街市上，素常所行的一樣，因爲那時我們喫飽飯，享福樂，並不見災禍。」但耶利米切實告誡他們，耶和華已經注意他們崇拜偶像的事情，災禍已經降臨了。「耶和華說，我指着我的大名起誓，在埃及全地，我的大名不再被猶大一個人的口稱呼……我向他們留意降禍不降福，在埃及地的一切猶太人必因刀劍饑荒所滅，直到滅盡。」（見耶利米書第四十四章）

以西結對猶太人崇拜偶像的風俗也爲之震驚。耶和華顯聖領着他去看，有婦女在耶和華神殿的北門口，爲塔模斯（巴比倫尼亞的神）而哭泣；然後祂再讓他看到「更可憎的事」，五到二十個人在神殿門口向太陽膜拜。耶和華說：「因此，我也要以忿怒行事，我眼必不顧惜，也不可憐他們，他們雖向我耳中大聲呼求，我還是不聽。」（見以西結書第八章。）

除其中之一外所有宗教都是邪惡的以及上帝處罰偶像崇拜的觀念顯然是這些先知們所發明的。一般地說，先知們都是激烈的國家主義者，都期待有一天上帝會把非猶太人完全消滅。

猶大國的降服使人斥責這些先知們，假如耶和華是全能的，猶太人又是祂的選民，祇有他們的邪惡才能解釋他們的災難。在心理上這是一種「父式的糾正」——猶太人應該由受懲而淨化。在這種信念的影響下，他們在流亡中發展了一種正統的教義，比在他們獨立時代所通行的，更嚴厲，更具有民族的排他性。留下來沒有遷徙到巴比倫的猶太人沒有經過像上面所說的那麼重大的變化。當伊斯拉與尼希米回到耶路撒冷，發現異族通婚如此普遍，爲之震驚，強迫解除所有的這類婚姻。

猶太人與古代民族不同的，是他們固執的民族自傲。其他民族被征服時，從內心到外表都是順從的；祇有猶太人仍自信具有先天的優越性，認爲他們的災難是由於上帝發怒，因爲他們保持信仰與儀式的純淨。舊約的歷史記載，大部份是在降服後編寫的，這引向一錯誤的印象，以爲先知們反對偶像崇拜是沿襲早期的嚴格規律，但事實上，早期從來沒有過這種嚴格的規律。先知們是比我們以非歷史的眼光讀聖經所得的印象更激烈的改革者。

在降服時期，發展出一些觀念，雖然有一部份沿襲傳統，却成爲以後猶太宗教的特徵。由於神殿被毀，那裏是唯一可以貢獻祭品的地方，這以後猶太人的祭典就變成沒有祭品了。卽在此時，開始有了會堂，誦讀當時已有的一些經文。安息日的重要性在此時開始被強調，割禮（circumcision）成爲猶太人的特色。我們已經知道，祇有在流亡的時期，與異族通婚才被禁止，而且還有各種各樣的排他的形式。「我是耶和華，你們的神，使你們與萬民有分別的。」（利未書第二十章）「你們要聖潔，因爲我耶和華，你們的神是聖潔的。」（利未書第十九章）。舊約聖經是這個時期的產物。這是保持民族團結的主要力量之一。

我們現在所看到的以賽亞書，是兩位不同的先知所寫的，一位在流亡之前，一位在流亡之後。第二位先知，聖經學者稱之爲「後期以賽亞」的，是先知中最値得注意的。他是第一個報導上帝說過這樣的話：「除我之外沒有神。」他相信死人可以復活，或許是受了波斯人的影響。他在以賽亞書中所作的預言後來成爲舊約中主要的文獻，用以表示先知們已預見基督的降臨。

在基督徒與異敎徒及猶太人論辯時，「後期以賽亞」的文句居於非常重要的地位，因此，我將引用其中最重要的部份。他說，所有的國家最後都要改變：「他們要將刀打成犂頭，把槍打成鐮刀，這國不舉刀攻擊那國，他們也不再學習戰事。」（以賽亞書第二章）「必有童女懷孕生子，給他起名叫以馬內利。」（以賽亞書第七章，在文句上，猶太人與基督徒有爭論，猶太人說正確的譯文應爲「必有少婦懷孕生子」，但基督徒則認爲猶太人說謊。）「在黑暗中行走的百姓，看見了大光；住在死蔭之地的人，有光照耀他們……因有一嬰孩爲我們而生，有一子賜給我們：政權必擔在他的肩頭上：他的名稱爲奇妙、策士、全能的神、永在的父、和平的君主。」（以賽亞書第九章。）這些文句中最明顯的預言是在第五十三章，這是大家所熟悉的：「他被藐視，被人厭棄；多受痛苦，常經憂患，……他誠然擔當我們的憂患，背負着我們的痛苦……那知他爲我們的過犯受害，爲我們的罪孽壓傷，因他受的刑罰，我們得平安，因他受的鞭傷，我們得醫治……他被欺壓，在受苦的時候却不開口；他像羊羔被牽到宰殺之地，又像羊在剪毛的人手下，無聲。」外邦人包括在最終得救者之內是很明確的：「萬國要來就你的光，君王要來就你發現的光輝。」（以賽亞書第六十章。）

伊斯拉與尼希米以後，猶太人在歷史上失踪了一段時期。猶太國以一個神權國家而倖存，但疆域很小——根據貝凡的說法，不過在耶路撒冷周圍十至十五英里之內。亞歷山大死後，成爲勃托里米王朝與席留昔德王朝雙方爭執的領土，但很少在猶太人的國境內引起戰爭，因此，猶太人有很長一段時期得以自由奉行其宗教。

此時，他們的道德規律是在教堂中宣佈的，約在紀元前二百年。直到最近，祇知有希臘文的版本，因此被認爲是僞書。後來，又發現了希伯來文的，某些地方與希臘文譯本有出入。其中道德的教諭多與現世有關。在鄰居間的聲譽是很受重視的。誠實是最好的政策，因爲這樣可以使耶和華站在你這一邊。施捨是對的。其中唯一受希臘影響的痕跡是對醫術的讚美。

對待奴隸不應過份溫和。「對待驢，用草料、棍棒和重載；對待奴隸，用麵包、懲戒和工作……讓他做工，做適合於他的工作，假如他不服從，給他帶上更重的脚鐐。」同時，你要記得，你出過身價買了他，假如他逃掉，你就損失了錢；這對因榨取勞力而過份苛待奴隸是一種限制。在當時，少女們是煩擾的來源，可能她們習慣做不道德的事情。因此，對女人甚表輕視：「從衣服上找到蠹蟲，從女人處找到邪惡，和兒女嬉戲是不對的，從小時候起，就要讓他們畏懼馴服。」

綜合而言，像斯多噶派哲學家卡托的思想一樣，這是以一種平實的方式代表高尚的商人的道德。

此一舒適的自得其樂的安靜環境，終於被席留昔德王安梯奧區斯四世殘忍地加以摧毀，此時他決心使所有他的統治地都要希臘化。在紀元前一七五年，他在耶路撒冷建造了一座體育館，讓青年男子戴上希臘式的帽子，練習希臘式的運動。於此，他重用了一名希臘化的猶太人名爲賈森的，以他爲高級祭司。教會中的貴族生活放縱，對希臘文明頗感興趣；但他們被一個在農民中具有勢力的名爲「哈席定」（意謂神聖）的黨派所激烈反對。紀元前一七〇年，安梯奧區斯與埃及作戰，猶太人乘機反叛。因此，安梯奧區斯把神殿中的祭器都取走，而代之以上帝的神像。他把耶和華視同宙斯，並通令在各地遵行。他決定根除猶太宗教，停止割禮，廢除有關食物的規律。耶路撒冷一切遵辦，但耶路撒冷以外的猶太人則以最頑固的態度拒不從命。

這一段的歷史見於麥卡比的第一冊書中。第一章卽敍述安梯奧區斯如何下令說，他的王國中的一切居民應爲統一的民族，必須放棄他們各別的法律。國王下令他們必須廢止安息日，以猪肉爲祭品，不使他們的兒女受割禮，所有的異教徒及許多猶太人都服從了。不服從的人都被處死。但仍有許多人抗命。「他們將某些使兒女受割禮的婦人處死。他們勒死嬰兒，強佔房屋，殺死行割禮的人。但是，許多以色列人仍堅持自己不食任何不潔之物。他們寧願死，也不願爲不潔的肉所玷污，不願褻瀆神聖的誓言，結果他們求仁得仁，都被殺死了。」

卽在此時，不朽的觀念受很多猶太人信仰。過去，他們認爲品德在現世可獲獎賞；但刑罰却落在最有品德的人身上，這證明不是這樣一回事。因此，爲了保護神的正義，就有必要相信現世之後的賞罰。此一思想，猶太人並不是全體接受的；在基督的時代，撒都西教派（猶太宗教中的一個支派）仍反對此說，但此時這是一個很小的支派，後來，所有的猶太人都相信不朽之說了。

對安梯奧區斯的反叛是由一名能幹的將軍朱達斯．麥卡貝厄斯所領導的，他最初克復了耶路撒冷（紀元前一六四年），然後再侵略鄰地。有時他誅殺所有佔領地的男子，有時他強制實行割禮。他任命他的兄弟卓那桑為高級祭司，守衛耶路撒冷，他自己則征服了薩馬利亞的部份領土，吞併了卓巴與亞卡拉。他與羅馬談判，獲得完全的自治權。他的家族統治猶太直到希律王為止，稱為哈斯蒙尼亞王朝。

為忍受與反抗壓迫，此時猶太人表現了極大的勇氣，雖然他們所保衛的東西，我們並不認為有重要性，例如割禮及視食豬肉為邪惡之類。

在猶太人歷史中，受安梯奧區斯四世迫害是一段艱苦的時期。這時在顛沛流離中的猶太人，已經愈來愈希臘化。在朱地亞的猶太人並不多，但其中較富足與有力者都傾向於默許希臘化的改革。假如不是哈席定教派的英雄式的反抗，猶太的宗教很可能會消滅。果然，則基督教與回教都不會是現在這樣的形式。湯森德在翻譯麥卡比第四册的前言中說：

「可以這樣說，假如猶太教在安梯奧區斯的迫害下消滅，則基督教會失去其孕育的溫床；因此，麥卡比殉道者的血，挽救了猶太教，最後變成了基督教的種子。不僅基督教世界而且還有回教世界的一神論都出自猶太教的淵源。可以說今日世界的一神教，無論在西方或東方，都要歸功於麥卡比家族。」

但麥卡比家族本身並未受到後世猶太人的尊仰，因爲他們的家族在做高級祭司時，獲得成功後就採取一種遷就現世的政策。受尊仰的是那些殉道者。麥卡比第四册大約寫於亞歷山大城，與基督同時，說明了這一點，以及其他一些有趣的事情。書雖以麥卡比爲名，却無一處提到麥卡比家人，而祇是敍述其他一些人的可驚嘆的堅忍不拔的精神，最初提到的是一老人，然後是幾位年輕的弟兄們。他們都是先受酷刑後被安梯奧區斯燒死，年輕弟兄們的母親在場，勸他們要堅定。最初，國王想以溫言好語爭取他們，告訴他們，祇要同意食猪肉，他就會視他們爲親信，他們會有錦繡前程。當他們拒絕時，他示之以刑具，但他們不爲所動，告訴國王他將在死後永受苦刑，而他們在死後則永享極樂。一個接着一個，在每一人的面前，也在他們的母親面前，先勸以食猪肉，拒絕後卽受酷刑而死。最後，國王轉向他的兵士們說，他希望他們能够由於這樣一個勇敢的榜樣而獲益。這種記載當然是經過渲染的傳說，但迫害嚴酷，且受到英雄式的抗拒；爭執的重點在割禮與食猪肉，這是具有歷史上的眞實性的。

這本書還另有其有趣的一面，雖然作者一定是正統猶太教的猶太人，但用的却是斯多噶派哲學的語氣，並且想證明猶太人是完全依照斯多噶哲學的敎諭而生活的。此書一開始就說：

「我建議討論的是一高深的哲學問題，亦卽感悟的理性是否爲情感的最高統治者；我認眞地乞求你們注意這個哲學問題。」

亞歷山大城的猶太人在哲學上願意向希臘人學習，但以非常的熱誠嚴守他們的「規律」，特別是割禮、安息日、忌食豬肉及其他不潔的肉類。自尼希米的時代到紀元後七〇年耶路撒冷陷落，他們嚴守規律的重要性愈益增加。他們不再喜歡先知作新的預言。先知們被迫撰寫一些佯稱自古書中找到的預言，這些預言都是出自但以理、所羅門、或其他完美無疵的受尊仰的古人的。他們的奇特儀式使他們保持爲統一的民族，但嚴守規律却逐漸消磨了他們的主動性，使他們極度保守。這種僵化使得聖保羅反抗「規律」的統治饒有意義。

新約並非一完全新的開始，一如那些對基督誕生前猶太文獻一無所知的人所想像的。對預言的熱心並未消逝，不過爲了有人聽，預言家必須採用託古的方法。在這方面，最有趣的是「伊諾克之書」，是一本出自許多作者的纂集而成的書，最早的作者略早於麥卡比的時代，最晚的約在紀元前六十四年。其中大部份是敍述老者伊諾克所見到的啓示。由猶太教轉向基督教，這是非常重要的因素。新約的作者對此書甚爲熟悉；聖猶大認爲這就是伊諾克自己所寫的。早期的基督教神父，例如克里門與特圖利安，皆以此爲聖典，但耶洛米及奧古斯丁則加以否定。此書結果失傳，直到十九世紀，始在阿比西尼亞發現三册衣索阿比亞文的譯本。此後，又發現了部份的希臘文與拉丁文的譯本。原本似乎是部份用希伯來文，部份用古敍利亞文。

其作者都是哈席定教徒，他們的後繼者則是法利賽教派的信徒。這本書指摘國王與王子，意指哈斯蒙尼亞王朝及撒都西教派，對新約的影響很大，尤其是有關救世主、地獄與魔鬼的觀念。

這本書主要的內容是「寓言」，所涉範圍較新約爲廣。其中描敍到天堂、地獄、最後審判等等；最初兩册「失去的樂園」頗具文學價值，惟柏萊克的預言則文學水準較低。

其中又把創世紀的第六章第二、四兩行加以引申，與普洛米修士的故事頗爲巧合。安琪兒教人以冶金術，因洩露「永恆的秘密」而受罰。他們同時又是食人肉的野蠻人。有罪的天使變成異教的神，女的就變成海上女妖；但最後，他們都要受永恆的苦刑。

其中有關天堂與地獄的描敍頗具文學價值。最後審判是由「持有正義的人之子」坐在上帝的寶座上執行的。有某些外邦人最後將因悔罪而獲赦，但大多數的外邦人以及一切希臘化的猶太人都將受永遠的處罰，因爲有正義的人必爲「惡有惡報」而祈禱，而他們的祈禱是會被神所接受的。

有一章談到天文學，說日月有馭風而行的雙輪馬車，每年有三百六十四天，人類的罪惡可使天體脫出其軌道，祇有具品德的人能够懂得天文學。殞落的星卽是殞落的天使。他們是被七位大天使所處罰的。

然後是神聖的歷史。追溯到麥卡比的時代，也就是聖經中的前期，古代史的後期。作者又預測未來：新的耶路撒冷、殘存的外邦人的對話、正義的人復活、以及救世主等等。

有許多地方提到死後的獎善懲惡，其中從未表示赦免罪人的態度：「你們將要做什麼？你們這些罪人，在最後審判的日子，你們還往那裏逃？你們沒有聽到善人祈禱處罰你們的聲音嗎？」罪惡不是自天下降於世人，而是世人自己造的。罪惡在天上記錄下來。「你們這些罪人將永受苦刑，不獲片刻之安。」罪人也許一生快樂，甚至在死時也是快樂的，但他們的靈魂將墮入地獄，「他們將在此爲黑暗、鐐銬、炮烙而受苦。」但對於善人，「我和我的兒子將永遠和他們在一起。」

這本書的最後一段說：「對於忠誠的人，祂將給予由直道通往的居處。他們將看到在黑暗中生長的人被帶到黑暗裏去，而善人則光華燦爛。罪人看到這光輝會失聲大喊，他們眞的要被送到一個不計時日與季節的地方去。」

猶太人，像基督徒一樣，想到很多關於罪惡的問題，但很少人想到自己是罪人。主要這是基督教的一項革新，起始於法利賽教徒及收稅官的寓言，在基督駁斥猶太文士與法利賽教徒時，作爲一種美德。基督徒努力實行基督教義中的謙遜，而一般猶太人則否。

在基督之前，正統的猶太人中也有例外。譬如，一名法利賽教徒在紀元前一〇九年至一〇七年間所寫「十二長老的遺箴」中，作者崇拜一名哈斯蒙尼亞王朝的祭司長約翰・希爾卡納斯。我們所見的這本書有基督教修改過的部份，但這些都與教條有關。當這些遺箴在猶太人中奉行時，其倫理上的教諭與新約的四福音非常相似。牧師查利斯博士說：十誡在某些地方反映了它的精神，甚至於是其中某些文句的翻版：新約四福音中也可以找到同樣的痕跡，聖保羅似乎曾把這本書當作手册。我們可以在這本書中看到如下的箴言：

「你們須衷心互愛，如有一人，向你作惡，心平氣和地向他說，在你的心靈中勿存報復；假如他懺悔，就寬恕他。假如他否認，不要和他生氣，以免因受他的詛咒而損害自己，而他也加倍負罪……

假如他不知羞恥，堅持錯到底，卽使這樣也要衷心原諒他，讓上帝爲你懲罰。」

查利斯博士認爲基督一定知道這些文句。另外還有：

「愛上帝與你的鄰居。」

「眞心以一生敬愛上帝，也要彼此相愛。」

「我愛上帝；同樣以我的眞心愛每一個人。」這些話和馬太福音第二十二章第三十七行到三十九行可以作一對照。「十二長老的遺箴」指斥一切仇恨心；例如其中說：

「憤怒是盲目的，不容許人看到任何人的眞面目。」

「因此，仇恨是邪惡的；由於仇恨永與說謊爲伍。」本書的作者，可以預期的，相信不僅猶太人而且所有的人都能得救。

基督徒受新約四福音的影響，認爲法利賽教派是有害的，但這本書的作者却是法利賽教徒，我們可以看到，他所教導的倫理上的規律，亦卽是基督的教諭中最特殊的地方。這也不難解釋。第一、作者必定是，卽使在他當時也必定是一名反常的法利賽教徒；當時更流行的思想無疑是「伊諾克之書」。第二、我們知道一切運動都逐漸趨向僵化；誰能推想傑斐遜的原則出於「美國革命女兒」？第三、我們知道，法利賽教徒獻身於規律，視此爲絕對與最後的眞理，迅卽迫使一切嶄新的生動的思想與感情趨於寂滅。查利斯博士說：

「當法利賽教，打破其古老的理想，縈懷於政治利益與政治運動，同時愈來愈潛心於規律的文字；如此一來卽不再爲類似『長老的遺箴』所證實的高尙的倫理體系提供發展的機會，因此，早期哈席德教徒及其教諭的繼承者背離了猶太教，奠立了原始基督教的基礎。」

在一段爲祭司長統治時期之後，馬克·安東尼擁立他的朋友希洛德爲猶太人之王。希洛德是一個放浪不羈的冒險者，常常瀕臨破產，習慣於羅馬社會的生活方式，與猶太人的虔誠格格不入。他的妻子出身於祭司長的家庭，但他本身却是艾都美亞人，僅此一點已足以使猶太人對他疑忌。他是一個機巧的「識時務者」，當奧克塔維厄斯顯然將獲勝時，就很快地背棄了安東尼。但是，他曾努力試圖使猶太人順從他的統治，他重建了神殿——雖然是希臘式的，用的是科林斯式的排列的石柱；但在正門口安置了一隻金製的巨鷹，因此觸犯了十誡中的第二誡。當傳說他在病危時，法利賽教徒把金鷹拿下來，他爲了報復，處死了很多人。他死於紀元前四年；不久，羅馬卽將朱地亞的王位廢除，改派總督統治。彭梯厄斯·披萊特在紀元後二十六年任總督，因治理不善，不久卽退休。

紀元後六十六年，猶太人藉濟洛特教派反叛羅馬，結果失敗，耶路撒冷於紀元後七十年再度陷落。神殿被毀，在朱地亞的猶太人極少倖存。

在此以前的流離時期的猶太人已經發生若干重大變化。最初猶太人都是農民，但在降服時期，却向巴比倫尼亞人學會了經商。在伊斯拉與尼希米的時期後，許多人留居在巴比倫，其中有些人頗爲富有。迨亞歷山大城建立，大批猶太人定居於此；他們被指定聚居在一特殊的區域，目的不在設立猶太區，而在使他們不與外邦人接觸，以免遭受污染。亞歷山大城的猶太人遠比朱地亞的猶太人爲希臘化，已經忘記了希伯來文。因此就有必要把舊約譯成希臘文；有了七十人共譯的希臘文聖經（Septuagint）。最初五篇譯於紀元前第三世紀中葉，其他部份則較後。

關於希臘文聖經，有一段傳說，其所以稱爲 Septuagint，因爲這是七十位譯者的共同譯作。據說，每一譯者皆各自譯成全文，當彼此對照時，竟發現最微細的地方，譯文都是相同的，因爲都是在神的鼓舞之下做的。但是，後來發現希臘文的聖經缺點很多，基督敎興起後，猶太人不再用它，轉而讀希伯來文的舊約。早期的基督徒與此相反，很少人能懂希伯來文，却去讀希臘文的、或由希臘文轉譯爲拉丁文的聖經。第三世紀時奧雷金產生了較好的譯本，但僅能讀懂拉丁文的祇能讀到錯誤很多的譯本，直到第五世紀耶洛米重譯拉丁文聖經爲止。最初，批評甚多，因爲翻譯時有猶太人協助，而許多基督徒認爲猶太人故意竄改若干預言，以便表示並未預言基督的降世。但耶洛米的譯本終於逐漸被接受，直至今日，在天主敎中，仍具有權威地位。

與基督同時的哲學家非洛是希臘在思想上影響猶太人的最好例證。非洛雖在宗敎上屬於正統派，但在哲學上主要是一位柏拉圖主義者；對猶太人有重要影響的還有斯多噶學派與新畢氏學派。當非洛在猶太人中的影響在耶路撒冷陷落後終止時，基督敎的神父們發現非洛曾試圖接受希伯來的經文以中和希臘的哲學思想。

在古代每一個城市，都有猶太人的區域，他們和其他東方宗敎，對那些不滿斯多噶主義或希臘羅馬的國定宗敎的人，也都有一些影響。許多人改信猶太敎，不僅在羅馬帝國境內，甚至擴及俄羅斯南部。大約基督教所首先佈道的地方是猶太人或準猶太人的區域。但是，在耶路撒冷陷落後，一如上次爲尼布查尼撒攻陷後的情形一樣，正統的猶太教徒變得更正統而固執。第一世紀後，基督教也變成僵化了，與猶太教相互公開敵視；我們知道，基督有力地鼓勵了反猶太主義。在整個中世紀中，猶太人在基督徒的文化中皆無法插足，並受到嚴重迫害，除提供建築教堂或諸如此類的資金外，對文明一無貢獻。在此一時期內，猶太人祇有在回教徒中，還能受到人道的待遇，還有心情研究哲學，從事文明的思索。

在整個中世紀中，回教徒較基督徒爲文明而仁慈。基督徒迫害猶太人，尤其在宗教狂熱的時代；十字軍曾作驚人的集體屠殺。在回教國家中，相反地，猶太人沒有受過任何方式的虐待。尤其在回教摩爾人統治下的西班牙，他們對學術方面還頗有貢獻。梅蒙尼德斯（一一三五——一二〇九年），生於西班牙的科多瓦，被認爲是斯賓諾莎哲學的啓示者。當基督徒再度征服西班牙時，把摩爾人的學術傳給基督徒的主要是猶太人。猶太的知識份子，懂得希伯來文、希臘文、阿拉伯文，並且熟悉亞里斯多德的哲學，把他們的知識傳授給學生。他們也傳授些不重要的東西，例如冶金術與占星術之類。中世紀後，猶太人以其個人，但不是作爲一個種族，對文明仍有其重大的貢獻。

第二節　最初四個世紀的基督教

最初，基督教義是作爲革新的猶太教，由猶太人傳佈給猶太人的。聖詹姆斯希望（聖彼得也希望，但不如聖詹姆斯熱切）卽到此爲止，不再向外發展。假如不是聖保羅決心容納外邦人不必要求他們行割禮或服從摩西的誡律，聖詹姆斯的希望是會實現的。據研究聖保羅的人說，在「使徒行傳」中可見到這兩派間的爭論。聖保羅在各處所建立的基督教社區，無疑是由一部份改變信仰的猶太人和另一部份尋求新信仰的外邦人所組成的。猶太教的明確性在那個信仰消失的時代本來很具吸引力，但割禮是使人改信猶太教的一大障礙。同時有關食物的禁忌也使人感到不便。卽使沒有其他的顧慮，僅此二者就會使希伯來宗教的普遍化，成爲不可能的事。由於聖保羅之故，基督教保持了猶太思想中具吸引力的部份而袪除了外邦人所最不能接納的部份。

但是，仍保留猶太人是「上帝選民」的說法，這對希臘人的自尊是一種打擊。諾斯士教徒對此力加駁斥。他們——至少他們之中有些人相信，感覺世界是一名爲伊阿達巴奧士的較低級的神所創造的，他是莎菲亞（天縱聖明之意）的叛逆之子。他們說，他就是舊約中的耶和華，蛇並非邪惡，因爲它警告夏娃不要受他的欺騙。很長一段時間，至高無上之神允許伊阿達巴奧士自由行動，至少祂曾派祂的兒子暫時居於耶穌的身體內，以使世界免於受摩西謬誤的教訓的貽害。持有上述觀點的人通常與柏拉圖的哲學合流。我們知道，勃洛梯納斯也是柏拉圖信徒，在駁斥此說時就略感困難。諾斯士教居於哲學的異教與基督教的中間，因爲如果崇奉基督，則必定敵視猶太人。後來，摩尼教也持同樣的態度，聖奧古斯丁就是通過摩尼教再改信天主教的。摩尼教把基督教義與祆教教義混合在一起，認爲邪惡是實存的本質，在「物」中體現，而善的本質則在「心」中體現；它譴責肉食與性行爲，卽使婚姻關係的性行爲也在譴責之列。這類中間性的思想頗有助於使希臘語世界中的知識份子改變信仰；但新約又要眞正的信徒反對他們：「提摩太啊，你要保守所託付你的，躲避世俗的虛談，和那敵眞道似是而非的學問(指諾斯士教)，已經有人自稱有這學問，就偏離了眞道。」(見新約提摩太前書第六章。)

諾斯士教與摩尼教流行到政府成爲基督教的政府爲止。這以後，他們祇好將他們的信仰隱蔽起來，但仍有潛在的影響。穆罕默德就採納了一部份諾斯士教的思想。他們說耶穌也不過是一個人，上帝之子在洗禮時降臨在耶穌身上，而當他在十字架受苦時，就離開了他。爲支持此一觀點，他們引述了下面的文句：「我的神，爲什麼要離棄我」(見馬可福音第十五章)——這一文句基督徒必定自認是很難解釋的。諾斯士教徒認爲上帝之子不值得降生人世，由嬰兒養育長大，最後，死在十字架上；他們說這些事情是出之於耶穌這個人，而不是上帝的聖子。穆罕默德雖然不承認耶穌是神，但承認他是一位先知，並且具有強烈的階級觀念，覺得先知們不應該有一個悲慘的下場。因此，他採納了多席梯克(諾斯士教的一個支派)的觀點，認爲釘死在十字架上的祇是一個幻象，羅馬人與猶太人無能而又無知，作了一次無效的報復。某些諾斯士教義就以這種方式流傳給伊斯蘭的正統思想。

基督徒對當時的猶太人早就懷有敵意。一般認爲，上帝曾對長老與先知們說，他們是神聖的人，且預示基督將要降臨；但當基督降臨時，猶太人却懵然不知，所以，他們是邪惡的。而且，基督廢除了摩西的誡律，將十誡中的兩條代之愛上帝與鄰居；這一點，猶太人也倔強地加以否定。基督教成爲羅馬國教之後，中世紀方式的反猶太主義就立卽開始成爲表現對基督教熱心的一種象徵。以後的時期，這種敵視又含有經濟的動機，但在當時基督教的帝國內，是否也有這種動機，則很難確定。

基督教有一部份希臘化之後，基督教的神學也由此發展起來。猶太的神學總是很簡單的；耶和華是由一位部落的神發展成爲創造天地的萬能的上帝；當神的正義不能給予善人現世的福祉時，卽轉向天國，導致了對靈魂不朽的信念。但在整個演變過程中，猶太人的教條沒有牽涉到複雜與形而上的理論；其中也不含有神秘性，每一個猶太人都知道這一點。

就一般而論，此一猶太教的單純性仍然可以作爲馬太、馬可、路加三福音的特色，但在約翰福音中，這種特色就消失了，基督成爲柏拉圖——斯多噶學派所說的三位一體的第二位神（Logos）。基督以人的地位不如基督以神學中的地位更能使傳佈約翰福音的人感覺興趣。這在神父中尤其如此，你可以發現，在他們的著作中，提到約翰福音的，比提到其他三福音的加起來還要多。聖保羅的書信也含有很多神學的成份，特別在救世的觀念方面。同時，神父們表現了對希臘文化耳熟能詳——有時引用米南德的話，有時提到克里特島人伊披米尼德斯，他們曾說過所有克里特島的人都是說謊者等等。但聖保羅說：「小心，以免任何人以哲學與無益的謊言貽誤了你。」

希臘哲學的體系與希伯來的經典多少保留了一種散漫與不完整的特性，直到奧雷金（A.D. 185-254）爲止。奧雷金，像非洛一樣，居於亞歷山大城，由於其商業發達且爲大學所在地，自建立至陷落，此城一直是反對派的知識份子的主要聚集中心。他與勃洛梯納斯一同就學於安蒙尼厄斯・沙卡斯——很多人認爲他是新柏拉圖主義的創始人。奧雷金的思想，依照他的著作「論原理」來看，很接近勃洛梯納斯——事實上比對正統的基督教教義更爲接近。

奧雷金說，除上帝——天父、聖子、聖靈之外，沒有什麼是完全屬於精神的。星辰是有生命的理性的事物，上帝把本已存在的靈魂給了它們。他認爲太陽可能犯錯。正如柏拉圖所說的，靈魂在人誕生時自他處進入肉體，而靈魂自創世之時起卽已存在。在勃洛梯納斯的觀念中，心靈與靈魂是多少有區別的；當心靈墮落，就變成靈魂；當靈魂向善，又變成心靈。最後，所有的靈魂都要完全向基督俯首，這時就變得沒有軀體，卽使魔鬼也可以得救。

奧雷金雖然被承認爲一位神父，但後來却被指摘主張四項異端邪說：

㈠相信柏拉圖所說的靈魂的先期存在。

㈡相信基督在化身爲人之前，不僅有神性，也有人性存在。

㈢相信在復活時，我們的軀體就變成絕對的天使的軀體。

㈣相信一切人，卽使魔鬼也一樣可以得救。

聖耶洛米本來對奧雷金極爲推崇，由於他訂正舊約的文句，功不可沒，後來却認爲值得用許多時間與精力去駁斥他在神學上所犯的錯誤。

奧雷金的越軌不僅在神學方面，在青年時代，他還犯了一次不可挽救的、斷章取義的解釋文句的錯誤：「因爲有生來是閹人，也有被人閹的，並有爲天國的緣故而自閹的。」（馬太福音第十九章）奧雷金輕率地認定這是逃避肉慾引誘的方法，受到了教會的譴責；並且使他自已失去接受神諭的資格

——有些神父並不這樣想，因此引起激烈的爭論。

奧雷金最大的著作是一本名爲「斥席爾蘇斯」的書。席爾蘇斯寫了一本反基督教的書，奧雷金卽逐點加以駁斥。席爾蘇斯一開始卽以基督徒屬於不合法的團體爲理由加以反對，對於這一點奧雷金未予否認，但稱有如誅戮暴君，雖不合法，却是合乎道德的。然後，席爾蘇斯卽說明他厭惡基督教的眞正理由：他說，基督教來自猶太人，而猶太人是蠻族；祇有希臘人才能挑選出蠻族教諭中合理的部份。奧雷金答覆說，任何一個從希臘哲學讀到福音的人，都會認爲福音的記載是眞實的，並且證明這可以滿足希臘的知識份子。奧雷金進一步說：「福音可以自我證明，比用希臘的辯證法所樹立的信仰更爲神聖。在使徒書信中稱這種更神聖的方法爲『精神與神力的表現』，照先知的記載，這種『精神』可以使任何人讀了之後就會產生信仰，尤其是與基督有關的事情。至於『神力』，由於我們相信在此處及其他各方面發生的徵兆與奇蹟，這些徵兆與奇蹟的影響，仍保持在那些遵照福音來規範其本身生活的人之間。」

這一段話是很有趣味的，因爲它表現了信仰的兩個重要論點，而這正是基督教哲學的特徵所在。一方面，純理性作正當運行時就足够建立基督教信仰的要義，尤其是關於上帝、不朽與自由意志。但另一方面，經典不但證明了這些單純的教義，而且證明了更多的道理；經典的神聖的鼓舞力，爲先知預言救世主降臨的事實所證明，爲若干神蹟，爲信仰者在實生活上的受益所證明。某些論點現在看起來已經過時，但後一點仍爲威廉·詹姆士所運用。所有的論點皆被基督教的每一位哲學家接受，直到文藝復興為止。

奧雷金的某些論點是奇特的。他說巫術師求助於「亞伯拉罕的上帝」，而常常不知祂究竟是誰，但顯然向祂祈求是有效的。名稱在巫術中是很重要的，以猶太、埃及、巴比倫尼亞、希臘或蠻族的名號稱呼上帝，並不是無所謂的，如果稱呼錯了，巫術就會失效。當時巫術的咒語來自一切著名的宗教，但如果奧雷金所說的話可信，則來自希伯來的最為有效。最奇特的是他說摩西禁止巫術。

奧雷金說，基督徒不應參加政府，祇能參加「神的國家」，亦即是教會。當然，此一思想在君士坦丁時代後，已略有修正，但其中某些部份仍有影響。此在奧古斯丁的「上帝之城」一書中也有暗示。這使得教士們在西羅馬帝國滅亡時以冷眼觀察現世的災難，而耗其才智於教會的規律、神學上的爭辯與僧侶制度的發展。直到現在，其痕跡依然存在：大多數的人認為政治是「濁世」的，不值得任何眞正信神的人去注意。

教會的「政府」在最初三個世紀進展緩慢，自君士坦丁大帝改信基督教後，則進展迅速。主教由教徒選舉；他們逐漸在各自的教區中對基督徒具有強大的權力，但在君士坦丁以前，並沒統治整個教會的任何方式的中央「政府」。主教們在各大城市的權力由實行施捨而增加：信徒的捐獻由主教管理，他們可以決定是否施捨給貧民。因此有一大羣的貧民願意聽命於主教。當羅馬帝國成為基督教的之後，主教又擁有審判與行政的權力。這至少在思想上，更需要一個中央「政府」。君士坦丁曾為天主教徒與印歐族之間的爭執而感駭異；他全力支持基督徒，要求他們團結一致。為消弭紛爭，他促成在尼西亞舉行「普世基督教會議」，並訂立尼西亞信條，至於印歐族的爭執，則由正統思想的標準來加以裁決。以後尚有其他的爭論也是在這種類似的普世大會中解決的。到後來東西羅馬分裂，東羅馬拒絕承認教皇的權威，這種解決方式就行不通了。

教皇雖然在形式上在教會中居於最重要的地位，但最初一段時期，其權力行使並未及於整個教會。教皇權力的逐漸成長是一個很有趣的課題，將留待以後的章節中詳論。

君士坦丁以前基督教發展的原因，以及他本人改信基督徒的動機，各家有各家的說法。吉朋在他所著的「羅馬帝國的衰亡」一書中說有五個原因：

(一)基督徒的堅定的偏執的狂熱，誠然，這是得自猶太宗教的影響，但滌除了其中狹隘的不能為人接受的性格，這種性格不能招徠，而祇是阻止了外邦人接納摩西的誡律。

(二)死後生命的思想，現世環境的演變愈來愈有助於增加其價值與功效。

(三)屬於早期教會的神蹟的吸引力。

(四)基督徒的純淨而儉樸的生活。

(五)基督教會的團結與紀律整飭，逐漸在羅馬帝國的心臟地帶形成一獨立的日漸擴展的組織。

大體上他的分析可以接受，但本人對此也有幾點意見。第一個原因——得自猶太宗教的堅定與偏執——也許可以全盤接受。我們今天仍可看到偏執宣傳所佔的優勢（指納粹）。大部份基督徒相信祇有他們可以進入天堂，而在另一世界的最可怕的懲罰則落在俗人身上。第三世紀中在競爭上佔優勢的其他宗教就沒有這種威脅的性質。例如對「大母」的膜拜，雖然他們有一套慶祝儀式——拜母式——與受洗相同，但並沒有說不參加的人就要打入地獄。或許可以說，這種儀式有時是很奢侈的：需要宰牛一條，讓血流過每一個受洗者的面前。這類儀式是貴族的，不能用於容納大多數人民——不論富與貧、自由或奴隸——的宗教。在這一點上，基督教比當時所有的其他宗教都佔優勢。

至於死後生命的思想，在西方首先爲歐爾菲尤斯教徒所傳佈，再經希臘哲學家採納。某些希伯來的先知告人以肉體的復活，但猶太人自希臘人處才知道相信靈魂的復活。在希臘，靈魂不朽的思想以通俗的形式見之於歐爾菲尤斯教，以學術的形式見之於柏拉圖。後者基於複雜的理論，不可能普遍流行；但歐爾菲尤斯却對古代後期一般人的思想，具有重大影響，不僅影響異教徒，也影響猶太人與基督徒。神秘教包括歐爾菲尤斯與亞洲祆教的成份大部份滲入基督教的神學；在所有這些宗教中，主要的神話都是說正在死去的神又躍然而起。因此，我認爲靈魂不朽說對基督教傳佈的幫助，不如吉朋所說之甚。

神蹟的確對基督教的宣傳大有關係。但在古代晚期，這是很普通的事，不是任何一個宗教的特權。很不容易看出在這種競爭中爲何基督教的神蹟比其他宗教獲得更多人的信仰。我想吉朋可能忽略了一件重要的事情，即基督教擁有一部聖經。基督徒所說的那些神蹟開始於遠古，在一個被認爲其祖先具有神秘性的民族中產生的；從創世到上帝常顯示神蹟，先是向猶太人，以後是向基督徒，有其一貫的歷史。對於一個現代的歷史學者，以色列的早期歷史顯然大部份是傳說，但對於古代人却並非如此。他們相信荷馬的攻陷特洛埃城的記錄，相信羅慕勒斯與雷摩斯，（羅馬神話中的一對孿生兄弟，幼時受狼乳哺養，羅慕勒斯建羅馬城，雷摩斯以輕蔑態度躍過，因此被殺。——譯者註）奧雷金問，爲什麼你們接受這些傳說而拒斥猶太人的傳說呢？對此，無人能作合理的答覆。因此，很自然地接受了舊約的神蹟，舊的既被接受，較近的也變得可信，特別是基督徒對先知的解釋。

在君士坦丁之前，基督徒的道德無疑較一般異教徒爲高。基督徒有時受迫害，而與異教徒競爭時，經常居於劣勢。他們相信品德將在天堂受賞而罪惡將在地獄受罰。他們在性的道德方面非常嚴整，這在古代是罕見的。蒲林尼（羅馬學者 A.D. 23-79）的官方職責是壓制基督徒，但在他的著作中却證明他們具有高尚的德性。自從君士坦丁改信基督教之後，在基督徒中當然有某些投機份子；但著名的教士（祇有極少數例外）仍爲具有堅定道德原則的人。我認爲吉朋把高度的道德水準作爲基督教發展的重要原因之一，是不錯的。

吉朋所說的最後的一個原因是「基督教會的團結與紀律整飭」。從政治觀點看，我認爲這是五個原因中最重要的一個。在現代世界，我們對政治組織已經習慣；每一個政客都要在競選時計算天主教的票數，但可以和其他組織的票數加以比較。一個天主教的候選人競選美國總統是不利的，因爲有基督教的偏見存在。但如果沒有所謂基督教偏見這回事，一個天主教徒就會比其他任何候選人居於更有利的地位。這似乎就是君士坦丁的想法。要想得到基督徒——一個有組織的集團——的支持，必須先要支持他們。所有不喜基督教的人都是沒有組織的，在政治上是無效率的。羅斯托弗則夫大概是不錯的，他說軍中有很大一部份人是基督徒，這對君士坦丁影響最大。不管如何，基督徒在當時雖是少數，却有一個嶄新的組織（當時爲新，現在則是平常的），具備一個「壓力團體」（pressure group）的一切影響力，不是其他「壓力團體」所能抗衡的。這就是他們單獨具有實際的熱忱所產生的自然結果，而他們的熱忱是猶太人傳下來的遺產。

不幸地，一俟他們獲得政治的權力，他們的熱忱卽用於相互鬪爭。在君士坦丁以前，有不少持異端邪說者，但正統派絕無意加以懲罰。當羅馬帝國成爲基督教的之後，教士們獲得爭取權力與財富的機會；由此發生選舉的爭執，神學上的辯論也可以變成爲了世俗的權利而辯論。在神學家的爭論中，君士坦丁本人總保持某種程度的中立，但自他死後（三三七年），他的繼位者（除朱利安外）都多少偏向印歐族，直到濟奥多昔厄斯卽位爲止。

此一時期的英雄是亞薩那昔厄斯(Anthanasius Ca. 297–373)，他一生都是保衞尼西安正統思想的勇猛的鬪士。

自君士坦丁到查爾昔頓會議（四五一年）這段時期，由於神學在政治上的重要地位，成爲一奇異的時代。兩個問題相繼震撼了基督教的世界：第一是三位一體的本質，然後是「復活」的思想。祇有第一個問題是安薩那昔厄斯的時代以前發生的。亞利厄斯——一個受過敎育的亞歷山大城的神父主張聖子不得與天父平等，是由天父所造的。如在較早的時期，這個看法可能不會引起反對，但在第四世紀，大部份的神學家却加以駁斥。最後佔優勢的看法是：「父子」是平等的，而且是出於同一的本質；但他們是不同的「人」。另有一看法是，他們並非不同的「人」，而是同一「人」的兩面，這就是所謂涉比利厄斯的異端邪說。於是，正統思想就走入一條更窄的路線：那些過份強調父子間區別的人有成爲印歐派的危險，那些過份強調祂們的一體性的人又有成爲涉比利厄斯派的危險。

亞利厄斯的思想在尼西亞會議（三二五年）中爲壓倒的多數所譴責。但各神學家也建議對信條作各種修正，並爲皇帝批准。亞薩那昔厄斯自三二八年任亞歷山大城主教至其去世爲止，由於對尼西亞正教的熱忱，事實上一直在過放逐的生活。他在埃及聲譽甚隆，在爭論中，埃及人總是堅定地支持他。可怪異的是，在神學爭論進行中，羅馬征服後已經熄滅的民族（或至少是地區的）情緒，又死灰復燃。君士坦丁堡與亞洲傾向於印歐主義；埃及則狂熱地擁戴亞薩那昔厄斯；西羅馬帝國堅定地奉行尼西亞會議的決定。印歐派的爭論結束後，新的爭論——多少是屬於瑣屑的一類又起來了，埃及變成了某一方向的異端，敍利亞又變成另一方向的異端。這些持異端邪說的人是受正統派的迫害的，結果是破壞了東羅馬帝國的團結，有助於回教徒的征服。分裂主義運動本身並不足奇，但奇怪的是何以他們要牽入非常固執而深奥的神學問題裏面去。

從三三五年到三七八年皇帝有此勇氣時多少會支持印歐派的意見，但朱利亞（三六一年——三六三年）是例外，他算是異教徒，對基督教內部的爭論保持中立。最後在三七九年，濟奥多昔厄斯給予基督教全面支持，使基督教在羅馬帝國內獲得全面勝利。聖安布路斯、聖耶洛米、聖奥古斯丁大部份的生活都在這種勝利中渡過，（在下一節中將詳論）。但此後，西羅馬帝國又爲印歐族的人統治，哥德人與汪德爾人（Goths and Vandals）也曾經征服過大部份的羅馬國土。他們的統治維持了約一個世紀，最後爲朱斯丁尼亞人、倫巴人、法蘭克人（Justinian, Lombards, Franks）所滅，而這些人都是正統派的。因此，基督教的信仰達成了決定性的勝利。

第三節　教會的三哲人

有四人被稱爲西方教會的哲人：聖安布路斯（St. Ambrose）、聖耶洛米（St. Jerome）、聖奧古斯丁（St. Augustine）與教皇格利哥里一世（Gregory I）。前三者是同時代的人，後者爲期較晚。本節中將對前三者的時代背景與生活稍作敘述，而在下一節中專談聖奧古斯丁的思想，我認爲他是三人之中最重要的一位。

安布路斯、耶洛米、奧古斯丁都是從天主教會在羅馬帝國獲勝到蠻族入侵這一段很短的時期內成名的。在朱利安統治的時代，三人都很年輕；耶洛米在哥德人攻陷羅馬後尚繼續活了十年；奧古斯丁死於汪德爾人侵入非洲攻陷希波城之時，他卽是當地的主教。他們死後不久，義大利、西班牙、非洲的統治者不僅是蠻族，也有印歐族的異教徒。文明的衰落經過了多少世紀，幾乎在一千年後，基督世界才產了在學術文化上可以和他們相比擬的人物。整個黑暗世紀與中世紀，他們的權威一直是受尊重的；他們比其他任何人更能適合教會組織的型態。大體上說來，聖安布路斯決定了教會的政教關係的概念；聖耶洛米爲西羅馬帝國教會譯成拉丁文的聖經，並爲僧侶生活帶來鼓舞的動力；聖奧古斯丁使神學定於一尊至宗教革命爲止，並對後來馬丁路德與喀爾文的思想也有重大影響。以對歷史發展的影響而言，很少有人超越他們的。聖安布路斯主張教會在與國家的關係上保持獨立獲得實現，這是一個嶄新的革命性的觀念，一直到宗教革命，都具有權威的地位；當霍布士在十七世紀對這一思想作戰時，主要的論點就是反對聖安布路斯。聖奧古斯丁成爲第十六十七世紀神學爭論的主題，基督教徒與詹森教派的信徒（Cornelis Jansen 1585-1638 荷蘭神學家——譯者註）擁護他，正統的天主教徒則反對他。

第四世紀末，西羅馬帝國的首都是米蘭，安布路斯即是米蘭的主教。他的職務使他與皇帝接觸頻繁，談話時居於平等有時甚至更高的地位。他與朝廷的交往說明了那個時代一種明顯的對照：當國家衰弱、無能，爲自私自利者所統治、除一時權宜之計外無政策可言時，教會則富活力，有效率，受準備爲教會利益犧牲一己的人領導，其政策高瞻遠矚，爲他們帶來此後近一千年的勝利。誠然，這些優點因狂熱與迷信而減色，但沒有這些優點，那個時代的革新運動是不會成功的。

聖安布路斯有很好的機會在仕途騰達。其父，同名爲安布路斯，是一名高官——高盧的行政長官。聖安布路斯大約生於奧格斯塔，一個在邊境上駐屯軍隊的城鎮，羅馬在此駐屯大軍以防日耳曼人入侵。他在十三歲時隨家人移居羅馬，在此接受良好教育，包括嫻習希臘文在內。成人後，他攻習法律，成績優異，在三十歲時，被任爲黎格利亞與艾米利亞的行政長。但四年後，他背棄了政府，在羣衆的歡呼聲中成爲米蘭的主教，將印歐族的競選對手擊敗。他把所有他在俗世的財產分贈給貧民，以其下半生奉獻給敎會，有時且冒重大的個人危險。他之所以作這樣的選擇，無疑不會有任何世俗的動機，但假如有這種動機，他的選擇也是明智的。在國家方面，他卽使做了皇帝，也不會獲得像他執行主敎職務時那樣施展行政才能的機會。

安布路斯做主敎的最初九年，西羅馬皇帝是格拉梯安，是基督徒，有品德但處事輕率，沉湎於狩獵，以致不理國政，最後遭暗殺而死。大部份羅馬帝國落入一名篡奪者馬克濟慕斯之手，但義大利部份則傳位於其仍在幼年的弟弟沃倫梯尼安二世。最初由他的母親茹斯蒂娜——沃倫梯尼安一世的寡后攝政，但她是印歐族人，與聖安布路斯的衝突乃不可避免。

在本節中所談到的三位哲人都寫了不可勝計的書信，其中有很多現在仍保存着，因此，我們對他們的認識，有過於對任何異敎的哲學家，除少數特殊情形外，也有過於對所有中世紀的敎士。聖奧古斯丁寫信給各色各樣的人，大部份是談敎會紀律的觀念問題；聖耶洛米的書信大部份是寫給少女，告訴她們如何保持童貞；但聖安布路斯的書信中最重要也最有趣的是寫給皇帝們，告訴他們在那些方面沒有恪盡職責，或者偶而向他們的某項成就道賀。

第一個牽涉到安布路斯的公共問題是在羅馬的勝利紀念碑的存毀問題。異敎在首都參議員家庭中保持得比其他地方爲久；國定宗敎則掌握在一個貴族式的僧侶組織的手中，與朝廷征服世界的驕橫連結在一起。參議院中的勝利紀念碑一度爲君士坦丁之子君士坦梯厄斯所毀，後來又爲朱利安重建。格拉梯安爲帝，又將紀念碑拆毀，參議院中的一個代表團，以羅馬城的行政長辛馬區斯爲首，要求恢復舊觀。

辛馬區斯與奧古斯丁的生活也有關連，出身於一個顯赫家庭的顯赫人物——富有、出身貴族、受良好教育的異教徒。他由於反對拆毀紀念碑而於三八二年被格拉梯安逐出羅馬，但沒有多久，在三八四年卽召回任羅馬城的行政長。

基督教的參議員反對重建，由安布路斯與教皇大馬蘇斯之助，在參議院中獲得優勢，支持了皇帝的決定。格拉梯安去世後，辛馬區斯與異教徒的參議員在三八四年再向新皇沃倫梯尼安二世請願。爲打消此一重建的嘗試，安布路斯寫信給皇帝說明他的論點：所有羅馬人享受的獨立主權都受賜於軍隊，而皇帝則受賜於萬能的上帝。他說：「不要有人因爲你年少而矇蔽你；假如他是俗人，作這種要求，不要讓他用他自己的迷信束縛你的心靈；他應該熱心教導你，如何對眞正的信仰獻出熱忱，其實，他是以眞理的熱情去保衞無益的事物。」他說，對於一名基督徒而言，被迫去爲一個偶像的拆毀而詬駡，也是一種迫害。「假如這是國家事務，答覆的權利應該保留給反對派，但這是一件宗教事務，應該由我主教提出要求……當然，如果發布其他不當的命令，我們主教不能長期容忍而不加注意，我們可能會到教堂裏來，但你將發現沒有一個神父在那裏，或者祇有一個神父在那裏表示反抗你。」

第二封信指出教會的財產用於異教徒的廟產從未有過的用途。「教會的財產是爲了維持窮人生活而用的。讓他們計算一下，這些異教的寺廟贖回了多少戰俘，對窮人他們施捨了什麼食物，對什麼流亡者，他們提供了住宿的地方。」這是一有力的論點，可以從基督徒的實際行爲中得到證明。

聖安布路斯的主張得到了勝利，但後繼的一名帝位篡奪者，尤金尼厄斯，却偏向異教徒，又把紀念碑恢復了。三九四年濟奧多昔厄斯擊敗了尤金尼厄斯後，最後才決定照基督徒的主張，再把紀念碑拆毀。

安布路斯主教最初與朝廷相處甚得，並接受一交涉的任務，去見篡奪者馬克濟慕斯，當時深恐其入侵義大利。但不久後，發生一件重大的衝突。茹斯蒂娜皇后是印歐族人，要求把米蘭一座教堂讓給印歐族，但爲安布路斯所拒。人民支持安布路斯，在教堂前聚衆示威。哥德人的軍士(也是印歐族人)被派去佔領教堂，却反而和民衆聯合在一起。他寫給他妹妹的一封充滿激奮的信說：「爵士與護民官來要求我從速讓出教堂，並說皇帝在執行他的權力，因爲一切都在他管轄之下。我說，假如他要我交出私人所屬之物，例如我的土地，我的金錢，不管是什麼，祇要是我自己的，我都不會拒絕，雖然我所有的也是屬於窮人的。但是，他們所要的是屬於上帝的，不在皇帝的管轄範圍之內。我說：『如果要世襲的土地，讓他們進來，如果要我的軀體，我立刻就去。你們要把我上鐐銬，還是要把我處死？我都甘願前去，我不會和民衆在一起護衞自己，我更甘願爲守護教堂裏的聖餐枱而被殺死。』我聽說派軍隊來佔領教堂時，深感驚怖，如果民衆護衞教堂，可能會有屠殺的行爲，這將傷害到全城的安寧。我祈禱在如此一偉大城市甚至義大利全境遭受毀滅時，我不要獨自倖存。」

這種恐懼並非誇大，因爲哥德人的軍隊很可能採野蠻殘酷的行動，就像二十五年後刼掠羅馬的情形一樣。

安布路斯的力量來自民衆的支持。有人指摘他鼓動羣衆，他回答說：「不去鼓動他們，我自己可以作主，但要他們靜下來，祇有上帝可以做得到。」他說，沒有一個印歐族人敢於向前，民衆之中也沒有印歐族人。他被要求正式讓出教堂，軍隊已奉命必要時使用暴力。但最後他們拒絕使用暴力，皇帝被迫收回成命。在教會獨立的考驗中，基督教贏得了一次重大的勝利；安布路斯證明了在某些事情上國家必須對教會讓步，由此樹立了一個新的原則，一直到今天，仍有其重要地位。

他第二次衝突的對手是濟奧多昔厄斯皇帝。此時有一座猶太教堂被焚，東方人的領主報告這是當地基督教主教所煽動的。皇帝下令實際縱火者須受懲，幕後唆使的主教須重建教堂。安布路斯既不承認也不否認主教的共謀，但對皇帝偏袒猶太人反對基督教，感覺不平。假如主教拒絕接受皇帝的命令結果又如何呢？假如他堅持，他一定成爲一名殉道者，假如他屈服，就變成一名叛道者。假如領主用基督教的錢來自己重建教堂又如何呢？這種情形，皇帝會有一個背叛的領主，而基督教的錢會虛擲於不信基督教的人。他寫信給皇帝說：「應該以損害基督教會爲代價，去爲不信教的猶太人建造一個場所嗎？由於基督所賜爲基督徒所作的捐獻，應該轉移爲不信教的人所有嗎？啊，皇帝，你或許考慮到紀律的理由，但是，表現紀律重要呢？還是宗教的理由重要呢？作這種裁決時必須以宗教爲重。啊，皇帝，你沒有聽說過嗎？當朱利安皇帝下令重建耶路撒冷的寺廟時，那些清理垃圾的人如何被燒死的呢？」

安布路斯的意見很明確，燒毀猶太教堂根本不應受懲罰。這是一個例證，教會一旦獲得權力，即開始鼓勵反猶太主義。

第一次與皇帝的衝突，更增加了安布路斯的聲譽。在三九〇年，當濟奧多昔厄斯在米蘭時，濟沙隆尼卡地方的羣衆殺死了當地駐軍的司令，皇帝怒不可遏，下令作野蠻的報復，將民衆聯集於圓場，由軍隊圍攻戮刺，屠殺無辜至少有七千人。安布路斯事前曾努力勸阻皇帝，但未生效，後來寫了一封信，充滿了凜然的正氣，這一次祇談純道德的問題，不牽涉神學與教會權力：

「濟沙隆尼卡城所發生的事情是史無前例的，我無法加以阻止；當我經常要求反對這種行為之前，我就說過這是最殘暴的。」

從前大衞王常常作惡，然後又去悔罪。濟奧多昔厄斯是否也是如此呢？安布路斯說：「假如你到教堂來，我不敢提供祭品，因為，使一個無辜者流血的人尚且不被容納，就可以容納使很多人流血的人進來嗎？我不認為如此。」

皇帝終於悔悟，脫去其皇袍，在米蘭的總教堂中當衆悔罪，從此時起到三九五年逝世為止，他即未再與安布路斯衝突。

安布路斯雖然是傑出的政治家，但在其他方面，則祇是他那個時代的代表人物而已。他像其他教士作者一樣，寫了一篇讚美童貞的論文，另一篇論文反對寡婦再嫁。當他決定建築一座新教堂的場址後，很容易就在那裏挖掘出兩具骸骨，（據說有神蹟啓示），用於創造奇蹟，安布路斯並宣佈這是屬於兩位殉道者的骸骨。在他的信函中，也提到其他的奇蹟，具有他那個時代的「輕信不疑」的特質。

以一個學者而論，他不如耶洛米，以一個哲學家而論，他又不如奧古斯丁。但作爲一個政治家，智勇兼備地鞏固了教會的權力，他應該算是第一流的人才。

耶洛米之著名，主要由於他是聖經的拉丁文譯者，一直到現在，仍爲天主教所崇奉的唯一聖經版本。在他之前，在舊約方面，西羅馬帝國的教會所依賴者，主要爲七十人所譯的希臘文譯本，在許多重要的地方，與希伯來的原文不同。基督徒常主張，自基督教興起後，猶太人曾把似屬預言救世主降臨的文句，加以竄改。此一觀點眞正的學術界認爲站不住，耶洛米對此也加以反駁。他因恐懼猶太人而秘密接受猶太教牧師的協助。他在衛護自己、反駁基督教的批評時說：「讓懷疑這個譯本的任何部份的人，去問猶太人吧。」由於他接受猶太人認爲正確的版本，他的譯文最初頗受敵視，但最後終於獲得承認，部份是因爲得到奧古斯丁的全力支持。雖然引起很多章句上的辯難，但這仍是一偉大的成就。

耶洛米生於三四五年——後於安布路斯五年——誕生地是離阿奎萊亞城不遠的名爲斯垂頓的小鎮，後來在三七七年被哥德人所毀。他的家境小康，但非富有。三六三年，他前往羅馬學習修辭學，因獲罪而逋逃。在高盧流浪了一段時間後，又在阿奎萊亞城定居下來，成爲一名禁慾主義者。此後五年，他以一個修道的隱士浪跡於敍利亞的荒野：「他生活在荒漠中，以嚴酷的苦行贖罪，忘形失魄，時而流淚，時而呻吟，爲追尋羅馬時代生活的記憶而心旌搖搖；他居住於大小的洞穴中，以乞討爲生，鶉衣百結。」在此之後，他又到君士坦丁堡，再到羅馬住了三年，此時他已成爲教皇大馬蘇斯的朋友與顧問，即在教皇的鼓勵下，將聖經譯成拉丁文。

聖耶洛米是一個好與人爭辯的人，他和聖奧古斯丁爭辯，爲了加拉太書第二章所提到的聖彼得的一些值得置疑的事蹟；他和友人盧非納斯與奧雷金決裂；他激烈反對披拉基亞教，以致他的修道院被披拉基亞教徒攻擊；教皇大馬蘇斯逝世後，他又與新的教皇發生爭執。當他在羅馬時，認識了很多信仰虔誠的貴族婦女，他曾勸其中的某些人度禁慾生活。新教皇以及其他許多人對此不以爲然，由於這個原因及其他若干原因，他離開了羅馬到比濟利翰，從三八六年居住到四二〇年去世爲止。

在他的顯赫的女信徒中，有兩位是特別著名的：寡婦菠拉及其女尤絲托琪恩，她們都伴隨他繞道去比濟利安。她們都是最高貴的婦女，但世人不會認爲安布路斯由於趨炎附勢才接納她們。菠拉死後葬於比濟利安，耶洛米爲她寫的墓誌銘如下：

在此墓中一位西比奧的後裔，
菠里尼家族的女兒，長眠於此，
一位格拉契的子孫，有着
阿蓋面儂血統的，作此墓銘：
長眠於此的是菠拉夫人，
爲她的雙親所鍾愛，
生女芳名尤絲托琪恩；

她是羅馬貴婦的第一人
爲基督之故，含辛茹苦
擇居於比濟利安。

耶洛米的一些寫給尤絲托琪恩的信是很奇特的。他敎她如何保護童貞，寫得詳細而坦率；他對舊約中的一些委婉的暗示，給予明確的解剖學的解釋。他以情愛的神秘性來讚美修女生活。他說一名修女卽是基督的新娘，在所羅門的歌聲中舉行婚禮。當她宣誓爲修女時，他在給她母親的一封長信中，寫下如下值得注意的文句：「當她選擇作王（基督）的妻子，而非軍人的妻子，你會對她發怒嗎？她給了你高貴的特權，你現在是上帝的岳母了。」

在同一信中，他對尤絲托琪恩本人說：

「讓居處的隱秘永遠保護你，讓新郞永遠和你在房中同住。你祈禱嗎？這就是你對新郞說話。你讀聖經嗎？這是祂在對你說話。當你入睡時，祂將從屋後進來，用手穿過門洞，你的心將爲祂怦然而動；你醒來，立着說：『我渴求着愛。』然後祂回答：『隱居在花園裏是我妹，我妻；一個截斷的泉源，一個封閉的噴泉。』」

在同一信中，他敍述與親友隔絕後如何度日：「更苦的是不能吃到我慣常所吃的可口的食物，」他捨不得他的書齋，不能一起帶到荒漠中去。「所以我很痛苦，我能够斷食忍饑，因爲我想到以後讀西塞羅的樂趣。」經過日以繼夜的懊悔後，他又禁不住誘惑去讀勃勞脫斯（羅馬戲劇家），耽溺於這類閱讀，所得到的啓示是殘酷而令人憎惡的。他在發燒中夢見「最後審判」，基督問他是誰，他說是一名基督徒，基督說，「你在說謊，你是西塞羅的信徒，不是基督的信徒。」因此他被判笞刑。最後，耶洛米在夢中呼喊道：「主啊，假如我再持有世俗的書籍，或者再讀這些書籍，那就是不信從您。」他說他並未睡着，不是在做沒有意義的夢。

此後有幾年，他的信函極少引用古典著作的話，但過了一段時期後，他又引述了維吉爾、荷雷斯、甚至奧維德的詩句，這似乎是從背誦而來，因爲某些詩句不斷地重複引用。

耶洛米的信函對羅馬滅亡的感覺，表現得比任何我所知道的其他人更爲眞切，他寫道：

「當我想到我們這個時代的災禍時，就爲之戰慄不已。從君士坦丁到朱利安，二十餘年來，羅馬人每日不斷地在流血。西濟亞、泰雷斯、麥昔多尼亞、達西亞、阿查伊亞、伊披魯斯、達爾馬西亞、——所有的這些城市都被哥德人與薩爾馬西亞人、瓜地人與阿蘭斯人、匈奴人與汪德爾人、馬奇人破壞、劫掠……羅馬世界正在衰亡之中，但我們仍在抬着頭，並沒有向他們低頭屈服。你想，那些科林濟安人或雅典人、拉昔戴蒙尼亞人、亞卡地人，任何在蠻族統治下的希臘人，表現了什麼勇氣呢？我不過提到了幾個城市而已，但這些都不是小邦的首都。」

他繼續敘述匈奴人在東方的暴行，最後他的反應是：「談到正確地處理這些史料，修昔底德斯（希臘歷史家，471-400 B.C.）薩勒斯特（羅馬歷史家 86-34 B.C.）恐怕也祇能裝聾作啞了。」

十七年後，亦卽羅馬被毁後三年，他寫道：

「世界已成廢墟：是的，但說來可羞，我們的罪惡仍然存在，而且橫決於世。這著名的城市，羅馬帝國的首都，被大火所吞噬，世界每一個角落都有羅馬人流亡的蹤跡，教堂過去保有聖器的，現在祇剩下塵土與垃圾；但是我們仍在縈心於利得。我們度日，一若明日卽將死去；而我們造屋則一若我們將永遠活在這個世界上。我們的墻金光閃耀，我們的頂板與柱頭亦復如此；但窮人在我們的門前凍餓而死，基督精神也與他們同時死去。」

這些文句是在給他朋友的一封信中附帶發現的，他的朋友已決定將他的女兒奉獻作修女，這封信的主要部份是說明作這種獻身的少女應該遵守的規律。耶洛米對於古代世界崩壞的感覺是很奇特的，他認爲保護童貞比擊敗匈奴人、汪德爾人與哥德人更重要，他的思想從未涉及政治家精神所應有的實際解決問題的方法，他也從未指出財政制度上的缺點，或蠻族所組成的軍隊之不可靠。安布路斯也與奧古斯丁一樣；誠然，安布路斯是政治家，但祇代表教會。那個時代最佳也最具活力的頭腦都遠離現世而遯跡於教會，就無怪帝國要滅亡了。另一方面，既然破壞不可避免，基督教的展望正適於給人以勇氣，當他們在現世的希望消逝時，讓他們仍能保持宗教上的希望。「上帝之城」表現了這個觀點，也是聖奧古斯丁的至高無上的貢獻。

在本節中，我祇把奧古斯丁當作一個「人」來敘述，至於他作爲一個神學家與哲學家的地位，我將留待下節中討論。

他生於三五四年，後於耶洛米九年，後於安布路斯十四年；他的家鄉是非洲，大部份的生活也是在非洲度過的。其母為基督徒，其父則否。他一度為摩尼教徒，後來皈依天主教，在米蘭受洗於安布路斯。約在三九六年，他成為離迦太基不遠的希波城主教，一直留居至四三〇年去世為止。

我們所知道的他的早年生活，比知道大部份的教士的為多，因為他在懺悔錄中有所敍述。他這本書有很多著名的模倣者，特別是盧梭與托爾斯泰，但我想不出在他之前有任何人寫過這樣的書。聖奧古斯丁在某些方面頗與托爾斯泰相似，但在學術上則勝於托爾斯泰。奧古斯丁富於熱情，青年時代距離循規蹈矩的這一類型很遠，祇是受內在的衝力驅使，尋求眞理與正義。他像托爾斯泰一樣，晚年時為一種罪惡感所困擾，這使他的生活嚴酷，他的哲學也冷漠無情。他猛烈地攻擊異教徒，但他自己的一些意見，當十七世紀為詹昔尼厄斯所重述時，居然也被宣告為異端邪說。但一直到新教徒接受他的意見為止，天主教從未非難它的正統地位。

在懺悔錄中所提到的第一次事件發生在他的少年時代，其少年生活與其他少年並無很大的區別。事情大約是，他和一羣與他年紀相仿的少年，偷了鄰居樹上的梨子，雖然他並不餓，而且家裏還有更好的梨子。他一生都認此為難以置信的邪惡；假如他餓了，或者沒有其他方法得到梨子，就不至於這樣壞；但這却是純粹的胡鬧，為喜愛作惡而作惡。這使他玷上不可形容的污點。他祈求上帝饒恕他：

「請俯鑒我心，啊，上帝，請俯鑒我心，您曾憐憫地獄最低層受苦的靈魂。現在，請看，容我剖心瀝膽，向您報告，為了追尋什麼，我要無故作惡，不是為什麼目的，而是作惡本身誘惑了我。這是邪惡的，但是我喜愛它；我喜愛毀壞，我喜愛自己的錯誤，不是為了我犯錯的原因，而是錯誤本身。

邪惡的靈魂，從你的地方，自天堂被逐出，不是從羞恥之心去尋求任何事物，而是尋求羞恥之心本身。」

他繼續以這樣的筆調寫了七章，都是談兒童時代的頑皮，從樹上偷摘一些梨子的事情。在現代人看來，這似乎是病態，但在他那個時代則視爲正當且爲神聖的表徵。那個時代，罪惡感強烈，但在猶太人身上，則成爲雖遭遇外在失敗仍能使「自我重要感」得到滿足的一種方法。耶和華是萬能的，而又對猶太人特別關切；然則，爲什麼他們不能富庶繁榮呢？因爲他們是邪惡的，崇拜偶像，與外邦人通婚，不遵守誡律。上帝以猶太人爲寄望的中心，但由於正義爲衆善之首，且經由痛苦而達成，他們必須先受懲罰，必須認識他們受罰是表示上帝的偏愛。

基督徒以教會代替所謂「選擇的人民」，但除某一方面外，與罪惡感並沒有區別。教會與猶太人一樣受難；教會爲異教而困擾，個別的基督徒因強烈的迫害而變節。但是，猶太人對此已有一重大的發展，就是以個人代替整體的罪惡。最初，認爲整個猶太民族有罪，故集體受罰；但以後，罪惡成爲偏向於個人的，就失去其政治上的意義。當教會代替了猶太民族，此一變化非常重要，因爲教會是精神上的組織，不可能犯罪，但個別犯罪者可以中止與教會的關係。我方才說過，罪惡與「自我重要感」有關聯。最初，重要的是猶太民族，後來是個人，不是教會，因爲教會永不可能犯罪。因此，基督教的神學分爲兩部份，一部份討論教會，一部份討論個人的靈魂。到後來，天主教徒着重前者，新教徒着重後者；但聖奧古斯丁對兩者都給予平等的重視，並不感覺兩者有任何不能調和之處。那些得救的人是上帝預定使他們得救的；這表示個人的靈魂與上帝相通。但除非這個人受洗，就沒有人能得救，因此個人成爲教會的一份子，教會又成爲靈魂與上帝的媒介體。

罪惡對於直接與上帝交通的觀念是非常重要的，因爲這說明造福的上帝何以會使人受苦，個人的靈魂何以在現世是最重要的。因此，宗教革命的神學是出於一個具有不正常的罪惡感的人，就無足爲怪了。

關於盜梨的事，就談到此爲止，現在讓我們來看懺悔錄所提到的其他事情。

奧古斯丁敍述如何很容易地就坐在母親的膝上學會了拉丁文，但他厭恨在學校裏所學的希臘文，因爲他被「殘酷的威脅與處罰所驅策」，以此，他終其身沒有學好希臘文。這可能使人揣想，由於這種相反的效果，他將會獲得一種教訓，贊成在教育上使用溫和的方法。他說：

「這是很明白的，自由的好奇心比可怕的責任更有力量使我們學習。祇有這種責任約束了在您的法律所賜的自由以外搖擺不定，啊，我的上帝，您的法律從主人的鞭笞到殉道者的被控，您的法律效果與某種整體的痛苦摻和在一起，這召喚我們遠離有毒的快樂而歸向您，這種有毒的快樂使我們離開了您。」

學校的嚴罰雖然沒有使他學好希臘文，却治好了他追求有毒快樂的病，因此嚴罰仍是教育可用的方法。對於那些認爲罪惡是關係全人類最重要的事情的人，這種看法是很合理的。在懺悔錄中，他繼續他的罪惡，不僅在入學以後，而且在入學之前，他就說過謊，偷過食物；他的確曾以整個一章來證明，卽使在懷抱中的嬰兒也充滿了罪惡——貪食、嫉妬，以及其他可怕的罪惡。

當到達靑春期時，他爲肉慾所困擾。「我在那裏？我被放逐，離您的宮殿之光有多遠？在我的肉體到達十六歲時，情慾的瘋狂，通過人的邪惡生活，馳騁放縱，雖然爲您的法律所不許，却征服了我，難道我就完全順從它嗎？」

他的父親並不爲此而困擾，祇是在書房裏陪伴着幫助着奧古斯丁而已。他的母親，聖蒙妮卡，相反地，勸他禁慾，但未生效。那時卽使他的母親也不想爲他完婚，「以免我的希望可能被一個妻子的糾纏而困擾。」

十六歲時，他到迦太基，「環繞着引誘我的是一大堆不合法的愛情。我還沒有愛，但喜歡愛，出於一種深藏的要求。我恨自己爲什麽不去要求。我尋求我可能愛的，爲了愛而愛，我厭惡安全……那時，愛與被愛都是甜蜜的；當我得以享受我所愛的人，就更甜蜜。因此，我以邪淫的汚物褻瀆了友情的動機，以肉慾的醜惡蒙蔽了友情的光輝。」這些話描寫他與一個他忠實地愛了多年的情婦的關係。她爲他生下一子，也是他所鍾愛的，在他皈依後，對他的兒子給予很好的宗教性的教育。

在與他的情婦生子時，他的母親想到他應該談結婚的事了，他得到母親的允許與一少女訂婚，但必須與他的情婦分手。他說：「我的情婦是我婚姻的障礙，必須離我而去，我的心一直牽掛在她身上，爲之摧裂滴血。她回到非洲（此時奧古斯丁在米蘭），向上帝您發誓，永不再認識別的男人，把所生之子留給了我。」但因爲少女年紀太小，要等兩年才能結婚，他在這個空隙期間，又有了另一情婦，更隱蔽不為人知。他愈來愈受良心的責備。他常作祈禱：「讓我能寡慾克己，祇是現在還做不到。」在他結婚之前，宗教的力量征服了他，他把此後的一生皆獻於獨身的僧侶生活。

再回述他早年，十九歲時，他已嫺習修辭學，由於讀西塞羅之故，又對哲學發生興趣。他曾試讀聖經，但發現其中缺乏西塞羅作品的尊貴氣質。此時，他成為一名摩尼教徒，這使他的母親很傷心。在職業上，他是一位修辭學教師。他耽溺於星相學，晚年時，又表示厭憎，因為星相學說：「你的罪惡的不可避免的原因來自天上。」因為他懂拉丁文，所以也讀哲學書籍。他特別提到亞里斯多德的「十大分類」，他說不需要教師的協助，就可以讀懂。「對我有什麼好處呢，我這個邪惡情慾的最卑賤的奴隸，自己讀了所有稱為文史哲學的書，讀懂了我所有讀過的書，這又有什麼用處呢？……因為我背向光明，面對我所看見的東西；我的臉在何處？……我的臉是看不見的。」這時他相信上帝是一廣濶而光明的實體，而他自己是這個實體的一部份。讀者希望他在懺悔錄中詳細說明摩尼教徒的信條，而不祇是說那些信條都是錯誤的。有趣的是，聖奧古斯丁首先反對摩尼教的理由是屬於科學方面的。他告訴我們，他還記得他從最好的天文學家的著作中所得到天文學的知識，「我將它與摩尼教主的說法作比較，他以瘋狂的愚蠢在這個題目上寫了很多著作，但他所說的夏至冬至、晝夜平分點、日月蝕的原因，都不能使我滿足；但我被命令去相信；這和由計算或由我自己觀察所得到的原因不能符合。」他很謹慎地指出，科學的錯誤本身不像信仰錯誤的嚴重，但如果以一種權威的氣氛宣告，以為這是得自神的鼓舞，這種錯誤就不可原諒了。有人揣想假如他生在伽利略的時代，他會做如何的想法。

摩尼教的主教希望爲他解惑釋疑，就叫浮斯德斯，教內最有學問的人，與他晤談討論。但是他說：「我發現他對於科學一無所知，除對文法有一般的常識之外。但因爲他讀過屠里的演講錄、席尼卡的一些著作、詩人的詞句，本教的一些著作，用的是拉丁文，體系謹嚴，在日常談話中習用，他養成某種程度的辯才，動人而具吸引力，而且因爲在他有效的控制之下，具有某種自然的優雅氣質。」

他發現浮斯德斯不能解決他在天文學上的疑難，他告訴我們：「摩尼教的書充滿了長篇的寓言，提到天、星辰、太陽、與月亮。」這與天文學家所發現的迥不相侔；但當奧古斯丁向浮斯德斯質問這些事情，浮斯德斯坦誠地承認自己無知。「卽使如此，我更喜歡他了。誠實的謙遜比我所要尋求的知識更具吸引力；在遇見所有更困難更微妙的問題時，我發現他確是如此。」

在那個年紀，能有這樣的恢宏大度是驚人的；但和他以後對待異教徒的態度却是不調和的。此時他決定到羅馬去，他說，並不是因爲在那裏教師的收入比在迦太基高，而是因爲他聽說羅馬的教室比較有秩序。在迦太基，學生不守秩序到幾乎使教學無法進行；在羅馬，秩序較好，但學生以詐騙的方法規避繳納學費。

他在羅馬時仍爲摩尼教徒，但對它的教義的信仰已經減少。他開始認爲學院派的人主張應該對一切懷疑是對的。他仍同意摩尼教的看法，「不是我們自己在犯罪，而是某些其他的因子（不知是甚麼因子）在我們心靈之中犯罪。」他相信邪惡也是某一類的物質。這顯然使他在皈依基督教之前，一如其皈依之後，特別關心罪惡的問題。

移居羅馬一年後，行政長辛馬區斯由於米蘭請求派一名修辭學的教師，就把他派到米蘭去。他在米蘭認識了安布路斯，「全世界所知道的最好的人。」他喜愛安布路斯的慈和，並且變得喜愛天主教思想，有過於摩尼教的教義。不過，有一段時間，他又相信從學院派學到的懷疑主義。「雖然哲學家抱有懷疑的態度，因爲他們沒有基督拯救的名義，我決然拒絕他們來照顧我這受創的靈魂。」

後來他母親也到了米蘭，這對加速他最後走向基督教的脚步，發生有力的影響。她是一位非常虔誠的基督徒，當他寫到母親時，總是出以崇敬的語調。在此一時刻，她對他具有更重要的影響，因爲安布路斯忙得沒有時間和他單獨談話。

懺悔錄中有一章，把柏拉圖的哲學和基督教思想作一比較。上帝使他得到「某些柏拉圖主義者的書籍，自希臘文譯爲拉丁文。我讀了，不是讀它的文字，而是爲了很多不同的原因：『最初是聖經，聖經是和上帝在一起的，聖經就是上帝；上帝創始亦復如此：上帝造萬物，無上帝則無物；祂造生命，生命是人的光，在黑暗中閃耀，黑暗則對光無知覺。』人的靈魂雖然可以證明光的存在，但它本身不是光，祇有上帝，上帝的聖經『是眞正的光，照亮了每一個來到這個世界的人。』『祂在世界之中，但世界却是祂造的』。『祂自己降臨，祂自己不要人接待，但有許多人接待祂，對這些人，祂賜予力量，使他們成爲上帝之子。卽使那些祇相信祂的名字的人也是如此。』我就讀到此爲止。」他的確也沒有讀到：「上帝也有肉身，就住在我們中間。」「祂使自己俯首，服從受死，卽使是死在十字架上。」「在耶穌的名下，每個人都應跪下。」

大體上說，他在柏拉圖主義中發現了三位一體的形而上的思想，而不是轉世及其附帶的救世的思想。某些類似的思想存在於歐爾非尤斯教派及其他神秘宗教中，但對於這一點，奧古斯丁似未注意。無論如何，這些思想都不像基督教義那樣與比較近代的歷史事實發生關聯。

由於反對摩尼教的二元論，奧古斯丁相信罪惡並非出於某些本質，而是意志的不正。他特別從聖保羅的書信中得到撫慰。

最後，經過激烈的內心交戰後，他改信了基督教（三八六年）；他放棄了他的職業、情婦、與未來的新娘；作短期休養後，受洗於聖安布路斯。他的母親極高興，但不久即去世。三八八年他回到非洲，即不再他離，專心致力他的神職，並撰寫文字以反對各種異教——多納教、摩尼教、與披拉基亞教。

第四節　聖奧古斯丁的哲學與神學

聖奧古斯丁是一位非常多產的著作者，主要是討論神學的問題。某些辯論的文字是有時間性的，戰勝對方後亦即失去吸引力。但某些辯論性文字，尤其是駁斥披拉基亞教派的，一直到現代仍有其實際的影響。我並不主張徹底研究他的著作，祇是討論在我看來是重要的部份，或本身具有重要性，或對歷史的影響具有重要性。我所要討論的是：

第一部份：他的純哲學，尤其是他的時間理論；

第二部份：他的歷史哲學，在他的「上帝之城」所表現的；

第三部份：他的救世理論，在反披拉基亞教派時提出的。

（一）純哲學

聖奧古斯丁，在他大部份的時間裏，並不潛心於研究純哲學，但當他潛心研究時，就表現了非常卓越的才能。他是歷史上第一位在必須遵奉聖經的影響下，研究純推理的意見的人。在他之前的基督教哲學家——即奧雷金也並未做到；在奧雷金的心目中，基督教義與柏拉圖哲學並行不悖，而各不相涉。但聖奧古斯丁則認爲，最初純哲學的思想是受了一項事實的激刺，即柏拉圖主義在某些方面與創世紀並不調和。

奧氏最佳的純哲學著作是他的懺悔錄第十一册。通俗本的懺悔錄到第十册爲止，理由是以後各册不能引起興趣；其所以不能引起興趣因爲它是精微的哲學，不是自傳。第十一册討論以下的問題：創世是照創世紀第一章所敍述的情形發生的，照奧氏反摩尼教所主張的——創世應該立卽完成。因此他想像出一個反對者的論調來加以反駁。

假如他的答覆是可以理解的，第一點必須認識的是：由「無」生「有」，這是舊約的諭示，這在希臘哲學中是完全陌生的。當柏拉圖談到創世時，他想像有一原始的物質，由上帝賦予形式；亞里斯多德也是同樣想法。他們的上帝是一位設計師與建築師，而非創造者。物質是永恒的，不是由創造而生的，祇有其形式出於上帝的意志。爲反對此一意見，奧氏主張，每一個正統的基督徒都必須這樣主張，世界不由任何特定的物質所造，而是由「無」中創造的。上帝造物，所造不僅是秩序與結構。

希臘人的看法——創造不可能出於無物，在基督教的時期也不時出現，這就導引出了汎神主義。它主張上帝與宇宙爲一體，宇宙中每一事物都是上帝的一部份。此一說法到斯賓諾莎才發揮得最爲淋漓盡致，但早在此時已經幾乎吸引了所有的神秘主義者。因此，在整個基督教世紀中，神秘主義者很難與正統派相調和，因爲他們發現不能相信宇宙是在上帝之外的。但奧氏在這一點上並不感困難；創世紀寫得很明確，這對他已經足夠了。他對這一問題的看法構成他的時間理論的主要部份。

爲什麼世界不能造得快一點？因爲根本沒有「快一點」這回事。上帝創造世界，同時也創造時間。上帝是永恒的，因爲是沒有時間的；在上帝看來，沒有「以前」，沒有「以後」，祇有永恒的「現在」。上帝的永恒是由於脫離與時間的關係；一切時間對於祂都是「現在」。祂不「先於」祂自已所創造的時間，因爲這樣等於暗示祂也在時間之內，但祂是永遠處於「時間的河流」之外的。

他問道：「然則，什麼是時間？假如沒有人問我，我就知道，假如有人問而我希望能向他解釋，那我就不知道。」許多困難使他迷惑不解。他說：非過去、非未來，祇有現在是「存在」的；而現在祇是一刹那，時間祇有在通過時始能加以計算。但是，時間確有過去與未來，我們在這裏發現了矛盾。奧氏爲避免此一矛盾祇有說，過去與未來應該被當成是現在：「過去」必須要有記憶，「未來」必須要有預期，而回憶與預期都是現在的事。他說有三個時間：「過去事情的現存性是回憶，現在事情的現存性是視覺，未來事情的現存性是預期。」這是一種不精確的說法。

他知道沒有用這條理論眞正解決了一切困難。他說：「我的靈魂渴求瞭解此一最困惑的事情。」他祈求上帝爲他解惑，他向上帝保證說他對這個問題發生興趣並不是單純爲了好奇心。「我向您坦承，主啊，我對於時間仍然是無知的。」但他所主張的答案要旨是：時間是主觀的，時間存在於人的心靈中，心靈可以期待，可以考慮，可以回憶。因此，沒有被創造的人，也就沒有時間，如說時間在創世之前就有了，是沒有意義的。

我本人並不同意此一理論，因爲這使時間成爲精神上的現象。但此一理論顯然是卓越的，値得認眞地加以思考。我必須進一步說，它比希臘哲學涉及這一課題的理論，進步得多。它包含着比康德的時間主觀論更明確的解釋——自康德後，時間主觀論爲許多哲學家所接受。

認爲時間不過是我們精神的一種狀態的理論，是最極端的主觀主義，我們知道，這種理論在古代自畢達哥拉斯、蘇格拉底以來，卽逐漸發展，它在感情方面，較理智方面的考慮爲晚，却爲罪惡感所困擾。奧氏表現了感情與理智兩方面的主觀主義。主觀主義使他啓發了不僅是康德的時間理論，而且還有笛卡兒的「我思故我在」的理論。他在「獨語錄」一書中說：「你，你想知道，你知道自己是什麼嗎？我知道。你在那裏？我不知道。你感覺自己是單獨的還是多重的呢？我不知道。你感覺自己在動嗎？我不知道。你知道你在思考嗎？我知道。」這不但包含了笛卡兒的「我思故我在」思想，而且回答了加森地（Peirre Gassendi 1592–1655 法國哲學家——譯者註）的「動因說」。因此，奧氏作爲一個哲學家，亦應有其崇高的地位。

（二）上帝之城

當四一〇年羅馬被哥德人刧掠，異教徒很自然地把這場災禍歸過於不敬古代的諸神。他們說，在祀奉邱比特神時，羅馬仍然是強大的；現在皇帝們把他背棄了，他也就不再保佑羅馬人了。此一異教徒的說法需要加以答覆。「上帝之城」，在四一二年與四二七年之間，逐漸寫成，就是奧氏的答覆。但這本書在進行中採取一個遠較廣濶的天地，發展了一套完整的基督教的歷史哲學，籠罩過去、現在與未來。這本書對整個中世紀，都有極大的影響，尤其在教會與世俗的王公鬪爭中，所發生的影響最大。

像某些其他偉大的著作一樣，在讀者的記憶中，某些部份再讀時較初讀的印象爲佳。其中包含許多部份，是現代任何人所不能接受的，它的中心思想多少爲屬於他那個時代的紛歧蕪蔓的思想所掩蓋。但現世之城與上帝之城的對比的一般觀念對於許多人仍然是一種鼓舞，卽使現在，也可以用非神學的名詞來重新加以說明。

在評估這本書時，如將細節略去，而集中注意它的中心觀念，會得到一不正確的偏向有利的結果；另一方面，如集中注意它的細節，又會忽略最佳與最重要的部份。因此，我應該避免兩方面的偏失，首先討論它的一些細節，然後再討論它在歷史發展中所表現的一般觀念。

這本書開始時談到因羅馬被侵掠所引起的思考，目的在說明在基督之前甚至還有更悲慘的事情。對於異教徒把災禍諉罪於基督教的事情，奧氏說，在侵掠之時，有很多人尋求教會的庇護，哥德人因爲他們是基督徒，對他們很尊重。但在特洛埃被掠時，情形則與此相反，朱諾的神殿不供給作庇護之所，諸神也沒有保佑此城免於毀滅。羅馬在征服的城市中，從未保留任何寺廟；在這方面，羅馬的災禍較大部份被征服的城市爲輕，這應該歸功於基督教。

基督徒在刼掠中受難的無權抱怨，這有幾個原因。某些作惡的哥德人或許因刼掠他們而獲利，但這些哥德人以後會受苦：假如所有的罪惡都在現世受罰，就沒有最後審判了。假如他們是有品德的，他們所忍受的痛苦將成爲對自己的鍛鍊；當聖哲喪失某些暫時性的財物時，事實上沒有喪失任何有價值的東西。假如他們的屍體沒有埋葬，也沒有關係，因爲貪婪的野獸不能影響肉體的復活。

其次，他談到虔誠的處女在刼掠中被強姦的事情。顯然有某些人堅持這些少女雖非出於自己的過錯，但確已失去處女的榮銜。奧氏對此非常明智地加以反駁。「不要管它！另一個人的淫慾不可能玷汚你。」貞潔是精神上的品德，不因被強姦而喪失，祇能因罪惡的意向而喪失——即使沒有實行也是一樣。這似乎暗示上帝准許強姦，因爲犧牲者的貞潔並不因此受損。爲避免被強姦而自殺是不對的；這引起對盧克莉娣亞的長篇討論，認爲她不應自殺。自殺永遠有罪，祇有參孫的情形是例外。（Samson爲傳說中的以色列大力士，爲復仇而將非力斯丁神殿推倒，將自己與敵人一起壓死。——譯者註。）

赦免被強姦的婦女無罪有一但書：她們必須對此不感樂趣，否則就有罪。

其次他談到異教諸神的邪惡。他說：「你們的舞臺劇，那些汚穢的景象，那些放蕩與浮華，不是首先由人的腐化帶到羅馬來的，而是直接出於你們的神的命令。」崇奉一位像西皮奧這樣有品德的人，猶勝於那些不道德的神。但羅馬的刼掠，不會困擾基督徒，因爲他們可以在「上帝的朝聖者之城」得到庇護。

在這個世界上，兩城——地上的與天上的——是相互摻和的；但以後預定得救的人與罪人就要分開了。在此生中，我們無法辨認，即使在我們表面上的敵人中，究竟誰最後成爲上帝的選民。

奧氏告訴我們，他的著作中最困難的部份，是對哲學家的反駁，哲學家中的最佳者，基督徒對於他們大部份的學說都是同意的——例如靈魂不朽上帝創造世界等等。

哲學家沒有放棄崇祀異教的諸神，但諸神的道德上的教諭微弱無力，因爲他們本身是邪惡的。並不是說這些神祇是虛構的，奧氏相信他們存在，但他們都是惡魔。他們喜歡世人講他們的猥褻故事，因爲他們希望這樣可以加害世人。在大多數的異教徒看來，邱比特的事蹟比柏拉圖思想與卡托的意見更重要。「柏拉圖不希望詩人居住於治理得很好的城市，表示他個人的價值勝於諸神，希望在舞臺劇中受到讚譽。」

羅馬永遠是邪惡的，從強姦沙賓婦女起，就一直是如此。（沙賓爲居於義大利中部的一種族，紀元前二九〇年爲羅馬征服。——譯者註。）奧氏寫了很多章節，敘述羅馬帝國主義的罪惡。在國家變爲基督教的之前羅馬沒有受過災禍也是不確的；由高盧人與內戰而生的災禍，不稍遜於來自哥德人的，甚至更深。

星相學不僅是邪惡的，而且是騙人的，這或許可以從雙胞胎具有同樣的星象圖而命運則不同這一事實獲得證明。斯多噶學派對命運的觀念（與星相學有關）是錯誤的，因爲神與人都有自由意志。誠然，上帝能預知我們的罪惡，但我們並不因爲祂預知而犯罪。認爲品德帶來痛苦是不對的，卽使指現世的痛苦也是不對的。基督敎的帝王們，假如他們是有品德的，都很快樂，卽使不一定富有。君士坦丁與濟奧多昔厄斯則兼有快樂與財富。而且猶太王國在猶太人信行宗教的眞理時一直是存在的。

奧氏對柏拉圖評價甚高，將他置於其他所有的哲學家之上。其他人都要讓位於他：「讓泰利斯離開他的水，亞那齊曼尼斯離開空氣，斯多噶主義者離開他們的火，伊比鳩魯離開他的原子。」所有這些人都是物質主義者；但柏拉圖不是。柏拉圖知道上帝不是任何一種實體，而是萬物由上帝而生，由某種永恒不變的東西而生。他說感覺不是眞理的來源也是對的。柏拉圖主義者在邏輯學與倫理學上是最卓越的，也最接近基督敎。「據說後來的勃洛梯納斯最能瞭解柏拉圖。」至於亞里斯多德，次於柏拉圖，但遠超過其餘的人。兩人都說過，一切神都是好的，都應該奉祀。

反駁斯多噶主義者譴責一切熱情，奧氏說基督徒的熱情可能成爲品德的原因；憤怒或憐憫，不應該就其本身加以譴責，我們必須深入探詢它的原因。

柏拉圖主義者之論上帝是對的，論諸神是錯的。他們不知道復活也是錯的。其中曾以長篇討論天使與惡鬼，這與新柏拉圖主義有關連。天使有好有壞，但惡鬼一定是壞的。對於天使來說，擁有暫時性的事物的知識（他們確擁有）是惡劣的。奧氏贊同柏拉圖的看法，感覺的世界次於永恒的世界。

第十一冊開始敘述上帝之城的性質。上帝之城卽是上帝的選民所組成的社會。祇有通過基督才能認識上帝。有某些事情可以由推理發現（有如哲學家的努力），但一切進一步的宗教性的知識就必須依賴聖經。我們不應該希望瞭解創世以前的時間與空間：在創世之前，根本也沒有時間，沒有宇宙也沒有空間。

一切神聖的都是永恒的，並非一切永恒的就都是神聖的——地獄與撒旦。上帝預知魔鬼的罪惡，也同樣預知其有助於改進宇宙，這等於修辭學上的對比法(anti-thesis)。

奧雷金的錯誤在認爲賦靈魂以軀體是一種處罰，果眞如此，壞的靈魂就應該有壞的肉體；但最壞的魔鬼，也有可以在空中翱翔的軀體，比我們的要好。

創世經過六日的原因是：「六」是一個完美的數字（等於創世因素的總數。）

天使有好有壞，但卽使壞的天使也沒有與上帝相反的本質。上帝的敵人不是出於本性，而是出於意志。邪惡的意志不會有好的效率，祇會缺乏效率，不是一種「效果」，而祇是一種「缺失」。

世界的誕生至今尙不及六千年。歷史不是循環性的，像某些哲學家所說：「基督爲我們的罪惡死過『一次』。」

假如人類第一個始祖不犯罪，他們就不會死，但因爲他們犯罪，所以他們的子孫都會死。誤吃蘋果所帶來的不僅是自然的死亡，而且是永恒的死亡，亦卽是永恒的處罰。

勃洛非雷說聖哲在天國沒有軀體是不對的。在墮落塵世以前，他們的軀體比亞當的要好；他們的軀體是有精神的，但並不卽是精神，而且沒有重量。男人有男身，女人有女身，在嬰兒時死亡的，上天後仍回復爲成人的軀體。

亞當的罪惡理應爲全人類帶來永恒的死亡（永恒的處罰），但上帝的仁慈解救了其中的許多人。罪惡自靈魂而非自肉體而來。柏拉圖主義者與摩尼教徒都犯了錯，將罪惡歸咎於肉體的本性，雖然柏拉圖主義不若摩尼教徒之惡劣。爲亞當的罪，全人類受罰是正當的；因爲，人類可能在軀體中以精神爲主宰的，却變成爲肉慾所蒙蔽的了。

這又引起一些對性慾的討論，而性慾是我們爲了亞當之罪所受處罰的一部份。這項討論對於說明禁慾主義的心理很重要；因此我們必須深入探究，雖然奧氏坦承這個論題是放肆的。所述理論如下：必須承認，如果目的在傳種接代，婚姻中的性交是沒有罪的。不過，卽使婚姻中的性交，有品德的人也能够設法不涉淫蕩。卽使是正式夫妻，床笫之事也要保持隱秘，可見人皆以性交爲可羞，因爲「此一自然的合法行爲（從我們的第一對祖先開始）伴隨着我們的犯罪的羞恥感。」犬儒主義者認爲這並無可羞之處，狄奧基尼斯希望生活一切如犬，性交也包括在內；但經過一次試驗，終於在事實上放棄了此一不知羞恥的行爲。肉慾之可羞在於意志的獨立問題。亞當與夏娃在「墮落」之前應該可能做到性交而不動情慾——雖然事實上他們並沒有做到。手工藝者，爲了做生意，在裸女的雕像上撫摸，是不會動情的；同樣的情形，當初亞當如果不接近蘋果樹，就可能在沒有現在所需要的那種情慾下實行性交。而性器官也像身體的其他部份一樣，可以服從意志的命令。性交需要情慾是因亞當犯罪所受的處罰，倘非如此，性與快樂可能不發生連帶關係。以上是奧氏有關「性」的理論，譯者刪去了一些心理上的細節，而對其餘部份皆精確表達了拉丁原文的雅馴與含蓄。

從以上所述可以證明，使禁慾主義者憎惡「性」的也是獨立意志問題。他們相信品德需要對肉體全身具有完全徹底的控制力，這種控制應該使性的行爲斷絕，由此看來，禁慾主義者認爲性行爲與完美的品德生活是相互衝突的。

奧氏說，自從羅馬滅亡後，世界卽分爲兩個城市，其中一個永遠受上帝統治，另一個則因撒旦而永遠受苦。該隱(Cain，亞當夏娃之長子，殺害其弟亞伯 Abel)屬於魔鬼之城，亞伯則屬於上帝之城。高尙的亞伯，由於注定的美德，在地上是過客，在天國是公民。基督敎的主敎們是屬於上帝之城的。討論麥修撒拉（Methuselah，相傳享年九百六十九歲，見創世紀第五章二十七節——譯者註）的死，爲奧氏帶來希臘文聖經與拉丁文聖經不符的煩惱問題。照希臘文聖經所述細節，其結論爲麥修撒拉在大水災後尙活了十四年，這是不可能的，因爲他不在唯一獲救的「方舟」上。拉丁文聖經依照希伯來文聖經，所述細節證明麥修撒拉卽在大水災中去世。在這一點上，奧氏相信聖耶洛米與希伯來文聖經是對的。有些人認爲猶太人有意竄改希伯來文聖經，是因爲厭惡基督；這個假定被奧氏否定了。另一方面，希臘文聖經也是出於「神授」。唯一合理的結論是勃托里米的抄寫者在傳抄希臘文聖經時發生錯誤。談到舊約的翻譯，他說：「敎會已經承認了七十人所譯的希臘文版聖經；除此之外，並無別的譯本，希臘的基督徒完全依賴於此，不知道究竟有無其他的版本。我們的拉丁文聖經也是由此轉譯而來，雖然耶洛米——一位有學問的主敎與偉大的語言學家曾自希伯來文直接譯爲拉丁文的聖經。猶太人認爲耶洛米譯得完全正確，而七十人譯的希臘文聖經常有錯誤，但基督教會並不偏袒任何一人，認爲他必定較其他許多人爲好，尤其對教皇所選的人的譯作，不能有所歧視。」他承認七十人各別譯聖經而結果不差分毫的奇蹟故事，認爲這可以證明是出於「神授」的。但，希伯來文聖經也同樣是出於「神授」的。這個結論對耶洛米譯本的權威性問題，並沒有作決定。假如他和耶洛米沒有爲聖彼得的「勢利」傾向問題發生爭執，他可能會堅決地站在耶洛米的一邊。

他認爲神聖的歷史與世俗的歷史是一致的。我們知道當阿布頓在以色列做法官時，艾尼阿斯來到了義大利，最後的迫害是在反基督的運動中進行的，但年代不詳。

奧氏寫了反對法律迫害的一章後，即開始抨擊新的學院派，因爲他們認爲一切都是可懷疑的。他說：「基督教會憎惡這類懷疑，視爲瘋狂；教會具有對這類事情的最確定的知識。」他說，我們應該相信聖經的眞確性。他繼續解釋說，眞正的品德與眞正的宗教不可分，「異教徒的品德由於淫穢與邪惡的魔鬼的影響而玷污。」一個基督徒的品德在異教徒身上卽變成罪惡。「有那些看起來認爲是有品德的事情，就藉此搖擺不定，假如不是完全出於上帝的指示，就毋寧是罪惡，而非品德。」他們不是屬於這個社會（教會）的將永遠受苦。「在我們現世的衝突中，或則受苦者勝利——死亡消滅其痛苦的感覺，或則本性征服驅除了痛苦。但在另一世界，痛苦與本性都是永恒的苦，都要繼續受慘酷的刑罰。」

有兩種不同的復活——一個人死亡時靈魂的復活與在「最後審判」時肉體的復活。經過有關「一千年的黃金時代」(Millennium)的困難問題與哥格及馬哥格的長篇討論之後，他引述聖經新約帖撒羅尼迦後書第三章說：「故此神就給他們一個生發錯誤的心，叫他們信從虛謊，使一切不信眞理倒喜愛不義的人，都被定罪。」有些人或許認爲這樣不公平，上帝先欺騙他們，然後以他們被騙而加以處罰；但在奧氏看來，這似乎是有道理的。他說：「他們爲受誘而被罰，也爲被罰而受誘。他們之受誘是出於上帝的秘密的決定，公正的秘密，秘密的公正；自從世界開始誕生時，這一決定即繼續施行。」奧氏相信上帝將人分爲兩種，「選民」與墮落者，不是由於他們的優劣，而是由於一種武斷。所有的人都一樣會受罰，所以墮落者沒有抱怨的理由。從以上聖保羅所說的話看，似乎是，他們邪惡是由於天生是墮落者，並非他們墮落是由於邪惡。

肉體復活之後，作惡者的肉體將永受火刑，而肉體並不因而焚毀。在這一點上，並非新論，早已見於「火中精靈」與「埃特納火山中有人」之說。魔鬼雖然是無形的，但亦可焚以無形之火。地獄的苦刑不能使邪惡的靈魂變爲純正，也不能由於聖經的代爲祈禱而減刑。奧雷金認爲「地獄非永恒」是錯誤的。具異教思想與犯罪的天主教徒是要受譴責的。

本書結尾描敍他所想像中的天國的上帝以及上帝之城的永恒的幸福。

從上述概略，或許不能明確瞭解這本著作的重要性。其中最具影響力的是教會與國家的分隔，明晰地表示，國家祇有將一切宗教的事務歸諸教會，始能成爲上帝之城的一部份。此後教會的一貫理論即以此爲張本。整個中世紀中，包括教皇權力的逐漸提高，教皇與皇帝間的衝突，奧氏都爲教會的政策提供了理論上的支持。猶太國在其傳說中的舊約的士師記的時代，以及自巴比倫尼亞的統治下重獲自由沒有歷史記載的時代，所行者都是神權政治；基督徒在這方面應該加以模倣。西羅馬的皇帝們以及中世紀大多數的王公們的軟弱無能，坐使敎會大部份實現了上帝之城的理想。在東羅馬，皇權較強，此類情形從未發生，敎會仍居於服從的地位，與西羅馬相較，不可同日而語。

宗敎革命使奧氏的救世思想復甦，但揚棄了他的神權政治理論，成爲伊雷斯脫斯（Thomas Erastus)的信徒，主張敎會應該服從國家，大部份是由於對抗天主敎的迫切需要。其實新敎的伊雷斯脫斯派並非全心全意地反對神權政治，而新敎徒中宗敎性最強者仍受奧氏的影響。「再洗禮派」、「敎友派」的敎徒採納了奧氏的一部份思想，而對敎會則不予重視。奧氏主張命運預定說及爲得救而受洗的必要；這兩種說法並不相互調和，極端的新敎徒就廢除了後者。但他們有關世界末日的理論仍舊是承襲奧氏的。

上帝之城一書很少有基本上的創見。世界末日說起源於猶太人，主要是由「啓示錄」傳之於基督敎。命運預定說及上帝選民說得自聖保羅，祇是奧氏給予較「使徒書信」更充分更合邏輯的說明而已。舊約明白宣示神聖歷史與世俗歷史的區別。奧氏所做的是把這兩種歷史的基礎合而爲一，使之與他當時的歷史發生關聯，以便基督徒可以在信仰不受不正當的嚴酷考驗下，適應羅馬滅亡及其後的混亂時期的生活。

（三）與披拉基亞敎派的爭辯

奧氏神學中最具影響力的部份是有關駁斥披拉基亞教派的理論。此一教派的創始人披拉基厄斯(Pelagius)是華爾士人，眞名摩根，意爲「海上人」，與披拉基厄斯在希臘文中的意義相同。他是一位有教養而性情圓通的教士，不像與他同時代的許多人那樣狂熱。他相信自由意志，懷疑「原罪」之說，認爲當人行善時，是出於他們本身道德的修養。假如他們行爲正當，思想正統，就可以進入天國，作爲他們品德的一種報償。

這種看法，雖然在今日看起來平淡無奇，但在當時則足以引起騷動，大部份由於奧氏的努力，被宣告爲異教思想。但這種看法曾獲得暫時的成功。奧氏必須寫信給耶路撒冷的主教，警告他防範狡獪的異教主教，因爲已有許多東方神學家採納這種看法。即使在奧氏加以譴責之後，仍有其他一些人，稱爲「准披拉基亞教徒」，採較溫和的形式。經過很長一段時間，奧氏始獲得完全的勝利，五二九年在法蘭西舉行的奧倫治會議中，始對「准披拉基亞教派」作決定性的譴責。

奧氏說，亞當在墮落前是有自由意志的，可以避免犯罪，但自從他與夏娃吃了蘋果後，敗壞的因子卽進入他們體內，而遺傳給所有他們的子孫，沒有人能夠以自己的力量避免犯罪。因爲我們都繼承了亞當的罪，所以應該永遠受罰。所有未受洗的，卽使是嬰兒，死後都要入地獄，爲無終止的刑罰而受苦。我們對此沒有理由抱怨，因爲我們都是邪惡的。(在懺悔錄一書中，奧氏曾列舉他在搖籃裏所犯的罪。)但由於上帝的仁慈，在已受洗的人中間，某些人被選中可以進入天國；這些人就是上帝的「選民」；我們都是要徹底毀敗的，除非由於上帝祇對「選民」才有的仁慈，始能使我們得救。爲什麼某些人得救，其餘的人要受罰，沒有說明理由；這祇能聽由上帝的自由選擇。處罰證明上帝的公正，救世證明上帝的仁慈。兩者皆表現了上帝的善。

贊成此一殘酷思想的議論——喀爾文對此曾再度提倡，惟此後即不再為天主教會所堅持——見之於聖保羅的著作中，尤以寫給羅馬人的書信中為多。奧氏對待其著作，猶如一名律師之對待法律；奧氏的解釋是卓越的，避免走入極端。一個人在讀完後，會認為聖保羅也不會相信奧氏的推論，但如斷章取義，奧氏的推論又似乎正是聖保羅所要說的。處罰未受洗的嬰兒，應不以怪，而應感謝仁慈的上帝，這種想法是不為人所接受的。惟是，奧氏已為罪惡的觀念所支配，乃至確信初生的嬰兒是撒旦的肢體。中世紀教會的許多最殘酷的言行都可以追溯到他的「人人有罪」的悲觀感覺的影響。

眞正困擾奧氏的祇有一個理念上的問題。上帝所創造的人類並不需要加以憐憫，因為絕大多數的人預定要受永恒的處罰。眞正使他困擾的是，假如「原罪」如聖保羅所說是從亞當傳流下來的，則靈魂與肉體都必須是授自父母的，由於罪來自靈魂，並非來自肉體，這就不能自圓其說了。奧氏知道這一點，但是他說，因為聖經不能答問，所以不一定需要在這個問題上得到公正的解決。以此，未獲定論。

這是很奇特的，在黑暗世紀到來之前，最後一班具有豐富知識的人，所關切者不在保護文明、驅退蠻族、改革行政上的濫權，而祇在宣導處女童貞的重要以及未受洗嬰兒的受罰。看到這些就是教會傳留給信基督教的蠻族的偏見，就無怪其後的時代在殘酷與迷信方面超過幾乎所有歷史上的其他時期了。

第五節　第五與第六世紀

第五世紀時當蠻族入侵與羅馬帝國的滅亡，奧古斯丁於四三〇年逝世，哲學亦隨之消逝；這是一個充滿毀滅行動的世紀，但歐洲的大部份却因此獲得發展。在此一世紀中英格利人侵入了不列顛島，使它變爲英格蘭；同時，法蘭克人的入侵使高盧變成了法蘭西；汪德爾人入侵西班牙，改稱爲安達魯西亞。聖派垂克在此一世紀的中葉使愛爾蘭人改信基督教。在整個西方世界中，強悍的日耳曼諸王國繼承了羅馬帝國的中央政權。皇家郵政停止了，廣濶的馳道破敗了，戰爭終止了大規模的商業活動，政治與經濟生活又再度局限於區域性的範圍。中央的權威祇能在教會中保存，而且還遭遇很多困難。

於第五世紀入侵羅馬帝國的日耳曼諸部落中，最重要的是哥德人。他們受來自東方的匈奴人的進襲而西移。最初，他們想征服東羅馬帝國，但被擊敗；乃轉而入侵西羅馬。自狄奧克里中皇帝（Diocletian 245-313）後，他們卽受雇爲羅馬的傭兵，由此學會作戰的方法，非其他未受雇爲傭兵的蠻族所能比擬。哥德王亞拉雷克於四一〇年刼掠羅馬，於同年去世。奧斯楚哥濟族之王奧多華克於四七六年滅西羅馬帝國，並君臨其土，直到四九三年被其同族人的叛臣謀殺爲止。濟奧多雷克爲義大利王至五二六年，他在歷史上與傳說上都有重要地位。

此時汪德爾人已在非洲立足，維昔哥濟人佔據法蘭西南部，法蘭克人佔據北部。

羅馬在日耳曼人入侵之中，又遭受阿梯拉率領下的匈奴人的突襲。匈奴人屬蒙古種，常與哥德人結盟。但在緊急時刻，當匈奴人於四五一年進襲高盧時，又與哥德人發生爭執；哥德人乃與羅馬人合作於是年在查隆斯將匈奴人擊敗。亞梯拉轉而進窺義大利半島，但教皇利奧勸阻了他，指出阿拉雷克刼掠羅馬之後卽去世，因此進襲羅馬是不祥的。亞梯拉的自我抑制並未使他免於噩運，他仍在次年死去。自他死後，匈奴人的力量卽趨於瓦解。

在此混亂期間，教會却爲耶穌降世爲人問題所引起的爭論所困擾。雙方論辯的主要人物是兩位教士，席雷爾（Cyril）與尼斯托雷厄斯（Nestrious），其間多少出於偶然的因素，前者被稱爲聖席雷爾，後者卽被指爲異教徒。聖席雷爾任亞歷山大城的主教，約自四一二年至四四四年他去世時爲止；尼斯托雷厄斯是君士坦丁堡的主教。爭論的主題在基督的神性與人性的關係，是有分隔的兩個，一個是人，一個是神嗎？尼斯托雷厄斯卽主張人神分體，若非如此，則祇能有一種性質，或者合兩種性質於一身，兼有人性與神性嗎？這些問題在第五世紀激起使人難以置信的狂熱與憤怒。「一項秘密而不可調解的爭論發生在教士之間，一方面最恐懼基督的神性與人性的混淆不清，另一方面則最恐懼這兩者的分隔。」

主張人神一致的聖席雷爾是非常狂熱的人。他利用他的主教地位激起在亞歷山大城猶太區中的屠殺。他爲衆所週知的事是以私刑處死海葩希亞——一位傑出的婦女，在這個充滿偏執的時代，却相信新柏拉圖主義並貢獻其才能於硏究數學。「她從她的雙輪馬車上被拖下來，剝得一絲不掛，拖到教堂，被僧侶及一羣野蠻殘忍而狂熱的軍士所宰殺：用鋒利的蚌殼將她的肉從骨骼上刮下來，她的顫抖着的肢體被投入烈火中焚燒。公正的審判與處罰就由於這種偶發性的事件而停止了。」從此之後，亞歷山大城就不再有哲學家了。

聖席雷爾知道君士坦丁堡因主教尼斯托雷厄斯的教諭而走入歧途，深感苦惱。尼斯托雷厄斯主張基督有兩個，一個是人，一個是神。由於這個理由他反對新的通例，稱「聖處女」爲「神的母親」；他說：她祇是基督爲人時的母親，至於基督以神的地位，是沒有母親的。在這個問題上，教會分成兩派。大體說來，蘇彝士以東的主教贊成尼斯托雷厄斯，蘇彝士以西的主教則贊成聖席雷爾。四三一年在伊非蘇斯（位於小亞細亞）舉行會議來裁決這個問題。西方的主教們首先到達，使後到者阻於門外，急速作成決定以支持主持會議的聖席雷爾。

此次會議的結束，尼斯托雷厄斯被譴責爲異教徒。他並未撤回他的主張，却創設了一個尼斯托雷教派，在敍利亞與整個東方，從者甚衆。若干世紀後，此一教義在中國頗受歡迎，似有機會建立一教派。在十六世紀時，西班牙葡萄牙的傳教士在印度也發現了尼斯托雷教派的信徒。君士坦丁堡的天主教政府對他們的迫害引起不滿，這有助於回教徒之征服敍利亞。

我們相信，至少尼斯托雷厄斯的動人的、吸引了許多人的辯才是全無用武之地了。

伊非蘇斯知道以聖母瑪利亞代替月神，但仍像聖保羅的時代一樣，對女神具有過度的熱忱。據說聖母瑪利即安葬於此。四四九年，聖席雷爾死後，在伊非蘇斯舉行了另一次宗教會議，試圖取得更進一步的勝利，結果反而成為與尼斯托雷厄斯相反的另一種異教思想，這稱為「單一性質論」的異教思想，主張基督祇有一種性質。假如聖席雷爾仍舊在世，必定會支持這種看法，也成為一名異教徒。皇帝支持這次宗教會議，教皇則予以否定。最後教皇利奧——亦即勸阻阿梯拉進襲羅馬的同一教皇——在查隆斯戰役的同一年（四五一年）支持在查爾斯頓召開宗教會議，譴責「單一性質論」，決定了基督降世為人的正統理論。伊非蘇斯會議決定基督祇有一個，查爾斯頓會議則決定基督具有雙重性質，人性與神性。在採取這項決定時，教皇的影響是最重要的。

「單一性質」論者也與尼斯托雷教派的信徒一樣，拒絕屈服。埃及幾乎舉國一致採納此一說法，從尼羅河一直擴展到阿比西尼亞。埃及的異教思想與敍利亞一樣，幫助了阿拉伯人的征服。阿比西尼亞人的異教思想成為墨索里尼征服他們的藉口之一。

第六世紀中，有四人在文化史上具有重要地位：波伊濟厄斯(Boethius)，茹斯丁尼安(Justinian)，貝尼狄克特(Benedict)，格利哥里一世(Gregory the Great)。他們是本節其餘部份以及下一節所要討論的主要人物。

哥德人征服羅馬並沒有使羅馬的文明滅亡。在哥德人之王濟奧多雷克的統治下，義大利的民政完全承襲羅馬的舊規。義大利享受和平與宗教的寬容，直至其統治將結束時為止。濟奧多雷克既聰明而又富活力，他任命執政官，維持羅馬法典，當他在羅馬時，首先訪問的是參議院。

濟奧多雷克雖然是印歐族人，但與教會相處融洽。五二三年時，東羅馬茹斯丁皇帝排斥印歐主義，這頗使濟奧多雷克煩惱。他有理由疑懼，因爲義大利是天主敎的，在宗敎的考慮上必定傾向東羅馬皇帝。他這樣想是否對是另一問題，但他的確相信他的政府有人參與政變的陰謀，這使他逮捕並處死他的大臣及參議員波伊濟厄斯，其「哲學的安慰」一書就是在獄中寫作的。

波伊濟厄斯(Boethius)是一位卓越的人物。在整個中世紀，大家都讀他的著作，崇敬他，認爲他是虔誠的基督徒，甚至對待他一若他是一位神父。但是他的「哲學的安慰」一書——五二四年他作待決之囚時寫成的，却純粹是柏拉圖主義的；這不能證明他不是基督徒，但確實表現了他傾向於異敎的哲學有過於基督敎的神學。某些神學的著作尤其是關於「三位一體論」的，傳說出於他的手筆，但經許多權威學者認爲是僞造的。所以要假託他的名字，大概是有了這些著作，中世紀的人就可以把他看成是正統派的，無所顧忌地從他那裏吸收許多柏拉圖主義的知識，否則這些知識就要受到猜疑了。

「哲學的安慰」一書，吉朋稱之爲「黃金書册」是不錯的。這本書一開始就說蘇格拉底、柏拉圖、亞里斯多德是眞正的哲學家，斯多噶主義者、伊比鳩魯派及其他的人都是假冒者，世人誤認他們爲哲學的朋友。他說他服從畢達哥拉斯的命令去「追隨上帝」(不是出於基督徒的命令)。快樂與幸福同義，是善而非放縱。友誼是「最神聖的事」。許多道德上的看法却很接近斯多噶主義，事實上大部份是得自席尼卡。他以詩的形式概述柏拉圖「梯梅烏斯」一書開始的一部份，其中含有純柏拉圖主義的形而上學。他說，殘缺是幸運的，表示必有完整形式的存在。他採納了邪惡來自個人的理論，然後又進而相信汎神主義，這本來會使基督徒震駭的，但由於某些原因，却沒有引起問題。他說幸福與上帝都是最主要的善，因此兩者是一體的。他說：「人由於獲得神性生來是幸福的……獲得神性的人就成爲神。因此，每個幸福的人就是一位神，事實上祇有一位上帝，但可以由於分享而有許多神。」「尋求一切事物的數量、起源、目標應該被認爲是善的。」「上帝的本質除善之外，不含其他。」上帝會作惡嗎？不！因爲上帝是萬能的，惡事便不能行得通。有品德的人永遠是強有力的，壞人總是軟弱的；兩者都希望得到結果，惟祇有具品德的人可以如願。邪惡的人如逃避處罰將比忍受處罰更爲不幸。（注意這並非指地獄中的處罰。）「聰明的人絕不懷恨。」

這本書的語調毋寧接近柏拉圖而非勃洛梯納斯。其中沒有那個時代的迷信與病態的痕跡，不爲罪惡感而困擾，也不過份用力去追求不能獲得的東西。其中含有完整的哲學的平靜——假如這本書是在富足的生活中寫成的，幾乎可稱爲「自鳴得意」的作品。但這是被宣告死刑後在牢房中寫成的，其可敬處有如柏拉圖所描敍的蘇格拉底臨刑時的情況。

在牛頓之前，不可能找到一本書與它有類似的面貌。我將引述這本書中名爲「在伸展中」的一首詩，所包含的思想很像蒲伯（Alexander Pope）的「對人的試鍊」。

假如你以最純淨的心靈
去觀察上帝的法典，
你看到的天象必定永世相因，

固定的方向縛住靜靜的星辰不變

太陽光亮的火焰，
止不住它的月姊同行，
北極熊星也不願在海浪裏面
她自己的光彩被遮隱。

雖然她瞻望
其他的星在那裏低沉，
她却不停地轉動向上，
接近天穹，不使海浪近身。

自某方來的黃昏
之光，在顯示
夜就要降臨，
金星在天曉前也會消逝。

前進總是造成
相互的愛，
一切危險的衝突與戰爭，
都是天上星辰所降的災害。

這個甜蜜的融和，
用相等的絡帶，
使每一個因子結合，
這樣潮濕的東西就乾得很快。

在徹骨的寒冷中，
友情堆積着熾炭，
閃閃的火光舉向高空
草原沉向低暗。

這是花團錦簇之年，

春季裏芬香四散，
焦熱之夏，麥黍盈田，
秋天，樹上的果實結滿。

天降時雨，
滋潤了冬天的草原，
營養維護
使地上的一切生物孳蓄。

當這些生物死亡，
這就是它們終結的時候，
造物主高坐天堂，
祂統治宇宙的手也不去挽救。

祂是它們的王，
以大權向它們統治，

為了祂，它們興盛、奔忙，
祂就是法律與法官，決定它們的權力。

那些東西，前進得最快，
就會突然滑開，
祂的大力時常將物牽後，
它們立即停止，有如痴騃。

若非祂的神力
它們的暴亂就不受拘牽
那些想長時奔跑的
應該局限在一個圓場之間。

這是堅決的命令
那些生物徒有華貴的外衣，
很快就會毀敗淨盡，

和初生時判若雲泥。

這強有力的愛
普及一切衆生，
但有善的欲求常在，
就能回復他們首次降生的靑春。

沒有世俗之物
能够不滅長存，
除非愛把它帶回去，
回到最初原素所賜的精魂。

波伊濟厄斯直到最後仍是濟奧多雷克的朋友。他的父親是執政官，他也做過執政官，他的兩個兒子也是。他的岳父辛馬區斯（可能爲與安布路斯因勝利紀念碑問題發生爭執的辛馬區斯之孫）在哥德王的朝廷中是一重要人物。濟奧多雷克曾派波伊濟厄斯改革幣制，並命他以日晷儀及滴漏鐘之類的器具使開化較淺的蠻族國王們驚駭莫名。或者他生長在羅馬貴族家庭，不能免於迷信，一如生長在他處；但他爲公共利益努力，旣有學問又有熱忱，在他那個時代是絕無僅有的。在他之前兩百年內以及在他之後一千年之內，我想不出任何一位歐洲的學者，能像他這樣不受迷信與狂熱主義的影響。他的價值不僅在消極方面，他的研究是超卓的、公正的、規模宏遠的。他生在任何時代都是傑出的；生在他那個時代，則更足以驚人。

他在中世紀的聲望一部份是由於他被認爲是印歐人迫害下的殉道者——自他死後三百年才開始有了這種看法。在帕維亞城（位於義大利北部）他被認爲是一位聖徒，但事實上他並沒有受敕封。雖然席雷爾是聖徒，但波伊濟厄斯却不是。

波伊濟厄斯被處死後兩年，濟奧多雷克去世。翌年茹斯丁尼安爲王，在位至五六五年，作惡多而行善少。他以創設分類法律著稱於世，但我不想對此深入討論，這應該是法學家的事情。他信教虔誠，此可自他卽位後兩年封閉雅典的哲學學院一事中獲得明證。當時仍在管理學院的異教徒被逐而逃亡至波斯，受到國王的禮遇。但據吉朋說，他們爲波斯的一妻多夫及亂倫所震駭，又再回到雅典，隱遯以終。兩年後（五三二年）茹斯丁尼安着手另一件更值得讚美的工作——建造聖莎非亞教堂，我沒有見過這個教堂，但我在拉溫那（義大利北部）見過現代所做造的建築包括茹斯丁尼安及其王后濟奧多拉的畫像在內。兩者都具有宗教熱忱，雖然王后是從馬戲團裏選中的，行爲稍涉放縱，更壞的是她有「單一性質論」的傾向。

這些都是傳說而已，我很高興地說，茹斯丁尼安本人是純粹的正統派，祇有「三神父」的問題是例外。這是一次很困擾的衝突。查爾席頓會議曾宣佈正統派三神父有成爲尼斯托雷教派的嫌疑；王后濟奥多拉與其他許多人接受了會議所有其他的決定，但對這一點則加以拒絕。西羅馬教會支持會議所決定的一切事情，於是王后乃不得不去迫害教皇。茹斯丁尼安支持她，在她於五四八年逝世後，他之追懷慕戀故后，猶如維多利亞女王之思念已故的王夫。因此，他終於失足於異教的思想。當時的一位歷史家（伊伐格雷厄斯）寫道：「自從他生命終結，接受了他惡行的報應後，他將在地獄中的法官席上再受應得的處罰。」

茹斯丁尼安渴望重新征服羅馬帝國的故土，愈多愈好。在五三五年他入侵義大利，最初很快就把哥德人擊敗。基督徒都歡迎他，他以代表羅馬驅逐蠻族的聲勢進軍。但哥德人又重新整備，與他作戰達十八年，在此期間，羅馬及義大利地區所受的荼毒病苦，遠過於蠻族入侵的時代。

羅馬曾陷落五次，三次陷於拜贊廷人之手，兩次陷於哥德人之手。同樣的事情發生於非洲，這也是茹斯丁尼安重新征服的地方。最初，他的軍隊頗受歡迎；後來當地人發現拜贊廷政府貪污而賦稅苛重，許多人反而盼望哥德人與汪德爾人復返。但教會由於他是正統派一直是繼續支持他的。他並未試圖再征服高盧，部份由於距離甚遠，部份由於法蘭克人也是屬於正統派。

五六八年，茹斯丁尼安死後三年，一個新興而凶悍的日耳曼部落倫巴族，又入侵義大利，與拜贊廷斷斷續續地戰爭了兩百年，到查理曼大帝（Charlemagne the Great 742-814 法蘭克王）的時代才停止。拜贊廷在義大利的疆土日蹙，而在南方，他們又需要應付沙拉森人。羅馬僅在名義上仍服從他們的命令，教皇對東方的皇帝也報以歧視的眼光。自從倫巴族入侵後，皇帝在義大利的大部份很少甚至根本沒有權力。義大利的文明卽在此一時期趨於毀滅。建設威尼斯的是從倫巴族統治下逃出來的難民，並非如傳統的說法，是從阿梯拉統治下逃出來的難民。

第六節　聖貝尼狄克特與格利哥里一世

由於第六世紀及此後的兵連禍結，文明普遍衰敗，其間最能保留一點古羅馬文明的殘餘的，卽是教會。但教會所能爲力者也很少，因爲卽使在那個時代最偉大的教士之中，狂熱與迷信仍然盛行，而且尋求非宗教性的知識被認爲是邪惡的。惟是，教會學術創設了一個很堅固的體制，使若干年後，獲得學術與文藝復興的機會。

在此期間內，教會有三項値得注意的發展：第一、僧侶生活的運動；第二、教皇尤其是格利哥里一世的影響；第三、由於佈道的結果，異教的蠻族改信基督教。現依次分述如下。

僧侶生活的運動於第四世紀初同時在埃及與敍利亞開始。這有兩種不同的方式，一種是隱居修道的方式，另一種是僧侶生活的方式。聖安東尼——隱居修道者的第一人，約於二五〇年生於埃及，於大約二七〇年卽開始過隱居生活，他在自己家附近的小茅舍中度過了十五年；後來又在遠處的荒漠中獨處了廿年，但他的聲譽四播，很多人渴望聽他講道。因此於三〇五年，他開始講道，勸人過隱居修道生活。他極端刻苦，減少飮食睡眠，僅足維持其生命而已。魔鬼不斷以情慾的色相來引誘他，但他却不爲撒旦的邪惡引誘所動。在他去世前濟貝德（與埃及鄰近的沙漠）已經充滿了隱居者，都是以他爲典型受他講道的鼓勵而來的。

幾年後——約於三一五年或三二〇年之間，另一埃及人巴卓米厄斯創設了第一座修道院。在修道院中，僧侶們過共同生活，沒有私人財物，一同進餐，一同參加宗教儀式。卽是以這種形式——而非以聖安東尼的隱居形式——征服了基督世界。在巴卓米厄斯所創設的各修道院中，僧侶們做很多事，主要是農耕，而不是消磨整個時間在抗拒肉慾的誘惑。

同時，僧侶制度也在敍利亞與米索帕達米亞盛行。禁慾主義甚至有過於埃及，聖西米安·司泰利特斯與其他的重要隱士都是敍利亞人。僧侶制度由東方傳入希臘語世界，主要是由於聖巴昔爾之功（約生於三六〇年）。他的修道院禁慾主義的成份較少；附設有孤兒院及少男的學校（並非爲了培養他們做僧侶）。

最初，僧侶制度是一種自發的運動，與教會很少關聯，後來，聖亞薩那昔厄斯才設法使僧侶制度與教會合流。部份是由於他的影響，形成一個通例，卽僧侶必須是神父。當他於三三九年在羅馬時，他又把僧侶制度引進西羅馬。聖耶洛米曾致力推廣，聖奧古斯丁又將它引入非洲。聖馬丁設第一所修道院於高盧，聖派垂克設第一所修道院於愛爾蘭。愛奧那修道院是聖哥倫巴在五六六年創立的。在僧侶尚未納入教會組織時，他們成爲製造混亂的一種來源。首先，在僧侶中無法分辨眞正的禁慾主義者與那些貧困而發現修道院比較舒適暫以此爲棲身之所的人。然後，他們對所偏好的主教作狂熱的支持，引起困擾，使宗教會議（幾乎影響到宗教大會）墮入異教思想。伊菲蘇斯會議（不是大會）是在僧侶的恐怖威脅下採取「單一性質」（卽基督的人性與神性合一）的決定的。若非教皇的反對，「單一性質」可能成爲永久性的決定。僧侶制度到了後期，這類混亂的情形就不再發生了。

似乎在僧侶之前就已經有修女——早在第三世紀中葉。有些修女把自己關閉在墳墓中。清潔被認爲是可厭的，蝨子稱爲「上帝的珍珠」，視爲聖徒的標誌，無論男女聖徒都會自誇除涉水過河外他們或她們的脚從未與水接觸。在後期，僧侶有許多用處——他們是熟練的耕種者，其中某些人對保持或振興學術有貢獻。但在開始時，尤其在隱士這一派中，沒有一個人是如此的。大多數的僧侶無所事事，除規定的經文外，不讀任何書籍，完全以消極的態度表現品德，不犯罪惡，尤其是肉慾上的罪惡。聖耶洛米確曾隨身攜帶一大批書籍到荒漠中去，但自認這是一種罪惡。

在西羅馬的僧侶制度中，最重要的人物是聖貝尼狄克特（Benedict），貝氏是修道會的創始人。他生於四八〇年，出身於鄰近斯波利托地方翁伯利安人的貴族家庭。二十歲時，他拋棄羅馬的繁華與逸樂生活，獨居於洞穴中，歷時三年。此後，他又稍與世接，於五二〇年創設著名的蒙地·卡西諾修道院，他爲此訂立了「貝尼狄克規律」。這比較適合西羅馬的風俗習慣，沒有要求過像一般埃及與敍利亞僧侶的那樣的刻苦生活。曾經有過一種不合理的苦行競賽，最極端的苦行者卽認爲是最神聖的。聖貝尼狄克特對這種競賽加以制止，並下令凡超越規律的苦行必須獲得修道院院長的許可。院長由選舉產生，爲終身職，握有大權，在規律與正統思想範圍內，對院內僧侶，幾乎施以專制式的管理，他們不再被許可像從前一樣，轉移到另一他們認爲更適合的修道院去。貝尼狄克特後來在學術有其可稱述的成就，但在初期，僧侶所讀的都祇是祈禱文而已。

宗教組織有其本身的生活方式，不受原創始者意向的限制。其中最顯著的例子是天主教會，耶穌本人甚至聖保羅皆將爲之驚詑。其次是貝氏修道會，僧侶必須宣誓：安貧、服從、守身如玉。關於這一點，吉朋說：「我在某處聽到或讀到一位貝氏修道院長的坦誠自白：『我宣誓安貧，每年受薪十萬銀幣；我宣誓服從，擢升爲獨立領主的層級。』我忘記他宣誓守身如玉的結果是什麼。」但是，修道會脫離創教者的意向，不必完全引以爲憾，尤其在學術方面。蒙地·卡西諾修道院的圖書館是很有名的，有許多方面，世界文化的維護頗有賴於各貝氏修道院的學術風氣。

貝氏自創設蒙地·卡西諾修道院開始卽居住於此，至五四年去世爲止。在格利哥里——也是貝氏修道會的——成爲教皇前不久，修道院曾被倫巴族人刼掠。僧侶們逃亡至羅馬，但當倫巴族的暴亂稍見緩和時，又重返舊地。

從教皇格利哥里於五九三年所作的對話錄中，我們知道了很多有關貝氏的事情。他「到羅馬來攻讀文學，但後來以發現這門學問會使人墮入放縱與淫蕩的生活爲理由，停止攻讀，並從已經開始涉入的世界中退出，以免陷溺過深，而可能落在危險而邪惡的深淵中：因此，他送掉他的書籍，放棄他父親所遺留的房屋與財產，決心祇爲上帝服務，他尋求一個可以使他達到神聖目標的處所：在此他可以擺脫他所學到的『無知』，獲得他所沒有學到的智慧。」（見劍橋中世紀史，本節中所引用者準此。）

他很快就獲得製造奇蹟的能力。他曾以祈禱使一個破碎的篩子復原。市民就把這個篩子掛在教堂的門口，以示對貝氏的紀念，「繼續了許多年，即在倫巴族作亂時，也是如此。」後來，他躲到一個洞穴中，除他的一位朋友外，其他人都不知道他在何處。這位朋友秘密地供應他食物，以繩墜入洞穴，繩上有鈴，以便貝氏知道食物已經送來。撒旦投之以石，繩鈴俱毀。但是，撒旦——人類的敵人斷絕貝氏食物供應的企圖還是失敗了。

當貝氏已照上帝所要求的長期居住於洞穴後，上帝在一個復活節的星期日向一位神父顯聖，告訴他貝氏的所在，並要他邀請貝氏與他共過復活節的聖餐。同時，一羣牧羊人也發現了他：「最初，當他們在叢林中發現他時，看見他以獸皮作的外衣，還眞以爲他是野獸，但當他們認出這是上帝的使者時，許多人就由於他的緣故，自野蠻生活轉變爲溫和、孝順與虔誠。」

像其他的隱居者一樣，貝氏也曾爲肉慾誘惑而痛苦。「有一天他看到一個女人，對她的回憶使邪惡的幽靈進入他的心田，在上帝僕人的靈魂中，燃燒着熾熱的慾燄，愈燃愈熾，幾乎使他爲享樂的渴望所征服，有意放棄荒野的生活。但突然地，由於上帝的仁慈賜助，他醒悟了；他看見層層密密的荊棘與榛莽，生滿在他的四周，他脫掉所有的衣服，投身其中，來往滾動多時，起來後已經體無完膚：他以肉體的創傷來醫治他靈魂的創傷。」

他因此聲名遠播到海外，有一座修道院的院長新近去世，院中僧侶就敦請他繼任。他接受了，但堅持必須實行嚴格的道德規律，僧侶們在憤怒下，決定用一杯毒酒把他害死，但當他在酒杯前劃十字時，酒杯突然碎了。他又重過他的荒野生活。

篩子破而重整不是貝氏所造的唯一奇蹟。有一天，一位有品德的哥德人，用一把鳥嘴鋤去剷除荆棘，不愼鋤頭脫離了把手，落入深水中，便求助於貝氏，貝氏將把手浸入水中，鐵鋤頭則自然浮上，與把手重新結合在一起。

一位鄰近的神父，嫉妬貝氏的聲譽，送給他一塊有毒的麵包。但貝氏奇蹟似地知道這是有毒的，他有習慣把食物餵一隻烏鴉，當這隻烏鴉在這天飛來時，貝氏向他說：「爲了耶穌基督，我們的主，把這塊麵包啣去，放在沒有人能够找到的地方。」烏鴉照做了，貝氏在它飛回來時再給它通常的食物。那個邪惡的神父，知道不能害死貝氏的肉體，便決定毁滅他的靈魂，將七名裸體的少婦送進修道院。貝氏恐怕院中青年僧侶會被誘犯罪，就自動離職，這樣那個神父就失去了攻擊的目標，可能不再執行這項陰謀。但那個神父却被他自已房間倒下來的天花板所壓死，一位修士找到貝氏，歡喜地告訴他這個消息，乞求他返任。貝氏聆聽之下，哀悼那個惡人之死，而對修士的幸災樂禍，加以處罰。

格利哥里不僅敍述這些奇蹟，而且常常道及貝氏的事業。貝氏在創設十二座修道院後，最後到蒙地．卡西諾，當地有一座祀奉阿波羅的禮拜堂，仍爲四鄉崇信異教的人所用。「即使在那個時候，瘋狂的不信基督敎的羣衆，仍提供最邪惡的祭品。」貝氏毁去其祭壇，將它改爲敎堂，使鄰近的異教徒改信基督。撒旦爲之驚駭：

「人類的舊敵，表示不滿，這次不是秘密地或在夢中出現，而是公開在聖潔的神父眼前出現，大聲叫喊貝氏使他發怒。僧侶們都聽見他的叫聲，却看不見他；但莊嚴的神父告訴他們，他似乎已經看見這個魔鬼，非常凶猛而殘忍，好像就要以他的血口與燃燒着的火睛，準備將他撕成破片：魔鬼對聖徒說些什麼，僧侶們都聽見的；最初魔鬼叫他的名字，由於貝氏爲保護自己不作任何回答，魔鬼卽對他辱駡譴責：當他再叫喊，稱爲『神聖的貝奈特』，發現仍無回答，立刻又轉換語調，稱爲『可憎的貝奈特，非神聖的貝奈特，你究竟要對我做什麼？爲什麼你要迫害我？』事情到此結束，可以推斷出，魔鬼一定是絕望地退去了。」

我從對話錄中引述了較長的一段，因爲對話錄具有三方面的重要性。第一、這是瞭解貝氏生活的主要資料來源，貝氏所訂的規律，除在愛爾蘭或愛爾蘭人所創設的修道院之外，西方所有的修道院皆奉之爲圭臬。第二、爲第六世紀末敎養最深的人之中的道德精神，繪出一明晰的輪廓。第三、這是出自敎皇格利哥里之手，他是西羅馬敎會中第四位也是最後一位哲人，在政治上，也是最顯赫的敎皇之一，我們必須特別加以重視。

諾參勃頓區的副主敎赫頓宣稱格利哥里是第六世紀最偉大的人物。他說，能與他匹敵的祇有茹斯丁尼安與聖貝尼狄克特。這三位對後世都有深遠的影響：茹斯丁尼安以他的法典（不是他的軍事征服，這祇是短暫的）；貝尼狄克特以他的修道會；格利哥里則以他對於提高敎皇的權力的影響。在我曾經引用的對話錄中，他似乎顯得幼稚而輕易相信別人，但作爲一個政治家，却是機敏的、練達的，對在他所控馭的那個複雜而變動的世界中，他能做到些什麼事情，瞭若指掌。這個對比是驚人的，但做事最有效率的人常常在知識上是次一級的。

格利哥里，第一個以此爲教皇之名者，約在五四〇年生於羅馬的一個富有的貴族家庭。他的祖父在鰥居後做過教皇。他自己在青年時代卽擁有一座巨廈與豐厚的財產。他受過良好的教育，雖然曾在君士坦丁堡住過六年，但從未學希臘文。五七三年，他成爲羅馬市的行政長。但宗教需要他：他卽辭卸官職，將他的財產用於創設修道院及慈善事業，把他自己的巨廈捐作僧侶之家，而自己則成爲貝氏修道會的修士。他致力於默想與苦行修練——後者損害了他一生的健康。教皇披拉基厄斯賞識他的政治才能，便派他作駐君士坦丁堡的特使，從茹斯丁尼安後，西羅馬教會名義上是服從東羅馬帝國的。格利哥里自五七九年至五八五年，卽居住於君士坦丁堡，在皇帝的朝廷中代表教皇的利益，並遵照教皇的神學與東方的教士討論，他們常常是比西方教士更傾向於異教思想的。當時，君士坦丁堡的主教持有一項錯誤的意見，認爲我們復活後的肉體將變成無形的。格利哥里說服了皇帝不要信此謬說，但他却無法說服皇帝對倫巴族進攻，實際上，這才是他的主要使命。

自五八五年至五九〇年，他做了五年他自己所創設的修道院的院長，教皇逝世，卽繼位爲教皇。這個時代是艱苦的，但正由於混亂，却爲一位有卓越能力的政治家提供了大好的展佈機會。倫巴族人正在蹂躪義大利人；西班牙與非洲正處於無政府狀態，這是由於拜贊廷的衰微，維昔哥德人的敗亡以及摩爾人的到處刼掠。在法蘭西，發生了南北戰爭。不列顛島在羅馬統治下原本是信奉基督教的，自撒克遜人入侵後，却改信了異教。其時，仍有印歐主義的殘餘，「三僧團」的異教思想也根本沒有消滅。時代的暴亂甚至影響到主教們，其中有許多人生活遠離正軌，聖職的買賣盛行，爲害直至第十一世紀的後半葉才停止。

格利哥里以睿智與活力向所有的這些混亂的來源作戰。在他繼位之前，羅馬教皇雖被認爲是教廷中最偉大的人物，但在他本身的轄區之外，却沒有任何權力。舉例而言，聖安布路斯，與當時的教皇相處甚洽，而顯然不認爲自己必須服從教皇的命令。格利哥里，一方面由於他個人的氣質，一方面由於這種盛行的無政府狀態引起厭憎，終於成功地獲得爲整個西方教會所承認的權威，甚至延伸到東方，祇是權力減弱而已。他獲得此一權威，主要的方法是寫信給主教們與世俗的統治者們，但也用其他的方法。他所著的「神父規律」，其中有對主教們的勸誡，對整個中世紀早期都有重大的影響。此書立意在指示主教應盡的責任，而以後的主教們也就照此謹守不渝。他最初著此書是爲了拉溫那的主教，後來又抄了一本送給席維爾的主教。在查理曼大帝治下，又在供獻儀式中分送給主教們。阿弗烈大帝將它譯爲盎格羅·撒克遜文。在東方又譯爲希臘文傳佈。這本書給予主教們確實的（倘非可驚的）勸告，例如不要忽視職務，不要批評統治者，但要提醒如他們不順從教會的勸告，將受地獄的火刑處罰。

格利哥里的書信饒有趣味，不僅表現他的性格，而且爲他那個時代繪出明晰的輪廓。除對皇帝或拜贊延王朝的貴婦外，他的信都是用主人的語調，有時命令，常加斥責，對於他有權下命令這一點，從未表示過絲毫的遲疑。

試以他在五九九年寫的信爲例。有一封信給莎丁尼亞的卡格賴里的主教，他雖已年老，但行爲不端。現在摘錄其部份內容如下：「有人告訴我，在星期日，在衆人舉行莊嚴的儀式前，你到田裏去掘取別人的收穫，……而且在儀式之後，你又把別人田地的界石破壞了……我們仍然爲你年老而寬恕你，但，老年人，多想想，不要再做這些輕率任性的事情。」他爲同一件事情，又寫信給莎丁尼亞的行政長。後來這個主教再度被斥責，因爲他因主持葬禮而收費；而且由於他的認可，一名改信基督教的猶太人把十字架與聖瑪利亞的雕像放到猶太會堂裏去。還有，他和其他的莎丁尼亞主教們沒有得到大主教的許可就出外旅行，這種行爲必須加以制止。接着有一封嚴厲的信寫給達爾馬西亞的總督，其中說：「我們不知道你有什麼可以使上帝或人民滿意的。」又說：「關於你希望贊助我們的事，你必須以全心全意，流着眼淚，你必須以此使得你的贖救者滿意。」我不知道這個不幸的人究竟做了些什麼。

其次，他有一封信給義大利的總督卡利尼克斯，祝賀他戰勝了斯拉夫人，並告訴他如何對待伊斯特利亞的異教徒，他們的錯誤在傾向「三僧團」。就這件事，他也寫過信給拉溫那的主教。例外地，我們發現他給席留克尤斯的主教的一封信，這次是爲他自己辯護，而不是挑剔別人的錯處。所爭論的問題是很重要的，就是「哈利路亞」一詞（讚美上帝之意）應否當衆適度地應用。席留克尤斯的主教認爲，格利哥里用這個詞彙，由服從拜贊廷的要求來看是不能接受的，但實際上這是來自聖耶洛米與聖詹姆斯並非來自拜贊廷，那些認爲他不應該順從希臘用語的人，實際上是錯的。（類似的問題成爲俄國舊教分裂的原因之一。）

有很多信給蠻族的統治者，男女兼有。法蘭克的女王布魯妮柴德希望就派駐法蘭克的某一主教的事有所諮商，格利哥里很樂於接受她的請求，不幸她所派的特使是分裂主義者(卽主張政教分立的)。他寫信給倫巴族之王阿基魯爾弗，祝賀他達成和平。「如不幸不能達成和平，除雙方都繼續陷入危險與罪惡之外，本來可以使雙方獲益的窮苦農民繼續流血之外，還能得到什麼呢？」同時，他又寫信給阿基魯爾弗之妻——濟奧第琳達王后，請她影響她的丈夫維護和平。他給布魯妮柴德另一封信，指出她國土內兩件錯誤的事情：一是普通人一躍而爲主教，沒有經過做神父的歷練階段，二是准許猶太人蓄養基督徒爲奴隸。對法蘭克王濟奧多雷克與濟奧多柏特，他寫信說，由於法蘭克人的爲世楷模的虔誠，他願意祇說愉快的事情，但他又不能不指出其王國內買賣聖職的盛行。他又寫信給圖林的主教指出他行爲的錯失。有一封信給蠻族的統治者的，通篇是讚美之詞：這是給維西哥德人之王理查的，他是印歐族人，於五八七年皈依天主教，因此，教皇獎賞他，送給他聖彼得「最神聖的身上取下的一把鑰匙」來表達他的祝福，包括開始他在準備作殉道者時頸上的鐵鍊，這些東西可以使你洗刷所有的罪。我希望理查王能够欣然接受他的禮物。

安梯奧契的主教被派去參加伊非蘇斯的異教思想的宗教會議，並報告說：「我聽說在東方的教堂裏，不給賄賂，沒有人能够得到神諭。」——這是一件他必須以全力加以糾正的事情。馬賽的主教因破壞某些正在受膜拜中的偶像而受譴責：誠然膜拜偶像是不對的，但偶像亦有其用處並且應該受到尊敬。兩名高盧的主教受譴，因爲有一少女已做修女，但後來又被迫結婚。「假如眞是這樣……你的構是爲錢而辦事的，脫離了神父的職責。」

以上是他在一年中寫出去的幾封信。這就無怪他在當年另一封信中抱怨沒有時間去靜思了。

格利哥里不贊成世俗的學術。他寫信給法蘭西的溫尼城的戴昔第雷厄斯說：

「我聽說，且引以爲恥，你的親人（也就是你自己）向某些人講解文法。這件事情我們認爲是大錯的，應該堅決反對的，以致我們改變過去曾經說過的，爲此而悲嘆憂愁，因爲讚美基督絕不容同時讚美邱比特……對於一個神父來說，這是一件極壞的事，應該以嚴格的眞實的證據來說明究竟有無此事。」

對教外學術的敵意至少在教會中存留了四百年，直至吉爾伯特（席爾維斯特二世）的時代爲止。從第十一世紀以後，教會才對學術採友好的態度。

格利哥里對皇帝的態度遠較對蠻族的國王爲尊敬。他寫信給駐君士坦丁堡的代表說：「什麼能使這位最虔誠的皇帝高興，就去這樣做，不管他命令做什麼，都是他的權力，他決定的事，就讓他去做，祇要不讓我們牽涉到驅逐的事情（驅逐一個正統派的主教）。還有，假如他所作所爲是依據教規的，我們追隨他，假如不是，我們也要忍耐，祇要自己不犯罪即可。」摩理斯皇帝曾因叛變而被推翻，爲首者是一個名叫福可斯的百夫長，竟繼位爲帝，並進而在皇帝之前屠殺他的五個王子，最後再把這位老年的皇帝處死。當然福可斯是由君士坦丁堡的大主教加冕的，大主教除死以外，沒有其他的選擇。更可驚的是格利哥里在具有相當安全距離的羅馬，居然以十分諂媚的語調寫信給篡位者及其妻子。他寫道：「國王與皇帝是有區別的，國王是奴隸的主人，皇帝是自由人的主人……願萬能的上帝以一切言行把你虔誠的心放在祂仁慈的手中；無論做什麼都是公正的，無論什麼事都是慈和的，願聖靈直接居於你的胸中。」他又寫信給福可斯的妻子，琍盎希亞說：「這是言詞所無法形容、心中所無法設想的，我們爲了你的帝國的重見光明，要如何深切地感謝萬能的上帝。長期加在我們頭上的負荷已經解除了，帝國又重返溫和的統治。」看這些話也許認爲摩理斯皇帝是暴君，事實上，他是一位善良的老人。爲格利哥里辯護的人說，他不知道福可斯所犯的屠殺罪行。但他一定知道拜贊廷篡位者的習慣性的行爲，而他沒有等到證實福可斯是否也是這樣就寫信讚揚，是一個例外。

異教徒的皈依是教會影響力增加的重要表現之一。不幸的，哥德人在第四世紀末，由於歐非拉斯王或歐非勒王之故，改信印歐的異教，這也正是汪德爾人的教條。不過，自濟奧多雷克死後，哥德人逐漸皈依了天主教：我們知道，維西哥德人之王在格利哥里時採用了正統派的信仰。法蘭克人自克羅維斯王後卽改信天主教。愛爾蘭人在西羅馬帝國滅亡之前由於聖派垂克——一位在松默塞特郡的鄉下紳士——的影響而改信天主教，他自四三二年與教徒們同住，直至四六一年去世爲止。愛爾蘭人又轉向蘇格蘭與北英格蘭佈道。在這項工作中，最偉大的傳道者是聖哥倫巴；另一位是聖哥倫班——他寫過很多信給格利哥里，討論復活節與其他重要問題。除北恩伯雷亞外，英格蘭的皈依是格利哥里所特別關心的。每個人都知道，在他繼位教皇之前，在羅馬的奴隸市場中，看見兩個金髮碧眼的男童，別人告訴他，他們是安吉爾人，他說：「不，他們是安琪兒。」他成爲教皇後，即派聖奧古斯丁到肯特去勸服那裏的人皈依。在此時間內，他寫了很多信給奧古斯丁，給安吉利王艾廸伯特，還有其他很多人，討論這一個使命。格利哥里下令英格蘭的異教會堂不必毀掉，但神像必須毀掉，而處所則改建爲教堂。奧古斯丁向教皇問了許多問題，例如表親能否通婚，夫妻在前夜有性交行爲是否允其入教堂（格利哥里的答覆是：假如洗淨了，就可以入教堂）等等。這個使命是達成了，所以我們（指英國人）現在都是基督徒。

我們所談論的是一個奇異的時代，其偉人較其他時代爲次，但論他們對後世的影響，則超過其他時代的人物。羅馬法、僧侶制度、教皇制度之具有深遠的影響，主要當歸功於茄斯丁尼安、貝尼狄克特與格利哥里。第六世紀的人雖不如他們前代的人文明，却遠較以後四個世紀的人爲文明，而且他們組成的機構終使蠻族馴服，在這方面是很成功的。値得注意的是，以上三人，兩人是貴族，一人是羅馬皇帝。格利哥里是眞正的羅馬人中的最後一個。他的命令式的語調，雖然和他的身份相合，却含有本能的羅馬貴族的自尊。自他以後，羅馬城經歷若干世紀不再出生偉人。羅馬城雖然陷落，却成功地征服了征服者的靈魂：他們對聖彼得座椅的尊敬正如他們之敬畏皇帝的寶座。

在東方，歷史的進程是不同的。當格利哥里三十歲時，穆罕默德誕生。

第二章 經院學者

第一節 黑暗世紀的教皇制度

自格利哥里到席爾維斯特二世的四個世紀中，教皇制度經歷了可驚的滄桑之變。有時屈從希臘的皇帝，有時屈從西羅馬皇帝，有時甚至向當地的羅馬貴族低首。但是，第八與第九世紀的富活力的教皇們，則掌握有利時機，建立了教皇權力的傳統。為瞭解中世紀的教會與其對國家的關係，自紀元後六百年至一千年，是特別重要的時代。

教皇能夠脫離希臘皇帝的控制，並非由於自己的作為，而是靠倫巴族的武力，但教皇對他們毫無感激之意。希臘教會仍大體上服從皇帝，他自認有能力決定信仰上的事情，以及任免主教甚至大主教。僧侶們致力擺脫皇帝的控制，因而擁戴教皇。但君士坦丁堡的大主教們，則願意服從皇帝，而認為自己毫無服從教皇的必要。某些時候，皇帝需要教皇的協助以對抗在義大利的蠻族，對教皇的態度表現得比君士坦丁堡的大主教們友好。東方與西方教會的最終分裂，原因即在前者拒絕服從教皇的裁決。

自拜贊廷為倫巴族擊敗後，教皇們恐懼他們也被這些慓悍的蠻族所征服。他們與征服了義大利與日耳曼的法蘭克王查理曼大帝聯合，保住了自己。這項聯合產生了神聖羅馬帝國，訂立憲法，期使皇帝與敎皇之間和諸相處。但，卡洛林基安王朝很快就崩潰了。首先敎皇因此得利，於第九世紀後半葉時，尼古拉斯一世使敎皇的權力提高至史無前例的程度。不過，普遍的混亂，導致羅馬貴族的事實上的獨立，在第十世紀時，壓倒了敎皇制度，製造了更多的不幸後果。由於宗敎改革，敎皇與整個敎會始免於屈從封建貴族的壓制，此事將在下節中詳述。

在第七世紀中，羅馬仍在皇帝的軍事統治之下，敎皇如不服從，必遭迫害。某些敎皇，如謨諾雷厄斯服從皇帝，甚至不惜轉向異敎思想；某些敎皇如馬丁一世反抗皇帝，卽被囚禁。至六八五年至七五二年，大多數敎皇都是敍利亞人或希臘人。當倫巴族逐步蠶食義大利，拜贊廷的權力也隨之衰退。李奧皇帝於七二六年頒佈其禁止崇拜偶像的命令，這被認爲是異端的亂命，不僅整個西方不以爲然，卽東方的大多數人也不贊成。敎皇在這一點上激烈反抗而獲得成功；最後在七八七年，女皇愛倫妮（最初是攝政）下令廢除前令。此時，西羅馬的變動使拜贊廷控制敎皇的事，永遠成爲陳跡。

約在七五一年，倫巴族攻陷了拜贊廷所統轄的義大利首府拉溫那，這使敎皇雖然處身於倫巴族的威脅下，却完全擺脫了對希臘皇帝的依賴。但敎皇在希臘人與倫巴族之間，比較喜歡前者，這有幾點原因。第一、皇帝的權威是合法的，而蠻族的國王，除非是皇帝所認可的，都被認爲是篡奪者。第二、希臘人比較文明。第三、倫巴族是民族主義者，而教會則仍保持羅馬的國際主義。第四、倫巴族一度爲信仰印歐宗敎者，改信基督敎後某些人仍依附舊有的宗敎。

倫巴族在留勃蘭德王的率領下，於七三九年曾試圖征服羅馬，爲敎皇格利哥里三世所強烈反對，並乞助於法蘭克人。米洛文基安王朝的諸王——克洛維斯人的後裔，在法蘭克王國內已經完全失勢，實權落入「宮廷長」的手中。此時的宮廷長是一個極富活力與才幹的人——查理斯·馬特爾，像「征服者威廉」一樣，也是一個私生子。七三二年他與摩爾人作戰，在托爾斯戰役中獲得決定性的勝利，使法蘭西得以保持爲基督教國家。教會本來應該對他感激的，但他由於財政上的理由，奪佔了一部份教會的土地，使教士們減低對他的評價。他與格利哥里三世同於七四一年逝世，其繼任人裴平則使教會完全滿意。七五四年教皇史提芬三世繞過倫巴族，穿越阿爾卑斯山，訪晤裴平，締結一項協議，後來證實對雙方都非常有利。教皇需要軍事的保護，而裴平所需要的，祇有教皇能夠提供：使他取代米洛文基安王朝，獲得國王的合法榮銜。裴平爲酬謝教皇，把拉溫那與前羅馬總督在義大利所轄的區域送給教皇。由於君士坦丁堡不承認這項贈予，遂與東羅馬帝國斷絕政治關係。

假如教皇仍屈從於希臘的皇帝，則其後天主教會的發展必迥然不同。在東羅馬教會中，君士坦丁堡的大主教們從未能擺脫朝廷的權威而獨立，也不像教皇那樣在教士中具有優越的權威地位。最初，認爲一切教士都是平等的，在東羅馬這一觀念維持了很久。而且，東羅馬還另有若干大主教們，分轄亞歷山大、安梯奧克、耶路撒冷等地；而在西羅馬教皇則是唯一的大主教。（此一事實在回教徒征服東羅馬後已失去其重要性。）在西羅馬，經歷若干世紀，俗人幾乎都是文盲，而在東羅馬則不然，這給予西羅馬教會一種有利的地位，也是東羅馬所沒有的。羅馬的光采聲譽超越任何東羅馬的城市，因爲它結合了帝國的傳統與彼得及保羅殉道的傳說，並追奉彼得爲第一任教皇。東羅馬皇帝的聲威可能與教皇相頡頏，但西羅馬的君主們則否。神聖羅馬的皇帝常常是沒有實權的；而且，他們必須教皇加冕後才能成爲皇帝。由於所有的這些原因，教皇才能脫離拜贊廷的控制，使教會不受世俗君主的干涉，並且最終建立西方教會的教皇的權威制度。

某些非常重要的文獻如「君士坦丁帝贈予」及「僞造的敕令」也是這個時期產生的。後者對我們無關緊要，姑置不論，但對前者則必須略加說明。教會人士爲了使裴平所贈予的土地符合古代的儀法，便僞造了一項文件，作爲君士坦丁皇帝的敕諭，以此他建設了新羅馬，並向教皇贈予舊羅馬及所有在西方的領域。此項贈予是教皇獲得世俗的管轄權的根據，其後的整個中世紀對這項文件的眞實性皆未嘗置疑。一四三九年，正值文藝復興時期，洛倫左・伐拉（Lorenzo Valla 一四〇六—一四五七年）首先指爲僞造。他寫了一本書，談「拉丁文的典雅」，其中當然沒有把第八世紀的這個文件包括在內。可怪的是，他出版了否定君士坦丁帝的贈予並駁斥讚揚伊比鳩魯的論文的那本書之後，却被教皇尼古拉斯五世任命爲他的秘書，他關切拉丁文法有過於關切教會。尼古拉斯五世並沒有建議放棄教會的王國，雖然教皇對這些王國的管轄權是基於這項僞造的文獻。

此一重要文獻經柏恩斯（C. Delisle Burns）節錄其概要如下：

「在對奈西尼教條作概略闡述之後，在亞當被誘墮落、基督誕生之後，君士坦丁說，他患了痲瘋病，醫藥罔效，乃求助於邱比特神殿的祭司們，他們建議殺死幾個嬰兒，在他們的鮮血中洗滌，但他爲母親們的眼淚所感，不忍加害，就釋放了那些嬰兒。當夜彼得與保羅向他顯靈，告訴他教皇席爾維斯特藏匿於梭拉克地山的洞穴中，可以治癒他的麻瘋病。於是，他就去梭拉克地山，萬能的教皇告訴他，彼得與保羅是使徒，不是神，示他以圖像，與他在他們顯靈時所見相同，在他所有的朝臣之前承認確是如此。於是教皇教他穿上苦行者所着的粗毛破衫，作爲贖罪，過了一段時間，教皇爲他受洗，這時他看見來自天上的一隻手撫摸着他。他的麻瘋病治好了，乃放棄崇拜偶像。他想他所有的大臣、參議院、貴族以至整個羅馬人民，都應該給予聖彼得的主教至高無上的權力，超越亞歷山大、耶路撒冷與君士坦丁堡。然後，他在拉特蘭宮苑中建造了一座教堂，把皇冠、袞服贈給教皇。他把一個鑲着寶石的三重冠戴在教皇的頭上，並爲教皇牽馬。他把羅馬及所有在義大利與西方的行省、區域、城市都給予席爾維斯特及其繼任者，並永遠服從羅馬教會的指揮。然後他遷都東方，因爲西羅馬的主教王國與基督教的教主是天上的皇帝所建立的，世上的皇帝不應該對此有任何權力。」

倫巴族對裴平與教皇並不馴服，但由於與法蘭克人不斷戰爭，日就衰微。終於在七七四年，裴平之子查理曼進攻義大利，將倫巴族徹底擊敗，並使他自己成爲他們的王，然後佔領羅馬，又再度證實他父親裴平王的贈予。查理曼在位時的教皇哈得利安與李奥三世，認爲查理曼在任何方面的擴展對他們都是有利的。他征服了日耳曼的大部份，經過殘酷的迫害後，使撒克遜人皈依了基督教，最後，以身作則，於八〇〇年的聖誕節，在羅馬受教皇加冕爲皇帝，重新建立了西羅馬帝國。

神聖羅馬帝國的建立在中世紀的思想上開闢了一個新紀元，雖然在實際上的影響較少。中世紀的人耽溺於法律上的空論，在這個時期則認爲前羅馬帝國所轄的西方各省仍在法律上服從君士坦丁堡的皇帝，因爲他被認爲是唯一合法權威的來源。查理曼也是一名熟諳法律的人，主張東羅馬的皇位是虛懸的，因爲統治東羅馬的愛倫妮（她自稱爲皇帝而非皇后）是篡奪者，婦人不應爲皇帝。查理曼自教皇處獲得合法的地位。皇帝與教皇之間形成一奇異的相互依存的關係。除非受羅馬的教皇加冕，沒有人可以成爲皇帝；一方面，有幾個世紀中，每一強有力的皇帝都自稱有權任免教皇。中世紀的合法權力的思想爲皇帝與教皇所共同維持；他們的互相依存關係，雙方皆引以爲苦，但無法逃避者歷數百年。他們之間存在着長期的衝突，權力彼此消長不定。最後到第十三世紀時，衝突已變得不可妥協。教皇獲得勝利，但不久之後卽喪失其在道德上的權威地位。兩者都能够維持下去，教皇一直維持到今天，神聖羅馬的皇帝則維持到拿破崙的時代爲止。但中世紀建立起來的關於他們個別權力的理論，在第十五世紀時，已不再生效。這個理論所主張的「基督王國」的統一，在世俗範圍內，被法蘭西、西班牙、與英格蘭的國王們所破壞，在宗教的範圍內，則被宗教革命所摧毀。

查理曼大帝與他的周圍人物的性格，在西利吉爾所著的中世紀史中有一段概略的描述：

「查理曼的宮廷中渡着一種精力充沛的生活。我們見到其中的堂皇與傑出的才華，但也有不道德的事情。因爲查理曼並不注意選擇其周圍的人物。他本身也不足爲法，由於過份放縱他所喜愛而認爲有用的人，而陷於苦惱。他雖被稱爲神聖皇帝，但表現得並不神聖。阿爾昆也稱他爲神聖，一方面又讚美他的漂亮女兒羅娣德，說她有卓越的品德，但她却爲梅尼的羅德雷克公爵生過一子，儘管她並非公爵夫人。查理曼不顧和他的女兒分開，因此就不許她們結婚，也無怪要接受這樣的後果。另一女名貝爾莎則爲虔誠的聖利奎爾修道院長安吉柏特生下二子。事實上查理曼的宮廷是一個生活很放浪的地方。」

查理曼是一富活力的蠻族中人，在政治上與教會結盟，在宗教上具虔敬之心。他不能讀寫，却致力振興文學。他生活放縱，愛女不以其道，但竭力在他的臣民中鼓勵渡聖潔的生活。像他的父親裴平一樣，機巧地運用傳教士的熱忱，以擴展他在日耳曼的影響，但他注意必使教皇服從他的命令，而教皇則樂於從命，因爲羅馬已成爲蠻族的城市，如無外來的保護，教皇的安全卽成問題，而且教皇選舉也常引起內部派系的鬪爭。七九九年，內部的敵對者曾綁架教皇，以使其失明相威脅。查理曼在世時，似有建立新的秩序之意，但自他死後，除空論外，一無所成。

就一般而言，敎會尤其是教皇制度的收穫，較西羅馬帝國爲豐實。英格蘭在格利哥里一世所領導的僧侶代表團影響下，皈依基督，且服從羅馬的程度，遠過於那些在各領地駐有主教的國家。日耳曼的皈依主要是由於聖波尼費斯（Boniface 六八〇—七五四年）的努力。他是英格蘭的傳教士，也是查理斯·馬特爾與裴平的朋友，對教皇十分忠誠。他在日耳曼創設了很多修道院；他的朋友聖高盧（Gall）創設了瑞士的修道院，卽以波尼費斯爲名。根據某些權威的歷史家說，他以塗油的儀式尊裴平爲王是取自「國王典範」這本書。

聖波尼費斯生於狄凡郡，在艾克則特與曼徹斯特受教育，七一六年，曾赴費利西亞，但不久卽歸。七一七年，他又去羅馬，七一九年教皇格利哥里二世派他到日耳曼，勸使日耳曼人皈依，並抵制愛爾蘭教士在那裏的影響，（他們在復活節的日期與僧侶削髮的問題上犯了錯誤）。獲得卓越成功後，於七二二年返回羅馬，格利哥里二世任他爲主教，並令其宣誓服從教皇。此後，教皇又命他携帶信函，謁晤查理斯・馬特爾，指示他在使異教徒皈依之外，並須壓制異教思想。七三二年，他擢升爲總主教，七三八年，他第三次來到羅馬。七四一年，教皇查茄利阿斯派他爲教廷使節，命他改革法蘭克的教會。他創設了福爾達的大修道院，其誡律較貝尼狄克特所訂的更嚴。此後，他與涉茨堡的一位名叫維吉爾的愛爾蘭主教發生爭執，由於維吉爾認爲除基督教的世界外尚有許多其他的世界，但他仍被尊崇爲聖徒。七五四年回返費利西亞後，波尼費斯及其同伴都被異教徒屠殺。總結而言，日耳曼的基督教屬於羅馬教皇而非愛爾蘭人，應屬波尼費斯之功。

英格蘭的修道院，尤其是約克郡的修道院，在此時具有很大的重要性。羅馬固有的文明在不列顛島已不復可見，基督教傳教士所引入的新文明，幾乎完全以貝尼狄克特所設的修道院爲中心，其中所有的典章文物都是從羅馬直接輸入的。著名的比德(Bede 六七三——七三五年）卽耶洛地區的修道院的修士。他的學生艾格柏——約克郡的第一任總主教，創設了一所教會學校，阿爾昆卽是在那裏接受教育的。

阿爾昆是當時文化上的一位重要人物。他於七八〇年前往羅馬，在途中的派爾馬地方遇見查理曼大帝，把他留下來教法蘭克人拉丁文，並做他的宮廷中的教師。他在查理曼宮廷中渡過他的大半生，除授課外，並創設了許多學校。他臨終時，是屠爾斯地方的聖馬丁修道院院長。他一生寫了很多書，包括以韻文寫成的約克郡教會史。查理曼雖未受教育，但很重視文化的價值，短暫地消除了「黑暗世紀」的「黑暗」。他在這方面的努力成果也祇是曇花一現而已。約克郡的文化一度爲丹麥人所摧毀，法蘭克的文化則受到諾曼人的破壞。沙拉森人進襲義大利南部，征服了西西里，甚至在八四六年進攻羅馬。就一般而言，第十世紀是西方基督世界中最黑暗的時期；因爲第九世紀尙有英格蘭的教士及約翰・斯谷特這樣傑出的人物，我們將在下節中對他詳作討論。

查理曼大帝死後，卡洛林基安王朝的權力崩解，帝國又再度分裂。首先，這是對教皇有利的，尼古拉斯一世（八五九——八六七年）增加教皇的權力，遠較其前任所享有的爲高，他與東西羅馬的皇帝發生爭執，也與法蘭西的查理斯王、洛倫尼王洛莎二世，以至每一基督教國家的主教團發生爭執；但在所有爭執中，他總是勝利的。各個地區的神父必須依賴當地的王公，尼古拉斯一世就設法要改變這個情況。他與人發生最大的兩次衝突是羅莎二世的離婚事件與君士坦丁堡的大主教伊格那梯厄斯被非法免職事件。在整個中世紀中，教會的權力涉及王室的離婚者甚多。國王們剛愎任性，認爲不能離婚的觀念祇適用於一般臣民。但祇有教會才能主持結婚的儀式，如教會宣佈一項婚姻爲不當，就可能引起一場繼承問題的爭論以至一場宮廷的戰爭。因此，教會對離婚及不正常的婚姻持強烈的反對態度。在英國亨利第八時，教會放棄了此一立場，但在愛德華八世時，又恢復了原有的干涉態度。

當羅莎二世要求離婚時，其王國的教士已表同意，但尼古拉斯一世則把表示默許的主教們免職，堅決拒絕許可國王離婚。羅莎二世之兄——皇帝路易二世，因此進軍羅馬，企圖懾服教皇；但迷信式的恐怖使他不得不撤軍，教皇獲得最後勝利。

大主教伊格納梯厄斯的事情也是很有趣的，表示教皇在東羅馬仍有其影響力。伊格納梯厄斯爲攝政巴達斯所不喜而被免職，孚梯厄斯，當時尙爲一俗人，被派接替其職務。拜贊廷政府要求教皇認可這一次的調動。教皇就派了兩名代表前往君士坦丁堡調査並便宜行事；當他們到達後，就受到了威嚇，表示同意。最初，教皇被瞞住了，不知道眞象是如此，但後來知道了內幕，却採取了很強烈的行動。他在羅馬召集了一個會議來討論這件事情；他免去其中一名代表的主教的職務；席留克尤斯的總主教曾經向孚梯厄斯「供獻」，也被免職。教皇並對孚梯厄斯加以斥責，解除他所任命的一切聖職。東羅馬皇帝米凱爾三世頗爲震怒，寫了一封措辭激烈的信給教皇。所得到的答覆是：「以一身兼主政教的時代已經過去了，基督教將此兩者分離，信仰基督的皇帝爲獲得永生而有賴於教皇，而教皇除世俗的事情外，無所求於皇帝。」孚梯厄斯與皇帝也以召集會議來反擊，將教皇逐出教會，宣佈羅馬教會爲異教。不久，米凱爾三世被弑，其繼任者巴席爾使伊格納梯厄斯復職，公開承認教皇在處理這件事情上是正當的。此一屬於教皇的勝利發生在尼古拉斯逝世後不久，而且幾乎完全是由於宮廷革命的偶發事件。伊格納梯厄斯死後，孚梯厄斯又復職爲大主教，東西方教會的分裂愈益擴大。故自長期觀點而言，尼古拉斯在這件事情上所採的政策不算是成功的。

尼古拉斯對主教們發號施令，比對國王們更加困難。總主教們自認爲偉人，不願溫馴地服從一位「教會中的君主」。但尼古拉斯認爲，主教是由教皇而產生的，理應服從教皇，在他在世時，他使這一觀點獲得勝利。若干世紀以來，對於應該如何遴擇主教，發生很多疑義。最初是由本城的信徒用口頭表決來選舉的。後來，常常由鄰近主教們舉行會議來決定，然後，有時由國王選派，有時由教皇選派。所有這些搖擺不定的情況，使得一個職位究能擁有多少權力，須視任職者的活力與機敏的程度而定。尼古拉斯將教皇的權力伸張到當時能够達成的極限；但他的繼任者則不克保持，又落入權力的低潮。

在第十世紀中，教皇完全聽命於當地的羅馬貴族。此時，教皇的選任還沒有固定的成規；有時由信徒大會的口頭表決來選定，有時由皇帝或國王選派，有時，例如在第十世紀，取決於羅馬城的當權者。此時，羅馬非如格利哥里一世時仍爲一文明的城市；有時發生派系的戰鬪；有時某些富有的家族兼用暴力與賄賂取得城市的控制權。西歐的混亂與衰弱此時已達極點，基督王國似已有全面崩潰的危機。法蘭西的皇帝與國王，對於名義是他們臣屬的封建諸侯在他們領土內所造成的混亂，竟無能爲力。匈牙利人侵擾義大利北部。諾曼人侵擾法蘭西沿海地區，直到九一一年，獲得諾曼第的領土並皈依爲基督徒爲止。但義大利與法蘭西最大的危機來自沙拉森人，他們不可能皈依基督教，對教會也沒有敬意。約在九世紀末，他們征服了西西里，在那不勒斯附近的加利格萊諾河濱建都；他們摧毀了蒙地·卡西諾及其他宏偉的修道院；他們在法蘭西東南的沿海地區定居，但常侵擾義大利及阿爾卑斯山谷地區，阻斷羅馬與北方的交通。

東羅馬帝國阻止了沙拉森人征服義大利，並於九一五年擊敗加利格萊諾的沙拉森人。但這次不像茹斯丁尼安一樣有足夠的力量統治西羅馬。在大約一百年的時間內，教皇成爲受羅馬貴族或圖斯卡倫公爵們額外補貼的人。第十世紀初，最有權勢的羅馬人是「參議員」濟奧非拉克特和他的女兒瑪羅齊亞，在他們的家庭影響下，教皇幾乎是世襲罔替的。瑪羅齊亞前後有好幾個丈夫及無數的情夫，她竟將情夫之一擢升爲教皇，稱爲塞吉厄斯二世（九〇四——九一一年）她與塞吉厄斯所生之子成爲教皇約翰十一世（九三一——九三六年），約翰之子復爲教皇約翰十二世（九五五——九六四年），即位時年僅十六歲，「拉特蘭宮很快就成爲他度淫蕩與縱飲生活的場地，教皇的聲譽爲之完全掃地。」（見劍橋中世紀史）。傳說中的女教皇「茱安」可能即是由瑪羅齊亞而起。

在此一時期，教皇也喪失了他們的前任在東羅馬所獲得的影響力，尼古拉斯一世曾順利執行的對阿爾卑斯山以北各主教的統轄權，此時也蕩然無存。各省區會議宣佈對教皇完全獨立，但無法對封建領主保持獨立。主教們愈來愈被世俗的封建諸侯所同化。「教會本身似已同樣成爲這種無政府狀態的犧牲者，由於這種狀態，世俗的社會正在騷動中；一切邪惡的慾望皆無法遏阻，教士們應該仍對教會與靈魂的得救有所縈心的，則較以往任何時期，更悲悼普遍性的毀滅，使信徒的目光移向世界末日與最後審判的幽靈。」（見劍橋中世紀史）。

假定世界末日的恐懼在此時已籠罩一切，一如我們過去所想的那樣，是錯誤的。從聖保羅以來，基督徒都相信世界末日即將到來，但他們仍繼續處理日常的事務。

紀元後一千年或許可以作爲西歐文明停止向下陷落的一個里程碑。自此以後，開始回復向上，一直到一九一四年。最初，進步來自僧侶生活的改革。在修道會以外，大部份教士們已經變得暴亂、邪惡而庸俗；他們爲財富與權力所腐蝕，這些財富與權力都是出於虔誠的信徒所供給的。同樣的事情一再發生，甚至涉及修道會；但改革者以新的熱忱挽救他們經常墮落毀敗的靈魂。

以紀元後一千年作爲一個轉捩點，另一原因是：至少就西歐而言，回教徒與北方蠻族大約已在此時停止進襲。過去，哥德人、倫巴族、匈牙利人、諾曼人相繼入侵；每一個部落都先後皈依了基督教，而每一次入侵都削弱了西歐文明的傳統。西歐分裂成爲許多蠻族的王國；而國王們又喪失了他們對臣屬的權威，於是造成普遍的混亂，長期陷於大大小小的戰爭之中。最後，所有的蠻族都皈依了基督教，並就地定居。最後入侵的諾曼人在文明方面表現了卓越的才能。他們自沙拉森人手中奪取了西西里，並使義大利免於受回教徒的侵襲。他們使已經大部份爲丹麥人控制的英格蘭重回羅馬的版圖。他們一度定居於諾曼第，允許法蘭西復國，並在物質文明方面協助其進步。

我們以「黑暗世紀」的名詞加諸紀元後六百年至一千年的時期，祇是不適當地專指西歐的情況。在中國，這段時期包括了唐代，是中國詩的黃金時代，也是在其他方面最值得稱述的時代。從印度到西班牙，優秀的伊斯蘭文明盛極一時。在此一時期，沒有基督教的地區並沒有喪失文明，情形恰好相反。沒有人在此時能夠預知西歐以後在武力與文化兩方面都佔優越的地位。對於我們，似乎祇有西歐文明才是文明，但這是一種很狹隘的觀點。我們的文明中的絕大部份，來自東地中海、希臘人與猶太人。以武力而言，西歐祇在自彭尼克至羅馬陷落這一段時期，居優越地位——大約爲紀元前二百年至紀元後四百年。此後，沒有任何一個西歐的武力可以與中國、日本或回教國相比。

我們自文藝復興後佔優越地位，部份是由於科學與科學技術，部份由於在中世紀逐漸建立的政治制度。沒有理由認為這種優越性可以繼續保持。在這次戰爭中（指第二次世界大戰），俄國、中國、日本都表現了強大的軍事力量。這是西方技術與東方思想——拜贊廷正教、孔子哲學或日本的神道教——的結合。印度如獲獨立，對東方的優越性，也必定有其貢獻。在今後幾個世紀中，文明假定能持續不墜，似將發生較文藝復興以來更多的紛歧。文化上的帝國主義，比軍力上的帝國主義更難以抵禦。羅馬帝國滅亡後很久——一直到宗教革命，所有歐洲的文化仍殘存着羅馬帝國主義的氣味。由我們看來，現在則有一種西歐帝國主義的氣味。假如我們希望在這次大戰後能與世界融洽相處，必須承認亞洲在思想上與我們處於平等地位，不僅在政治方面，也在文化方面。我不知道這將帶來如何一種變化，但我相信必具有深刻影響與極大的重要性。

第二節　約翰・斯各特

約翰・斯各特（John the Scot），或約翰尼斯・斯各特斯(Johnnes Scotus)，有時在前面加伊留金那(Eringena)或伊利金那(Erigena)，是第九世紀最令人驚奇的人物；如果他生於第五世紀或第十五世紀，也許就不足為奇了。他是愛爾蘭人、新柏拉圖主義者、嫻熟希臘文的學者、披拉基亞教徒與汎神主義者。他在法蘭西王查理斯的資助下度過其大半生。雖然他的思想與正統派相距很遠，但並未受迫害。他置理性於信仰之上，無視教士們的權威；但他的裁斷却能爲教士們排難解紛。

要瞭解如何產生這樣一個人物，必須首先注意自聖派垂克後若干世紀的愛爾蘭文化。聖派垂克除對自己是英格蘭人這一點深引爲憾之外，還有兩件使他感覺同樣痛苦的事情：第一、在他到達之前，愛爾蘭早已經有基督徒了；第二、不論他對愛爾蘭基督教如何有功，愛爾蘭的文化發展則與他並無關係。當高盧受外族入侵的時期——首先是阿梯拉人，然後是哥德人、汪德爾人與阿拉雷克人，「所有知識份子都逃向海外，逃向海外的國家，卽是愛爾蘭及其他可以容納他們的地方，他們爲那裏的居民帶來知識上的長足進步。」（見劍橋中世紀史）。假如其中的任何人逃到英格蘭，則那裏的盎格爾人、撒克遜人與朱特人（卽由丹麥移居的日耳曼人）一定會把他們趕走；但逃到愛爾蘭的人却成功地定居下來了，他們與傳教士一起，將大陸上失去的知識與文明在這裏移植。我們有充足的理由相信，第六、第七、第八世紀以來對希臘文的知識以及對拉丁古典文學的涵養，此時則在愛爾蘭人之中保存。英格蘭學習希臘文始於坎特伯利的總主教濟奧多（任職期爲六六九——六九〇年）的時期，他本人是希臘人，在雅典受教育；在北方則通過愛爾蘭的傳教士而見知於人。蓋塔・詹姆斯說：「第七世紀後半葉，在愛爾蘭的求知欲最高，教學的事在積極地進行。他們以學者的觀點來研究拉丁文（希臘文次之）……最初是由於傳教士的熱忱，後來則由於國內不安定而紛紛移居大陸，他們已經知道珍視文學，對保存文學的斷簡零縑，頗有貢獻。」當時高盧的學者奧克濟利於八七六年描寫愛爾蘭學者湧入的情形說：「不顧航海之險，幾乎是一大羣的愛爾蘭哲學家湧到我們的海岸，一切最有學問的人都承認自願流亡，投奔智慧的所羅門王。」——意指法蘭西的查理斯王。

學者在許多時期皆被迫度流亡生活。在希臘哲學萌始時期，許多哲學家是來自波斯的難民；在希臘哲學沒落，正當茹斯丁尼安當權的時期，希臘學者又到波斯去做難民。第五世紀中，我們方才敘述過的，在高盧的學者爲逃避日耳曼人而移居西方島嶼；第九世紀時，他們又從愛爾蘭英格蘭遷回大陸，以逃避斯坎的納維亞人。現在我們這個時期，德國的哲學家需要逃到更遠的西方（指美國）以逃避納粹，我懷疑是否等到他們必須逃回去，也需要同樣長的時間。

愛爾蘭人在此時期如何爲歐洲維護古典文化的傳統，我們所知太少。此一學術活動必與各修道院有關，且充滿了虔誠之心，這從修道的紀錄中可以看出；但與神學的鑽研，則似無關連。這些人是僧侶而非主教，所以沒有自格利哥里以來成爲大陸上教會特徵的那種行政上的氣習。一方面與羅馬已經斷絕主要的聯繫，一方面仍承認教皇的地位，猶如聖安布路斯早期被承認的程度，但不是他以後權勢擴展的那種地位。披拉基厄斯雖然可能是不列顛島的人，但某些人則認爲他是愛爾蘭人。他的異教思想似乎已能在愛爾蘭立足，教會無法將它消滅。教會在高盧做到了這一點，但也頗費週章。上述情況有助於明瞭約翰·斯各特思想的極端自由而新奇的背景所在。

約翰·斯各特早年與晚年生活，皆邈不可稽，我們所知道的祇是他中年的生活，此時他受法蘭西王的雇用。他大約生於八〇〇年，歿於八七七年，但都祇是猜測而已。當教皇尼古拉斯一世在位時，他在法蘭西。在他的生命史中，我們可以看到他和教皇及與教皇有關的人物，例如查理斯王與米凱爾皇帝等人的關係。

查理斯王約於八四三年邀請約翰到法蘭西，任爲宮廷學校的校長。此時在修道士哥茨卓克與雷恩斯總主教——一位重要的教士之間，發生了宿命論與自由意志的爭論。修道士主張前者；總主教主張後者。約翰支持總主教，寫了一篇文章「論神聖的宿命論」，但他的支持，言論過於偏激，有失審慎。這本來是一個棘手的問題；奧古斯丁在他駁斥披拉基厄斯的論文中提到這一點，但贊成奧古斯丁的觀點是危險的，公開表示不贊成則更危險。約翰支持自由意志說，也許並未受到責難；但他之所以受到尊敬是由於他的論點中的純哲學性質。他所發表的論點與神學的任何方面並沒有牴觸，但他主張哲學具有相等、甚至高於神的啓示的權威。他堅信理性與啓示都是眞理的來源，因此不會有衝突，假如看起來有衝突，則寧取理性。他說眞正的宗教是眞正的哲學，反過來，眞正的哲學也是眞正的宗教。他的著作受到八五五年與八五九年兩次宗教會議的譴責，第一次會議稱之爲「糊塗的愛爾蘭人」。

由於國王的支持，他沒有受到懲罰，他們之間的關係似甚親密。傳說他與國王共餐，國王問他：「什麼可以把愛爾蘭人和酒徒分開？」(A Scot from a sot) 他回答說：「祇有餐桌。」(意指對面坐的國王是酒徒。) 國王於八七七年去世，此後約翰也下落不明，有人認爲他也在同年去世。又有傳說謂阿弗烈大帝請他到英格蘭去做莫爾墨斯柏利或雅濟奈的修道院長，最後被僧侶謀殺。但此一不幸下場似爲另一約翰的事情。

約翰的另一本書是翻譯希臘文的「擬丟尼修」。這是中世紀早期負盛名的一本書。當聖保羅在雅典傳道時，「但有幾個人貼近他，信了主，其中有亞略巴古的官丟尼修。」（使徒行傳第十七章）對於此人，我們所知的僅止於此。但在中世紀却有許多有關他的傳說：他曾經到過法蘭西，創設聖狄尼斯大修道院；至少希爾杜因說過這件事，他在約翰到達之前不久仍在做另一修道院的院長。此外，他還翻譯了一本重要的書，使新柏拉圖主義與基督教調和一致。原書著作的時間已不可考；但確定在勃洛梯納斯之後紀元五百年之前，在東羅馬爲人所熟知，並普受崇敬，但在西羅馬則所知者少，直至八二七年希臘的皇帝米凱爾送給「虔敬的路易斯」一個抄本，又轉贈上述的修道院長希爾杜因。他相信這本書是聖保羅的門徒寫的，他所主持的修道院的創設人，願意知道這本書的內容，但在約翰來到法蘭西之前，無人能譯述希臘文。約翰譯成了這本書，他一定樂於做這件事，因爲他自己的觀點和「擬丟尼修」很接近，自此之後「丟尼修」對西羅馬的天主教哲學卽發生重大的影響。

約翰的譯本曾於八六〇年贈呈教皇尼古拉斯。教皇對此深感不悅，因爲出這本書的出版沒有事前獲得他的許可，他要查理斯王把約翰解送到羅馬，但查理斯王置之不理。這本書的譯文，表現了約翰在學術上的成就，幾乎無懈可擊。但他接受了他的圖書管理員精通希臘文的亞那斯塔昔厄斯的一項修訂的意見，使他驚詫的是這個出身邊遠的蠻族國家的人，對希臘文竟有如此淵博的知識。

約翰最偉大的著作（用希臘文寫的）是「論自然的分類」，這本書如在經院哲學的時代出版，將被稱爲「實體論」的著作；他與柏拉圖同樣主張「普遍性」在「專有性」之先。他認爲「自然」不僅包括「有」，也包括「無」。他把自然分爲四類：㈠祇創造而不被創造，㈡創造也被創造，㈢被創造而不創造，㈣既不創造也不被創造。第一項顯然是指上帝。第二項卽是柏拉圖所指的觀念，依存於上帝的。第三項指有時間與空間的萬物。第四項，令人驚奇的，又是上帝，不是作爲一個造物主，而是作爲萬物的歸宿與目標。一切從上帝所出的都致力復歸於上帝。因此萬物之終同其始。上帝與萬物的橋樑卽是「三位一體」的神。

他將許多事物納入「無」的範圍，例如，某些肉體上的目標，不屬於可理解的範圍的，還有罪惡，這是指喪失神的型態。祇有創造而不被創造的——上帝具有主要的本質；這是萬物的要素。上帝是萬物之始，也是萬物之終、萬物的全部生存過程。上帝的要素爲何，無人得知，卽使天使也不知道。甚至於，在某種意義上說，祂自己也不知道。「上帝不知道自己，什麼是自己，因爲祂不是什麼；在某些方面，他不知道自己，一切有學問的人也都不知道。」從萬物的存在中，可以窺見上帝的存在；從萬物的秩序中；可以窺見上帝的智慧；從萬物的運動中，可以窺見上帝的生命。祂的存在是父，智慧之子，生命是聖靈。丟尼修說的對，沒有任何名稱可以表示上帝。「肯定的神學」說上帝是眞、善與本體等等，但這些肯定祇有象徵性的眞實，因爲所有這些「述語」都有相反詞，而上帝沒有相反詞。

創造而又被創造的這一層級的事物包括主要的因素、或原型、或柏拉圖所指的觀念。這些主要因素的整體卽是「三位一體」的神。觀念的世界是永恒的，但仍是可以被創造的。在「聖靈」的影響下，這些主要的因素造成「專指事物」的世界，其形體是虛幻的。當我們說上帝自「無」造萬物，

「無」可以解釋爲上帝自己。在理性上祂超越所有的知識。

創造是一永恒的程序，一切有限的事物的本質即是上帝。動物並非脫離上帝的存在體，而是存在於上帝中，上帝以一種無法形容的方式在動物中表現自己。「神聖的三位一體在我們之間，在祂自己之中，愛自己、看見並推動自己。」

罪惡因自由而發生：罪惡之生由於人傾向自己而不傾向上帝。邪惡在上帝那裏無立足處，因爲在上帝心中沒有邪惡這個觀念。邪惡是不存在的，也沒有根據，假如有根據，就變成必要的了。邪惡是善的缺失。

三位一體是把萬有復歸於「一」使人復歸上帝的主體；因此它是世界的拯救者。由於與上帝聯結，人與上帝聯結成功的部份就變成神聖的。

約翰不同意亞里斯多德的信徒否定「專有事物」的眞實性。他稱柏拉圖爲哲學家之王。他的自然的分類中的第一二三各項是間接得自亞里斯多德的「推動而不被推動」、「推動而又被推動」、「被推動而不推動」之說。他的第四項——即既不創造也不被創造，是得自丟尼修的理論，萬物復歸於上帝。

約翰之非正統派的證據有如上述。他的汎神論否定動物有實存性，與基督教義是相反的。他對上帝由「無」造物的解釋也不能爲任何純正的神學家所接受。他的三位一體論，很像勃洛梯納斯，沒有能够保持三者之間的平等——雖然他曾試圖在這一點上爲自己辯解。他的思想的獨立可以從這些異教的理論中覘知，在第九世紀是驚人的。他的新柏拉圖主義的面貌也許在愛爾蘭是很普通的，正如同第四第五世紀在希臘神父中流行的情形一樣。也許可以說，假如我們瞭解自第五世紀到第九世紀愛爾蘭的基督教的情形更多一點，我們就不會對他感到如此驚奇。另一方面，他的異教思想最離經叛道的部份是由於「擬丟尼修」的影響，因爲他和聖保羅的關係，被人誤認爲屬於正統思想的。

他的創造無休止論當然也是異教思想，使他不得不說創世紀中的記載是一種寓言。天堂地獄不能照字面的意義來解釋。像所有的汎神論者一樣，他在罪惡的問題上遭遇困難。他堅信人之初本無罪，但當一個人沒有罪時，就沒有性的區別。這當然與「上帝造男造女」牴觸。約翰說人類分爲男女祇是罪惡的結果。女人體現了男人的感官與墮落的性格。最後，性別將再度消逝，而我們將有包含純潔精神的肉體。罪惡存在於方向錯誤的意志中，或誤認爲是善事，實則並非如此。處罰是自然的；這包含自誇有犯罪欲望者在內。但處罰不是永恒的。約翰像奧雷金一樣，相信卽使魔鬼最後也能得救，祇是比別人遲一點而已。

約翰的「擬丟尼修」譯本對中世紀的思想有很大的影響，但他的「自然之分類」一書則影響很小。他的著作被不斷譴責爲異端邪說，最後到一二二五年，敎皇盎諾雷厄斯三世下令焚毀所有的印本。幸而這項命令並未有效執行。

第三節　第十一世紀的敎會改革

自西羅馬帝國滅亡後，歐洲在第十一世紀時首次獲得快速而不在後來又陷於停滯的進步。在卡洛林基安王朝的文化復興時間，曾略有進步，但並不穩定。在第十一世紀中，進步始成為長期性的，並且是多方面的。進步開始於僧侶生活的改革；然後延伸到教皇與教廷；在第十一世紀末葉時，首次出現了若干學術性的哲學家。沙拉森人被諾曼人逐出西西里島；匈牙利人已成為基督徒，不再從事掠奪；諾曼人在法蘭西與英格蘭的征服，使之免於斯坎的那維亞人進一步的入侵。建築除受拜贊廷影響的地區外本來都是粗陋的，此時突然變得精緻起來。教育水準在教士中大幅提高，在世俗的貴族中，也有很多的進步。

在最早階段的改革運動，推行者的心目中是專以道德為範疇的。無論教士或信徒，生活都很墮落，熱心者卽致力於匡正，希望他們能遵照規律生活。但在此一純道德的動機背後，還另有一動機，最初不覺得，但以後逐漸明朗。這個動機是把教士與俗人完全隔離，這樣可以增加教士的權力。因此教會改革的成功就自然會引起教皇與皇帝的衝突。

神父在埃及、巴比倫尼亞、波斯已經形成一隔離而有力的階層，但在希臘與羅馬還沒有做到。在原始的基督教會中，教士與俗人的區別是逐漸形成的，當我們在新約中讀到「主教」這個字，它的意義和我們現在的解釋是不同的。把教士從其他俗人中區隔可以分成兩方面，一是思想上的，一是政治上的；後者則有賴於前者。教士擁有某些特殊的權力——尤其在有關聖事方面，祇有受洗是例外，可以由俗人來執事。沒有教士的協助，結婚、赦免、最終的塗油（宗教儀式之一）都是不可能的。在中世紀，更重要的是「化體說」（卽認爲聖餐中的麵包與酒眞的變成了基督的肉與血）：祇有神父才能在羣衆中執行此一神蹟的儀式。到第十一世紀，卽一〇七九年，「化體說」才列爲正式的信條，雖然此一說法爲人所普遍接受，已經歷時很久了。

由於神父們的特殊權力，他們可以決定一個人死後永生天堂或永墮地獄。假如這個人死時被開除教籍，卽墮入地獄；假如這個人在神父做過許多適當的儀式，並且自己照規定做過懺悔自白後死去，就可以上升天堂。但在上天堂之前，他必須有一段時間——或許是很長的時間，在煉獄中受苦。神父能夠以替他的靈魂做彌撒而縮短這個時間；他們很樂於這樣做，因爲可以得到相當的金錢報酬。

我們必須瞭解，所有上述的一切，是教士與俗人都眞誠而堅定地信仰的，並非祇是教會的官式教條而已。教士的這種特殊權力逐漸使他們能夠凌駕在有權勢的王公與部隊司令之上。但此一權力在兩方面遭遇阻礙：俗人魯莽憤怒的爆發與教士們自己的分裂。一直到格利哥里七世，羅馬居民對教皇個人都很少敬意。當派系鬪爭引導他們這樣做時，他們就可以綁架、囚禁、毒害教皇，或者向教皇發動戰鬪。這與他們的信仰如何能夠調和呢？無疑地，部份是由於他們缺乏自制，但部份還是由於相信一個人儘可行惡祇要在臨死前悔改就可以了。另外一個原因，其他地區較羅馬爲顯著，國王們可以使主教服從他們的意志，獲得足夠的神權使自己免於受譴。因此，爲保持神父的權力，則整飭教會紀律及統一團結的教會組織是不可缺少的。在第十一世紀，達成了這些目標，作爲神父們道德改革的一部份。

欲求神父的整體獲取權力，祇有以個別的教士為犧牲。神父中的改革者所要致力反對的兩件邪惡的事情是賄賣聖職與「姘居」。玆分別簡述如下。

由於信徒的捐獻，教會已經變得很富有。許多主教擁有廣大的土地，卽使教區的神父通常也過着在當時可以認爲是很舒適的生活。主教通常是由國王派任的，有時也由較小的封建貴族派任。國王鬻賣主教職位，已成慣例，並且是他個人收入的主要來源。主教也在他的權力範圍內出賣高級的聖職。這在當時已經不成其爲秘密。吉爾柏特（席爾維斯特二世）做主教時說：「我付出金字，得到主教的職位，但假如我做得好，就不愁不把金子賺回來。我派任一名神父，我得到金子；我派任一名執事，我得一堆銀子。看我再來一次解囊獻金吧！」（見劍橋中世紀史）。米蘭的彼得·達米安在一〇五九年發現城中每一個居聖職的人，自總主教以下，都觸犯了買賣聖職罪；而這種情形，米蘭並不是例外。

買賣聖職當然是一種罪惡，但所以要反對，這還不是唯一的理由。這使聖職的取得由於財富而不是由於才能；更加強了世俗的權威派任主教的地位，並使教士屈服於世俗的統治者，而使主教成爲封建制度的一部份。而且，當一個人買得了聖職，自然急於取得補償，因此所縈心者毋寧是世俗的事情，而非心靈的修養。由於這些原因，反買賣聖職運動對於教會爭取權力是必要的。

同樣的考慮也適用於教士的獨身生活。第十一世紀的改革者常說「姘居」，實際上他們應該說「結婚」才對。僧侶由於誓言守身如玉，當然不應結婚。但並沒有明白禁止一般教士結婚。東正教的教會，一直到現在，教區的神父還是可以結婚的。第十一世紀的西方教會，大部份的教區神父都娶妻子。主教們則引據聖保羅的話：「作監督的必須無可指責，只作一個婦人的丈夫……」（見前提摩太書第三章）。在這件事上，不像買賣聖職那樣，有明確的道德上的論點，但堅持教士須過獨身生活則與反對買賣聖職具有相似的政治上的動機。

神父結婚，自然會試圖將教會的財產遺贈他們的兒子，他們如能使他們的兒子也成爲神父，遺贈也就成爲合法行爲；因此，改革派獲得權力後，第一個步驟就是禁止神父之子擔任聖職。（一〇四六年，曾有命令，執事之子不得爲神父，後來又修改爲，如有神諭，亦可擔任。）但在那個混亂的時期，神父仍得以非法手段將教會土地的一部份讓與其子。除經濟的考慮外，事實上，假如神父和他的鄰居一樣也有家庭，鄰居就不會對神父有不同流俗的感覺。至少從第五世紀開始，一般人都對獨身生活極表崇敬，假如居聖職的人想保持他們的權力所依賴的敬意，則放棄婚姻生活，以示與衆人顯然有別，對他們自己大有裨益。改革者本身無疑認爲婚姻生活雖未必有罪但不如獨身生活之高尙，而且這是一種對肉體的弱點的屈服。聖保羅說：「倘若自己禁不住，就可以嫁娶，與其慾火攻心，倒不如嫁娶爲妙。」（新約哥林多前書第七章）但一個眞正神聖的人應該能够「禁得住」。因此，教士的獨身生活對維持教會的道德權威是必要的。

在作過一般性的初步說明之後，茲再回顧第十一世紀改革運動的史實。

首先要敍述的是，「虔誠的威廉」——阿奎汰尼公爵於九一〇年創設克倫尼大修道院。此一修道院除教皇外不受任何外來權威的干涉；而且修道院長有權管轄其他同爲阿奎汰尼所創設的較小的修道院。當時，大多數的修道院皆富有而奢侈；克倫尼大修道院雖非極端的禁慾主義，却小心翼翼地維護其適度而合乎禮儀的生活秩序。第二任的院長奧多曾赴義大利，並獲得對羅馬若干修道院的控制權。他有時也遭遇到挫折：「法爾伐修道院因兩名敵對的院長而分裂，他們曾共同謀殺他們的前任，拒收奧多所推薦的僧侶，以毒藥消滅阿爾柏雷克以武力擁立的修道院長。」（見劍橋中世紀史）（阿爾柏雷克是羅馬的統治者，曾邀請奧多到羅馬來的。）在第十二世紀時，克倫尼的改革熱忱逐漸冷却。聖柏爾納甚至反對改革運動的組織，像當時最具熱忱的人一樣，他認爲堂皇的教會訓廸祇是罪惡的自大的表示而已。

在第十一世紀中，改革運動者創設了其他的若干修道會。羅義德——一名苦行主義的隱士，於一〇一二年創設了坎茂多里斯修道會；彼得・達米安（關於他的事後文將略述）即是這個修道會的信徒。科隆的布魯諾於一〇八四年創設卡蘇西安修道會，一直保持其苦修的生活。一〇九八年席斯特西安修道會創立，聖柏爾納於一一一三年加入，這個修道會嚴格遵守貝尼狄克特的誡律，禁用有斑點的玻璃窗。勞作的事，他們付諸改信的異教徒或俗人中的同道。這些人也需要宣誓，但禁止學習讀寫；他們主要是從事耕種，也做其他的事，例如建築之類。約克郡的方登・亞貝卽是席斯特西安修道會的修士——這種修道行爲對於那些以魔鬼爲最美妙的人是非常重要的。

在法爾伐所發生的事件，並非特殊的例外，從其中可以覘知，僧侶的改革運動者需要很大的勇氣與活力。在他們獲得勝利的地區，世俗的統治者也會予以支持。就是這些人和他們的信徒促使了改革運動的實現，最初是教皇制度，然後擴及整個教會。

關於教皇制度的改革，最初主要的工作是皇帝在做的。最後一任世襲的教皇是貝尼狄克特九世，於一〇三二年卽位，據說當時祇有十二歲。他是阿柏雷克之子，我們在敍述奧多時曾提到過阿柏雷克的。貝尼狄克特九世逐漸成人，行爲愈來愈放蕩，以至羅馬人亦爲之震驚。最後他忍不住，決定辭去教皇，還俗結婚。他把教皇這個職位賣給他的教父，成爲格利哥里六世。此人雖以賄買躋位教皇，却是一位改革運動者；他也是海德布蘭德（格利哥里八世）的友人。但他獲得教皇職位的方式很難使人袖手不問。年輕的皇帝亨利三世，放棄了鬻賣聖職的收入，但仍保持派任主教之權。他於一〇四六年到達羅馬卽位，年僅二十二，以賄買聖職的罪名將格利哥里六世免職。

亨利三世在位期間，一直保持扶植或推翻教皇的權力，並以改革運動者的利益爲基準。他把格利哥里六世推翻後，就派一位日耳曼的主教隋吉爾爲教皇；羅馬人放棄了選舉教皇的權力，他們一向行使這種權力的，但幾乎每次都產生很壞的結果。新教皇卽位後翌年逝世，皇帝提名的繼任人不久亦死去——據說是被毒死的。後來，亨利三世就選擇與自己有密切關係的人——布魯諾，成爲李奧九世（在位期間一〇四九——一〇五四年）。他是一位熱誠的改革運動者，旅行各地並舉行多次會議；他希望將諾曼人逐出南義大利，但並未成功。海德布蘭德是他的朋友或可稱爲他的門徒。他死後，皇帝又派任伊契斯塔特爲教皇，於一〇五五年卽位，稱維克多二世。但皇帝於次年逝世，又一年，教皇亦逝世。從此以後，皇帝與教皇的關係就不如以前那樣融洽。此時，教皇由於亨利三世的精神上的支持，宣稱不受皇帝節制，然後又宣稱其地位超出皇帝。因此引起兩百年的政教衝突，而以皇帝的屈服而結束。以長期觀點而言，亨利三世改革教皇制度的政策也許是短視的。

亨利三世之後是亨利四世，在位五十年（一〇五六——一一〇六年）。初卽位時，他尚在幼年，由他的母親婀格妮斯皇太后攝政。此時，史蒂芬九世做了一年的教皇，死後紅衣主教們選舉了一位教皇，而羅馬人則執行其久已放棄的權力，選舉了另一位教皇。皇太后支持主教們，卒獲勝利，繼任的教皇稱尼古拉斯二世。他在位雖僅三年，但影響很大。他與諾曼人達成了和解，以此，教皇可以較少依賴皇帝的支持。他以命令規定，教皇的選擇權首先在紅衣主教，然後是其他的主教，最後是羅馬的教士與人民，但他們的參加，以舉行一次集會行之，純粹祇是一種形式而已。事實上，眞正有權選擇教皇的，還是紅衣主教們。選舉儘可能在羅馬舉行，假如在羅馬有阻礙或可能發生不愉快事件，也可以改在他處舉行。但選舉程序中皇帝無權參與。這項命令經過一番鬪爭，始被接受，這是使教皇脫離世俗權力控制的一個重要步驟。

尼古拉斯二世又下令此後凡曾犯買賣聖職罪者，其所任聖職將不被承認。但這項命令不追溯以往，因爲如果追溯，則當時大部份的現任主教神父們都要免職了。

在尼古拉斯任期內，在米蘭開始了一項饒有興味的鬪爭。當地的大主教，承襲安布路斯的傳統，自稱對教皇具有某種程度的獨立地位。他與他所屬的教士們和貴族聯合，強烈反對教會改革。但商人與低等階層則希望教士們能謹守清規；因此發生暴動，主張教士過獨身生活，支持一項強有力的教會改革運動，反對大主教及其追隨者。一〇五九年，教皇爲支持改革運動，特派遣著名的聖彼得・達米安爲他的代表到米蘭去。達米安是「神的萬能」這篇論說的作者，其中主張上帝能够做出與矛盾律相反的事情，並且可以打消過去發生的事情。（此一觀點爲聖湯瑪斯所反駁，自此即被認定爲非正統的理論。）他反對辯證法，把哲學當作神學的婢女。我們可以看出，他是隱士洛茂爾德的信徒，非常不願意參與實際的事務。但是，他的聖潔的高名在教皇是一項珍貴的資產，教皇乃力予勸說，促其支持改革運動，他終於爲教皇的言詞所動，接受了他的任命。一〇五九年，他在米蘭向集會的教士們發表演說，攻擊賄賣聖職的行爲。最初羣衆很激怒，他幾乎有被當場殺死的危險，但他的動人的雄辯終於降服了他們，使他們每一個人都流着淚懺悔自己的罪惡，而且他們都表示願意服從羅馬。在次一任教皇任內，由於米蘭主教職權問題，與皇帝發生爭執，也得力於改革運動支持者的協助，教皇乃獲得最後勝利。

尼古拉斯二世於一〇六一年去世，此時亨利四世已長大成人，就教皇繼承問題，與紅衣主教們發生爭執。皇帝不接受有關選舉教皇的規定，不準備放棄他參與選擇教皇的權力。爭執持續了三年，最後，在不經皇帝與元老院的權力衝突之下，主教的選擇獲得了勝利。居關鍵地位的是，主教們所選擇的教皇，擁有顯著的優點，道德高尙而經驗豐富，卽位後稱爲亞歷山大二世。他曾受教於藍弗蘭克（後來成爲坎特伯瑞的大主教）。亞歷山大二世於一〇七三年逝世，嗣又選擧海德布蘭德爲教皇，稱格利哥里七世。

格利哥里七世（一〇七三——一〇八五年）是最著名的教皇之一。他在做教皇之前卽久已成名，對教廷的政策具重大影響。由於他的建議，亞歷山大二世始爲「征服者威廉」在英格蘭的功業祝福；同時，他也支持在義大利及北方的諾曼人。格利哥里六世爲整頓賄賣聖職罪而自己買到了教皇，曾做過他的監護人；格利哥里六世被免職後，海德布蘭德曾被放逐兩年，嗣後大部份的時間皆在羅馬。他不是一個有學問的人，他的思想主要得自聖奧古斯丁，並間接得自他所崇拜的英雄格利哥里一世。他卽位教皇後，自認爲聖彼得的代言人。這給他某種程度的自信，但在世俗的心目中，他並非聖彼得的代言人。他承認皇帝的權力亦有其神聖的來源：最初他把教皇與皇帝比做一個人的雙眼；後來，與皇帝發生爭執時，又比做太陽與月亮——自然教皇是太陽。教皇在道德上必定是至高無上的，因此皇帝如有不道德行爲，卽有權予以免職。世間沒有比反抗教皇更不道德的事情。以上一切，都是他深信不疑的。

格利哥里七世比以前的任何教皇更注重加強教士們的獨身生活。日耳曼的教士們反對這一點，並在其他方面傾向皇帝。但無論何處，俗人都贊成教士應該謹守獨身。格利哥里七世激發俗人的暴動反對結婚的教士及其妻子，常對兩者皆施以虐待。他呼籲俗人勿參加不服從教皇命令的教士所主持的集會。他下令稱，結婚的教士所攜的聖餐是不潔的，這種教士也不應進入教堂。所有這些都引起教士的反對，却獲得俗人的支持；卽使在羅馬，教皇通常是要冒生命危險的，但他却能得到人民的普遍歡迎。

在格利哥里七世的時代，開始發生有關「授職」問題的重大爭執。當任命一個主教時，必授以指環及權杖，作爲他職務的表徵。授予這些信物的是皇帝或國王（根據其供職地區），作爲主教的大封主，但格利哥里七世堅持應由教皇頒授。此一爭執是教會脫離世襲封建控制時所引起的衝突的一部份，持續多年，但最後還是教皇得到徹底勝利。

爭執開始於米蘭的大主教問題。一〇七五年，皇帝由於副主教的協力，任命了一位大主教；教皇認爲這侵犯了他的權力，乃以開除教籍及免職相威脅。皇帝爲了報復，在渥安斯召開了一次主教會議，其中主教表示不再對教皇效忠。他們寫了一封信，譴責教皇通奸、僞證以及比兩者更壞的虐待主教。皇帝也寫了一封信，宣稱他的判斷在塵世上超越一切。皇帝及擁護他的主教們宣布將格利哥里七世免職；格利哥里則將皇帝及擁護他的主教開除教籍，並宣布將他們免職，於是，開始了激烈的互鬪。

在第一個階段，勝利屬於教皇。撒克遜人曾經一度反叛亨利四世，原已達成和解的，此時又再度反叛；而日耳曼的主教們此時則與格利哥里達成和解。世界各地皆爲皇帝對教皇的不公正待遇感到震驚。因此在翌年（一〇七七），亨利四世決定請求教皇的寬恕，於嚴冬之日，携同皇后及幼子，與幾名隨從，越過席厄斯山隘，在教皇的居處——卡諾沙城堡前，叩闇請罪。教皇讓他以赤足與苦行者的裝束在門外苦候了三日，終於被接納。皇帝表示悔罪，並發誓在與日耳曼的反對派打交道時，遵從教皇的指示，因而獲得原有而恢復教籍。

但教皇的勝利是假的。他被指摘爲觸犯他自己所制訂的神學的規律，其中有一條卽是禁止對悔罪者寬恕。言之似屬怪誕，但他確是受了亨利四世的愚弄，以爲他是眞心悔悟。他迅卽發現了自己的錯誤，他對亨利在日耳曼的敵人，不再能加以支持，因爲這些日耳曼人感覺被教皇出賣了，自此之後，形勢卽逆轉而於教皇不利。

亨利在日耳曼的敵人選舉了另一位皇帝，名爲魯道爾夫。最初，教皇雖然主張應該由他在亨利與魯道爾夫之間作一選擇，却拒絕作任何決定。最後於一〇八〇年，他念及亨利對他作不誠實的悔罪，乃宣布魯道爾夫爲皇帝。但此時，亨利已與大部份的日耳曼反對者修好，也嗾使他在教會中的支持者，選出了另一教皇，爲他加冕；但此時諾曼人突然入侵，聲言援救格利哥里，亨利與另一教皇相偕出走。諾曼人殘暴地侵掠了羅馬，並將格利哥里帶走，事實上成爲他們的囚犯，直至翌年逝世爲止。

格利哥里的政策似以失敗而結束，但事實上他的繼任者仍以較溫和的態度，執行他的政策。一項對教皇有利的妥協辦法曾用以作暫時性的彌縫，但雙方的衝突在基本上是無法和解的，次一階段的鬪爭情形將在以下章節中詳述。

此處容略述第十一世紀知識的復興。第十世紀是沒有哲學家的，唯一例外是吉爾伯特（教皇席爾維斯特二世，九九九——一〇〇三年），卽使是他也不算眞正的哲學家，毋寧是一位數學家。但到了第十一世紀，却有以哲學名世的學者出現。其中最重要的是安西林（Anselm）與洛席林（Roscelin），還有其他若干人值得一提的，他們都是與改革運動有關的僧侶。

我們已經提到過的彼得·達米安是其中最年長者。柏倫加（Berengar）之使人感興趣，是因爲他似乎是一位理性主義者。他主張理性高於權威，爲求支持自己的觀點，他在約翰·斯各特的著作中尋求證言，因此使約翰受到死後的譴責。他否定「化體說」——即認爲聖餐中的麵包與酒眞的變成了耶穌的肉與血，曾兩度被迫撤回他說的話。藍法蘭克（Lanfranc）曾在他的著作中駁斥此一「異端邪說」。藍法蘭克生於派維亞，在波羅格納習法律，成爲第一流的辯證學者，但他爲神學而放棄了辯證學，進入諾曼第的貝克修道院，並掌管一所學校。一〇七〇年，「征服者威廉」任他爲坎特柏瑞的大主教。

聖安西林和藍法蘭克有許多相同點：都是義大利人，貝克修道院的僧侶，也同樣做過坎特柏瑞的大主教（一〇九三——一一〇九年）。安西林在任上時，遵循格利哥里七世的原則，與當地的國王發生爭執。他之出名主要是由於發明爲上帝存在辯護的「超邏輯的論點」。他的論點如下：我們認定「上帝」是最大的思想的目標，假如某一思想的目標是不存在的，則另一與此相同的確定存在的思想目標，必更偉大，因此思想目標中的最偉大的必定是存在的，否則，就可能有另一更偉大的思想目標存在。所以，上帝是存在的。

此一論點從未爲神學家所接受，當時且有惡評，到第十三世紀後葉，卽被遺忘。湯瑪斯·阿奎那曾加以反駁，自此阿奎那在神學家中卽樹立其權威地位。但安西林的論點在哲學家中具有較好的命運。笛卡兒以一種修正的方式承襲其說；萊布尼玆認爲如能增益其說證明上帝爲「可能」的，則可目爲正確。康德認爲他已經一次將它擊破。在某些方面，它又成爲黑格爾及其信徒學說的基礎，並且在柏萊德雷（Frances Herbert Bradley 1846–1924 英國哲學家）的理論中重現：「可能被思想與必定被思想的卽是存在。」

不論其是否正確，一項理論既具有如此不同於尋常的歷史，是應該受到尊重的。眞正的問題在於，是否有任何我們能想到的事物，僅僅由於我們能想到之故，卽表示在我們的思想以外存在呢？每一位哲學家都願意答：「是」，因爲哲學家的職能卽是以思想而非觀察去瞭解宇宙間的事物。假如答案是肯定的，則事物與純思想之間必有聯繫；假如是否定的，就沒有聯繫。在此一般性的方式中，柏拉圖曾用一種超邏輯的論點來證明觀念上的客觀眞實。但在安西林之前，沒有人以純邏輯來說明其論點。由於其爲純邏輯，反而不易接受；但這仍然是安西林的成功之處。

安西林哲學的其餘部份是得自聖奧古斯丁的，其中有許多地方受柏拉圖的影響。他相信柏拉圖的若干觀念，從中又得到上帝存在的另一證明。由於新柏拉圖主義者的若干論點，他認爲不僅可證明上帝的存在，也可證明三位一體的神的存在。（前曾述及，勃洛梯納斯有他三位一體的獨特理論，但不爲基督徒所接受。）安西林認爲理性應服從信仰。他說：「我爲了瞭解而去信仰。」他贊成奧古斯丁的主張，沒有信仰，就不可能瞭解。他說上帝並非「祇是」上帝，而是「正義」。約翰·斯各特曾說過類似的話。兩者的共同淵源都是柏拉圖。

聖安西林，如同他以前的基督教哲學家一樣，毋寧是具有柏拉圖而非亞里斯多德的傳統。因此，他不具有「學術性」的哲學的特徵，這種特徵到阿奎那以後卽完全消逝。這一類哲學或許可認爲肇始於洛席林。他與安西林同時，而後者年長十七歲。洛席林代表一個新的開始，將於下節中詳述。

當我們說到中世紀哲學時，至第十三世紀爲止，主要是屬於柏拉圖的。但是，除了梯美烏斯一篇的斷簡之外，世人對於柏拉圖的知識都是根據第二手乃至第三手的資料。例如，約翰・斯各特不提出任何柏拉圖沒有提出過的意見，但他的柏拉圖思想大部份是來自「擬狄奧尼昔厄斯」。作者的時代不詳，但似爲新柏拉圖主義者勃洛克魯斯的學生。約翰・斯各特可能從未聽說有勃洛克魯斯其人，也從未讀過勃洛梯納斯的著作。除「擬狄奧尼昔厄斯」之外，中世紀的柏拉圖思想的另一來源是波伊濟厄斯。其柏拉圖思想在許多方面與現代學者自柏拉圖本身的著作中所讀到的不同。凡是與宗教無顯著關聯的均被刪除；而在宗教哲學上，則渲染強調某些方面，而忽略其他內容。這種失去本來面目的變更在勃洛梯納斯時卽是如此。對於亞里斯多德的知識也是片斷的，但側重的方向則相反：第十二世紀以前，有關亞氏的知識都是得自波伊濟厄斯的「分類學」與「論修正」的譯本。因此，亞氏被認爲祇是一名辯證學者，而柏拉圖祇是一名宗教哲學家及觀念論的作者。中世紀的後期，這種偏見逐漸獲得修正，尤其是對於亞里斯多德的看法。但對於柏拉圖，直到文藝復興，錯誤的觀念才完全改正過來。

第四節　回教文化與哲學

東羅馬帝國、非洲、與西班牙所受的攻擊，與北方蠻族對西羅馬帝國的攻擊，有兩點不同：第一、東羅馬帝國至一四五三年始告滅亡，國祚較西羅馬帝國延長了幾近一千年；第二、進襲東羅馬的主要是回教徒，征服後並未改信基督，而是發展他們自己的獨立的文明。

穆罕默德於六二二年自麥加逃往麥地那，回教的時代亦於此時開始。十年後，穆罕默德逝世，不久，阿拉伯人卽開始其征伐，進展神速。在東方於六三四年進攻敍利亞，兩年內，敍利亞完全臣服；六三七年再進攻波斯，六五〇年波斯滅亡。六六四年進攻印度；六六九年佔領君士坦丁堡（七一六至七一七年二度佔領）。對西方的進軍稍顯遲滯。埃及於六四二年被征服，迦太基則仍倖存至六九七年。西班牙除西北一隅之地外在七一一至七一二年間降服。向西方的擴張（西西島與南義大利除外）由於七三二年回教徒在托爾斯一役中戰敗而停止，正當穆罕默德逝世後一百年。（奧圖曼的土耳其人最後征服了君士坦丁堡，屬於較後的一個時期。）

各種客觀因素幫助了回教勢力的擴張。波斯與東羅馬因長期戰爭而陷於衰竭。敍利亞人大部份是景教徒，受到天主教的迫害，而回教徒則以納貢而對所有的基督徒一視同仁。埃及也是類似的情形，大部份居民是基督人神一體論者（Momophysites），對入侵者表示歡迎。回教徒在非洲與柏貝爾土著聯結，此一土著民族是羅馬人從未徹底征服過的。阿拉伯人會同柏貝爾土人進攻西班牙，且獲得當地猶太人的協力，因爲他們受到維席哥德人殘酷的迫害。

穆罕默德的宗教是簡單的一神教，不若三位一體論及輪廻說之複雜。穆罕默德不自稱爲神，他的信徒也不代表他宣稱爲神。他恢復了猶太人對偶像崇拜的禁止，並禁止飲酒。伊斯蘭教的信仰，以儘可能征服全世界爲其責任，但並不迫害基督徒、猶太人、或祆教徒——可蘭經稱他們爲「屬於書本上的人」，意卽服從某一部經典去行事的人。

阿拉伯大部份是沙漠，生產愈來愈難以供養其人口。阿拉伯人最初出擊是爲了掠奪，後來變成長期佔領是由於他們發現敵人的軟弱無能。在大約二十年之間，一羣習慣在沙漠邊緣過着貧瘠生活的人，突然發現自己成爲世界上若干最富庶地區的主人，可以享受一切奢侈生活，獲得一切古代文明下的精美產品。他們較大部份的北方蠻族能够抗拒此一變化的誘惑。當他們在未經慘烈戰爭而佔領龐大土地時，並未從事破壞，行政機關幾皆保持原狀。在波斯與拜贊廷帝國，皆具有良好的行政組織，阿拉伯人初踐斯土，對這些複雜的行政措施，茫無所知，不得不借重訓練有素的現職人員，而這些人也表示樂於在新的主人下服務。事實上，此一變動使他們的工作易於推動，因爲賦稅已大幅減輕。許多人爲逃避重稅而改信回教。

阿拉伯帝國實施絕對權力的君主專制，由一稱爲「凱利弗」(Caliph——教主，等於國王)的統治，作爲眞主穆罕默德的繼承者，不僅繼承了他的統治權，也繼承了他在宗教上的神聖地位。教主名義上是選舉的，但很快就變成世襲。第一個王朝，稱爲尤瑪雅王朝，延續到七五〇年爲止。王朝的締造者之信奉穆罕默德完全是爲了政治上的理由，並常與較熱心的信徒作對。阿拉伯人雖以一個新宗教的名義征服了世界上一大片地區，却並非對宗教很虔誠的民族；他們征服他人的動機，毋寧是掠奪與財富，而非宗教。正因爲他們缺乏狂熱，這少數的武士才能統治具有高度文明及不同宗教的大量人口，不致遭遇很多的困難。

波斯人則與此相反，從很早的時期開始，卽對宗教具熱忱，並有高度的冒險性。自他們皈依回教後，卽使伊斯蘭變得更有吸引力，更具宗教性，更富哲學意味，超越穆罕默德及其親族的想像之外。自穆罕默德之婿阿里於六六一年逝世後，回教徒卽分爲兩派——孫尼與希阿。前者人數較多；後者擁戴阿里，認爲尤瑪雅王朝是篡奪者。波斯人屬於希阿這一派。主要是由於波斯人的影響，尤瑪雅王朝終被推翻，而代之以阿巴席王朝，這是代表波斯人利益的。朝代更迭，首都亦由大馬士革遷往巴格達。

阿巴席王朝在政治上較尤瑪雅王朝傾向於狂熱份子。但這個王朝並未統治帝國全部疆土。尤瑪雅家族中的一員逃過了滅門的屠殺，出亡到西班牙，成爲當地的合法統治者，自此以後，西班牙卽與回教帝國的其他部份脫離關係而獨立。

在阿巴席王朝的早期，教主的威望達於巔峯。最著名的是哈倫・阿爾・拉希德（Harun-al-Rashid於八〇九年卽位），與查理曼大帝及艾倫妮皇后同時，每個人讀「阿拉伯之夜」的，都知道有關他的傳說。他的朝廷是豪華生活、詩歌與學術的中心；他的財務支出是龐大的；他的帝國疆土遠自直布羅陀海峽延伸到印度洋。他的意志是必須絕對服從的；他習慣上帶有劊子手在旁，在他一點頭的時候，就執行職務。但這種巔峯狀態沒有維持多久。因爲他的繼任者犯了一項錯誤，使土耳其人成爲軍隊的主要構成份子。土耳其人是具有反叛性的，迅卽將教主的地位降為一無關重要的人物，任何時候，祇要軍隊對他感覺厭煩，就可以使之失明甚至加以殺害。不過，教主的虛銜仍然存在，直至一二五六年，阿巴席王朝的最後一任教主與巴格達的八十萬居民同被蒙古人殺死為止。

阿拉伯的政治與社會制度有與羅馬帝國相似的缺點，此外，尙另有若干缺點。絕對的君主專制加上一夫多妻制通常會引發宮廷的戰爭，每當一位統治者去世，必有許多王子中的一人獲得最後勝利，而將其餘的王子誅戮。由於不斷有戰爭，產生了大量的奴隸；有時會發展為危險的叛亂。商業發達，由於教主居於東西的中心，更促進其發展。「不僅因擁有大量財富而需要珍貴的供品——如中國的絲與北歐的皮貨，而且商業亦因某些特殊的條件而獲得推廣，例如回教帝國的開疆拓土；阿拉伯語成為世界通用的語言；在回教社會的倫理體系中商人地位的提高；教主本人卽曾經做過商人，在往麥加朝聖時卽從事貿易。」（見劍橋中世紀史）。這種商業就如同調集軍隊一樣，須依賴寬濶的道路，這是波斯人與羅馬人留給阿拉伯人的，而阿拉伯人維護得很好，不像北方蠻族那樣任其荒蕪而不加修整。但阿拉伯帝國仍不免分裂為若干部份——西班牙、波斯、北非、與埃及相繼脫離，獲得完全或接近完全的獨立。

阿拉伯經濟上最佳的成就之一是農業，特別是水利灌漑方面，因為他們需要學習如何在缺水的地區生存。直到今日，西班牙的農業仍受當年阿拉伯人的灌漑工程之利。

回教世界的特異文化，雖起源於敍利亞，但很快就傳到東西的兩個極端——波斯與西班牙。敍利亞人在被征服時是亞里斯多德的崇拜者，祆教徒仰慕亞氏的程度過於柏拉圖，而柏拉圖則受到天主教徒的支持。阿拉伯人最初自敍利亞人獲知希臘哲學，因此，認爲亞里斯多德較柏拉圖爲重要。但是，在他們心目中的亞氏，却披上新柏拉圖主義的外衣。金地（約死於八七三年）是第一位以阿拉伯文寫哲學書籍的，也是唯一一本身屬於阿拉伯人的著名哲學家，曾將勃洛梯納斯的「恩尼兹」的一部份譯爲阿文，並以「亞里斯多德的神學」爲書名，發表其對亞氏著作的譯述。這使阿拉伯人對亞氏的觀念產生很大的困惑，歷時數百年，始獲澄淸。

此時，回教徒在波斯開始與印度接觸。他們在第八世紀時自梵文的著作中始獲得有關天文學的知識。約於八三〇年，慕沙·阿爾·克瓦拉兹米（Muhammad ibn Musa-al-Khwarasmi）從梵文中譯了若干有關數學與天文學的書，其中一本於第十二世紀時譯爲拉丁文，名爲「印度的幾何學與數學」。從這本書中，西方始獲知我們現在稱爲「阿拉伯」的數字，實際上應稱爲「印度」的數字。同一作者寫了一本幾何的書，西方用爲教本，直至第十六世紀爲止。

波斯文化在理性上及藝術上都值得崇仰，至第十三世紀，蒙古人入侵時遭受破壞，自此即從未恢復。卡然（Omar Khayyam）是我所知道的唯一兼爲數學家與詩人的，於一〇七九年改革了曆法。頗足怪異的，他最好的朋友是「暗殺團」的創設者，（暗殺團以十字軍爲目標，係一秘密結社——譯者註），亦卽是傳說中家喩戶曉的「山上的老人」。波斯產生偉大的詩人：弗道西（Firdousi 約死於九四一年），是史詩「沙那瑪」的作者，據讀過的人說，足與荷馬比擬。他們也是卓越的神秘主義者，而其他的回教徒則不然。蘇非教派，至今仍存在，不受拘束地對正統教條加以神秘性的諷喻性的解釋；這多少接近新柏拉圖主義。

希臘的影響首先通過祆教傳至回教世界，但絕非純粹的希臘的面貌。希臘人在伊德沙所設的學校爲齊諾皇帝所關閉；其中的學者乃移居波斯，繼續講學，但不能避免受波斯的影響。祆教徒崇拜亞里斯多德，是由於他的邏輯學，最重要的，阿拉伯哲學家也將他的邏輯學置於首要的地位。後來，他們又讀他的形而上學與靈魂學。阿拉伯的哲學家一般是百科全書式的：他們對煉金術、星象術、天文學、動物學以及我們所稱的哲學，都有興趣；他們被狂熱及偏執的人投以懷疑的目光；他們的安全（當他們仍是安全的時候）要歸功於具有相當自由思想的王公們的保護。

兩位哲學家，一位是波斯人，一位是西班牙人，值得特別注意——阿維辛那與阿弗洛伊斯。前者在回教徒中享盛名，後者飲譽於基督徒社會。

阿維辛那（又名伊班·辛那，九八〇——一〇三七年）的一生消磨在一些可能被認爲祇有詩中存在的地方。他生於波克哈拉省；二十二歲到基瓦——世稱「沙漠中的孤島基瓦」，然後又到科拉杉——世稱「孤懸的科拉斯米亞海岸」。他曾在伊斯派罕教過一個時期的醫學與哲學，然後定居於德黑蘭。他在醫學上甚至比在哲學上更有名，雖然他的醫術並未超過伽林（Claudius Galen，古希臘名醫）。從第十二世紀到第十七世紀，他的醫學在歐洲被奉爲圭臬。他不是一個聖哲型的人物，事實上他頗耽溺於醇酒婦人。他爲正統派所猜忌，但王公們由於他的醫術高明，則加以禮遇。由於土耳其傭兵對他的敵視，他常常處境危殆，有時藏匿，有時則被囚禁。他是一部百科全書的作者，但由於神學家對他的敵視，在東方幾不爲人所知，但在西方，有拉丁文的譯本，頗具影響。他的心理學有實驗主義的傾向。

他的哲學比較接近亞里斯多德，比後來的回教哲學家較少新柏拉圖主義的成份。猶如後來的基督教學者一樣，他頗潛心於研究普遍性的問題。柏拉圖說普遍性在事物產生之前。亞里斯多德有兩種不同的意見，一種是出於他在思想的時候，另一種是當他駁斥柏拉圖的時候。這使他成爲批評者理想的攻擊目標。

阿維辛那發明了一個公式，爲阿弗洛伊斯及阿柏脫斯所重複述及的：「思想爲形式帶來普遍性。」跡此以觀，可以假定他並不相信普遍性脫離思想而獨立。但這是一種過份簡單的看法。他說，一般性——也就是普遍性同時先於事物、也在事物之後。他的解釋如下：在事物之前，一般性存在於上帝的認識中。（例如，上帝決定造貓。這就需要祂先有「貓」的概念，因此，它在這方面在特定的貓之前產生的。）一般性在事物顯現中存在於自然的目的物，（當貓已造好後，每一隻貓都有貓類通性）。一般性在事物顯現後存在於我們的思想中。（當我們看到許多貓，我們注意到彼此的相似點，達成一普遍的概念「貓」。）這一看法顯然在試圖調和各種不同的理論。

阿弗洛伊斯（又名伊班・魯希德，一一二六——一一九八年）生活於回教世界的另一端，與阿維辛那遙遙相對。他生於科達瓦，他的父祖都是低級法官。他也是一名低級法官，最初在席維里，後來調至科達瓦。他先讀神學與法律哲學，然後讀醫學、數學、與哲學。有人把他推薦給教主阿布・雅奎伯，說他具備分析亞里斯多德著作的識解，（他似乎並不懂希臘文。）教主對他很賞識；於一一八四年任他爲私人醫生，但不幸「病人」於兩年後逝世。其繼任教主繼續供養他十一年；然後受他的反對者正統教派的攻擊，教主終於將他免職放逐，最初到鄰近科達瓦的小城，最後到摩洛哥。他被指摘爲犧牲眞正的信仰以傳授古代的哲學。阿爾・曼蘇爾宣稱上帝已備有地獄中的火，懲罰那些認爲可以靠自己的力量尋求眞理的人。此時一切談邏輯與神秘主義的書籍皆付之一炬。

不久之後，西班牙的摩爾族的疆土，因基督徒的征服而日益縮小，因此在西班牙的回教哲學即到阿弗洛伊斯爲止，其餘的回教世界則以嚴謹的正統教條扼殺了思想自由。

尤柏維格却爲阿弗洛伊斯的「非正統」的罪名辯護——這種事情實際是應該由回教方面來決定的。尤柏維格指出，依照神秘主義的說法，可蘭經的每一段都有七種或七十種或七百種不同層次的解釋，字面上的意義祇是適用於無知識的平民的。因此，一個哲學家的闡釋似乎不可能與可蘭經牴觸，由於七百種意義中至少總有一種是　合這個哲學家的說法的。但是在回教世界中，一般平民似乎拒絕接受一切超出可蘭經以外的知識，即使沒有異教的說法可以流傳，這種知識仍是危險的。神秘主義者的看法認爲一般平民必須接受可蘭經字面上的意義，而有智慧的人則無須如此，這種看法是不爲一般人所接受的。

阿拉伯人因受新柏拉圖主義的影響，對亞里斯多德有不確當的解釋，阿弗洛伊斯則對此加以改正。他給予亞氏與一個宗教創始人同等程度的尊敬——甚至遠超阿維辛那對亞氏的敬意。他認爲上帝的存在可以經由啓示中所表現的理性來證明，阿奎那也有同樣的看法。至於靈魂不朽說，他似乎完全遵從亞氏的理論，主張靈魂並非不朽，不朽的是靈智。但這不能保證獲得個人的不朽，因爲不同的人所表現的靈智是同一的。這種說法自然也受到基督教哲學家的反對。

阿弗洛伊斯，如同其後大部份的回教哲學家一樣，雖然是一名信徒，但並非嚴格的正統派。回教中有一批純正統的神學家，反對一切哲學家，認爲都是對信仰有害的。其中有阿爾加惻者，寫了一本書，稱爲「哲學的毀滅」，指稱一切必要的眞理在可蘭經裏都已經有了，因此在眞主的啓示之外，就不需要再有任何獨立的思考。阿弗洛伊斯以另一書作答，稱爲「毀滅的毀滅」。阿爾加惻所特別持以反對哲學的宗教的教條是：眞主創造宇宙，由無生有，神性的確實以及肉身的復活。阿弗洛伊斯認爲宗教是以寓言方式表達的哲學的眞理。這特別適用於宇宙的創造，他是以其哲學的理解與一種亞里斯多德的方式來解釋的。

阿弗洛伊斯在基督教哲學中的地位比他在回教哲學中的地位更重要。在後者，他代表結束，在前者，他代表一種新的開始。第十三世紀早期，他的著作被米凱爾·斯各特譯爲拉丁文，他的著作成於第十二世紀末葉，竟能在短期內流傳至歐洲，頗足詫異。他在歐洲的影響很大，不僅在學術界，而且在一大羣非職業性的自由思想者之中，凡否認靈魂不朽說的都稱爲阿弗洛伊斯主義者。在專業哲學家之中，崇仰他的人最初以法蘭昔斯修道會與巴黎大學最多。但此一論題將在以後的章節中詳述。

以思想的啓發性而論，阿拉伯的哲學並不重要。一般的情形是，比較傾向於科學化的哲學家，其淵源來自亞里斯多德；邏輯與形而上學來自新柏拉圖主義者；醫學來自迦林；數學與天文學來自希臘與印度；而在神秘主義者之中，宗教哲學也摻雜有波斯信仰的成份。阿拉伯的著作家祇在數學與化學上表現了一些創造性——後者且有作煉金實驗時偶然得來的知識。回教文化在盛時，其美術與許多技術方面是值得崇仰的，但在純理論的學問上，則表現缺乏獨立的思考。惟作爲傳播保存學問者，其重要性是不容低估的。在古代與現代的歐洲文明之間，隔着一個黑暗世紀。回教徒與拜贊廷王朝雖然缺乏革新所需的智力，却維護了文明所需的條件——教育、書籍、與學習的閑暇。兩者在西方逐漸脫離蠻族的控制時，都曾予以激勵，回教徒主要是在第十三世紀，拜贊廷主要是在第十五世紀。兩者的激勵都產生了新的思想，超越任何傳播者所產生的思想，前者是經院哲學，後者是文藝復興（這些還有其他的諸種原因）。

在西班牙的摩爾人與基督徒之間，猶太人形成了一座有用的橋樑。當西班牙再度爲基督徒征服時，許多猶太人留在西班牙，因爲他們懂得阿拉伯語文，又不得不學會基督徒所用的語文，他們就自然能够提供翻譯的服務。另一相互交通的原因是當第十三世紀時回教徒對信從亞里斯多德者的迫害，摩爾人與猶太人相偕逃亡，尤以逃到法蘭西東南部勃拉文斯地區者爲多。

西班牙猶太人之中出生了一位重要的哲學家，梅莫尼德斯。他於一一三五年在科達瓦出生，但三十歲移居開羅，卽終老於此。他以阿拉伯文寫作，但立卽被譯成希伯來文。去世後幾十年，他的著作又譯爲拉丁文，可能是出於皇帝菲德烈二世的要求。他寫過一本書，名爲「對流蕩者的嚮導」，是專爲那些失去信仰的哲學家寫的，其目的在使亞里斯多德能與猶太的神學諧和一致。他說亞氏爲「月以下世界」的權威，這是得自上天的啓示的。但在上帝的認識中，哲學與啓示是一致的。尋求眞理是宗敎的責任。占星術是被否定的。舊約首五章不能全部照字面來解釋，我們必須尋求其比喻的意義。他爲「梯美烏斯」一書作節略（他所讀是阿拉伯文的），在某幾點上，他推重柏拉圖，勝於亞里斯多德。上帝的構成要素是不可知的，超越一切已論定的完人。猶太人認爲他是異敎徒，甚至挑撥基督敎的當權者來反對他。有些人認爲他對斯賓諾莎有影響，但這是無法斷言的。

第五節　第十二世紀

第十二世紀有四點特別使我們感覺興趣的：

㈠帝國與敎廷的繼續衝突；

㈡倫巴族城市的興起；

㈢十字軍；

㈣經院哲學的成長。

這四點都持續到第十三世紀。十字軍逐漸歸於不光榮的結束；但其他三點，到第十三世紀則達於巔峯狀態，回顧第十二世紀，祇能算是一個過渡階段。在第十三世紀中，敎皇對皇帝取得決定性的勝利；倫巴族城市獲得保證性的獨立；經院哲學達到最高度的發展。所有的一切却都是第十二世紀耕耘所得的結果。

不僅是四點中的第一點，而且其他三點也與敎皇及敎士權力增強有密切的關聯。敎皇聯結倫巴族的城市對抗皇帝；敎皇耳班二世發動了第一次的十字軍，繼任的敎皇們又成爲以後各次十字軍的主要策動者；經院派的哲學家們都是敎士，敎會中的會議負責監督使他們局囿於正統的範圍之內，假如他們踰越，則加以懲戒。無疑地，他們察覺到敎會在政治上的勝利，而自己也是參與者，這一點激勵了他們在知識上的創造力。

中世紀若干奇異的現象之一是許多人主動創造而不自知。各方面皆以古制古法爲自己的政策辯護。在日耳曼，皇帝託古於查理曼大帝時代的封建制度，在義大利，則求之於羅馬法典與古代皇帝權力的典型。倫巴族城市更上溯到共和羅馬時代的典章制度。敎皇的權力增長，一部份來自僞造的「君士坦丁皇帝的贈予狀」，一部份來自舊約中所述的掃羅王與撒母耳先知的關係。經院派哲學家則訴諸聖經，最初是柏拉圖，然後是亞里斯多德；當他們具有創造性時，卽設法加以隱藏。十字軍的努力在恢復回敎徒興起前的狀態。

我們必須不爲這些字面上的復古主義所欺騙。祇有皇帝復古符合其實際的願望。封建制度在沒落，尤其在義大利；羅馬帝國祇存在於記憶中。因此，皇帝已被「擊敗」，名存實亡。北義大利的城市正處於成熟期的發展中，極近似古代希臘的城市，型態相同，並非由於模倣，而是由於環境的類似：小規模、富足、具高度文明的、實行共和政體的商業社區，周圍是低度文化的蠻族王國。經院派哲學家們，雖然對亞里斯多德很尊敬，但表現了比任何阿拉伯人更高的創造力——事實上，也高於自勃洛梯納斯以來的任何人，或至少是自奧古斯丁以來的任何人。

帝國與教廷的衝突

自格利哥里七世到第十三世紀中葉，歐洲歷史卽以教會與世俗君主的鬪爭爲中心——主要是皇帝，但有時也涉及法蘭西與英格蘭的國王。格利哥里的教皇職位未獲善終，但他的政策則以較溫和的方式持續下去，耳班二世（一〇八八——一〇九九年）重申反對俗人授予聖職的命令，並要求由教士與人民自由選舉主教，（當然人民的參與祇是形式而已。）但事實上，如俗人所選擇的主教很好，他並不加以阻止。

最初，耳班祇能在諾曼人的區域中獲得安全保障。後來在一〇九三年，亨利四世之子反叛其父，與教皇聯結征服了北義大利，倫巴族城市成立聯盟，以米蘭爲首，向教皇輸誠。一〇九四年，耳班對北義大利與法蘭西皆獲得勝利。他制服了法蘭西王菲力浦，由於要求離婚，被教皇開除教籍，終於放棄離婚之念。一〇九五年，耳班在克勒蒙特會議中宣佈成立第一次的十字軍，這製造了宗教熱忱，有助於增加教皇的權力——也激起對猶太人的暴行。耳班的最後幾年在羅馬安居，過去教皇在羅馬是不安全的。

下一任教皇帕斯查亦如耳班一樣來自克倫尼。他繼續反對俗人授予聖職，在法蘭西與英格蘭獲得成功。惟自亨利四世於一一〇六年去世後，亨利五世卽位，勢力壓倒教皇，這位皇帝是一位超塵絕俗的人，想使他的聖潔超過他的政治地位。教皇建議，皇帝應宣佈放棄授予聖職，但相對條件是主教與修道院長放棄世俗的財產。皇帝表示同意，當此一協議宣佈時，教皇却遭遇教士們的激烈反叛。皇帝時在羅馬，乘機刼持教皇，教皇屈服，承認俗人的聖職授予權，並爲亨利五世加冕。但十一年後，卽一一二二年，在「沃姆斯協定」中，教皇卡利克脫斯二世又強迫亨利五世放棄授予聖職，並放棄在柏根第與義大利對主教選擧的控制。

直到此時爲止，鬪爭的實際結果使教皇獲利，教皇過去臣服於亨利三世的，此時教皇已與皇帝分庭抗禮，同時，在教會中也獲得更完整的權力，教皇以派遣使節的方式來統治各地教會。教皇權力的增加相對地削弱了主教的地位。此時，教皇選擧已不再受俗人控制，而教士的品德，就一般而言，亦較改革運動以前的情況爲好。

倫巴族城市的興起

本世紀第二階段與菲德烈·巴柏洛沙皇帝（一一五二——一一九〇年）有密切關聯，他是一能幹而精力充沛的人，他若從事任何事業，都會成功；受過良好教育，閱讀拉丁文勝任愉快，雖然說拉丁語仍有困難；對於古典學術的知識宏富，同時也是羅馬法的崇信者。他自認爲古羅馬皇帝的繼承者，應該享受和他們同等的權力。但他是日耳曼人，在義大利不受歡迎。倫巴族各城市雖然願意承認他的正式統治權，但當他干涉到他們內部的事務時，却起而反對——除非某些人對米蘭心存畏憚，而需要祈求教皇的保護。宗教改革運動仍在米蘭繼續，而多少與民主趨向有聯帶關係；大部份——並非全部——的北義大利城市同情米蘭，與皇帝爲敵。

哈德雷安四世，一位精力充沛的英格蘭人，曾在挪威做過傳教士，在巴柏洛沙卽位後兩年繼任教皇，最初，兩人相處尙融洽。他們因遭遇共同的敵對者而獲致和解。羅馬城宣佈獨立，旣不聽命於教皇，也不受皇帝節制，並且爲求獲得助手，請了一名異教徒阿爾諾德參加。他的異教理論是非常激烈的。他主張「教士有地產的，主教有領地的，僧侶有私產的都不應保留。」他這樣主張是因爲他認爲教士們應該完全獻身於精神生活。雖然他因異教理論而被目爲邪惡，但沒有人懷疑他眞正嚴謹樸實的生活。聖柏爾納激烈地反對他：「他不求美食也不飲酒，但他像魔鬼一樣，渴於吸人靈魂的血。」哈德雷安的繼任教皇曾經寫信給巴柏洛沙，抗議阿爾諾德支持「羣衆派」，企圖選出一百名參議員、兩名執政官，並推選出他們自己的皇帝。非德烈此時正待前往義大利，自然爲之震怒。羅馬城因受阿爾諾德的鼓勵而要求社區的獨立，引發一項暴動，將一名紅衣主教殺死。於是，新選出的教皇哈德雷安卽將羅馬的教權褫奪，由於神聖週（Holy Week 卽復活節前一星期）及迷信壓服了羅馬人，使他們投降並允諾將阿爾諾德驅逐。阿爾諾德藏匿起來，却被皇帝的衞隊捕獲，將他燒死，骨灰棄於泰伯河，因恐被他的信徒保留作爲神聖的紀念物。由於非德烈不願爲教皇牽馬，並且在教皇下馬時，故意使馬躍起，加冕爲之延期，後來在一一五五年於羣衆反對聲中爲他加冕，結果羣衆遭受了一次大屠殺。

誠實的人被免職，現實的政客們又開始爭論起來。

教皇與諾曼人和解後，乃於一一五七年冒險與皇帝決裂。在皇帝與倫巴族城市支持的教皇之間，戰爭幾乎持續了二十年。諾曼人大部份也是支持教皇的。反對皇帝的戰爭主要是由倫巴聯盟來進行的，他們的口號是「自由」，並爲羣衆的激烈情緒所推動。皇帝奪得許多城市，甚至於一一六二年佔領米蘭，將之夷爲平地，驅迫居民他遷。但五年以後，倫巴聯盟又重建米蘭，舊時的居民返回故城。同年，皇帝與另一僭稱教皇者合作（註一），以強大軍力進迫羅馬。教皇出走，情勢似已危殆，但黑死病毀滅了非德烈的大軍，非德烈回到日耳曼，成爲一孤獨的逃亡者。此時，不僅西西里而且希臘的皇帝亦與倫巴族結盟。非德烈仍能組軍再戰，但於一一七六年在黎格那諾戰敗，被迫媾和，給予各城市完全自由。在皇帝與教皇的衝突中，以媾和條件而言，任何一方都未得到完全勝利。

非德烈似已沒落。一一八九年他續組第三次十字軍，於翌年去世。

此一長期鬬爭的最重要的發展是自由城市的興起。皇帝的權力與沒落中的封建制度結合；教皇的權力，雖然仍在增長中，但主要是由於世界需要他作爲皇帝的一個對抗者，當皇帝不再成爲威脅時，教皇亦隨之沒落；城市的權力是新興的，是經濟發達的結果，也是新的政治型態的來源。雖然並不發生在第十二世紀，但義大利城市不久卽發展出一種非教會的文化，在文學、藝術、科學三方面都有很高的成就。這都是由於抵抗非德烈成功，才提供了這樣的機會。

所有北義大利的城市皆依存於貿易，在第十二世紀時，局勢穩定，使商業更較前繁榮。濱海城市——威尼斯、熱那亞、披沙，從未需要爲爭取自由而戰，因此卽比阿爾卑斯山下諸城對皇帝較少敵意，而阿爾卑斯山下諸城則為皇帝出入義大利的要隘。也由於這個緣故，米蘭成為當時最重要最具吸引的義大利城市。

在亨利三世的時代以前，米蘭人是樂於服從他們的總主教的。但教會改革運動改變了這種情況：總主教傾向貴族，而強有力的羣衆運動則起而反對他們。結果促成民主制度的肇始，制訂憲法，規定統治者由公民的選舉產生。在北方諸城，特別是在波羅格納，有一批業餘法律學家，嫻熟羅馬法典；而且，自第十二世紀，富有的俗人的教育程度，遠超過阿爾卑斯山以北的貴族。這些富庶的商業城市雖然支持教皇反對皇帝，但在外觀上並無宗教色彩。在第十二與第十三世紀中，很多人信仰異教，類似宗教革命後英國與荷蘭商人所信仰的清教。嗣後，他們傾向於自由思想，對教會祇是口頭敷衍，缺乏眞正的虔誠。但丁代表最後一個舊派的典型，而包卡西歐(Giovanni Boccaccio 一三一三——一三七五年，義大利作家）則代表一種新的典型的開始。

十字軍

我們不需要把十字軍當戰爭來研究，但十字軍確與文化有重要的關係。教皇在發動十字軍時居領導地位是很自然的，因為目標是（至少表面上是如此）宗教性的；因此，戰爭宣傳與激起的宗教熱忱都有助於教皇權力的提高。另一重要的後果是對猶太人的大量屠殺；倖存者則被奪去財產且被迫受洗。第一次十字軍東征時，在日耳曼大量屠殺猶太人，第三次十字軍時，正當獅心王理查秉政，在英格蘭也有類似的屠殺——約克郡，第一位基督教國王開始其統治的地方，成為對猶太人進行集體殺戮的屠場。在十字軍之前，猶太人幾完全龔斷了全歐洲的東方商品的貿易；十字軍之後，由於猶太人受迫害之故，大部份貿易又落入基督徒手中。

十字軍的另一影響是促進與君士坦丁堡的文化交流。在第十二世紀及第十三世紀初葉，由於此項交流，許多書籍由希臘文譯爲拉丁文。過去與君士坦丁堡一直有貿易來往，特別是威尼斯人；但意大利商人並不自尋苦惱去研讀希臘古典文學，正如同英國或美國商人在上海並不想研讀中國四書五經一樣。（歐洲人對中國四書五經的知識主要是來自到過中國的傳教士。）

經院哲學的成長

狹義的經院哲學開始於第十二世紀。作爲一種哲學派別，自有它某些固定的特徵。第一、限定著作者不踰越正統思想的範圍；假如他們的觀點爲一項宗教會議所譴責，他們通常都樂於撤回自己的主張。這並不完全出於懦怯，而是有如一位法官服從上級法庭的判決。第二、在正統思想的範圍內，亞里斯多德——在第十二第十三世紀逐漸獲得世人完整性的瞭解——被接受爲至高無上的權威；柏拉圖不再居於首要的地位。第三、對辯證法與三段論法有深切信念，經院哲學家的一般性格，毋寧是好辯的、斤斤計較的，而非神秘主義的。第四、將宇宙問題置於前列，這是和亞里斯多德與柏拉圖的看法不同的，但如認爲宇宙是此一時期的哲學家所研究的主要課題，也是不對的。

第十二世紀，在哲學以及其他方面，都爲產生許多著名人物的第十三世紀舖平道路。早期的哲學家具有開拓者的精神，由此產生一種新的理智的自信，儘管崇仰亞里斯多德，但祇要思考沒有太大的牴觸教條的危險時，卽自由而活潑地運用其理性。經院派方法的缺點在強調「辯證法」後不可避免的錯誤結論。這些缺點是：對事實與科學的漠視；在某些祇有實地觀察才能決定的事情上，依賴推理的分析；以及過份強調文字上的精妙與圓熟。我們在討論柏拉圖時，曾提到過這些缺點，但經院哲學家則變本加厲，走入極端。

第一位可認爲純粹經院派哲學家的是洛席林（Roscelin）。關於他的生平，我們所知不多。他約在一〇五〇年生於康培恩，曾在洛契斯授徒，阿貝拉德卽是他的學生。一〇九二年，他被一項宗教會議譴責爲具有異教思想。由於恐懼被教士投石以私刑處死，他終於公開撤回他的主張。他逃亡到英格蘭，但竟魯莽到攻擊聖安西林。後來又逃亡到羅馬，與教會妥協，約在一一二〇年後，卽不再有他的踪跡，可能於是年去世，但這純粹是臆測的。

洛席林除他給阿貝拉德討論三位一體的一封信之外，沒有著作留傳下來。在這封信中，他很輕視阿貝拉德並對他的自閹加以嘲笑。尤柏維格本來很少表示激動的，也指摘說洛席林不可能是一個好人。除這封信外，洛席林的意見主要見之於安西林與阿貝拉德互辯的文字中。據安西林說，洛席林認爲概念祇是「聲音的呼出」，如照字面解釋，一個概念是一種物質的發現，換言之，當我們說出一個字時，一個概念就產生了。但是，很難假想洛席林會提出如此愚妄的主張。安西林又說，洛席林認爲，人不是一個統一體，祇是一個共同名字，安西林像一個很好的柏拉圖主義者，以此爲洛席林唯一向眞實低頭的合理意見。他似乎曾經主張，某一可以分解的整體，並非它本身的眞實，而祇是一個空名；眞實存在於部份之中。這一意見應該將他引入，或確曾將他引入一種極端的原子學說。不論如何，這使他在三位一體論上遭遇困擾。他認爲「三位」是三種不同的實體，這是唯一與我們認爲有三位上帝相牴觸的說法。根據洛席林的意見，另一種可能的說法是不僅「子」，而且「父」及「聖靈」都有肉體，但他並不認爲這種說法可以接受。所有上述的這些論點，由於是異教思想，一〇九二年他在雷恩斯宗教會議後都已公開撤回。我們不可能知道他對宇宙究竟持如何一種想法，但無論如何，他顯然是一位近似唯名論者的哲學家。

他的學生阿貝拉德比他更能幹，更傑出。他在一〇七九年出生於鄰近南特斯的地方，在巴黎曾做過威廉（一位現實主義者）的學生，後來又做巴黎大教堂附設學校的教師，此時他轉而反駁威廉的意見，並強迫他加以修正。在安西林（不是總主教安西林，是另一人）的教導下，專心研習神學一段時期之後，於一一一三年返回巴黎任教，獲得逾格的普遍歡迎。即在此時，他成爲教士傅爾柏特姪女希洛絲的戀人。教士逼他自閹，他與希洛絲必須遯避塵世，他進入在聖丹尼斯的一所修道院，她則進入在阿根梯尤爾的一所修女院。據一位德國學者施密德勒爾說，他們之間的聞名於世的情書集是阿貝拉德以文藝小說的筆調矯造的。此種說法是否正確，無法臆斷，但以阿貝拉德的性格而言，沒有什麼事情是不可能的。他經常是愛虛榮的、好爭辯的、侮慢的；遭遇不幸後，更變得易怒而有屈辱感。希洛絲在信中所表現的摯愛，遠超過他，他可能矯造這些信，以撫慰自己受創的自尊心。

即使在退隱生活中，他仍在任教師這方面獲得很大的成功；年輕人喜歡他的機智、他的辯證術、他對其他教師的嘲弄。年長的人比較不喜歡他，一一二一年，他以一本討論三位一體非正統的書在蘇彝遜斯的宗教會議中受到譴責，他表示屈服後，成爲聖吉爾達斯修道院的院長，他發現那裏的僧侶却是一羣野蠻的農民。經過四年的放逐生涯，又回到較文明的社會。他此後的行止不明，祇知道，根據約翰·沙斯柏瑞的證言，他仍繼續執教，非常受歡迎。一一四一年，在聖柏納德事件中，他再度被譴責，這次是在森斯的宗教會議中。他退隱於克倫尼城，翌年去世。

阿貝拉德最有名的著作爲「是與非」，作於一一二一到一一二二年。在本書中，他爲各種不同的理論，作贊成與反對的兩面辯證，常常是不試圖達成結論的；顯然他對辯論本身有喜愛，認爲有助於磨練一個人的智力。這本書對喚醒那些在教條中瞌睡的人很有效果。照他的看法，除聖經外，辯證法是通往眞理的唯一道路，雖然實驗主義者不會接受他的看法，但在當時，作爲偏見的校正器及無所畏憚地運用理智的一種鼓勵，確發生了有價值的效果。他說，除聖經外，沒有什麼是永不錯誤的；即使耶穌的使徒與神父也會犯錯。

從現代的目光來看，他對邏輯的評價過高。他認爲這是卓越的基督教科學，並且稱其淵源於三位一體的神。聖約翰福音中說：「太初有道，與神同在，道就是神。」他認爲這可以證明邏輯的優越地位。

他的重要性主要在於邏輯與認識論。他的哲學是屬於一種批評性的分析說，主要是語言文字上的。至於宇宙萬物，可以指述爲許多不同事物的，他認爲我們所指述的並非「事物」，而祇是一個

「字」而已。在這個意義上，他是一個唯名論者。但爲了反對洛席林，他又指出一個「呼出的聲音」是一個事物，並非我們所指述的代表一種「物質的發現」的字，而是這個字的眞實意義。此處他依附亞里斯多德。他說，事物互相類似，這種類似點卽產生概念。但兩件相似東西的類同點的本身並非一件東西；這是實體論所犯的錯誤。他說還有對實體論更不利的，例如，一般概念並非基於物的性質，而是基於許多物質的相互混淆的印象。但他並未完全否定柏拉圖觀念論的地位：它存在於神的心靈中，作爲造物時的模型；事實上，這就是上帝的概念。

聖柏納德的聖徒地位並未爲他自己帶來足够的智力，以致無法瞭解阿貝拉德，而發生不公平的譴責。他宣稱阿貝拉德像一個印歐族人一樣地看待神的「三位一體」，像一名披拉基教徒那樣禱告，像一名祆教徒那樣看待基督的人身；阿貝拉德努力想證明柏拉圖是基督徒，就等於證明自己是異教徒；阿貝拉德主張可以用人的理性去徹底瞭解上帝，就等於毀壞了基督教信仰的價值。其實，阿貝拉德對最後一點從未主張過，並且在他的理論中總爲信仰預留地步，但，他如同聖安西林一樣，認爲「三位一體論」可以不由啓示而通過理性來證明。有一個時期，他確曾認爲聖靈卽是柏拉圖所說的「宇宙的靈魂」，惟一經有人指責這是異教邪說，他立卽放棄了這一說法。可能是由於他好辯，而不是由於他的思想本身，引起他人指責他有異教觀念；正因爲他有批評權威的習慣，使他在具影響地位的人士中，非常不受歡迎。

當時大部份的學者都沒有像阿貝拉德那樣潛心研究辯證法。不過，在查特爾學派中，產生了一種人文主義的運動，崇仰古代，信仰柏拉圖與波伊濟厄斯。對數學的興趣又重新燃起；第十二世紀初葉，亞德拉前往西班牙，並將歐幾利得的著作譯爲阿拉伯文。

爲反對枯燥的學院方法，又產生了一種強烈的神秘主義運動，領導人是聖柏納德。他的父親是在第一次十字軍東征時戰死的武士。他自己是修道會的修士，於一一一五年任克萊爾沃克斯地方新建立的大修道院院長。他在教會政治中極具影響力——擊敗僭僞的教皇、淸除北義大利與法蘭西南部的異教思想、以正統思想壓制那些勇於嘗試的哲學家、倡導第二次十字軍等等。在攻擊哲學家這方面，他經常是勝利的；但在他所倡導的十字軍崩解後，卽無法保障波雷（Gilbert de la Porrèe）的信念，他支持波伊濟厄斯，尙有過於聖柏納德——這位異教思想的挑剔撲滅者。聖柏納德雖爲一政客與教條主義者，却具眞正的宗教的性格，他用拉丁文寫的讚美詩非常優美。在受到影響的人士之中，神秘主義愈來愈居支配地位，直到變成有如卓其恩（Joachim 大約死於一二〇二年）的異教思想爲止。但卓其恩的影響屬於較後的一個時期。聖柏納德尋求宗教的眞理，所用的方法並非理解，而是主觀的經驗與沉思。這一點，阿貝拉德和柏納德是相同的。

柏納德以一名神秘主義者的地位痛惜教皇之專注於世俗的事務，並且鄙薄世俗的權力。他雖然倡導十字軍，但似乎不瞭解作戰需要組織，非僅賴宗教熱忱卽能指揮如意。他抗議「人所遵守的是茹斯丁尼安皇帝的法律，而不是上帝的法律」，引起一般人的注意。當教皇以軍事力量保衞其統治權時，他感到震驚，他認爲教皇的職責是精神上的，不應試組實質上的政府。但他對教皇仍表示無限尊敬，稱爲：「主教之王、使徒與亞比勒的最高職位的繼承人（亞比勒爲亞當夏娃之次子，見聖經）、代表諾亞的統轄（諾亞是希伯來族長，事見聖經）、亞伯拉罕的權威（希伯來族的始祖）、亞倫的尊嚴（希伯來人的第一個祭司長）、摩西的權力、在判斷力上有如撒母耳（希伯來先知），在神力上有如聖彼得，在撫慰他人上有如基督。」聖柏納德的所作所爲事實上是增加了教皇在世俗事務上的權力。

沙斯柏瑞的約翰，雖然不是一位重要的思想家，却有助於我們對他那個時代的認識，因爲他寫了一本紀錄當時軼事的書。他是坎特柏瑞三任總主教的秘書，其中有一任是貝克特；約翰又是哈德雷安四世的朋友；於一一八〇年死在查特爾城主教的任上。除宗教信仰之外，他是具有懷疑性格的人；他自稱爲學者（聖奧古斯丁也曾以此自稱）。他對國王們不很尊敬：「一個不識字的王等於一頭加以冠冕的驢。」他很崇仰聖柏納德，但明確地認定他試圖調和柏拉圖與亞里斯多德的矛盾必然是失敗的。他也崇仰阿貝拉德，却嘲笑他和洛席林的觀念論。他承認邏輯是很好的爲學方法，但邏輯本身是枯燥無趣的。他說亞里斯多德的學說——卽使他的邏輯學也包括在內都是可以改進的；對古代學者的尊敬不應妨礙理性的批評行爲。在他心目中，柏拉圖仍是「哲學家之王」。他與同時代大多數的學者熟識，在學術辯論中，常採友善的態度。有一次他重訪一所哲學學校，時隔三十年，他發現學生們討論的問題，仍與以前一樣，乃莞爾而笑。他常去參加的那個社團的氣氛，很像三十年前我們英國的「牛津公寓」。在他逝世前不久，許多教堂學校都變成了大學，至少在英格蘭，大學卽從那時起，一直繼續到現在。

在第十二世紀中，迻譯工作使西方學者能讀到的希臘著作的譯本逐漸增多。迻譯的來源有三：君士坦丁堡、帕拉莫、與托里多。其中以托里多最重要，但翻譯常來自阿拉伯文本，而非直接譯自希臘文。第十二世紀上半葉的後期，托里多的總主教雷蒙創辦了一所翻譯學院，有很好的收穫。一一二八年，威尼斯的詹姆斯翻譯了亞里斯多德的「分析學」「論題」「成熟的詭辯」等書；西方學者對「分析學」仍感難於理解。亨利・亞里斯梯帕斯於一一六二年翻譯了柏拉圖的「菲多」與「米諾」，但沒有立卽受到重視；第十二世紀對於希臘哲學的知識是殘缺不全的，學者知道有許多寶藏尙待發現，乃急於求取對古代的全般性的瞭解。正統思想的約束不似某些時候那樣嚴格；一個人可以自由著書立說，祇要經過充分的公開討論之後，自動把認爲具異教思想的部份撤回就可以了。此時大部份的哲學家是法蘭西人；而法蘭西在教會反對皇帝的鬪爭中是具有擧足輕重的地位的。不管在神學上發生什麼異端邪說，但幾乎所有教會中的學者在政治上都是正統的。這造成了柏瑞西亞的阿爾諾德的離經叛道，是一個特殊的例子。自政治的觀點而言，一切早期的經院哲學都可以看成教會權力鬪爭的另一支流。

（註一）此一時期的大部份時間都有僭僞的教皇。在哈德雷安死後，卽有兩人自稱爲教皇——亞歷山大三世與維克多四世，形成爭奪教皇法袍的「拔河戰」。維克多四世（卽僭稱爲教皇的）未能爭得法袍，他的追隨者爲他製了一套代替品，但匆促間却將它穿反了。

第六節　第十三世紀

中世紀在第十三世紀時到達其巔峯。自羅馬滅亡後逐漸建立起來的「綜合」，此時已經形成，具有持續存在的力量。第十四世紀帶來教會組織與哲學的分離；第十五世紀帶來現代思想的萌始。第十三世紀的人物是偉大的：教皇英諾森三世、聖法蘭昔斯、菲德烈二世、與湯瑪斯・阿奎那，各代表其在某一方面的最高成就。其中也有若干無名英雄所達成的偉大事業：法蘭西的哥德式大教堂、查理曼時代的浪漫文學、以亞瑟王爲中心的騎士小說、與日耳曼的神話；開始在麥格納・卡塔有了立憲政府，也有些國家有了衆議院。我們所最關切的還是經院哲學，特別是有關阿奎那的；但將留待下一節敍述，現在，容試圖將塑造那個時代的精神狀態的一些重要事件，說明其梗概。

本世紀初的中心人物是教皇英諾森三世（一一九八——一二一六年），一位機智的政客、精力過人，堅信教皇具有絕對的權威，而非基督的謙遜。他在供獻儀式中講道說：「看，我使你們從現在起，壓過那些國家與王國，將它們摘下來，然後打破，毀滅推翻之後，再建造再耕耘。」他稱自已爲「萬王之王，萬主之主，根據梅爾基玆德克（Melchizedek，古沙林姆國王，被後世稱爲上帝的講道者的模範——譯者註）的命令，我是永恆的講道者。」爲加強他的觀點，他利用每一個可能的機會。一一九七年，亨利六世皇帝征服了西西里，並與諾曼王位的繼承人康絲坦司公主締姻，在英諾森即位教皇時，新的諾曼王祇有三歲，名菲德烈，此時，諾曼王國正在動盪中，康絲坦司需要教皇的協助。

她自任爲非德烈的監護人，以承認教皇的最高權威爲條件，換取他自己的兒子在西西里的權力。葡萄牙與阿拉崗（西班牙東北部的王國）也給予同樣的承認。在英格蘭的約翰王，經過一番激烈的抵抗後，結果仍被迫屈服，成爲教皇的封邑。

當第四次十字軍東征時，威尼斯人對教皇曾獲得某種程度的勝利。十字軍的兵士需要自威尼斯出發，但難以徵集足夠的船隻，除威尼斯人外，無人能達成這項任務，他們就乘此提出主張（基於純商業的理由）征服君士坦丁堡遠較征服耶路撒冷爲好——無論如何，這是一有用的踏脚石，而東羅馬帝國從未對十字軍十分友善。教皇發現必須對威尼斯讓步，於是攻陷了君士坦丁堡，扶立了另一拉丁籍的皇帝。最初，英諾森頗感困惱，但後來他又認爲此或爲重新統一東西方教會的良機。（此一希望結果落空。）除威尼斯人之外，我不知道有任何人曾經壓倒過英諾森三世。他命令十字軍壓制阿比金斯人，把南法蘭西的異教思想、連帶其幸福、繁榮與文化一併根除。他將陶勞斯的公爵免職，因爲公爵不熱心支持十字軍，又把阿比金斯人大部份的領土給予十字軍的領袖——西門・蒙特福，巴力門制度的創始人。他與奧托皇帝發生爭執，發動日耳曼人將他廢立，結果如願以償，由於他的建議，另選非德烈二世爲帝，甫屆成年，容易聽他擺佈。他支持非德烈二世，以對方的許多不能忍受的承諾作爲交換條件——但不久非德烈就決定不再遵守了。

英諾森三世是第一位不被神化的偉大教皇。教會革新使教皇對教會的道德威望產生信心，覺得不再有神化自己的必要。從他的時代開始，權力的動機愈來愈強地支配了教廷，即使他在世之日，也激起了若干教會人士的反對。他修訂教會法規，以便增加樞機主教的權力；沃格維德稱此一法典為「地獄所曾給予的最邪惡的一本書」。雖然教廷仍獲得若干可以稱慶的勝利，但它未來的沒落已經可以在此預見。

非德烈二世成為英諾森三世的被監護者，於一二一二年前往日耳曼，得教皇之助，取代了奧托為帝。英諾森未能及身而見他後來如何變成教廷的激烈反對者。

非德烈——歷史上最傑出的統治者之一——的幼年與青年時代的環境很艱苦。他的父親亨利六世（巴柏洛沙之子）曾經擊敗西西里的諾曼人而娶其王位繼承人康絲坦司公主。他建立了一支日耳曼人的駐防部隊；但頗受西西里人憎恨。他於一一九七年逝世，此時非德烈祇有三歲。康絲坦司因此反抗日耳曼人，試圖不依賴他們而托庇教皇以維持其統治。日耳曼人深表不滿，奧托試圖征服西西里；此即是他與教皇發生齟齬的原因。非德烈度其童年的所在——帕勒莫又發生變亂。這次是回教徒起而暴動；皮杉人與基諾伊斯人相互為戰，並交替統治該島。西西里的重要人物經常變更支持的對象，視那一邊所出的賄買反叛的代價而定。不過，西西里在文化上則有長足進步。回教、拜贊廷、義大利、日耳曼的文明在此融合在一起，非他處所及。希臘語與阿拉伯語仍通行於西西里島。非德烈能夠流利而巧妙地操六種語言。他熟諳阿拉伯哲學，與回教徒具友好關係，但激起虔誠的基督徒的反感。他是屬於荷恩施陶芬王朝的人，所以也可以算是日耳曼人。但在文化與感情上，他仍是義大利人而沾染上一點拜贊廷與阿拉伯的氣味。與他同時的人以驚奇的目光注視他，以後又轉為恐怖；他們稱他為「世界的奇蹟與不平凡的改革者」。他在世時卽已成爲神話中的人物。據稱他是「三個騙子」一書的作者——三個騙子是摩西、基督、與穆罕默德。這本書實際上從未存在過，但不斷地被指爲反基督教會者的著作，最後一人被認爲曾著此書者是斯賓諾莎。

「保敎皇黨員」（Guelf）與「保皇黨員」（Ghibilline）的詞彙卽是自非德烈與奧托爭位時開始使用的。他們玷辱了「維爾弗」與「維柏林金」的家聲。（奧托之姪後來成英國皇族的始祖。）

英諾森三世死於一二一六年；奧托爲非德烈擊敗後，死於一二一八年。新敎皇安諾雷厄斯三世最初尚能與非德烈和睦相處，但隨卽發生齟齬。首先，非德烈拒絕繼續派遣十字軍；然後又與倫巴族諸城市失和，這些城市曾於一二二六年締結攻守同盟，至此已歷時二十五年。他們都痛恨日耳曼人；其中有一位詩人曾寫出措辭激烈的詩句：「不要愛日耳曼人，讓這些瘋狗遠遠地離開你們。」這似乎可以表現倫巴族的一般感覺。非德烈願意留在義大利與倫巴諸城週旋，但一二二七年安諾雷厄斯去世，由格利哥里九世繼任，是一名極端的禁慾主義者，與法蘭昔斯相互傾慕。（他在法蘭昔斯死後兩年冠以聖徒之名。）格利哥里九世認爲沒有任何事情與十字軍同等重要，而由於非德烈不着手進行，卽將他開除敎籍。非德烈此時已與耶路撒冷王的女兒亦卽繼承人締姻，很樂於東征，使自己成耶路撒冷之王。一二二八年，非德烈雖未恢復敎籍，却率軍東征，此使格利哥里較前次更爲激怒，因爲他想，十字軍何能由一敎皇所禁制的人率領？非德烈到達巴勒斯坦後，却以友善的態度對待回敎徒，並向他們解釋耶路撒冷對基督徒的重要性，雖然並無戰略價值；居然順利說服了對方將耶路撒冷城和平地移交給他。這使教皇更爲震怒——應與異教徒作戰，而非與他們談判。菲德烈順利地在耶路撒冷即位爲王，沒有人能否認他是成功的。教皇與皇帝的關係於一二三〇年恢復正常。

在教皇與皇帝和平相處的幾年中，皇帝專心致志於經營西西里王國。得他的首相魏格納之助，皇帝頒布了一部新法典，源自羅馬法，在他的南方領土中表現了高度的文明；這部法典爲了說希臘語的居民的便利，立卽被譯爲希臘文。他又在那不勒斯創設一所重要的大學。他鑄造金幣，稱爲「奧古斯塔」，這是中斷了若干世紀之後，西方首次出現的金幣。他建立了自由貿易制度，取消一切國內的關卡。他甚至召集由各城市選出代表所組成的會議，不過，其權力祇限於諮議性質。

和平時期以一二三七年菲德烈再度與倫巴聯盟發生衝突而終結。教皇大力支持倫巴族，又把皇帝開除教籍。從此時至菲德烈於一二五〇年逝世爲止，戰爭實際上一直在持續不斷，且愈演愈烈，雙方所用的手段也愈來愈殘酷、奸詐。戰局有極大的變化，彼此互有勝負，但直到菲德烈逝世，爭執並未解決。試圖繼承他遺志的人沒有獲得像他那樣的權力，因而逐漸被擊敗，結果義大利分裂，教皇獲得勝利。

教皇的逝世交替對鬥爭不發生影響，每一位新教皇實際上仍保持他前任的政策不變。格利哥里九世死於一二四一年，英諾森四世繼位，更爲菲德烈的死敵。路易九世雖爲一純粹正統派，試圖緩和格利哥里與英諾森的敵意，但却徒勞無益。尤其是英諾森，拒絕了一切來自皇帝的友善表示，以狂悖而自私的態度對待他。英諾森宣告將皇帝免職，發起討伐他的十字軍，將所有支持他的人開除教籍。修士們在講道時攻擊他，回教徒起而反抗他，在表面上支持他的重要人物中發現政變的陰謀。所有這些都使非德烈變得更殘酷；陰謀發動政變者受到嚴厲的懲罰，被挖去右眼，剁掉右手。

在此一激烈的鬪爭中，非德烈有一次想到創設一個新教，他自己作「救主」，他的首相魏格納則居於類似聖彼得的地位。他並未使他的計劃公開，祇是寫信告知他的首相魏格納。突然，無人能辨其眞假，他竟發現魏格納陰謀推翻他；他挖去魏格納的雙眼，放在囚籠裏示衆；魏格納卒自殺以求解脫更多的酷刑。

非德烈雖有才幹，但如非當時反教皇的人虔敬而具開明作風，則恐難獲得成功。他的目標似在恢復一個非基督教的羅馬帝國。在文化上，他是開明的；在政治上，却是落伍的。他的宮廷是東方式的；他養了一批宦官；義大利的詩卽在他的宮廷中萌始，而他自己的詩也做得不錯。在他與教廷的鬪爭中，發行了一本書，歷述教士專權的危險，這如果在第十六世紀，必大獲采聲，但在當時，却無人理會。異教徒原本應該和他聯結的，却表現爲他的反叛者，反而去獻媚迫害他們的教皇。那些自由城市，如果不是非德烈，可能會反對教皇的；因爲非德烈要它們屈從於他的統治，就轉而與教皇聯結了。因此，雖然他不受當時迷信的羈絆，在文化上，遠超過同時的其他統治者的水準，但他以皇帝的地位不得不反對一切政治上的自由思想。不可避免地，他失敗了，不過，在一切歷史上的失敗紀錄中，他仍是一位值得受重視的人物之一。

對於異教徒——正是英諾森三世要肅清的，所有統治者（包括非德烈）都要加以迫害的，我們應該加以研究。對於他們本身，對於一般性的感覺，都應該窺其厓略，這在當時的著作中，是很難找到資料的。

最能引人注目也是最大的異教教派是「卡薩利」，在法蘭西南部則稱爲「阿比金斯」。其教義係由巴爾幹人自亞洲傳入，在義大利北部及法蘭西南部盛行，信徒也有貴族在內，他們以此作爲佔奪教會土地的藉口。異教大行其道的部份原因是一般人對十字軍的敗績感到失望，但主要還是由於對教士的邪惡與財富產生道德上的鄙視。一般人的感覺，頗似後來的清教，傾慕個人的聖潔；聯帶也主張簡樸的宗教儀式。教會富足而牽入世俗事務；許多神父的行爲是不道德的。修士們譴責舊的教規及教區的神父，說他們勾引前來懺悔的婦女；修士的敵人又加以反駁。無疑這類控訴是有眞實性的。教會愈以宗教的理由宣稱具有無上的權威，一般人愈爲神父的職責與行爲的對照而感震驚。與教會改革動機相同的運動又重現第十三世紀。主要的不同點在世俗的統治者不準備大力支持異教；這大部份是由於沒有一項現存的哲學可以使異教與國王的統治權協調一致。

對於「卡薩利」的教義，無法有明確的認識，因爲我們祇能從敵對者的言論中獲得資料。而且，基督教的教士熟諳異教的歷史，傾向於指述平日所熟悉的教派的名稱，把過去一切異教的教義，都歸之於現存的異教，常常是不倫不類的。但有一部份是不容懷疑的——「卡薩利」似爲多神論者，並且和諾斯士教徒一樣，認爲舊約中的耶和華是一名邪惡的造物者，祇有新約所述的上帝才是眞正的上帝。他們認爲物質主要是邪惡的，並且相信對於有品德的人來說沒有肉體復活這樣的事；但是邪惡的人將轉世爲禽獸。爲了這個原因，他們都成爲素食者，甚至不食蛋類、鮮乳或乳酪。但他們食魚，因爲他們相信魚不是由性行爲衍生的。他們厭惡一切性行爲；有些人說，結婚甚至比通姦更壞，因爲前者具有長期性而且無所忌憚。另一方面，他們却不反對自殺。他們比正統派更照字面的意義信奉新約；他們放棄宣誓，以此爲恥。迫害異教者留有一項紀錄，說有一個被控爲異教徒的人爲自己辯護說，他食肉、說謊、宣誓，是一名很標準的天主教徒。

嚴格的教規祇能見之於特別聖潔的教徒——成爲「完人」的；其他的教徒仍食肉結婚。

踪跡這些異教思想的來源是饒有興味的。最初由十字軍從保加利亞的稱爲保哥邁爾的教派傳到義大利與法蘭西。一一六七年，「卡薩利」在鄰近陶勞斯的地方召開會議時，曾有保加利亞的代表參加。保哥邁爾教派又是摩尼教與保利西亞教的融合。後者是阿米尼亞教的一個支派，反對嬰兒受洗，否定煉獄的存在、聖徒的祈禱效力及三位一體論；最初由阿米尼亞傳入色雷斯，然後再傳入保加利亞。保利西亞教徒信奉馬席安（約生於紀元前一五〇年），他自認在排除基督教中的猶太因素這方面，是承襲聖彼得的傳統的，與諾斯士教有酷肖之處，但並非諾斯士教徒。

此外我所能想到的唯一流行的異教華爾登斯教派，他們是華爾多的信徒，他是一位滿懷熱忱的人，曾於一一七〇年組織「十字軍」來奉行基督的教條。他把所有的財物施捨給窮人，創設了一個社團稱爲：「里昂的窮人」，過貧苦而道德高尚的生活。最初他們曾獲教皇的許可，後來因爲他們抨擊教士的不道德行爲，過份猛烈，一一八四年在弗隆納宗教會議中受到譴責。於是，他們轉而主張每一個善人都有資格講道並解釋聖經；他們任命自己的神父，如此卽不需要天主教神父的服務。這一教派延展到倫巴諸城市、波希米亞，進而至胡賽。他們在遭受到阿爾比尼斯教派的迫害時，他們之中有很多人逃避到貝德蒙；正由於密爾頓的時代，他們仍在貝德蒙受迫害，所以密爾頓的一首「商籟體」裏寫道：「主啊，爲了你的那些被殺戮的聖徒們報仇。」今天在美國偏僻的阿爾賓（德克薩斯州西部山谷的一小鎭）仍有這個教派的信徒。

所有的這些異教引起了天主教會的警惕，乃採取激烈的手段予以鎭壓。英諾森三世認爲異教徒應處死，因爲他們背叛基督犯了重罪。他促使法蘭西王組織十字軍來對付阿比基尼斯教徒，此一十字軍於一二〇九年組成。他們的行爲殘暴，尤其在佔領卡爾喀桑尼城後，誅戮無算。偵緝異教徒原本是主教的職責，但由身負其他多重任務的人來執行，可能過份繁重，一二三三年格利哥里九世創設了宗教裁判所，接辦主教的這一部份工作。一二五四後，被宗教裁判所控訴的，不得尋求律師辯護。一旦定罪，財產卽被充公——在法蘭西，則歸於國王。當一名被控的人定罪，卽解往軍隊，尙可望僥倖逃過一死；但如果世俗的官吏沒有把這個人燒死，則官吏自己必將遭受裁判所的控訴。不僅對待異教徒如此，對待巫術與女巫也是如此。在西班牙，主要是針對秘密結社的猶太人，這項工作是由多明尼克修道會與法蘭昔斯修道會來執行的。這種迫害從未波及斯坎的那維亞與英格蘭，惟英格蘭則準備以此來對付法國的聖女貞德。以一般而言，迫害工作是成功的，一開始卽將阿比基尼斯異教完全清除。

在第十三世初期，教會所面臨的暴亂的危機，並不亞於第十六世紀。它能够渡過危機，主要是由於托鉢修道會的興起；聖法蘭昔斯與聖多明尼克對維護正統派的貢獻，甚至超過最具活力的教皇們。

亞席西地方的聖法蘭昔斯（一一八一或一一八二——一二二六年）是歷史上最可敬愛的人物之一。他生於一富足的家庭，青年時代並不拒絕和一般人一樣的享樂。有一天，他騎馬路過一個痲瘋病人，突生憐憫之心，下馬來吻他。此後不久，他就決心放棄所有的財物，獻身於講道與行善。他的父親是一名篤實的商人，爲此激怒，但無法阻止他。不久，他聚集了一羣信徒，都宣誓過赤貧的生活。最初，教會投以懷疑的目光；它的情形頗近似「里昂的窮人」社團。聖法蘭昔斯派出去的第一批傳教士却被認爲是異教徒，因爲他們眞正過窮苦生活，而不像其他的僧侶，祇是形式上宣誓，事實上並不當眞。但英諾森三世目光敏銳，看出如能將此一運動控制在正統派範圍之內，是有利用價値的，因此於一二〇九或一二一〇年予以正式認可。格利哥里九世是聖法蘭昔斯的個人朋友，仍繼續支持他，但強加以某些規律，這是使熱誠而具自由傾向的法蘭昔斯感到煩惱的。法蘭昔斯願意用最嚴格的尺度去解釋渡貧苦生活的誓言；禁止他的信徒擁有房舍或教堂。他們必須乞食充饑，除非偶受招待，無處居宿。一二一九年，他前往東方在回教國王之前講道，國王遇之以禮，但並未以此改信。返回後發現他的信徒爲他們自己建造了一所房屋，爲此深感痛苦，但教皇說服或強迫他放棄了原來的主張。在他死後，教皇封贈以聖徒的尊稱，不過在守貧這一點上，緩和了他原有的嚴格限制。

以聖潔的行爲而論，法蘭昔斯仍有與其相伯仲的人，但他之所以在聖徒之中夐出儕輩者是由於他的樂天的性格、他的博愛、他的詩才。他的善行總是出於自然的流露，而非勉強行之。他不僅是以一個基督徒或仁者而且還是以一個詩人的心情去愛好一切生物。他在逝世前不久所寫的對太陽的讚美詩，幾乎可以被認爲是太陽崇拜者阿卡納頓所寫的；基督徒說是法蘭昔斯寫的，但沒有明確指出。他自覺有援救痲瘋病人的責任，爲了他們，不是爲了他自己；與大多數的基督徒不同，他重視他人的幸福有過於自己的得救。他從未表示過有任何優越感，卽使對最卑賤最邪惡的人也是如此。席拉諾的湯瑪斯說，他在聖徒中，是一位更超卓的聖徒；在罪人中，他似乎也可以和他們混同在一起。

假如有魔鬼存在，聖法蘭昔斯創設的修道會以後的演變應對他表示感謝。法蘭昔斯死後第一個繼任修道會會長的，卽縱情於奢侈的享受，允許完全放棄貧苦的生活。此一時期信徒們的主要工作是替「保教皇黨」與「保皇黨」之間所進行的殘酷戰爭招募兵員。宗教裁判所是在法蘭昔斯逝世後七年設立的，在若干國家裏，裁判所的主持者多半是他的信徒。祇有一少數人的集團，稱爲「神聖者」的，仍忠實奉行他的教諭；其中有若干人被裁判所指爲異教徒而燒死。這些人堅信基督與使徒不擁有財物，甚至他們所穿的衣服也不是屬於他們的；此一觀點爲約翰廿二世於一三二三年譴責爲異教思想。法蘭昔斯的一生，最後的結果是創設了更富有更腐敗的修道會，增加了社會的混亂，迫害所有具道德熱忱及自由思想的人。以他個人的抱負與性格而言，實不可想像有比這個更富諷刺性的結果。

聖多明尼克（一一七〇——一二二一年）與法蘭昔斯相較，則顯得平凡。他是卡斯梯利亞人，有如羅耀拉（Loyola 耶穌會創始人）一樣，狂熱地獻身於正統思想。他的主要抱負是打擊異教思想，他以度貧苦生活爲達到此一目標的手段。他自始至終參加進攻阿爾比基斯教派的戰爭，據說他曾爲某些最殘酷的暴行而悲嘆。英諾森三世於一二一五年創設多明尼克修道會，很快就獲得成功。我所知道的唯一有關多明尼克的人性的特徵，見於他向約旦的懺悔中，說他喜歡向年輕女人說話，過於對年事稍長的女人。一二四二年，修道會下令將這一段從創始人約旦的生活紀錄中刪除。

在裁判所的工作中，多明尼克修道會的修士甚至比法蘭昔斯修道會的修士更為積極。不過他們在學術上對人類頗有貢獻。這並非多明尼克的原意；他曾命令他的修道士「除教規所允許的以外不得學習世俗的科學與文藝。」這項限制在一二五九年解除，自此以後，多明尼克修士獲得一切學習的自由。體力勞動不再是他們的義務，做聖事與祈禱讀經的時間也儘量縮短，以使他們有更多的閒暇去讀書。他們專心致志，將亞里斯多德的哲學納入基督教義之中。阿爾柏脫斯・馬格納斯與湯瑪斯・阿奎那在這一點上已經獲得最大的成功，尤其阿奎那光芒四射，以後的多明尼克修士在哲學上卽無以為繼。雖然法蘭昔斯甚至比多明尼克更厭惡學習世俗的學術，但隨後却人才輩出，許多哲學名家都是法蘭昔斯會的修士：如羅吉・培根、登斯・斯各特、奧坎的威廉等等。修士們在哲學上的貢獻是以下各節敍述的主題。

第七節　聖湯瑪斯・阿奎那

湯瑪斯・阿奎那（Tomas Aquinas 一二二五或一二二六——一二七四年）被認為是最偉大的經院派哲學家。在所有講授哲學的天主教教育機構中，他的教授法算是唯一正確的一種；自一八七九年教皇李奧八世頒發勅令後，更懸爲通例。因此，阿奎那不僅具歷史上的重要性，而且仍在影響現代人的思想，有如柏拉圖、亞里斯多德、康德、與黑格爾——事實上，其影響尚較康德與黑格爾爲深。在許多方面，他遵奉亞里斯多德，以致教會中有權威的神父之一斯塔基萊特批評他的這種純哲學已經到達了不敬的程度。這並非一般人都有這種想法。在阿奎那的時代，「揚」亞里斯多德「抑」柏拉圖的理論鬪爭仍在進行中。阿奎那的影響得到勝利，直到文藝復興爲止。此後，柏拉圖的聲名卽較在中世紀時爲盛，在大多數的哲學家心目中，再度取得至高無上的地位。第十七世紀時，可以同時信奉笛卡兒與天主教的正統派；梅爾布蘭西（Malebranche 法國哲學家一六三八——一七一五年）崇信笛卡兒，又是一神父，却從未受譴責。但在今天，這種自由已成過去；天主教教士如研究哲學，則必須以阿奎那爲依歸。

聖湯瑪斯爲阿奎諾伯爵之子，其邸堡位於那不勒斯王國中，鄰近蒙地·卡西諾，這是「天使」教育的發源地。他曾在那不勒斯的非德烈大學中研讀六年，然後成爲一名多明尼克修道會的修士，並前往科隆，在阿爾柏脫斯·馬格納斯的門下學習，馬格納斯是當時哲學家中研究亞里斯多德的巨擘。在科隆與巴黎停留一段時間後，於一二五九年回到意大利，此後除一二六九到七二年外，卽未再徙居。在此三年間，他在巴黎，因爲多明尼克的修士以信奉亞里斯多德之故，與巴黎大學的主持者發生齟齬，被疑爲具有同情阿弗洛主義者的異教思想。阿弗洛主義者，以他們對亞里斯多德的解釋爲基礎，堅信因爲靈魂是各別的，所以並非不朽的；祇有靈智才能不朽，這不是屬於個人的，不同的人都有同樣的靈智。他們受到警告說這種思想是違反天主教信仰的，他們卽以「雙重眞理」爲自己辯護——一種眞理以理性爲基礎，就是哲學，另一種眞理，以神的啓示爲基礎，就是神學。這使亞里斯多德的聲譽受到損害，聖湯瑪斯在巴黎，卽致力打消他們因過份傾向阿拉伯哲學所造成的後果。在這方面，他得到卓越的成功。

阿奎那對亞里斯多德確有深切的瞭解。他的朋友——摩爾貝克的威廉供給他從希臘文翻譯過來的譯本，他讀過後並作劄記。到他的時代爲止，人們對亞里斯多德的觀念被新柏拉圖主義所溷亂，但他能追跡亞氏的眞貌，而鄙棄新柏拉圖主義，卽使對聖奧古斯丁著作中所表現的新柏拉圖思想，也同樣加以拒斥。他勸服教會，相信以基督教哲學爲基礎，亞里斯多德的地位應該優於柏拉圖，而回教徒與基督教的阿弗洛伊教派都曲解了亞氏。以我個人的觀點而論，對「談靈魂」一書，阿弗洛伊的解釋遠較阿奎那爲正確。但是，教會的想法自阿奎那後則與此相反。我認爲亞氏在大多數邏輯與哲學問題上的看法，並不能作爲定論，而且大部份證明是錯誤的。當然，任何天主教的哲學家或講授哲學的教師都被禁止傳播這種看法。

聖湯瑪斯最重要的著作——「無上崇拜與反對異教徒」，作於一二五九——六四年之間。內容是和假定一個還沒有皈依基督教的讀者，反復辯難，以確立基督教的眞理；有人推論這個假想中的讀者是一個熟諳阿拉伯哲學的人。他的另一本著作是「對神學的無上崇拜」，幾乎具有同等的重要性，但我們較少感到興趣，因爲不是以辯難體來宣揚基督教的眞理。

以下是「無上崇拜與反對異教徒」一書的摘要。

讓我們先想一想，什麼是「智慧」。一個人也許在某項職業上是有智慧的，例如建築房屋；這表示他瞭解達到某項特殊目標的方法。但是，一切特定的目標皆必須屈從於宇宙的目標，而智慧本身是與宇宙的目標相關連的。宇宙的目標是最好的理智亦卽眞理。在這個意義上追求智慧是最完美的、最高尙的、最有利的、也是最快樂的。所有這些道理都可以從「哲學家」亦卽亞里斯多德處獲得證明。

我的目標（他說的）是宣揚天主教的眞理。但是我必須依賴自然的理性，因爲非基督徒不承認聖經的權威性。但是，自然的理性用於證明有關上帝的事情是不够的；它可以證明眞理的某些部份，而非眞理的全部。它可以證明上帝的存在與靈魂的不朽，但不能證明三位一體、基督神性與人身的合一、或最後的審判。截至現在所能依照基督教的信仰來證實的，卽是沒有一次神的啓示是與理性相反的。但把能以理性證明的與不能以理性證明的信仰分開是很重要的。因此，本書分爲四册，前三册不依賴神的啓示，而都是經過理性達成的結論；祇有第四册談論到沒有神的啓示卽無法知悉的事情。

第一步是證明上帝的存在。有人認爲這是不必要的，因爲上帝的存在（他們如此說）是不辨自明的。假如我們知道上帝的本質，這就是不辨自明的，因爲（在後文中加以證明）在上帝之中，本質與存在性是一體的。但我們並不知道上帝的本質，卽有所知也是殘缺不全的。聰明的人比愚笨的人知道得較多，而天使知道得更多；但沒有人有足够的瞭解，能够自上帝的本質推定祂的存在。由於這個理由，實體論是被否定的。

很重要的一點是：不能證明的宗教的眞理也可以經由信仰而瞭解。證明是困難的，有知識的人才能瞭解眞理；但眞理對於無知識的人、青年人、以及那些爲事業奔忙無暇學習哲學的人，也是必要的。對於他們，祇有依賴神的啓示。

有人說，上帝祇能「由信而知」。他們說，誠如「事後分析」所稱，通過由感覺而來的經驗，我們才能够證實，則任何超越經驗的事情就都得不到證明了。但這是錯誤的；如果這是對的，我們就可以從感覺上認識上帝了。

以亞里斯多德的理論而言，上帝的存在可以由於祂是「不動的推動者」而獲得證明。（如照亞氏的說法，可以有四十七或五十五位上帝。）有的東西祇能被推動，另外有些東西推動也被推動。無論何物，既被推動，卽另有推動之物；因爲無窮盡的廻旋是不可能的，我們一定可以在某處找到某種力量，祇是推動而不被推動的。此一不動的推動者卽是上帝。這可能牽涉到一種永恆運動的理論，是天主教所否定的。永恆運動論是錯誤的：假定永恆運動是對的，祇能由於一種相反的假定而加強，卽是總有一個開始，亦卽是最初的動因。

在「對神學的無上崇拜」一書中，他提出上帝存在的五種證明。第一、上述不動的推動者的論點。第二、是「最初動因」的論點，仍牽涉到無限廻轉的不可能性的論點。第三、宇宙間必定有一切必然性的最終來源；這與第二論點相類似。第四、我們在宇宙間見到各種完美之物，必有它們的來源是絕對完美的。第五、我們發現無生命的物體也爲了一種目標而存在，這力量必定是存在於物體之外的，因爲祇有生物才有其本身的目標。

再回過頭來敍述「無上崇拜與反對異教徒」的內容，我們既然已經證明上帝的存在，就可以自各方面討論關於祂的問題，但從某種意義上說，這些都是消極的：祇能從「上帝不是什麼」來推知上帝的本質。上帝是永恆的，因爲祂是不動的；祂是不變的，因爲祂沒有包含被動的因素。狄南特的大衞（第十三世紀初葉的物質的汎神主義者——認爲宇宙卽是神）發爲「狂言」，說上帝與主要物質無異；這是荒謬可笑的，因爲主要物質是純被動的，而上帝則是純主動的。上帝不是構成的，因此祂不是一個軀體，而軀體則是各個部份構成的。

上帝卽是祂自己的本質，倘非如此，祂不可能是單一的，而是要素所構成的。（這一點很重要。）在上帝中，本質與存在是相同的。偶然的事不能發生在上帝身上；祂不可能以任何本質上的不同來加以指明；祂不屬於任何種類；祂不能加以範圍。但祂並不缺乏任何種類的優點。事物在某些方面類似上帝，在其他方面則否。很適當的說法是：事物近似上帝過於上帝近似事物。

上帝是善良的，祂本身是善，祂是衆善之善，他是明智的，祂的明智的行爲卽是祂的本質。祂以本質瞭解萬物，亦充分瞭解自己。（約翰・斯各特持相反的看法。）

雖然神的智慧並非組合而成，但上帝瞭解許多事情。這似乎是一個難題，不過祂所瞭解的事物並非祂的本質中所沒有的，也非如柏拉圖所說的，它們「本來」就存在，因爲自然事物的形式不可能在物質之外存在或被瞭解。阿奎那對此一難題的答案如下：「上帝既然瞭解自己，概念卽是祂賜予世人的聖經，則神的智慧所產生的概念，不僅近似上帝所瞭解的事物，而且一切具有神性的事物都是相互近似的。因此上帝可以瞭解許多事物，由於智慧是神的本質，由於藉聖經所顯示的一種可以瞭解的意向。」每一種形式，祇要它是存在的，卽是一種「完成」。上帝的智慧包括在祂的本質中，瞭解一切事物，精確地分辨何處與祂相似，何處不相似；例如：生命而非知覺是植物的本質，知覺而非智慧是動物的本質。因此，植物在有生命這一點近似上帝，在無知覺這一點則不近似上帝；動物在有知覺這一點近似上帝，在無智慧這一點則不近似上帝。生物與上帝完全不同這個觀念是被否定的。

上帝同時瞭解一切事物。他的知識不是一種習性，既非推論也不是辯論性的。上帝卽是眞理。（應照其字面解釋。）

我們現在面臨一個問題，曾經困擾過柏拉圖與亞里斯多德的。上帝知道特定的事物嗎？或者祂祇知道概念與一般性的眞理？由於一個基督徒相信天國，他也一定相信上帝知道特定的事物；但反對這種看法的也有堅強的論點。聖湯瑪斯舉出七項這類論點，並逐一加以反駁。七項論點有如下述：

㈠特定事物是可以冠以名字的，不能爲不朽的神所知悉。

㈡特定事物不可能永遠存在，當它不存在時，卽不可知；故不可能爲不變的神所知悉。

㈢特定事物是偶發的，不是必要的；因此，除非當它存在時，不可能對它有確定的認識。

㈣某些特定事物是可以取捨的，祇有與此有關的人才能知道。

㈤特定事物在數量上是無限的，這類無限量是不可知的。
㈥特定事物的重要性不足引起上帝注意。
㈦在某些特定事物中有邪惡的成份，上帝對於邪惡的事物，一概不知。

阿奎那答覆說，上帝知道特定事物及其起緣；他知道尚未存在的事物，正如同工匠知道他將要製造的東西一樣；祂知道未來的偶發事件，因爲即使祂不在時，也能够及時得見，就如同祂身臨其境一樣；祂知道我們的心靈與秘密意向；她知道事物的無限性，雖然我們做不到。祂知道不重要的事物，因爲沒有東西是「完全」不重要的，萬物皆有其「某種程度」的重要性；否則上帝就祇能知道自己了。而且，宇宙的秩序是非常莊嚴的，如不瞭解其不重要的部份，卽不能對它有眞正的瞭解。最後，上帝知道邪惡的事物，因爲知道一切好的事物，自然知道其相反的邪惡的事物。

上帝有意志；祂的意志卽是祂的本質，而本質的主體卽是神性。上帝在控馭自己的時候，也控馭萬物，因爲上帝是萬物的歸趨。祂甚至控馭尚未存在的事物。祂控馭自己及純善，雖然祂也控馭其他事物，却不是爲了「必需」而控馭。上帝有自由意志；祂的取捨可以找出理由，但不一定找出原因。祂不能控制本身具「不可能」的事物，例如，祂不能使自相矛盾的理論成爲眞理。阿奎那舉例說明神的力量所不及的事，並不完全是愉快的；他說上帝無法使人變爲驢子。

上帝有的是快樂、歡欣與愛；却沒有恨。祂有沉思與敏捷的品德。祂是快樂的，是祂自己的快樂。

我們現在談到（在第二册）祂的造物。這適用於駁斥反對上帝的謬論。上帝自「無」創造宇宙，與古代人的看法相反。討論上帝所做不到的事情又重新開始。祂不能有軀體或變更自己；祂不可能失敗；祂不會疲倦、遺忘、懊悔、激怒或悲傷；祂不可能製造一個沒有靈魂的人，或一個角的總和不等於兩個直角的三角形。祂不可能改正過去已經發生過的事，不可能犯罪，造出另一個上帝，或使自己不存在。

第二册主要是討論人的靈魂。一切智慧的本體都是非物質的、不朽的；天使沒有軀體，但人的靈魂是和肉體一致的。有如亞里斯多德所言，靈魂是肉體的形式。人並沒有三個靈魂，祇有一個。靈魂的整體存在於肉體的每一個部份。動物的靈魂與人不同，並不是不朽的。靈智是每一個人的靈魂的一部份；並非如阿弗洛伊斯所說不同的人祇有一種共同的靈智。靈魂並不在傳種時轉渡，而是為每一個人新造靈魂。不錯，這裏有一個難題：當一個私生子誕生時，似乎在表示上帝幫助通姦。但這種說法祇是似是而非的。（另有一種說法曾使聖奧古斯丁感到困擾，即是原始罪惡的留傳問題。有罪的是靈魂，假如靈魂是不轉渡的，都是新造的，那麼如何能承襲亞當的罪惡？這一點本書中未加討論。）

本書曾討論到與理智有關的概念問題，其立場與亞里斯多德相同。概念不在靈魂之外存在，但理智能够瞭解概念，也瞭解靈魂以外的事物。

第三册主要是談有關倫理的問題。他認為邪惡是無意的，並非一種本質，偶然會出於好的動機。萬物皆傾向於仿傚上帝，祂是萬物的歸趨。人的快樂並不包括於世俗的享受中——榮譽、讚頌、財富、權力或肉體的愉快，也不存在於感覺之中。人的最終極的快樂並不包括於善行之內，因爲善行祇是手段；而是包括於對上帝的默想中。但是大多數人對上帝的認識是不够的；對上帝的認識不能經由實驗而獲得，甚至信仰也無能爲力。在此生中，我們不能見到上帝或得到終極的快樂；但此生之後，我們就能面對面地見到上帝。（他警告我們不要照字面解釋，因爲上帝是沒有形貌的。）這不是由於我們自然的力量，而是由於神的光芒；卽使在那時，我們也看不見上帝的全貌。通過這個現象，我們才能得到永生，也就是時間以外的生命。

上帝並不排除邪惡、偶發事件、自由意志、機會或幸運。邪惡出於次等的原因，有如一位好的藝術家用次等的工具一樣。

天使並不是平等的；在他們之中也有等級順序。每一種天使祇有一位，因爲他們沒有軀體，祇能從他們的不同的類別而非在空間所佔的地位來辨別。

星相學是被否定的，理由與其他人所說的相同。「是否有命運這回事？」對於這個問題，阿奎那的回答是，我們也許可以把上帝所安排的秩序稱爲「命運」，但最好不要這樣做，因爲「命運」是異教所用的字。這又引導向另一論點，雖然上帝的意志不可改變。（我不能同意這個論點。）上帝有時創造奇蹟，但此外則沒有人能做到。但是，巫術由於惡魔之助是可能的，却非眞正的奇蹟，也並非獲助於星辰。

神的規律指導我們必須愛上帝，並以較愛上帝爲次的程度愛你的鄰居。禁止通姦，因爲當養育兒女時，父親必須與母親在一起。禁止節育，因爲這是違反自然的；但這不適用於一生過獨身生活。婚姻是不許仳離的，因爲在敎育兒女時，需要父親；兩人在一起比單獨的母敎爲合理，在施行體罰時，也更爲有力。並非一切性交都是罪惡的，祇要它是合乎自然的；但如認爲與其強行抑制不如結婚，則墮入異教思想。必須厲行一夫一妻制；一夫多妻對女人是不公平的，一妻多夫則使父職動搖。亂倫在禁止之列，因爲這將淆亂家庭生活。他反對兄妹結婚的理由很特殊，夫妻之愛再加上兄妹之愛，親昵的程度會造成過份頻繁的性交。

我們必須注意，所有這些有關性倫理的論點，都是訴諸純理性的考量的，而不是出於神的命令與禁例。在第三册將結束時，阿奎那寫了一段爲自己辯護的跋語，引述了一些經文，表示是理性引導他達成與聖經相合的結論，在達成結論之前，他並未訴諸權威。

其中，對「志願貧窮」有一段最生動有趣的討論，讀者可以預期，最後的結論是符合「托鉢」修士的原則的，但表示反對某種力量或現實環境引導他們這樣做，因爲他事實上聽見世俗的信徒向他作過這種要求。

然後他再討論罪惡、宿命論、與「選民」，他的意見大致與奧古斯丁相同。一個人犯了不赦之罪卽喪失最後獲得永生的機會，並且應受永恆的處罰。除非每日祈禱，人皆不免犯罪，卽使祈禱，而沒有皈依基督敎，仍是要受譴責的。人需要祈禱來保持善良，但沒有人「値得」神的幫助。上帝不製造罪惡，但把某些人遺置在罪惡中，而將另外一些人自罪惡中救出。至於宿命論的問題，阿奎那似與奧古斯丁持相同意見，何以有些人被「選擇」進入天堂，其他人則墮入地獄。他也相信一個人如未受洗即不得進入天堂。這不是由理性可以證明的眞理；這是約翰福音第三章第五行所啓示的：「耶穌說，我實實在在的告訴你，人若不是從水和聖靈生的，就不能進神的國。」

第四册所討論的是：三位一體論、基督的神人合一論、敎皇的無上權威、聖餐、以及肉體的復活問題。主要是爲神學家而不是爲哲學家寫的，因此，祇需要知道一個輪廓就可以了。

認識上帝有三條道路：理性、啓示、對祇有啓示才能預先告知的事情的直覺。但是他對第三條道路幾乎沒有提到。有神秘主義傾向的作者一定多談第三者過於其他二者；但阿奎那的氣質毋寧是推理的，而不是神秘主義的。

希臘敎會因否定聖靈的重複「聖歌遊行」與敎皇的無上權威而受譴責。他警示我們，雖然基督是由聖靈孕育而出，但在軀體上並非聖靈之子。

卽使由邪惡的神父分配聖餐，仍然是有效的。這一點在敎會理論上是很重要的。許多神父的生活都犯了致命的罪惡，虔誠的信徒深恐這類神父不能主持聖事。這種情形是很尷尬的；沒有人知道某一神父是否結過婚，或者是否獲得赦免。這會引起異敎思想與分裂主義，因爲具純潔心靈的人要求建立在品德上完美無缺而遺世獨立的神父生活。結果迫使敎會以非常強調的語氣宣稱，一個神父卽使有罪，並不喪失他執行聖事的能力。

最後討論的是肉體復活的問題。阿奎那在這一點，正如在其他各點一樣，對反對正統思想的論據，以非常公正的態度，加以敍述。有些論據，在最初觸及時，會感到很難解答。阿奎那問，假定有一個人在一生中祇吃人肉，他的父母也是如此，那將會發生什麼情形呢？這對於他的犧牲者是不公平的，由於他的貪慾之故，他們必須獻出他們的肉體；假如不是如此，他又如何能維持自己的肉體呢？阿奎那說，這個難題最初看起來或許是無法克服的，細加硏究，還是容易解決的。阿奎那說，肉體的相同性不在於同樣物質微粒的繼續維持；於有生之日，由於進食與消化的過程，構成肉體的物質時刻在變。因此，食人肉者所獲得的，卽使已經不是在他死去時同樣物質所構成的肉體，但在他復活時，仍算是同一的肉體。「無上崇拜與反對異敎徒」一書內容的略述卽到此爲止。

在大體上，阿奎那的哲學近似亞里斯多德，讀者對它是否接受，端視他是否接受亞氏的哲學。他的開創精神表現在他將亞里斯多德納入基督敎的敎條，而祇作最少限度的修改。在他那個時代，他被認爲是一名勇敢的改革者，卽使在他身後，他的許多理論仍爲巴黎與倫敦的大學所譴責。他在「系統化」的成就甚至比他的創造性更值得重視。卽使所有他的理論都是錯誤的，他的「無上崇拜」仍是一偉大的明智的敎誨。當他試圖反駁某一理論時，他首先把對方的論點加以說明，常常是強有力的，對這項理論試作公正的評價。他精確而明晰地分辨由理性出發的論點與由啓示所獲的論點，是值得崇敬的。他熟讀亞里斯多德，並且充分瞭解，而任何早期的天主敎哲學家皆不足語此。

不過，以上這些優點似乎仍不足使他當得起他所享的盛譽。在某種意義上，他的訴諸理性是不誠實的，因爲結論早已在事前達成。例如禁止離婚，理由是父親有助於教育子女：㈠父較母更講理；㈡

父體力較強，更適於施行體罰。現代的教育家可能反駁說：㈠假定男人一般較女人更講理是沒有理由的；㈡需要強大體力的這一類的處罰在教育上是不需要的。更可以進一步指出現代的父親很少在教育子女上擔任要角。但阿奎那的信徒並不因此就放棄一夫一妻制，因爲要實行一夫一妻制的眞正理由與阿奎那所指無關。

再以證明上帝存在的論點而言。所有這些論點，除源自無生命物質的「目的論」的一點外，都基於一種假定，即「級數」沒有第一級的不可能性。但每一位數學家都知道這種不可能性並不存在；「負整數」的級數，以「負一」爲終結的即證明有這種可能性。天主教徒即使相信阿奎那的論點站不住，大概也不會放棄對上帝的信仰；他們會發明其他的論點，或託庇於神的啓示。

有關上帝的本質與存在合一、上帝卽是祂自己的「善」、祂自己的力量等等問題的爭論，在柏拉圖的哲學中曾引起困惑，但亞里斯多德的哲學則避免了這種困惑，因爲他把特定事物與一般概念分成兩類。必須假定：上帝的本質是屬於概念的性質，而上帝的存在則否。對這個難題，不容易加以充分的解釋，因爲這牽涉到一項不再爲人接受的邏輯。但這明白指出了一種語意上的困惑，沒有這種困惑，很多有關上帝的論點就站不住了。

阿奎那缺少哲學的精神，他不像蘇格拉底，追踪辯論的方向，而不計其方向爲何。他不牽入不可能預知結論的爭辯。在他開始作哲理的思考之前，就已經知道什麼是眞理了；眞理在天主教的信仰之中。假如他能爲這個信仰的某些部份找到顯然很有道理的論點，當然很好，否則，他衹需要回到神的啓示就行了。爲預定的結論尋求論點不算是哲學，祇是一種特殊方式的辯護。因此，我不認爲他能與希臘或現代第一流的哲學家相提並論。

第八節　法蘭昔斯會的學者

法蘭昔斯會的修士，就一般而言，不如多明尼克會之純粹爲正統派。兩個修道會之間，相互敵視，法蘭昔斯會的修士並不承認聖湯瑪斯・阿奎那的權威地位。法蘭昔斯會三位最重要的哲學家是羅傑・培根（Roger Bacon）、鄧斯・司各特斯（Duns Scotus）與奧坎的威廉（William of Occam）、聖波納文圖拉（Saint Bonaventura）與阿垮斯巴塔的馬修（Matthew of Aquasparta）。

羅傑・培根大約生於一二一四年，死於一二九四年，在他當時並未享盛譽，但在現代則受到超過他本身所應得的美譽。嚴格說來，他不算是一個哲學家，而祇是一名熱心研究數學與科學的人，在他那個時代，與煉金術混淆在一起，並且認爲與邪惡的巫術有關；培根經常由於異教思想與邪術的嫌疑而遭遇困擾。一二五七年聖波納文圖拉——法蘭昔斯會的會長，命他在巴黎接受調查，並禁止他的書出版。但是，就在禁令仍有效的期間，敎皇駐英格蘭特使福奎斯命令他爲了敎皇的利益，從事哲學著作，置禁令於不顧。因此他在短期間寫了三本書，「論偉大」「論負數」「論中間物」。這似乎已在敎會中造成良好印象。一二六八年，他被允回返牛津，嗣後又遷徙到巴黎，處於軟禁狀態中。但他並未因此退縮。他習於譏評所有與他同時的最有學問的人；他特別指責從希臘文與阿拉伯文譯爲拉丁文的譯者大多數是低劣的。一二七一年，他寫了一本名爲「哲學綱要」的書，其中，對教士的無知有惡評。這無助於增加他在同儕中的聲望，於一二七八年，他的著作受到修道會會長譴責，他本人並被監禁十四年，一二九二年獲釋，不久卽去世。

他治學駁雜而缺少系統。與當時大多數的哲學家不同，他重視實驗，例如以彩虹來說明實驗的重要性；他寫了很多有關地理的事情，哥倫布讀過其中的一部份而頗受其影響。他是一位很好的數學家；他引證歐幾利得第六與第九册書的內容。他對感覺的看法，宗法阿拉伯的哲學家。他認爲學習邏輯是無用的；另一方面，他却重視煉金術，曾爲此撰述專書。

爲使讀者對他研究的範圍與方法獲得一概念，玆將「論偉大」一書的某些部份略述如下。

他說，無知有四種原因：第一、意志薄弱與依賴不適當的權威。（因爲書是爲敎皇寫的，所以他很謹愼地說這不包括敎會在內。）第二、習慣的影響。第三、無知羣衆的意見。（有人推測這包括除他以外同時代所有的人。）第四、炫耀智慧以掩飾自己的無知。在這四種禍因中，以第四種最壞，製造一切人類的災害。

爲了支持一項意見，依賴祖先、習慣、或公衆信仰是錯誤的。但他爲了支持自己的看法，却引用了席尼卡、西塞羅、阿維森納、阿弗洛伊斯、巴斯的阿德拉、聖耶洛米與聖約翰．克雷索斯同等的話。他似乎認爲用這些權威足夠證明一個人不應該尊仰權威。

他對亞里斯多德很尊仰，但並非無限度的。他說：「將所有的聰明人加以評斷，祇有亞里斯多德及其信徒可以稱爲哲學家。」他和同時代所有的人一樣，當提到亞氏時，卽直稱爲「這位哲學家」而不名。但他告訴我們，「卽使亞氏也尙未到達人類智慧的極限。在亞氏之後，阿維森納是哲學的領袖」他並不充分瞭解彩虹的成因，由於他不知道最後的因素，據眞尼昔斯說這是由於水蒸氣的分散。（但當培根談到彩虹時，却以崇仰的態度引用阿維森納的話。）他時常說一些具有正統派意味的話，例如，在他解釋天主教規律與哲學時說，唯一完美的智慧祇存在於聖經之中。但，當他說不反對從異教徒獲取知識，更顯得是由衷之言；除阿維森納、阿弗洛伊斯以外，他也常常引用阿法拉比、阿布瑪扎爾（天文學家）以及其他的人的話。他之引用阿布瑪扎爾是爲了要證明在「大水」與諾阿及其諸子之前就已經有數學了；我想，這就是他要舉的一個例子，說明可以從非基督徒處學到什麼。培根讚美數學是除神的啓示以外唯一可以確信的來源，並且是天文學與占星術所必需的。

培根追隨阿弗洛伊斯，相信敏銳的靈智在基本上是與靈魂分開的。他引用了許多著名的神學家的話，其中如林肯地區的主教格羅塞德斯特卽贊同這個看法，這和阿奎那是相反的。他說亞里斯多德的著作有與他意見顯然相反的文句，是由於翻譯錯誤。他不能直接引用柏拉圖，而祇是間接自西塞羅的著作中引用，或者再轉手自波菲雷的阿拉伯文著作中引用。他對波菲雷並無多少敬意，稱波菲雷有關概念的思想是「幼稚」的。

培根在現代頗爲人稱頌，因爲他認爲以知識的來源而論，經驗的價值高於推理。他的興趣與處理課題的方式與一般經院哲學家逈然有異。他的百科全書式的傾向頗似阿拉伯的著作家，他們所影響於培根的，超過他們對其他大多數基督敎哲學家的影響。阿拉伯人和培根一樣，對科學有興趣，相信巫術與占星術；而基督徒認爲巫術是邪惡的，占星是一種騙術。他之所以使人驚訝，是由於他與其他中世紀的基督敎哲學家迥然不同，但他對當時的影響甚小，而且我認爲他並不像某一個時期，別人所想的那麼「科學化」。英格蘭的著作家過去常說他發明了槍砲用的火藥，當然，這是不眞實的。

聖波納文圖拉（一二二一——一二七四年）是法蘭昔斯修道會的會長，與培根的類型大異其趣，並曾禁止培根的著作出版。他承襲了聖安席林的傳統，維護他的「目的論」。他認爲新亞里斯多德主義在基本上是反基督敎義的。他相信柏拉圖的看法——祇有上帝是「全知」的。在他的著作中，常引用奧古斯丁，但從不引用阿拉伯人的著作，也很少引用基督出生以前的古代哲學家。

阿埓斯巴塔的馬修（約爲一二三五——一三〇二年）是波納文圖拉的信徒，但與新興的哲學接觸較多。他是法蘭昔斯會的修士，後來成爲樞機主敎；他以一項奧古斯丁的觀點來反對阿奎那。在他心目中，亞里斯多德成爲「這位哲學家」，而經常加以引述。他常提到阿維森納，並以尊仰的態度引用聖安西林及「擬丟尼修」；但最主要的權威仍是聖奧古斯丁。他說，我們必須在柏拉圖與亞里斯多德之間，找到一條中間路線。柏拉圖的觀念是「絕對錯誤」的，因爲這些觀念建立了智慧，但沒有建立知識。另一方面，亞里斯多德也不對，他建立了知識，但沒有建立智慧。他作結論說，我們的知識來自低級與高尙的事物，也來自外在的實體與空想的推理。

鄧斯・司各特斯（約爲一二七〇——一三〇八年）以法蘭昔斯會的傳統，繼續反對阿奎那。他生於蘇格蘭的厄斯特，在牛津時加入法蘭昔斯會，以後卽在巴黎定居。他反對阿奎那，主張「聖母瑪利亞受聖靈懷胎」（Immaculate Conception），巴黎大學以至最後整個天主教教會都同意了他的看法。他是奧古斯丁的信徒，但不似波納文圖拉甚至馬修之走極端。他與阿奎那的不同在於摻入更多的柏拉圖（通過奧古斯丁）思想。

例如，他討論一個問題：「沒有神的光明的特殊啓示，一個人能夠獨自認識任何確定與純粹的眞理嗎？」他的答案是不能。他在公開的辯論中，祇是引述奧古斯丁的話；在這一點上他所遭遇的唯一難題是新約羅馬人書第一章所說的話：「神已經給他們顯明，自從造天地以來，神的永能和神性是明明可知的，雖是眼不能見，但藉着所造之物，就可以曉得。」

司各特斯是一位溫和的現實主義者。他相信自由意志，並且有披拉基安教派的傾向。他相信存在與本質並無不同。他相信「顯示」，亦卽不需要證明卽可瞭解的事物。這有三種：㈠不辨自明的原理；㈡以經驗而獲知的事物，㈢本身的行爲。但如無神的啓發，我們不可能知道什麼。

大多數的法蘭昔斯會修士所追隨的毋寧是鄧斯．司各特斯，而非阿奎那。

司各特斯主張，因爲存在與本質並無不同，「個別的原則」——亦卽使某一物不同於他物者——必定是形式的而非實質的。「個別的原理」是經院派哲學中的重要問題之一，仍以各種不同的方式一直存留到現在。我們不必引述任何的著作，僅將這個問題的大略敍述如下。

在個別物體的特性中，有些是必要的，有些是偶然發生的；失去後者並不會因此失去本性——例如一個人戴帽子，也可以不戴帽子。現在問題發生在：屬於同一種類的兩個各別的物體，它們在本質上常常是不同的嗎？或兩者的本質可能完全相同。阿奎那相信後者適用於物質，前者適用於非物質的事物。司各特斯認爲兩件個別的東西永遠是在本質上不同的。阿奎那的看法是基於一種理論，即純物質包含着相同的部份，其區別在於所佔空間的地位不同。因此，一個人由肉體與靈魂相合而成，其在「物質上」與另一個人不同，祇是由於他所佔空間的地位不同。（在理論上，這種情形可能發生在完全相像的雙胞胎上。）司各特斯却認爲，假如事物有區別，必定有某些品質上的不同。這一看法顯然比阿奎那的看法更接近柏拉圖的哲學。

在我們能以現代術語說明此一問題之前，尙須經過若干不同的層次。第一個步驟，是萊布尼玆所採行的，卽消除本性與偶發因素之間的區別，許多經院派哲學家都從亞里斯多德處承襲了這個觀念，在我們試圖加以謹愼的解釋時，卽發現這種觀念是錯誤的。因此，不僅「本質」，而且所有關於物體的認識，從前以爲是對的，現在都有了問題。（惟以一般而論，空間與時間的因素不在其列）。萊布尼玆主張，在這種解釋下，不可能有兩件完全相似的東西；這就是他的「不可辨認的相似點」的原理。物理學家對這個原理不表同意，認爲兩個物質上的微粒可能祇是由於空間與時間的因素而有所不同——此一意見因相對論而更趨複雜，也減低了空間與時間的影響地位。

次一步驟是把「本體」的觀念消除。如是，則一件「東西」必須爲一堆「品質的組合」，因爲已經不再有純「物質」的核心。推論似乎是，如「本體」被否定，則我們必須採取一項傾向於司各特斯而非阿奎那的觀點。但這在關連到時間與空間的問題時，會遭遇很大的困難。我曾在「探求含義與眞理」一書的「論特指名詞」一節中，討論過這個問題。

奧坎的威廉是繼阿奎那之後最重要的經院派學者。我們對他的生活情況所知甚少。他大約生於一二九〇至一三〇〇年之間；死於四月十日，但年份是一三四九或一三五〇則無法確定。（黑死病發生於一三四九年，因此死於這一年的可能性很大。）大多數人說他誕生於蘇爾利的奧克翰，但柏恩斯則認爲應該是約克郡的奧克翰。他先在牛津，後來在巴黎求學，最初是司各特斯的門徒，後來又成爲他的叛徒。他曾牽入法蘭昔斯修道會與敎皇約翰十二世有關貧窮問題的爭論。敎會獲得修道會會長塞西納的米契爾的支持，迫害了那些「精神主義者」。但以前曾有過諒解，如留給修道士的財物最後獻給敎皇，即可赦免其擁有財物之罪。敎皇約翰十二世將此項諒解推翻，說他們必須完全放棄所有權。修道會大多數的修士，在米契爾的領導下，加以反對。奧坎被敎皇召往阿維格農，對被認爲異敎思想的「化體論」提出答辯，這項思想受到米契爾與另一重要人物馬昔格利奧的支持。一三二八年，三人皆被開除敎籍，但他們終於逃離阿維格農，託庇於路易皇帝。路易是宣稱爲帝的兩人中的一個；日耳曼支持他，敎皇則支持另一人。敎皇將路易開除敎籍，路易則向宗敎大會申訴，對敎皇加以反擊，結果敎皇自已被譴責爲具有異敎思想。

據說奧坎在謁見皇帝時說：「你用劍保衞我，我用筆保衞你。」他們三人確在皇帝保護下定居於慕尼黑，奧坎在此寫了若干很重要的政治論文。皇帝於一三三八年逝世後，他的下落如何，無法確定。有人說他向教會妥協，但似乎是不確的。

帝國已不復如荷恩施陶芬王朝的時代。教皇的權利雖然繼續擴張，亦不如以前之受尊敬。波尼費司八世於第十四世紀初遷往阿維格農，教皇成爲法蘭西王政治上的臣屬。帝國的權力甚至更趨沒落；由於法蘭西與英格蘭的尾大不掉，卽使是最微弱的全面性的統治地位，也不再能以此自居了。另一方面，教皇臣服於法蘭西王，其普遍干涉世俗事務的權力也日就式微。因此，教皇與皇帝的衝突實際上卽是法蘭西與日耳曼的衝突。英格蘭在愛德華三世統治下與法蘭西發生戰爭，因此卽與日耳曼聯合，這導致英格蘭也反對教皇。教皇的敵人要求召開宗教會議——唯一可被認爲凌駕教皇之上的宗教權。

這次反對教皇的性質與前不同，不僅在傾向皇帝，而且含有要求民主的意義，尤其是關於教廷的事務。這帶來一種新的動力，終於引發了後來的宗教革命。

但丁（一二六五——一三二一年），雖然以其詩人的地位是一位偉大的革新者，但以一個思想者而論，則是落伍的。他的「論君主」一書卽具有「保皇」的意味，在一百年以前，或尙非過時。他認爲皇帝與教皇是各自獨立的，却都是受命於神的。在「神曲」中，他的撒旦有三張嘴，永遠在咬嚼着三個叛逆，一個是反叛基督的，其餘兩個是反叛凱撒大帝的。但丁的思想是有趣的，不僅由於其思想本身，也由於他是教外的俗人；但它的影響甚微，而且絕對是落伍的。

馬昔格利奧(Marsiglio)與此相反，創始了一種新的反對教皇的方式，在其中皇帝祇是裝飾性的牌位而已。他是奧坎的威廉的朋友，對威廉的政治觀點有影響。在政治上，他比奧坎重要。他認爲立法者應該是人民中的多數，而此一多數有權懲罰王公。他認爲公衆（包括俗人）的權力也可以適用於教會。他主張地方上應有包括俗衆在內的人民會議，選舉代表組成普遍性的會議。公衆代表大會本身應有開除教籍及對聖經作權威性解釋之權。如此，則所有信徒皆可就教義發言。教會不應有干涉世俗事務的權力；非經人民同意，不能開除教籍；教皇也不應有特權。

奧坎的主張不如馬昔格利奧之激烈，但他制訂了選舉組成國民會議的完整的民主方式。第十五世紀初葉，當「大分裂」的瘡痍需待平復時，選舉組會的運動頗佔優勢，但完成彌縫裂痕的工作後，又突告消逝。其立場大致有如馬昔格利奧所主張的，在理論上，與後來新教徒所主張的不同。新教徒要求個人獨立判斷的權力，不願將此讓予公衆代表大會。他們主張，宗教信仰不是一件應由任何政府機構決定的事情。馬昔格利奧與此相反，仍期望保持天主教信仰的一致，而以民主的手段達成，不是出於教皇的絕對權威。事實上，大多數的新教徒祇是以國王代替教皇，因此既未給予個人判斷的自由，也未提供一種裁決教義問題的民主方法。但在反對教皇時，他們贊成以會議來制衡。在所有的經院派學者中，奧坎是馬丁路德所唯一喜愛的人。我們必須認識，即使在新教徒的國家中，有力的新教派別仍堅信個人獨立判斷的必要。這是英格蘭內戰中，獨立派與長老會主要的區別所在。

奧坎有關政治的著作，皆出之以哲學上辯論的形式，就各種問題提出正反兩面的意見，有時並不達成任何結論。我們比較習慣於直率的政論，但在那個時代他所選擇的形式可能是有效的。

玆舉出一些例子來說明他的方法。

他有一篇很長的論文，名爲「有關敎皇權力的八個問題」。第一個問題是應否有一個人同時在敎會與國家中具無上權威的地位？第二、世俗的權威是否直接來自上帝？第三、敎皇是否對皇帝及王公們擁有塵世的裁判權？第四、選舉人可以通過選舉給予日耳曼王充分的權力嗎？第五、第六、從主敎有權以塗油的儀式崇禮國王一事，敎會能獲得什麼權力？第七、有罪的總主敎所主持的加冕禮是否有效？第八、選舉人能否通過選舉給予日耳曼王以皇帝的稱號？所有這些都是當時實際政治上非常棘手的問題。

另一篇論文是討論一個王公不經敎皇許可能否自敎會獲取財物。這牽涉到英格蘭王愛德華三世爲與法蘭西作戰應否向敎士徵稅的問題。我們勿忘記，愛德華是支持皇帝的。

然後有一篇論文名爲「商討一個婚姻問題」，內容爲研究皇帝與他的堂妹結婚是否正當。

由此可見，奧坎確已盡其所能以「筆」保衞皇帝的「劍」。

現在讓我們來討論奧坎的純哲學思想。關於這方面，有一本很好的書，穆廸（Ernest E. Moody）所著的「奧坎的邏輯」，我所要說的很多是根據這本書，他的觀點似乎稍涉怪誕，但却是正確的。寫哲學史的作家們有一種趨向，即根據哲學家的後輩人物的觀點來評斷解釋他們，一般來說，這是一種錯誤。一般認爲奧坎爲經院派哲學帶來崩潰，並啓發了笛卡兒、康德或現代哲學家中某些評論者所特別喜愛的人物。穆廸說這一切都是錯誤的，而我也與穆廸有同感。他認爲奧坎主要的工作是恢復純亞里斯多德的哲學，滌除其所受奧古斯丁與阿拉伯人的影響。這也是阿奎那的主要目標之一，但我們知道法蘭昔斯派的學者之繼續追隨奧古斯丁，其虔誠遠過於阿奎那。據穆勉說，現代哲學史家解釋奧坎，主要是出於一種欲望，想找到自經院派哲學逐漸過渡到現代的橋樑；這使人誤認他具有現代思想，其實他祇是在解釋亞里斯多德而已。

奧坎以一項不辨自明的原理而著稱於世，這在他的著作裏是找不到的，但却以「奧坎的剃刀」爲名。這項原理是：「物質如無需要卽不應增加。」雖然他並沒有說過這樣的話，却說過意義幾乎相同的話，卽是：「當能够以更少的物質去滿足需求時，用更多的物質卽是浪費。」換言之，假如每一件東西在某種科學的分析上，不需要佔有某種假想的物質就可以解釋，就沒有理由加以佔有。我自己發現，這在邏輯學的分析中，是最有用的一條原理。

在邏輯學上（雖顯然不是在形而上學上），奧坎是一位唯名論者，第十五世紀的唯名論者視之爲唯名學派的始祖。他認爲亞里斯多德被斯多噶派學者所誤解，此項誤解部份是由於奧古斯丁的影響，部份是由於阿維森納的影響，但還有一部份是由於更早的原因——波非雷所寫的講述亞氏「分類學」的論文。波非雷在這篇論文中提出三個問題：㈠普遍性與類別性是實質上的嗎？㈡它們是有形的抑無形的？㈢假如是後者，它們在可感覺的物體之中，還是與可感覺的物體分隔的？他提出這三個問題，表示他對亞氏的「分類學」的敬意，却導使中世紀以過份的形而上的觀點解釋亞氏的邏輯學。阿奎那曾試圖改正此一錯誤，但司各特斯又重蹈覆轍，結果使邏輯學與認識論變爲形而上學與神學的附庸。奧坎卽著力於使它們再度分離。

奧坎認爲，邏輯學是研究「自然的哲學」的工具，是可以與形而上學分隔的。邏輯學是「推論科學」的一種分析；科學是研究物質的，而邏輯學則否。物體是各別的，但在名詞上，却具有普遍性的概念；邏輯學研究一般概念，而科學祇是利用而不去研究一般概念。邏輯學所涉及的是名詞與觀念，不是以此爲一種精神狀態，而是要求必須有意義。「人是一個種類」不是合邏輯的命題，因爲這需要一種瞭解人類的知識。邏輯學研究心靈本身所構想的事物，這種事物除非具有理由，卽不可能存在。一種觀念是「自然」的標誌，一個字是一種被普遍接受的符號。我們在說一個字把它當作一種東西，還是著重它的含義，必須有明晰的辨別，否則，我們就會犯這樣的錯誤：「人是一個種類，蘇格拉底是人，所以蘇格拉底也是一個種類。」

所指爲事物的名詞稱爲：「第一概念的名詞」，所指爲名詞的名詞稱爲：「第二概念的名詞」。科學名詞都屬於前者，邏輯學名詞則屬於後者。形而上學的名詞則兩者都有。形而上學有六個名詞——存在、物質、某些東西、一、眞、善。這些名詞有它的特點，卽能够相互描敍。但邏輯學可以不用這些名詞而仍可成立。

瞭解的目的物是物體，而非心靈所構想的形式；這不是眞正所要瞭解的物體，而是由此以瞭解物體的一種過程。在邏輯學上，概念祇是許多其他名詞或觀念所描敍的名詞或觀念。概念、種類、屬性是「第二概念的名詞」，因此不可能意指任何物體。但因爲「一」與「存在」是可以互換的，如果某一觀念是存在的，則必定含有「一」在內，亦卽一個各別的物體。總之，概念祇是許多物體的一個共同符號。在這一點上，奧坎贊同阿奎那而反對阿弗洛伊斯與阿維森納及奧古斯丁的信徒。他們主張祇有各別的物體、各別的心靈、與認識的行爲。阿奎那確皆承認「概念先於實體」，但這祇能適用於上帝的造物；在上帝造物之前，必先有概念，而這是神學的範圍，不能用以解釋人間的事情，那祇能適用「實體先於概念」的原則。在解釋人間的知識時，奧坎從未將概念與物體混爲一談。他說，譬如蘇格拉底與柏拉圖相似，但並非由於他們兩人之外有一相似的「第三者」。相似是「第二概念的名詞」，祇存在於心靈中。

照奧坎的看法，對未來的偶發事件的預測尚無法確知其爲眞實或謬誤。他並不想使他的看法與上帝的全知全能論調和。與他此外的看法一樣，他力求保持邏輯學不受形而上學與神學的影響。

舉幾項奧坎的討論實例，當有助於對他的瞭解。

他問：「根據發生的順序，首先由瞭解而知的是否卽各別的個體？」

反對的意見：概念是瞭解的最先的也是最正確的目的物。

贊成的意見：感覺的目的物與瞭解的目的物是相同的，但個體是感覺的最先目的物。

因此，必須說明問題的眞正意義所在。（可能是由於兩方面的意見都是不對的。）

他繼續說：「靈魂以外的物體，並不是一種標誌，是可以由知識去瞭解的（也就是通過對個體的知識），因此首先知道的是個體，靈魂以外每一樣東西都是個體。」

他繼稱，抽象的知識必須以直覺的（亦卽感覺的）知識爲先決條件，而感覺是由個體而來的。

然後他舉出四項可能引起的疑點，再順序加以解答。

他的結論給予原來的問題一個肯定性的答案，但另加按語稱：「概念爲第一目的物，是以適當的重要性而論，並非以發生的順序而論。」

問題在於，感覺是否以及以何種程度成爲知識的來源。柏拉圖曾在他的「齊埃梯特斯」一書中反駁感覺卽知識的定義。奧坎並沒有讀過這本書，如讀過，必定不會同意他的說法。

對於「一個人感覺的靈魂與理智的靈魂是否有所區別」這個問題，他的答覆是肯定的，雖然他不能加以證明。他的論點之一是，我們可能由於食慾希望得到某些東西，但由於瞭解又加以拒絕；因此，食慾與瞭解屬於不同的來源。另一論點是：感覺出自感覺的靈魂，不能出自理智的靈魂；感覺的靈魂是外向的、物質的，而理智的靈魂則兩者都不是。另有四項反對意見都是屬於神學範圍的(註一)，奧坎對此都有解答。他對這個問題的看法，也許不是我們所預期的，但是，他認爲每一個人的理智都是屬於他自己的，並不是超個體的，在這一點上，他的看法與阿奎那相同，而與阿弗洛伊斯相異。

由於堅持不需要顧到形而上學與神學也可以研究邏輯與人間的知識，奧坎的著作鼓勵了科學的研究。他說，奧古斯丁的錯誤在首先假定物體是不可理解的而人是沒有智力去理解的，然後再說由於神的啓示才有產生知識的可能。在這一點上，他同意阿奎那的看法，惟強調的程度不同，因爲阿奎那在基本上是神學家，而奧坎呢，以他的邏輯學而論，基本上是屬於現世的哲學家。

他的態度鼓勵了研究特殊問題的人，例如他的及門弟子奧雷斯米的尼古拉斯(死於一三八二年)，即曾研究星球理論，在某種程度上，可視爲哥白尼的先驅；他同時研究地球中心論與太陽中心論，他說兩者都可以解釋當時所知道的事實，因此無法判斷孰是孰非。

在奧坎之後，不再有偉大的經院派學者。誕生偉大哲學家的次一時期開始於後期的文藝復興時代。

（註一）舉一例而言：在耶穌受難節與復活節之間，耶穌的靈魂進入地獄，而他的軀體則留在墓穴中。假如感覺的靈魂有別於理智的靈魂，則耶穌的感覺的靈魂在這段時期內是進入地獄，還是留在墓穴？

第九節　敎皇制的中衰

第十三世紀帶來一項偉大的綜合的完成——哲學的、神學的、政治的、社會的綜合，這是由於許多因素的滙集而逐漸形成的。第一個因素是純希臘的哲學，特別是畢達哥拉斯、巴曼尼德斯、柏拉圖與亞里斯多德的哲學。然後是，因亞歷山大的征服而大量輸入的東方信仰。由於歐爾菲尤斯敎派與神秘敎派的開路，東方信仰改變了希臘語世界最後是拉丁語世界的面貌。那些將要死亡與復活的神、犧牲的食物被指爲神的肉、經過與受洗的儀式就會獲得第二度的新生等等，成爲異敎的羅馬帝國的大敎派的神學理論的一部份。由此又關涉到脫離肉慾束縛的道德思想，至少在理論上，這是禁慾主義的。自敍利亞、埃及、巴比倫尼亞、波斯傳入一種使祭司與俗衆隔離的制度，使祭司多少獲有巫術的力量，並且能够在政治上發生很大的影響。動人的儀式大多與死後的生命有關，也是出自同一的來源。

尤其是，波斯帶來了一種二元論，認爲世界是兩位偉大主者的戰場，其一是善良的，名阿胡拉．馬茲達，其一是邪惡的，名阿里曼。邪術是出於阿里曼及他在靈魂世界中的追隨者的幫助而完成的。撒旦的觀念是由阿里曼發展而來的。

在新柏拉圖主義中，野蠻思想與習慣輸入後與某些希臘文化的因素相結合。希臘人在歐爾非尤斯教派、畢達哥拉斯的思想、以及部份的柏拉圖哲學中，發展了某些觀點，易於和東方思想聯結，也許正因爲他們遠在更早的時期，已經輸入了東方思想之故。自勃洛梯納斯及波非雷之後，異教哲學已不再有發展。

勃洛梯納斯這些人的思想雖具高度的宗教性，但缺少變化，沒有能力鼓舞建立一壓倒性的通俗的宗教。他們的哲學是很深奧的，不能爲一般人所瞭解；他們所主張的得救的方法，對於俗衆而言，需要過多的智力。他們的保守習性使他們寧願維持希臘的傳統宗教，不過，他們必須委婉地將其中不道德的成份降低，使能與他們的哲學上的一神論調和。此時，希臘教已經衰微，不能與東方的宗教儀式及神學競爭。神諭已經寂滅，祭司從未形成一有力的特殊階層。因此，恢復希臘宗教即具有復古守舊的性質，顯得衰老而迂腐，這在朱利亞的時代，更屬如此。早在第三世紀，就可以預見，某些亞洲宗教將征服羅馬帝國，雖然在當時，仍有若干競爭的對手，似乎也有獲勝的機會。

基督教組合了出自各種不同來源的力量。自猶太人處，接受了一部聖經（舊約）及除唯一的宗教外其他一切宗教都是錯誤與邪惡的思想；却避免了猶太人的種族優越感及摩西律法的不便。後來猶太教相信死後的生命，而基督教則給予天堂與地獄以新的界說，並指出到達天堂免於墮入地獄的道路。復活節把猶太人的「踰越節」與異教慶祝上帝復活的儀式綜合在一起。波斯的二元論是荒謬可笑的，但對好的原則的最後勝利給予更堅強的保證，並且證明異教的神都是撒旦的追隨者。在最初階段，基督教在哲學與儀禮上不能與其對手相頡頏，但這些缺點逐漸變得對基督教有利。最初，哲學在接近基督教義的諾斯士教中反而比正統的基督教爲進步；但自奧雷金的時代起，基督徒以修正新柏拉圖主義而發展出一項充實的哲學。儀禮在早期的基督徒中是無足輕重的問題，惟自聖安布路斯後，則變得極其莊嚴隆重。神父與俗衆分隔及對俗衆的權力是得自向東方的模習，但以政府的方式在教會中逐漸加強力量，則與倣效羅馬帝國的制度也很有關係。舊約、神秘教、希臘哲學、羅馬行政方法皆摻入天主教會，共同使它獲得以前的任何社會組織不能比擬的龐大力量。

西羅馬的教會，也像古羅馬帝國一樣，逐漸地（雖然比羅馬帝國演變的過程更緩慢）由共和變爲「君主制」。我們可以察知教皇權力發展的各個階段，自格利哥里一世、尼古拉斯一世、格利哥里七世、英諾森三世、直到保皇黨與保教皇黨的戰爭中，荷思施陶芬王朝的最後失敗。同時，基督教的哲學原來是以奧古斯丁的思想亦即大部份是柏拉圖主義爲中心的，也由於與君士坦丁堡及回教徒的接觸所吸收的新的因素而愈臻充實。亞里斯多德在第十三世紀時已在西方獲得相當充分的瞭解，並由於馬格納斯與阿奎那的影響，在知識份子的心目中，成爲除聖經與教會以外的最高權威，直到今日，仍在天主教的哲學家中，保持此一崇高地位。但我認爲，自基督教的觀點言之，以亞里斯多德代替柏拉圖與奧古斯丁是一項錯誤。柏拉圖的氣質比亞里斯多德更具宗教性，基督教神學幾乎在一開始時卽容納柏拉圖的思想。柏拉圖曾說過認識不是感覺，而是一種回憶中的印象。亞里斯多德遠較柏拉圖接近經驗主義。阿奎那雖不及亞氏，但也有這種傾向，成爲自柏拉圖的夢幻回復到科學觀察的前驅。

外發的事件較哲學更易於促使天主教組織的分裂。這一現象開始於第十四世紀。一二〇四年，拜贊廷帝國爲拉丁人所征服統治，至一二六一年。在此一時期內，政府所奉行的是天主教而非希臘教；但自一二六一年起，君士坦丁堡入於教皇之手，雖於一四三八年在佛雷拉有一次形式上的統一，但事實上，西羅馬帝國的權力卽未再恢復。在政教衝突中，西羅馬帝國的失敗證明並不有助於教會權力的擴張，原因在法蘭西與英格蘭君主的權力亦在此一時期中崛興。第十四世紀的大部份時期，教皇都祇是法蘭西手中的工具。比這些更重要的因素是富足的商人階層的興起以及俗衆的智識漸開。這兩者皆起源於義大利，直到第十六世紀的中葉，皆保持比西方世界其他部份領先的地位。在第十四世紀，北義大利的城市遠比北方的其他城市更爲富庶；俗衆中的知識份子，尤其在法律與醫藥方面，大量增加。城市具有獨立精神，由於皇帝不再成爲威脅，乃轉而以此對抗教皇，但這種情形，並不限於北義大利，其他城市亦復如此。法蘭德斯（當時爲一王國，現爲比利時之一省——譯者註）與漢斯（日耳曼北部）諸城市日臻繁榮。在英格蘭，出售羊毛成爲財富的來源。這個時代廣義的民主趨勢很強，國家主義的趨勢甚至更強。教廷變得非常「世俗」，似乎已成爲一徵稅的機構，徵課大量收入，而這是大部份的國家寧願留爲己用的。教皇不再具有或被人認爲應該具有爲他帶來權力的道德上的權威。聖法蘭昔斯尙能與英諾森三世及格利哥里九世融洽地在一起工作，但第十四世紀最虔誠的人都會與教廷發生衝突。

在第十四世紀初，教廷衰落的原因還不很顯著。波尼費斯八世在烏南聖所下勅諭，要求以往任何教皇從未擁有過的大權。在一三〇〇年，亦卽天主教的大赦年，他宣佈頒給所有在此時來到羅馬的天主教徒「完全的赦罪狀」，並舉行相當隆重的儀式。這爲羅馬元老院的金庫及羅馬一般人民帶來大量的財富。「大赦」本來是每一百年一次的，但因爲有這樣的厚利，後來就改爲每五十年一次，再改爲每二十五年一次，一直相沿至今。一三〇〇年的第一次「大赦」顯示了波尼費斯八世處於事業成功的巔峯，但也可以作爲一個標誌，自此之後，教皇的權力卽開始沒落。

波尼費斯八世是義大利人，生於阿納格尼。他曾被囚於英格蘭的倫敦塔中，由於他代表教皇支持亨利三世壓制叛亂的貴族，但被國王的兒子卽後來的愛德華一世救出。在他的時代，教會中已有法蘭西派，他之當選爲教皇，卽曾遭受法蘭西主教們的反對。他曾爲國王是否有權向教士徵稅的問題，與法蘭西王菲力浦四世發生激烈的衝突。波尼費斯被控貪財與引用親戚與貪婪；他盡量要控制財政收入的來源。他被譴責爲具異教思想——這一點可能是眞的；他似乎是阿弗洛伊斯的信徒，不信永生之說。他與法蘭西王的衝突愈演愈烈，以至後者竟派軍將他逮捕，並預定在宗教大會中將他免職。他在阿納格尼被捕，又脫逃至羅馬，不久卽逝世。自此之後，有很長一段時間，沒有一個教皇敢於和法蘭西王作對。

波尼費斯死後，經過一段短暫的過渡時期，樞機主教們卽於一三〇五年選舉波第奧克斯地區的總主教爲教皇，稱爲克里門五世。他是法蘭西的加斯康人，在教會中一貫代表法蘭西派的權益。在他的教皇任期中，從未去過義大利。他是在里昂加冕繼位的，於一三〇九年駐足於阿維格農，此後教皇相沿駐留於此者七十年。克里門五世與法蘭西王聯合以對抗聖堂武士（Templars 一一一八年左右組成之保衞耶路撒冷聖地及朝聖者之武士團體，後發展至其他地區——譯者註）。兩方面皆需財孔亟，教皇被譴責爲徇私與引用親戚；非力浦王則爲了與英格蘭作戰，爲了鎭壓法蘭德斯人（在比利時境內）的叛亂，以及政務日繁所需的龐大開支。非力浦王刼掠倫巴人中的銀行業者，並且在不致過份影響貿易的限度內，對猶太人加以迫害，但他隨後卽發現聖堂武士不僅擁有銀行，抑且在法蘭西擁有大量的地產，而他如果得到教皇的支持，就可以奪取這些產業。因此，他促使教會「發現」聖堂武士已墮入異教思想，國王與教皇就有權分享其產業。於一三〇七年的某一日，所有在法蘭西的聖堂武士的領導份子同時被捕，向他們詰訊一堆先期準備好的問題；在刑掠之下，他們招供崇奉撒旦並且犯了其他的各種過失；終於在一三一三年，教皇查禁了這個團體，並沒收其一切產業。此事經過在亨利・李所著的「宗教裁判所的歷史」中有最詳確的記錄，經過充分的研究後，結論認爲對聖堂武士的控訴是完全沒有事實根據的。

在聖堂武士的事件中，教皇與國王的利益是一致的，但在其他方面，其他地區，則衝突甚多。在波尼費斯八世的時代，非力浦四世在有關徵稅問題與教皇發生爭執時，曾獲得地主的支持（包括教會的地主）。後來教皇在政治上成爲國王的僕從時，對國王懷有敵意的領主們就必須對教皇敵視，這使皇帝需要保護奧坎的威廉與巴都阿的馬昔格利奧，也使稍後高恩特的約翰需要保護魏克利菲。

在此以前，主教們大體上是服從教皇的，事實上由教皇任命的，愈來愈多，修道院與多明尼克修道會也是臣服於教皇的，但後者仍保留某種程度的獨立性，以致與約翰二十二世（在位一三一六——三四年）發生衝突。在此項衝突中，馬昔格利奧勸使皇帝進軍羅馬，羣衆即在此討論皇帝加冕的問題，終於宣稱將約翰二十二世免職，並另選出一法蘭昔斯修道會的領袖爲教皇，這種事情發生在一般人對教皇的尊敬正普遍降低的時候，實不足爲奇。

對教皇統治的反抗以各種不同的方式在各個不同的地區發生。有時與君主的國家主義有關聯，有時是由於清教徒對教廷腐化庸俗的恐懼。在羅馬本地，則與復古的民主運動有關。克里門六世（在位一三四二——五二年）時，有一段時期，由於教皇不在，在一著名人物雷恩玆的領導下，實行民主。羅馬人的痛苦，不僅由於教皇的專橫統治，也由於當地貴族的暴虐，這些貴族從第十世紀起即不斷造成動亂，貶損教皇的地位。此次，教皇移居阿維格農，部份就是爲了要逃避他們。雷恩玆是一個旅店主人之子，最初祇是要反抗那些貴族，並且得到教皇的支持。他終於獲得羣衆的熱烈擁戴，將貴族逐出羅馬。披特拉克(Francesco Petrarch 義大利詩人，一三〇四——一三七四年）對他很崇拜，向他獻詩，請求他持續其偉大而高尚的工作。他獲得「護民官」的頭銜，宣佈羅馬人民的主權高於帝國。他似乎是以民主的手段取得這項主權的，因爲他召集義大利各城市的代表，舉行類似議會的集會。但成功使他妄自尊大。此時一如其他許多時期，皇帝的候選人不止一人，他對兩方面都加以口頭的鼓勵，選舉人必須到他面前來尋求最後的決定，這自然會激使兩位皇帝候選人都對他發生反感，同時，教皇也感到不滿，認爲這是應該由教皇來宣佈裁決的事情。一三五二年，教皇將雷恩兹逮捕，囚禁了兩年，直至克里門六世逝世爲止。雷恩兹獲釋後，返回羅馬，重掌大權數閱月，但這一次他得勢時間很短，最後被羣衆殺死。拜倫和拔特拉克一樣，也寫過一首詩讚美他。

情勢很明顯，假如教皇要保持爲整個天主教會的領袖，就必須擺脫對法蘭西的依賴，返回羅馬。而且在英法戰爭中，法蘭西曾數度戰敗，留在法蘭西也並不安全。因此於一三六七年，教皇耳班五世返回羅馬。但義大利的政情非常複雜，他感到窮於應付，在逝世前不久，又回到阿維格農。下一任教皇爲格利哥里十一世，態度益堅強。由於對法蘭西敵視，使許多義大利城鎭，尤其是佛洛倫斯持反教皇的態度，格利哥里十一世又回返羅馬，對抗法蘭西的主教們，力圖挽救此一頹勢。但他死後，在樞機主教團中，法蘭西派與羅馬派已形同水火。因此，照羅馬派的願望，一個義大利人——披雷格納那被選爲教皇，稱爲耳班六世。但有一些樞機主教宣稱他當選無效，另選日內瓦的羅拔特爲教皇，是屬於法蘭西派的，稱爲克里門七世，駐居於阿維格農。

於是，造成天主教會的「大分裂」，持續了約四十年。法蘭西當然承認在阿維格農的教皇，法蘭西的敵人則承認在羅馬的教皇。蘇格蘭是英格蘭之敵，英格蘭又是法蘭西之敵；故蘇格蘭也承認阿維格農的教皇。每一位教皇皆在自己的同黨中選派樞機主教，任何一方的教皇逝世，其樞機主教皆立卽選人繼任。因此，除非有一種力量淩駕於兩位教皇之上，卽無法使分裂復合。兩位教皇之中，必定有一人是合法的，因此，必須找到一種淩駕這位合法教皇之上的權力。唯一可能的解答卽宗教大會。吉爾森所領導的巴黎大學，發明了一種新理論，俾予宗教大會一種主動權。「分裂」對於世俗的領主是不便的，所以他們也支持這種理論。終於在一四〇九年在皮莎舉行了一次宗教會議。但這項會議在一項荒謬可笑的情形下失敗了。會議宣佈將兩位教皇均予免職，因爲他們分裂而有異教思想，然後選出第三者爲教皇，不幸又遽然謝世。但他的樞機主教們又選出一個從前做過海盜名叫科沙的人爲教皇，稱爲約翰二十三世。因此，結果是兩個教皇反而變成了三個，應受尊敬的教皇變成了聲名狼藉的惡棍。在這個階段，情況比以前更爲絕望。

復合運動的支持者並沒有放棄初衷。一四一四年在康斯坦司舉行新的宗教會議，採積極行動。首先規定教皇不得解散宗教會議，必須給予相當尊重；並且決定教皇必須每七年召開一次宗教會議。它將約翰十三世免職，又勸使在羅馬的教皇辭職。阿維格農的教皇拒絕去職，在他死後，阿拉岡國王安排選舉了一名繼任者。但此時法蘭西已對英格蘭屈服，拒絕承認他，因此他和他的追隨者不受重視，最後至於不能自存。到此，無人敢於反對宗教會議所選出的教皇，一四一七年新教皇產生，稱爲馬丁五世。

以上的行爲是值得稱讚的，但對待魏克里非的學生赫斯的辦法則大謬不然。他被押至康斯坦司之前，曾獲得安全的保證，但到達後却被譴責，幾乎處死；此時魏克里非雖已死，但宗教會議仍下令掘墓，將其屍骨焚毀。

康斯坦司的宗教會議使「分裂」復合，但它自期有更多的作爲，以一種立憲的「君主制」代替教皇的絕對權威。馬丁五世在躋位教皇之前，曾作過很多承諾；後來有些承諾實現了，有些承諾則否。他曾經贊成過宗教會議應每七年召開一次的決定，對於這一點，他是遵守的。康斯坦司的宗教會議於一四一七年解散，新的宗教會議於一四二四年召開，但並無重要作用；然後在一四三一年，另一次會議在巴賽爾召開，馬丁五世卽於此時逝世。其繼任者——尤金尼厄斯四世，在他的整個任期內，皆與控制宗教會議的改革派發生衝突。他下令將宗教會議解散，但宗教會議拒絕被解散，一四三三年，教皇暫時讓步，惟在一四三七年，他又下令解散。但會議依例舉行，至一四四八年爲止，此時教皇顯然已獲得完全的勝利。一四三九年，宗教會議因宣佈將教皇免職，並選出一名僭僞的教皇（歷史上最後一名）而失去同情。但，此一僞教皇當選後立卽自行辭職不就。同年，尤金尼厄斯四世以在弗拉耶自行召開宗教會議而聲望大增，此處的希臘教會因十分恐懼土耳其人而在形式上臣服於羅馬。教皇雖在政治上獲勝，但獲得道德上崇敬的力量則日趨式微。

以魏克里非（Wyclife 約一三二〇——一三八四年）的生活與思想可以說明第十四世紀教皇權力的消逝。與其以前的學者不同，他是不屬於教會的傳道者，旣非僧侶，亦非修士。他於一三七二年在牛津大學獲神學博士學位，在牛津頗具聲譽。有一段很短的時期，他做過蘇格蘭國王巴里奧的教師。他也是重要的牛津經院派哲學家的最後一人。以哲學家的地位，他不能算是進步的；他是一名現實主義者，毋寧爲柏拉圖而非亞里斯多德的信徒。他相信上帝的命令並非如一些人所主張的任意而爲；現存的世界並非許多可能存在的世界中的一個，而是唯一可能存在的世界，因爲上帝必定選擇最好的範式創造世界。但這些理論並不眞使他感覺興趣，他自牛津退休，去做一名鄉村的敎士。在他生命中的最後十年，他是勒特華滋敎區的由國王所任命的主敎，不過，他仍繼續在牛津講課。

魏克里非本身思想發展的過程非常緩慢，在一三七二年，他已年逾五旬，却仍是屬於正統派的，五十以後，才逐漸變得具有異敎思想。他之所以有此轉變，是出於他的道德感——他對窮人的同情，對富足而庸俗的敎士的反感。最初，他對敎廷的抨擊祇是政治上的、道德上的，不是思想上的；後來才逐漸演變爲更大規模的「反叛」。

魏克里非之背離正統派開始於一三七六年在牛津大學的連續性的演講，題目是「論公民的主權」。他激進地主張，祇有正當的行爲才能給予財產與主權，行爲不端的敎士不應有這種權利，而一名敎士應否擁有其財產，須由公民的權力來裁決。他並且進一步說，財產是罪惡的結果；基督與使徒都沒有財產。敎士也應該無產。這些理論除修道士之外激怒了所有的敎士。但英國政府却支持他，因爲敎皇自英國徵收一大筆獻金，金錢不應運出英格蘭解送敎皇的說法對英王是有利的。尤其在敎皇臣服於法蘭西，而英法開戰之時，更是如此。高恩特地方的約翰，在理查二世未成年時執掌國政，盡量向魏克里非示好。另一方面格利哥里十一世則譴責他講演內容中的十八點，說這是來自馬昔格利奧的學說。他被召在一羣主敎所組成的裁判席之前受審，但女王與羣衆維護了他，同時牛津大學也否定敎皇有權審判其教授。（即使在那時，英格蘭的大學已信仰學術自由。）

自一三七八至一三七九年，魏克里非仍繼續寫論文，主張國王是上帝的代理人，主教應該服從國王。當「大分裂」來臨時，他更進一步地辱駡教皇是反基督的，說接受君士坦丁的捐助已使以後所有的教皇成爲叛教者。他將拉丁語聖經譯爲英文，並建立以俗人爲「窮人的神父」制度。（他終於以此一行動使修士感到困擾。）他派任「窮人的神父」爲巡廻的傳教士，其任務爲着重在向窮人說教。最後，他在抨擊僧侶的權力時，否定化體論，說這是褻瀆上帝的蠢人所編的謊言。在這一點上，高恩特的約翰命令他保持緘默。

一三八一年華特·泰勒所領導的農民暴動使魏克里非的處境更壞。並無證據可以說他鼓勵此一暴動，但與馬丁路德在類似情況下的反應不同，他沒有對此加以譴責。約翰·包爾——信仰社會主義的辭去僧職的神父卽是暴動的領導人之一，對魏克里非很崇仰，這使他很困擾。包爾曾於一三六六年被開除教籍，當時魏克里非仍屬於正統派，包爾的主張應與他無關。魏克里非的共產式的主張，無疑是由「窮人的神父」傳播的，他祇是以拉丁語表達，不可能直接爲農民所瞭解。

足以使人驚異的是，魏克里非這次並沒有比上次爲他的意見與民主行動受到更多的困擾。牛津大學盡量保護他，抵抗主教們的攻擊。當貴族院譴責巡廻傳教士時，衆議院却拒絕表示同意。如果他活得長久一點，無疑將困擾遞增；他於一三八四年去世時，尚未受到譴責。他死於勒特華滋，卽卜葬於此，窀穸攸安，直到康斯坦宗教會議把他的屍骨焚毀爲止。

他在英格蘭的信徒們受到嚴酷的迫害，實際上已被消滅。但理查二世之后是波希米亞人（位於捷克西部——譯者註），魏克里非的思想在波希米亞頗爲流行，赫斯即在此處成爲他的信徒；在波希米亞，他們雖然也受到迫害，但仍能茍延至宗教革命之時。在英格蘭反對教皇的行動已轉入地下，惟已深入人心，爲新教的創立奠定了基礎。

第十五世紀時，各種其他的因素促成教皇的沒落，在政治上文化上發生急遽的變化。火藥加強了中央政府地位，封建貴族的權力相對減弱。在法蘭西與英格蘭，路易十一世與愛德華四世皆與富足的中產階層聯合，以削除貴族的權力。義大利在十五世紀末葉前，有很長一段時間，沒有來自北方的軍事攻擊，因此在經濟上文化上也有快速的進步。新思想主要是異教的，崇敬希臘與羅馬而鄙薄中世紀。建築與文學恢復古典的型式。當古代文化的最後據點君士坦丁堡爲土耳其人攻陷時，希臘在義大利的難民受到人文主義者的歡迎。華斯科·伽馬（葡萄牙航海家）與哥倫布擴大了世界的領域；哥白尼則擴大了天體的領域。君士坦丁堡的捐贈已因僞造而被否定，普遍爲學術界所嘲笑。由於拜贊廷人之助，柏拉圖得以直接受知於人，而非通過新柏拉圖主義與奧古斯丁的傳述。「月下世界」似乎已不再是「悲淚之谷」與通往另一世界的旅程，而在提供異教的享樂、榮譽、美妙與冒險的機會。經歷若干世紀的禁慾主義，因藝術、詩歌、享樂的滋潤而被遺忘。不過，卽使在義大利，中世紀亦非未經鬪爭而自然消逝。薩沃納羅拉（Savonarola 一四五二——一四九八年，義大利宗教改革者）與利奧納多（Leonardo 一四五二——一五一九年，義大利藝術家、科學家，被稱爲文藝復興時期的天才典型）於同年誕生。大體上，過去的恐怖已經消逝，大家醉心於新的精神自由。沉醉雖祇是一時，但確已將恐怖驅退。在此一歡樂的自由的時刻中，現代世界於焉誕生。

第三部　現代哲學

第一章　自文藝復興到休謨

第一節　一般特徵

一般稱為「現代」的這一段歷史的精神上的面貌，在許多方面與中世紀不同。當然其中最重要的是：教會權威的消逝與科學權威的提高。由於以上兩點，其他也隨之變動。現代文化更偏向於世俗而非教會。以控馭文化的權威而言，國家愈益取代教會的地位。國家的權力最初是掌握在國王手中的，後來，一如古代的希臘一樣，國王逐漸為民主政治或獨裁者所代替。「民族國家」及其功能在整個時期中皆獲得穩定的進展（一些輕微的浮動除外）；但在大多數的時間，國家對哲學家意見的影響，不如中世紀的教會。阿爾卑士山以北的諸封建貴族在第十五世紀以前仍能割據以對抗中央政府，此時則先在政治上隨後在經濟上喪失其重要性。國王轉而與富足的商人聯合，在不同的國家以不同的比例分享權力。但也有一種趨勢，富商成為新的貴族。自美法革命之後，民主在現代的意義上是一重要的力量。社會主義是反對以財產私有制為基礎的，於一九一七年首次獲得政權。這種政府的形式倘推廣及於他處，則必然帶來一種新的文化的形式；而我們所應該關切的文化，則主要是「自由主義」的，易言之，卽與商業發生密切關係。這一點，也有值得重視的例外，尤其是在德國；例如費希特與黑格爾，其思想的輪廓完全與商業無關。當然，這種例外並不能代表他們那個時代。

對教會權威的否定，此一現代的消極性的特徵，較積極性的特徵，亦卽對科學權威的接受，發軔較早。在義大利的文藝復興運動，科學所佔的地位微不足道；在人的心目中，反對教會與「復古」有關，仍舊是「懷古」，祇是比早期的教會與中世紀更「古」一點而已。科學首次嚴重的「突入」是一五四三年哥白尼理論的發表；但此一理論並未發生影響，直至第十七世紀，克卜勒與伽利略重新提起並加改進，始見重於世。然後，開始了科學與教條的長期鬬爭，傳統主義者在抗拒新知識的戰場上，節節敗退。

現代大多數哲學家所承認的科學權威，與教會的權威迥不相同，因爲前者是理智的，不是由命令控制的。拒絕這項知識的人不會因此受罰；也不會有「專斷」的論點能够影響那些接受這項知識的人。它之普遍爲人崇信完全是由於它本身適合理性的要求。而且，它的權威性是各別的，部份的；不像天主教的教條，建立一個完整的體系，廣及人的道德、人的希望、宇宙的過去與未來。它祇是宣告在當時科學上可以證實的事情，在不可知的浩瀚海洋中，它祇有如一個小島而已。另外還有與教會權威不同的一點，教會所宣告的是絕對確定的，永恆不變的，而科學所宣告的，祇是一種試驗的性質，基於可能性，而且認爲是可能被修正的。這產生了一種與中世紀教條主義者迥然不同的氣質。

截到現在爲止，我所談的都是「理論」科學，它祇試圖「認識」世界。「實用」科學則試圖「改變」世界，一開始就居於重要地位，其重要性與日俱增，以至於幾乎將理論科學自人的思想中消除。實用科學的重要性之開始被承認與戰爭有關；伽利略與利奧納多由於自稱能够改進大砲射擊與建築防禦工事的技術而獲政府的雇用，自此之後科學家在戰爭所擔任的角色卽愈來愈重要；至於發明機器生產，使人利用蒸氣與電，則是後來的事，在十九世紀末業以前，沒有在政治上發生實際的效果。科學的勝利主要是由於其實用價值，並試圖與純理論脫幅，使科學愈來愈成爲一種技術，而距離研究宇宙本質的思想愈來愈遠。對於哲學家而言，接受這一種看法還是最近的事。

自教會權威獲得解放促使個人主義的成長，甚至到達無政府的程度。在文藝復興時代的人的心目中，紀律、理智、道德、政治是和經院派哲學及教會組織聯結在一起的。經院派學者所承襲的亞里斯多德的邏輯學，範圍甚狹，但在尋求精確性方面，提供了一種訓練。當此一邏輯學派成爲陳舊時，接踵而來的却並非更好的哲學，而祇是古典哲學的折衷式的模擬而已，直到第十七世紀，在哲學上實無可稱述者。第十五世紀義大利的道德與政治的混亂狀態是可驚的，因此產生馬其維利的思想。同時，不受精神鐐銬的自由促使天才在藝術與文學方面具有驚人的表現。但這樣一個社會是不穩定的。改革運動與反改革運動，益以義大利之臣服於西班牙，使文藝復興好的和壞的部份都到此終結。但此一運動在阿爾卑士山以北發展時，却沒有相同的無政府狀態。

現代哲學絕大部份都具有一種個人主義與主觀的特性。這可以舉笛卡兒爲代表，他由確定自己的存在來建立知識，並以明確（主觀的）爲眞理的準繩。這在斯賓諾莎的哲學中並不顯著，但在萊布尼玆的「與外隔絕的單子」理論中重現。洛克——他的「性格」是充分客觀的，却被迫勉強接受主觀的思想，卽知識祇是對若干觀念同意或不同意的表示——這種看法使他極端厭惡，以至不得不以極端自相矛盾的觀點設法逃避。柏克萊之所以免於墮入徹底的主觀主義，祇是由於他利用了「上帝」作護符，後世的哲學家認爲他這樣做是不合理的。在休謨的哲學中，實驗主義結果變爲懷疑主義，沒有什麼可以否定，也沒有什麼可以接受。康德與費希特在性格與思想上都是主觀主義的。黑格爾由於斯賓諾莎的影響逃避了主觀主義。盧梭與浪漫主義運動自認識論到倫理、政治，都是主觀的，結果流入徹底的無政府主義，例如巴枯寧的思想。主觀主義走入極端就變成某種方式的瘋狂。

此時，技術的科學已給予重實際的人們一種新的面貌，迥然不同於任何重理論的哲學家。技術給予一種「力」的感覺：人類不受環境支配的程度，遠較其前代爲佳。但技術所帶來的「力」是屬於社會的，不是個人的。第十七世紀一個普通人如漂流在一荒島上，當較現代的人容易求生。科學技術需要大量的個人，在一個目標下組織起來共同合作。因此，此一趨勢是反無政府主義的，甚至是反個人主義的，由於它需要「接合良好」的社會組織。它不像宗教，它在倫理上是超然的：它告訴人類他們能够製造奇蹟，但並不告訴他們應該製造什麼奇蹟。在這一點上，它是不完整的。實則科學技術所能致力的目標大部份是依賴機會的。現代社會所必需的龐大組織的領導人，在有限範圍內，可以隨心所欲地決定致力的方向。因此，力量的衝擊幅度較以往任何時期爲廣。爲科學「技術」所激勵的哲學家，卽是有影響力的哲學家，傾向於認爲一切「人類以外」的東西都祇是物質上的原料而已。目標不再被考慮，所重視者祇是手段的熟練。這也是瘋狂的一種方式。在我們今日，這是最危險的一種方式，這是明達的哲學應該加以反對廓清的。

古代世界因羅馬帝國而結束其混亂狀態，但這是一殘酷的事實，而非出於觀念。天主教世界結束了教會的混亂狀態，它是屬於觀念的，但從未在事實上獲得正確的體現。古代與中世紀的解決辦法都是不能使人滿足的——前者是由於不能觀念化，後者是由於不能實踐。現代世界目前在傾向一個近似古代的解決方案：由強制造成的社會秩序，所代表的是有力階層而非普通人民的意志。長期穩定而使人滿足的社會秩序祇能求之於結合羅馬帝國式的統一與奧古斯丁的「上帝之城」的理想主義。為達此目標，就需要一種新的哲學。

第二節　義大利的文藝復興

與中世紀對稱的現代的面貌開始於義大利的文藝復興。最初，僅少數個人有這種表現，例如皮特拉克（Francesco Petrarch　義大利詩人，一三〇四——一三七四年——譯者註），但到第十五世紀，則擴展到大多數的義大利知識份子，包括世俗與教會在內。文藝復興期的義大利人在某些方面——祇有利奧納多等少數人是例外——並不尊重科學精神，而這是自第十七世紀以來最重要的改革家所共有的特徵；由於缺乏科學精神，當時的義大利即不能完全擺脫迷信，特別是星相學。許多人仍然像中世紀哲學家一樣地崇尚權威，祇是以古代哲學家代替教會而已。這自然也是邁向思想自由的一個步驟，因為古代哲學家衆說紛紜，決定取捨仍需要個人的判斷。但第十五世紀的義大利很少有人敢於抱持一項在古代哲學或天主教義中都找不到依傍的意見。

欲了解文藝復興，必先扼要體認當時義大利的政治環境。自一二五〇年非德烈二世死後，義大利大體上已不受外來的干涉，直至法蘭西王查理士八世於一四九四年入侵爲止。在這一半島上，有五個國家並立：米蘭、威尼斯、弗羅倫斯、敎皇轄區、那不勒斯；此外尙有一些小的公國，分別聯結或臣服於上述五國中的一國。一三七八年以前，熱那亞在商業與發展海軍上與威尼斯爭勝，但自一三七八年以後，熱那亞卽接受米蘭的保護。

米蘭曾於第十二與第十三世紀領導反抗封建勢力，惟自荷恩施陶芬王朝最終敗亡後，卽受維斯康梯家族的統治，其權力來自財富而非封建制度。自一二七七到一四四七，此一家族統治了一百七十年；然後，經過三年的共和政治，一個新的斯福查家族，與維斯康梯家族有淵源的，取得了統治權，稱爲米蘭大公。自一四九四至一五三五年，米蘭成爲法蘭西與西班牙戰爭的戰場，時而與前者結盟，時而又與後者結盟。在此一時期內，斯福查家族有時流亡在外，有時祇是名義上的統治者。米蘭最後於一五三五年爲查理士五世所兼併。

威尼斯共和國極少牽入義大利的政治，尤其是在最初幾世紀它的強盛時期。它從未被蠻族征服過，最初祇承認自己是東羅馬皇帝的屬邦。此一傳統以及其與東方貿易的事實，使它不受羅馬的統治，這種情況一直繼續到特倫脫宗敎會議的時期（一五四五年），威尼斯人包洛・莎比寫了一本對敎廷非常不利的歷史。我們在前面已經提到過，在第四次十字軍東征時，威尼斯如何堅持要征服君士坦丁堡。這對威尼斯的對外貿易是有利的，但到一四五三年土耳其人攻陷君士坦丁堡後，形勢又逆轉了。威尼斯在第十四與第十五世紀時，爲種種原因所驅使，一部份是由於糧食供應的問題，認爲有必要在義大利的大陸部份佔有大片領土；這自然引起他國的敵意，終於在一五〇九年，義大利諸強結成坎伯瑞同盟，將威尼斯擊敗。此一創傷本有復原的機會，但因迦馬之發現經由好望角通往印度的路線而消逝（一四九七——八年）。威尼斯的貿易因此一蹶不振。但它仍能勉維存在，直至被拿破崙滅亡爲止。

威尼斯的憲法，原本是民主的，以後逐漸轉變，一二九七年後，成爲一種近似寡頭政治的制度。政權的基礎在「大議會」，其成員自一二九七年卽變爲世襲的，並局限於少數的家族。行政權在「十人會議」，是由「大議會」選舉出來的。總督（Doge）是國家禮儀上的元首，爲終身職；他名義上的權力雖很有限，但事實上，他的影響却常具有決定性。威尼斯的外交被認爲是特別機敏的。威尼斯駐外使節的報告是非常精闢的，歷史家常用爲研究某項事蹟最佳的資料來源之一。

弗羅倫斯是世界上最文明的城市之一，並且也是文藝復興的發祥地，幾乎所有當時在文學上的巨擘、其前期以及一些後期藝術上的巨匠，皆與弗羅倫斯有關；但目前暫置文化勿論，專談其在政治上的情況。在第十三世紀時，弗羅倫斯有三個相互衝突的階級，貴族、富商、與小民。大體而言，貴族是「保皇」的，富商與小民是「保教皇」的。前者於一二二六年終於被擊敗，而在第十四世紀時，小民這一派又壓過了富商。衝突並沒有促成穩定的民主，反而逐漸形成了古希臘所稱的「專制」。麥地西家族終於統治了弗羅倫斯，開始以民主爲基礎而獲得權力。這個家族變爲顯赫的第一代科西摩·戴·麥地西（一三八九——一四六四年）並沒有正式的地位，他的權力來自操縱選舉。他是很機敏的，有可能時便妥協，有必要時則施用暴力。他死後，經過一段間隔，仍由他的嫡孫羅倫左繼承，自一四六九年當政至一四九二年去世爲止。他們之所以取得權位是由於財富，其致富之道主要是經商，但也從事開礦及其他工業。他們懂得如何使弗羅倫斯和他們自己富足，在他們統治之下弗羅倫斯日臻繁榮。

羅倫左之子裴特洛沒有他父親那樣的才能，於一四九四年被逐。繼之而來的是涉華納羅拉的統治，回復到一種清教徒式的思想，反對歡樂與奢侈，崇尚虔誠，似乎將造成一比較簡樸的時代。但結果，主要是由於政治上的緣故，涉華納羅拉的敵人獲勝了，涉氏被處死，屍體被焚。此一有民主意向但事實上爲財閥當政的共和國，延續到一五一二年，復歸麥地西家族統治。羅倫左之子於十四歲的稚齡成爲樞機主教，於一五一三年復當選教皇，稱李奧十世。麥地西家族以圖斯卡尼大公的頭銜統治弗羅倫斯，直至一七三七年；惟此時，弗羅倫斯與義大利其他部份一樣，已變得貧窮而不重要了。

教皇因裴平及僞造的君士坦丁捐贈函而獲得的現世權力，在文藝復興期又大幅擴展；但教皇們爲此目的所用的方法則削減了教廷在精神上的權威地位。「和解」運動成爲巴賽爾宗教會議與教皇尤金尼厄斯四世（一四三一——一四四七年）爭執的重點，它代表着教會中最熱心的份子；更重要的是：它代表阿爾卑士山以北地區教士的意見。教皇的勝利亦即義大利的勝利（同時也是西班牙的勝利，惟程度較淺）。第十五世紀後半葉義大利的文明仍是中世紀的，與阿爾卑士山以北的情形全然不同。義大利人熱中於文化，但漠視道德與宗教；卽使在教士的心中，優美的拉丁文之下也掩蓋了衆多的罪惡。尼古拉斯五世（一四四七——一四五五年）是第一位人文主義的教皇，將教廷的職務畀予他所敬重的學者而置其他考慮於不顧；羅倫左．華拉，一位伊比鳩魯派學者，是他證明君士坦丁的捐贈函是僞造的，他並且嘲笑拉丁文聖經的文體，譴責聖奧古斯丁爲異教，却做了教皇的秘書。此一鼓勵人文主義有過於虔誠與教條的政策一直持續到一五二七年羅馬被刼掠爲止。

鼓勵人文主義，雖然使阿爾卑士山以北的教士驚愕，但以我們的觀點而言，則或許是一種合乎道德的行爲。但某些教皇的好戰政策與道德墮壞的生活，除直指爲赤裸的權力政治外，從任何觀點都不能爲他們辯解。亞歷山大六世（一四九二——一五〇三年）做教皇，祇謀擴展自己及其家族的權益。他有二子，甘地亞大公與凱撒，對前者尤其鍾愛。但大公被暗殺了，很可能出自他弟弟的陰謀。於此，教皇傳子的野心祇能在凱撒身上實現了。他們征服了羅馬格納與安科納，意圖爲凱撒建立一公國；但是，當教皇去世時，凱撒也病重，無法執行職務。他們所征服的土地又復歸爲聖彼得教堂的財產。關於他們作惡的事，立卽出現許多傳說，譴責他們曾經謀殺過很多人這一點，很難辨彰其眞僞，但他們欺詐人的技術有過於別人曾經施之於他們的，這是無可置疑的。朱利亞二世（一五〇三——一五一三年）繼亞歷山大六世爲教皇，雖然並不特別虔敬，但比他的前任較少醜聞。他繼續擴展教廷的領域，如果是一名軍人，有他的優點，但不是一位好的天主教會的領袖。宗教革命開始於他的繼任者李奧十世（一五一三——一五二一年）的任期內，是文藝復興期內諸教皇的異端政策所造成的自然結果。

義大利的極南端爲那不勒斯王國所佔，大多數的時間，也包括西西里島在內。那不勒斯與西西里一度曾爲非德烈二世個人特別建治的王國；他以回教的型式實行一種絕對的君主制，開明而專制，不容許封建貴族有任何權力。他於一二五〇年逝世後，其子曼弗萊德繼任，也承襲了來自教會的不可疏解的敵意，終於在一二六六年爲法蘭西人所驅逐。法蘭西人在當地也不受歡迎，在「西西里人的晚禱」中被集體屠殺，自此之後王國卽屬於阿拉岡的彼得三世及其繼承者。經過種種的糾紛之後，那不勒斯與西西里一度分治，於一四四三年又在阿方索的兼倂下復歸統一，他是一位文學的贊助者。自一四九五年後，法蘭西的三位國王相繼試圖征服那不勒斯，但最後王國爲阿拉岡的弗地南所佔（一五〇二年）。法蘭西的國王查理士八世、路易七世、法蘭昔斯一世都自稱有權（在法理上是站不住的）統治米蘭與那不勒斯；他們都侵入義大利，都得到過一時的勝利，但結果都被西班牙人擊敗。西班牙的勝利與反宗教改革運動使義大利的文藝復興告終。教皇克里門七世是反宗教改革的障礙，在羅馬的查理士五世屬於麥地西家族，也是法蘭西的友人，引起了大部份由新教徒組成的軍隊侵襲羅馬。自此之後，教皇卽成爲純宗教的領袖，義大利的文藝復興運動也到此爲止。

義大利的權力鬪爭，其複雜的程度，幾使人難於置信。領域較小的公侯們——大多數爲自封的獨裁者，時而與某一大國結盟，時而又與另一大國結盟；如果他們玩弄得很笨拙，卽歸滅亡。連年征伐無已；但直至一四九四年法蘭西人入侵之前，這種戰爭是很少傷亡的，因爲兵士都是僱傭而來的，總想把他們的「職業性危險」減至最低限度。這種局限於義大利的戰爭對貿易甚少妨礙，也沒有阻止義大利增加財富。有政客的權術，但沒有政治家的精神；當法蘭西人入侵時，才知道自己實際上是不堪一擊的。法軍在戰場上居然「眞」的把人殺死，義大利人爲之震驚。法蘭西人與西班牙人打仗是很認眞的，爲當地人帶來慘苦與荒蕪。但義大利諸國仍陰相傾軋，在內爭中尋取法蘭西或西班牙的支援，而全無謀求國家統一的自覺。結果，這些國家都滅亡了。由於美洲與好望角新航路的發現，義大利不可避免地會喪失其重要性；但如果不是相互戕賊，毀敗不致如此之甚，義大利文明的水準也不致墮落到這種程度。

文藝復興並非在哲學上有偉大成就的時期；但確爲第十七世紀的壯濶肇其端始。首先，它打破了嚴格的經院哲學體系——這已經成爲加諸理性發展的束縛。它恢復了對柏拉圖的研究，這至少需要某種程度的獨立思考，使能在柏拉圖與亞里斯多德之間知所選擇。由於對兩者都有所關注，獲得了眞正的直接的認識，而不受新柏拉圖主義者與阿拉伯作家們的矯飾的影響。還有更重要的是，它鼓勵了一種傾向，將知識的活動認爲是一種可喜的「社會探奇」，而非以維護教條爲目標的一種幽閉於寺院中的默想。

以柏拉圖代替經院派的亞里斯多德，由於與拜贊廷學術的接觸而更加速。在一四三八年的弗拉亞宗教會議中，名義上使東西羅馬的教會統一，却引起一場爭辯，拜贊廷方面堅持柏拉圖的地位居於亞里斯多德之上。勃里索——一個以研究可疑教條爲主的希臘籍的柏拉圖主義者，對於在義大利宣揚柏拉圖思想，貢獻甚多；與他有同等貢獻的還有柏涉雷安，是一位希臘籍的樞機主教。科西摩與羅倫左都醉心於柏拉圖，前者創辦了弗羅倫廷學院，而後者則在前者死後繼續主持院務，其辦學宗旨卽是研習柏拉圖。科西摩是在聆聽柏拉圖對話錄的誦讀聲中溘然逝世的。當時的人文主義者過份「好古敏求」，以致不能在哲學上有任何創新的發展。

文藝復興期學者對教會的態度是頗爲紛歧的。某些人自認爲自由思想家，雖然他們通常也是在自覺行將就木之時保持緘默，以求與教會妥協。大多數人對當時教皇的行爲不端甚有反感，却樂於爲教皇所雇用。歷史家桂西亞地尼在一五二九年的著作中寫道：

「對於神父們的野心、貪婪、放縱，沒有人比我更感厭惡的了。不僅因爲這些罪行本身可惡，而且因爲所有這些罪行發生在自稱與上帝有特殊關係的人身上是極端不適當的，也由於這些罪惡相互矛盾，祇有在非常怪誕的人身上，始能『並行不悖』。不過，我自己在教廷的職務使我不得不爲自己的利益而稱頌教皇的偉大。苟非如此，我應該轉而愛慕馬丁路德，並非爲了自己擺脫天主教會所加諸我們的一般人所了解的闡釋的規律的束縛，而是爲了樂於見到這大羣惡人放回到他們應得的地位上去，讓他們在作惡卽被剝奪權力而有權力卽不得作惡的情況下生活。」

這是一種可喜的坦率，很清晰地表示了當時的人文主義者何以不能發動一次思想革命。而且，其中的大多數認爲不可能在正統派與自由思想派之間尋求一妥協點；有如馬丁路德的立場，他們是不可能採取的，因爲他們已經不再具有中世紀神學的那種神秘感覺。在柏克哈特所著「義大利文藝復興史」中，馬蘇若奧在描敍僧尼與敎士如何行爲不端之後說：「對於他們最適當的懲罰，是由上帝取消煉獄，他們自知無滌罪機會，就會規規矩矩的了。」他也像路德一樣，保持了大部份天主教的信仰，並未否定煉獄的存在。

羅馬的富足祇有一小部份依賴教皇管轄區的收入；主要是來自整個天主教世界的捐獻，基於一項神學的理論，即教皇握有通往天堂的鎖鑰。在義大利如有人懷疑此一理論將冒驅逐出境的危險，在其他地區則將喪失其天主教會中的地位。以此，文藝復興期義大利的非正統思想是純知識的，並未走入懷疑主義，或企圖在天主教會之外建立一羣體的組織。唯一的例外，而且是相當偏激的是沙華納羅拉，但他在基本精神上仍是屬於中世紀的。

大多數的人文主義者保持這些迷信式的信仰，是由於能在古代哲學中找到依據。巫術或許是邪惡的，但並不被認爲是不可能的。英諾森八世曾在一四八四年勅令禁止巫術，引起日耳曼及其他地區對巫婦的可怖的迫害。星相學特別爲自由思想者所重視；其盛行一時，爲前古所無。自教會獲得解放的最初效果，並非使人作合理的思考，而是使人醉心於古代的各種各類的謬論。

在道德上，自教會解放的最初效果也是不幸的。舊的道德規範已不再受尊重；大多數國家的統治者以叛逆爲手段取得權力，而復以殘酷的暴行維持其權力。當樞機主教們被邀赴教皇的加冕宴時，自携旨酒與杯盞，因爲深恐中毒。除沙華納羅拉之外，當時沒有一個義大利人願意爲公衆的任何事情而蹈危履險。教廷腐敗之貽害社會是顯著的，但無人試圖加以改革。義大利亟需統一，但各統治者無法聯合一致。外來統治的危機也是很顯著的，但每一個義大利的統治者，在彼此有任何爭執時，都在尋求外國甚至土耳其的支援。惟一般義大利人除了毀棄古代的文稿之外，我還想不出有任何過失，而他們也不是常犯這種過失的。

除道德的範圍之外，文藝復興皆有其宏偉的成就。在建築、繪畫、詩歌方面的傑作至今仍爲人所熟知。它產生若干偉人，諸如利奧納多（Leonardo）、米開蘭基羅（Michelangelo）與馬其維利（Machiavelli）。它使知識份子自中世紀文化的狹巷中解脫，而且卽使仍成爲崇古的奴隸，卻可以在每一個論題上獲知各方面的權威的各種不同的意見。由於對希臘世界的再認識，它創造了一種精神上的氣氛，使回復希臘時代的成就，呈現可能性，並使個人的天才得以享受自亞歷山大以後從未有過的自由。文藝復興時代的政治環境有利於個人的發展，但不很穩定；正如在古希臘，不穩定與個人主義是有密切關連的。穩定的社會制度有其必要性，但截至現在爲止所設計產生的穩定社會，都對藝術或知識的進步發展有妨礙。爲了有如文藝復興的偉大成就，我們準備忍受多少謀殺與混亂？在過去，需要忍受很多，在我們今日，則較少。這一問題截到現在爲止還找不到答案，雖然社會各種組織的增加使它的重要性日益提高。

第三節　馬其維利

文藝復興雖然沒有產生重要的理論上的哲學家，却產生了一位在政治哲學上的傑出人物——尼可洛・馬其維利（Niccolo Machiavelli）。一般人通常會爲他的學說而震動，而他有時的確是驚世駭俗的。但其他許多人如不怕像他一樣不憚作僞，也可以做出同樣驚人的事情。他的政治哲學是科學的、實驗的，基於他本身的經歷，卽是以目標來決定手段，不考慮目標是好是壞。有時，他自己揭露所要達成的目標，而是所有的人都會加以支持的。許多受公衆譴責的事情牽涉到他的名字，是由於僞君子痛恨這種作惡事的坦率宣告。誠然，他仍有許多事情的確是應該受到惡評的，但這是他那個時代的一種特色。在其他任何時代任何國家，都不可能出現這種對政治欺詐的「理性的誠實」，除非在古希臘受教於雄辯家的人，在小國的互戰中獲得實際訓練的人。在古希臘一如文藝復興時期的義大利，這些國家都是供個人在政治上施展其才華的場地。

馬其維利（一四六七——一五二七年）是弗羅倫斯人，其父爲律師，家道小康。他在二十至三十歲的青年時代，正值涉華納羅拉統治弗羅倫斯，其不幸下場給予馬其維利深刻印象，他說：「一切有武裝的先知都獲得勝利，沒有武裝的都歸於失敗」，然後他把涉華納羅拉歸入後一類。在前一類人物中，他提到摩西、塞魯斯、濟昔厄斯、與羅慕勒斯。在後一類中，沒有提到基督，這是文藝復興時期的特色。

涉華納羅拉被處死後不久，馬其維利在弗羅倫斯的政府中獲得一低微職位，逐次擢升，有時且擔任外交上的重要使節，直到一五一二年麥地西家族重掌政權時去職。他因反對現政府被捕，不久又獲釋，准許在鄰近弗羅倫斯的鄉村中渡其退居生活。他因躐取官位的需要而著作。他最著名的一部書「王公術」，成於一五一三年，獻給羅倫左，盼望得到麥地西家族的青睞（結果證明無效）。書中的論調或許部份是由於此一實用的目標。他的另一部篇帙較長的書——「講演術」，於同年完成，似更傾向於共和與自由主義。他在「王公術」的卷首說明，他不準備在本書中談論共和，因爲他將在另一本書中討論。那些沒有讀過「講演術」的人可能會對他的思想，祇知其一，不知其二。旣無法討麥地西家族的歡心，馬其維利祇好繼續寫作。他隱居一直到死，這一年正値查理士五世攻陷羅馬，這一年也可認爲是義大利文藝復興的終結。

「王公術」一書是從歷史與當代的事實中發現如何取得並保持君權，而這些人又如何將已得的君權喪失。十五世紀的義大利提供大大小小的無數的實例。統治者很少是合法的，卽使敎皇也有很多實例，以不正當的手段贏得選擧。成功的法則當時代趨於穩定時，卽需要與原有的不同，因爲那個時代沒有人爲暴行與叛逆而震驚，而在十八世紀、十九世紀，這種人是爲人所不齒的。或許在我們這個時代，更能欣賞馬其維利，因爲若干赫赫之功，其所用的方法與在文藝復興期義大利政爭中所用的同樣卑劣。以一個政治藝術鑑賞家的地位，馬其維利對希特勒在議會縱火、一九三四年整肅其黨徒、慕尼黑協定後的毀約背信，都會讚不絕口。

凱撒．波吉亞，爲亞歷山大六世之子，在一片讚譽聲中繼位。但他所遭遇的問題也很困難：第一、由於其兄早折，他成爲其父傳位於子孫的野心的唯一受益人；第二、必須以敎皇之名用武力征服那些在亞歷山大死後應屬於他自己而非屬於天主敎小邦的領土；第三、操縱樞機主敎團，以保證下屆敎皇爲其友人。他以機巧的權謀追尋這些難以達成的目標。馬其維利說，新立的王公可以從他的實際行爲中獲取教訓。凱撒誠然是失敗了，但祇是由於「運氣特別壞」。當其父去世時，他自己也在病中，在他能復原以前，他敵人的力量已經組織好了，使他的死敵被舉爲教皇。於選舉之日，凱撒告訴馬其維利說，他已作一切準備，祇是「他從未想到在他父親去世時，他自己也處於病危狀態。」

馬其維利熟知凱撒所用的伎倆，作結論如下：「檢討凱撒的一切行爲，實無可責備者，相反地，我主張，正如我已經主張過的，那些因緣時會或藉他人的武力獲得權位的人應以他爲學習的範型。」

其中有甚饒趣味的一章「教會的小公國」，衡量其「講演術」一書的內容，事實上是隱藏着馬其維利眞正思想的一部份的。至於他何以要這樣隱晦，是因爲「王公術」一書的目的在討好麥地西家族，而此時適值麥地西家族中的一人被舉爲教皇（李奧十世）。關於教會小邦，他在「王公術」中說，加以吞併是很難的，因爲它們將以宗教的習慣自衞，不論王公們的行爲如何，他們將因此而克保其權位。這些王公們（他這樣說）不需要軍隊，因爲「他們是爲更高尚的方法支持的，不是人的心靈可以達成的」。他們是「上帝所拔擢支持的」而且「只有愚蠢而魯莽的人才會加以討論」。但他繼稱，亞歷山大六世以何種方法將他對現世的權力擴展到如此程度，是應該可以研究的。

在「講演術」一書中對教廷權力的討論較長而坦率。他把著名人物依道德標準分成幾級。他說，第一級是宗教創始者，然後是王朝與共和國的創始者，然後是文學家。以上這些都是好人，但宗教的毀滅者、共和國與王國的顚覆者、品德與文學的敵人則是壞人。那建立獨裁政體的人包括凱撒在內，是邪惡的；另一方面，布魯特斯（羅馬政治家、暗殺凱撒者）是好人。（此一看法與但丁的鮮明對照表現了古典文學的影響）。他認爲宗教應在國家中佔有優越地位，並非由於它代表眞理，而是由於它是一種凝聚社會的力量：羅馬人佯示相信「預兆」而懲罰那些不相信的人是對的。他對當時教會的批評有兩點：其一是它邪惡的行爲破壞了宗教的信仰，其二是教皇對現世的權力及此項權力所鼓勵的政策阻礙了義大利的統一。他強烈地表現了這項批評立場。他說：「人民愈接近羅馬的教會——這是我們宗教的首腦所在，對宗教的信仰愈淺。……它之崩解而受懲罰是近在眉睫的事。我們義大利人所以變得不信宗教而邪惡，應歸咎於羅馬教會與其主教神父們；我們更要『感謝』他們所賜予的，將要成爲毀敗我們的因素之一的是，教會過去曾經而現在仍然保持我們國家的分裂狀態。」

檢閱這些語句，應假定馬其維利之崇仰凱撒．波吉亞祇是因爲他的權術，而非他所致力的目標。在文藝復興期，對於權術以及它所引導的行動是非常崇拜的。當然，這種英雄崇拜感一直是存在的；許多拿破崙的敵人都熱忱地崇仰他是傑出的戰略家。但在馬其維利時代的義大利，對機巧政治藝術的崇拜，超過以往，亦爲以後的時代所不及。忽視馬其維利認爲重要的更廣濶的政治目標是不對的。在他的心靈中，對權謀的喜愛與對義大利統一的忠忱的期望是同時存在却並不互相調和的。因此，他可以頌揚凱撒．波吉亞的權術，但一方面又譴責他保持義大利分裂。應該假定他的意見是，以手段而言，一個人須有凱撒．波吉亞的機敏與決斷，但必須有一個與他不同的目標。「王公術」在結尾時向麥地西家族作動人的籲求，促其自「蠻族」（意指法蘭西人與西班牙人）手中解放義大利，這些蠻族的統治是「聲名狼籍」的。他並不預期此一工作可以在公正無私的動機下執行，而是爲了愛好權力，尤其是為了愛好虛榮。

「王公術」在述及統治者的行為時非常顯明地否定道德的價值。他說，一個統治者如永遠是和善的，就必然會毀滅；他必須狡獪如狐而凶猛如獅。其中有一章（第十八章）名為「王公在何處必須守信」，他說他們應在值得守信時守信，否則就不需要守信。一個王公應否守信當視情形而定。他說：

「但必須能將此一性格善加掩飾，做一個成功的偽裝者；人總是很單純的，隨時屈從目前的需要，欺騙的人總可以發現很多自甘受騙的人。我只想舉一個當代的例子。亞歷山大六世除騙人外，不做任何事，也不想其他任何事，只是在尋求騙人的機會；沒有人比他更能提出保證或信誓旦旦地證實某些事情，也沒有人比他更不守諾言。但他欺騙人時常能成功，因為他熟知做這種事的技巧。因此，一個王公完全不需要上面所提到的品質（一般性的品德），但需要看起來有這些品德。」

他繼續說，最重要的，一個王公應該「看起來」是篤信宗教的。

「講演術」在形式上是對羅馬歷史家李維（Titus Livius Livy 紀元前五九——紀元後一七年）的評論，筆調與「王公術」迥然有異。其中有若干章節，看起來幾乎完全像是出於孟德斯鳩之手；這本書的大部份都可能為一個十八世紀的自由主義者所首肯。其中明顯地表達其制衡（check and balance）的思想。王公、貴族、與人民在憲法中應各有其地位；「然後這三種力量可以相互牽制。」他認為黎克格斯制定的斯巴達憲法是最好的，因為它體現了最完善的平衡；索龍過份民主，因此才產生裴昔斯特拉圖（Peisistratus 雅典獨裁者，紀元前六〇五——五二七年——譯者註）。羅馬憲法是好的，因為參議院和人民之間能够互相制衡。

書中常述及「自由」一詞，似在表達某種珍貴的事物，雖然這種觀念並不很清晰。自然，這是沿襲古代而來的，而重又流行於十八與十九世紀。圖斯卡尼（義大利南部一行政區——譯者註）能够保持其自由，是因爲其領域內無城堡與紳士（自然紳士一詞在此處爲誤譯，但頗有趣味。）似乎應該承認政治自由需要公民具有某種個人的品德。他說僅以當時的日耳曼而言，一般人仍廉正而篤信宗教，因此有許多共和國並存。通常人民較王公爲明智而有恆，雖然李維與大多數其他的著書者持相反的意見。這樣說不是沒有理由的：「人民的聲音卽是上帝的聲音。」

試觀共和時代的古希臘羅馬的政治思想，如何在第十五世紀再度體現，是饒有趣味的，這種思想在希臘自亞歷山大後、在羅馬自奧古斯脫斯後業已消逝。新柏拉圖主義者、阿拉伯人及經院派學者熱中於研究柏拉圖與亞里斯多德的形而上學，却無人研究他們的政治思想，因爲那個時代的城邦政治制度已經不存在了。在義大利，城邦的興起，與重新研究城邦相配合，使人文主義者得以受益於共和時代的希臘人與羅馬人的政治思想。愛自由與權力制衡的思想自古代傳至文藝復興時期，現代的這種思想則大部份來自文藝復興時期，也有直接承緒古代的。馬其維利的這一部份思想至少應與其著名的「王公術」的不道德理論居於同等重要的地位。

須加注意的是，馬其維利從未將基督教或聖經作爲他一切政治論點的根據。中世紀的著作者有一種「合法」權力的觀念，這權力是屬於或來自教皇與皇帝的。北方的著作者，甚至較晚期的如洛克，也爲「伊甸園」中所發生的事情而辯論，並且認爲可以證明某種權力是「合法」的。馬其維利就沒有這種觀念。在他認爲權力是自由競爭中依靠技巧去攫奪而來的。他之傾向民衆的政府不是由於「權」的觀念，而是由於他認爲民衆的政府比獨裁政府的殘酷、浮躁、與肆無忌憚的程度較低。

容試將馬其維利思想「道德」與「不道德」的部份加以綜合（這是他自己未曾做過的）。以下並非表達我自己的意見，而祇是轉述他的明顯或不很明顯的觀念。

在政治方面，有三點是特別好的：國家獨立、安全與妥善制訂的憲法。他認爲最好的憲法是在王公、貴族與平民間分配合法的權力，與他們實際所享有的權力相稱，在這種憲法下，革命就難於成功，而穩定成爲可能，但爲求穩定，給予平民更多的權力是明智的。以上這都是以目標而論的。

但在政治上仍有手段的問題，用某種必定失敗的方法去追求政治上的目標是徒勞無益的。假如目標是對的，我們就必須選擇適當的方法去達成這個目標。手段的問題可處之以純科學的態度，不必關切目標是好是壞。「成功」的意義是達成目標，不論其目標爲何。假如有「成功」的科學，則研究邪惡的成功與善良的成功是一樣的——甚至更重要，因爲成功的罪人的實例遠較成功的聖人爲多。但如這種科學能够成立，對聖人罪人同樣有用。因爲聖人如涉及政治，和罪人同樣希望自己能够成功。

問題歸根究底還是在力量。欲求達到政治上目標，各種各類的力量是必要的。此一明白的事實常爲口號所掩蔽，例如「正義將勝利」或「邪惡的勝利是短暫的」。假如你認爲對的那一面勝利，那是因爲它有較強的力量。誠然，力量往往依靠輿論，而輿論則依靠宣傳；在宣傳中，你將顯得比你的敵人更有品德，而某種使自己看起來有品德的方法，本身就是一種品德。由於此一原因，勝利常屬於公衆認爲品德較高的一方。我們必須向馬其維利坦承，這是第十一、十二、十三世紀教會權力得以繼續增長以及第十六世紀宗教革命得以成功的重要因素之一。但亦有其重要的障礙。首先，那些攫得權力的人得以用控制宣傳的方法，使他的這一面看起來似有較高的品德，例如紐約或波士頓的公立學校中沒有人被許可提及亞歷山大六世的罪惡；其次，在混亂的時代中，顯屬不正當的行爲常能成功，馬其維利的時代卽是如此，犬儒主義急速成長，成爲潮流所趨，使人苟能得利卽願意寬恕任何壞事。卽使在這種時代，有如馬其維利自己說的，對無知的公衆，仍需要佯作有品德狀，始能得利。

問題可以再作深一層的研究。馬其維利認爲文明社會的人幾乎必然是肆無忌憚的利己主義者。他說假如當時有人想創建一共和國，會發現在山區裏比在大城市裏容易做到，因爲後者的居民早已腐化了(註一)。假如一個人是肆無忌憚的利己主義者，他的行爲將視他所要利用的人民而定。文藝復興期的教會使所有的人震撼，但祇有阿爾卑士山以北的教士才使人震撼到足以產生宗教革命的程度。當馬丁路德開始暴動時，如教廷的徵稅，亞歷山大六世與朱利厄斯一世表現得更有品德一點，反抗的力量當不致如此之龐大，倘確屬如此，這卽是由於文藝復興期的犬儒主義。政客在依靠較有品德的人民時，行爲也較好，在依靠對道德漠視的人民時，行爲也較壞。同樣，在政客如做壞事就惡名四播的社會，他們的行爲較好；而在一個嚴密控制消息不易傳播的社會，他們的行爲也較壞。有若干事總可以用僞善的手段達成，也很可能爲適當的制度所消滅。

馬其維利的政治思想，有如大部份的古代思想家，在某一方面是相當膚淺的。他受古代立法者黎克格斯與索龍的影響很大，他們一舉而建立一個新社區而不顧其過去的情況如何。以社區爲一種有機體的成長，政治家只能作有限的影響，這種觀念主要是屬於現代的，因「演進」的理論而愈益增強。這種觀念在馬其維利時代不會比在柏拉圖的時代更易於出現。

社會的演進說，雖然適用於過去，已經不再適用於今日，但爲現在與未來，必須代以更「機體論」的觀點。在俄國與德國，現在已創設了新的社會，猶如神秘主義的黎克格斯所創設的斯巴達政體。古代的制法者是仁慈的神話中人物；現代的制法者則是一可怖的現實。世界已經變得比以前更接近馬其維利的時代，現代人希望駁斥他的哲學的，也應該比十九世紀的人作更深入的思考。

（註一）盧梭學說中也有這種理論，如將馬其維利解釋爲一失望的浪漫主義者，亦非大謬。

第四節　伊拉斯慕斯與摩爾

在北方諸國，文藝復興運動較義大利爲晚，且不久卽與宗教革命夾纏在一起。但仍有很短的一段時期，卽第十六世紀初，新的學術盛行於法蘭西、英格蘭、日耳曼，並未牽涉到神學上的爭執。北方的文藝復興與義大利在很多方面有所不同。它並非無政府狀態的或不道德的；相反的，它與虔誠及公德有聯帶關係。它熱心於將聖經引入學術的範圍，產生比拉丁文聖經更正確的版本。與其義大利的先輩相較，光采稍遜而眞粹篤實，不縈心於個人的表現，而急於將學術廣爲傳播。

伊拉斯慕斯與摩爾兩人可作爲北方文藝復興的代表。他們爲密友，有許多共同點。兩人都有學問，雖然摩爾似稍遜，都鄙視經院派哲學；都着眼於宗敎的內部革命，但新敎徒的懷疑主義出現時，却爲之悲嘆；兩者都機敏、幽默、具高度熟練的寫作技巧。在馬丁路德的暴動之前，他們是思想上的領袖，但在此之後，世界過份動亂，不適宜於他們這一類型的人物，摩爾成爲殉道者，伊拉斯慕斯挫廢以終。

以字彙的嚴格意義而言，他們都不算是哲學家。我之所以提到他們，是因爲他們代表了宗敎革命前夕的時代性格，此時大多數人要求溫和的革命，而懦弱者尙未被極端份子驚駭到採取反對的行爲。他們同時也代表了對一切系統化的神學與哲學的厭惡，這也代表了經院派哲學的反動。

伊拉斯慕斯（Desiderius Erasmus 一四六六——一五三六年）生於鹿特丹，他的身世是不合法的，自己揑造了一個出生情況的虛僞紀錄。事實上，他的父親是神父，略通文史，並懂得希臘文。在他成人之前，父母卽已雙亡，他的監護人（他們顯然盜用了他的錢財）誘引他去做斯特爾修道院的修士，這是他一生引爲遺憾的事。他的監護人之一是學校校長，但他的拉丁文尙不如學童時代的伊拉斯慕斯，在回復這位學童寫來的信時，他寫道：「假如你還能寫得出這麼優美的文字，請寫一篇論說來。」

一四九三年，他成爲坎伯萊區主敎的秘書，這位主敎亦卽是「金羊毛修道會」（Golden Fleece Order）的會長。這時他有機會脫離修道院且出外旅行，雖然不是到他所希望去的義大利。他瞭解希臘文的程度尚淺，但拉丁文的造詣已經很高；他特別崇拜羅倫左・華拉，由於在其著作中所表現的優美拉丁文。他認爲拉丁文與獻身宗教是調和一致的，並舉奧古斯丁與耶洛米爲例——顯然已忘記在耶洛米的夢中，上帝譴責他不應讀西塞羅的事。

有一段時期，他在巴黎大學研究，但發現對自己並無助益。巴黎大學有其輝煌的時期——自經院哲學的肇端至吉爾遜（Joan Charlier de Gerson 一三六三——一四二九年，法蘭西宗教哲學家爲修好運動的創始人——譯者註）及其使大分裂復合的修好運動，但至此舊的爭論已變得枯燥無味。阿奎那學派與斯各特學派——共稱爲復古派，與奧坎學派——稱爲名學派或現代派發生辯論。最後於一四八二年，又相互妥協，共同反對在大學圈外盛行的人文主義。伊拉斯慕斯痛恨經院派學者，認爲他們爲老朽的、過時的。他在一封信內提到，因爲他希望得到博士學位，乃試圖保持緘默。他並不眞正喜愛哲學，甚至也不喜愛柏拉圖與亞里斯多德，雖然他們是先賢往哲，提到他們時，必須出之以尊仰的語調。

一四九九年，他首次來到英格蘭，他喜歡那裏的親吻少女的方式。他與柯萊特（John Colet 一四六七——一五一九年，曾任倫敦聖保羅教堂的住持，並爲聖保羅學校的策劃人——譯者註）及摩爾爲友，他們鼓勵他做嚴肅的實際工作而非文學上的瑣事。柯萊特不懂希臘文而講解聖經；伊拉斯慕斯自覺應爲聖經做點工作，而必須通曉希臘文才能做好。一五〇〇年初離開英格蘭後，他開始讀希臘文，雖然窮得請不起教師，而祇能自修；一五〇二年秋以前，他已熟諳希臘文，一五〇六年，他到義大利，但發現義大利人已經沒有什麼可以向他們學習的。他決定修訂耶洛米的譯本，另譯希臘文及拉丁文聖經；均於一五一六年成書。發現耶洛米的拉丁文譯本中的錯誤後來為新教徒在辯論中所引用。他試圖學習希伯來文，但終於放棄。

伊氏著作中仍為現代人所讀的一本書為「愚人的讚美」。他起意寫這本書是在一五〇九年，他自義大利赴英格蘭經過阿爾卑士山時，到達倫敦後，迅即在摩爾爵士的寓所中撰成，這本書就是獻給他的，並戲稱書名適合於主人，因「摩洛斯」(moros)的意義即是「愚人」(fool)。本書以愚人的第一人稱自述；她喜好唱自己的讚美詩，她的詞句比畫家霍爾班的題材更豐富活潑，描寫各種各類的人生，涵蓋各個階層與職業。以她看來，人類將滅絕，因為誰能結婚而不做蠢事呢？她以智慧的解毒劑的地位向人進勸告說：「娶一個妻子，愚蠢而無害，又如此有用而便利，她可以撫慰並軟化男人的固執與暴燥。」沒有別人的討好或「自我愛憐」，誰能得到快樂？不過，這種快樂仍是愚蠢的。最快樂的人是最接近禽獸將自己的理性剝除的人。最好的快樂是妄想，因為付出的代價最少；幻想自己是國王比讓自己當國王要容易。伊氏並繼續嘲笑民族的自大與職業的自負：幾乎所有科學與藝術的教授都過份自負，從自負中獲得快樂。

另有某些文句以猛烈的抨擊代替嘲笑，愚人說出了伊氏的嚴肅的意見；這是涉及教士們的惡習的。神父們以赦罪與寬縱來「計算每一個靈魂停留在煉獄中的時間」；至於崇拜聖徒，即使是聖母瑪利亞，其盲目的獻身者也認為應將「母」置於其子基督之前；神學家之間有關三位一體與復活的辯論；化體論的思想；經院學派；教皇、樞機主教、主教等等——所有以上的這些都被猛烈地抨擊，對修道會的抨擊尤爲猛烈：他們是精神錯亂的蠢人，他們心目中並沒有宗教，「却仍自負，喜愛禮拜是爲了自己的幸福。」他們的行爲一若宗教，包含在繁瑣的形式中：「例如他們鞋子上的繫帶應該穿過多少孔才是正確的數目；在不同的場合應該用什麼不同的顏色；用什麼材料去做；他們的腰帶應有多長多寬等等。」「他們在大法庭上的祈求是非常動聽的：有人會自誇如何以限於食魚的方法抑制性慾；另有人自稱在世上消磨最多的時間於唱詩……另有人自稱三年中除戴着厚手套的情形之外從未接觸過金錢。」但基督會打斷他們的話說：「爲你們悲哀，你們這些矯造者、僞善者……我給你們的唯一箴言是互愛，這我還沒有聽到任何人發誓說他已經做到了。」這些人却爲他人所懼，因爲他們從「懺悔」中知道很多秘密，而又時常在酒醉中不愼洩露。

教皇也未能免於受責。他認爲教皇們應該向基督的謙抑與貧窮學習。「他們唯一的武器應祇是屬於精神方面的；確實可以由他們自由決定的，他們對他人的免職、停職、拒斥、震怒、開除多人或少數人的教籍、措辭激烈的勅書、鬪爭所有激怒他們的人；這些最神聖的神父們過去從未對反對者作過如此頻繁的發洩，這是受了魔鬼的驅使，在他們的心目中，對上帝無所恐懼，確在惡毒地試圖藐視並傷害聖彼得所遺留的教產。」

衡量上述辭句，可能認爲伊拉斯慕斯會支持宗教革命，但事實證明並非如此。

此書結尾提出一嚴肅的建議，卽眞正的宗教是愚人的制度。世上祇有兩種愚人，一種是被人以諷刺的語調讚美的，一種是受人眞心讚美的；後者在基督教的純樸中表現。對愚人的讚美包含於伊拉斯慕斯對經院派哲學及拉丁文筆調粗俗的學者們的厭惡之中。但還有更深一層的意思。據我所知，這是首次以文學的形式表示，宗教來自心靈而非來自頭腦，所有剖析精微的神學都是多餘的。此一觀點愈來愈盛行，現在已爲新教徒所普遍接受。這主要是北方的感情主義對希臘的理智主義的一種拒斥。

伊拉斯慕斯第二度到英格蘭，居留了五年（一五〇九——一五一四年），有時在倫敦，有時在劍橋，在推動英格蘭的人文主義方面，影響深遠。現在英國公立學校一直到現在，其教學內容幾乎完全符合他的願望，充分學習希臘文與拉丁文，不僅要翻譯，而且要習作詩與散文。科學雖自十七世紀後在知識界居於支配地位，但對於一個紳士或一位神父而言，却認爲是不屑一顧的；柏拉圖是應該讀的，但不是柏拉圖認爲值得讀的那一部份。這些都與伊拉斯慕斯的影響有關。

文藝復興期的人具有廣泛的好奇心。惠辛加說：「他們永不滿足地去尋求驚人事故、奇特瑣事、罕有物品及反常現象等等。」但他們不是在目前的世界而是在古書中找尋這些事物。伊拉斯慕斯對世界有興趣，却不能直接加以消化，而必須先把它變成拉丁文或希臘文，然後才能吸收。旅行者所說的見聞是不被重視的，蒲林尼（Gaius P.S. Pliny 羅馬學者紀元後二三——七九年——譯者註）却是可以採信的。不過，好奇心逐漸自書本轉移到眞實的世界；人們變得關切眞正發現的新蠻族與奇禽異獸，而非古代作者所描敍的事情。卡里班（莎翁劇中所述一醜陋而殘暴的奴隸——譯者註）是取材於孟達尼的著作（Montaigne 法國散文家一六八九——一七六二——譯者註），而孟達尼所述的食人蠻族是得自旅行者的見聞。「原始人種的頭顱是垂在肩以下的」是奧賽羅親眼得見的，而非出於古書的紀錄。

文藝復興時期一般人的好奇心逐漸自文學轉移至科學。新發現的事實排山倒海而至，他們祇能在潮流下屈服。舊的學說證明是錯的。亞里斯多德的物理學、勃托里米的天文學與加林的醫學已經不足以解釋新的發現。孟達尼與莎士比亞滿足於這種騷亂；發現是可喜的，制度是發現的敵人。第十七世紀以後，建立制度的才開始與實際的新知識結合。所有這些都距離伊拉斯慕斯甚遠，在他的心目中，哥倫布的地位尚不如希臘神話中的阿岡腦（求取金羊毛的人）。

伊拉斯慕斯簡直是無可救藥地迷信文字，他寫了一本書，名爲「軍中的基督教」，向不識字的兵士說教，勸他們讀聖經，讀柏拉圖、安布路斯、耶洛米、與奧古斯丁。他纂輯了很多拉丁文的格言，這本書再版時又增加若干希臘文的格言；他原來著書的目的在使人能用習慣成語寫拉丁文。他又寫了一本非常成功的書「俗語」，教人如何以拉丁語作日常式的交談，例如玩木球時的談話等等。這在當時或許比現在有用得多。拉丁語是當時唯一的國際語言，巴黎大學的學生來自西歐各地，這種情形很普通，拉丁語是兩名學生能夠用以交談的唯一語言。

宗教革命之後，伊拉斯慕斯最初居於洛維安，這是完整地保持了天主教正統思想的地方，後來又遷居巴塞爾，却又是新教盛行之處。雙方皆試圖爭取他，但經過長期努力皆歸於無效。我們知道，他曾經強烈地表示對教士的濫用職權及教皇的邪惡行爲的不滿；一五一八年，即馬丁路德發起暴動的一年，他寫了一篇諷刺的文章「朱利厄斯被拒記」，描寫朱利厄斯二世如何被拒於天堂門外。但路德的暴亂使他憎惡。他痛恨戰爭。他終於歸向天主教的一邊。一五二四年，他寫了一本書爲「自由意志」辯護，這是路德由追隨且誇大了奧古斯丁的看法而加以拒斥的。路德的答辯很粗魯，伊拉斯慕斯的反應更激烈，自此至他去世，他又變得愈來愈銷沉，他時常是儒弱的，而時代已經不再適合於儒弱的人。對於純眞的人而言，祇能在兩者之間選擇——殉道精神與勝利。他的朋友湯瑪斯．摩爾就被迫選擇了殉道精神，伊拉斯慕斯說：「假如摩爾從不涉入那些危險的事情，讓神學的問題由神學家去處理就好了。」伊拉斯慕斯或許活得太長，以至進入一個出現新道德與新罪惡的時代——英雄主義與寬容精神，兩者對於他都是格格不入的。

湯瑪斯．摩爾爵士（Sir Thomas More 一四七八——一五三五年）是遠較伊拉斯慕斯值得崇仰的人物，但以影響而論，則不如伊拉斯慕斯重要。他在牛津攻讀希臘文，這在當時是很不尋常的，被認爲同情義大利的非教徒。教會與他的父親表示反對，因此，他離開了大學，又爲卡蘇昔亞教派（聖布路諾於一〇八六年在法國創設之教派）所吸引，實行極端禁慾的生活，有意加入其修道會。此時他首次遇見伊拉斯慕斯，他之沒有加入卡蘇昔亞教派，顯然是受了伊氏的影響。摩爾的父親是律師，他決定承繼父業。一五〇四年，他成爲國會議員，領導反對亨利七世增加新稅的要求。在這件事情上，他成功了，却激怒了國王；把他的父親關閉在塔裏，後來又以一百鎊的贖罪金爲代價予以開釋。一五〇九年亨利七世死後，摩爾重返國會，獲得亨利八世的賞識。一五一四年被封爲武士，出任過派駐各國的使節。國王邀請他到宮廷服務，但他沒有接受；終於國王在未被邀請的情形下闖入他在契爾西的住宅，與他共餐。摩爾對亨利八世知道得很深切，當有人向他祝賀國王對他的恩寵時，他答道：「假如我的頭能够交換到法國的一所城堡，國王會把我的頭送去的。」

當伍爾賽去職時，國王任摩爾爲首相。他打破舊的習慣，拒收一切訴訟當事人的禮物。他拜相後不久卽失歡於國王，因爲國王決定與凱塞琳離婚而另娶安妮・褒琳，而摩爾則堅決加以反對，因而在一五三二年辭職。他在位時的廉潔可在他辭職後的收入祇有每年一百鎊一事中見之。儘管他反對，國王與安妮結婚時，仍發柬邀請他觀禮，但他拒未到場。一五三四年，國王要求國會通過「最高權力法案」，聲明他而非敎皇是英格蘭敎會的首腦。在此一法案下，需要對承認「最高權力」宣誓，摩爾加以拒絕；這僅犯溺職罪，不致處死。但又出於一項非常可疑的證辭，證明他曾說過國會無權使國王成爲敎會的首腦，這就犯了叛逆的重罪，結果被砍頭。他的財產給了伊利莎白公主，一直保持到她去世爲止。

摩爾之所以留名後世，完全是由於他所寫的「烏托邦」一書（一五一八年）。所謂烏托邦是南太平洋的一個小島，在那裏一切都得到最妥善的安排。有一航海者名拉弗爾・奚斯羅代者偶然發現此島，居住了五年，返回歐洲祇是爲了宣傳它的明智的組織。

在烏托邦中，一如柏拉圖的共和國，一切爲公衆所保有，因爲如有私產，公產就不能興盛，如無共產，就沒有平等。摩爾在對話中也提出反對意見說，共產會使人懶惰，泯除對執法官的尊敬，但奚斯羅代回答說，曾經在烏托邦住過的人不會有這種想法。

烏托邦有五十四個市鎭，除首都外，都是照一個模型建造的。所有的街道都是二十英尺寬，所有的私人住宅都是完全一樣的，一扇門通往街道，另一扇門通往花園。門是沒有門閂的，每一個人都可以自由出入任何一所房屋。屋頂是平面的，每十年易屋一次，因爲不希望居者有「私有」的感覺。在鄉野有農莊，每一農莊不得少於四十人，包括兩名奴隸在內，由年老而多智的男主人與女主人管理。小鷄不是由母鷄而是由孵卵器孵出來的（在摩爾的時代還沒有這種設備）。除男女及未婚與已婚有別外，所有的人都穿同樣的衣服。型式永不改變，冬夏亦不易服。工作時，着毛衣或皮衣，每一件上衣可着七年。工作完畢後，在工作服上加一件毛製的斗蓬，所有斗蓬都是一個式樣，用羊毛的原色。每一家庭的衣服皆須自製。

每一個人——無論男女——皆工作六小時，午前三小時，午後三小時。八時皆就寢，睡眠爲八小時。在清晨有講課，雖非出於強迫，但聽者甚衆。晚餐後有一小時用於娛樂。六小時的工作已經足够了，因爲沒有閑人，也沒有浪費無益的工作；其中說，反觀我們，婦女、神父、富人、僕人、乞丐，大多數都不做有益之事，而由於有富人，許多勞力皆用於生產不必要的奢侈品；這些在烏托邦都避免了。有時，發現生產過剩，市鎭長宣佈減少每日的工作時間。

某些人被選爲知識份子，如認爲他們從事知識方面的工作可令人滿意，則可豁免做其他的工作。一切與政府有關的職位，皆必須從上述的知識份子中選出。政府是屬於代議民主的形式及間接選舉的制度；被舉爲大公的爲終身職的國家元首，但如有獨裁行爲，亦可遭罷免。

家庭生活是以父系爲中心的，子婚後仍居父宅並受父的管制，除非其父老朽無用。如任何家庭的成員增加過多，卽須另立門戶，或遷往其他市鎭。如所有市鎭皆患人滿，則在荒野建立新市鎭，但並未提到一切空地均加利用之後應該如何做法。屠宰之事皆由奴隸行之，以免自由公民習染殘暴的行爲。醫院辦得非常完善，病人皆樂於居此。允許在家進食，惟大多數人寧願就食於公共食堂，有奴隸執「賤役」，但仍由婦人司厨，較長的男童女童供奔走。男女分凳而坐，育兒的婦人，其子女在五歲以下者，在別室進餐。所有的婦人須爲自己的子女哺乳。兒童如超過五歲，年齡尚太幼，不能供驅使者，則在長輩進食時靜靜地肅立一旁；他們不另安排進食，祇能食桌上剩下來的殘羹。

談到婚姻問題，無論男女如在婚前有任何性關係，均須受嚴厲處罰；任何房屋的主人，如其中發生不軌行爲，均將負失察之咎。在婚禮舉行前，新郎新娘以裸體互示；一個人買馬，必須先把鞍轡除下端詳後才能作決定，結婚也是類似的情形。任何一方通奸或「不可容忍的任性」可以離婚，但負咎的一方不得再婚。有時也可以雙方協議離婚。破壞他人家庭者則被處監禁。

對外貿易的主要目的是獲得鐵砂，這是島上所沒有的。同時貿易與戰爭也有關係。烏托邦人雖然並不以戰功爲榮耀，却無論男女人人習戰。他們在三項目標下作戰：在被侵時保衞自己的疆土；爲盟國受侵時解放被侵佔的疆土；使一個受專制壓迫的國家獲得自由。但無論何時作戰，均可有一部份傭兵服役。他們借債給其他國家，而使之以供給傭兵的方式償債。由於戰爭，他們發現儲藏金銀有益，因爲可以用此支付外國的傭兵。他們自己並不擁有金銀，且用此爲便溺之器及奴隸的腳鐐，以示鄙薄。珍珠與鑽石祇用作嬰兒的裝飾，絕不用於成人。當他們作戰時，任何人殺死敵國的首領，皆可獲重賞，能生擒者，則賞賜更厚。他們憐憫敵國的平民，「知道平民是被對方首領的激怒，瘋狂驅迫而作戰的，並非出於本意。」在烏托邦，男女皆可作戰，但無人被驅迫去作戰。「他們常使用發明一些奇異而機巧的武器。」雖然他們在必要時表現了絕大的勇氣，但對戰爭的態度毋寧是理性的，而非英雄主義的。

在倫理方面，他們堅信適當行爲包含於快樂之中。但此一觀念並不產生壞的後果，因爲他們相信死後善人受賞而惡人受罰。他們並非禁慾主義者，並且認爲齋戒是愚昧可笑的。他們有多種宗教，但能相互容忍；幾乎所有的人都相信上帝與不朽，少數不信者不被承認爲公民，不能參與政治，但也並不因爲不信就受到困擾。一些有神職的人禁食肉不結婚；他們被認爲是神聖的，但不一定是有智慧的。婦人老而寡，也可以做神父。神父爲數甚少，他們受尊敬，但無權力。

奴隸是取自那些犯了惡行的人，或外國人在其本國被處死刑、烏托邦同意以奴隸勞動貸其一死者。

如有人患痛苦的絕症，則勸告其自殺，如患者拒絕，則仍須留意照護。

奚斯羅代自稱曾向烏托邦人講述基督教義，當他們知道基督反對持有私產時，乃紛紛皈依。他處處強調共產主義的重要性；在其他一切國家「我祇能感覺到，富人的某種陰謀，以公共福利爲名而獲取財產。」

可驚異的，摩爾的烏托邦在許多方面是自由主義的。我並不認爲他在宣傳共產主義，這是許多宗教運動的傳統。我所重視的是他所說的關於戰爭、宗教、與宗教寬容的話，反對任意屠殺禽獸（其中有一段反打獵的話很動聽），贊成較溫和的刑法。（此書一開始即表示反對處死小偷。）但必須承認，在摩爾的烏托邦中的生活，像大多數設計的理想國一樣，是枯燥得難以容忍的。變化是快樂所不可缺少的因素，在烏托邦則絕少變化。一切出於計劃的社會制度，無論是想像的或已經見諸事實的，都具有此一共同的缺點。

第五節　宗教革命與反宗教革命

無論宗教革命或反宗教革命，都代表了落後國家對義大利在知識上統治的反叛。以宗教革命而言，暴動兼與政治及神學有關：教皇的權威被否定了，其因權力而獲得的貢輸也停止了。以反宗教革命而言，暴動祇是爲了反對文藝復興期的義大利的知識自由與道德廢弛；教皇的權力並沒有消逝，反而增強了，同時，他的權威與波吉亞及麥地西家族的淫佚放縱是不能並存的。一般而論，宗教革命是屬於日耳曼的，反宗教革命是屬於西班牙的。宗教戰爭同時卽是西班牙與其敵人的戰爭，此時又適值西班牙的國勢鼎盛的時期。

北方國家對文藝復興期義大利的一般觀感，可自英國的諺語中見之：

一個義大利化的英國人
就是魔鬼的化身

我們可以看到莎士比亞的戲劇中有多少惡棍是義大利人。艾果或許是最顯著的例子，但「辛布林王」一劇中的艾奇摩更具代表性，他將有品德的英國人引入歧途，帶領在義大利旅行，回返英格蘭後，卽對信賴他的當地人施以邪惡的狡計。北方諸國反對義大利而義憤塡膺與宗教革命有密切關係。不幸，對義大利在文化上的貢獻，也一併加以摒棄。

宗教革命與反宗教革命的三位偉人是路德、喀爾文與羅約拉。三人與其後的義大利人或伊拉斯慕斯及摩爾相較，皆顯得落後。在哲學上仍停留在中世紀的階段。以哲學而論，宗教革命開始後是一個貧乏的世紀。路德與喀爾文皆復歸聖奧古斯丁，但祇承襲他有關靈魂與上帝關係的教訓，而不是有關教會的這一部份。他們的神學是要消除教會的權力。他們要消除煉獄，否認死者的靈魂可以由彌撒自煉獄獲得解救。他們否定「赦罪狀」的效力，這是教廷收入的大宗來源。「宿命論」的思想，卽死後靈魂的行止完全與神父或牧師的行動無關，有助於他們向教皇鬬爭，但也阻止了新教會在新教國家中獲得有如天主教會在天主教國家那樣的權力。新教中負神職的人和天主教神父的一樣固執（至少最初是如此，）但權力較小，所能造成的傷害也較輕。

幾乎在一開始，新教徒在國家干預宗教事務的問題上，卽發生歧見。路德認爲無論在何處，但凡王公爲新教徒，卽同時爲其本國的教會領袖。在英格蘭，亨利八世與伊利莎白皆堅決要求這種權力，日耳曼與斯坎的那維亞的諸王公、荷蘭的王公在「西班牙暴動」後，也都作同樣的要求。這更加速了已經存在的提高國王權力的趨勢。

但這些新教徒特別重視宗教革命的個人主義成份，不願屈從於國王，正如他們之不願屈從於教皇。「再洗禮」教派在日耳曼是受壓制的，但他們的思想却流傳到荷蘭與英格蘭。克倫威爾首相與國會有許多方面發生衝突；在神學方面部份是由於贊成與反對國家裁決宗教事務者之間的衝突。宗教戰爭所造成的疲憊，逐漸使宗教寬容的信念遞增，而這也是發展成爲十八世紀與十九世紀的自由主義的諸種因素之一。

新教在最初階段獲得驚人的迅速成功，惟嗣後卽爲羅約拉所創立的「耶穌會」所阻滯。羅約拉原爲一軍人，其修道會也做照軍事組織的型態；對會長必須絕對服從，每一成員皆必須獻身於反對異教的鬪爭。早在特倫脫宗教會議之時，耶穌會就很有影響力。他們紀律嚴整、有能力、完全獻身於既定的目標，而且都是熟練的佈道家。他們的神學正與新教相反；他們否定聖奧古斯丁神學中新教所強調的那一部份。他們相信自由意志說，反對宿命論。救世不能祇靠信仰，而要靠工作。耶穌會以熱心佈道而獲讚譽，尤其在遠東。他們以信仰基督而廣受歡迎，因爲（假如巴斯加——Blaise Pascal 法國哲學家與數學家——的話是可信的）他們除對異教的態度不同之外，確比其他傳教士爲寬容。他們專心致志於教育，因而在青年心目中，獲得強力支持的地位。如果不滲入神學，他們所給予的教育是最值得接受的；我們知道他們教了笛卡兒數學，他所學到的比從其他任何地方所能學到的更多。在政治上，他們是單純的、團結而有紀律的組織，不因面臨危機及奮鬪的需要而退縮。他們要求天主教國家的王公們停止殘酷的迫害，停止因西班牙的軍事征服而重建宗教裁判所。卽使在義大利，不受宗教束縛的自由思想，也已經歷時一個世紀了。

宗教革命與反宗教革命對於知識界的影響，最初很壞，但最終則變爲有利。「三十年戰爭」使每一個人相信無論新教或天主教都不能獲得全盤的勝利；因此有必要放棄中世紀式的思想統一的希望，也增加了人爲自己而思想以至爲基本信仰問題而思想的自由。由於不同國家的宗教信條之歧異，若干人得以避居外國而免受迫害。對宗教戰爭的厭惡使人轉移注意力於現世的學術，特別是數學與科學。路德興起後的十六世紀在哲學上仍是荒蕪的，而十七世紀則產生衆多偉人，代表了希臘時代之後最可重視的進步，上述注意力的轉移是原因之一。進步以科學爲肇端，當在下一節中詳述。

第六節　科學的興起

幾乎一切足以劃分現代與其前代的特徵皆可歸功於科學，而科學則在第十七世紀獲得最大的勝利。義大利的文藝復興，雖然已經不是屬於中世紀的，但也不是屬於現代的；它更傾向於古希臘的黃金時代。第十六世紀由於集中注意力於神學，較馬其維利的世界更接近中世紀，而自精神狀態而論，現代的世界應從第十七世紀開始。倘無文藝復興期的義大利，對柏拉圖或亞里斯多德不會有瞭解；路德會使阿奎那震駭於地下，但假定阿奎那有知，瞭解路德亦非困難，其間仍有脈絡相通之處。然而，十七世紀則迥然有別：柏拉圖與亞里斯多德，阿奎那與奧坎，對牛頓毫無影響可言。

科學所引入的新觀念對現代哲學具有深刻的影響。在某種意義上言，笛卡兒是現代哲學之父，他自己也是十七世紀科學的創造者之一。在認識產生現代科學的時代精神之前，我們必須先述及天文學與醫學所用的方法及其影響。

四大科學偉人——哥白尼、克卜勒、伽利略與牛頓，在創造科學上，具顯赫的地位。誠然，哥白尼是十六世紀的，但在他自己那個時代却很少影響。

哥白尼（Neiolaus Copernicus 一四七三——一五四三年）是一名波蘭的教士，屬於純正無疵的正統派。青年時代旅行於義大利，略染文藝復興的氣息，一五〇〇年，他在羅馬獲得一數學講師或教授的職位，一五〇三年，又返回其祖國，成爲弗勞恩堡的牧師。他一生大部份的時間用於反對日耳曼與改革幣制，而以天文學爲消閒寄興之事。他很早就相信太陽是宇宙的中心，而地球有雙重的運動：自轉，與每年繞日轉行一次。由於恐懼教會的檢查，遲遲未敢發表他的著作，但亦不憚爲人所知。他的主要著作——「天體運行」是在他去世的那一年（一五四三）出版的，有他的友人奧遲德的序文，說明太陽中心說祇是以假設的理論提出的。哥白尼本人對這個聲明，認可到什麼程度，無法確定，但這個問題並不重要，因爲他在書的本文中作過類似的聲明。這本書是獻給教皇的，故能逃避天主教會的正式譴責，直到伽利略的時代爲止。哥白尼在世時的天主教會比特倫脫宗教會議後的教會開明；也比耶穌會與恢復成立的宗教裁判所推行其工作之後的情形要好。

哥白尼著作的氣氛不是現代的，毋寧是畢達哥拉斯學派的。他認爲這是不辨自明的，一切天體的運行必然是周而復始的，統一的；他像希臘人一樣，受美學動機的影響。在他的學說中，仍有周轉圓（即圓心在另一大圓周上轉動者），雖然它們的中心在太陽，或接近太陽。太陽並不正好是宇宙的中心這一點損害了他理論的單純性。他似乎並不知道亞里斯塔區斯的太陽中心論，但在他的推測中，並沒有什麼希臘天文家不可能發掘的新奇理論。他著作中的重要部份是剝除地球在「幾何」上的突出地位。以此推論，則將使天主教神學中給予人類在宇宙中的重要性發生困難，但哥白尼並不接受他自己的理論所發生的後果，他對正統思想是忠誠的，並對認爲他的理論與聖經衝突的說法提出抗議。

哥白尼學說中有其眞正的缺點，最大的缺點是沒有「星體的視差」（Stellar parallax）。假如地球在其軌道上的任何一點，繼續運行一億八千萬英里，則需要六個月時間，星體的地位必定有顯著的移動，猶如一條船在海中，如果在海岸某一點的正北面，即不可能同時爲海岸另一點的正北面。哥白尼沒有觀察到「視差」，但很正確地說明恒星必遠較太陽爲遠。一直到十九世紀，才有足夠的測量儀器觀察到「星體的視差」，在哥白尼的時代，祇能觀察到最接近的少數星體的視差。

另一缺點是有關下墜物體的。假如地球繼續不斷地由西向東自轉，一個自高處下墜的物體不應落在下墜時正下方的一點，而是更向西的一點，因爲地球在物體下墜的一剎那，已經移動了一段距離。對於此一難題的解答，可見之於伽利略的「惰性定律」，但在哥白尼的時代却未能解答。

柏爾特（E.A. Burtt）寫了一本很有趣的書，名爲「現代自然科學的形而上學的基礎」（一九二五年出版），指出現代科學的創造者所作的許多不正確假定。他說得很對，哥白尼的時代，沒有已知的事實足以使人採信他的學說，却有某些事實可以用來加以駁斥。他說：「現代的實驗主義者倘生於十六世紀，一定會首先發難，嘲笑此一新的宇宙學說。」這本書的主要目的在表示對現代科學的不信任，認爲它的新發現祇是幸運的偶然，由迷信中碰巧發生，如同中世紀的學術一樣粗淺。我想這表現了對科學態度的一種錯誤觀念：科學家並非由於相信「什麼」，而是由於「如何」「爲何」相信而獲傑出地位。他們的信念是試探性的，不是教條；他們以實證爲基礎，而不是依賴權威或直覺。哥白尼稱自己的理論爲假定是對的；他的反對者鄙棄新的假定是錯的。

現代科學的創造者有兩項並不一定有聯帶關係的優點：在觀察上的高度忍耐力與大膽假設的勇氣。後者源於早期的希臘哲學家，前者在晚期的古代天文學家中也有相類似的忍耐力。但古代沒有人——除非亞里斯塔區斯是例外——同時兼有兩項優點，而中世紀的學者則任何一項優點也沒有。哥白尼有如其偉大的繼起者則兩者兼有。他以當時能够利用的有限儀器，儘最大可能地瞭解了天體的顯著運動，他感覺地球自轉的假設較整個天體運行的假設易於研究。照現代天文學的觀點，所有星體的運行都是互有關連的，自哥白尼的假定中唯一的收穫是「簡明易曉」，但這並非哥白尼或其同時代人的觀點。至於地球的公轉，也有其「簡明易曉」之處，但不如「自轉」之說。哥白尼學說仍需要「周轉圓」的理論加以補充，但較勃托里米的學說爲充實。待克卜勒發現其定律後，此一新的學說始完成建立其體系。

除宇宙想像的革命性的效果外，新天文學尚有兩項偉大的價值：第一、認識自古以來所相信的事情可能是錯的；第二、認識科學眞理的試驗是耐心蒐集事實加上大膽的揣測，使定律與事實相結合。上述優點，在哥白尼學說中均未獲有如其繼起者所獲的充分發展，但兩者在哥白尼著作中皆已有高度的發展。

哥白尼曾向某些馬丁路德的信徒講述其學說，路德本人獲知，感到震驚。他說：「人們居然去聽一個狂妄的占星者的話，說地在轉，不是天體——日月在轉。無論是誰，欲求自炫聰明，必想出一種新的學說，以爲如此可以凌駕一切舊說，此一妄人企圖顚倒全盤天文科學的是非；但聖經告訴我們，約書亞要命令太陽停止轉動，而非地球。」同樣地，喀爾文也以下列的辭句抹殺哥白尼：「宇宙已經定型，是不能改動的。……什麼人膽敢把哥白尼的權威置於聖靈之上？」新教的牧師固執的程度至少與天主教的教士相等；但不久之後，新教國家就變得比天主教國家較具學術自由，因爲在新教國家，教士所享有的權力較少。新教的重要性在分裂，而分裂導致各國各有其獨立的教會，這種教會是沒有足够力量去控制世俗的政府的。無論何處的教會都儘可能反對可以增進人類在世上的快樂與知識的任何改革，故教會權力削弱，對於整個人類，是一項收穫。

哥白尼無法爲假定提出證據，而且有很長一段時間，天文學家是加以否定的。其後一位重要的天文學家是柏拉希（Tycho Brahe 一五四六——一六〇一年），他採取一折中的立場：他認爲日月繞地而行，而其他星體則繞日而行。他並不是首先持此說者，但他提出兩個很好的理由反對亞里斯多德「一一切在月以上之物皆恒常不變」的說法。一個理由是，一五七二年出現一顆新星，並無每日不同的「視差」，故必較月球距離爲遠。另一個理由是由觀察彗星而來，它也是距離遙遠的。讀者當能記憶亞里斯多德曾說變更與消滅祇限於月以下之物；此與亞氏其他有關科學的說法一樣，證明都是進步的障礙。

柏拉希的重要不在其爲一理論家，而在其爲一實地的觀察者，最初受丹麥王的補助，後來受德皇魯道爾夫二世的補助。他作星象日記，紀錄星體的地位，持續不斷者多年。在他晚年時，克卜勒尚在青年，曾做過他的助手。對克卜勒而言，他的觀察紀錄是無價之寶。

克卜勒（Johannes Kepler 一五七一——一六三〇年）是一個最顯着的例子，即並不需要多大的天才，有毅力也可以得到很大的成功。他是自哥白尼後第一位接受太陽中心說的天文學家，但柏拉希的日誌顯示哥白尼所想像的繞行的方式不一定很對。克卜勒頗受畢達哥拉斯學派的影響，雖然他是一位標準新教徒，但多少傾向於「太陽崇拜」。這些動機無疑地使他易於接受太陽中心的假定。他之相信畢氏學說也使他採信柏拉圖在「梯美烏斯」的話，假定宇宙是由五種有規則的固體構成的。他以此幫助自己作各種假定；幸運地，他的某一項假定最後證明是不錯的。

克卜勒的偉大成就在發現行星運行的三定律。其中兩項發表於一六〇九年，一項發表於一六一九年。他的第一定律是：行星循橢圓形軌道繞日而行。第二定律是：一個行星繞日而行時，在相同時差的間隔也是相同的。第三定律是：行星繞日的里程的平方與其與日距離的立方有一定的比例。

茲略述以上三定律的重要性。

第一第二定律在克卜勒時代尚能以火星的運行作證明；至於其他的行星，觀察的結果也與火星一樣，但不能確定，惟不久後，卽獲得決定性的證實。

第一定律的發現，卽行星以橢圓的軌程運行，需要極大的魄力以擺脫傳統的束縛，其困難不易爲現代人所瞭解。當時所有天文學家無例外地一致同意星體的運行是圓形的。當發現以圓形解釋行星運動不正確時，就用得着周轉圓了。一個周轉圓卽是在另一大圓圈的某一點上轉動的圓。例如：以一大車輪平放於地上，再以一小輪穿以小釘，使其轉動（也是平放在地上的），大輪亦轉動，則小釘在地上劃出的痕跡卽是一個周轉圓。月球的軌道與太陽的關係，大體上是屬於這一類的：概略而言，地球以圓形繞日而行，月球以圓形繞地球而行。但這祇是大略如此而已。經過精確的觀察後，發現周轉圓的理論並不能完全切合實際的現象。克卜勒的假定，證之以火星位置的紀錄，遠較勃托里米甚至哥白尼的假定爲接近事實。

以橢圓代替正圓等於放棄一項自畢達哥拉斯以來卽支配了天文學的美學的偏見。正圓是完美的形態，星球是完美的物體——由神所化，卽使在柏拉圖與亞里斯多德的心目中，也至少與神有密切關係。顯然一完美的物體必定以完美的型態運動。而且，天體是自由運行的，不推動也不被推動，故其運動必定是「自然而然」的。很容易假定正圓是「自然而然」的，而橢圓則不然。因此，在接受克卜勒的第一定律之前，必須先拋棄許多深植人心的偏見。在古代，卽使亞里斯塔區斯也無法預料會有這樣一個假定。

第二定律是說明行星在軌道的不同點上的不同速度。假如S是太陽，P_1，P_2，P_3，P_4，P_5代表行星在相同時差的間隔位置——假定時差是一個月，克卜勒定律指出P_1SP_2, P_2SP_3, P_3SP_4, P_4SP_5都是相等的，因此，行星在最接近太陽時運行速度最快，距離最遠時，速度最慢。這也是驚人之論，行星運行有時快有時慢，太不够「莊重」了。

第三定律的重要性在比較所有不同行星的運動，而第一第二定律祇單獨涉及幾個行星的運動。第三定律說：如r是一個行星與太陽的平均距離，T是一年所行的里程，則r^3除以T_2的所得數，所有行星都是相同的。此一定律亦爲後來牛頓「萬有引力的反平方定律」所證明，(以太陽系而言。)於此，我們將在後文再論。

伽利略（Galileo 一五六四——一六四二年）是最偉大的現代科學創造者，可能祇有牛頓可與之相比。他誕生約當米開蘭基羅（Michelangelo 義大利文藝復興著名藝術家一四七五——一五六四年）去世之時，而他去世又約當牛頓誕生之時。我想把這些事實「推薦」給那些仍相信輪廻的人。他之重要是以他的天文學家的地位，但以其動力學的創造者的地位，或許更爲重要。

伽利略首先發現運動的「加速」。無論運動物的體積與方向爲何，「加速」的意義皆爲速率的變更；因此，一個物體不斷地以圓形繞行，都有向「中心」的加速作用。如用在伽利略以前習慣的使用語來說，他認爲物體以直線繼續運動，無論在地上或天上，都是「自然」的。以前認爲天體以圓形運動是「自然」的，地上物體以直線運動也是「自然」的；但地上物體如聽其自然運動會逐漸停止。伽利略則反對此一觀點，認爲一切物體，如聽其自然，皆將以直線及相同速度繼續運動；如在速度或方向上有任何變更，都必須自某些「力量」的行爲中尋求解釋。此一原則又爲牛頓的「運動的第一定律」所闡明。此又可稱爲「惰性定律」。後文將對此再作闡述，目前容先將伽利略發明的細節加以說明。

伽利略首先確立物體下墜的定律。此一由「加速」的觀念而來的定律是最明白易曉的。定律說，當一個物體自由下墜時，是繼續「加速」的，除非受到空氣的阻力；一切物體，無論輕重大小，其「加速」的程度完全一樣。此一定律至一六五四年發明空氣抽出器時，始獲得完全證明。自此之後，卽可在實際的眞空狀態中觀察下墜物體，發現羽毛與鉛塊下墜的速度相同。伽利略也證明同一物質的大塊與小粒的下墜速度也是一樣的，在此以前，一般都認爲大的鉛塊比小的鉛塊墜落得快，但伽利略證明實際情況並非如此。在他那個時代，對於大小的衡量，沒有像後來那樣精確；但他畢竟達成了物體下墜的正確定律。假如一個物體在眞空中下墜，其速度必繼續增加，第一秒每秒下墜三十二呎，第二秒每秒則下墜六十四呎，第三秒每秒爲九十六呎，如此類推。加速亦卽速度增加的比率永遠是一致的，卽每秒增加（大約）三十二呎。

伽利略也研究砲彈，這是他的雇主圖斯卡尼大公所重視的。過去認爲一枚砲彈以水平線發射，將以水平線行進一段時間，然後突然垂直降落。伽利略認爲，如無空氣的阻力，水平線的速度將照「惰性定律」維持不變，但垂直的速度照下墜物體的定律則將增加。為求明瞭砲彈在短時間——例如一秒鐘內如何運動，在一段時間的行進後，我們得到以下的結果：第一、如尚未下墜，會以水平線前進，其速度與第一秒相同。第二、假如非以水平線前進，而祇是下墜時，其下墜速度與其開始發射時的速度成正比。一項簡單的測量表示，除非由於空氣的干擾，其眞正的進程是拋物線，這是可以由觀察來證實的。

上述簡單的例子證實了一項在動力學上具極大價值的原則，幾種力量同時行動，但結果則有若每一種力量在依次發生效力。這是更具一般性的「平行四邊形」定律的一部份。例如，你在一條行進中的船的甲板上，橫越甲板而行，當你行走時，船也在走，對水而言，你卽是同時橫越而又照船行的方向行進。如果你想知道你與水的位置關係，你可以假定，當船行進時，你是站立不動的，然後再假定在相同的時間內，船停止行進，而你穿越甲板。同樣的原則可以適用於動力。由此可以算出幾種動力的綜合效果，分析物理現象，發現運動物體受數種力量推動時的若干定律。發明此一具極大價值的方法者卽是伽利略。

截至目前為止，我解釋此一問題，儘可能用接近十七世紀的語言。用現代語言，在某些方面是不同的，但欲說明十七世紀的成就，暫時仍以用當時的表現方式為宜。

惰性定律是會引起困惑的，在伽利略以前，用哥白尼的學說是無法解釋的。猶如上面所觀察的情況，假如你在塔頂投石，將正好落於塔下，並非稍稍偏西之處；如地球在轉動，則在石墜的一剎那，理應移動一些距離。不發生這種情況的原因是，石塊也隨地球自轉的速度移動，在未下墜之前，與地球表面其他一切物體同樣在動。但假如塔有足够的高度，其結果將與哥白尼的反對者所預期的相反。塔頂距地球中心較塔下爲遠，故轉動亦較速，石塊應落於塔下稍偏東之處，但相差甚微，不易察知。

伽利略熱心地採納太陽中心說，並與克卜勒通信，贊同他的新發現。他聞悉此一荷蘭人發明了望遠鏡，自己也做了一架，很快就發現了許多重要的事情。他發現銀河包含了無數個別的星體。他眞正觀察到了金星，這是哥白尼在理論上提到却無法以肉眼見到的。他發現了木星的衞星，爲紀念其雇主，取名爲「麥地西亞星」，同時也發現這些衞星是依照克卜勒的定律運行的。但這引起了一種困擾。以前一直稱七個天體，五個行星加上日月，七是一個神聖的數字，星期日豈非卽是第七日？燭臺豈非分爲七支，而亞洲的教堂豈非也是七所？然則神聖的天體又如何能較七數爲多呢？我們如果加上木星的四顆衞星，就變成十一顆星——這數字不具有神秘的意義。由於此一原因，傳統的維護者拒絕使用望遠鏡觀察，認爲所看到的祇是幻象。伽利略寫信給克卜勒，希望共同爲「羣衆」的愚蠢而發笑；信中的其餘部份則指明「羣衆」之中包括若干哲學教授，他們想以唸咒把木星的衞星驅除，「用斷章取義的邏輯一如巫師之用咒語。」

如衆所知，伽利略受到宗教裁判所控訴，不公開控訴於一六一六年，公開控訴於一六三三年，此時伽利略宣佈撤回他的意見，應允不再主張地球自轉或公轉。宗教裁判所終於成功地扼殺了義大利的科學，在此後的數百年內不能復甦。但如此仍未阻止科學家相信太陽中心說的理論，却由於宗教裁判所的愚蠢使教會本身受到重大損害，幸而還有若干新教國家，教士儘管如何熱心於貶損科學，但無法操縱國家的事務。

牛頓（Sir Issac Newton 一六四二——一七二七年）在哥白尼、克卜勒與伽利略所鋪平的道路上前進，達成了科學的最後與徹底勝利。由他的三定律開始——其第一第二定律是受賜於伽利略——他證明了克卜勒的三定律亦卽是：所有行星在所有時間都有趨向太陽的加速，與其對太陽距離的平方成反比。他說明趨向地球與趨向太陽的加速，具有相同的型式，以此解釋月球的運動及地球表面下墜物體的加速，都是依據「與距離平方成反比」的定律。他確認「力」爲改變運動亦卽改變加速的原因，並宣佈「萬有引力」的定律：「一切物體皆相互吸引，強弱與其質量的乘積成正比，與相互間的距離的平方成反比。」由此一方程式，他得以將行星的理論推及於萬物：行星及其衞星的運動、彗星的軌道、及潮汐。後來發展到，卽使行星有時偶而脫離橢圓軌道，也可以用牛頓的定律來解釋。他的巔峯狀態的成功，使他有成爲另一亞里斯多德的危險，因此而造成對進步不可克服的障礙。在美國，須待他死後一百年後，人們始能擺脫他的權威的束縛，在他所硏究的課題上，從事重要的創造性的工作。

第十七世紀是卓越的，不僅在天文學與動力學方面，而且也在與科學有關的各方面。

首先是科學儀器。複式望遠鏡發明於第十七世紀前夕，約在一五九〇年。顯微鏡發明於一六〇八年，發明者是一位名叫李勃希（Lippershey）的荷蘭人，首先認眞地使用於科學目標者則是伽利略。伽利略又發明了溫度計。他的學生托雷西里（Torricelli）發明了晴雨表。桂雷克（Guericke 一六〇二

——一六八六年）發明了空氣抽出器。時鐘雖然已非新奇之物，但在第十七世紀有很大的改良，主要須歸功於伽利略。由於這些發明，科學的觀察乃較以往任何時期更精確而涵蓋廣泛。

其次，除天文學與動力學外，在其他科學方面，也有長足進步。吉爾伯特（Gilbert 一五四〇——一六〇四年）於一六〇〇年出版他有關磁場研究的偉大著作。哈爾維（Harvey 一五七八——一六五七年）發現了血液循環的事實，並於一六二八年宣佈其發現。留文霍克（Leeuwenhoek 一六三二——一七二三年）與史蒂芬·漢姆（Stephen Hamm）先後發現了精蟲（後者顯然比前者發現早數月）。留文霍克也發現了原生動物或單細胞組織，乃至細菌。羅伯特·鮑逸爾（Robert Boyle 一六二七——一六九一年）在我的孩提時代被稱為「科克伯爵之子及化學之父」，現在則以「鮑逸爾」定律而著稱於世，即某一溫度下的定量氣體，其壓力與其體積成反比。

截至目前，我尚未提到純數學方面的進步，但這項進步是偉大的，對許多自然科學的工作是不可缺少的。納帕爾（Napier 一五五〇——一六一七年）於一六一四年發表其「對數」的著作。對等幾何學是由於第十七世紀幾位數學家的努力演進而來的，其中貢獻最大的是笛卡兒。微分學與積分學分別為牛頓與萊布尼玆所發明；這幾乎是一切高級數學的鎖鑰。以上祇是在純數學方面最傑出的成就；其他還有許多重大的成就，不及備述。

科學的影響使知識份子的面貌完全改變。十七世紀初湯姆士·布朗爵士尚參加巫術的試驗，到十七世紀末，這種事情就不可能發生了。在莎士比亞的時代，彗星仍被認為是惡兆；自牛頓於一六八七年發表其「動因論」後，世人始知他與哈利已算出某些彗星的軌道，而這些彗星與行星一樣受「萬有引力定律」的支配。定律在人的想像力中已佔優勢，使巫術與魔法之類的事情不再爲人所信。一七〇〇年時，知識份子的面貌已經完全是現代的，一六〇〇年時，除極少數外，大多仍是中世紀的。

在本節的其餘部份，我將試圖簡述，哲學信念如何順從十七世紀科學的趨勢，以及現代科學與牛頓時代的科學某些不同之點。

第一件值得注意的事情是在物質的定律中幾乎清除了一切「萬物有靈」說的痕跡。古希臘人雖未明說，但事實上却認爲能「動」即是生命的標誌。根據常識性的觀察，動物能够自「動」，而死的物質祇能因外力而「動」。在亞里斯多德的學說裏，動物的靈魂有各種機能，其中之一是，推動其軀體。古希臘人認爲月與行星皆爲神，或至少爲神所支配推動。亞那查哥拉斯不作此想，但被目爲不敬，狄謨克里特斯也不作此想，但被忽視；伊比鳩魯派學者雖重視狄氏的想法，却未予贊同，而仍崇奉柏拉圖與亞里斯多德的學說。亞氏所稱四十七或五十五個「不被推動的推動者」都是神，亦即宇宙一切運動的來源。如沒有外力的推動，一切無生命的物體很快就會停止運動；欲使運動不停止，必須有靈魂繼續不斷地執行工作。

所有的這些說法都被運動的第一定律所推翻。無生命的物質，一旦開始運動，除非爲外力所阻，即將永遠繼續不斷地運動下去。而且，改變運動的外力本身亦爲無生命的物質。太陽系基於其本身的動力與法則保持運行；不需要外來的干涉。這似乎仍需要上帝賦予其機能；照牛頓的說法，行星最初是由上帝的手加以推動的，但當祂推動之後，即設定萬有引力的法則，由行星自行運轉，不再需要神的干與。當拉勃萊斯（Laplace 一七四九——一八二七年，法國天文學家及數學家）認爲使行星運轉的力量可能就是行星自太陽中分離形成的力量時，上帝在自然現象中的功用更受貶抑。祂或許仍是創世者，但即使這一點也成爲可疑的，因爲不能確定宇宙是否在時間上有一個「開始」。當時大多數的科學家都是虔誠的楷模，但他們工作的影響是干擾了正統的教義的，而神學家確因此深感不安。

另一科學的影響是改變了人在宇宙中所居地位的觀念。中世紀時，地是宇宙的中心，萬物都有其與人有關的目標。在牛頓的學說中，地球祇是一顆小行星，並無特異之處；天文學所測知的距離如此廣濶無邊，地球與此相較，祇是有如針尖的小點。似乎很難相信，如此廣濶的宇宙是爲這個小點上的一種小動物而設計的。而且，亞里斯多德以來一直把「目標」或「用途」作爲科學觀念中的主要部份，至此則在科學化的過程中泯滅。任何人仍可相信天體的存在顯示了上帝的光輝，但沒有人能夠以此一信念擾亂天文學的計算。宇宙可能有其目標，但目標不再成爲科學上解釋的課題。

哥白尼學說理應貶抑了人類的自傲，但事實上產生了相反的效果，因爲科學的勝利恢復了人類的自傲。已消逝的古代世界一直爲罪惡感所困擾，而留給中世紀一種壓力。在上帝面前自卑是正確而適當的，因爲上帝會懲罰自傲。瘟疫、水災、地震、土耳其人與韃靼人的刼掠、彗星使那些處於陰暗世紀中人愈爲困惑，覺得祇有更大的謙卑才能改變已經發生或將要到來的災禍。惟是，當人類獲得如下的勝利時，就不可能再這樣謙卑了：

自然與自然的法則在黑夜裏隱藏，
上帝說「讓牛頓來」，於是把一切都照亮。

至於定罪的問題，如此廣大的宇宙的創造者一定顧不到爲一些細微神學上的過失把人送進地獄裏去。猶大可能進地獄，但牛頓卽使是一個亞歐族人，也不會進地獄。

當然還有其他許多自滿的理由。韃靼人被局限於亞洲，土耳其人不再成爲一種威脅。彗星因哈利而「貶值」，地震雖仍可怖，但已成爲科學家研究的有趣課題。西歐驟致富厚，成爲全世界的主人：他們征服了南北美洲，他們在非洲與印度強而有力，爲中國人所尊敬，爲日本人所畏懼；益以科學的昌明，卽無怪十七世紀的歐人自覺志得意滿，而非在星期日自稱爲痛苦而有罪的人了。

現代的理論科學仍有幾點觀念與牛頓的學說不同。首先是「力」的觀念，某些在十七世紀具卓越地位的說法，後來被發現是不必要的。在牛頓學說中，無論其體積與方向如何，「力」是改變物體運動的原因。「因」的觀念認爲是重要的，而「力」想像中卽是在我們推或拉時所經驗的東西。因此，想到對某一物體產生「萬有引力」的來自遠處，如何能「着」力，牛頓自己承認兩者之間必有某種仲介。後來逐漸發現不需要將「力」計入，可以寫下所有的方程式。由此可以觀察到加速與星體方位之間的某種關係；如果說這種關係是由「力」的仲介而來，對於我們的知識是沒有什麼裨益的。觀察的結果表示，行星永遠有趨向太陽的加速，而與其對太陽距離的平方成反比。如說這是由於萬有引力則是虛詞泛語，猶如說鴉片使人昏睡是由於它有催眠作用。因此，現代的物理學家祇說決定加速的方式而避免「力」之一詞。「力」祇是「生機主義者」（vitalist）對運動原因觀點的一個模糊的幽靈，而這個幽靈已逐漸被降伏。

一直到「量子力學」（Quantum mechanics）產生，運動第一第二律的主要意義迄未作任何程度的修正，亦即：動力的定律應以加速來說明。在這一點上，哥白尼與克卜勒的理論仍是屬於古代的；他們尋求可以說明天體軌道形成的定律。牛頓明白指出這種法則祇能求其接近準確而已。行星並非以「絕對」的橢圓運行，由於受其他行星的引力擾亂。基於同一原因，行星的軌道也不是每次都是絕對相同的。但用以解釋加速的萬有引力的定律是非常單純的，牛頓時代以後的兩百年內，一直認爲是「絕對」的。愛因斯坦對此加以修正，但仍以此爲解釋加速的一項定律。

誠然，「能」的保持是解釋速度而非解釋加速的定律。但依此一定律計算，仍須用到加速的因素。

至於「量子力學」所引起的改變是非常重大的，但在某種程度上，仍是一有所爭論的不確定的事情。

對牛頓學說有一項改變必須在這裏提到的是：絕對空間與絕對時間的放棄。讀者或尚能憶及在論述狄謨克里特斯時曾提到這一問題。牛頓相信空間是由點的聚集而成，時間是瞬息的延續而成，可以脫離佔有它們的物體與事件而獨立存在。關於空間的問題，牛頓曾有一項實驗以支持自己的理論，即自然現象可以使我們分辨出「絕對的輪轉」。假如水在水車中是輪轉的，則在邊沿的水上升，在中心的水下降；假如水車輪轉，而水不輪轉，則不會有這樣的結果。自他以後，福科特(Jean B.L.Foucault 法國物理學家，一八一九——一八六八年）以鐘擺（旋轉式的）實驗來解釋地球的輪轉。即使在最現代的學說中，絕對輪轉的問題仍會遭遇困難。假如一切運動都是互有關連的，區別地球輪轉的假定與天體旋轉的假定是完全沒有意義的，猶如說：「約翰爲詹姆斯之父」及「詹姆斯爲約翰之子」意義毫無區別。但，假定天體旋轉，而晨辰移動較光速爲快，又將如何呢？這認爲是不可能的。對於這個問題，現代科學還不能給予滿意的解答，却足够使所有的物理學家相信運動與空間是密切有關的。此項觀念，加上空間與時間的融合成爲「空間——時間」，使我們自伽利略與牛頓所獲得的宇宙觀大爲改變。但此時有關量子力學的問題，不擬再作進一步的說明。

第七節　法蘭昔斯・培根

法蘭昔斯・培根（Francis Bacon 一五六一——一六二六年），雖然他的學說在許多方面都不能使人滿意，但作爲現代歸納方法的創始者及試圖使科學方法成爲邏輯體系的開拓者，却具有顯赫的重要地位。

他是掌璽大臣尼古拉斯・培根爵士之子，他的姨夫是威廉・西席爾爵士，後來又成爲柏格萊的領主；因此，他是在政治氣氛中長大的。二十三歲時卽進入國會，成爲埃克塞斯的顧問，當埃氏失勢時，却又參與對他的控訴，因此受到世人嚴厲的指責。例如李頓・斯特拉契在「伊利莎白與埃克塞斯」

一書中，直稱培根為叛逆及忘恩負義的惡人。但這是不公平的。當埃克塞斯忠於國家時，他為之效力，當埃克塞斯背叛時，他如仍對埃氏效忠，卽是對國家不忠，此時乃絕裾而去。在這一點，卽使當時最嚴刻的道學家也不能譴責他。

他雖然背離埃克塞斯，但終伊利莎白之世，從未獲青睞。惟自詹姆斯繼位後，卽逐漸擢升，一六一七年繼其父職為掌璽大臣，一六一八年為大法官兼掌璽大臣。惟獲此等顯職僅兩年，又被控接受訴訟當事人的賄賂。他承認受過餽贈，但誓言絕未因此影響其裁判。對於這一點，每個人各有不同看法，因為無法證明培根倘不受餽贈會作如何一種判決。結果，他被判罰金四萬鎊，由國王裁決其在塔內幽禁的期限，終身不得任法官及其他公職。事實上，他並未付罰金，在塔內祇監禁了四日，但必須放棄其參與國事的權利，以其餘生從事著作。

在當時，法官的道德規範是相當寬縱的。幾乎每一個法官都接受禮物，通常是來自原被告雙方的禮物。現在我們認為法官受賄是乖謬的，但受賄後再判賄賂者重罪，甚至更為乖謬而殘忍。在當時，法官接受禮物視為當然之事，而以不受影響表現其「品德」。培根受控是由於派系間的鬪爭，不是由於他貪瀆逾常。他並非以「立德」著稱，有如他的先輩湯瑪斯・摩爾爵士，但也並非特別邪惡。在道德上，他是一名常人，與其大多數同時代的人相較，既不更好，也不更壞。

度過五年的退隱生活後，在用雞裹以冰雪作冷藏實驗時受寒染病而死。

培根最重要的著作——「學習的進步」，在許多方面都可以認為是現代的。一般人皆知「知識卽是力量」一語出於培根，雖然在他以前可能有人也說過這句話，但他說這句話却有其新的重點。他的全部哲學的基礎在重實際：使人類以科學發現與發明為手段來控馭自然的力量。他主張哲學應與神學分開，不能像經院學派那樣將兩者黏合在一起。他接受正統派的教義；他不願在這種事情上與政府發生爭議。他雖然承認有理由顯示上帝的存在，但認爲神學中的其他一切理論祇能由神的啓示才能證明。他又認爲信仰的勝利是最偉大的，但一個沒有理由支持的教條也是看起來最荒謬的。哲學祇能依賴理性而存在。因此，他提出「雙重眞理」的理論，一方面出於理性，一方面出於啓示。第十三世紀時，一些阿弗洛依敎派的信徒也宣傳這種理論，但被教會譴責。對正統派而言，「信仰的勝利」是一危險的新詞彙。十七世紀末葉，拜爾（Perrie Bayle 法國哲學家，一六四七——一七〇四年）即曾對此加以嘲弄，以長篇的議論說明理性可能反對某些正統派的信仰，並作結語稱：「但對相信產生信仰是更大的勝利。」培根對正統派存有多少信仰，實無人得知。

培根是衆多具科學頭腦的哲學家中的第一人，強調歸納作爲反演繹的重要性。他如同其許多後繼者一樣，試圖尋求比稱爲「簡單計算的歸納」更好的歸納法。簡單計算的歸納也許可以用一個比喻來解釋。有一次一個戶籍官需要將威爾斯某村所有戶長的姓名記錄下來。第一個被訪的人名叫威廉·威廉斯，第二、第三、第四個都叫這個名字，最後，他對自己說：「這够使人厭煩的，全村的人都叫威廉·威廉斯，我就這樣寫上去吧，不必再問了，我可以藉此休假一天。」但他錯了，全村並不都叫這個名字，還有一個人叫約翰·瓊斯。這顯示我們倘過份盲從式地信賴簡單計算的歸納，就會誤入歧途。

培根相信他可以找到比這個更好一點的歸納法。例如，他希望發現「熱」的性質，他假定（他的假定是對的）熱包含了物體的細小部份的不規則運動。他的方法是列舉熱的物體、冷的物體、以及溫度不同的各種物體。他希望這樣做可以顯示熱的物體所必有而冷的物體所必無的特徵，以及存在於各種溫度不同的物體的特徵。他希望由此達成某些具普遍性的定律，首先是最低級的定律，然後由最低級的定律進而達成第二層的定律，以此類推。一項假設的定律必須在新的情況下再作試驗，如仍可適用，卽獲得進一步的證明。有一些例證特別有價值，因爲可以使我們在兩種不同的理論中知所選擇，每種理論在初步試驗中都認爲是有可能的；這種例證卽稱爲「權威的例證」。

培根不僅鄙視三段論法，而且也看不起數學，大概認爲數學不能作充分的實驗之故。他痛恨亞里斯多德而仰慕狄謨克里特斯。雖然他並未否認自然現象顯示有神的意志，但反對在作現象的實際調查時摻雜任何神學的成份；他主張每一件事情欲使人相信，必須有充分的理由加以解釋。

他認爲他的方法可以顯示如何整理那些科學必須以此爲基礎的觀察資料。他說，我們不應如蜘蛛之祇能自內吐絲，也不應如螞蟻之一味儲積，而應如蜜蜂，旣儲積而又整理。這對螞蟻似乎有些不公平，但這總算說明了培根的眞意所在。

培根哲學最著名的要旨之一是他對於他所稱爲「偶像」的列舉，他認爲這些都是使人犯過失的心靈上的壞習慣。於此，他列舉了五種。「種族的偶像」意指來自人性的傳統崇拜；他特別提到期待自然現象比實際已發現的更有規律的習慣。「洞穴的偶像」意指個人的偏見及調查研究人的性格。「市場的偶像」意指字彙的權威以及在我們心靈中自這種權威逃避的困難。「戲院的偶像」意指已被接受的思想體系，亞里斯多德與經院派哲學家爲他提供了最顯明的例證。最後是「學派的偶像」，意指某些盲目的定律（例如三段論法）足以代替實地調查時的判斷。

雖然科學使培根感覺興趣，他的一般面貌也是「科學」的，但他錯過了認清當時大部份科學成就的機會。他拒斥哥白尼學說，以哥氏本人的成就而論，這或許可以原諒，因爲哥氏沒有發展出任何堅強的論點。但培根理應相信克卜勒——他的「新天文學」出版於一六〇九年。培根似乎並不知道維沙里厄斯——現代解剖學的創造者的成就，以至吉爾伯特的成就，他的磁場理論是對歸納方法的一個卓越的例證。更使人驚異的是，他似未覺察到哈爾維的成就，雖然哈氏是他的私人醫生。誠然，培根去世後，哈氏始公佈其對血液循環的發現，但別人有理由假定，培根應該知道他所從事的研究工作。哈爾維對他並不推崇，說「他像一個大法官那樣在寫哲學。」無疑倘培根較少縈懷於世俗的成功，他會作得更好一點。

培根歸納法的缺點在對假設的不當強調。他希望僅賴資料的有秩序整理即可顯示假設的正確，但事實並非如此。通常「作假設」是科學工作中最困難的一部份，偉大的識解是不可缺少的。截到目前爲止，還沒有一種方法可以作爲「有效假設」的法則。通常某些假設是蒐集事實的必要基礎，因爲選擇事實也需要有某些判定是否適切的方法。否則，祇有一大堆的事實徒然使人陷於困惑。

推論在科學中所佔的地位較培根所假定的爲大。當一項假定作試驗時，自假定到達某些可以用觀察來實驗的結論，常須經過很長的推論過程。而推論又常用到數學，在這一點上，培根低估了數學在科學研究中的重要性。

以簡單統計歸納的問題到今天並未解決。以科學研究資料而言，培根否定簡單統計的價值是對的，因爲在整理資料時，如認爲確當，卽可以此爲基礎發展出某些規律，樹立看起來很堅強有力的方法。約翰・史都華・密爾（John Stuart Mill 英國哲學家經濟學家，一八〇六——一八七三年）定出歸納法的四條規則，假定有因果律，這種方法是有用的；但密爾承認，這種規則也祇是由簡單統計的歸納法得來的。由科學的理論體系所達成的是：聚集所有次級的歸納法，然後再選出少數——也許祇有一種包羅宏富的歸納法，這種歸納法可以爲許多例證所證實，因此也認爲有一種可以接受的簡單統計的歸納法。這種情形是極難令人滿意的，但培根及其後的人都沒有找出一條解決的途徑。

第八節　霍布士

霍布士（Thomas Hobbes 一五八八——一六七九年）是一位難於歸類的哲學家。他是一位經驗主義者，像洛克、柏克萊、休謨。但另一方面，他又是數學方法的崇拜者，不僅限於純數學，也包括應用數學。他的一般表現毋寧是受了伽利略的鼓舞，而不是培根。從笛卡兒到康德，歐陸的哲學觀點多出於來自數學的人文知識，但認爲數學是脫離經驗獨立的知識。因此導致人們——有如柏拉圖主義者輕視感覺的功用而過份強調純思想的功用。英國的經驗主義與此相反，很少受數學的影響，而傾向於抱持一種對科學方法的錯誤觀念。很多年來，我們找不到任何其他的哲學家，是經驗主義者，同時又強調數學的重要性的。在這方面，霍布士應獲很高的評價，但由於他具有致命的缺點，故仍不能躋入第一流哲學家之列。他不耐煩於研幾抉微，過份傾向於切除「死結」。他解決問題的方法是合於邏輯的，但在解決過程中却略過了一些使人爲難的事實。他是具有活力的，但很「殘酷」，對問題善於用「斧鉞」而不善於用「利劍」。無論如何，他對於國家的理論仍是值得重視的，它比前此的任何理論甚至包括馬其維利的理論，更屬於現代。

霍布士的父親是一名教區牧師，性情暴燥而未受教育，因在教堂門前與鄰區的牧師口角而失去職位。此後霍布士即寄養於叔父處。他深研古典文學，將尤里披蒂斯的「米底亞人」一劇譯爲拉丁文的抑揚格的詩，其時年僅十四歲。（以後他曾自稱雖不常引用古典詩及讚美詩，却並非由於他缺乏這方面的知識，也並非過言。）十五歲他進牛津大學，研習經院派邏輯學與亞里斯多德的哲學。這段生活祇給他不愉快的回憶，他自稱在大學的幾年獲益甚少；在他的著作中經常批評一般大學。一六一〇年，他二十二歲時成爲哈德維克爵士的私人教師，伴隨在各處旅行，始知有伽利略與克卜勒的著作，對他發生深刻的影響。他受哈德維克爵士的資助，並由此而認識邊．約翰遜、培根、赫伯特爵士及很多重要人物。哈德維克爵士去世，遺有一子，霍布士在巴黎住了一段時期。研讀歐幾利得，後又返英爲爵士之子的私人教師，隨之到義大利，於一六三六年晤見伽利略。一六三七年再返英。

在「利維亞桑」（Leviathan 聖經中所述巨獸之名，惟未指明何種動物，故祇能譯音——譯者註）一書中所表達的政見是霍布士多年來所主張的，卽是極端的保皇主義者。當國會於一六二八年起草「大憲章」時，他出版了「楚昔戴第斯」的譯本，意在說明民主之害。當大國會聚議於一六四〇年，勞德與斯特拉福被囚，霍布士懼而逃往法國。他於一六四一年作「公民論」（一六四七年始出版），其主旨與「利維亞桑」相同。他的看法並非由於發生內戰而形成，而是由於預見內戰的可能性；自然，當他所恐懼者成爲事實後，他的信念更增強了。

在巴黎他受到許多卓越數學家與科學家的歡迎。他是若干在出版前讀到笛卡兒的「沉思錄」的人之一，並提出反對意見，笛卡兒將它刋出並予答覆。不久，他又與一大羣的逃來法國的保皇派人士取得聯絡。自一六四六至一六四八年，他教未來的查理斯二世數學。一六五一年，他出版「利維亞桑」一書，但未受任何人的讚賞，其英譯本激怒了大部份的英國流亡人士，其中對天主教會的猛烈抨擊又激怒了法國政府。因此，霍布士又潛返英倫，向克倫威爾輸誠，表示放棄一切政治活動。但在此時際，或其長壽之一生的任何時間，他却從未偷閑。他爲自由意志問題與布蘭霍爾主教爭論，他本身是一宿命論者。他對於自己在幾何學上的能力過份高估，自以爲發現了使圓變直的方法；在這一問題上，他非常不智地和牛津大學幾何學教授華理士爭論。結果自然是教授獲勝，使他顯得愚蠢可笑。

在英王復辟期間，他受到英王之友及英王本人的青睞。英王甚至把他的畫像掛在牆壁上，而且答應給他每年一百鎊的津貼——但後來英王又忘記給他了，大法官兼掌璽大臣克拉倫頓與國會因國王垂青於這樣一個有無神論嫌疑的人而感到震驚。大瘟疫與大火災之後，迷信的恐懼使衆議院組織一個委員會調查無神論的著作，特別提到霍布士。自此以後，他不再可能在英國出版任何有爭論性主題的著作。卽使他的「大國會史」，他稱之爲聖經中的巨獸（Behemoth）的，表現了最正統的思想，也必須在外國出版（一六六八年）。他著作的彙編於一六八八年在阿姆斯特丹出版。他老年時的聲望在國外遠較在英國爲高。八十四歲時，他爲消磨閑暇而以拉丁文作自傳，並在英國出版，八十七歲時，翻譯荷馬。八十七歲後卽未再寫任何巨帙的著作。

現在讓我們談他的「利維亞桑」，霍布士主要是以這部著作得名的。開宗明義，他就宣稱自己是徹頭徹尾的物質主義者。生命祇是肢體的活動，故機械有一個「造作」的生命。國家——卽是他稱爲「利維亞桑」的，是藝術的創造，事實上卽是一個「造作」的人。其目的不僅在作比喻而已，而且在作某些細節的說明。主權是「造作」的靈魂。協定與契約創造了國家，猶如上帝造人時勅諭：「讓我們來造人吧！」

第一章談個人及霍布士認爲必要的一般性的哲學。感情激動是由於目標的壓力而來；色彩、聲音等等則不在目標之中。目標中與我們感情有關的是運動。牛頓的運動第一定律同樣適用於心理方面：想像是一種毀敗中的意識，而兩者都是運動。睡時的想像卽是夢；異教之產生是由於不能分辨夢境與清醒時的生活。（輕率的讀者或許以此適用於基督教，但霍布士本人非常謹愼，極力避免。他在他處曾說異教的神出於人的恐懼，但我們的上帝則是最原始的推動者。）相信夢爲預兆者是一種幻想，相信鬼及巫術也是如此。

我們思想的連續不是靠自己的擅斷，而是由諸種法則決定的——有時與我們的思想有連帶關係，有時視我們思想的目標而定。（在心理學上適用宿命論，這是很重要的一點。）

霍布士爲大家所可能料到的，是一位充分的唯名主義者。他說，除「名」以外，沒有什麼是具有普遍性的，沒有「字」，我們不可能相信任何普遍性的觀念；無語言，卽不辨眞僞，因爲「眞」與「僞」是說話的動因所在。

他認爲幾何學是截至當時爲止所建立的眞正科學。分析是判斷的要素，而必須自定義做起。但定義必須避免相互矛盾的觀念，在哲學中不是通常可以做得到的。例如「無形體的本體」是沒有意義的。霍布士有兩項說明：第一、上帝不是哲學研究的對象；第二、許多哲學家認爲上帝是無形體的。他說，所有一般性假設的錯誤都來自乖謬（卽自相矛盾）；他以自由意志說作爲乖謬的例子——乾奶酪是麵包的偶然變化。（我們知道，根據天主教的信仰，麵包的偶然變化可以變成不是麵包的另一種物質。）

在這一點上，霍布士表現了一種古老的理性主義。克卜勒達成一個定律：「行星以橢圓形繞日而行」；但其他看法，例如勃托里米的看法，在邏輯上也並非自相矛盾的。霍布士儘管崇拜克卜勒與伽利略，却並不欣賞以歸納法達成普遍性的定律。

霍布士反對柏拉圖之說，他認爲理性不是天賦的，而是由勤勉而來。

其次，他談到熱情，「努力」或許可以下定義是微小的行動的開始，如指向某些東西，卽是慾望，如避開某些東西，卽是嫌惡，愛與慾望相同，而恨與嫌惡相同。當一件東西是慾望的目標時，我們稱它爲「好」的；當一件東西是嫌惡的對象時，就稱它爲「壞」的。（我們可以看到這類定義不能說明「好」「壞」的客觀性；假如人的慾望不同，就無法調整他們之間的區別。）不同的感情各有其定義，大部份是基於一種生活上的競爭觀念，例如笑是突然的榮耀。恐懼看不見的權力，如允許公開表現，卽是宗教；如不允許，卽成爲迷信。因此，何者爲宗教，何者爲迷信，祇能由立法者來決定。幸運與持續的進步有關；包含在成功途中，而不是在成功之後；沒有靜止不變的快樂——除非在天國的快樂，這是超越我們理解範圍的。

意志是最後保留在思慮中的慾望或嫌惡。易言之，意志與慾望或嫌惡並沒有什麼區別，祇是在發生衝突時表現得最強烈而已。這顯然與霍布士的否定自由意志有關。

霍布士與大多數爲專制政府的辯護者不同，他主張所有的人是生來平等的。在產生任何政府之前的原始狀態中，每個人都想保持他自己的自由而支配別人；不受支配與支配人的慾望皆由自我保護的衝動而來。由於彼此衝突而發生一場混戰，使生活「惡劣、殘忍而短促」。在原始狀態中，沒有私產，沒有公平或不公平；祇有戰爭，「在戰爭中祇有兩種最主要的品性——強力與詐欺。」

第二部份敍述人類如何爲免除這些禍害而聯合成爲社區，將每一個主體歸屬於一個中心權威。這表示以社會契約爲手段達成福祉。他假設有一羣人聚集一起，同意選擇一個「主權體」，能對他們實行支配權，而使普遍的戰爭中止。我不認爲此一「慣例」（霍布士如此稱呼）確定是歷史上曾經發生過的事，他的論點顯然是不適當的。這祇是一種解釋性的神話，用以解釋人何以會且應該犧牲個人的自由而向權威屈從。他說，人自制的目的，是在由於愛好自己的自由及支配他人所引起的戰爭中保護自己。

霍布士研究人類何以不能像螞蟻蜜蜂那樣合作。蜜蜂在同一的窠中，並不互相競爭；他們不爭名位，他們也不尋找理由來批評政府。他們的協議是出於天生的，但人類的協議必須是人爲的，由契約規定的。契約必須把權力賦予一個人或一個會議，否則即不能生效。他說：「契約如無武力爲後盾，祇是空言而已。」（可惜威爾遜總統忘記了這句話。）契約——此後之洛克與盧梭亦持同樣說法——並非公民與統治權力之間所訂，而是公民自已相互爲約，服從大多數所選擇的統治權力。當政府選定之後，除政府認爲適宜於賦予的之外，公民乃喪失一切權利。公民無反叛的權利，因爲被統治者固須受契約的約束，而統治者則否。

在此一方式下團結的人羣稱爲一個國家。「利維亞桑」是一位「會死」的上帝。

霍布士贊成君主制，但所有他的抽象論點都可以適用於一切具有一最高權威而不受其他機構合法權力約束的政府。他可以單獨容忍國會，但不能容忍政府權力爲國王與國會分享的制度。這與洛克及孟德斯鳩的意見正好相反。霍布士說，英國發生內戰，即由於國王、貴族院、衆議院三權分立之故。最高權力，無論爲個人或一個會議，皆稱爲「主權體」。在霍布士的理想制度中，「主權體」的權力是無限的。他有權檢査一切輿論，並且假定他主要的興趣在保持內部和平，所以他不會運用其檢査權迫害眞理，因為一種思想倘與和平背道而馳，必非眞理。（純粹是臆斷的看法！）私有財產的法律必須服從「主權體」；因為在原始狀態中，本無財產，故財產為政府所造，而政府自可任意處分其所造的財產。

他承認「主權體」可能是專制的，但他說即使是最壞的專制也比無政府好。而且，「主權體」的利益在許多方面是和被統治者一致的。民富則君亦富，民守法則君亦安，可依此類推。反叛是錯的，一則由於它經常失敗，二則由於它倘若成功了，則立一惡例，教人步武反叛。他否定亞里斯多德區分獨裁與君主制的說法，他說獨裁者衹是說這句話的人正好不喜歡的君主。

他舉出各種理由贊成君主制的政府而不贊成會議制的政府。他承認君主通常服從其一己的利益當其與公共利益發生衝突之時；但一個會議亦復如此。一個君主可能有其寵倖，但會議的每一個成員也可能如此。一個君主可聽到任何人的私底下的忠告，一個議會衹能聽到其成員的忠告，而且是公開的。在會議中如有某些成員缺席，可使另一派佔多數而改變其政策。會議本身如分裂，結果可能即是內戰。由於所有上述的這些理由，霍布士下斷語說，君主制是最好的。

在全書中，霍布士從未考慮以定期選舉防制會議以私利而害公益的可能效果。事實上，他心目中的民主並不是由選舉產生的國會，而是有如威尼斯的大會議或英國的貴族院。他以古代的目光崇尙民主，亦即每一個公民直接參加立法與行政；至少，他的看法是如此。

在霍布士的理想制度中，庶民的責任於第一次選定一個君主之後卽告終結。繼承問題應由君主決定，一如羅馬帝國在沒有叛變加以干涉時所行的慣例。他承認君主通常會選擇他自己的兒子爲繼承人，無子者則爲其近親，但他主張不應有法律禁止他選擇子姪或近親以外的人繼位。

有一章專論庶民的自由，以一非常確當的定義開始：自由是行動不受外來阻礙的狀態。在此一意義上，「自由」與「必然」是一致的；例如，水在不受阻礙的狀態下「必然」地向山下流，照此定義說，此時水也是「自由」的。一個人可自由去做他願意做的，但必須照上帝的意願去做。一切意願必有其原因，所以也是「必然」的。至於庶民的自由，在法律不加干涉之處，他們是自由的；對君主則無限制，如君主作何決定，法律不能加以干涉。庶民無權反對君主，除非君主自願讓步。當大衞王使烏雷亞被殺，他不算虧待烏雷亞，因爲是他的臣民；但他傷害了上帝，因爲他是上帝的臣民却不遵從上帝的法律。

照霍布士的說法，古代的著作家讚美自由，會引人喜愛騷亂與蠱惑，他認爲，如對他們的議論作確當解釋，則他們所讚美的自由應爲君主的自由，亦卽不受外來統治的自由。他對於國內向君主抗命的行爲，卽使看起來最正當的抗命，也一併加以譴責。例如，他認爲聖安布路斯在濟沙隆尼卡大屠殺後無權開除皇帝濟奥多昔厄斯的教籍；他並且猛烈地譴責敎皇薩查雷爲支持斐平而協助廢立米洛溫基安王朝的末代皇帝。

他承認服從君主的義務也有一項限制。他認爲自我保護的權利是絕對的，臣民有自衞權，甚至能够以此對抗君主。這是合乎邏輯的，因爲他以自我保護爲組成政府的動機。由此引伸，他認爲（雖然是有限度的）一個人當政府徵召其作戰時，有權拒絕。在這一點上，所有的現代政府都不會同意的。他的自我中心的倫理導致一奇異結論，卽反抗君主祇有在自衞時才是正當的；因保衞他人而抗拒君主則是應該受譴責的。

也有一合乎邏輯的例外：一個人在君主無力保護他時，他也無需對君主盡義務。這使霍布士當查理斯二世流亡時向克倫威爾效忠成爲正當的行爲。

在他的制度中，當然不容有政黨及我們現在稱爲工會之類的團體。一切教師都是君主的代理人，祇傳授君主認爲有用的知識。私有財產權祇能在對抗他人時有效，而不能用以對抗君主。君主有權管制對外貿易。民法不能約束君主。君　的懲罰權來自他本身，而非來自正義的觀念，因爲他如使所有的人回返原始狀態，則加害於他人卽可不受處罰。

他對國家的滅亡列舉有多種原因（外來征服除外）：賦予君主的權力太小；容忍臣民的個人判斷；一切違反良心的事都是罪惡的思想；相信靈感；君主須遵從民法的思想；承認絕對的私有財產制；君權的分裂；模倣希臘人與羅馬人；政府與教會的分離；否定君主的徵稅權；有權勢的臣民克享盛譽；以及爲自由與君主發生爭執。宗教信仰必須統一，信仰何種宗教，由君主勅定之。

第二部份的結語希望某些君主會讀到這本書而使自己臻於完美——其幻想的程度尚不如柏拉圖之希望有些國王能够變爲哲學家。本書對君主來說，是容易讀懂而且是饒有興味的。

第三部份論「基督教國家」，說明不應有世界性的教會，因爲教會必須依存於現世的政府。在所有國家中，國王必須兼爲教會的首腦；不應承認教皇超越一切及永不犯錯。他的論點是可以想像到的，一名基督徒如爲非基督徒的君主的臣民，則仍應向君主讓步，那曼（敍利亞首領）須向雷蒙（敍利亞神）廟俯首不是很痛苦的嗎？

第四部份「黑暗王國」主要是批評羅馬教廷，霍布士深惡此一組織，卽由於它使神權高於君權。其餘則爲攻擊「空泛哲學」，通常是指亞里斯多德。

現在讓我們對本書作一評斷，這是不容易做到的，因爲其中好的部份與壞的部份緊密地連結在一起。

在政治方面，有兩個不同的問題，其一是國家的最佳型式，其二是國家的權力。霍布士認爲，國家的最佳型式是君主制，但這不是他思想中的重要部份。他的論辯中的要點在「國家的權力是絕對的」。諸如此類的思想是文藝復興及宗教革命期間在西歐興起的。首先，封建貴族爲路易十一世、愛德華四世、費德南一世（Ferdinand 一五〇三——一五六四年，神聖羅馬皇帝）與伊薩伯拉（Isabella 一四五一——年，神聖羅馬皇后）等及其繼位者所震懾。然後是宗教革命，在新教國家中，現世的政府乃得壓倒教會的勢力。亨利八世掌握了有如早期英格蘭王的大權。但在法國，宗教革命於最初階段則發生相反的效果，在桂玆家族與休貴挪玆新教會之間，國王幾乎已喪失權力。但後來亨利四世與雷歇利烏（Armand Recheleu 一五八五——一六四二年，曾任路易八世的首相，並自一六三〇年爲實際上的獨裁者，直至其逝世——譯者註），於霍布士著書前不久，奠定了法國絕對君權的基礎，延續至大革命時爲止。在西班牙，查理斯五世壓倒了科泰斯（Hernan Cortes 一四八五——一五四七年，領導西班牙人征服墨西哥者——譯者註），非力浦二世除對教會的關係外，獲得絕對的統治權。但在英國，清教徒却抵消了亨利八世的努力。清教徒使霍布士相信抗拒君主會導致無政府狀態。

每一個社會皆面臨兩種危機——無政府狀態與專制。清教徒，尤其是獨立派，最怕專制的危機，而霍布士與此相反，爲無政府的恐懼所困擾。「復辟」後興起的自由主義哲學家，並於一六八八年後盛行於一時，承認兩方面都有危險；他們既不喜歡斯特拉福（Sir Thomas Strafford 一五九三——一六四一年，曾任英王的首席顧問——譯者註），也不喜歡再洗禮派的教徒（Anabaptists）。這啓導了洛克的分權與制衡的思想。在英國，當國王具影響力時，確有過「分權」的形勢；然後是國會居上風，最終是內閣凌駕一切。在美國，現在仍保留相互制衡的形勢，因爲國會與最高法院可以抗拒行政機構，但趨勢則爲行政機構的權力不斷增加。在德國、義大利、俄國、日本，政府甚至已擁有超過霍布士認爲必需的權力。以整個情勢而論，在國家權力這方面，世界的趨向正好是有如霍布士所希望的。經過一段漫長的自由時期後，顯然，至少是往相反的方向移動。無論現在世界大戰的結果如何，國家的功能必繼續增加，對它反抗將變得愈來愈困難。

霍布士支持國家權力的理由是：如排除無政府狀態，這是唯一的選擇，大體上是不錯的。但國家權力也可能變得如此有害，以致人民認爲與其任它繼續下去，則寧願有一段暫時的無政府狀態，如同一七八九年的法國與一九一七年的俄國。而且，除非政府有惹起反叛的恐懼，所有政府的獨裁趨勢不可能被遏止。如霍布士的馴服思想爲天下臣民所普遍接受，則政府將必肆無忌憚。在政治方面，當政者將設法使自己永保權位；在經濟方面，將犧牲公衆利益而中飽私囊或圖利其友人；在知識方面，將壓制一切新的足以威脅他們權力的新發現或新思想。這些理由使我們不僅想到無政府狀態的危險，也想到如政府成爲全能必然發生的不公正與僵化的危險。

如將霍布士與早期政治思想家作一對比，其價値至爲明顯。他已經完全擺脫迷信的影響；他不就亞當夏娃在「墮落」時會有何遭遇有所辯論。他是神智清明而合理的；他的倫理，不管是否對，總是可以理解的，不牽涉任何意義不明的觀念。除馬其維利（他遠不如霍布士）外，他是第一位現代的政治理論家。他的錯誤在於過份單純化，而非由於他的思想虛幻不實。因此，他仍然是値得加以駁斥的。

除霍布士的形而上學或倫理思想外，仍有兩點可對他加以批評的。第一，他總認爲國家利益是一個整體，隱約中假定所有公民的主要利益都是一致的。他未能認識兩個不同階級發生衝突的重要，這是馬克斯過份強調，認爲是社會變遷的主要原因的。霍布士的思想也和他假定君主的利益大約與其臣民相同有關。在戰時，尤其是戰況激烈時，利益是一致的；但在平時，不同階級間的利益會有很大的牴觸。情況並非都是如此，但如發生這種情形，則改變無政府狀態的最佳方法卽是倡導絕對君權。而以分權的方式讓步可能又是防止內戰發生的唯一途徑，自英國的歷史觀之，霍布士理應瞭解這一點。

第二、霍布士對於不同國家間之關係，討論得太少。他所著的書中除戰爭與征服及暫時的間歇外無一語及於國際關係。推言之，在他的構想中，沒有所謂國際性的政府，因爲國際關係仍處於原始的自然狀態，相互殺伐不已。在國際的無政府狀態存在時，個別的國家效能增進是否有益於人類，卽不無疑問，因爲這無異增加了戰爭的殘暴與毀滅性。他爲支持政府所用爲例證的一切論點，如果是適當的，則用以支持國際性的政府也是適當的。祇要國家存在並相互征戰不已，則唯有低效率始能保護人類不致滅種。增進個別國家的戰力而沒有任何防止戰爭的手段，將使人類走上全面毀滅之路。

第九節　笛卡兒

雷奈・笛卡兒（René Descartes 一五九六——一六五〇年）通常被認爲是現代哲學之父，我想這是對的。他是歷史上的第一人，具高度的哲學悟解力，而其表現又深受新物理學與天文學的影響的。他誠然保有很多經院派哲學的傳統，但並不接受前人所奠立的基礎，而只是努力建築一棟嶄新的完整的「哲學大廈」。自亞里斯多德以後，他是第一位作這種努力的，而這也是由科學進步而來的「新自信」的標誌。在他的著作中，有一種淸新感，也是自柏拉圖以後他以前的任何著名哲學家所沒有的。過去的哲學家都是教師，在哲學此一副業上，具有職業上的無上權威。笛卡兒是作家，而非教師，作爲一位發現者與探測者，却急於將他所發現的告知世人。他的著作是明暢而非自炫博學式的，向世間的知識份子而非學生傳播，這是一種非常優美的筆調。現代哲學的開拓者具有這樣崇高的文學修養，調，某些人且承襲了他的優美的文體。是現代哲學的幸運。他的後繼者，無論在歐陸或英國，一直到康德，都具有這種「非職業性」的格

笛卡兒之父是柏雷塔尼地方議會的議員，擁有相當數額的地產。當笛卡兒在父親逝世繼承其遺產後，即將土地變賣，另行投資，每年可有六七千法郎收入。自一六〇四到一六一二年，他受教於拉弗萊樹的耶穌會學院，他在此所奠定的數學上的基礎，遠較他能在當時其他大多數學院所得到者為多。一六一二年，他前往巴黎，但發現其間的社交生活枯燥可厭，乃遷居聖日耳緬，過隱遯生活，並研究幾何學。朋友們終於找到了他，但他為了尋求更多的寧靜，竟於一六一七年參加荷軍。此時，荷蘭正處於和平期間，他因此過了兩年不受干擾的沉思生活。「三十年戰爭」又使他參加巴伐利亞軍隊（一六一九年）。即在一六一九到二〇年的冬季，他在巴伐利亞獲得他在「方法導論」所描敍的經驗。冬日酷寒，他晨起蜷身於烟囪（註一）內，沉思竟日，根據他自己的記載說，等他出來時，他的哲學構想已經完成了一半，但這也不能照字面的意義來接受。蘇格拉底經常在雪地中沉思竟日，但笛卡兒的心靈則只在身體溫暖時活動。

一九二一年，他放棄軍營生活，在義大利居留了一段時期後，於一六二五年返回巴黎定居。朋友們仍在他起床之前找到他（他很少在中午之前起床），於是在一六二八年，又重返軍隊，曾參加攻克拉洛歇里——休貴挪茲新教會的根據地的戰爭。經過這一段插曲後，他決定在荷蘭居住，大概是為了避免受迫害。他是一懦怯的人，又是一正統的天主教徒，却贊同伽利略的異教思想。有些人認為他知

道一六一六年教會對伽利略的第一次控訴（秘密進行的）。不管是否如此，他畢竟決定將一部偉大的著作「上流社會」停止出版。原因在本書有兩項異教思想，一是地球的自轉，二是宇宙的無限論。（此書的全稿永未問世，只有其中的片斷在他死後出版。）

他在荷蘭住了二十年（一六二九——一六四九年），其間，曾經赴英國法國作短期訪問，都是由於工作上的關係。在十七世紀，荷蘭作爲一個具有思想自由的國家，實居於極端重要的地位。霍布士需要將他的書在荷蘭出版；洛克在一六八八年英國對他的反應最壞的五年中流亡於荷蘭；拜爾編纂字典也發現必須住在荷蘭；而斯賓諾莎在其他任何國家，都不可能被容許撰寫他的書。

我說過笛卡兒是一個儒怯的人，但更有禮貌一點應說，他希望過得安靜，可以不受干擾地做他的事。他經常取悅教士，尤其是耶穌會的教士，不僅當他在他們的勢力範圍之內時，而且，即使住在荷蘭時，也是如此。他究屬抱持如何一種心理，很難揣測。但我想他是一名虔誠的天主教徒，他希望教會——爲了教會也爲了自己——減輕它在伽利略一事所表現的對現代科學的敵意。有人認爲他的正統派的表現只是一種策略，但我仍認我的看法是最具可能性的。

即使在荷蘭，他也受到困擾性的攻擊，並非來自羅馬教會，而是來自新教徒中的頑固份子。據說他的觀點可引人走向無神論，倘無法國大使與奧蘭芝大公的干與，他必定會被控訴。此一攻擊失敗後數年，另一較間接的攻擊再起，這是萊登大學的當局禁止提及他的名字，無論支持或反對都不行。奧蘭芝大公再度干與，勸告學校當局不要做這樣的蠢事。這說明了基督教國家如何自教會服從國家及非國際性的教會居於弱勢的事實中獲益。

不幸，笛卡兒由於法國駐斯德哥爾摩大使夏納特的仲介，得與瑞典女王克麗斯汀娜通信。她是一個熱心而受過教育的婦人，認爲自己貴爲君主，就有權浪費一個偉人的時間。他寄給她一篇討論「愛」的論文，這是他一直所忽視的論題。後來又寄給她一篇關於「靈魂的熱情」的論文，他原來是爲艾萊克特大公之女伊麗莎白公主所寫的。這些著作使她邀請他到瑞典宮廷，經他接受邀請後，女王派一軍艦前往迎接他（一六四九年九月）。結果發現，她要他逐日授課，而且在凌晨五時以外，她找不出其他的時間。他不習慣於早起，加上北歐冬日的酷寒，對於這位體弱的人都是不適宜的。而且，夏納特生重病，笛卡兒需要看護他。大使病癒，他又病倒了，於一六五〇年二月去世。

笛卡兒從未結婚，但有一私生女，在五歲時夭折；他說這是他一生中最大的悲痛。經常衣着整潔，並帶有佩劍。他並不勤奮，工作時間短，讀得也少。當他到荷蘭時，隨身只帶了幾本書，其中有聖經與湯瑪斯・阿奎那的著作。他的書似皆在短時間內集中心力著成；但或許爲了保持一個紳士型的業餘作家的風度，故意裝作以較悠閑從容的時間寫作，否則他的成就會顯得使人難以相信。

笛卡兒是哲學家、數學家，也是科學家。在哲學與數學方面，他的著作具有極重要的地位。在科學方面，雖然仍是值得稱譽的，但不能和同時代的某些其他科學家相比。

他對幾何學的偉大貢獻在發明坐標幾何學，雖然不算是最後的定型。他用解析的方法，先假定一個問題已經解決，然後再去試驗此一假定的後果。他把代數運用到幾何學。幾何與代數皆不自他始，甚至在古代就有幾何學，但將兩者配合在一起運用，則爲笛卡兒所創，亦卽是，在一個平面上，由其與兩條固定線的距離，決定一個點的位置。他自己並沒有充分運用這個方法，但却爲以後的進步奠立良好基礎。他對數學的貢獻絕不止於此，但這是他最重要的貢獻。

在他的著作中包含最多科學理論的是「哲學導論」，出版於一六四四年。另有其他重要著作如：「哲學論集」（一六三七年出版），談光學與幾何學；還有一本書「胎兒的形成」，其中他讚揚哈爾維發現血液循環，自己也想在醫學上有重大發現（這一點成爲空想）。他把人與動物的軀體都看成是機器；動物是自動操作機，完全受物理定律的支配，沒有感情與意識。人有所不同，人有靈魂，存在於「松果腺」（Pineal gland）中。靈魂與「主靈」發生接觸，通過此一接觸產生靈魂與肉體的交互作用。宇宙的整個運動量是不變的，因此，靈魂不能對此有所影響；但能夠改變動物靈魂的動向，因此，也能間接改變動物其他部份的動向。

這一部份的理論爲他自己的學派所廢棄——首先是他的荷蘭學生鳩林格斯，然後是馬里布蘭契與斯賓諾莎。物理學家發現了運動量的恆久性，亦卽宇宙中的運動量，不論其方向如何，都是不變的。所以，笛卡兒所想像的靈魂對物質的作用是不可能的。假定——笛卡兒學派通常作這類假定的——所有物質的運動皆屬於撞擊的性質，則動力定律已是夠決定物質的運動，並無靈魂發生任何影響的餘地。但這也有一個不能解決的難題。當我的意志要手臂揮動時，手臂就動了，但我的意志是精神現象，而我的手臂運動則是物質現象，如靈魂與肉體沒有交互作用，爲何我的軀體動作一若有靈魂支配着呢？對於這一點鳩林格斯發明了一個新理論，世稱「兩個時鐘理論」。假如你有兩個都很準確的時鐘，每當其中一個指在整點時，另一個卽擊出聲音，你在同時看見而又能聽見，你會認爲這一個使另一個撞擊。心靈與肉體也與此相同。上帝將兩者都上好發條，使時間相合，在我有此意志時，純物理的定律支配我的手臂運動，雖然我的意志並沒有眞正在我的軀體上發生作用。

在此一理論中，自然仍有若干難題。首先，這理論顯得古怪；第二、照這一理論，既然物質體系受自然律的嚴格支配，則精神與之平行，必定是同樣受支配的。如此說成立，則應有一種可能出現的字典，每一次大腦的活動都可以傳述爲相等的精神活動。一個理想的計算機可以用自然律計算出大腦的活動，而以「字典」推知其所引起的精神活動。卽使沒有「字典」，計算機也可以推知一切語言與行爲，因爲這些都是軀體的運動。這和基督教的倫理與其對罪行的懲罰是無法調和的。

但這些影響不是立卽顯示的。此一理論似有兩項價值。第一、它使靈魂在某種意義上完全與軀體脫離，因爲它從不曾由於軀體而發生作用。第二、它證明了一般性的原則：「一個主體不能對另一主體發生作用。」現在有兩個主體，心靈與物質，而性質相距甚遠，其間有交互作用似乎是不可信的。鳩林格斯之說解釋了交互作用的現象，但否定了它的眞實性。

在機械學上，笛卡兒同意運動的第一律，卽一個物體在不受外力干擾下，是以不變的速度直線進行的。但有距離時，卽不發生作用，沒有後來牛頓所發現的萬有引力。沒有眞空，沒有原子；一切交互作用起於撞擊。他說，假如我們有足够的知識，就可以將化學與生物學納入機械學；一粒種子或精卵成長爲一種植物或動物是純機械學的。他說，沒有需要如亞里斯多德所說的有三個靈魂；只有一個——理性的靈魂在人身中存在。

在避免受神學上譴責的警惕下，笛卡兒所發展的宇宙論頗似柏拉圖以前的希臘哲學家。他說，我們知道的世界的創造有如聖經創世紀所說，但明瞭其如何自然地成長是饒有興味的。他創立一漩渦形成的理論：在充滿氣體的空間裏，有一極大的漩渦環繞着太陽。此一說是巧妙的，但無法解釋何以行星的軌道是橢圓的，而非正圓的。此說爲當時法國人所普遍接受，以後始逐漸爲牛頓的學說所推翻。柯特斯——牛頓定律第一次英文版的編者，有力地辯稱漩渦說會引向無神論，照牛頓的理論，才可以解釋上帝爲何使行星的運動不朝向太陽。因此，他認爲應贊成牛頓。

我現在再敘述笛卡兒在純哲學方面最重要的兩本書，「方法導論」（一六三七年出版）與「沉思錄」（一六四二年出版）。其中頗多重複，但也不需要使之分隔。

在這兩本書的卷首，他解釋後來被稱爲「笛卡兒懷疑」的方法。爲了替自己的哲學奠立堅實基礎，他決定懷疑一切他能够設法懷疑的事情。他預料這個過程還需要一段時間，因此在當時，他以普遍接受的規範來管制自己的行爲；這樣可以使自己的心靈不受因懷疑而牽涉到習俗可能引起的後果的妨礙。

他開始懷疑的是感覺。他說，我能够懷疑，我穿着睡袍，正在火爐邊坐着嗎？是的，我可以懷疑，因爲當事實上我正裸臥在床時却夢見坐在這裏。（當時還沒有睡衣。）而且，瘋人有時會有幻覺，所以，我有類似的情形也是可能的。

夢猶如畫家，給我們眞實事物的倣製品，至少以它們的構成因素來說是如此。（你可能夢見一匹有翼的馬，但那是因爲你看見過馬，也看見過翼。）因此，一般有形之物的特性——涉及佔有空間、體積、數量等等，不如對某些特定事物的信念，容易受到懷疑。算學與幾何學，不涉及特定事物，故較物理學與天文學爲確定；卽使在夢境中，有關空間與數量的事物與實景也並無差異。不過，卽使對算學與幾何學，懷疑仍舊是可能的。當我在計算一方形的四邊或二加三的答案，上帝也許使我一時糊塗發生錯誤。我這樣說，也許是錯的，因爲，卽使是假想，也不應如此冒瀆上帝，但可能有一種惡魔在作祟，有力而同時狡獪欺人，竭盡其能以將我引入歧途。假如有這樣一個惡魔，則我所看到的一切都可能是這個惡魔要使我墮入「輕信的陷阱」的幻覺。

但仍有某些我不容懷疑的事物：假如我不存在，惡魔無論如何狡獪也不能欺騙我。我可能沒有軀體——這可能只是幻覺。但思想却不同。「當我要去想一切都是假的時，必須是這個正在思想的我是存在的；必須牢記：這個眞理——我思故我在——是如此強固而確定，一切最大膽的懷疑的假定皆無法加以推翻，我判斷，我可以毫不猶豫地認此爲所尋求的哲學上的首要原理。」（註二）

這一段是笛卡兒「認識論」的要旨所在，也包含了其哲學的最重要部份。自他以後的哲學家大多數皆承認「認識論」的重要性，多半也是由於笛卡兒之故。「我思故我在」使心靈較物質確定，「我」的心靈更較他人的確定。此後的一切哲學都自笛卡兒處獲得一種主觀主義的傾向，而認爲物質只是一種「可知」的東西，根據心靈所知去推斷出來的。這兩種傾向同時存在於歐陸的唯心論與英國的實驗主義——對前者來說是成功的，對後者來說是失敗的。在最近有一種稱爲「實用主義」的哲學企圖逃避此一主觀主義，但在此處不擬加以討論。除此之外，現代哲學大部份接受笛卡兒所提出的問題的說明，但並不接受他的答案。

讀者或許尚能記憶，聖奧古斯丁曾提出一個論點，與笛卡兒的「我思故我在」非常近似。但奧古斯丁本人對此並不重視，而他想要解答的這個問題僅佔他思想中很小的一部份。因此，必須承認此說仍是笛卡兒首創的，但此說的內容在悟解其重要性方面多於新創的某些論點。

笛卡兒於獲得一堅強的立足點後，即開始重建知識的體系。他說，「我」的存在以「我」思而推知，因此，我思故我在，而且只有「思」時始「在」。假如「我」不思，即無以證明「我」存在。「我」是一種能思想的東西，一個實體，其一切性質或要素皆包含在思想中，其存在不需要空間或有形的物質。因此，靈魂與肉體完全兩回事，且較肉體容易了解；即使沒有軀體，靈魂依然存在。

笛卡兒又問自己，何以「我思故我在」這樣確定？他說只是因爲它是明確清晰的。因此，他又採納此義設定一普遍性的原則——一切我們明確清晰地相信的東西都是眞實的。不過，他也承認，有時很難知道這些東西究竟是什麼？

「思想」在笛卡兒的心目中具有較廣的意義。他說，能思想即是能懷疑、了解、相信、證實、否定、意欲、想像、與感覺——因爲感覺，有如夢中所發生的也是一種思想的方式。因爲思想是心靈的要素，心靈必須永遠思想，即使在沉睡中也是如此。

然後他又回到肉體的知覺問題。他以自蜂巢中取出一塊蜜蠟爲例。感覺上是顯明的：其味如蜜，其嗅如花，它有某種可感覺到的顏色、大小與形狀，它是堅硬而冰冷的，如加以敲擊，會發出聲音。但假如你使之靠近火，這些性質就變了，雖然蜜蠟仍是蜜蠟。因此，在感覺中顯示的並不是蜜蠟本身。而蜜蠟的本質具有擴展性、伸縮性與流動性，這是由心靈而了解的，而不是出於想像。蜜蠟這個「東西」本身是不能感覺的，因爲蜜蠟的各種外徵涉及各種不同的感官。蜜蠟的感覺「不是出於視覺、觸覺、或想像，而是出於心靈的檢閱。」我並不能「看見」蜜蠟比我「看見」在街上的穿戴衣帽的人更清楚。「我由心靈中的獨一的判斷力去瞭解我認爲我所目擊的。」自感覺得來的知識是錯亂的，與動物的知識相似；但我現在把蜜蠟的「外衣」剝除了，精神上感覺它是「裸露」的。自理性地觀察蜜蠟之中，我自己的存在乃告確定，但所確定的却非蜜蠟的存在。對於外界事物的知識，必須出於心靈，而非感覺。

這就使人想到各種不同的觀念。笛卡兒說，最普遍的錯誤即是認爲我的觀念與外界的事物相同。（笛卡兒的「觀念」一詞包括感覺在內。）觀念似乎有三種：㈠天賦的；㈡外來的；㈢自己發明的。我們自然會假定第二種觀念與外界的事物相似。我們作此假定，部份由於自然教導我們如此想，部份由於這類觀念與意志無關（亦即是出自感覺），因此假定外界事物使我獲得相似的印象似乎是合理的。但這些理由都是很對的嗎？當我說在這方面「爲自然教導」，我的意思只是有某種相信它的傾向，並非我從自然的光亮中看到的。凡從自然的光亮中看到的是不可否定的，但僅有傾向則可能導致錯誤。至於感覺的觀念不是出於本意的，這點當無可爭辯，因爲夢境雖由內心而生，却也不是出於本意的。因此，假定感覺的觀念皆自外感而生是不能成立的。

有時，對同一目標，可能有兩種不同的觀念。例如，在感覺上所顯示的太陽與天文學家所瞭解的太陽卽大不相同。這兩者不可能都符合太陽的眞象，但有理由認爲直接由經驗得來的觀念是兩者間比較不符合眞象的一種。

這些考慮並未排除懷疑外界宇宙存在的懷疑論，只有首先證明上帝的存在才能做到這一點。

笛卡兒對上帝存在的證明並沒有什麼創見：主要是出於經院派哲學。萊布尼玆於此有更好的闡釋，容在後節中說明。

當上帝的存在獲得證明時，其餘的問題卽可迎刄而解。因爲上帝是至善的，祂不會有像笛卡兒所想像的作爲懷疑理由的「欺詐惡魔」的那種行爲。現在上帝給了我如此強烈的傾向去相信軀體，因爲如果軀體不存在，上帝就是騙人的了，故軀體是存在的。而且，祂必定給了我改正錯誤的能力。當我運用「凡明確淸晰的卽是眞實」此一原則時，也就用到了這個能力。它使我瞭解數學與物理學，由於我知道僅憑心靈去瞭解物體的眞象，而非依賴心物聯合的力量。

笛卡兒認識論的建設性部份不如其破壞性部份有趣。他引用了一切經院哲學的定理，例如「果」永不能比「因」更完美，這似乎在逃避對「始因」的細察。他沒有說明必須接受這些定理的理由，雖然這些定理並不如一個人本身的存在之具有不辨自明的性質，而只是由鼓吹宣傳來證明。在他的沉思錄中，大部份內容都是贊同柏拉圖在齊埃梯特斯一書、聖奧古斯丁、與阿奎那的意見。

批評的懷疑方法，笛卡兒本人雖然只是勉強加以運用，但在哲學上却具有很大的重要性。在邏輯上是很明白的，假如懷疑的方法使思考在某一處停止，就只能產生積極的效果。假如有同時合於邏輯與實證的知識，就必須有兩種因素，其一是不容置疑的事實，其二是不容置疑的推理的原則。笛卡兒心目中不容置疑的事實是他自己的思想——把「思想」作最廣義的解釋。「我思」是他的基本前提。此處的「我」字是不合文理的，他應該以「有某些思想」的方式來表示他的基本前提。「我」字之用是爲了文法上的便利，並不在描敍一種觀察所得的事實。當他說「我是一件在思想的東西」，就已經在不予置疑地運用自經院派哲學沿襲下來的分類方法。他無法證明思想必須要有一個思想者，除文法上的意義外（即須有一主詞），也沒有理由去相信它。不過，以思想而非外界事物爲實證的決定是非常重要的，對以後的哲學影響至深。

笛卡兒的哲學還有其他兩點也很重要。第一、他完成了或接近完成了心物二元論的體系，柏拉圖是此說的創始者，繼而天主教哲學加以發揚，主要是爲了宗教上的原因。笛卡兒的信徒把奇誕的松果腺理論加以廢棄，（即認爲人的靈魂存在於松果腺中），如將此點姑置勿論，笛卡兒哲學確認有兩個平行而獨立的世界——心靈與物質，在硏究這一個世界時，不需要牽涉到另一個世界。鳩林格斯明白地作此宣佈，而笛卡兒本人只是暗示如此而已。在沉思錄中，笛卡兒以很大的篇幅討論何以當肉體口渴時，心靈會感覺「憂愁」。笛卡兒哲學的正確解答是，肉體與靈魂猶如兩個時鐘，當一個鐘表示「口渴」時，另一個鐘卽表示「憂愁」。但自宗教的觀點來看，此一學說有重大的缺點；這也是我上面提到過的笛卡兒主義的第二特性。

在物質世界的學說中，笛卡兒是純粹的宿命論者。生物一如死的物質都是受物理定律的支配的；不再需要，如同在亞里斯多德所說的，一種完全的實體（Entelechy 亞氏哲學的專用語）或靈魂去解釋生物的成長與禽獸的運動。笛卡兒本人提及一個例外，卽人的靈魂可由意志去改變其他動物心靈活動的方向，但不能改變其活動量。此說與其全盤哲學的精神相反，也與機械的定律相反；因此爲其後來的信徒所廢棄。結論是，一切物質的運動受物理定律的支配，由於平行之故，心靈活動同樣是某種定律支配的。結果，笛卡兒學說在「自由意志」這一點上遭遇困難。注意他的科學過於注意他的認識論的人，很容易接受「動物卽自動機器」之說：爲什不說人也是如此呢？使它成爲內部相協調的物質主義，不是更能「簡化」他的學說嗎？事實上，十八世紀就有人採取了此一步驟。

在他自同時代的科學得來的知識與他在耶穌會學院學到的經院哲學之間，存在着無法調和的二元論。這使他陷入矛盾，但也使他比任何同時代的推理哲學具有更豐富的理念。諧和也許只能使他成爲一種新經院哲學的創始人而已；矛盾則使他成爲兩個重要而分歧的哲學派別的啓導者。

（註一）笛卡兒說那是一個壁爐，很多評論家認爲不可能。但那些熟悉巴伐利亞老式房屋的人則對我保證笛卡兒所說是完全可靠的。

（註二）「我思故我在」，世稱爲笛卡兒的思想，而達成其思想的方法則稱爲笛卡兒的懷疑論。

第十節　斯賓諾莎

斯賓諾莎（Baruch Spinoza 一六三四——一六七七年）是大哲學家中最令人敬愛的。以言智力，有人超過他，以言道德，則無人能與倫比。但在他生時以至死後一百年內，皆被斥爲極端的邪惡。此亦無怪其然，他生爲猶太人，而猶太人却將他排出教外。基督徒也同樣地憎惡他；雖然他的全盤哲學皆爲上帝的觀念所支配，而正統派則譴責他爲無神論者。萊布尼茲受惠於他的很多，但知恩不報，吝於對他作一字之褒，甚至謊稱並不認識這個具異教思想的猶太人。

斯賓諾莎的生平歷史很簡單。他一家人自西班牙或葡萄牙移居荷蘭，爲了逃避宗教裁判所。他所受的是猶太人的教育，但發現自己不可能繼續信仰正統派的思想。有人願意出每年一千銀幣，要他將懷疑的論點，隱忍不談；他拒絕此一提議後，又有人要暗殺他；暗殺不成，就用舊約申命記中所說的一切咀咒的話去咒他，並且咒他有如伊利夏向孩子們所說的，他們必被雌熊撕成碎片。雖作咀咒，却不會眞的有雌熊去襲擊他。他安靜地居住着，先在阿姆斯特丹，後來在海牙，以磨鏡片爲生。他生活簡樸，一生對錢財看得極淡。認識他的少數幾個人對他很敬愛，雖然並不贊同他的思想。荷蘭政府原本是傾向自由主義的，容忍他在神學上的意見，但有一次，他在政治上却沾染惡名，因爲他支持德維茲（De Witt 荷蘭當政者）反對國會。他以四十三歲的壯年死於肺結核症。

他的主要著作「倫理學」是他死後才出版的。在討論其內容之前，必須簡述他其他的兩本著作

——「論神學與政治」及「論政治」。前者是對聖經的評論與政治理論的奇異的綜合；後者則僅涉及政治理論。在對聖經的評論中，他首先具有若干現代的觀點，他提出遠比傳統所指定的更晚的談論舊約的書。他竭全力以示人，聖經可以解釋到和自由主義的神學協調一致。

斯賓諾莎的政治思想主要來自霍布士，雖然他們兩人的性格大不相同。他認爲在原始的自然狀態中，無所謂是非，因爲「非」必須是違反法律的。他認爲君主永遠是對的，贊同霍布士認爲教會必須完全服從國家。他反對一切反叛，甚至包括對壞政府的反叛，並舉英國爲例，證明禍患皆來自對權威的可怕的抗拒。他不同意臣民必須向君主放棄一切權利的主張。他特別認爲言論自由是重要而不能放棄的。我不十分明瞭這一點和他宗教問題應由國家裁決的主張如何能够協調，但我想他的意思是說寧可由國家而不要由教會去裁決；在荷蘭，國家遠比教會寬容。

斯賓諾莎的「倫理學」談的是三種不同的事情。他先談形而上學；其次談感情與意志的心理，最後爲宣揚一種以形而上學與心理學爲基礎的倫理。他的形而上學是對笛卡兒的修正，心理學是霍布士學說的複述，但倫理學都是他的創見，也是書中最有價值的部份。斯賓諾莎與笛卡兒之間的關係，頗似勃洛梯納斯之於柏拉圖。笛卡兒是一個多方面的人，充滿了求知的好奇心，但並不太具有道德的熱忱。他雖然舉出一些「證明」來支持正統派的信仰，但可能被懷疑主義者所利用，一如卡尼德斯之利用柏拉圖。而斯賓諾莎，雖然對科學有興趣，甚至寫過一篇談「虹」的論文，但他主要關切的仍是宗教與道德。他自笛卡兒與同時代的學者處接受了一種物質主義及定律支配的物理學，又在此一範疇內尋求虔敬及一種獻身向善的生活。他的宏願甚至引起那些認爲他不會成功的人的崇仰。

斯賓諾莎的形而上學的體系是屬於巴曼尼德斯所開創的這一類型的。宇宙只有一個本體：「上帝或自然」；一切有限之物都不可能自我生存。笛卡兒承認有三種本體：上帝、心靈、與物質，但即使他也相信，在某種意義上，上帝較心物更重要，因爲這兩者是祂造的，假如祂選擇這樣做，也能夠加以毀滅。除關係到上帝的全能之外，心物是兩種獨立的本體，分別以思想與空間而存在。斯賓諾莎的想法不同，思想與空間皆因上帝而存在。上帝有無量數的其他的「歸因」，因爲祂在一切方面都是無限的；只是不爲我們所知而已。由斯賓諾莎看來，個別的靈魂與一塊分割的物質都是附屬性的；它們不成其爲「物」，而只是上帝的一種「神態」。沒有基督徒所信仰的個人的永生，而只是其中包含的非個人的這一部份逐漸變成與上帝結合在一起。有限物體爲物理或邏輯的範圍所局限，亦即是被外力所局限：「一切支配都是消極的」，只有唯一的上帝是完全積極的，而祂又必須是絕對無限的。因此，斯賓諾莎成爲一純粹的「宇宙即神」論者。

根據他的學說，一切皆受絕對的合理的「必要」所支配。在精神領域或物質世界中，沒有所謂「自由意志」這種東西。一切發生的事情都是上帝的不可思議的力量的顯示，而事情不照此發生，在邏輯上是不可能的。這個說法在罪惡問題上會遭遇困難，批評者很快就指出這一點。其中有人研究斯賓諾莎的說法一切事情出於上帝之命故都是善的，因此憤慨地詰問：難道尼羅王殺死他的母親也是善的嗎？亞當吃蘋果也是善的嗎？斯賓諾莎回答說，在這些行爲的積極方面是善的，只有消極方面是壞的；但消極僅存在於「有限動物」的心目中。只有上帝是完全眞實的，無消極的一面，故我們視爲罪惡的東西，如從其爲整體的一部份去觀察，是不存在的。大多數神秘主義者雖以各種不同型式作類此的主張，但顯然不能與正統派的「罪與罰」的理論相調和。這與斯賓諾莎之完全否定自由意志是一致的。他雖然絕不強調地宣揚這一點，但也不願隱瞞，即引起同時代人的震動，亦所不顧。他的理論之受人憎惡，就不足爲異了。

他的倫理學是以歐幾利得的型式撰寫的，都是些定義、通則與定理。通則之後都是由推理性的論點來加以精確證明。這使他的書很難讀懂。一個現代學者，不能相信他想要確立的這類空洞理論能够得到精確的證明，因此，也不會耐心地去讀那些論證的細節，事實上，也不值得去熟讀。只要讀他提出的主張及註解就够了，這是他的倫理學的精華所在。但這可能由於缺乏瞭解而譴責他所用的幾何學的方法。一切皆可實證是他的學說，包括形而上學與倫理中的主旨所在，故提出實證是不可缺少的。我們不能接受他的方法，但那是因爲我們不能接受他的形而上學。我們不能相信宇宙各部份的相互關連是屬於「邏輯」性的，因爲我們相信科學的定律必須從觀察產生，不能只依賴推理。但斯賓諾莎則認爲幾何學的方法是必要的，這就成爲他學說中最重要的部份。

現在再談他有關情感的理論。在此之前，他曾就心靈的性質與起源作一番形而上學的討論，提出驚人的主張「人的心靈對上帝永恆與無限的本質有確當的瞭解」。倫理學的第三册即討論感情，其內容攪亂、蔽塞了我們對他全盤學說的正確看法。他說：「一切事物在能自主時，必竭全力保持自己的存在」，因此產生愛、恨與鬪爭。第三册撰述時的心理狀態完全是以自我爲中心的。「相信他所恨的對象將被毁滅的人必感快樂。」「假如我們相信，任何人喜愛某一件東西，而只有一個人能够保有它，我們就應該努力去爭取時，則這個人就無法去獨佔。」但卽使在這本書中，他也有時會放棄以數學方法來實證的犬儒哲學，他說：「仇恨以報復而增加，只能因愛而消除。」斯賓諾莎認爲自我保護是情感的基本動機。但是，當我們瞭解，凡是眞實的積極的「自我」，必與整體諧和一致，而非保持各別的情況，「自我」保護就會變質。

倫理學的最後兩册「人性枷鎖或情感的力量」「解瞭或人類自由的力量」是最有趣味的。我們所受約束的程度與我們遇事受外來因素的影響成正比，而我們自由的程度又與自我決定的影響成正比。斯賓諾莎，有如蘇格拉底與柏拉圖，相信一切錯誤行爲皆出於理智上的缺失：確當瞭解自己處境的人就會採明智的行動，甚至樂於面對他人認爲不幸的情況。他並不求助於「無我」的境界，他相信，在某種意義上，自利尤其是自我保護支配人類的一切行爲。「沒有那一種品德可以超越保護一個人自己生存的努力。」但他認爲一個聰明人所應選擇的自利目標與普通的自私自利者不同。「心靈的至善是爲上帝所知，而心靈的最高品質是認識上帝。」感情如越出正確的觀念，就成爲情慾；不同人的感情可能發生衝突，但習於服從理性的人就會彼此相合。快樂本身是善的，但希望與恐懼是不好的，謙卑與懊悔也不好：「對某一行爲懊悔的人是加倍的不幸或意志薄弱。」斯賓諾莎認爲時間是不眞實的，因此一切主要牽涉到過去或未來的某一件事情所發生的感情是和理性衝突的。「心靈在理性的支配下相信某一件事情，無論觀念是來自一件現在、過去、或未來的事情，都必須受理性的支配。」

有一段話很難解釋清楚，却是他學說中的主旨所在，而我們必須對此略事研究。在一般的評價中，「一切善的必有善果」；假如宇宙在逐漸改良，我們就認爲總比逐漸毁滅要好，卽使善惡的「總和」在兩種情形下都是一樣。我們對自己這個時代的災禍的關切，必定超過對成吉思汗的時代。但根據斯賓諾莎的說法，這是不合理的。無論發生什麼事情，自上帝觀之，都是這永恆的無盡期的世界的一部份；對於祂，沒有所謂時間。聰明人在人類所能做到的限度內，儘量以上帝的目光去看宇宙，卽是見到其永恆的一面。但是，你可能反駁，我們更關切未來的災禍是對的，因爲還有可能加以改變，而對過去的災禍則已無能爲力。對於這一點，斯賓諾莎的定命論提供了解答。只有愚昧才使我們認爲能夠改變未來；要來的總是要來的，未來一如過去之固定而不可改變。這是所以希望與恐懼必須受譴責的原因：兩者皆由於把未來看成是不確定的，兩者皆由不智而生。

當我們儘可能有如上帝一樣地觀察世界時，就會覺得每一件事物都是整體的一部份，對於整體的「善」都是必要的。因此「對惡的認識是不正確的認識」。上帝不「知」有「惡」，因爲無「惡」可「知」。只有把宇宙的各部份看成是獨立存在的時候，才會有「惡」的出現。

斯賓諾莎企圖使人自恐懼中獲得解救。「一個自由的人對於死亡想得最少，他的智慧用於思索者不是死，而是生。」他充分履行他的箴言。臨終之日他十分平靜，並不像蘇格拉底在非多一書中所表現的那樣亢奮，而只是像平日一樣，說一些來訪者感覺興趣的事情。他不像某些其他的哲學家，他不僅相信自己的思想，而且能够實行。我知道，卽使受到重大刺激之下，他也從未進入他的倫理學所譴責的激怒狀態。在辯論時，他是有禮貌而講理的，他從不當衆斥責別人，只是盡他所能去加以說服。

我們的遭遇凡出於自發的，都是好的，外來的卽對我們是壞的。他說：「一切事物由一個人自己做成的必定是善的，一個人除非受外來因素的影響，不可能有惡。」顯然，以宇宙整體而言，不可能有壞事發生，因爲它不受外來因素的影響。「我們是宇宙本質的一部份，我們遵從它的秩序。假如我們能够清晰地明白這一點，這是出於智慧的本性，易言之，卽是我們心靈中較佳的一部份，我們就會逆來順受，在這種順從之中以求自存。一個人如果勉強地成爲較大整體的一部份，他就在枷鎖之中；假如通過明確的瞭解以掌握整體的唯一眞實性，他卽是自由的。」這一層意思曾在倫理學的最後一册中有所闡發。

斯賓諾莎並不像斯多噶派學者那樣反對一切情感發洩，他所反對的只是「情慾」，亦卽是我們自己可以感覺到的受外來力量支配的被動的情感。「一種成爲情慾的情感，在我們獲得淸晰明確的觀念時，就立刻變得不再是情慾。」瞭解一切事物皆屬必要就可以幫助心靈獲得克服情感的力量。「淸晰明確地瞭解自己與自己的情感的人，必敬愛上帝，瞭解愈多，敬愛也愈深。」此一主張向我們提出「對上帝的理性的愛」，智慧卽包含在內。對上帝的敬愛是思想與感情的統一：這包含了眞正的思想，這或許可以說是以認識眞理而獲得至樂。一切眞正思想中的快樂都是對上帝的理性之愛的一部份，由於這種愛不含任何消極性質，所以是整體的眞實的一部份，並非有如脫離思想的零縑斷片，以致顯示爲壞的思想。

我方才說上帝的理性之愛涉及快樂，也許這是錯誤的，因爲斯賓諾莎說上帝不受任何苦與樂的情感的影響，又說「心靈對上帝的理性之愛也是上帝對世人的無限之愛的一部份。」但是，我認爲在「理性的愛」中，有某些成份不只是理性，或者其中有至樂超過一般的快樂。

他說：「對上帝的敬愛必須在心靈中居主要的地位。」我省略了他的實證，但這樣做會使人對他的學說獲得一殘缺不全的印象。因爲他對上述主張所作的實證很簡單，我將在此引述其全文；讀者可以觸類引伸，假想爲其他主張提供實證。對上述主張的證明如下：

「因爲這種敬愛與一切肉體的限制有關（V14），爲一切（V15）所培養；因此（V11）必然在心靈中佔主要地位。已實證（Q.E.D.）」

上述(V14)指：「心靈可以感覺到，一切肉體的限制或一切事物的形象都出於上帝的意念指示；」（V15）指：「凡清晰明確地瞭解自己的人必敬愛上帝，愈瞭解自己及自己的感情，則愈敬愛上帝；」（V11)指：「在比例上，精神上的形象與更多的目的物有關，故更習慣，更清晰，更能佔據心靈。」

以上所引述的實證，須作說明如下：對我們的遭遇，每增一分瞭解，都含有上帝的意念所指示的事情，因爲一切事物皆爲上帝的一部份。認識這一點的卽是對上帝的愛。當一切目的物皆歸於上帝，則上帝的意志將完全佔據心靈。

「上帝在心靈中佔主要地位」此一說明主要並非一道德上的勸誡，而是我們獲得瞭解時不可避免會發生的現象的一種解釋。

斯賓諾莎告訴我們：「沒有人能恨上帝，但愛上帝的人不能力求上帝必須愛他。」歌德甚至於在沒有瞭解斯賓諾莎之前，就已經崇拜他了，認爲此一主張是自我否定的一個例證。事實上並非如此，這只是斯賓諾莎的形而上學的一個合理推論。他的意思並不是說一個人不「應」要求上帝愛他，而是說，愛上帝的人不「能」要求上帝也愛他。這在他的證明中說得很清楚：「因爲，如果一個人作這種努力，就會要求(V17推論)他所愛的上帝不成爲上帝，結果，他等於要求感到痛苦，這是荒謬的。」(V17)即是說，上帝無慾、無樂、無苦；其推論卽爲上帝無愛、無恨。此處也並非道德上的觀念，而是邏輯上的「必然」：一個愛上帝的人，如希望上帝愛他，就等於希望感到痛苦，而這是荒謬的。

上帝不愛任何人的說法，不能認爲與上帝以無限的理性的愛去愛祂自己的說法相衝突。祂或許愛自己，因爲在沒有虛僞信仰的情形下，這是可能的；無論如何，理性的愛是一種很特殊的愛。

斯賓諾莎說，他已經告訴我們對感情的降伏方法。「以感情的性質及其與外來因素的關係而言，最好的抑制方法是清晰明確的觀念。」上帝的愛比世人的愛更有益：「精神上的不健康與不幸大概都可以推源到各種事物的過度喜愛。」但是清晰明確的知識「產生對一種無限量的永恆之物的愛」這種愛便沒有像對短暫可變之物的愛那種狂烈不安的性質。

雖然個人死後的得救是一種幻想，但在人的心靈中，確有某些部份是永恆的。只有在肉體存在的時候，心靈才能想像與記憶，但上帝有一種意念，指示出心靈的要素，或者以永恆方式保存的人類的肉體的機能，這個意念就是心靈中永恆的一部份。上帝的理性之愛，如某一個人也有這種愛，即包含在心靈的永恆的部份之中。

幸福包含對上帝的愛，並非品德的報償，其本身即是品德；我們「樂」在其中，並非因爲我們能够抑制情慾，而是因爲「樂」在其中，我們才能抑制情慾。

倫理學的結語說：

「我們所認爲的聰明人，極少在精神上受困擾，而只是由於某一種永恆的需要，體察到自己、上帝與一切事物，而永保其清明在躬。假如我所指出的這條路是極端困難的，但總是可以找到的。正由於不容易找到，才顯得困難。假如『得救』已經在握，這條路不需要費力就可以找到，怎麼會幾乎被所有的人忽視了呢？所有好的事物都是以其稀少而難得。」

如對斯賓諾莎的哲學地位作一評估，必須把他的倫理學與形而上學分開，才能知道前者之長如何補後者之短。

他的形而上學可以作爲「邏輯的一元論」的最佳例證——此一理論即是：宇宙整體是一個單元的實體，邏輯上沒有其中的任何一部份能够單獨存在。此一理論也相信一切命題都有單一的主詞與單一的述詞，將我們引入一結論，即「關係」與「多數」都只是錯覺。他認爲宇宙與人生的性質可由不辨自明的定理中推知：我們應該相信定論，一如相信二加二等於四的事實，因爲同樣是邏輯推演的必然結果。此一形而上學的整體是不可能被接受的；和現代邏輯學與科學方法是不相調和的。事實應從觀察而非推理中得來；當我們成功地推知未來時，所根據的原則並非出於邏輯的必然性，而是出於實驗的觀察所得的資料。對斯賓諾莎所依賴的本體觀念，現代的哲學與科學都不會加以接受。

當接觸到斯賓諾莎的倫理學時，我們會感覺——或至少我這樣感覺——縱然其形而上學的基礎被否定，其倫理學的某些部份仍可被接受。大體說來，他想要顯示的是：即使當我們承認人類的力量有限時，仍能生活得高尚與尊貴。他自己由於「必然性」的理論，使人類的力量更顯得渺小；但當這種限度確實存在時，他的定理可能是最好的解答。譬如以死爲例：沒有人能使自己不死，因此，爲我們必死這一事實而恐懼悲悼是徒勞無益的。縈牽於死的恐懼是一種奴役狀態，斯賓諾莎說得對：「自由人最不關心的事情就是死了。」但卽使在這種情形之下，也只能對一般性的死持這種態度，任何病人的死仍都必須在可能範圍內用醫療的手段加以改變。就是病重的人，也要避免某種程度的焦燥與恐懼；醫療必須在平靜中進行，我們此時必須儘量去想別的事情。這種看法同樣可適用於其他的不幸事件。

然則，對於你所愛的人遭受不幸，又將如何呢？讓我們設想一下現在居住於歐洲與中國的人可能遭遇的事情。假定你是猶太人，而你全家被納粹屠殺。假定你是反納粹的地下工作者，納粹因無法逮住你而將你的妻子槍殺。假定你的丈夫爲了莫須有的罪被遣送到北冰洋邊的奴工營，因折磨與飢餓而死。假定你的女兒被敵人的士兵強姦後殺死。在這些情況下，你應該保持一種哲學的平靜嗎？

假如你信從基督教的諭示，你會說：「父啊，饒恕他們，因爲他們不知道他們所做的是什麼。」我知道有些教友派的信徒，確能誠乎中而發於外，我崇敬他們，因爲他們眞能做得到。在表示崇敬之前，必須確定這個人確以應有的深度感受此一不幸。我們不能接受某些斯多噶主義者所說的「假如我的家受難和我有什麼關係？我仍然可以行善。」基督教的原則：「愛你的敵人」是對的；但斯多噶的原則「對朋友冷漠」是不對的。基督教並不誨人以寧靜，而是教人要有熱愛，即使對最壞的人也要如此。這自然是無可反對的，只是我們之中大多數人很難誠心誠意地去實行而已。

對這種不幸的原始反應是報復。當馬克德夫知道他的妻兒被馬克白殺死後，就決心手刃那個專制者以雪恨。此一反應至今仍爲大多數人所崇仰；當報復過激時，則會引起一般人的道德上的恐懼。但這也不能完全加以責難，因爲這是執行懲罰的力量之一，而懲罰有時是必要的。而且，自心理健康的觀點而言，復仇的衝動可能極強烈，如得不到發洩，一個人的全盤生活型態會變得乖僻或接近瘋狂。雖然並非都是如此，但這種情形很多。自另一方面衡量，復仇又是一種很危險的動機。如果社會對此加以容忍，就等於允許一個人對涉及自己的案情自行裁制執行，這正是法律希望制止的。

斯賓諾莎對這一點，大體上照基督徒的說法，但略有增益。在他看來，一切罪惡皆由於無知；他將「寬恕他們，因爲他們自己不知道在做什麼。」但他希望你避免他認爲罪惡所從出的狹隘的視界，即使處於最大的災禍中，也不要把自己局限在憂傷的天地中；他希望你瞭解其造因，視之爲全盤的自然秩序的一部份。我們知道，他相信恨可以用愛來消除。他說：「恨以報復而益增，因愛而消滅。被愛完全制服的恨，即化爲愛，這種愛比以前沒有恨的愛更偉大。」我唯願能相信他的話，事實上却做不到，除非有一些很特殊的情形，恨的人完全處於被恨的人權力掌握之中，而被恨的人却不願以怨報怨。這種情形下，寬容而使恨的人不受處罰可能會有鼓勵改革的作用。但如果由邪惡的人掌握，向他們保證你不會恨他，沒有多大用處，因爲他們將把你的話誤解爲别有用心。而你不可能以不抵抗的手段消除他們的權力。

假如你不相信宇宙的至善，就不容易瞭解斯賓諾莎。他認爲，假如你處於不幸的遭遇中，而視此爲自始至終的時間內、相貫串的因素的一部份，你就會知道這只是對你不幸，並非對宇宙整體的不幸，只是在最大的和諧中的瞬息而過的波折。我對此不能接受；我認爲突出事件自有其本身的意義，並不爲整體所「吸收」；此後所發生的事情，不能將它「改好」，只能使它「更壞」，也不能因其所屬的整體而變得「完滿」。

當你的命運使你必須忍受某些不幸比一般人的命運要壞（或者你自認爲如此），斯賓諾莎的原則——想到整體或較自己的悲傷更重大的事情——是有用的。甚至爲想到人生雖包含邪惡與痛苦却不過是宇宙整體生命中極微小的一部而感到安慰。這種想法或許尙不足形成爲一種宗教，但在痛苦的世界中，仍可助人免於發狂，也是對由極端絕望而癱瘓的解毒劑。

第十一節　萊布尼玆

萊布尼玆（Baron G.W. Leibniz 一六四六——一七一六年）置於任何時代，都屬於最高智慧者之列，但以做人而論，他是不値得崇仰的。誠然，他具備各種在你推薦人作就業測試時願意提到的許多優點：他勤奮、節儉、溫和而廉潔。但他完全沒有像斯賓諾莎那種高貴的哲學家的氣質。他的思想中的菁華並不為他帶來榮譽，這些著作留置在書案上並未出版。他所出版的著作祇是為了爭取王子與公主的稱讚。結果，同時有兩種哲學體系，都可以說是代表萊布尼茲的：一種是他明白寫出來的，樂觀、正統、奇妙、膚淺；另一種是較近的學者從他未出版的文稿中逐漸發掘出來的，深刻、謹嚴、大部份受斯賓諾莎的影響，而具有可驚的邏輯性的體系。為人所熟知的那位萊布尼茲首創了這個理論，即此一世界是所有可能存在的世界中最好的，（布拉德雷又加上一句諷刺性的話「這個世界中的一切都是必要的邪惡」）；伏爾泰把這位萊布尼茲稱為「辭彙博士」。在歷史上忽視這位萊布尼茲是不對的，但另一位萊布尼茲則在哲學上具有遠較重要的地位。

萊布尼茲在「三十年戰爭」結束前兩年生於德國的萊比錫，其父為道德哲學的教授。在大學時，他研習法律，一六六六年，獲博士學位，其母校欲畀以教授，為他所拒，他說自己有「奇特的見解不宜任教」。一六六七年，受雇於梅茵區的總主教，他和德國西部其他主教一樣，都受到路易十四的壓制。萊布尼茲獲總主教的允准，試圖說服法王捨德國而進佔埃及，但所獲為一溫和有禮的提示，即自從聖路易以後，懲罰不信基督者的神聖戰爭已經過時了。他的企圖迄未為世所知，直到拿破崙於一八〇三年佔領漢諾威，始被發現，時當拿破崙自己的征埃計劃失敗後四年。一六七二年，萊布尼茲為此前往巴黎，勾留近四年。他在巴黎的社交生活對他的知識進步有很重要的影響，因為當時巴黎在哲學與數學上都居領導世界的地位。就在巴黎的時間——一六七五——六年，他發明了微分學，並不知道牛頓已有討論同一課題但未出版的著作。萊布尼茲所著首先出版於一六八四年；牛頓的則在一六八七年。後世爭辯孰先孰後的問題是不幸的，兩方面都可以說對，也都可以說不對。

萊布尼茲在金錢方面似頗吝嗇，當少女在漢諾威的法庭結婚時，他經常贈以他所稱的「結婚禮物」，包含一些定理，結尾是忠告結婚後勿放棄親操井臼。歷史並未記載，新娘是否對此表示感謝。

在德國時，他曾研習新經院派的亞里斯多德哲學，此後一生皆受其影響。但在巴黎，他接觸到笛卡兒學說與加森地的物質主義，兩者對他也都有影響；此時，他曾說他要放棄「煩瑣學派」，即意指經院派哲學。在巴黎也結識了馬里布蘭契與詹生教派信徒阿爾諾德。對他的學說具最後的重要影響的是斯賓諾莎，他們曾於一六七六年相過從。他有一個月常與斯賓諾莎討論，並且獲得倫理學的部份原稿。後來，他又參加指責斯賓諾莎，故意隱瞞他們之間的過從實情，謊稱祇見過一次，斯賓諾莎曾告訴他一些政壇的逸聞而已。

他與漢諾威議會的關係始於一六七三年，此後即終身爲它服務。自一六八六年後他是沃芬布特圖書館館長，並正式被聘修撰布倫斯威克的地方史，逝世時，他已撰述至一〇〇五年時的事蹟。這本書到一八四三年始出版。他曾略耗時日於致力教會的重歸統一，但結果則徒勞無益。他曾一度赴義大利查證布倫斯威克的公爵們與伊斯特家族的關係。他雖然在做些考證工作，但當喬治一世爲英王時，他欲訪英而不可得，主要的原因是由於他和牛頓爭辯，使英國對他表示嫌惡。不過，根據他告訴所有和他通訊的人的話，威爾斯公主支持他反對牛頓。儘管有她的支持，他仍在寂寞中逝世。

他的「通俗性哲學」見之於他的著作「單子論」與「自然及仁慈的定理」，其中之一（究竟是那一本無法確定）是爲薩沃伊的王公、英國馬博羅公爵的同盟者尤金所寫。他的神學樂觀主義見之於他的著作「論神不因世人有罪而貶損其神聖性」，是爲普魯士的王后夏洛蒂寫的。容先述這些著作所闡釋的學說，然後再談他的更堅實但及身未出版的著作。

萊布尼玆，猶如笛卡兒與斯賓諾莎，以本體的觀念作爲他的哲學基礎，但在心靈與物質的關係及本體的數量上，他和他們的見解頗不相同。笛卡兒認爲有三種本體：上帝、心靈與物質，斯賓諾莎祇承認上帝爲唯一本體。笛卡兒認爲空間是物質的要素，斯賓諾莎則認爲，空間與思想皆歸屬於上帝。萊布尼玆則主張空間不應爲本體的特性。他的理由是，空間是複數，因此不可能祇歸屬於一種本體；每種單一的本體必須是不再延展的。結果，他相信有無限衆多的本體，他稱之爲「單子」的。每一單子以抽象的目光觀之始能有某些特性；事實上，每一單子卽是一個靈魂。其自然的推論必否定空間爲本體的特性之一；唯一可能保留的特性似乎祇是思想。這使萊布尼玆否定物質的存在，而代以無限衆多的靈魂。

笛卡兒的信徒發展一種理論，認爲本體不能有交互作用，萊布尼玆因襲其說，引伸出很奇誕的結論。他認爲兩個「單子」之間沒有交互影響的關係；看起來一若有這種關係，卽是一種幻象。他說單子是「沒有窗口」的（windowless）。這發生兩個困難問題：其一、照動力學的定律，物體是相互影響的，尤其在撞擊之時；其二是感覺的關係，被感覺的物體對「感覺者」發生效果。現在暫置動力學的問題不論，專談感覺問題。萊布尼玆認爲每一個單子皆反映宇宙，並非由於宇宙對它有影響，而是由於上帝賜予它一種特性，自然而然地產生這種結果。在一個單子和另一單子的變化之間，有一種「事先建立的調和」，由此發生類似的交互作用。這顯然是兩個時鐘理論的延伸，因爲都能保持準時，故能同時敲響。萊布尼玆的心目中，有無量數的時鐘，造物者都安排在同一時間敲響，並非它們相互影響，而是因爲每一時鐘都是完全精確的機器。對那些認爲「事先建立的調和」理論怪誕不經的人，萊布尼玆指出上帝的存在就足以證明這個理論是值得信仰的。

單子有其層級，某些單子反映宇宙的明確程度高於其他單子。一切單子皆在感覺上有不同程度的困惑，端視單子的品質而定。人體完全是由單子組成的，每一單子都是不朽的，但有一種支配性的單子，我們稱之爲靈魂的，由靈魂而形成肉體的功能。其所以成爲支配性，不僅由於比其他單子有更清晰的感覺，而且另外還有原因。人體的變化（在通常情形下）來自支配的單子：當我的手臂移動時，必須推源於支配的單子，也就是我的心靈，並非組成我的手臂的細胞要動。用意志控制我的手臂，在常識上是可以接受的。

感覺上的空間，亦卽在物理上所假定的，是不眞實的，但有一眞實的相似物，卽按照其反映宇宙的觀點，將單子置於三度空間的狀態中。每一單子皆在某種透視的遠景中見及宇宙；在這層意義上，我們可以說，單子有一「空間」的地位。我們也可以說，沒有什麼是眞空的，每一點都有一實際上的單子，而且祇有一個單子。沒有兩個單子是完全相似的；這就是萊布尼玆「不可辨認的相同」的原則。

與斯賓諾莎正相反，萊布尼茲的學說中容納自由意志的存在。他有一個「充分理由的原則」，根據這個原則，凡事都有一個理由；但當涉及自由的行動者時，他們的行爲理由似乎是「並非必須如此」的。每一個人的行爲必有其動機，但行爲的充分理由並不具有邏輯上的必要性。至少，他是公開這樣說的，不過，我們知道，他有另一種學說，在他發現阿諾德爲此震驚後，卽秘而不宣。

他認爲上帝的行爲有同樣的自由。祂永遠爲至善而行，但並非由於邏輯上不得不這樣做。他同意阿奎那的說法——上帝不能違反邏輯的法則而行，但能够決定什麼是合於邏輯的，因此祂有很大的選擇自由。

萊布尼茲爲上帝的存在作最終結的形而上學的證明。其來源可遠溯自亞里斯多德，甚至柏拉圖；到經院派諸學者，始成定型，其中的聖安西林，又首創「本體論」之說。其說雖爲阿奎那所否定，但復以笛卡兒而重現。萊布尼茲在運用邏輯方法上是超卓的，闡釋這些論點，勝於前人，這是我討論這些論點時必須提到萊布尼茲的原因所在。

在討論其細節之前，必須瞭解現代神學已不再依賴這些論點。中世紀神學是由希臘文明中轉化而來的。舊約中的上帝卽是希臘的力之神；新約中的上帝卽是希臘的愛之神；但神學家目中的上帝，自亞里斯多德至喀爾文，是訴諸理智之神的：祂的存在解除了某些困惑，否則對宇宙的瞭解將遭遇一些辯論上的難題。但此一神性——最終在理性上出現，猶如證明一幾何學的假定，不能使盧梭滿足，盧梭對上帝的看法更傾向於新約的四福音。大體上說，現代的神學家，特別是新教徒，在這方面是信從盧梭的。哲學家較此更爲保守；黑格爾、羅兹、布拉德雷仍堅持其形而上學的論點，雖然康德自稱已將這一類的論點一掃而空。

萊布尼兹證明上帝存在的論點有四：㈠本體論的論點，㈡宇宙論的論點，㈢自永恆眞理而來的論點，㈣自「事先建立的調和」而來的論點，這或許可以歸入康德所謂「設計」的或「物理的神學」的論點。兹依次說明如後。

本體論的論點基於存在與要素的區別。他認爲任何人或物，一方面存在，一方面有其一定的品質，成爲他或牠的「要素」。哈姆雷特雖然實際上並不存在，但也有某些「要素」：他是憂鬱的、躊躇寡斷的、聰慧的等等。當我們描敍一個人，不管描敍得如何詳細，這個人是否眞實抑爲想像的仍然是一個問題。照經院派的說法，任何有限的實體，其要素並不表示它的存在。但就上帝而言，這是最完善的實體，聖安西林，以後是笛卡兒都認爲祂的要素卽表示存在；理由是，一個「實體」擁有一切最完美的品質，則祂存在比祂不存在好，因此，可推論，如祂不存在，卽不是最完美的實體。

萊布尼兹既不完全接受也不完全否定上述的論點。他說，這需要補充證明上帝具有最完美的品質等等是可能的。他在海牙遇見斯賓諾莎時，曾示以他「上帝的觀念是可能的」所寫的證明論據。在此一證明中，稱上帝爲最完美的本體，亦卽是一切完美的東西的主宰，而一種完美的東西「皆有一單純的品質，它是積極的、絕對的，不論其所表現的是什麼，都是沒有任何限制的。」萊布尼兹很容易地證明沒有兩種完美的東西會互不調和的。他作結語說：「因此必然有，或可以相信有，一切完美的東西的主宰，或最完美的本體。因此可以推論，祂是存在的，因爲存在包括在衆多完美的事物之內。」

康德反對這一論點，認爲「存在」不是一個述詞，以此論定其主詞的屬性。我的「分類」的理論對此提出另一角度的反駁。在現代人的心目中，他的論點不具有很大的說服力，但發現其錯誤很容易，却很難明確指出其錯究在何處。

他的宇宙論的論點較他的本體論爲合理。這是「原始因素論」的一種，起源於亞里斯多德「不被推動的推動者」的論點。「原始因素論」是很簡單的，一切有限的物體皆有其因，而因復有因，如此類推。這一連串的因的追溯不可能是無限的，最初的一個因必須本身是沒有因的，否則就不會是最初的因。因此，必有一個「萬物的無因之因」，這顯然就是上帝。

萊布尼茲的論點稍有不同。他說，宇宙中一切特殊的事物都是「意外」的，這卽是說，在邏輯上，它可能是不存在的；而且不僅是指特殊的事物，也包括整個宇宙。卽使我們假定宇宙一直是存在的，但宇宙內沒有任何事物可以顯示它爲什麼存在。根據萊布尼茲的學說，一切東西存在皆有其充分原因，因此，整個宇宙的存在也必有其充分原因，它必須是宇宙之外的。此一充分原因卽是上帝。

此一論點勝於單純的「原始因素論」，不易加以反駁。「原始因素論」基於一切「級數」皆其第一級的假定，這是錯誤的；例如「眞分數」(proper fraction)就沒有第一級。惟萊布尼茲的論點並不基於宇宙在時間上必有其開始的說法。假如我們接受他的「充分原因」的原則，則他的論點是對的，但如此一原則被否定，則其論點也無法立足。萊布尼茲本人對「充分原因」究作如何一種解釋，是一個可爭辯的問題。柯圖拉特認爲它的意思是，一切眞實的命題都是可以「分析」的，如有矛盾，必然是自相矛盾。但此一解釋（萊布尼玆未出版的文稿中可用以支持此說）屬於神秘主義的思想。在他及身已出版的著作中，他認爲必需與偶然的命題有別，而祇有前者始遵從邏輯的定律，而一切斷言存在的命題都是偶然的，祇有上帝的存在是例外。雖然上帝以必需而存在，但祂並非受邏輯的驅迫去創造世界；相反的，這是一種自由選擇，出於祂的善的動機，而非出於必要。

很顯然，康德說這一論點有賴於本體論的確立是對的。假如世界的存在祇能有賴於一個必需的上帝，則上帝的構成要素必定涉及存在，這正是一個「必需的上帝」的眞正意義。但，假如上帝的構成因素必定涉及存在是可能的，則僅靠推理，不需要經驗就可以說明這位上帝了。祂的存在可由本體論的論點去證明；因爲一切僅憑構成要素卽可存在的東西也祇要靠經驗就可以瞭解——這至少是萊布尼玆的看法。因此，宇宙論顯然比本體論的論據更近於合理這一點是虛僞不實的。

來自永恆眞實的論點，要想加以精確說明，略有困難。或許可先作一粗略的簡述，然後進窺其全貌。粗略而言，其論點是：「正在下雨」這句話有時對有時錯，但「二加二等於四」永遠是對的，一切聲明僅與構成要素有關而與存在無關的，不是永遠對的，卽是永遠不對。那些永遠對的稱爲「永恆眞實」。此一論點的要義是：眞實是心靈內容的一部份，而永恆眞實必定是永恆的心靈內容的一部份。柏拉圖也有類似的說法，他推斷不朽來自觀念的永恆。但萊布尼玆的理論則更進一步。他相信偶發事實的最終原因定須在必要的事實中求之。其論點與宇宙論相似：整個偶然的世界必有其原因，而此一原因本身不可能是偶然的，而必須自永恆眞實中求之。但某一物存在的原因本身必須是存在的；因此，永恆眞實在某種意義上必定是存在的，而祇有作爲上帝心靈中所想的事，始能存在。這其實是另一形式的宇宙論。不過，也引起進一步的反對，一項眞理不能說是「存在」於一個對它有所疑慮的心靈中。

來自「事先建立的調和」的論點，祇有接受他的「無窗單子」皆反映宇宙說法的人才會相信它是適切的。其論點是：既然所有的時鐘都能在沒有交互作用的情形下準時敲響，則必須有同一的外在「因素」控制一切時鐘。問題在有一個困擾整個「單子論」的論點：假如單子永不交互發生影響，則其中的任何一個如何能知道另外還有單子呢？看來似在反映宇宙的現象可能祇是一個夢想。事實上，假如萊布尼玆是對的，那也祇是一個夢想，但他似乎已確認一切單子同時做同樣的夢。這說法自然是奇妙的，除有助於笛卡兒思想的發展外，從未令人覺得可信。

不過，他的論點可以不受他自己的特殊形而上學的拘束，並且變成所謂來自「設計」的論點。此一論點堅信，對已知世界作一觀察時，我們發現有些事物不能作合理解釋，祇能視爲盲目的自然力的產物，但如果視爲一種仁慈的目標的證據，則遠較合理。

此一論點沒有形式上的邏輯上的缺失；它的前提是可以實證的，而結論也是根據實證推論的一般標準而達成的。因此，對此能否接受並不是一般性的形而上學的問題，而是要看相當詳確的事實上的考慮。這是與其他論據重要的不同之點，亦卽是它所證明的上帝不需要一般形而上學的屬性。祂既不需要是全能的，也不需要是全知的。祂可能遠較我們明智而強有力。世上的邪惡可能由於祂的能力有所不及。某些現代的神學家曾以此形成他們的上帝觀念。但這些與萊布尼玆哲學無關，我們必須言歸正傳。

他的哲學中最大特色之一卽是「許多可能的世界」的理論。一個世界如不牴觸邏輯的定律，卽是「可能」的。有無量數的可能的世界，這在上帝創造這個實存的世界之前，都已經設想過了，但上帝決定創造其中最好的一個，而祂認爲善超過惡最多的就是最好的。祂可能創造一個沒有惡的世界，但不會和實存的世界一樣好，這是因爲某些偉大的善在邏輯上與某些惡聯結在一起的緣故。舉一瑣事做解釋，在熱天你非常渴時，喝一杯冷水會給你很大的快樂，使你感覺以前的口渴雖很痛苦却仍值得忍受，因爲無此痛苦，則後來不會如此快樂。就神學而言，類似例證並不重要，但就罪惡與自由意志的關係而言，却很重要。自由意志是很好的，但在邏輯上上帝不可能賦予自由意志同時又裁定不應有罪惡。因此，上帝使人自由，雖然祂預見亞當必定偷食禁果，而罪惡必定帶來懲罰。這個世界固然包含罪惡，但善蓋過惡的程度，勝於任何其他可能的世界；因此是所有可能的世界之中最好的，含有邪惡這一點不能用以反對上帝是純善的說法。

此一論點顯然使普魯士王后感到滿意，她的農奴繼續爲「邪惡」而受苦，她也繼續爲「善良」而享樂，有一位大哲學家保證這樣做是公正的，她得到很大的安慰。

萊布尼玆對邪惡問題的解答，與其大部份公開發表的思想一樣，在邏輯上是可能的，但不足以服人。一個摩尼教徒可能反駁說，這是一切可能的世界之中最壞的，這個世界中好的東西祇是爲了增強邪惡而存在的；這個世界是一個邪惡的造物主所造的，容許有自由意志，這是好的，但目的在確定罪惡，這就是壞的了，在犯罪時，自由意志中的惡壓倒了善。摩尼教徒也可能說，造物主造了一些有品德的人，使他們去受惡人的懲罰；使善人受懲的世界比根本沒有善人存在的世界更壞。我並不贊同這種說法，因爲這是狂熱的；我祇是說，沒有比萊布尼茲的這一理論更狂熱的了。世人唯願宇宙是善的，所以對證明「宇宙爲善」的錯誤論點，也予以寬容；對證明「宇宙爲惡」的錯誤論點，則予以詳愼的辨察。事實上，這個世界有一部份是好的，有一部份是壞的，除非將此一明顯的事實否定，就不會發生所謂「邪惡的問題」。

現在讓我們來討論萊布尼茲的神秘主義，我們發現其中所說明的許多理由，專斷而奇誕，如果以此來解釋他的思想，公之於衆，將使他的思想更難於被接受。這是很値得注意的事實，他竟能如此「矇騙」後世的哲學家，使得大多數的編者，自大堆的原稿中，祇選輯出版解釋他已爲世所共知的學說的那一部份，而對足以證明他是比他自己希望世人所想的遠較深刻的思想家的這一部份，則視爲無足輕重的散論。爲求瞭解其神秘哲學必須研讀的許多文稿，大部份由路易·柯圖拉特分別於一九〇一與一九〇三出版，共爲兩册。其中有一本甚至有萊布尼茲的自跋：「此處我得到了很大的進步。」儘管如此，在他死後兩個世紀內，竟沒有編輯人認爲値得輯印這些文稿。他給阿爾諾德的信，其中包含了一部份他的較深邃的思想，是在十九世紀出版的，但我却是首先發現其重要性的人。阿爾諾德接到這些信之後的反應使人感到失望。他寫道：「我發現在他的這些思想中，有許多東西使我恐慌，如果我不錯的話，我預料幾乎所有的人都會爲之震驚，我不知道這些話寫出來有什麼用，顯然全世界都會加以否定。」這種敵視的意見，使萊布尼兹對他在哲學上的眞正想法，不得不採隱秘不宣的政策。

本體的觀念是笛卡兒、斯賓諾莎、萊布尼兹三人哲學思想中的主要部份，而導源於邏輯上的主詞與述詞的分類。有些字可以同時爲主詞與述詞；例如，我可以說「天是藍的」，也可以說「藍是一種顏色」。其他的字——最顯著的例子是專屬名詞——永不可能成爲述詞，祇能是主詞，或表明一種關係的詞彙。這些字卽可用來爲本體命名。本體除邏輯上的特性外，並可永久保持，唯有上帝的全能可將它毀滅（推斷此事將不會發生）。一切眞實的假定不是一般性的，有如「凡人必死」，表示一個述詞可以包含另一述詞，卽使是特殊性的，有如「蘇格拉底」必死，在這種情形下，述詞也是包含在主詞之中的，述詞所指的特性卽是主詞所指的本體的槪念的一部份。不管蘇格拉底遭遇到什麼事，都可以用一個句子來表達，在這一句中，「蘇格拉底」是主詞，描敍其遭遇的字卽是述詞。所有的這些述詞加在一起，就構成了對蘇格拉底的「槪念」。一切屬於他的都是必需的，因此，一個本體，這些屬性不能確實斷言的，卽不是蘇格拉底，而是另外一個人。

萊布尼兹堅信邏輯的重要性，不僅限於其本身的範圍，也由於它是形而上學的基礎。他確曾致力於形而上的邏輯，如當初他的硏究成果能够出版，必具有極大的重要性，他必然成爲形而上邏輯的創始人，將提前一個半世紀見知於世。他之所以未將其文稿出版，是因爲他當時仍在繼續尋求證明亞里斯多德的三段論法在某幾點上是錯誤的；由於他崇仰亞里斯多德，不敢相信眞有錯誤，總以爲一定是自己弄錯了。不過，他終身都切盼發現一種普遍化的形而上學，他稱之爲「特有的概念」，由此可用計算來代替思想。他說：「假如我們找到了，我們就能夠像幾何學一樣地辯論形而上學與倫理上的問題。」「如發生疑義，兩位哲學家之間並不比兩位會計師之間需要更多的辯論。因爲，這祇需要拿起鉛筆，坐下來，彼此互道（假如他們高興，可請一朋友作證）：讓我們來算一下。」

萊布尼玆以兩個邏輯上的前提爲他的哲學基礎：矛盾律與充分原因律，兩者又皆基於一種「分析」的假定——述詞包含在主詞內，例如「所有白人都是人」。矛盾律顯示一切「分析」的假定都是眞實的；充分原因律（單指神秘主義的學說）顯示一切眞實的假定都是「分析」的。這甚至可以適用到我們認爲是事實證明的敍述上去。假如我作一次旅行，對於我的概念中就永遠有這次旅行的概念，於是這次旅行就成爲我的述詞之一。「我們可以說，一個各別的物體或一個完整的人的性質，必須有完整的概念，足以使人瞭解，並可由此推知此一概念所歸屬的一切述詞。因此，國王的特徵，屬於亞歷山大的，倘自主詞中抽出，卽不足以此範圍某一個人，也與同一主體的其他特性無關，也不涉及這位國王的所有概念；而上帝則知道亞歷山大的個別概念，也知道能夠屬於他的一切述詞的原因與背景，例如，他是否會征服大流士王與波魯士王，甚至預知他是否善終或被毒死，而我們祇能事後在歷史上獲知。」

最能明確地表達他的形而上學的文稿之一，見於他給阿爾諾德的書信中：

「談到我對於一切眞實假定的概念，我發現一切述詞，必需的或意外的，過去、現在或未來的，都包含在主詞的概念中，我已經感到滿足了。……這個假定是非常重要的，値得進一步的確立，因爲這可以推論到，每一個靈魂，都是獨立的宇宙，除上帝外，不受任何力量的控制；它不僅是不朽的，或者可以說是麻木無知的，而且還在本體中保持過去一切遭遇的痕跡。」

他繼續解釋，本體不相互發生作用，但因皆反映宇宙之故，在行動反應上殊途而同歸。沒有所謂交互作用，因爲每一本體的遭遇卽是它本身概念的一部份，它存在一日，卽永爲其概念所支配。

此一學說實際上卽是斯賓諾莎的定命論。阿爾諾德對萊布尼茲說的話表示驚恐：「每一個人的個別的概念決定他一生的命運。」此說與基督教的原罪及自由意志的理論是不調和的。萊布尼茲知道阿爾諾德反應不好，就不敢把這一學說公開。

以人類而言，由邏輯而知的眞實與由經驗而知的。眞實是有區別的，其區別有兩方面。第一、雖然發生在亞當身上的一切事情都決定於他的概念，但假如他是「存在」的，就祇能由經驗來確定他的「存在」。第二、任何個別本體的概念都是極其複雜的，祇有上帝才能由分析而推知其所有的述詞。不過，這些區別祇是由於我們的無知或理解力的限度；上帝就不同了。上帝確知亞當的概念，無論其爲如何複雜；因此可以知道一切關於亞當的述詞，也可以「預知」亞當是否存在。上帝認識自己的至善，因此，他創造可能世界中最好的一個；祂也知道亞當是否成爲這個世界的一部份。故不能由於我們無知而逃避定命論。

惟是，另有一點是很奇誕的。大多數的時間，萊布尼兹都表示造物是上帝的一種自由行爲，由祂的意志去決定。根據此一理論，某一物是否眞正存在並非觀察的結果，而必須由上帝的至善而完成。倘無上帝由此而創造最好的可能世界的至善，就沒有堅強的理由可以解釋爲什麼某一物存在而另一物不存在。

但有時，在他未向任何人公開的文稿中，對於何以某一物存在而具有相同可能性的另一物却不存在，其說與前者逈不相同。他說，一切不存在之物皆努力爭取存在，但並不都能如願以償，因爲它們不是都可以「組成」的。或許甲應該存在，乙也應該存在，但甲與乙不可能並存；在這種情形下，甲與乙是「不可以組成」的。兩個或兩個以上的東西，必須它們都應該存在才能「組成」。萊布尼兹似乎以對「倫坡」之戰的想像爲喩，居於「倫坡」的人皆力圖存在；在這場戰爭中，可組成的集團相互聯合，最大的已組成的集團獲勝，有如最大的壓力集團（pressure group）在政治競爭中獲勝一樣。萊布尼兹用此一理論爲限制存在的方法。他說：「存在可能限於那些與較多的東西相調和的，而不是任何東西與自己不調和的。」這就是說，假如甲與乙是互不調和的，但甲與丙、丁、戊調和，而乙則僅與戊、庚調和，結果因限制之故，甲存在，而乙不存在。他說：「與最多之物調和者，亦卽最適於存在。」

在此一說明中，沒有提到上帝，顯然也沒有提到創世。不需要任何力量，祇要純邏輯就可以決定什麼可以存在。萊布尼兹的心目中，甲與乙是否能够組成祇是一邏輯的問題，也就是：倘甲與乙兩者並存是否互有衝突？如有衝突，在理論上，邏輯可以裁決何者爲最大的組成集團，結果這一集團獲得存在。

萊布尼茲也許並不眞正認爲這就是存在的一個「定義」。假如這祇是一種標準，卽可與他在世時公開的理論——卽是他所稱的「形而上的完美」相吻合。以他用這個詞彙的意義而言，形而上的完美似乎指存在的性質。他說，這祇是「可以直接瞭解的完全眞實的容積。」他常說，上帝造物，務求其多，這也是他要否定有眞空存在的理由之一。一般相信（這是我永不能瞭解的），存在總比不存在好；因此，兒女必須感謝父母。萊布尼茲明白作此主張，並相信由於上帝的至善，創造宇宙時，儘可能使之「充滿」。其推論是：實際的宇宙包含着可能組成的最大集團。一個有足够能力的邏輯學家，可以單靠邏輯決定某一可能的本體能否存在。

在他的隱秘未宣的思想中，萊布尼茲是用邏輯作爲通往形而上學的哲學家的最佳典型。這一型態的哲學起源於巴曼尼德斯，柏拉圖繼續以概念之說去證明各種邏輯之外的命題。斯賓諾莎屬於同一類型，黑格爾亦復如此。但無人像萊布尼茲這樣明顯地將造句法用於推斷現實的世界。由於實驗主義的興起，這一類的論點已難以服人。自語言推知非語言的事實，是否可能有任何正確的判斷，我對這一問題也不願作何武斷；但萊布尼茲及較他更早的哲學家所發現的推論是不正確的，因爲這都是出於一種錯誤的邏輯。主詞與述詞的邏輯——這是以前所有的哲學家都這樣假定的，或則完全忽視其間的關係，或則以錯誤的論點證明這種關係是不眞實的。萊布尼茲把主詞述詞邏輯與多元論聯結在一起，是自相矛盾的，因爲他主張「有無量數的單子」不是屬於主詞述詞這一類型的。欲避免矛盾，一個哲學家相信這一類型的應該是像斯賓諾莎那樣的一元論者。萊布尼茲否定一元論主要是由於他對動力學的興趣以及「擴展卽重復」的論點，因此擴展不能歸功於單一的本體。

萊布尼茲行文很枯燥，對德國哲學的影響是使它迂腐而乾澀無味。他的門徒伍爾夫支配所有的德國大學直至康德出版「純理性的批判」爲止，更去除了萊布尼茲一切比較有趣的部份，產生一種冷漠的教授型的思想方法。在德國之外，萊布尼茲極少影響。與他同時的洛克支配了英國哲學；在法國，笛卡兒繼續支配一切，直至他被使英國的經驗主義盛行的伏爾泰所推翻。

萊布尼茲仍是一偉人，其偉大在今日比以往任何時期爲顯著。他不僅是傑出的數學家及微分學的發明者，而且是數理邏輯的開創人，認識其重要性，見他人之所不能見。他在哲學上的假設，雖然是奇妙的，但很明晰，可作精確的表達。卽使他的單子論，也可以作觀察感覺的一種方法，雖然我們不能同意單子是無窗的，不能穿入的。我認爲他的單子理論中最精采的部份是他的二度空間論，一是主觀的，存在於每一單子的感覺中，一是客觀的，包含有各種單子羣體的觀點。我相信，這對研究感覺在物理學中的關係仍然有用。

第十二節　哲學的自由主義

哲學與政治的自由主義，對一個非常普遍且重要的問題，提供了研究的資料：政治與社會環境對著名的有創造性的思想家產生如何一種影響；反過來說，這些思想家對後來的政治與社會發展又產生如何一種影響？

有兩種相反的普遍錯誤是必須謹愼防止的：一方面，讀書較多而閱事較淺的人傾向於高估哲學家的影響。他們知道某些政治黨派自稱受某些學說的鼓勵，但是，哲學家祇有在他的主張符合他們原本要做的事情時，才會獲得這些人的尊崇。直到現在，幾乎所有的著作家都過份誇大前代著作家的影響。不過，反過來說，也有與前者對立的一種錯誤想法，即認爲思想家純爲他們所處環境的產物，而對世事根本沒有任何影響。根據這一說法，觀念祇是浮在時代潮流面上的泡沫；觀念是由物質與技術的因素決定的：社會變革之不受思想的影響，正如河流不受看來似乎在指明其流向的波浪的影響。我相信對這兩個極端取其中，就不會錯了。觀念與實際生活有交互作用，一定要問何者爲因何者爲果，正如要辨明蛋生鷄抑鷄生蛋一樣地徒勞無益。我不願意以抽象方式討論這一問題，寧願在歷史上研究一重要的普遍性的問題，卽是自由主義的發展及其自十七世紀到現在所衍生的支派。

早期自由主義是英國與荷蘭的產物，具有確定的明顯的特徵。它贊成宗教上的寬容，是屬於新教的；近於放任主義，而非狂熱主義；它認爲宗教戰爭是愚蠢的。它重視工商業，支持新興的中產階層，不支持君主與貴族制；對財產權非常尊重，尤其是由於個人努力所積累的財產。世襲的原則雖然未被否定，但尺度較前爲嚴；否定國王的神聖不可侵犯之權，贊成一切社會皆有權主動去選擇其政府的形式。早期的自由主義者隱然有爲私有財產權所激勵的民主政治的傾向。他們相信——最初並不是完全公開的——人人生來平等，後來的不平等是環境造成的，這種想法導致不重視先天的禀賦，轉而重視後天的教育。它對政府有一種偏見，因爲當時的政府幾乎都握在國王與貴族的手中，他們很少瞭解或尊重商人的需要。但由於希望不久卽可贏得瞭解與尊重，這種偏見是自動抑制的。

早期自由主義是樂觀的、充滿活力的、富哲學意義的，因爲它代表一種似將輕易贏得勝利的新興力量，而這種勝利將爲人類帶來重大的福祉。它反對一切中世紀式的事物，包括政治與哲學，因爲中世紀的思想是用以支持敎會與國王的權力、贊成迫害、壓制科學的。但另一方面，它也反對現代的喀爾文敎派與再洗禮派的狂熱主義。它要求結束政治與宗敎的鬪爭，使人得以致力於促進商業與科學，例如東印度公司、英格蘭銀行、以及萬有引力與血液循環的學說等等。整個西方世界中，開明代替了偏見，對西班牙權力的恐懼正在消逝，所有階層皆欣欣向榮。最明智的判斷似乎可保證實現最高的希望。一百年來，一直抱有這種希望；最後，這些希望本身產生了法國革命，直接引出了拿破崙與神聖同盟。在遭遇這些事實之後，自由主義必須獲取第二度的動力才能使十九世紀恢復樂觀的心理。

在研討其細節之前，似宜將十七世紀至十九世紀自由主義運動的一般型態作一考量。此一型態最初很單純，但逐漸發展，則愈趨複雜。全盤運動的特色主要在個人主義；但在作詳細剖析之前，這却是一個非常籠統的名詞。古希臘的哲學家，直到亞里斯多德(包含在內)，並非我所認爲的個人主義者。他們認爲一個人基本上是社會的一份子；柏拉圖的共和國主旨在描摹好的社會，而非好的個人。自亞歷山大的時期希臘人喪失政治自由後，個人主義才以犬儒學派及斯多噶學派爲代表開始發展。根據斯多噶學派的哲學，不論社會環境爲何，個人皆可度其快樂生活。這同樣也是基督教的看法，尤其在它獲得國家的控制權之前，更是如此。但在中世紀時，神秘主義者雖在基督教倫理中仍保持其原始的個人主義的傾向，但大多數人也包括大多數的哲學家，則被教條、法律、習慣的堅強體系所支配，這使人的思想信仰與實踐的道德標準皆受制於一種社會組合，卽天主教會：確定何者爲眞何者爲善，不是出於個人的思想，而是由於宗教會議的集體智慧。

首先打破此一體系的是新教，它宣稱大宗教會議可能發生錯誤。因此，確定眞理不再是社會的、而是個人的事情。由於不同的人達成不同的結論，結果發生衝突；神學的問題不再取決於主教會議，而是取決於戰爭。任何一方都不能消滅另一方，結果證明，必須尋求一種方法使知識的道德的個人主義能夠與有秩序的社會生活相調和。這是每一種自由主義都企望解決的主要問題之一。

此時，個人主義已深入哲學領域。笛卡兒的基本信念——我思故我在，使每個人各有其不同的認識的基礎，因爲每個人認識的起點祇是他自己的存在，而非他人或社會的存在。笛卡兒強調依賴清晰明確的觀點，也發生同樣的影響，由於判斷自己的觀念是否清晰明確，仍須靠自己的內省。自笛卡兒後，大多數哲學家或多或少皆有認識上的個人主義的傾向。

惟是，此一普遍性的立場亦有其不同的型態，事實上，也因此產生不同的結果。典型的科學發明家或許卽是個人主義的產物。當一個科學家發明一項新的學說，祇因爲他自己認爲是對的；他不向權威屈膝，苟如是，他就必須繼續因襲前人的舊說。同時，他訴諸普遍接受的眞理的規律，他希望說服別人，不是由於他的權威，而是由於有力的論點，把他們當作「個人」來加以說服。在科學領域內，個人與社會之間的任何衝突都祇是暫時性的，因爲，以一般情形而言，科學家都有相同的知識水準，辯論與研究通常使最後的意見趨於一致。不過，這祇是指現代；在伽利略的時代，亞里斯多德與教會的權威，仍被認爲至少和耳聞目覩的證據同等有力。這表示，在科學方法中，個人主義的因素雖然並非突出的，却是重要的。

在知識的領域內以及經濟活動方面，早期的自由主義是屬於個人主義的，但在感情與倫理上，却並非「自我確定」的。此一型態的自由主義支配了十八世紀的英國、美國憲法的起草人以及法國的百科全書派的學者。法國大革命期間，代表自由主義的是較溫和的黨派——包括基倫泰黨在內，他們被消滅之後，自由主義也自法國政治中隱沒了一個世代。在戰勝拿破崙後，英國因邊沁及曼徹斯特學派的興起，自由主義再度盛行。最大的成功還是在美國，原因在美國從未受封建制度與國教的牽累，故自由主義居支配地位，自一七七六年直至今日，或至少是到一九三三年。

有一種新的運動，逐漸發展爲自由主義的反面，起始於盧梭，而自浪漫主義運動及國家意識中獲得助力。在此一運動中，個人主義自知識的範圍伸展到感情，而個人主義中的安那其傾向也顯露出來了。喀萊爾（Thomas Carlyle 一七九五——一八八一年，蘇格蘭散文家及歷史家——譯者註）與尼采所鼓吹的英雄崇拜就是這種哲學的代表。其中含有各種複雜的因素——對早期工業文明所產生的醜惡的憎恨；由於它的殘酷所引起的心理上的激變；由於憎惡現代世界而形成的對中世紀的懷念；試圖維護衰落中的教會與貴族的權力及工資所得人的利益以對抗工業製造家；以國家主義爲名強烈地確認反叛的權利以及爲保衞「自由」而戰的光榮。拜倫是此一運動的詩人；費希特、喀萊爾、尼采是其哲學家。

但是，因爲我們不可能都有英雄式的事業，也不可能都使我們個人的願望實現，這種哲學，猶如其他形式的無政府主義，倘予採納，不可避免會引向建立最成功的「英雄」的專制政府，而當他的專制確立後，將壓迫別人不得有他自己賴以躋登權力高峯的「自我確定」的思想。因此，這種生活觀念是自我否定，由於採納這種觀念，實際上會使人看到一種絕對不同的東西：獨裁國家，其中個人是受到嚴酷壓迫的。

自由主義最初的完整說明見之於洛克，現代哲學家中雖非思想最深邃的，却是影響最大的。在英國，他的看法與當時大多數知識份子完全諧和一致，因此除在理論哲學方面之外，很難追跡出他的影響；在法國，這種思想引向在實際上反對現政府，在理論上反對笛卡兒主義，顯然對歷史的形成具很大的影響。這是一種普遍性的現象——一種在政治與經濟發達的國家產生的哲學，於其誕生地，不過是流行觀念的澄淸與系統化，但在其他地方，則可能變爲革命熱情的動力，最後引發實際的革命行動。主要是通過思想家，才使決定進步國家政策的若干原理，傳之於較落後的國家。在進步國家中，行爲激發思想，在其他地方，則思想激發行爲。這也是爲何移植的觀念不如在其誕生地那樣成功的原因之一。

在研究洛克的哲學之前，容將影響形成他的思想的十七世紀英國的環境，稍作敍述。

內戰中國王與國會的衝突，使英國人皆從此傾向折衷與溫和，唯恐驅迫任何思想達成其合理的結論，此種心理支配英國人直至今日。長期國會所主張的原則最初曾獲得絕大多數人的支持。他們希望取消國王特許貿易壟斷之權，並使他承認國會有課稅的特權。他們要求在英國教會內發表意見與行動的自由，而這正是勞德大主教經常加以壓制的。他們主張國會應定期開會，而不是有特殊的情況國王認爲無法避免合作的時候，始行召集。他們反對濫捕及法官順從皇室的意願。但許多人雖準備鼓吹這些主張，但並不準備與國王從事戰爭，這在他們看起來是一種反叛與大不敬的行爲。當戰爭爆發時，雙方幾乎是勢均力敵的。

自內戰爆發至克倫威爾成爲攝政大臣，政治上發展的狀態，現代人看來似不足爲奇，但在當時却是史無前例的。國會分爲兩派，長老會派與獨立派；前者主張保留國家教會，但取消主教之職；後者同意取消主教，但主張一切教會皆有權選擇自己所信仰的神學，不受任何教會的中央機構的干涉。長老會派的社會階層較獨立派爲高，而政治主張亦較溫和。他們認爲一旦國王戰敗有意妥協時，就應該和他談判條件。但他們的政策由於以下兩種情況而無法實現：第一、國王爲主教問題抱有一種殉道者的固執態度；第二、很難單獨將國王擊敗，祇有依賴克倫威爾的新模範軍，其中包含有獨立派的份子。結果，國王的軍事抵抗雖然崩潰，仍不能說服他締和，而長老會派在國會軍隊中已失去支配性的優勢，權力落入少數人的手中，他們完全無視民主與議會政府。當查理士一世試圖逮捕五名議員時，羣起鼓噪，其失敗使他至爲狼狽。但克倫威爾却未遭遇同樣的困難，以「對傲慢者的鎮壓」爲名，開除了約一百名長老會派的議員，在一個時期中取得壓倒的多數。最後，他決定將國會全體解散，「沒有一個狗敢吠」——戰爭使人感覺祇有軍事力量最重要，也使人鄙視憲政。終克倫威爾之一生，英國政府皆爲軍事專制政體，日益爲大多數英人所憎恨，但因祇有他的黨徒是武裝的，終於無法搖撼其統治。

查理士二世自渡過其在荷蘭的橡樹林中逃難隱遁的生活後，於復辟時，決心不使逃亡的生活重演，乃被迫作某種程度的讓步。他宣佈不再課征未經國會同意的賦稅，他贊成剝奪其擅捕權的哈比斯·柯泊斯法案。偶或他以接受法王路易十五的補貼蔑視國會的財政權，但大體上，他仍算一名立憲的君主。在復辟時，查理士一世的敵人所希望的加之於國王權力的種種限制，大部份都做到了，查理士二世對此不得不接受，因爲事實顯示，國王可能落在他臣民的手中而受難。

詹姆斯二世，與其兄不同，完全沒有明敏詭譎的手腕。由於他執着於天主敎，使英國國敎徒與不遵奉國敎的新敎徒聯合起來反對他，儘管他曾試圖以寬容他們在國會中的違抗行爲而與後者妥協，也無濟於事。王室爲避免戰時征稅——此將使王室依賴國會，乃轉而採行屈從外國的政策，最初是對西班牙，然後是法國。英國人對此一大陸國家的逐漸強盛，懷有敵意。南特斯（法國西北一城市）勅令的撤銷使新敎徒強烈地反對路易十五。結果，幾乎所有英國人都希望驅除詹姆斯二世，但又不願看到內戰與克倫威爾的獨裁重演。因爲在憲法上，不能迫使詹姆斯退位，唯一的辦法是革命，但必須很快地結束，以免分裂的力量得勢。國會的權力必須永獲保障，國王必須去位，君主制則可保留——但君主無神聖權力，其權力必須依賴立法者亦卽國會的贊可。由於貴族與大公等的聯合，所有這些目標迅卽達成，未放一槍一彈。在一切僵硬的形式經過試驗而失敗之後，折衷與溫和的方式獲得勝利。

新國王是荷蘭人，帶來他的誕生地以此著名的商業與神學的智慧。他開辦了英格蘭銀行；公債變爲安全的投資，不再顧慮國王的任意拒絕償還。國會通過「寬容法案」，使天主教徒及新教徒的行爲受到各種限制，實際的迫害至此結束。對外政策變成是堅決「反法」，而且除一些短暫間歇外，一直是如此，到擊敗拿破崙爲止。

第十三節　洛克的認識論

約翰・洛克(Jhon Locke　一六三二——一七〇四年）是一六八八年革命的倡導人，這是所有革命中最溫和也是最成功的一次。它的目標是有限的，却完全達到了，在英國，不再發現有繼續革命的必要。洛克忠實地體現了這種精神，他大部份的著作成於一六八八年以後的幾年內。他在理論哲學中的主要著作——「論人的理解」完成於一六八七年，出版於一六九〇年。他的「談寬容的第一封信」最初是以拉丁文於一六八九年在荷蘭出版的，洛克曾於一六八三年前往荷蘭。另外兩件有關「寬容」的信函分別出版於一六九〇年與一六九二年。他的兩篇談政府的論文在一六八九獲得出版的許可證，隨後不久卽問世。他論教育的書則出版於一六九三年。他雖然壽命很長，但具影響力的著作皆成於自一六八七至一六九三的數年之內。成功的革命也鼓舞了那些相信他的學說的人。

洛克的父親是一名清教徒，曾支持國會作戰。在克倫威爾專政時代，洛克就讀於牛津，此時大學中的哲學仍是屬於經院派的。洛克既不喜經院哲學，也不喜獨立派的過激主義。他受笛卡兒的影響很大。後來他成爲一名醫生，受夏弗特斯柏瑞爵士的贊助，夏弗特斯柏瑞於一六八三年失敗，洛克隨同他逃往荷蘭，直至革命時，始回返英國。革命後，除有幾年受雇於貿易委員會之外，他一生皆從事於著作，並處理爲他的著作所引起的許多爭辯。

在一六八八年的革命以前，洛克尙無法在理論上或事實上參與英國的政治，卽專心致力於撰寫「論人的理解」一書。這是他最重要的，也是最能使他享盛名的一本著作；但他對政治哲學的影響如此重大而久遠，不得不推崇他爲哲學的自由主義的創始人，與他在認識論的經驗主義方面，具有同等的地位。

洛克是哲學家之中最幸運的。他完成他的理論哲學的著作時，適值與他政見相同的人執政。無論在理論上或實際上，他所提出的主張，爲後世多少年最具活力與影響力的政壇人士及哲學家所信服。他的政治思想，由於孟德斯鳩的闡發，已在美國的憲法中體現，當總統與國會有爭論時，他的理論卽可發生作用。英國憲法以他的政治思想爲基礎，直到五十年前，始有變更，法國一八七一年的憲法也是以他的思想爲張本。

他對十八世紀法國的重大影響，主要是由於伏爾泰。這位法國學者在青年時代曾在英國居住過一段時間，以「哲學的書信」一書將英國的思想介紹給法國人。哲學家與溫和派的改革份子追隨伏爾泰；極端的革命份子則追隨盧梭。洛克在法國的信徒，不管是否對，都相信他的認識論和他的政治學有密切的關聯。

在英國則較少人相信有這種關聯。他的兩個最著名的信徒，柏克萊在政治上是不重要的，休謨是保守份子，在他的「英國史」中表現了反進步的意見。但自康德出現，德國的理想主義開始影響英國人的思想以後，哲學與政治又發生關聯。大體上說，追隨德國人的哲學家都是保守份子；而激進的功利主義份子則屬於洛克的傳統。但這種關聯並不是一成不變的，例如葛林(T.H. Green)是自由份子，但同時又是理想主義者。

不僅洛克的確當的意見，即使他的錯誤，也有實用的效果。例如他的主要與次要性質之說——主要性質限於與身體不可分的性質，如像統一、空間、型態、動靜與數量；次要性質則是：顏色、聲響，體嗅等等。他主張，主要性質實際存在於身體之內，次要性質則相反，僅依賴感覺而存在，無目則無色，無耳則無聲。洛克之說有它事實上的佐證——黃疸病人看一切是黃的，戴藍眼鏡的人看一切是藍的。但柏克萊指出，這種情形同樣適用於主要性質。自柏克萊後，洛克的二元論即已過時，但洛克的思想則支配了實用的物理學直到我們這個時代量子學說興起爲止。其說不僅爲許多物理學家公開地或默許地表示贊成，而且結果證明其爲許多重要發現的根據與來源。物質世界所包含的都是運動中的物質這一學說即是聲、熱、電的理論基礎。在實際上，他的學說是有用的，儘管在理論上可能是錯誤的。這是洛克思想的典型。

在「論人的理解」中所表現的，洛克的哲學有他的優點與缺點，兩者都有它的用處。所謂缺點，也祇是從理論的立場衡量而已。他總是很合理的，總是寧願犧牲邏輯上的結論而避免成爲譁衆駭俗者。他提出若干一般性原則，讀者一定可以察覺到，這些原則可能導向某些奇誕的結論，但每當這些怪論卽將出現之時，洛克卽懸崖勒馬，就此打住。對於一個邏輯學者而言，這是錯誤的，對於一個實行家而言，這是明智的決斷。明智原則的確當理由，不可能將世界引向錯誤；但一項接近眞理的原則雖然在理論上是值得尊敬的，却很可能帶來我們認爲是荒謬的後果。因此，對哲學有一種常識性的辨別，顯示祇要其後果因訴諸我們不得不接受的常識而必須加以譴責時，則我們這項理論上的原則卽不可能是很確當的。理論家或許會反駁說，常識不會比邏輯更精確。柏克萊與休謨雖以此來反駁，但洛克本人却完全沒有作過這種表示。

洛克有一項特徵，自他本身沿襲至全盤的自由主義運動，就是不專斷。他自前人因襲了某些確定無疑的認識：我們自己的存在、上帝的存在與數學的眞理。不過，他的思想與前人如有不同之處，卽在他主張眞理不易認定而一個講理的人對待自己的意見仍應抱有某些懷疑的成份。這種想法顯然與宗教寬容、議會民主的勝利、自由競爭、自由原則的全盤體系有關聯。洛克是篤信宗教的人，承認「啓示」是知識的一個來源，但他以「理性的守衞」防範周圍的各種啓示。在某一場合他說：「啓示的坦直證言具有最高的確定性」，在另一場合他又說：「啓示必須由理性來判斷。」因此，理性佔有最高的地位。

「論熱誠」一章在這方面是有其訓廸世人的效果的。「熱誠」在當時與現在的意義不同，它的意思僅指相信一位宗教領袖或其信徒個人所獲的啓示。這是在復辟中被擊敗的教派的看法。當這種個人啓示充斥於世，彼此相互矛盾，眞理或被傳佈爲眞理的都變成是純個人的，因而喪失其社會性。洛克認爲很重要的熱愛眞理，和熱愛某些自稱爲眞理的個人思想是大有出入的。他說：「熱愛眞理的正確表示不是取悅任何主張，認爲比已經證明爲確實的事情更值得信賴。」他又說，流於專斷卽表示不愛眞理。「以理性爲基礎的熱誠，希望可以使沒有理性的啓示確立；但結果使理性與啓示兩者都消失，而代之以一個人自己腦海中的幻想。」憂鬱或富幻想的人總以爲自己「可以直接與上帝相通」。因此，個人的行爲與意見獲得上帝的贊可，這種想法可以使「懶惰、無知、愛虛榮的人」滿足。他以上文引述過的一句話作爲這一章的結語，卽「啓示必須以理性作判斷」。

洛克「理性」一辭的意義，須從全書各章節中加以歸納。誠然，其中有一章名爲「論理性」，但主要內容在證明理性並不包括三段論法，可用下列語句作爲代表：「上帝不會對人如此吝嗇，祇把他們造爲兩脚動物，留給亞里斯多德賦予他們理性。」照洛克用這一詞彙的意義，理性包括兩部份：第一、究明什麼是我們確實知道的；第二、調查在實際上宜於接受的主張，雖然這些主張祇有某種可能性，並且不一定是能够確定的。他說：「可能性的基礎有二：與我們的經驗一致，或由他的經驗獲得證實。」他指出，暹邏王當歐洲人提到冰的時候，他是不相信有這種東西的。

在「論贊同的程度」一章中，他說，我們對任何主張贊同的程度，端視對它有利的可能性而定。他在指出我們必須在可能性未能確定時採取行動後說，考慮的正確用處在「相互寬恕與容忍，因爲絕大多數的人不可避免地會有幾種意見，不能確定，不能用絕對無疑的證據確定其眞實性；如果有人爲了一個無法立卽解答的論題指出其缺點所在而放棄或否定其前所信守的敎條，必被譴責爲無知、輕率、愚蠢；我認爲，這倒可以使人在紛歧的意見中，保持和平及人道與友誼的共同責任，因爲我們不能期待任何人卑屈地甘願放棄自己的意見，因盲從一種人的理解所不承認的權威而接受我們的意見。儘管可能常常發生錯誤，但我們能依賴理性的引導，不能屈從於他人的意志與獨斷。假如你希望他贊同你的意見的人，必在首肯之前加以考查，你就必須給他餘暇去一再衡量，拾回他的記憶，考查各項細節，找出對那一方面的論點有利；假如他認爲論點不够堅強到使他寧願改變意見，則我們應該做的事，卽是同樣加以考查；假如別人指出某幾點應重新研究，則我們應該想到這可能是我們的錯誤；假如他希望信賴自己的意見，則我們如何能想像他否定那些時間與習慣在他心靈建立的、他認爲是不辨自明的、具有不容置疑的確定性的敎條；或者在他印象中是得自上帝本身或祂的使者的啓示呢？我們如何能期待別人放棄其成見，屈從於一個陌生者或敵對者的權威？尤其是，如果他懷疑其動機或是否對自己有利，更是如此，因爲必定有某些缺點，使人感到自己是受了不公平待遇的。我們必須憐憫自己的無知，努力以一切高尙的公平的取得知識的方法，淸除這種無知，不要立卽誣指別人固執偏頗，祇因爲他們不肯否定自己的意見，接受我們的意見，至少是我們強迫他們接受的那些意見。很可能我們不接受他們那一面的某些意見，是同樣的固執偏頗。那裏有這種人，他的主張都可以絕對證明是眞理的呢？或者凡是他所指責的缺點都是眞正錯誤的呢？或者說，他已經徹底檢討過自己與別人的意見呢？必須沒有認識就去相信，其理由是很薄弱的。我們處於這種盲目的瞬息而過的行爲狀態中，應該更忙碌更詳愼地去充實自己的見聞，而不是限制別人……有理由相信，一個人愈能教訓自己，則愈少以己見強迫別人接受。」（見「論人的理解」第五册第十六章第四段。）

現在所談的祇是這本書的最後幾章，洛克在這裏說明他從早期的理論性的研究自然與人類認識的限度中所得的結果，現在讓我們來研究，他在純哲學的課題所說的話。

洛克通常是鄙視形而上學的。在研究萊布尼玆的理論時，他寫信給朋友說：「我和你對這種浪費光陰的事情已經受够的了」。「本體」的理論當時支配了形而上學，他却認爲是含混的，無用的，不過，他尙未敢全盤加以否定。他承認形而上學中有關上帝存在的論據是正確的，但他不願詳談，似乎對此略有不安的感覺。每當他發表新的意見時，絕不重述傳統的理論，他所想的毋寧是具體的細節，而非一大堆抽象的觀念。他的哲學有如科學工作一樣，是支離的，不是像十七世紀的大陸學說那樣，是一件完整的「彫塑品」。

洛克可能被認爲是經驗主義的鼻祖，這種主義就是：一切知識（可能祇有邏輯學與形而上學是例外）皆來自經驗。「論人的理解」第一册卽在反對柏拉圖、笛卡兒與經院派哲學家，認爲無所謂天賦的概念與原理。第二册他致力於詳細說明經驗如何產生各種不同的概念。他在否定天賦概念之後說：

「假定心靈如同我們所說的，是一張白紙，沒有任何特徵，任何概念；它是從那裏得到供給的呢？人何以能用他的忙碌而漫無邊際的想像在上面塗抹各種顏色呢？這一切理性和知識的資料是從那裏來的呢？我可以用一句話來回答——從經驗：我們的一切知識皆由此而出，這是知識的最終極的來源。」（同書第二册第一章第二段）

我們的概念有兩種來源：㈠感覺，㈡本身心靈的理解力，或可稱爲「內省」。由於我們通過概念去思考，由於一切概念皆來自經驗，故一切知識皆不能居經驗之先。

他說，理解力「是走向知識的第一步與第一層次，也是吸取一切資料的港口。」這對於現代人來說，已經是公認的眞理，至少在英語國家裏，這是受過教育者的常識的一部份。但在他那個時代，心靈被認爲可以預知一切事情，而知識完全依靠理解而得；他所主張的是一種新的革命性的學說。柏拉圖在「齊埃梯特斯」一書中分辨認識與感覺之不同，自此之後，幾乎所有的哲學家，直至並且包括笛卡兒、萊布尼兹在內，都說許多最有價值的知識並非得自經驗。因此，洛克的徹底的經驗主義，是一項大膽的改革。

本書的第三册談詞彙，主旨在說明形而上學者所申述的有關宇宙的知識，祗是浮詞泛語而已。第三章「論一般詞彙」在宇宙問題上，採取了極端唯名論者的立場。一切存在的事物都是個別的，但我們能够給予一般性的概念，例如像「人」，可以適用於許多個體，對於這些一般性的概念，我們又都可以賦予名稱。其一般性包含在一項事實中，卽可以適用在各種不同的個體上；其本身的存在，正如同我們心靈中的概念，和其他一切存在的事物一樣是個別的。

第三册的第四章「談本體的名稱」，主旨在駁斥經院派論「要素」的學說。物體或許有眞正的要素，所包含是物質的組織，究爲何物，非我們所知，亦非經院派哲學所說的「要素」。據我們所知，要素祇是純文字上的；它包含在一般詞彙的定義中。例如，要辯論肉體的要素是否祇是空間抑或空間加上團結，不過是文字的辯論而已；我們可以用兩種不同的詞句爲「肉體」這個字下定義，祇要固守我們所下的定義，就不會產生有害的結果。分別種類不在性質，而在語言；「種類是附有不同名稱的不同的複雜概念。」誠然有不同性質的事物，但區別是從不斷的逐漸演變而來的：「種類的範圍，是由人去區別的，也是由人去造成的。」他以畸形兒爲例，懷疑是否可以稱之爲人。這一看法並未獲普遍的贊同，直至達爾文說服世人採納物種演進說爲止。祇有那些曾爲經院派哲學所苦的人，才能認識洛克學說清除了多少形而上學的垃圾。

經驗主義與理想主義都面臨着一個哲學不能給予滿意解答的問題，即我們如何在我們自己及自己的心靈之外，認識其他的事物。洛克考慮過這個問題，但他的說法顯然是不能使人滿意的：「因爲心靈，以它的全部思想與理性，除自己的概念外，沒有其他直接的目標，可以單獨思考，因此知識祇與這些概念有關。」他又說：「知識是兩種概念之間選擇何者可以同意何者不同意的一種理解。」由此似可立即引申到，我們不能知道有別人存在，或物質世界的存在，假如是存在的，就不僅是任何人心靈中的概念了。照此推論，每個人都必須將自己關閉起來，切斷一切對外界的接觸。

但這是一種怪誕之論，洛克不會不加補救，所以在另一章中，表達了另一不同的理論，與前說頗有矛盾。他說，我們有三種眞正存在的認識 。我們對自己存在是直覺的，對上帝存在的認識是實證的，對呈現於我們感官之前的事物的認識是感覺的。（第四冊第三章）

在下一章，他多少察覺到自己的矛盾。他假定有人會說：「假如知識包含對概念的同意，則熱心的人和清醒的人是在同一層次上了。」他的回答是：「當概念與事物相同時，並非如此。」他繼續辯稱，一切單純的概念必然與事物相吻合，因爲「心靈以其表現的功能而言，絕不能使自己有獨立的概念」，任何單純的概念都是「事物印在心靈上 自然產物。」至於本體的複雜概念，「所有我們的這一類概念，祇能意指那些已經被發現的在宇宙中並存的單純的本體。」他又重複強調：「知識祇能有三種來源：㈠直覺；㈡理性，在兩種概念之間研究何去何從；㈢感覺，察覺個別事物的存在。」（第四冊第三章第二段。）

這一切都基於洛克假定某種心理狀態——洛克稱之爲感覺（sensation）的，有它外在的因素，而這些外在因素，至少在某些方面某種程度上與其所造成的結果——感覺相似。然則，根據經驗主義的原則，這一點是如何知道的？我們可以「經驗」過感覺，但非感覺的因素；假如感覺是自動發生的，則經驗也完全是一樣的。相信感覺有因素並且相信兩者相似的，其理由必定與經驗無關。「知識是對兩個概念之間同意或不同意的選擇」這種看法是洛克所主張的，而他逃避因此而引起的矛盾，祇有他堅決固執於常識的範圍才能使自己視而不見。

這個問題困擾了經驗主義，直到現在。休謨曾以放棄感覺有外來因素的假定來躲避這個困擾，但每當他忘記自己的原則時，仍要維持此一假定，他常常是這樣的。他的基本原理「概念不能脫離先期的印象」——這是從洛克處因襲而來的，祇有我們認爲印象有外來因素時，才似乎是合理的。「印象」這個字本身就有強烈的暗示是有外來因素的。當休謨達成某種程度的協和時，實際上仍是似是而非的。

沒有人能夠成功地發明一種哲學同時是可信的又是完全前後一貫的。洛克以後者爲代價達到了前者。大部份的著名哲學家則犧牲前者，以求達成後者。一種前後矛盾的哲學不可能完全是對的，但前後一貫的哲學則很可能完全是錯的。最有影響力的哲學都有顯而易見的自相矛盾之處，故祇有部份是眞實的。沒有理由假定一種前後一貫的學說一定比洛克的顯然有矛盾的學說更爲眞實。

洛克的倫理思想是很有趣味的，部份出於他自己的著述，部份見於邊沁的轉述。當我提到他的倫理思想，並非意指他實際做人的道德境界，而是意指他對於世人如何以及應該如何行事的一般看法。洛克如同邊沁一樣，其本人充滿了善意，却仍主張所有的人（包括他自己）必須永遠按照他自己的幸福與快樂的需要去行事。下面這些話可以說明他的想法。

「善惡祇與苦樂有關。我們所稱爲善的，卽是適宜於產生或增加我們的快樂的，或者是消除我們的痛苦的。」

「行爲的慾望是什麼？我的回答是幸福，祇有幸福而已。」

「充分的幸福，就是我們所能得到的最大限度的快樂。」

「追求幸福的需要卽是一切自由的基礎。」

「喜愛惡癖過於品德是一種顯然錯誤的判斷。」

「我們所熱愛的政府卽是能增進我們的自由的。」

支持這些論點的似乎是死後報應的思想。上帝制訂某些道德規律；遵守不渝的進入天堂，違悖毀敗的墮入地獄。因此，審愼的快樂追求者是高尙的。由於作惡必墮地獄的信念消失，就很難爲支持品德高尙的生活產生一種完全爲自己謀利的說法。邊沁是一位思想家，以人間的立法者代替上帝：將公利與私利之間調和的責任委之法律與社會組織，因此，每一個人在尋求本身的幸福時，必須兼顧公衆的幸福。但不如用天堂地獄思想來調和公私利益，因爲立法者並不永遠是明智的、高尙的，人所組成的政府也不會是全知全能的。

洛克必須承認，人顯然並不永遠按照獲得最大限度快樂的需要去行動。我們重視目前的快樂過於將來的快樂，重視最近將來的快樂又過於遙遠將來的快樂。或許可以說——並非洛克自己的話，「利」的等級決定於貶低未來快樂的程度。假如我一年化費一千鎊與我揮霍於一旦所得到的快樂是一樣的，我就不需要因延遲獲得快樂而懊喪。洛克承認虔誠的信徒常常犯那些照他們自己的敎條有墮入地獄危險的罪惡。我們知道，人在合理地尋求快樂時，儘量延遲他們應該去看牙醫的時間。因此，卽使快樂或避免痛苦是我們的動機，但必須承認，快樂喪失其吸引力或痛苦喪失其恐懼感的程度與時間的距離成正比。

根據洛克的說法，祇有在長期的觀點上，公利與私利始能吻合，因此，人的行爲必須儘量受長期利益的引導。換言之，人必須審慎。審慎仍是一種值得宣敎的品德，因爲每一件道德上的過失都是由於缺乏審慎。強調審慎是自由主義的特徵。此與資本主義的興起有關，因爲審愼的人成爲富有，輕率的人淪爲或保持赤貧，也與新教徒的某些敬神的方式有關：品德之於天堂在心理上和儲蓄之於投資是一樣的。

相信公私利益的調和也是自由主義的特徵，並且在洛克思想中保留了神學的基礎。

洛克說，自由有賴於追求眞正幸福的需求及我們所喜愛的政府。這個看法又出之他自己的另一理論，卽公私利益雖在短期內未必能相互調和，但經過長期協調後，必能趨於一致，推論是，某一社區的公民，如同時是虔誠與審愼的，倘給予行動自由，他們將會從事於增進公衆的幸福，不需要有人爲的法律去限制他們，因爲神的規律已經足夠了。有品德的人倘被誘去做攔路搶刼的強盜時，就會對自己說：「我也許可以逃過世間的法官，但逃不出天上法官的手掌。」於是，他會放棄這類邪惡的計劃，繼續渡其品德高尙的生活，就好像可以斷定自己如做壞事必被警察逮捕一樣。因此，祇有在一般人都虔誠而審愼的地區，才可以享受沒有法律限制的自由；否則，就必須有刑法的限制。

洛克一再表示道德是可以實驗的，但沒有如人所希望的，充分闡發這個觀念。關於這一點他最重要的一段話是：

「可以實驗的道德。最崇高的上帝這個概念，擁有無限的權力、仁慈與智慧，我們就是祂造的，我們依賴祂；我們自己的概念——如瞭解、理性等等，這是我們明確知道的，假如有適當的研究與探求，找到我們責任的根據以及行爲的規律，或許可能將道德置於可以實證的科學之中：在這方面，我不致懷疑，由於不辨自明的定律、由於必然的結果，其無可置疑的情形猶如數學，可以精確判定是非；任何人都可以將此適用於自己，祇要他抱持公正的態度，給予足够的注意，一如他判斷別人的事情一樣。數量、空間及其他種種特性之間的關係也都可能察覺到：我不明白，假如有適當的方法去考察或尋求是否可以同意，爲什麼不能加以實證？『凡有財產之處卽有不公平』可以像歐幾利得的實證一樣的確定：因爲財產代表對某些東西的權利，而不公平的意思則是對那種權利的侵犯或破壞，於是這些概念以及附帶產生的名詞因而確立。我確信這種假設有如『三角形的三角之和等於兩個直角之和』一樣的眞實。再如：『沒有政府容許絕對的自由』，政府代表在某種規章與法律上建立的社會組織，需要組成份子能够遵守這些規章法律；而絕對自由意指任何人可以隨心所欲去行事，這兩者是互不相容的：因此，我可以確定這個假設是對的，就像數學裏的答案一樣。」（同書第四册第三章第十八段）。

這一段話是使人困惑的，因爲，第一、他似乎認爲道德規律是出於上帝的命令，但所舉的實例又暗示道德規律是可以分析的。我想洛克可能認爲倫理中的某些部份是可以分析的，其餘則皆出於上帝的命令。另一個困惑是，他所舉的實例根本不是倫理上的。

另外還有一個值得研究的問題。一般神學家都相信上帝的命令不是專斷的，而是出於祂的仁慈與智慧，因此，必定有若干「善」的觀念發生於上帝的命令之先，使祂制訂這些命令。究竟這些觀念是什麼？在洛克的著作裏面是不可能發現的。他說一個審愼的人會如何檢點他的行爲，因爲他相信苟非如此上帝就會加以懲罰，但他完全沒有提到，何以對某些行爲要加以懲罰，而對與此相反的行爲則否。

當然，洛克的倫理思想是頗多漏洞的，除以審愼爲唯一品德的說法令人難以接受之外，還有其他的可議之處。

首先，說人祇要求快樂是本末倒置的，無論我所要求的是什麼，在得到時就會感到快樂，但通常快樂是出於要求的滿足，而不是因爲快樂才有要求。有被虐狂的人要求痛苦；在這種情形下，在要求滿足時，仍有快樂，祇是與痛苦混雜在一起而已。卽使在洛克本身的思想中，如此要求的也並不是快樂，因爲立卽的快樂比遠期的快樂更值得要求。假如道德律可以從欲望的心理中推求，一如洛克及其信徒所希望做到的，就沒有理由不贊成漠視遠期的快樂，或將「審愼」視爲一種道德的義務。他的辯解，簡略言之是：「我們所要求的祇是快樂，但事實上，有許多人要求的不是我們所指的快樂，而是立卽的快樂，這與我們的學說是牴觸的，因此是邪惡的。」幾乎所有的哲學家在他們的倫理學說中，都是先立下一錯誤的理論，然後辯稱邪惡存在於一種證明爲錯誤態度的行爲之中，事實上倘學說是對的，這是不可能的。諸如此類，洛克是一個例子。

第十四節　洛克的政治哲學

(一)世襲制

一六八九與一一六九〇年，正當一六八八年的革命之後，洛克寫了兩篇論政府的文章，尤其第二篇在政治思想史上具有非常重要的地位。

第一篇是對權力繼承說的批評。這是對羅伯特・非爾默爵士的「國王的天賦權力」的辯駁。非爾默的書出版於一六八〇年，是在查理士一世的指使下撰寫的。非爾默堅決主張國王有神聖權力，一六五三以後與查理士一世被處死克倫威爾獲得勝利的這一段時間，他的處境是很不幸的。非爾默的這本書大約是內戰之後查理士失敗之前所寫，故自然流露出對君主臣服的思想，正如非爾默自己所稱，這種思想在一六四〇年並不新奇。事實上，新教與天主教的牧師神父們在和他們本教的君主鬪爭時，堅決主張臣民有權反抗其專制的國王，他們的著作供給非爾默很多可據以反駁的資料。

非爾默爵士曾被查理士一世封為武士，據說他的住宅被國會派的人刼掠過十次。他自認有如諾亞以方舟駛往地中海，將非洲、亞洲、歐洲分配給他的兒子，漢姆、申姆與耶費特。他堅決主張，根據英國憲法，貴族院祇能對國王的命令表示贊同，衆議院的權力則更小；他說，唯有國王可以立法，且完全出於他個人的意志。根據非爾默的說法，國王完全不受任何人世間的控制，也不受其前任乃至自已過去行爲的約束，因爲「一個人以法律來約制自己是不可能的。」

照上述意見所表示的，菲爾默是屬於君主神權黨的極端派的。

「國王的天賦權力」一書開始卽反駁一般的看法，說是「人類生來卽具有不受一切壓制的自由，並有權選擇其所喜愛的政府形式，任何人如有權管制其他人必須首先出於大多數人的自由選擇。」他說：「這種主義是在學校裏培養出來的。」據菲爾默說，眞相並非如此，而是上帝將君權授予亞當，亞當傳之於繼承人，最後及於現代的各類君主。國王是第一代統治全民的血統繼承者或具有美譽足以繼承的人。不過，我們的始祖並不喜歡他成爲全民統治者的特權，因爲「要求自由是亞當墮落的首要原因。」菲爾默認爲自由的欲望是一種不虔敬的感情。

查理士一世宣告的、或他的重臣代表他宣告的特權，超過以前的國王所能享有的。菲爾默指出帕森斯——英國耶穌會的教徒與布察南——蘇格蘭的宗教改革派的教徒，對別的事情幾乎都生歧見，却都同意君主得因其統治乖謬而廢立。當然，帕森斯所指的是新教的伊利莎白女王，布察南所指的是天主教的蘇格蘭女王瑪麗。布察南受到支持，而帕森斯的意見則由於他的同黨坎庇安的處死而被推翻。

卽使在宗教革命之前，神學家亦已主張限制國王的權力。這是政教鬪爭的一部份，涉及中世紀的全歐各地。在此一鬪爭中，國家所恃者爲武力，教會所恃者爲機智與聖潔；當教會兼有此兩種優點時，卽戰勝，如僅有機智，卽失敗。但顯赫而聖潔的神父所說的反對國王的話，仍載在典籍，雖然這些話是爲敎皇的利益而說的，但可用以支持人民自組政府的權力。菲爾默說：「頑固的經院派學者總想把國王壓制在敎皇之下，認爲這是提高人民地位超越國王的最安全的方法，因此，敎皇的權力可以代替國王的權力。」他引述神學家貝拉曼的話說，世俗的權力受之於人（意謂非上帝所授），「除非將它授予一個君主，此權力仍在人民的手中」；據菲爾默說，如此則貝拉曼「使上帝成爲一個民主社會的直接創始者」——他對此感到震驚的程度，就如同現代的財閥聽說上帝是布爾什維克主義的直接創始者一樣。

菲爾默認爲政治權力並非起源於任何契約，或對公衆利益的任何考量，而是完全出於一種有如父親對子女的權威。他的看法是：王室權力的來源是子女對父母的服從，創世紀中的先祖卽是君主；國王是亞當的繼承人，至少被認爲是如此；國王的天賦權力與父權完全相同；子女永不能脫離父母權力的控制，卽使子女已成人，而父母已老朽，也仍然如此。

自現代的眼光看來，這一切理論皆如此荒誕，幾難相信有人眞正作這樣的主張。我們不習慣自亞當與夏娃的故事中探索政治權力的起源。我們顯然認爲，當子女到達二十一歲時，父母的管治權應完全停止，在此之前，其權力亦應由國家及子女逐漸獲得的獨立自主權而受限制。我們認爲母親的權力至少應與父親相等，但除這些想法外，任何一個現代的人（日本除外）都不會將政治權力與父母子女的權力相比擬。在日本，與菲爾默極近似的理論仍在今日盛行，所有的敎授與敎師都必須在課堂內講授。天皇的祖先可以追溯到太陽女神，他是神的子孫；其他的日本人也是她的後裔，不過祇是她幼子的一支而已。因此，天皇是神，所有反抗他的言行都是大不敬的。這項理論主要是在一八六八年發明的，但目前在日本則被認爲是從開天闢地起傳下來的神諭。

將類此理論強加之於歐洲的企圖——如同菲爾默所嘗試的——却是失敗了。何以故？因爲接受這種理論是違背人的天性的；除日本外，還有古代的埃及人、西班牙征服前的墨西哥人、秘魯人也有這種神裔的說法。這在人類進化的某一階段上，毋寧是自然的。英國已經渡過了這個階段，而現代日本則尙未渡過。

在英國，神權思想的沒落主要是由於兩個原因。一是宗教繁多，一是君主、貴族與富商之間的衝突。先說宗敎：自亨利八世後，國王卽是英國敎會的首腦，反對羅馬，也反對大多數的新敎派。英國敎會以能折衷自誇：敎義序言一開始就說：「自首次制訂其禮拜的儀式以來，英國敎會的明智選擇卽是執其兩端而取其中。」這種折衷的辦法使大多數的人民滿意。瑪麗女王與詹姆斯二世試圖使國家傾向羅馬，內戰的勝利者又試圖使國家傾向日內瓦，但兩者都失敗了，此後英國敎會卽居於不可搖撼的地位。惟是，反對英國敎會的人也仍然存在。尤其是不遵奉國教者（noncomformists）都是很富活力的人，在富商與銀行家中居多，這些人勢力正在繼續增長。

國王在神學上的地位是很奇特的，他不僅是英國國敎的敎主，也是蘇格蘭國敎的敎主。在英國他必須信賴主敎們排斥宗敎改革派；在蘇格蘭，他必須排斥主敎們而信賴宗敎改革派。蘇格蘭人篤信宗敎，不可能接受這種模棱兩可的態度，因此在蘇格蘭所引起的困擾猶過於在英格蘭。但自一六八八年之後，由於政治上的權宜，使國王默許同時宣揚兩種宗敎。這是反虔誠的，使人很難承認國王是神聖的。總之，天主教徒至宗教改革派都不能默許國王在宗教上的任何要求。

國王、貴族、富有中產階層，這三方面在不同時期作不同的組合。在愛德華四世與路易十一時，國王與中產階層聯合反對貴族；在路易十四時，國王又與貴族聯合反對中產階層；在英國一六八八年時，貴族又與中產階層聯合反對國王。當國王獲有其他兩派中的一派支持時，他的地位是強固的，當其他兩派聯合起來反對他時，他的地位卽趨於衰微。

由於上述及其他的理由，洛克自不難駁倒菲爾默的論點。以推理而言，洛克是勝任愉快的。他指出，倘父母的權力確如此重要，則母權與父權具同等地位。他強調長子繼承的不公平，但如以世襲爲君主制的基礎，這種公平就不能避免了。他對國王是亞當後裔的荒謬說法加以調侃。他說亞當祇能有一個繼承人，但沒有人知道他是誰。假如發現了眞正的繼承人，菲爾默難道會主張，現存的國王都把王冠拋棄在脚下嗎？假如菲爾默的保皇理論可以成立，則所有的國王，除可能有一位之外，都是篡奪者，無權要求事實上成爲他們臣民的人服從。而且，父權是暫時的，而且不能延伸到對生命與財產的處分。

根據洛克的說法，除更基本的理由外，僅以這些理由，卽不能接受世襲爲合法的政治權力的基礎。在他論政府的第二篇論文裏，卽爲他的理論尋求一個更堅強的支點。

現在世襲的原則幾乎已經消逝，巴西、俄羅斯、德意志、奧地利都已經不再有國王，而代之以不求建立一世襲王朝的獨裁者。在全歐洲，除英國外，貴族已喪失其特權，他們祇是較一種歷史的遺跡略好一點而已。在大多數國家裏，這種變革還是最近的事情，原因是獨裁政治的興起，權力的傳統基礎被剷除，而實行成功的民主政治所需要的心理上的習慣尙未養成。有一龐大組織而絕少世襲因素者，卽是天主教會。假如獨裁政治將來能够倖存，或許會發展出一種與教廷相同的政府來。這種形態已經可以在美國的大企業組織上見到，或者至少在珍珠港事變之前，擁有幾乎與政府相等的權力。

頗足奇異者，在政治上世襲制度雖被否定，但在民主國家的經濟事務上則並無影響。（極權國家中，經濟權力是合併在政治權力之內的。）一個人將財產遺留給子女，我們仍認爲這是很自然的；換言之，我們否定政治權力的世襲制度，却接受經濟權力的世襲制度。政治上的王朝已經消逝，經濟上的王朝却依然存在。此時，我不擬作任何論辯，贊成或反對這一對待兩種權力形式不同的態度；我祇想指出有這種現象存在，而大多數的人並沒有察覺到。當你對操人生死的經濟大權的世襲，認爲是理所當然時，你就可以更瞭解何以非爾默這樣的人會對國王的權力抱同樣的看法，而洛克這種思想所代表的改革又是如何重要。

欲求瞭解何以非爾默之說能被當時的人接受，而洛克之說在當時看起來是革命性的，祇要想一想從前的王國就等於現在的地產。地產的主人擁有多種重要的合法權利，最主要的是有權選擇什麼人可以留在這塊土地上。所有權可以由繼承而轉移，我們認爲繼承一塊土地的人可以要求一切合法的特權，他的地位和非爾默所維護的君主的地位是一樣的。目前在加利福尼亞州，有很多的大面積土地是由於西班牙王事實上的讓渡，他之所以有權讓渡是因爲㈠西班牙採取與非爾默相近似的態度；㈡西班牙能在戰場上擊敗印地安人。不管如何，我們承認受讓渡的人的權利是正當的。或許在將來這種態度看起來是荒謬的，亦猶如今日之視菲爾默。

（二）自然狀態與自然法

洛克在他討論政府的第二篇論文中開始時說，在他說明政府的權威不可能起源於父權後，將解釋什麼是他所相信的政府的眞正起源。

他首先假定在所有的政府誕生之前，存在着一種他所謂的「自然狀態」，在這種狀態中，又有一種所謂「自然法」，但自然法由神的命令而成，不是由任何人間的立法者所強制執行的。自然狀態究竟是否爲洛克便利說明的一種假想，他假定這種狀態在歷史上究竟有幾分存在的可能，並不明確，但我恐怕他是傾向於認爲這種狀態確實存在過的。人類由訂立組成政府的社會契約而脫離自然狀態。這一點他也認爲多少具有歷史的眞實性。玆先討論他所謂的自然狀態。

自然狀態與自然法之說，並非洛克所創，而是出於中世紀的經院哲學的思想。聖阿奎那說：「一切人類所制訂的法律都絕對符合自然的規律，假如有任何牴觸之處，必立卽失效；這是法律的反常現象。」（引自陶奈所著「宗教與資本主義的興起」）

在整個中世紀中，皆以自然法爲根據譴責「高利貸」。教會財產幾全爲地產；而地主毋寧常常是借方，而不是貸方。但當新教興起時，其支持者——特別是宗教改革派的支持——主要是富有的中產階層，他們是貸方而非借方。因此，最初是喀爾文、然後是新教徒、最後是天主教會都贊成貸款取利這件事了。可見自然法也變得可以有不同的設想，這一點從未有人注意到。

許多思想皆淵源於對自然法的崇信，例如自由競爭與天賦人權卽是如此。這兩種觀念互有關聯，並且兩者又皆與淸教思想有關。陶奈所引述的兩段足以說明這一點。下議院的一個委員會於一六〇四年作以下宣告：

「一切自由的臣民皆生來有權繼承：繼承土地，繼承工業的自由經營，繼承商業的自由經營，以及選擇居所的權利。」

一六五六年，約瑟夫・李寫道：

「此爲無可置疑的定律，每一個人皆由於上帝與理性的指引，尋求其本身的最大利益……個人進步的總和，亦卽是公衆的利益。」

除「由於上帝與理性的指引」一語外，其他都好像是十九世紀的人所寫的。

我願意重複強調，洛克有關政府的學說，絕少是新創的。這一點，洛克和其他許多以思想鳴於世的人相似。通常的情形，一個人如有一個新觀念超過時代太遠，衆人皆目之爲荒謬，於是他無法成名而迅卽爲世所遺忘。然後，世界逐漸變得可以接受這一觀念，這時有人恰好在這幸運的時刻宣傳這個觀念，就把一切歸功於他。例如在達爾文之前，可憐的蒙波多爵士却成爲訕笑的對象。

談到自然狀態，洛克的創始性還不如霍布士；霍布士認爲在這種狀態中，彼此皆相互混戰，生命是危險的、殘酷的、短暫的。但霍布士是一著名的無神論者，而洛克得自其前人的自然狀態與自然法之說則不能脫離神學的基礎；剝除其神學部份而仍能存在的，有如現代自由主義所主張的，則缺乏明確的邏輯基礎。

相信遠古有一種快樂的「自然狀態」的思想，部份出於聖經所敍述的族長時代，部份出於黃金時代所產生的古典神話。一般相信遠古是殘虐的想法是進化論以後才有的。

在洛克著作中所能找到的、最接近為自然狀態下定義的語句是：

「人類以理性而羣居在一處，在世上並沒一個共同的統治者具有在他們之間作裁決的權威，這就是自然狀態。」

這並非野蠻時代生活的寫照，而是善良的無政府主義者所想像的社會，不需要警察與法庭，他們永遠是服從「理性」的，也即是「自然法」，包含有來自神諭的行為的法則。（例如，「你不應殺戮」是自然法的一部份，但公路規則却不是自然法。）

再引述數段可以更明瞭洛克的原意：

「欲求正確認識政治權力並探索其起源，我們必須研究人類所處的自然狀態，在此狀態下，他們具有在自然法的範圍內從心所欲為所欲為以處置他們的財產的充分自由，不需徵詢或依賴任何其他人的意願。

「這也是一種平等的狀態，一切力量與支配權都有對等的相互關係，沒有人享有的更多；也沒有比這更明顯的事實，同類與同級的動物，生而享有全無區別的自然的權益，運用同樣的天賦才能，也應該相互平等，旣不征服他人也不屈服於他人；除非他們的主人——上帝，明白宣告祂的意向，使某人居他人之上，由明確的委任，給予無可置疑的統治權。

「雖然，此爲一種自由狀態，但仍非一放縱狀態；雖然在此一狀態下的人皆有不可干涉的自由以處置他的財產，但仍無毀滅自己或所擁有的任何動物的自由，除非有一項比單純的存在更高貴的目標。自然狀態受自然法的約制，每一個人皆須遵從，自然法卽是理性，敎導一切人類，這是必須顧及的，人人平等而獨立，沒有人有權侵害另一人的生命、健康、自由或財產。」（因爲我們都是上帝的所有物，洛克曾說過：「人是上帝的財產，是上帝所造的，生命的久暫視祂的意願而定。」）

但情形似是，大多數人處於自然狀態的地方，或許有少數幾個人並不照自然法的規律生活，則自然法允許對這種犯罪行爲作何種程度的抵抗呢？他告訴我們，每一個人皆有權保衞自己的財產。「使人流血者自己也要流血」是自然法的一部份。我甚至可以在小偸竊盜我的財產時將他殺死，卽使有政府組織之處，也有保留這種權力的，不過，倘小偸已經逃走，我必須循法律途徑，不能採取私人報復的手段。

反對自然狀態的有力理由是：當此狀態持續時，每一個人皆依照自己的目標判斷，因爲必須依靠自己保衞所享的權利。爲了此一缺點，組織政府是補救之方，但不是自然的補救之方。照洛克的說法，自然狀態因合議訂約組織政府而消失。並非任何契約都可以結束自然狀態，祇有組成政治團體的契約始克臻此。現在各獨立國家的各種各類的政府，彼此之間又成爲自然狀態。

洛克可能是以這段話來直接反對霍布士的主張，他說自然狀態與戰爭狀態不同，毋寧與此相反。洛克在說明有權殺死小偷，因爲小偷可能作人身襲擊後說：「自然狀態與戰爭狀態顯然不同，前者雖有少數人是可憎的，但大體上屬於一種和平、友善、互助與相互保護的狀態，後者是一種仇視、怨恨、暴亂、相互毀滅的狀態，兩者之間是有很大距離的。」

或許自然法所涵蓋的範圍超過自然狀態，因爲前者可藉以約制小偷與殺人者，而後者則似乎沒有罪犯存在。這至少可爲洛克的顯然自相矛盾尋求遁辭，因爲他有時說自然狀態下，每一個人都是高尚有品德的，在其他時間又討論在自然狀態中抵抗惡人侵襲的正當行爲。

洛克的自然法的某些部份是驚人的。例如，他說，根據自然法，在合乎正義的戰爭中所獲的敵俘卽成爲奴隸。他又說，每個人皆有權懲罰侵害自己或自己財產的人，甚至可將對方處死。他對此沒有作任何限制，因此，假如我抓到一個偷些小東西的人，依照自然法，我就有權槍斃他。

財產在洛克的政治哲學中是非常重要的，照他說，這是組成政府的主要原因：

「人類團結成社會將自己置於政府統治之下，最大最主要的目標是保護他們的財產；這是在自然狀態下做不到的。」

自然狀態與自然法之說在某些方面很明白，在某些方面又顯得困惑；洛克所想的是什麼，這是很清楚的，但洛克爲什麼會這麼想，就不很清楚。依我們所見，洛克的倫理學是功利主義的，但在提到

「權利」時，並沒有滲入功利主義的思想。他的法律哲學到處都有這種成份，如同律師的想法一樣。合法權利是可以列舉的：大體而言，當一個人受到傷害時，卽有權訴諸法律。每個人都有在財產上的合法權，但如有人違法屯積痲醉品，就不能以法律途徑來對抗竊盜者。立法者必須決定可創設何種合法權利，這就自然要依靠「自然權利」的觀念，這是法律必須賦予的權利。

我試圖儘可能以非神學的名詞說明洛克的思想。倘假定倫理思想與分辨行爲的是非，在邏輯上在實際的法律之先，卽可能不用形而上學的名詞來重述他的思想。提到自然法，我們可以問：在沒有法律與政府之前，在什麼情形之下，甲有侵害乙的行爲，而乙對甲報復是正當的呢？又在不同的情形下用那一類方法報復才是正當的呢？一般認爲，每一個人對狙擊者都有採自衞行動之權，必要時卽使將對方殺死，亦不爲過。他可以用同樣的條件護衞他的妻兒，以至其他任何一位公民。在這種情形下，對抗謀殺的法律是無用的，在能向警察求救之前，被狙擊的人已經死了，這種情形很容易發生；因此必須依靠「自然」權利。人有權保護自己的財物，至於可以對一個小偷施予何種程度的傷害，則人各言殊。

提到國家之間的關係，洛克指出，自然法是適用的。在何種情形下，戰爭是正當的呢？在尚未有國際政府存在之時，答案祇能是純道德上的，不是法律上的，這情形和個人處於無政府狀態完全相同。

法律思想必以國家應保護個人權利的觀念爲基礎，換言之，卽是當一個人受到傷害而根據自然法施予報復時，成文法律必規定此種報復應由國家行之。如有人謀殺你的兄弟，而沒有其他方法拯救他，你就有權殺死那個謀殺者。在自然狀態中——至少洛克如此主張——如有人把你的兄弟殺死了，你就有權也把他殺死。但有法律存在時，你就失去這種權利，因爲國家取走了你的這種權利。假如你爲自衞或護衞他人而殺人，就必須向法庭證明你的確是爲了這個理由而殺人的。

我們或可以將自然法與道德律歸於一類，因爲都是不依靠成文法的制訂的。假如法律要分出好壞，就必須要有成文法的制訂。對洛克而言，這是很簡單的，因爲道德律爲上帝所訂，已經見之於聖經。當此一神學基礎撤除時，情形就更困難了。但既然堅持對好的行爲與壞的行爲之間，必須要有一個道德上的區分，我們可以說，在沒有政府的社會內，自然法可以裁定在道德上什麼行爲是好的什麼是壞的；成文法應該儘可能受自然法的指導與啓發。

此一思想的極端，個人具有不可剝奪的權利與功利主義是不調和的，功利主義思想認爲正當行爲是最能增進一般福祉的行爲。使某種思想成爲法律的依據，不一定要做到適合一切情況，祇求適合絕大多數的情況。我們可以想像到，在某種情況下，殺人是正當的，這種情況很少，也不能作爲反對殺人非法性的論點。相類似的情形，自功利主義的觀點而言，也許需要爲每一個人保留某種範圍的自由。誠如此，則「天賦人權」說可以作爲正當的法律的基礎，卽使「天賦人權」對某些人並不適用。功利主義者必須先研究此一思想，以其實際效果考量能否作爲法律的基礎；他們不能一開始就斥責「天賦人權」與他們自己的道德律相反。

（三）社會契約

在十七世紀的政治推想中，就政府的起源而言，主要有兩種不同型態的學說，一種型態以菲爾默爵士爲例：主張上帝對某些人賦予權力，而這些人與其繼承者卽組成合法政府，反叛不僅是悖逆而且是對上帝不敬。對遠古具嚮慕之情者就贊成這種看法：幾乎所有古代文明中，國王都是神聖的。國王們自然都認爲這是可崇信的學說。至於貴族，有的贊成，有的反對，各有其不同的動機。贊成的是因爲它強調世襲制度，並且爲反對興起中的商人階層提供有力的支持。在貴族們懼恨中產階層有過於懼恨國王的地方，此種學說卽盛行，如情況與此相反，尤其在貴族本身可獲得最高權力時，卽傾向於反對國王，因此就否定天賦君權之說。

另一型態的說法——以洛克爲代表——認爲政府是出於一種契約的結果，純粹是這個世界上的事情，不是由神的權威建立的。某些學者認爲社會契約具有歷史上的眞實性，某些學者認爲這祇是一種虛構；對於他們，最重要的是爲政府權威尋覓一現世的而非來自天上的根源。事實上，除假想的契約說之外，他們也找不到其他任何神權的代替品。他們都覺得，除反叛者外，必須爲服從政府找出某些理由；對大多數人民來說，僅稱有政府較爲方便是不够的。在某種意義上，政府必須有權要求絕對服從，而這種權力是神權唯一的代替者的社會契約所賦予的。結果，政府因契約而建立之說在所有實際反對國王的神聖權力者之中盛行。在聖阿奎那的著作中已有這種暗示，但首先認眞加以闡發者則是格魯秀斯（Hugo Grotius 一五八三——一六四五年，荷蘭法學家及政治家——譯者註。）

契約說亦可用以支持專制獨裁。例如，霍布士相信公民曾訂契約將一切權力賦予他們所選擇的君主，而這位君主不是契約的任何一方，因此其權力是不受限制的。首先，此一學說可能對克倫威爾的獨裁政體是一種支持；復辟之後，又無異支持了查理士二世。但洛克的學說，則認爲政府也是契約的一方，如未履行其應盡義務，則加以反抗是正當的。此一學說的主旨多少是傾向民主的，惟民主的成份因其主張（暗示而非明言）無財產者不得爲公民而減低。

讓我們來看，洛克對這一問題所說的話。

首先是政治權力的定義：

「我認爲政治權力包括立法權、處死權、因管制及保護財產所作之較死刑爲輕的一切刑罰權、爲執行上述法律組織軍力之權、保衞國家不受外來侵害之權，而所有這些都是爲了公衆的利益。」

洛克告訴我們，政府是自然狀態所引起的不便的補救之方，因爲在自然狀態下，每個人都是自己的法官。但如君主亦爲爭執的一方，卽無法補救，因爲君主同時是法官又是原告。這一類考慮引發出一種看法，認爲政府不應具有絕對權力，而司法應脫離行政獨立。類此論點後來在美國與英國發生決定性影響，惟目前對此姑置勿論。

洛克說，所有的人都有權懲罰侵害自己或自己的財產的行爲，卽使處死，亦不爲過。僅有在政治性的社會，人始將此一權力讓予社會或法律。

絕對君權不是文明政府的形式，因爲無一中立權威去裁決君主與一臣民間的爭執；事實上，君主與其臣民的關係仍然處於一種自然狀態。希望做了國王可以使一個本性暴亂的人變得溫和是徒勞無益的。

「在美洲森林中必然會粗野逞暴的人，做了國王大概不會有多少改進，或許學習與宗教可用以匡正他對臣民的行爲，但武力却壓制了所有敢於對他的行爲質疑的人。」

絕對君權猶如人爲保護自己而驅除臭鼬或狐狸，「却寧願爲獅子吃掉。」

文明社會含有多數統治的意義，某種情況且需更大的多數。(例如在美國修改憲法或批准條約。)這看起來似乎是民主的，但請勿忘記，洛克主張女人與窮人不得享有公民權。

「政治社會的起源依賴個人同意參加並組織社會。」有人辯稱——雖然好像是遊戲文章——在某一時間，這種同意實際上一定已經有過了，世界各地在史前即已經有政府，僅猶太人爲例外。

組成政府的社會契約祇能拘束立約的人；子必須重新確認其父所訂的契約始爲有效。(洛克此一原則的推論是很明顯的，但不切實際，一個美國青年倘在屆滿二十一歲時宣佈「我拒絕受創立美國的約法的拘束」，必爲自己帶來困擾。)

洛克說，由契約產生的政府權力永不擴展到超越公共利益之點。關於政府的權力，上文曾引述：「這一切都是爲了公衆的利益。」洛克似乎沒有問題，究竟由誰來判定公衆的利益。倘政府是判定者，則顯然會按照自己的利益需要來做決定。假如洛克說，公民中的大多數是判定者，但許多問題需要很快做決定，不可能適時確知選民的意向爲何，其中或以宣戰及媾和最爲重要。唯一的補救之方是賦予公衆或其代表某些權力——例如彈劾權，對行政官的不當行爲給予事後的懲罰，但這種方法常常證明是不充分的。

我必須重複引述一段話：

「人類組成政府並將自己置於政府統治之下，最大與最主要的目標，是爲了保護自己的財產。」

與此有連帶關係的是洛克說的另一句話：

「最高權力在獲得其本人同意之前，不得向任何人取走其財產的任何部份。」

更使人驚異的主張是，雖然司令官對其士兵操生殺大權，但無權取其錢財。（其推論是，在任何軍隊中，對較輕的違紀行爲，不得處以罰款，但可傷害其身體，例如鞭笞，這表示，洛克爲崇拜財產的心理所驅，所作議論亦嫌偏頗。）

徵稅問題可能引起洛克的困擾，但他自己似未察覺到。他說，政府開支由公民供給，但必須得到他們、亦卽他們的大多數同意。有人或許問，何以大多數同意就够了？他說過政府取走任何人的財產的任何部份，都需要得其本人同意。我認爲他暗示徵稅僅需獲大多數同意與他的公民權的理論有關，而且假定繳稅是出於自願的，這一切有時皆與事實相反。大多數人不享有選擇自己屬於那一個國家的自由，目前，很少人有選擇無國籍的自由。例如，你是一個綏靖主義者，反對戰爭，但不論你居住何處，政府都可以取走你的某些財產。你必須被強制服從，這是什麼道理呢？我可以設想出很多答案，但沒有一條是符合洛克的原則的。他未多作明辨，卽力主多數統治的原則，除神話式的社會契約說之外，也沒有使他的個人主義與多數統治之間有一適當的橋樑。

社會契約說是神話性的，卽使在較早的時期，契約產生政府這一點也是頗成疑問的。美國的建國是一個很好的例證。當憲法成立時，人民有選擇自由，卽在當時仍有許多人投票反對，因此他們不是契約中的任何一方。當然，他們可以離開這個國家，但事實上則留居未去，可以認爲他們在受一項他們未曾同意契約的約束。離開一個國家通常是很困難的，而在憲法成立後出生的人也算是同意這種契約，理由就更薄弱了。

個人對抗政府的權力問題是很複雜的。民主論者過份堅決地假定，當政府代表大多數時，卽有權強制少數服從。在某種程度上，這可能是對的，因爲強制是政府的構成要素。但多數的神聖權力，如過份擴張，則又無異爲神聖的君權。洛克在「論政府」的論文中沒有提到這一點，但在「論寬容的書信」中曾略爲述及，他辯稱，信仰上帝的人不應以其宗教上的意見受到懲罰。

政府因契約組成之說當然是指歷史演進之前的事。政府一如痲疹與百日咳，必定是逐漸形成的，雖然也可能突然引進到一個新區域，例如南太平洋諸島。在人類研究人類學之前，沒有想到關繫到政府起源的心理分析，或者促使人類採取後來證明爲有用的組織與習慣的奇妙的原因。但是，作爲一種合法的虛構，爲政府辯明其存在的價值，社會契約說仍有其某種程度的眞實性。

(四) 財　產

截到現在所引述的洛克對財產的看法，一若他是大資本家的支持者，以對抗比他們社會地位較高或較低的人，但這祇有一半對。我們可以在他的思想中發現堅決的論點，預示資本主義發展的不幸及一種比較接近社會主義的面貌。斷章取義，很容易錯會他的眞意，對大多數論題都是如此，不僅是財產問題而已。

玆依其發表的時間順序，將洛克有關財產論題的主要意見簡述如下。

他首先告訴我們，每一個人皆有——或至少應該有因本身勞力所產生的私人財產。在工業時代之前，此一定律或不如工業時代以後之切合實情。城市生產主要依靠手工業者，他們擁有工作器械並出售其產品。至於農業生產，洛克所屬這一學派主張自耕農是最好的制度。他說，一個人應允許其擁有本人所能耕種的最多土地，但不能超過此一限度。他似乎還不知道，在歐洲大多數國家中，如非經過流血革命，這幾乎是不可能的。大部份的耕地屬於貴族，自耕種人收取固定比例的收穫（通常是一半）或隨時可變更的租金。前一種辦法通行於法國及義大利，後一種辦法則通行於英國。在俄國與普魯士有農奴，爲地主做工而不取酬。舊制度在法國因大革命而結束，在北義大利與西德也由於被法國革命軍所征服而放棄舊制。普魯士的農奴制以被拿破崙擊敗而取消，俄羅斯的農奴則在克里米亞戰爭後獲解放，但在兩國中，貴族皆仍保有土地。東普魯士，雖受納粹的嚴密控制，但貴族地主仍能存在，直至今日。俄國及波羅的海三小國，貴族的財產在革命時被剝奪。在匈牙利、羅馬尼亞、波蘭，地主是繼續存在的，在東波蘭，則於一九四〇年被蘇俄政府所「消滅」，但蘇俄政府盡一切力量以集體農場而非自耕農來代替被消除的制度。

在英國，情形更較複雜。洛克的時代，農村勞力的地位，因有衆議院的存在而獲得改善，他們取得重要的權力，使他們能爲自己生產大量的食糧，此一制度自中世紀承襲而來，不爲現代人所接受，自生產觀點來看這是浪費的。因此，產生一種請衆議院授貴族「圈地」的運動，開始於亨利第八治下，繼之以克倫威爾時代，但到一七五〇年後，始成定案，此後九十年，皆由衆院「圈地」授予地方上的地主，每次「圈地」都需要衆議院立法，但貴族控制了上下兩院，就無保留地使用他們的合法權力來增裕自己的財富，使農民淪於饑饉的邊緣。後來由於工業的興起，農民的地位反而獲得改善，因爲倘非如此，他們卽可遷入城市另覓工作。目前，由於勞埃．喬治首相所創立的稅制，貴族已被迫放棄他們大部份的田產。但那些擁有都市土地及工廠的人則仍保持不變。這不是突發性的革命，而是逐漸的演變，但仍在演進中。目前，貴族之所以仍能保持富有，是由於他們的都市地產與工廠所有權。

除俄國之外，此一長期發展都可以說是出於洛克的思想的影響。所可怪異的是，他可以在眞正見諸事實之前傳佈如此需要革命行爲的思想，竟沒有一點跡象表示他認爲當時的制度是不公平的，或者知道這是和他所提倡的制度是大不相同的。

勞動價值的思想——卽一件產品的價值端視對此物所作之勞動——某些人歸之於馬克斯，有些人則歸之於李嘉圖（David Ricardo 一七七二——一八二三年，英國經濟學家），實則應在洛克的著作中求之，而他却受了前人阿奎那幾句話的影響。陶奈在歸納經院派哲學時有言：

「辯論的要點在於，正確的售價應由製造產品的工人或運送產品的商人來決定，兩種職業的勞力都是爲公衆的需要服務。不可原諒的罪惡來自投機者與中間商，乘公衆需要而榨取私人利得。阿奎那的思想是勞動價值說的眞正鼻祖，而馬克斯是最後一名的經院派學者。」

勞動價值說有兩個方面，一面是屬於倫理的，一面是屬於經濟的。換言之，產品的價值應與所用的勞動成正比，或者說，勞動在實際上決定價格，這一點，洛克祇承認有一半對。他說，百分之九十的價值產生於勞動，但未說明其餘百分之十由何而來。他說，使一切產品具不同價值的是勞動。他舉美國印地安人所持有的土地爲例，因爲印地安人並不耕種，這些土地都毫無價值可言。但他似乎沒有認識到祇要有人「願意」在土地上工作，卽使在眞正動手之前，這塊土地就可以產生價值。假如你擁有一片沙漠，別人在那裏發現了石油，你就可以賣很高的價錢，而不需要做任何工作。在他那個時代，還想不到有這種情形，祇能想到農業生產的問題。他所贊成的自耕農制是不適用於大礦場的，它需要昂貴的工具與衆多的工人。

在工業文明中，一個人應分享其勞動所得的產品此一原則是沒有意義的。假如你在福特汽車廠的某一部份做工，如何有人能算出你的勞動在整個生產中所佔的比例？又假如你在鐵路公司的貨運部服務，什麼人能決定你在貨品的運送上究竟分擔了多少責任？這些疑問使那些意欲防止榨取勞工的人放棄「爲者有之」的原則，而贊成以社會主義方法調整生產與支配關係。

提倡勞動價值之說通常是出於對認爲是掠奪階級的敵意。經院派學者作類似主張是由於反對放高利貸者，大多數是猶太人。李嘉圖是因爲反對地主；馬克斯是因爲反對資本家；洛克則不爲什麼，似乎對任何階級都不懷敵意。他唯一的敵意是對國王們，但這和他的價值學說沒有關係。

洛克的某些意見過於怪誕，以致我不知道如何說明才能使之聽來合理。他說，一個人不應該有太多的梅子，在他和他的家人能够吃掉之前就一定變壞了，但他可以在合法範圍內儘量擁有黃金與鑽石，因爲黃金與鑽石不會變壞。他不知道一個人可以在梅子變壞之前把它們賣出去。

他強調貴重金屬的不可毀滅的品質，他說這就是金錢與財富不平等的來源。他似乎以抽象的學理的方式對不平等表示遺憾，但認爲採取手段去防制這種現象是不智的。無疑地，他有如他的同時代的人一樣，深知若干文明上的收穫是由於富有者的貢獻，主要是由於他們對藝術與文學的補助。現代的美國也是同樣情形，科學與藝術大部份要依賴富豪的捐助。在某種程度上，文明是由於社會的不公平而進步的。這一事實是保守主義還有值得尊敬之處的一個理由。

(五) 相互制衡

自由主義的特徵之一是主張政府的立法、行政與司法三權分立；此說起源於英國人之反抗國王專制，到洛克才成定型，至少在立法與行政的關係上是如此。他說，立法與行政必須分立，以防權力濫用。一般人當然知道，他所說的立法是指國會；他所說的行政是指國王；不管他在邏輯上傾向於作何解釋，至少他在感情上是指國會應與國王分權。因此，他總認爲立法是高尙的，而行政通常是邪惡的。

他說，立法權應該是至高無上的，但社會有權將它解除。意謂，有如英國的衆議院，立法者必須定期普選。立法權可由人民解除之說，倘認眞執行，則洛克時代英國憲法所賦予國王與貴族的立法權的一部份，必然會受到責難。

洛克說，一切組織良好的政府中，立法與行政都是分立的。問題是，倘兩者發生衝突，則又將如何？他說，如行政方面不能在適當的時間內降服立法方面，就很可能被強迫去位。這顯然是指查理士一世。自一六二八年至一六四〇年，他試圖在沒有國會的情況下實行專制，洛克認爲，類此情形應予防止，必要時，可發動內戰。

洛克說：「武力僅能用以對付不正當的不合法的武力。」但除非有一機構存在，具有法律上的權力宣佈某種武力爲非法，則此一原則實際上卽歸於無用。查理士一世嘗試圖不經國會同意徵收船舶稅，被他的反對者宣佈爲「不正當與不合法」，而他自己又宣佈爲「正當與合法」。祇有內戰的「軍事辯爭」才能證明他對憲法的解釋是錯誤的。同樣的事情發生於美國的內戰。各州有權脫離合衆國嗎？沒有人知道，唯有北方的軍事勝利可以裁決此一法律上的問題。洛克及大多數與他同時的學者——任何一位誠實人都能分辨何者爲正當與合法——都相信不應容許任何一方具有偏見，但也知道，不論在公開的形式上或各人的良心裏，要想建立一種裁判力量，足以具備解決煩擾問題的權威，是很難做到的。事實上，這種問題，如足够重要，能加以裁決的是戰爭，而非正義與法律。

洛克雖未明言，但在某種程度上承認此一事實。他說，在立法與行政發生爭執時，有某些情形，普天之下沒有人可作裁判。既然「上天」也不會明白的宣示，結論就祇有由戰爭來達成了，而且可以假定「上天」會使比較有理的那一邊得到勝利。在任何主張政府分權的學說裏，洛克的這種論點都是非常重要的。當分權說已在憲法中體現的國家，唯一避免時常發生內戰的辦法是依賴妥協與常識。但妥協與常識是一種精神狀態，不能在一部成文憲法中作具體的表現。

頗足怪異的是，洛克竟無一語及於司法，雖然在他那個時代，仍是一棘手的問題。是革命之前，法官隨時可被國王免職；以致法官們總是對國王的敵人起訴，而使國王的朋友脫罪。革命之後，則除非得到上下兩院的通知，法官是不能被免職的，認為這樣可以使他們依法判決；事實上，牽涉到黨派利益時，從前因國王而產生偏見的，此時祇是由黨派來代替國王而已。儘管如此，但凡採用相互制衡原則的國家，司法即與立法、行政鼎足而立，成為政府的一個獨立部門。最顯明的一個例子就是美國的最高法院。

相互制衡說的演進過程是很有趣的。

在其發源地——英國，原來的目標在限制國王的權力，這在革命之前，行政部門是完全受國王控制的。後來，行政部門逐漸變為依賴國會，一個部門如無國會多數的支持，卽不能執行職務。因此，行政部門事實上成為——雖然形式上並非如此——國會所選擇的一個委員會，結果是，立法權與行政權變得愈來愈接近。在過去約五十年來，由於首相握有解散國會之權及黨紀的嚴密，又有另一項新的發展。現在國會的多數祇能決定應由那一黨執政，此後，卽不能對任何事再作決定。除非由內閣提出，國會本身所提的立法案絕少能通過成立。因此，內閣兼有立法與行政權，祇有定期普選的需要始能限制其權力。這種制度當然是和洛克的原則完全相反的。

在法國，此一學說爲孟德斯鳩所竭力提倡，大革命時，也爲較溫和的黨派所主張，但由於激進派的勝利，一時爲之消聲匿跡。拿破崙自然用不着它，在復辟時，此說再度興起，拿破崙三世當權，又再度消逝。一八七一年，復見重於世，促成一部憲法，總統權限很小，而政府不能解散國會。結果大權落入議會之手，一面對抗政府，一面對抗選民，分權的情形較英國爲佳，但並不是照洛克的原則應有的情形，由於立法使行政黯然失色。大戰之後的法國憲法又是如何一種面貌，則目前很難預料。

洛克的權力分立說得以充分實現的地方是美國，總統與國會互不相屬，而最高法院又獨立於兩者之外。憲法把最高法院列爲立法的一個部門是一項疏忽，因爲如果最高法院加以否定，任何法律都不能成立。事實上，它的權力是名義上的，祇有在現實的問題上解釋法律才能增強這種權力，因爲很難確定究竟什麼是純法律的裁決。因此，有人說起美國人的政治智慧很高，像這種憲法祇引起一次內戰而已。

以全盤而論，截至工業革命爲止，洛克的政治哲學是適當而有用的；工業革命之後，他的政治哲學就不能應付許多重要的問題了。例如在龐大企業中體現的財產的權力就發展到遠非洛克所能想像。國家的必要功能——例如教育——大幅增高。國家主義帶來政治與經濟權力的縱橫捭闔，使戰爭成爲主要的競爭手段。單獨一個公民已不再如洛克所推想的那樣具有權力與獨立地位。我們所處的是一個組織的時代，衝突是組織之間而不是個人之間的事情。洛克所說的「自然狀態」仍然存在於國與國的關係。在我們能够享受政府所允諾的利益之前，應該有一項新的國際社會的契約。一旦國際政府建立，洛克的政治哲學又可以再度適用，但私有財產的這一部份不包括在內。

第十五節　洛克的影響

自洛克至今，歐洲有兩種型態的哲學，一種在思想與探求思想的方法上，皆承襲洛克的傳統；另一種是得自笛卡兒，然後是康德。康德自以爲將得自笛卡兒的與得自洛克的融合在一起；但這一點至少自哲學的觀點而言是不能承認的，因爲康德的信徒屬於笛卡兒的傳統，而非洛克的傳統。洛克的繼承者，首先是柏克萊與休謨，第二是不屬於盧梭學派的法國哲學家，第三是邊沁與哲學上的激進份子；第四是渾合歐洲哲學的馬克斯及其信徒。但馬克斯學說是折衷多方面的，任何片面單純的解釋都是錯誤的，故留待下章討論。

在洛克的時代，他的哲學上的主要敵手是笛卡兒的信徒與萊布尼玆。相當不合邏輯的現象是，洛克在英法兩國的勝利大部份有賴於牛頓的聲望。笛卡兒在當時作爲一個哲學家的權威地位，由於他在數學與自然科學的造詣而愈益增強。但他的宇宙漩渦學說，在解釋太陽系的形成上，自然不如牛頓的萬有引力定律。牛頓宇宙論的勝利減低了世人對笛卡兒的尊敬，也使世人對英國刮目相看。這兩者都對洛克有利。在十八世紀的法國，知識份子正在反抗陳舊的、腐敗的、疲敝的專制統治，把英國當作「自由之家」，由於洛克的政治學說，連帶喜好他的全盤哲學。大革命之前不久，洛克的影響又因休謨而增強。此時，休謨曾在法國居住，與很多第一流的學者都有交往。

把英國影響帶到法國的主要人物是伏爾泰。

在英國，洛克哲學的信徒對他的政治學說並不感興趣，這種情形一直繼續到法國大革命。柏克萊是一位主教，對政治沒有興趣；休謨是保守份子，祇知追隨波林布洛克（St. John, Henry, Viscount Bolingbroke 一六七八——一七五一年，英國保守黨政治家——譯者註）。當時，英國在政治上總算是太平無事的，一個哲學家可以潛心研究他的學術而不問世界大局。但法國大革命改變了這一情形，驅使第一流的頭腦去反對現狀。不過，純哲學的傳統並未打破。雪萊因爲寫了「無神論的必要性」而被牛津大學開革，這完全是由於洛克思想的影響。

一直到一七八一年康德出版其「純理性的批判」爲止，笛卡兒、斯賓諾莎、萊布尼茲似乎已完全被新興的經驗主義所壓倒。但新的經驗主義從未在德國的大學中盛行，在一七九二以後，大家又相信經驗主義應對法國革命的恐怖狀態負責。變節的革命份子如柯立芝認爲康德的學說可以支持他們反對法國的無神論。德國人在抵抗法國人入侵時，也樂於看到有一種可以在精神上支撐他們的德國哲學。在拿破崙失敗後，卽使是法國人，也希望有一個足以對付激進主義的武器。所有的這些因素都對康德有利。

康德也像達爾文一樣，所引起的一種影響是他自己所深惡痛絕的。康德是自由主義者、民主主義者、綏靖主義者，但自稱提倡他的哲學的人，都不是屬於這一類的。或者，假如他們仍自稱爲自由主義者，也是屬於另外一種的。自盧梭與康德之後，自由主義分爲兩個支流，強硬派與溫和派。前者自邊沁、李嘉圖、馬克斯以至於在邏輯上演變爲史達林；後者則經過另一系的邏輯演變，自費希特、拜倫、喀萊爾、尼采，以至於希特勒。這種說法過份粗略，但可作爲便於記憶的圖解。觀念演變的過程幾乎類似黑格爾的辯證法：思想的發展，以其每一步似乎都是很自然的樣子，走入和原來完全相反的方向。但思想發展並不單純由於本身的因素；而且也受外界環境及環境在人類情緒上的反應所控制。這一點也許可以由一件顯明的事實來佐證：自由主義的觀念在美國就沒有經歷這種演變的發展，直到今天，仍停留在洛克的階段。

且姑置政治不論，讓我們來研究兩種不同型態的哲學，或許可以概略分爲歐陸的哲學與英國的哲學。

首先是方法的不同。英國哲學比歐陸哲學精細而瑣碎；當接觸到某些一般性的原則時，就開始用歸納法求證，用各種不同情況去考驗。休謨說，倘無事先的印象，就不會有任何觀念，並且問道：假定你看到兩種顏色，類似而不相同，又假如你從未見過介於這兩種顏色之間的一種顏色，你能够想像出這種顏色出來嗎？他自己沒有囘答這個問題，認爲作任何裁決都會破壞他的原則，因爲他的原則不是推理的，而是實驗的。一個相反的例子，當萊布尼茲要建立他的單子學說時，他的論點大約如下：

無論多麼複雜的東西，必爲各個單一的部份所組成，凡是單一的東西都是不能擴展的，因此，一切由部份組成的東西都是不能擴展的。但，凡是不能擴展的卽不是物質，假如不是物質，就必然是精神的。結果，一張桌子實際上是一堆靈魂的結合體。

方法的不同，或許可略述如下：在洛克或休謨的學說中，一項比較合理的結論是由於對許多事實的廣泛調查；而在萊布尼玆的學說中，那是一座在邏輯原理的尖端上建立的「推理的大厦」。萊布尼玆的心目中，假如原則是完全對的，推理圓通無礙，一切就算妥當了；但這個建築是不穩定的，任何地方有一點裂縫，就會整個倒塌下來。在洛克或休謨，與此正相反，金字塔是築在調查過的事實的堅固基礎上，而且是愈到上面愈尖，不是倒金字塔式的；結果，這種平衡是穩定的，而裂縫也可以修補，不致於全部倒塌。此一方法上的區別，在康德試圖將某些觀念併入經驗主義哲學之後，仍然存在：一面是笛卡兒到黑格爾，另一面是洛克到約翰．史都華．密爾，涇渭分明，保持不變。

方法不同也關繫到其他方面的不同。讓我們先看形而上學的區別。

笛卡兒提出上帝存在的形而上學的證明，其中最重要的論點實爲十一世紀時坎特伯瑞的總主教聖安西林所首創。斯賓諾莎創「宇宙卽上帝」之說，在正統派的眼中，他根本否定了上帝，儘管如此，斯賓諾莎的論點淵源於（或許他自己並不知道）「一切假定必須有一主詞與一述詞。」萊布尼玆的形而上學來自同一的淵源。

在洛克學說中，他所開創的哲學方向還沒有充分發展，他同意笛卡兒上帝存在的論點。柏克萊發明一嶄新的說法；但休謨——在他身上新哲學的體系始告完成——完全否定了形而上學，認爲在形而上學的論題上推理，不可能發現任何東西。經驗學派堅持此說，相反的論點——稍趨中和的，則爲康德及其門徒所堅持。

在倫理學上，兩派也有類似的區別。

我們知道，洛克相信快樂卽是善，此說盛行於十八十九兩世紀的經驗主義者之間。反對者則鄙視快樂，認爲這是不高尚的，另有各種倫理學看起來是較高尚的。霍布士重視權力，斯賓諾莎大致上贊同霍布士。在斯賓諾莎的學說中，有兩點是不容妥協的，其一是霍布士的權力說，其二是認爲「善」存在於和上帝的神秘合一之中。萊布尼玆對倫理學沒有重要的貢獻，但康德使倫理居於至高無上的地位，使他的形而上學以倫理爲出發點。康德的倫理學是很重要的，因爲它是反功利主義的，一種「上品」的，可以稱爲「高貴」的倫理學。

康德說，假如你對弟弟和藹，這是因爲你喜歡他，並沒有道德上的價值：必須按照道德律的命令去行事才具有道德的價值。康德認爲，雖然快樂並非「善」，但道德高尚的人受苦也是不公平的。既然這種不公平的事常在世上發生，就必然有另一世界使善人在死後得到善報，因此，必然有一位上帝來主持死後生命的正義。

康德本身在處理實際生活中所表現的是和藹的，人道主義的，但其他許多否認「快樂卽善」的人却並非如此。這種被稱爲「高尚」的倫理學，與世俗的「應使人更快樂」的看法相比，似較少意圖去改善現實的世界。不足爲怪，當快樂是別人的而非自己的，鄙視快樂是比較容易做到的。通常快樂的代替品是某種形式的英雄主義。這就會引入下意識的權力的衝動，並爲殘暴覓取很多藉口。或者，流於重視激情；這種情形適用於浪漫主義者；流於容忍仇恨與復仇的激情；拜倫詩中的英雄是這類的典型人物，永遠不是那些行爲端正可爲世則的人。對增進世人快樂貢獻最多的人——或許可作此估計——是那些重視快樂的人，而不是以此與更「高貴」之物相較而鄙視快樂的人。而且，一個人的道德通常皆反映他的性格，仁愛使他尋求公衆的快樂。因此，那些相信快樂是人生目標的人是比較仁慈的，而主張其他目標的人，常常是下意識地受殘暴衝動與權力慾的支配。

倫理的區別通常與政治的區別有關。我們知道，洛克對自己的信念是探試驗態度的，絕不是一名權威主義者，願意將一切問題留待自由討論去決定。因此，他和他的信徒雖然希望改革，但他們心目中的這種改革是屬於漸進的。由於他們的思想體系是瑣碎的，是許多不同問題的各別研究的結果，他們在政治上的看法也具有同樣的性質。他們設法逃避一整套的研究計劃，寧願就每一個問題作個別考慮。在政治上，一如在哲學上，他們的態度是試探與實驗性質的。另一方面，他們的反對者，却自認可以「把握全盤不幸事態的輪廓」，而更願意「將它打成粉碎，然後再照最接近自己願望的型式，重行塑造」，或者把這種能够打碎再塑造的權力增強；爲達到上述目的，他們不惜使用暴力，並譴責愛好和平爲「下流」。

自現代目光觀之，洛克及其信徒在政治學上最大的缺點是對財產的崇拜。但在這一點上批評他們的人，常常是由於本身的階級利益之故，比資本主義者——例如君主、貴族與軍國主義者更有害。貴族地主，不勞而獲，依照古老的習慣，並不以為自己是金錢榨取者，其他不去探究華美的外表下面的醜惡事態的人也不作此想。商人則與此相反，一心追求財富，當他們的行為多少違悖常情時，就會引起大家的厭惡，而對地主的溫和的榨取却沒有同樣的感覺。換言之，即中產階級的作者與他們的讀者是反對商人的；農民則不像在法國與俄國革命所表現的那樣反抗地主。農民們是沒有喉舌代他們訴苦的。

大多數反對洛克學派的人是崇拜戰爭的、英雄主義的，並鄙視舒適與鬆弛。相反地，那些贊成功利主義的人則傾向於認為大多數的戰爭是愚蠢的。這至少在十九世紀時，使他們與資本家聯合起來，因為資本家也由於恐怕干擾貿易而討厭戰爭。當然，這都是為了自己的利益，但比起軍國主義者以及用文字鼓吹這種主義的人，則更符合公衆的利益。不錯，資本家對戰爭的態度是搖擺不定的。英國在十八世紀的戰爭中，除在美洲的戰爭之外，都是有「利」的，受到商人的支持；但到十九世紀，直到末葉，他們却是傾向和平的。在現代，各國的大企業都與國家的利害息息相關，情形就不同了。但即使在目前，英美的大企業大體上仍是厭惡戰爭的。

自利誠非最高尚的動機，但那些公開加以譴責的人，都有意無意地代以更壞的動機，仇恨、嫉妬、權力慾等。大體上說，洛克所創的學派，贊成「開明的自利」，與以英雄主義及自我犧牲為名鄙視「自利」的學派相比，所加於人類福祉者較多，而所加於人類痛苦者較少。我並未忘記早期工業文明的恐怖，但這一切已因制度本身的改善而緩和。我更反對的是蘇俄的奴工制、戰爭的危害、戰後遺留的恐怖與仇恨，以及某些失去活力却試圖保持古老的制度、不可避免地去阻礙知識進步的人。

第十六節　柏　克　萊

柏克萊（George Berkeley 一六八五——一七五三）在哲學上很重要的，由於他否定物質的存在，他用了許多巧妙的論點來支持這個說法。他相信物體祇因被感覺而存在。反對他的人說，物體，譬如一棵樹，無人看到時即不再存在是說不通的，他的答覆是，上帝永遠感覺一切，如無上帝，則我們所認爲是物體的東西，在我們看到它時，卽突然由不存在變成存在；但由於上帝的感覺，樹與岩石才能像常識所假定的那樣繼續存在。在他看來，這是證明上帝存在的有力論點。

諾克斯曾以一首諷刺詩來說明柏克萊的物體學說：

有一個年輕人說：「上帝一定
覺得非常奇怪
假如祂發現這棵樹
繼續存在
當時並沒有人在園子裏。」

答覆

親愛的先生：

奇怪的是你的驚異：

我可是一直在園子裏。

這是爲什麼這棵樹，

依然存在如故，

我一直在看着它

你的忠實的

上帝。

柏克萊是愛爾蘭人，二十二歲卒業於都柏林「三位一體」大學（Trinity College）。他曾代表斯威夫特出庭（Jonathan Swift 格列弗遊記的作者，一六六七——一七四五年——譯者註），因此斯威夫特夫人遺留給他一半的財產。他計劃在百慕達開辦一所大學，就前往美洲去考察，但經過在羅得島消磨了三年之後（一七二八——一七三一年），他又返國並打消原來的計劃。他是以下名句的作者：

帝國的目標是向西行。

因此，加利福尼亞州的柏克萊鎮就是紀念他而命名的。一七三四年，他被任爲克羅尼的主教，晚年時，放棄哲學而研究「咖啡」，對藥學頗有貢獻。他認爲咖啡可使人鼓舞，但不致醺醉——頗與後來考帕爾（William Cowper 英國詩人，一七三一——一八〇〇年——譯者註）之勸人飲茶相似。

所有他最好的著作皆成於他的青年時代：「視覺新論」作於一七〇九年；「人類認識的原理」作於一七一〇年；「對話錄」作於一七一三年。二十八歲後的著作就比較不重要了。他是一位非常具吸引力的作家，文筆優美動人。

他的否定物質的論點中最具說服力的載於「對話錄」。我建議祇要讀這本書的第一節和第二節的首段就够了。因爲，在我看來，在這以後他所說的話都是次要的。在上述部份，柏克萊爲某一重要結論提出若干有力的論點，雖然不是他想要證明的結論。他所證明的祇是，我們所感覺的是性質，不是物體，而性質則與感覺者有關。

我將先以客觀的態度敍述對話錄中我認爲重要的部份，然後再加以評論，並提出有關的問題。

對話錄中的人物有二，希拉斯，是重視科學教育的常識的人；非洛諾斯，就是柏克萊自己。

希拉斯在作過一番和藹的寒暄之後，說他聽到一些關於非洛諾斯論調的奇怪報導，據稱不相信物質的存在。他喊道：「還有什麼能比這個更荒謬更違反常識的嗎？還有比相信根本無物質存在更足以代表懷疑主義的錯誤嗎？」非洛諾斯答覆說，他並不否定可察覺的東西的存在，也就是直接爲感官所察覺的東西，但實際上我們看不見形成某種顏色的原因，聽不見發出某種聲音的原因。辯論的兩方都同意感官本身沒有區別。但非洛諾斯指出我們所能看到的祇是光、色、形；聽到的祇是各種聲音。因此，除可察覺的「性質」之外，我們什麼也察覺不到，可察覺的物體祇不過是可察覺的「性質」或「性質」的綜合而已。

然後非洛諾斯開始證明「可察覺的東西之存在是由於正在被感覺之中」，以反駁希拉斯的意見「存在是一回事，被感覺是另一回事」。非洛諾斯以對各種感官的實驗來支持他自己的「官能屬於精神」之說。他以冷熱爲喻，他說感覺熯熱是痛苦，而痛苦一定是屬於精神的。因此，熱是精神作用，同樣的論據也可以適用於寒冷。此一論據又以著名的「溫水理論」而更加強。當你的一隻手是冷的另一隻手是熱的時，如同時浸入溫水，熱的那隻手感到冷，冷的那隻手感到熱，但水不可能同時又冷又熱。這說服了希拉斯，承認「冷熱祇是存在於我們心靈中的知覺」。但他希望仍存有其他可察覺的「性質」。

非洛諾斯再以味覺爲喻。他指出味甜是快樂的，味澀是痛苦的，而苦樂祇是精神作用。同樣的論點可適用於嗅覺，因爲也有快樂與不快樂之別。

希拉斯竭力想保留「聲音」的不同性質，他說聲音祇是空氣的波動，因爲在眞空中沒有聲音。他說，我們必須「在我們所感覺到的聲音以及聲音的未來面貌之間，或者換言之，在我們當時所感覺的以及沒有我們也仍然存在的東西之間，有所辨別。」非洛諾斯指出，希拉斯所稱的「眞實」的聲音，是一種運動，或許可能看到或感覺到，但不可能被聽見；因此我們在感覺中所認識的並不是聲音。至此，希拉斯乃承認「聲音如無心靈也不能眞正存在。」

然後討論到顏色，希拉斯最初頗有自信地說：「原諒我這樣說：顏色的情況就大不相同了。有任何東西比我們所看到目的物的顏色更明確的嗎？」他主張無心靈也可以存在的物體必有我們能看到的各種顏色。但非洛諾斯却很輕易地對付這一看法。他一開始即以日落的紅色與金黃色爲例，他指出某一種顏色，當你走近去看時，就知道根本沒有這種顏色。他繼續提到用望遠鏡所看到的不同景象，生黃疸病的人看一切都是黃的。他說，小昆蟲一定能看見比我們能看見的小得多的東西。於是，希拉斯說顏色不在目的物之中，而是在光亮之中；顏色是一種閃爍不定的流動的東西。非洛諾斯指出，正如同聲音的情形一樣，希拉斯以爲「眞正」的顏色與我們所見的紅與藍不同，實際上並沒所謂「眞正」的顏色。

於此，希拉斯放棄了一切「次要的性質」，但認爲「主要性質」例如形狀與運動，是固有的，與心靈無關的一種表面現象。對於這一點，非洛諾斯回答說，物體在近處看起來大，在遠處看起來小，同一運動，某一人看起來快，另一人看起來慢。

希拉斯試圖用一種新的辯論說法。他說，非洛諾斯的錯誤在沒有把「目的物」與「感覺」分開；希拉斯承認感覺的行爲是精神的，但被感覺的東西則不是精神的，例如顏色，希拉斯說「在無精神內涵的物體上是一種不需要心靈的實質的存在。」對於這一點，非洛諾斯回答說：「任何直接感覺到的目的物——也卽是任何概念或概念的綜合——應以一種無心靈的物體而存在，或居於一切心靈之外，這種想法本身就是矛盾的。」我們可以看出，在這一點上，辯論變成邏輯上的，不再是實驗上的了。

過了幾頁之後，菲洛諾斯又說：「不管直接感覺到的是什麼，都是一種概念；概念能够離開心靈而存在嗎？」

經過一段形而上學的討論後，希拉斯又回顧討論視覺的問題，他說他可以看見很遠的東西。菲洛諾斯回答說，人在夢中也可以見物，大家都會承認做夢是精神作用；而且，距離不是由視覺而是由經驗來判斷的，對一個生來目盲的人，第一次目瘉見物，所見之物是沒有距離遠近的區別的。

在第二章的開始，希拉斯辯稱，人能够感覺是由於腦子裏的某些細紋，菲洛諾斯駁斥說：「人腦雖是一件可感覺的東西，但祇在心靈裏存在。」

對話錄的其餘部份較乏味，不需要加以研究。

現在讓我們對柏克萊的學說作一批評性的分析。

柏克萊的論點分爲兩個部份。一方面，他認爲我們並不能感覺到物質上的東西，能感覺到祇是顏色、聲音等等，而這些是「精神」的，或「在心靈中」的。他說的第一點，堅強有力，至於第二點，則缺少對「精神」一詞的明確定義。事實上他完全依賴一種世俗的觀念，一切東西如非物質即是精神的，不能兩者兼有。

當他說我們感覺到物體的性質，不是「東西」或「物質的本體」，沒有理由假定常識所承認的不同性質都屬於一個「東西」，存在於一個與所有物質不同的本體中，他這個立論是可以被接受的。但他繼稱可感覺的性質——包括主要的性質——是「精神」的，情形就不同了，它的精確的程度也有問題了。有一部份是需要作邏輯上的證明的，另一部份需要作實證。玆先自邏輯上加以檢討。

非洛諾斯說，「無論直接感覺到是什麼，都祇是一個概念，有任何概念可以在心靈之外存在嗎？」這需要對「概念」一詞的意義作長時間的討論。假如主張思考與感覺含有主體與客體的關係，則很可能把心靈當作主體，認爲心中本無一物，而祇有呈現在心靈之前的各種客體。柏克萊提到，希拉斯的意見是我們必須把感覺的行爲與被感覺的目的物分開，前者是精神作用，後者則不是。他的反駁是含混不清的，而且必然是如此，因爲凡是相信精神是一切的人，如同柏克萊者，即無法對此加以反駁。他說：「任何直接感覺到的目的物，應該存在於一個無精神的物體上，或處於一切心靈之外，其本身是矛盾的。」其錯誤等於說：「沒有叔父，姪子的存在是不可能的。甲是姪子，在邏輯上必定有一個叔父。」在邏輯上，甲之爲姪，並不出於在甲身上作分析時的發現。因此，假如某物爲感覺的客體，與某一心靈自有連帶關係，但不能說，這個物體如不被感覺卽不存在。

關於想像的問題，柏克萊也犯了類似的錯誤。希拉斯認爲，他自己可以想像一所人未感覺到也不在任何其他人的心靈中的房屋。非洛諾斯反駁說無論希拉斯所想像的是什麼，總之，這所假定的房屋是屬於精神的。實則，希拉斯應該答覆說：「我的意思並非說在我心中有一所房屋的形像，當我說可以想像出一所人未感覺的房屋，眞正的意義在我能夠瞭解一個假定——有一所人未感覺到的房屋，或者更恰當的是，有一所人旣未感覺到也未想像到的房屋。」此一假定完全由可理解的「字彙」組成，而且文從字順。此一假定是否眞實抑錯誤，我不知道，但我可以確定，它並沒有表現是自相矛盾的。

某些類似的假定也可以證明不是自相矛盾的。例如，在數學上，兩個整數相乘的所得可能是無限大的，因此，有些事情是從未想到過的，如柏克萊的論點是正確的，這種想法就會被證明爲不可能的了。

他所犯的錯誤是常見的。我們以由於經驗而來的觀念去指導那些沒有經驗的人。以一個十分普通的觀念爲例，譬如「石子」，這是由感覺而來的經驗。但並不是一切石子都是可以被感覺的，除非我們把「被感覺」納入石子的定義之內。「不可感覺的石子」這個觀念在邏輯上是不能反對的，儘管在邏輯上不可能有這樣的事例。

簡略言之，他的論點如下。柏克萊說：「可感覺的目的物必須是可感覺的。甲是一個可感覺的目的物，因此甲必須是可感覺的。」假如「必須」代表邏輯上的必要性，祇有甲「必須」是可感覺的目的物時，這個論點才是正確的。他的論點不能證明，除甲正在被感覺這一點外，自甲的其他的特性推斷甲是可感覺的。例如，我們不能證明，那些和我們所看見的毫無區別的顏色，可以不存在，可以不被看見。在心理上，我們可以相信這不會發生，但這祇是基於實際經驗；但以邏輯的原理而言，則沒有理由解釋沒有眼睛與頭腦的地方，爲什麼不能有顏色存在。

我們現在來談柏克萊的實證的論點。一開始，就顯示出實證論點與邏輯論點夾纏在一起的缺失，因爲，假如後者是正確的，就會使前者成爲不必要的。譬如說：「我昨晚沒有醉。我祇喝了兩杯；並且，大家都知道我是戒酒的。」假如他眞是戒酒的，前面的話就不用說了。又假如我堅信一個方場（

square）不可能是圓的，則我不需要列舉事實說明在任何可知的城市裏沒有一個方場是圓的。假如我們否定邏輯上的論點，就需要考慮在實證論點上的價值。

柏克萊的第一個實證的論點是古怪的：熱不是目的物，因爲「最猛烈的熱使人感極大痛苦」，而我們不能假定「任何不能感覺的東西可含有痛苦或快樂。」柏克萊用「痛苦」這個字是含混不清的。這可以意指某一種感覺的痛苦性質，也可以意指有這種性質的感覺。我們說一條斷了的腿是痛苦的，並不含有這條腿在心靈中是痛苦的之意；類似的情形，熱導致痛苦，當我們說這是一種痛苦，其全部意義也祇能如此而已。因此，他的這個論點是站不住的。

至於冷手與熱手同時浸在溫水中的論點，坦率言之，祇能證明我們在此一實驗中所感覺的不是熱與冷，而是「較熱」與「較冷」，而無法證明這些感覺純然是出自內心的。

至於味覺問題，他再以苦樂爲論點：甜是樂，澀是苦，因此，兩者都是精神的。又可以說，同一食物，在我健康時嚐起來是甜的，在生病時嚐起來就是澀的。在嗅覺上也有類似的論點：因爲也有苦樂之分，「它祇能存在於一個有感覺的主體亦卽心靈之中。」柏克萊假定此處及其他一切所在，凡是不包含在物質之中的一定包含在精神主體之中，沒有東西可以兼有物質與精神的。

關於聲音的論點是更使人困惑的。希拉斯說聲音是空氣中的「眞正」運動，非洛諾斯反駁說運動可以看得見或感覺得到，不是聽得到，所以「眞正」的聲音是聽不到的。這個論點是站不住的，因爲照柏克萊的說法，運動的感覺正如同其他感覺一樣是屬於主觀的。希拉斯所需要的運動必須是沒有被感覺的、與不可能被感覺的。但是，他指出聲音在被聽到時，和物理學家所認爲是聲的造因的運動不是一回事，這一點是不錯的。

希拉斯在放棄次要性質之後，却並不準備放棄主要性質諸如空間、形狀、硬度、重量、運動、靜止等。論點自然集中於空間與運動。菲洛諾斯說，假如物體眞有大小，則同樣的物體不可能同時有不同的體積，但我們在近處所見則大，遠處所見則小。假如物體眞有運動，則爲何有人看起來較快另一人看起來較慢？我認爲，這些論點可以證明感覺上的空間的主觀性，但這種主觀性是屬於物質的：這可以用攝影機證之，因此，不能說形狀是「精神」的。在對話錄的第二章，菲洛諾斯總結說：「除靈魂之外，一切我們所認識或想像的都是我們的概念。」他不應將靈魂除外，因爲不可能有如認識物質一樣地認識靈魂。事實上，在空間與運動問題上的論點都是同樣站不住的。

現在，讓我們試圖說明從柏克萊所創始的論點中，可以達成何種積極性的結論。

我們所知的物體，都有一大堆可感覺的特性：例如一張桌子，包含有形狀、硬度、敲打時發生的噪音，以及嗅味。這些不同的性質在經驗上有某些「隣近性」，使人在常識上認爲都是屬於同一「物體」的，但是，「物體」或「主體」的觀念對於感覺到的性質是無所增益的，而且，是不必要有所增益的。截到現在爲止，我們所說的都是有堅強理由的。

但我們必須問自己，「感覺」的意義是什麼？菲洛諾斯認爲，可感覺的物體，其存在由於正在被感覺中，但他沒有告訴我們究竟什麼是「感覺」。另有一種說法（這是他所否定的）認爲是一個主體與一個被感覺者之間的關係。因為非洛諾斯認自己為一個主體，很可能採納這個說法；但是，他卻決定加以反對。對於那些否定「主體的自我」之說的人，這種說法是不可能成立的。然則，稱某種東西為「被感覺者」究竟是什麼意義呢？是否比所指的東西被發現這件事有更深一層的意義呢？我們能否把柏克萊的意見擱置一旁，不說存在由於正在被感覺中，而改說正在被感覺是由於這是眞實的存在呢？無論如何，柏克萊堅信，有不能感覺的物體，在邏輯上是可能的，因為他認為某些眞正存在的東西，例如精神的主體，是不能被感覺的。顯然地，當我們說感覺到一件事情，其意義較這件事情被發現要更深一層。

而且，被感覺與未被感覺的事情的一個顯著區別是，我們能夠記住的是前者而非後者。其他還有什麼區別呢？

記憶是一種效果，對我們所謂「精神」的現象，多少是奇特的。這些效果與習慣有關。一個被燙傷過的小孩懼怕火焰，而被燙傷過的玩火棒者則否。一位生理學家視習慣與類似的事情為神經系統的一種特性，不需要在生理學家的說明之外尋求解釋。用生理學的名詞，我們可以說，某一事件如發生某種效果即是「被感覺」的；同樣地，我們幾乎也可以說一條河流「感覺」到因此而漲水的雨，一個河谷是降雨的「記憶」。以生理學的語言來描敍，習慣與記憶在死的物質中並不是完全沒有的；在這方面，生物與非生物的區別祇是程度上的問題而已。

因此，說某一事件「被感覺」即是說它有某種效果，無論在邏輯上或實證上，都沒有理由假定一切事物都有這一類的效果。

認識論提出另一種不同的觀點。我們所根據的並非已有最後定論的科學，而祇是我們所能相信的科學知識而已。此卽是柏克萊做的工作。在這裏，不需要爲「感覺」先下定義。其研究方法的大要如下。我們先蒐集我們認爲不作推論就知道的定理，我們發現其中大多數都與固定時間內的特殊事件有關。我們把這些事件稱爲「被感覺者」。因此，「被感覺者」卽是我們不需要推斷就知道的事件，至少，這是可以記憶的，在某些時間是可以感覺到的。現在我們所面臨的問題是：我們能够從「被感覺者」去推斷另一事件嗎？這可能有四種主張，前三種是屬於唯心論的。

㈠我們可以完全否定一切從現在的「被感覺者」而來的推論與其他事件的記憶。這種主張必定是出於把推斷局限於演繹法的人。任何事件，或一堆事件，在邏輯上都是可以獨立的，因此，不能作爲其他事件的「實驗」證明。假如我們把推理局限於演繹，則可知的世界也就局限於那些我們生理上感覺到——或者曾經感覺到，假如承認有記憶的話——的事件。

㈡第二種主張是屬於一般所瞭解的「唯我論」的，容許自「我」的感覺中作某些推論，但祇限於「我」自己所記憶的其他事件。例如，在清醒時，我們會沒有注意到某些可感覺的物體。我們看見了許多東西，却並不對自己說，究竟看見了那些東西。把目光注定於一個在感覺上不在運動的環境，我們可以連續不斷地注意到許多不同的東西，我們可以相信，在我們注意到之前，這些東西仍舊是看得到的；但在我們注意到之前，它們却不是認識論中所謂「觀察所得的事實」(data)。每一個人皆可自觀察作直率的不同程度的推論，卽使那些最希望避免在經驗以外獲取不確當知識的人也是如此。

㈢第三類主張——似乎是出是艾丁頓(Sir Arthur Stanley Eddington 一八八二——一九四四年，英國天文學家——譯者註）——大意是：可以推論到那些與我們經驗相同的其他事物，因此，我們有權相信例如別人看到過而自己未看到過的顏色，或者別人所經驗的牙痛，別人所享受的快樂，別人所忍受的痛苦等等；但我們無權去推斷沒有人經驗過不包含在任何「心靈」中的事物。推斷在我們觀察以外的事物，是基於他的類比性，凡是無人經驗過的事物卽不能適用我們作類比推斷的根據。

㈣第四項主張是屬於常識性的，傳統物理學的，大意是：除自己或他人的經驗之外，仍有無人經驗的事物，例如在我睡着的時候，而且我臥室是漆黑的，我和別人都看不見臥室裏的傢俱。喬治摩爾(George Moore 一八五二——一九三三年，愛爾蘭作家——譯者註）譴責唯心論者，說他們等於主張火車祇有停在車站的時候才有車輪，因爲乘客看不見車輪。常識不承認在你一看到的時候，車輪就突然跳出來了，其實沒有人看見的時候，車輪還是存在的。這一觀點是科學的，可以作爲解釋推論無經驗事件的基礎。

我不擬在這四項主張中作一裁決。倘裁決是可能的，祇能出之於對非實驗性的推理與「或然率」的理論作一項詳盡的研究。我願意做的是指出邏輯上的一些錯誤，某些討論過這種問題的人所犯的錯誤。

我們知道，柏克萊認爲有邏輯上的理由可以證明祇有屬於心靈與精神的事物可以存在。黑格爾及其信徒也有同樣的看法，祇是所持的理由不同而已。我相信這完全都是錯誤的。譬如說：「這個星球有一段時期還沒有生命存在」，猶如說「有些乘數沒有人能够乘得出來」，不管眞假如何，在邏輯上，是沒有理由加以駁斥的。但被觀察或被感覺，祇是產生某種效果而已，在邏輯上也沒有理由解釋何以一切事物都必須有這種效果。

另外有一論點，雖然沒有把唯心論作爲一種形而上學，但如果是理由堅強的，就可以作爲一種實用的方法。這個論點是，凡不能實證的主張都是沒有意義的；實證有賴於「被感覺」的事物，因此，有關任何事情的主張，除非是實際上或可能被感覺的，卽全然沒有意義。這一觀點，如照嚴格的意義解釋，則將局限我們於上述四項主張的第一項，並禁止我們談論我們沒有明確注意過的事情。果如此，則無人可以實行，在實用的基礎上，這種學說就站不住了。有關實證的全盤問題以及與知識的關係是非常難解而複雜的，祇能暫時予以擱置。

第四項主張，卽承認沒有人感覺到的事物也可以存在，也可以用不正確的論點加以辯護。可能這樣主張：或然率是一項原理，若非有不可感覺的事物存在，卽不可能有或然率的定律。反對者說，或然率並非一項定理，無論發現如何一種規律性的事物，都必須與「被感覺」有關。不管對某種物理的定律是否有理由相信，似乎都可以用「感覺」的詞彙來加以說明。以上的說法也許是奇特而複雜的；也許缺乏一種持續的發展，能够演進成爲一條物理學上的定律。但這也不是不可能的。

我的結論是，對以上四項理論的任何一項，都沒有原則上的反對，但，很可能說，一切眞理都是獨斷的，在這一點上，四項理論並沒有區別。假如這樣說不錯，我們可以隨心所欲任採其一，因爲這中間祇有語意上的區別。這一點，將留待以後再論。

我們仍要問，「精神」與「物質」的詞彙是否含有任何意義。每個人都知道，「精神」就是唯心論者所唯一想到的，「物質」就是唯物論者所唯一想到的。我也希望讀者知道，唯心論者是品行高尚的，唯物論者則是邪惡的。但意義或許尚不止於此。

我自己對「物質」所下的定義似乎是不能令人滿意的；我應該下一個定義可以適合於物理學上的方程式的。也許這一點根本做不到，是則，物理學或「物質」這個觀念之中，必有一種是錯誤的。假如我們否定有實體存在，則「物質」僅爲邏輯上的結構。是否有任何一種結構是由「事件」組成的——可以作這樣的推論——是一個很困難的問題，但絕非不能解決的問題。

至於「心靈」，當實體被否定後，一個心靈必定是某些「事件」的聚合或組織。這種聚合必基於一種關係，我們希望稱爲「精神的」的一些現象的特徵。我們可以將記憶作一例子。我們也許可以把一個精神上的事件，下定義爲「能記憶或能够被記憶」的現象，——或許這是過份簡單的不適當的定義。是則，某一精神事件所屬的心靈，就是將某一事件與一羣事件聯結起來的記憶的連鎖——前後連貫一體。

按照以上的定義，一個心靈與一塊物質似乎都是一個事件的羣體。沒有理由認爲一切事件必須屬於某一種事件的羣體，也沒有理由認爲某些事件不能同時屬於兩個羣體；因此，某些事件可能既非精神也非物質的，而另有一些事件同時屬於兩者。對此，衹有詳盡的實證的研究才能作一判斷。

第十七節 休謨

大衛・休謨（David Hume 一七一一——一七七六年）是最重要的哲學家之一，由於他爲洛克與柏克萊的經驗主義達成邏輯上的結論，使之自成體系，前後一貫而燦然奪目。在某種意義上，他代表一種極限，照他設定的方向，已經不可能再前進一步了。自他發表其著作以來，駁斥他的理論卽成爲形而上學者最好的「消遣」。依我看，他們的駁斥都是不值一顧的；但我仍不能不期望發現某些比休謨的學說較少懷疑成份的理論。

他在哲學上的主要著作是「論人性」，是他居住法國時所撰，時間爲自一七三四年至一七三七年。第一二兩册出版於一七三九年，第三册出版於一七四〇年。此時，他年未三十，無藉藉名，他的結論不會受到任何學派的歡迎。他希望引起猛烈的抨擊，這樣他可以作堅強有力的反駁。但沒有人注意他的書，正如他對自己所說的「這好像產生了一個死嬰。」他接着說：「但由於我樂天的性格，很快就把這件沮喪的事淡忘了。」以後，他專致力於寫短論，一七四一年，他出版他的短論第一集。一七四四年，他希望在愛丁堡大學謀一教席而失敗，此後，他就去做一個瘋人的家庭教師，再轉任一位將軍的秘書。他由此重拾信心，再向哲學「進軍」。他把「論人性」一書縮短，保留其中最好的一部份以及達成結論的大部份的理由，另成一書曰：「探究人的理解」，有很長一段時間，世人知道這本書的遠較知道「論人性」一書的為多。康德就由於讀這本書而自「教條的瞌睡」中驚醒，但他似乎沒有讀過「論人性」一書。

他寫過「關於自然宗教的對話」，但並未在他生前出版，而是照他的囑咐，在他身後的一七七九年問世的。他的著名的「論奇蹟」一書，認為若干事件是永遠得不到正確的歷史性的證實的。

他的「英國史」自一七五五年後陸續出版，全書主旨在證明保守黨優於維新黨(自由黨之前身)，蘇格蘭人優於英格蘭人；他不認為歷史應該超然於哲學之外。他於一七六三年訪問巴黎，受法國哲學家的影響很深。不幸，他與盧梭為友，又和他發生爭吵；休謨頗自忍抑，而盧梭則有一種虐待狂，堅持要絕交。

他在一篇「自輓」文中形容自己的個性說：「我是一個性情溫和的人，能抑制自己，具有開朗、樂與人處及愉快的幽默感，感情內蘊，不易與人衝突。卽使我對文名的渴慕與最豐富的熱情，也從未使我的性情乖戾，我常常失望但並不發怒。」這可以從他的一切表現裏看得出來。

休謨的「論人性」共有三册，分別討論理解、感情與道德。重要而特異的部份在第一册，因此我將專論這一部份的思想。

一開始，他提出「印象」與「觀念」的區別。他認為有兩種感覺，「印象」是較強有力的一種。他說：「觀念是對某些東西思考與研究時的模糊的影像。」至少單純的觀念是和印象相似的，祇是較模糊而已。「每一單純的觀念必有一與它相似的單純的印象；同樣，每一單純的印象亦有與其相似的觀念。」「我們一切單純的觀念於最初顯現時，必出於單純的印象，這是與觀念一致的，是觀念足以完全代表的。」另一方面，複雜的觀念不需要有相似的印象。我們可以想像一匹有翼的飛馬，不需要眞正見過一匹飛馬；但構成此一複雜觀念的因素則來自印象。印象最初來自經驗；例如，生來目盲的人沒有顏色的觀念。在觀念之中，仍保留相當生動的最初印象者屬於記憶，其他則屬於想像。

其中有討論「抽象觀念」的一節（第一册第一章第七節），首段表示其非常贊同柏克萊的說法，「所有普遍性的觀念都祇是特有的觀念，與某一名詞相聯結，此一名詞給予較廣泛的意義，可以使人記起與此相似的其他個體。」他認爲，當我們對於某一人產生一個觀念，這就包括了對這個人的印象中的一切特性。「心靈如非對量與質的程度先有一精確的觀念，卽不可能對量與質產生任何觀念。」「抽象觀念本身是屬於個別的，但當它作爲一種代表性的意義時，就可能變成普遍性的了。」此一現代式的唯名論有兩個缺點，一是邏輯的，一是心理方面的。先談邏輯上的缺點。休謨說：「當我們發現某些東西有相似點時，卽冠之以同一名稱。」所有的唯名論者都會同意他的說法。但事實上，一個普通名詞，例如「貓」，其不眞實的程度一如「一般概念的貓」。因此，唯名論者對於「一般概念」問題所提出的解答，在適用於其本身的原則時，卽感格格不入；使這些原則祇適用於「事物」，而不同樣適用於字彙，是他們本身的錯誤。

心理方面的缺點更爲嚴重，至少與休謨有關的這一部份是如此。休謨所主張的以觀念爲印象的複本這一理論沒有注意「含混」這一問題。例如，當我見過某種顏色的花，後來又想起這種花的影像時，這影像是不十分精確的。因此，可能有好幾種相近似的顏色，都是它的影像，或者照休謨的名詞稱爲「觀念」。「心靈如非對量與質的程度先有一精確的觀念，卽不可能對量與質產生任何觀念」這種說法是不眞實的。譬如你見過一個人高六呎一吋，你獲得對他的影像，但可能會有半吋左右的出入。含混與普遍性不同，但有某些相同的特性。例如，你所能想像一種從未見過的顏色，這種顏色是介於你所見到的兩種顏色之間的。倘若這兩種顏色是非常相似的，你能够想像的任何「居間」的顏色，都同時可以適用於兩種顏色的任何一種。休謨說觀念出於足以完全代表它的印象，在心理學上是不眞實的。

休謨自心理學中摒除「本體」的觀念，正如柏克萊自物理學中摒除此一觀念一樣。他說，沒有對自己的印象，因此也沒有對自己的觀念（第一册第四章第六節）。「以我而言，當我深入內省我所稱爲的『自我』時，我總是爲冷或熱、光或暗、愛或恨、苦或樂的某些特殊感覺所迷惑。除感覺外，我永遠不能在任何時間捉住自己，除感覺外，我也看不到任何東西。」他又諷刺性地退一步說，或許有某些哲學家能够感覺到「自我」；「但是，除了一些形而上的學者外，我敢說其他的人，自我祇是一羣不同感覺的聚合，以難以置信的速度接踵而至，而且在一種永恒的流動狀態之中。」

否定「自我」的觀念這一點很重要。讓我們研究他究竟所主張的是什麼，具有多少正確性。他首先說，倘有「自我」這種東西，却是永遠無法感覺到的，因此，我們不能有「自我」的觀念。假如此一論點是可以被接受的，則必須作審愼的說明。沒有人能够感覺到自己的頭腦，但是這是很重要的一點，却仍能對自己的頭腦有一種「觀念」。這種「觀念」是來自感覺的推論，並非以邏輯爲基礎的觀念；這種「觀念」是複雜的——假如休謨所稱一切單純觀念皆來自印象的說法是對的，上面所說的也就不錯了，假如這個原則被否定了，我們就必須被迫回復到「與生俱來」的觀念問題。用現代的詞彙，我們可以說，不可感覺的事物的觀念總是能够以可感覺的事物的名稱來加以說明的，因此，用說明性的名詞來代替定義，我們可以說，不需要引用任何不可感覺的事物，我們仍可僅憑經驗獲得知識。至於我們目前的問題，一切心理上的認識都可以在不牽涉「自我」的情形下加以說明。而且，「自我」的定義祇是一羣感覺的聚合，並非一新的單純的「事物」。在這一點上，我想任何純經驗主義者都會同意休謨的看法。

這並非意指沒有單純的「自我」，而祇是說我們不知道是否有單純的「自我」，除這是一堆感覺的聚合之外，「自我」不能成爲我們的知識的任何一部份。這一結論摒除了運用「本體」這一觀念，所以在形而上學上是很重要的。它在神學上的重要性，是由於驅除了一切對「靈魂」的假想的認識；而它在分析認識上的重要性則在於顯示主格與受格並無基本性的區別。在「自我」的論點上，休謨比柏克萊跨前了一大步。

全書最重要的一節是「論認識與或然率」。休謨所指的或然率並非包括在形而上學所稱的或然率之中，例如擲兩顆骰子出一對「六」的機會是三十六分之一。這類估計在任何意義上都不是「或然」的，而是具有確定性的。但休謨所討論的則是不確定的認識，猶如由推理而來的不能實驗的認識。這包括一切對未來的認識，以至於過去與現在不能觀察的部份。事實上，這包括了一切，祇有兩種例外，一是出於直接觀察的認識，一是邏輯與數學上的結論。對這種「可能性」認識的分析將休謨引至某些懷疑主義的結論，要加以反駁或接受，都是同樣困難的。此一結果對哲學家是挑戰，我認爲，到現在仍未得到完滿的答案。

休謨將哲學性的關係分爲七種：相似、一致、時與地的關係、量或數字的比例、品質的高低、相反、與造因。他說，這又可分爲兩類，一類是祇需依賴觀念的；一類是可以不在觀念上作任何改變的情形下加以改變。第一類指相似、相反、品質的高低、量或數字的比例；但時與地的關係、造因的關係屬於第二類。祇有第一類的關係給予「確定」的認識，我們對此外的認識祇是「可能性」的。代數與算學是僅有的科學，我們可以作一長串的推理而不會喪失其「確定」性。幾何學就不如代數與算學那樣確定，因爲對於它的定理的眞實性，不能完全確定。許多哲學家假定，數字的觀念「必爲純粹與智慧的意見所領悟，這祇能出於靈魂中的卓越的功能」，這種假定是錯的。休謨說，祇要我們記起「一切我們的觀念都是我們的印象的複本」這句話，就立卽可以證明這種想法的錯誤了。

僅需依賴觀念的三種關係是一致、時地關係與造因。對第一第二兩種關係，心靈不會超越感官所感受的限度。（休謨主張時地關係是可以感覺的，並且可以形成印象的一部份）。祇有造因可以使我自某些事物推斷另一些事物：「祇有造因產生這種關聯，自某一目的物的存在或行爲的經驗，確知在它以前或以後的其他事物的存在或行爲。」

休謨的說法亦有其困擾，卽根本沒有所謂「造因關係」的印象這種東西。我們能夠僅賴觀察去感覺到甲與乙，甲在乙之上，或在乙的右方，但不能感覺到甲是乙的造因。過去，造因關係被認爲與邏輯上的理由與結果相同，但休謨正確地指出了這種想法的錯誤。

在笛卡兒派的哲學中，一如經院派的哲學，因果的關聯假定是必要的，就像邏輯的關聯是必要的一樣。首次對這種看法作認眞的挑戰的是休謨，是他開創了現代的「造因哲學」。他與大多數哲學家一直到包括柏格森在內的看法相同，假定當甲與乙是層次不同的事件時，卽是「甲是乙的造因」，但哲學家似乎不知道像這樣的定律不會在任何成熟發展的科學中存在，但他們所說的話顯示確有可以適用的因果律存在；目前對此姑置勿論。

休謨看到，某一物體產生另一物體的力量是不能在這兩個物體的觀念中發現的，因此，我們祇能從經驗中去認識造因，而非出於推理或思考。他說，「凡物有始必有因」這句話，猶如邏輯上的假定，是沒有直覺的確定性的。他說：「沒有一個物體可以暗示任何其他物體的存在，假如我們祇是研究這些物體本身，而永不超越我們爲這些物體所形成的觀念。」休謨說，因此，使我們認識因果關係的是經驗，但不能祇由甲與乙兩者互有因果關係的經驗。這必須來自經驗，因爲這種關聯不是邏輯上必然的；也不能祇是甲與乙兩個特指事物的經驗，因爲在甲的本身之中，不能發現任何東西是必然會產生乙的。他說，這種經驗必須來自甲類事件與乙類事件的長期連接。他指出，當兩個物體有長期連接時，我們「的確」可以自一物推知另一物。（他說「推知」時，意指感覺一物可使我們期待另一物的存在，並非意指一種正式的或明確的推理。）「或許必要的連接有賴於推理」，但反過來則非是。這就是說，甲的顯現成為期待乙的原因，使我們相信甲與乙之間有一種必要的連接。推理並非決定於理性，因為這需要我們假定本性是一致的，這是不必要的，祇要自經驗去推理就行了。

於是，休謨認為，當我們說「甲是乙的造因」，我們的意思祇是甲乙之間事實上有長期的連接，並非即有必要的連接。「我們對於因果，沒有其他的觀念，祇是有某些物體是長期連接在一起而已……我們無法探知連接原因何在。」

然後他以一項「信念」的定義來支持他的學說，他認為「一個鮮明的觀念必然與現在的印象有連帶或聯想的關係。」假如甲與乙在過去的經驗中有長期的連接關係，則通過聯想，對甲的印象即可產生對乙的鮮明的觀念，使我們相信乙的存在。這可以解釋，何以我們「相信」甲與乙是有連帶關係的：對甲的感覺關係到對乙的觀念，因此我們就想到甲與乙是有連帶關係，雖然這個看法並沒有充分的理由。「物體之間並沒有可發現的連帶關係；也不是由於任何其他的原則，而祇是習慣使我們產生想像，從某一物的顯現與對另一物的經驗而作出某種推論。」他一再重複地說明我們所認為的物體之間的必要關聯實際上祇是對這些物體的觀念之間的關聯；心靈受制於習慣，「即是這種印象與習慣的決定使我們感覺這些關聯是必要的。」重複的實例使我們相信甲是乙的造因，對物體並未賦予新的東西，但在心靈上給予若干觀念之間的聯想，因此，「關聯的必需存在於心靈之中，而非存在於物體之間。」

讓我們問自己，對休謨學說的想法如何。依我看，其學說可分爲兩部份，一部份是主觀的。客觀的部份說：當我們判斷甲是乙的造因時，確已發生這種事實，即它們曾經常被觀察，認爲是連接在一起的，乙立卽或迅速地緊隨於甲的後面；我們無權說乙「必須」緊隨在後，或將來會緊隨在後。不管乙如何經常地緊隨在甲之後，我們也沒有理由假定甲與乙有超越「順序」以上的關聯。事實上，造因是可以用「順序」這個術語來界說的，不是一獨立的觀念。

其學說的主觀部份說：經常觀察甲乙的連接關係，使對甲的印象成爲對乙的觀念的造因。但如果我們必須照客觀部份的理論爲「造因」下定義，則我們應將以上的話加以重寫：

「我們已經常地觀察到，甲與乙之間的經常可見的連接關係，常常連帶發生某些情況，卽緊隨對甲的印象而來的是對乙的觀念。」

我們可以承認，這個說法是正確的，但休謨對主觀部份理論的貢獻並不限於此。他一再主張，甲與乙的經常連接沒有理由使我們期望將來必然連接，這祇是我們所以作這種期望的「造因」而已。這就是說：經常連接的經驗是和聯想的習慣有關係的。但如果休謨學說中客觀部份被接受，則過去所形成的聯想，沒有理由使我們假定聯想必然繼續，或在類似的情況下產生新的聯想。在心理上，休謨是以某種程度相信「造因」，但一般地說，他是譴責「造因」的。讓我們對此作一解釋。我看見一個蘋果，預期假如我吃它卽可嚐到某種味道。不過照休謨的說法，就沒有理由我何以必定嚐到這種味道：習慣可以解釋我爲什麼有這種預期，但不能證明其正確。習慣律本身卽是因果律。假如我們認眞照休謨的說法，我們必須說：雖然在過去一個蘋果的顯現連接到對某種味道的預期，但沒有理由認爲它們必然繼續有這種連接：或許我下次看到一個蘋果時，我應該預期吃起來像牛肉。在當時，你或許會認爲這是「不像」的；但沒有理由預期五分鐘以後你還保持同樣的想法。假如休謨的客觀部份的理論是對的，則我們沒有理由相信心理上的預期超越眞實的物質世界。休謨的學說或許可以用以下的詞句來說明：「甲造成乙意指對甲的印象造成對乙的觀念。」以一項定義而言，這不算是很成功的例子。

因此，我們必須更進一步地檢討休謨客觀部份的理論。這理論可分爲兩部份：㈠當我們說「甲造成乙」，我們有權這樣說的都祇限於過去的經驗，甲與乙經常一起出現或迅速相繼出現，沒有發現乙不緊隨或伴同甲出現的實例。㈡儘管我們曾多次觀察到甲與乙之間的連接，但沒有理由預期將來也有這種連接，雖然有理由作這種預期，易言之，卽由於經常觀察到的連接而有這種預期。上述兩個部份又可分別解釋如下：㈠在造因上，除連接或「相繼」之外，沒有確定的關係；㈡由單純計算而來的推論不是辯論的正確方式。一般的經驗主義者接受第一項而拒絕第二項。我所謂拒絕第二項，意指他們相信如果給予大量的連接的實例，則在次一實例中連接的可能性超過一半；或者，如果他們的主張並非完全如此，至少他們的主張會產生類似的結果。

目前，我不願討論「推理」——這是一個牽涉很廣而難於解決的問題。此時，我所見到的是，假如休謨理論的第一項可以承認，則拒絕推理將使一切未來的預期陷於謬誤，却使我們仍將繼續作這種預期。我的意思不僅是，預期可能有誤——這一點無論如何是必須承認的；而且是，卽以最有力的預期而言，例如明日太陽仍將昇起，也沒有理由卽認定爲確實無誤。現在回過來再說「造因」的意義。不同意休謨的人相信「造因」是一種特定關係，可以引起固定不變的後果，而「造因」却非這種後果所引起。再回復到笛卡兒的時鐘理論：兩座精確的時鐘可能同時敲響，並非其中之一是另一座敲響的造因。一般抱持這種看法的人都認爲我們有時可以「感覺」到這種因果關係，雖然大多數的情形下，我們多少有些不確定地自經常連接的狀態去推論。讓我們來看，在這一點上，贊成及反對休謨的兩方面的論點如何。

休謨歸納他自己的論點如下：

「我自覺，在一切我已有的或將要在本書的撰述過程中出現的『似是而非之論』之中，現在所說的是最激烈的一種，而祇由於堅強的證明與理由，我才能希望獲得承認，從而袪除人類頑固不化的許多偏見。在相信此一理論之前，我們必須常常提醒自己，單純觀察兩個物體或兩種行爲，不管其間關係如何，永不能給予我們任何『力量』的觀念或認爲其間有何固定的關聯：此一觀念來自它們不斷重複的連合；不能由重複而在目的物中發現或造成任何東西，祇是由於重複所產生的習慣性的轉移而有一種在心靈上的影響而已；此種習慣性的轉移與『力量』及『必需』相同，結果爲靈智所感覺，而非出於肉體的外感。」

一般人指責休謨對於感覺的看法過於狹隘，但他仍認爲某些關係是可以感覺的。他說：「我們不應對所作的有關一致性與時空關係的觀察，加以推理，因爲心靈對這兩者都不能超越感官所直接感覺的。」他說，造因之不同在於使我們超越感官的印象，獲悉不可感覺的存在。此一論點似不正確。我們相信有許多時空關係是我們所不能感覺的：我們思索但不能感覺時間的前後與牆外的空間。休謨的眞意可能是，雖然我們有時感覺到時空的關係，但永不能感覺到因果關係；因此，因果關係必須自可以感覺的關係去推論。如此，則爭辯範圍可減縮至一點：我們能否感覺一種能稱之爲因果的關係？休謨說不能，他的反對者說能，但雙方都很難提出證明。

我認爲休謨方面最堅強的論點或許出自物理上的因果律。「甲造成乙」這種簡單的形式是永遠不能爲科學所接受的，除非作爲最初階段的一種粗略假定。至於在發展成熟的科學中代替這種粗略形式的因果律則非常複雜，沒有人會假定這是出於感覺；這些顯然是由觀察而來的精密的推理。我要特別提出現代的量子學說，這更可以加強以上的結論。以物理科學而言，休謨的學說完全是對的：例如他認爲永遠不能接受「甲造成乙」的說法，我們之有接受的傾向是由於習慣與聯想的法則，這些法則本身以其正確的功能反映於神經系統——主要是它的心理狀態，然後是化學成份，最後是物理組織。

休謨的反對者卽使完全承認他有關物理科學的說法，也可能說在心理學上，我們仍有某些情況，其中的因果關係是可以感覺的。造因的全盤觀念來自意志，我們或許可以說，我們能感到一種意志與其引起的行爲之間的關係，這是超越必然的後果的；我們同樣可以說，突然的刺痛與驚叫之間有關係。這種看法在心理學上是很難被接受的。在移動手臂的意志與移動的行爲之間還有一長串在神經與肌肉中的過渡程序。我們祇感覺到此一複雜程序的兩端——意志與行動，假如我們認爲已見到這兩者之間的直接關聯，那我們就錯了。這還不能作爲定論，但表示當我們自認能够感覺到因果關係時，則是一種輕率的假定。優勢仍在休謨這一邊，即除固定不變的「後繼」外，沒有造因這回事。但附帶的證明則不如休謨所假定的那樣堅強。

休謨對經常連接的經驗所發生的因果關係，尙覺得其受貶抑的程度不够。他繼續辯稱這種經驗不能預期將來必有類似的連接。例如，當我見到一個蘋果（重複過去的解釋），過去的經驗使我預期吃起來有蘋果的味道，不會吃起來像牛肉；但這種預期並沒有合理的根據。假如這是有根據的，就必須承認一項原則——「那些我們沒有經驗的實例與我們已有經驗的相類似。」此一原則在邏輯上是不必要的，因爲我們至少可以設想自然狀態的方向可能會變。因此，必須有一種或然率的原則。一切或然的論點都傾向於此一原則，因此其本身不能由任何或然的論點來證明，甚至不能用這種論點保護其本身的或然性。「將來類似過去的假定不是以任何論點爲基礎，完全是由於習慣。」結論是純懷疑主義的。

「一切或然的推理都祇是感覺的一個種類；不僅在詩與音樂上，我們必須以嗜好與感情爲準，在哲學上亦復如此。當我想像到任何原則，那祇是一個對我有更大衝擊力的觀念而已。當我喜愛某一論點而放棄某一論點，這祇是取決於我對它們的影響大小的感覺而已。物體沒有可發現的連合關係；這種關係也不會出於任何其他原則，而祇是出於想像的習慣，我們可由此從某一物的顯現而推知另一物的存在。」

休謨對認識研究的最終結果並不是我們假定他希望達成的。他這本書的副題是「在道德問題中引進推理的實驗方法的一種試驗」(An attempt to introduce the experimental method of reasoning int moral subjects)。他自一種信念出發，卽科學方法屈從於眞理，全盤的眞理。但他作結語稱：信念永遠是不合理的，因爲我們一無所知。他在宣揚其懷疑主義論點後，又表示其對自然狀態的輕信：

「自然狀態由於一種絕對的不能控制的『必需』而左右我們的判斷，以至我們的呼吸與感覺；我們也不再能避免在一種更強烈更充實的光輝中見到物體，見到它們的一種現存的印象與習慣性的關聯；當我們在陽光普照下見到週圍的物體時，祇要是淸醒的時候，我們卽不能阻止自己想到或以目光投向它們。無論誰如想不避艱難地來駁斥全盤的懷疑主義，就不會有人站在他的一邊，他想以辯論致力於建立自己的才能，這是『自然』事先賦予心靈的。我所以要如此謹愼地展示此一空想學派的論點，祇是想使讀者能察覺我所假定的理論的眞實性，卽是一切我們有關因果的推理都祇是由於習慣；信念是在出諸感覺時，比出諸本能的思考時更爲眞確的一種行爲。」

他繼稱：「懷疑主義者仍繼續推理並相信某些事物，雖然他宣稱不能以理由來辯護他自己的理由；而由於同一定理，他又必須贊成有關肉體存在的原則，雖然他不能由於任何哲學的論點而佯作主張其眞實性……我們儘可以問，什麼使我們相信有肉體的存在？但如果問有無肉體，這是徒勞無益的。我們在作推理時必須接受這一點。」

上述詞句爲「關於感覺的懷疑主義」一節的首段，經過長篇討論後他作結語稱：

「此一懷疑主義的懷疑，同時尊重理性與感覺，是一種不能迅速治療的疾病，無論我如何躲避它，有時或者自以為已經完全擺脫了它，事實上却沒有一刻離開過我們……祇有擱置與不在意可以治療我們。由於這個原因，我完全依賴它，接受它，不管讀者現在作何想法，經過一個小時熟思之後，他就會相信有內在與外在的世界同時並存。」

我們沒有理由研讀哲學——休謨作此主張——除非對某種氣質的人，這是一種愉快的消磨時間的方法。「對一切生活上的事，我們仍須保持我們的懷疑主義。假如我們相信火使人暖水使人解渴，那是因為倘不作如此想我們會有太多的痛苦。而且，假如我們是哲學家，就祇要守住懷疑主義，並有一種使自己持懷疑態度的傾向就行了。」假如他放棄懷疑，「我感覺我將喪失快樂；這就是我的哲學的起源。」

休謨的哲學，姑不論其正誤，却代表了十八世紀理性思考的破產。他的出發點，有如洛克有意依賴感覺與經驗，不信賴任何事物，祇尋求得自經驗與觀察的知識。但他的智慧較洛克為高，比洛克更具敏銳的分析力，而復更不能容忍矛盾，這使他獲得一不幸的結論，即不能自經驗與觀察獲得知識。沒有合理的信念這回事：「假如我們相信火使人暖水使人解渴，祇因為我們倘不作如此想就會遭遇太多的痛苦。」我們不能不信仰，却沒有一種信念能以理性為基礎。也不能有那一種行為比另一種行為更合理，因為都是基於不合理的信念的。但是，休謨似未明白說出此一最後的結論，即使在他最具懷疑主義色彩的章節，也是如此。他為第一册作結論說：「一般來說，宗教的錯誤是危險的，而哲學的錯誤祇是荒謬而已。」實際上，他無權這樣說，因爲「危險」是一個有因果關係的詞彙，否定因果的懷疑主義者不能確知任何事情是危險的。

不過，在本書的後段，休謨忘却了所有他基本上的懷疑，其所寫一如他同時代的開明的道德家；他推薦「擱置與不在意」作爲治療懷疑症的藥方。在某種意義上，他的懷疑主義是不誠實的，因爲他並不能實行。惟是，此一不幸的結論，總是阻滯了一切證明某種行爲優於他種行爲的努力。

不可避免地，此一理性的自我反駁必然引起不合理的信仰的氾濫。休謨與盧梭之間的爭執是有代表性的。盧梭瘋狂但有影響，休謨神志清明而無人信從。後來的英國經驗主義者在未加反駁的情形下拒斥了他的懷疑主義；盧梭及其信徒同意休謨的主張卽信仰不以理性爲基礎，但又認爲心靈優於理性，以此使得他們的信念與休謨實際的想法大不相同。德國的哲學家，自康德至黑格爾，都沒有吸收休謨的學說，我特別指出這一點，儘管有人相信康德的「純理性的批判」是對休謨的答覆。事實上，這些哲學家——至少康德與黑格爾是如此——代表一種休謨期前型的理性主義，其論點皆可由休謨的學說加以反駁。凡不能用休謨的學說反駁的哲學家都是不願假冒爲理性主義的，例如盧梭、叔本華、尼采。十九世紀及二十世紀截至現在的非理性主義的興起都是休謨摧毁經驗主義的自然結果。

因此，是否能在純經驗主義或以經驗主義爲主的學說中發現任何對休謨的答辯是很重要的。如果沒有，卽表示瘋狂與神志清明並無智識上的區別。瘋人相信自己是一個煮熟的蛋，他之所以受譴完全因爲他是少數，甚至於可以說——我們不能假裝民主——那是因爲政府不同意他這樣想。這是一不可解的死結，必須希望有一逃避的途徑。

休謨的懷疑主義完全植基於他對歸納法的否定。將歸納法用於因果關係的，可以說，假如發現甲經常伴隨或在乙之後出現，則可能在下一次也會有同樣的情形。假如這個原則是對的，則衆多實例必使其具有相當確定的可能性，而休謨所否定的因果關係的推理其實是不錯的，並不由於其具有確定性，而是由於其在實用目標上具有足够的可能性。假如此一原則是不對的，則一切自實際觀察達成科學定律的試驗都是錯誤的，經驗主義者無法逃過休謨的懷疑主義的批駁。當然，此一原則本身不能由觀察所得的一致而推定，而這是證明任何這類推論正確所必需的。因此，必須由不以經驗爲基礎的另一獨立原則去推論。在這個限度上，休謨證明了純經驗主義不足以成爲科學的基礎。但，假如此一原則確立，科學以外的事情就都可以照「一切知識來自經驗」的理論來進行了。必須承認這對於純經驗主義者是嚴重的叛離，而「非經驗主義者」又要問何以有一部份可以叛離，其他部份則禁止叛離。但這不是休謨的論點所直接引起的問題。這些論點所證明的——我不認爲這證明可以反駁——卽歸納法是一獨立的邏輯上的原則，不能由經驗或其他邏輯上的原則去推論，沒有此一原則，科學卽不可能產生。

第二章　自盧梭到現代

第一節　浪漫主義運動

自十八世紀後葉直到現在，藝術、文學、哲學、甚至於政治都積極或消極地受到一種大體上屬於所謂浪漫主義感情的影響。卽使那些拒斥這種感情的人也不得不對它加以重視，受其影響，而不自知。我將在這一節中將浪漫主義的面貌作一描敍，不完全是屬於哲學方面的；因爲這是此一時期哲學思想的文化背景所在。

浪漫主義運動最初與哲學並無關聯，雖然不久卽發生關係。最初是通過盧梭而涉及政治。但在我們能夠明瞭其對政治與哲學的影響之前，必須認識其主要的性質是對固有倫理及審美標準的一種反叛。

此一運動的第一位名人是盧梭，但在某種程度上，他只是表現了當時已經存在的潮流。十八世紀法國的知識份子很崇拜激情的傾向，特別是一種基於同情的激情。爲求充分滿足，這種感情必須是直接的、激動的，與思想沒有關聯。敏感的人將爲某一窮困的農家而落淚，但對把衆多農民生活改善的思慮週密的計劃，則漠然視之。窮人可假定較富人更有道德；哲人被認爲是一位自污濁的朝廷退隱鄉居而享受其和平快樂生活的人，作爲一種流行的情態，表達於各個時期的詩篇中。例如，被放逐的公爵寫了「你會喜歡它」就表示了這種態度，雖然他儘快回到他的公國去，並不眞正喜歡這種生活；只有憂鬱的賈桂士（Charles Emile Jacques 一八一三——一八九四年，法國畫家）衷心喜愛森林中的生活，卽使蒲伯（Alexander Pope 一六八八——一七四四年，英國詩人），被認爲一切浪漫主義運動所要反抗的典型人物，也這樣說：

快樂的人，他的關注與願望
只在繼承幾畝薄田，
在屬於自己的土地上
呼吸的空氣多麼新鮮。

具有敏感者的想像中，窮人總是有幾畝祖傳的薄田的，自給自足，不需要與外界貿易。其實，他們一直在值得憐憫的情形下喪失其土地，由於老父不再能下田耕作，由於嬌女不勝操作而衰病，邪惡的放貸人或地主正在覬覦他的土地或女兒的貞操。對浪漫主義者而言，窮人是永遠不會遷徙到都市成爲工人的，「無產階級」是十九世紀的觀念，或許同樣是浪漫主義化的，只是性質有異而已。

盧梭提倡當時已經存在的對激情的崇拜，並擴大其境界，如非盧梭，卽不能有此宏濶的領域。他是民主主義者，不僅在他的思想，在他的嗜好上也是如此。在他的生命中的很長的一段時間，他只是一貧窮的流浪者，接受比他境況略勝一籌者的救濟，在行爲上，他常常是忘恩負義的，但在感情上，却是非常熱烈的。他嗜好徒步，覺得巴黎社會的約束使他厭煩。自他開始，浪漫主義者鄙視習俗的束縛——最初是服飾與禮貌，莊嚴的舞步與英雄式的詩體（對偶的），然後是藝術與愛情，最後是一切傳統道德。

浪漫主義者並非沒有道德，反之，他們在道德上的判斷是敏銳而熱烈的。但他們所根據的原則與其前人迥不相同。自一六〇〇年到盧梭，世人的感情爲對宗教戰爭及英法戰爭、德法戰爭的慘痛回憶所支配。世人對混亂的危機、強烈感情的無政府傾向、安全的重要性及爲此所需的犧牲等等，都有其自覺。審愼被認爲是最高的品德；理智之有價值，只是由於可作爲反對顛覆的激烈份子最有效的武器；高雅的禮貌是阻止野蠻主義的藩籬。牛頓的宇宙秩序，行星在規律的軌道上不變地繞日而行，成爲一個好的政府的象徵。抑制熱情是教育的主要目標，也是一個紳士最可靠的標誌。在大革命前，浪漫運動期前的法國貴族死得很安靜；羅蘭夫人與但頓（Georges Jacques Danton 一七五九——一七九四年法國革命份子）都是浪漫主義者，却死得壯烈。

在盧梭以前，世人對安定已感厭倦，開始尋求刺激。大革命與拿破崙滿足了這一點。到一八一五年，世界政治又回復到平靜，平靜得死氣沉沉、僵化、對一切活潑的生活都懷有敵意，只有極端的保守份子才能忍受。結果在羅伊·索里爾統治下的法國及法國大革命以前的英國，知識份子皆不滿於現狀。十九世紀以兩種方式反抗神聖同盟，一方面是工業文明的反叛，資本家與無產階級都反對君主與貴族；這幾乎是和浪漫主義隔絕的，在許多方面都回復到十八世紀的面貌。此一運動的代表人是哲學上的激進份子、自由貿易運動與馬克斯的社會主義者。另一方面，與此截然不同的是浪漫主義的背叛，部份是反動的，部份是革命的。浪漫主義者致力的目標不在和平與寧靜，而是生動的、熱情的個人生活。他們並不同情工業文明，因爲它是醜惡的，因爲在他們看來掘金對一個不朽靈魂是沒有價值的，因爲現代化經濟組織的興趣干擾了個人的自由。在大革命以後的時期，他們逐漸由於民族主義而牽入政治：每一民族都感覺有一整體的靈魂，但國家的疆界與民族的分佈不能一致，此一「民族魂」卽不獲獨立自由。十九世紀的前半葉，民族主義是革命「動因」中最具活力的部份，大多數的浪漫主義者都熱烈地贊成民族主義。

浪漫主義的一般性質是以審美的標準代替功利的標準。蚯蚓是有益的，但並不美；老虎是很美的，但無益。達爾文(不是浪漫主義者)讚美蚯蚓，柏萊克（William Blake 一七五七——一八二七年，英國藝術家與詩人——譯者註）則讚美老虎。浪漫主義者的品德都有審美的動機。但爲了要充分描敍浪漫主義者，不僅要論及審美動機的重要，也要涉及嗜好的轉變，使他們對美的感覺有異於前人，其中喜愛哥德式的建築就是一個最顯著的例子。另外一個例子是他們對風景的偏好。約翰遜博士喜愛艦隊街的街景過於任何鄉村的景色，他說一個人如厭倦倫敦，就一定已經厭世了。如這個國家有任何東西爲盧梭以前的人所崇仰，那就是沃野千里的景色，牧草蓋住了牛羣。盧梭曾居瑞士，自然對阿爾卑士山是崇仰的。在他門徒所寫的小說中，我們可以找到狂野的激流、可怖的懸崖、沒有路徑的森林、雷雨、海上的風暴，總之是那些無益的、毀滅性的狂暴的事物。這一變動似乎多少有其持久性：現在幾乎每個人都喜歡尼加拉瀑布與大峽谷，過於嫩綠的草原與麥穗搖曳的農田。觀光旅社可以供給統計資料作證。

浪漫主義者的氣質可以從小說中反映出來。他們喜歡奇異的事物：鬼、古老的傾圮的城堡、一偉大世家的僅存的憂傷的後代、催眠術與鍊金術的實行者、失勢中的專制者與逃亡中的海盜等等。菲爾丁（Henry Fielding 一七〇四——一七五四年，英國小說家，湯姆瓊斯爲其代表作——譯者註）與斯摩萊特（Tobias Smollet 一七二一——一七七一年，蘇格蘭小說家——譯者註）所寫的都是些普通的可能發生的人物；寫實主義者也以此來反對浪漫主義。但對於浪漫主義者，這些題材都太平凡了；鼓舞他們的興趣的只是那些偉大的、遙遠的、可驚的事物。一些未經確定的科學，如能產生驚人的結果，也可以爲他們所用；但大體上，中世紀的東西與當時最具中世紀色彩的東西也最能博得浪漫主義者的歡心。他們常常與眞實脫節，與過去或現在脫節，或與兩者都脫節。「古舟子」一書是一典型的例子，柯勒雷芝（Samuel Taylor Coleridge 一七七二——一八三四年，英國詩人、哲學家——譯者註）所作「忽必烈汗」與馬 孛羅所寫的歷史上的眞實帝王完全不一樣。浪漫主義者的地理觀念也是很有趣的：從克禪拿督到「寂寞的柯拉斯密安海岸」，他們所感到有興趣的地方都是遙遠的、亞洲的、或者古老的。

浪漫主義運動，雖爲盧梭所肇始，但最初盛行則在德國。於十八世紀末葉，德國的浪漫主義者仍很年輕，因爲年輕，所以在他們的特有的氣質上給人的印象也深。那些未在早年夭折的人，則以加入天主教會而逐漸隱沒。（一個浪漫主義者，如非生而爲新教教徒，則可成爲天主教徒，除此之外，亦別無選擇，因爲他們有必要使天主教義與背叛發生聯繫。）德國浪漫主義者影響了柯勒雷芝與雪萊，卽使沒有德國的影響，在十九世紀初葉，浪漫主義也同樣會在英國盛行。在法國，雖聲勢稍弱，但自「復辟」後一直流行到雨果爲止。在美國，我們可以在麥爾威爾（Herman Melville 一八一九——一八九一年，美國小說家——譯者註）、索洛（Henry Thoreau 一八一七——一八六二年，美國作家與哲學家——譯者註）的作品看到純浪漫主義的氣質，而在艾默生與霍桑的作品中，這種氣質則稍減。雖然浪漫主義者傾向於天主教義，但在他們個人主義的氣質中，仍保有一些新教的成份，而他們在塑造風俗、輿論與制度方面長期性的成功，都只限於在新教的國家。

英國的浪漫主義可在諷刺作家的作品中見其端倪。在薛雷頓（Richard Brinsley Sheridan 一七五一——一八一六年，愛爾蘭諷刺作家及演說家——譯者註）的「競爭者」一書中（出版於一七七五年），女主角決定爲愛而嫁給窮人，而不是爲討好她的監護人與他的父母而嫁給富人；但她選中的仍是富人，因爲他爲贏得她的愛而改名換姓故作貧家之狀。）珍妮·奧斯汀在「北安吉爾修道院」及「知覺與敏感」（一七九七——一七九八年）兩書中對浪漫主義者加以嘲笑。「北安吉爾修道院」的女主角爲拉德克里弗夫人的一部極端浪漫主義的「烏多福的神秘故事」——出版於一七九四年——所迷惑。英國第一部浪漫主義的好書——柏萊克除外，他是純粹瑞典人，也不算是屬於那一種主義的——應該是一七九七年出版的柯勒雷芝的「古舟子」。翌年，不幸受魏芝伍茲基金的資助，他到德國的哥亭金後，卽沉溺於研究康德的哲學，這對他的文學創作毫無益處。

柯勒雷芝之後，華茨華斯與索廸（Robert Southey 一七七四——一八四三年，英國桂冠詩人——譯者註）成爲反動者，痛恨法國大革命與拿破崙，使英國的浪漫主義暫偃旗鼓。但不久即以拜倫、雪萊、與濟慈而復興，在某種程度上，可以說他們統治了維多利亞的時代。

雪萊的「法蘭肯斯汀」之作，是由於與拜倫在浪漫的阿爾卑士山景中談話所受的激勵，內容或許可稱爲浪漫主義的寓言及預言式的歷史。法蘭肯斯汀中的巨怪，並非有如一般俗諺所說的，只是一巨怪而已：首先，他是性情溫和的人，渴求人的溫情，但形像醜陋在他希望獲得溫愛的人之間引起恐怖，這迫使他仇恨與狂暴。他不被人所見，但見到一善良而貧窮的農家，便暗中幫助他們耕作，過了很久，他決定明白告知他們：

「我愈見到他們，愈想保護他們，親近他們；我的心渴望被這些可尊敬的人知道，並且能使他們愛我；能夠看到他們以親密的眼光投向我的那副可愛的樣子，就是我最終極的野心了。我不敢想，他們將因鄙視與恐怖而棄我而去。」

但他們確已棄他而去。因此，他首先要求他的創造者造出一個與他相似的女性，却遭拒絕，乃憤而專事殺戮，將法蘭肯斯汀及其所愛的人，一個個地殺死，當他凝視法蘭肯斯汀的屍體時，他仍表現了高尚的感情：

「這也是我的犧牲品！殺了他，我就是惡貫滿盈了，我的不幸的才能到此也已耗盡！啊，法蘭肯斯汀！你這個慷慨而勤奮自礪的人！我現在來請求你原諒，夫復何用？我不可補救地毀滅了你，也毀滅了所有你所愛的人。天呀！他是冰冷的，他不能回答了……當我檢閱一下我犯罪的可驚紀錄，我眞不相信我是同樣那個人，心中曾一度充滿了高貴超卓的美的景象與善的莊嚴。但即使過去是如此，墮落的天使也變成惡毒的魔鬼。縱然是上帝與人類之敵在荒野中也有朋友與夥伴；而我却是孤獨的。」

剝去其浪漫主義的形式，這個故事所描寫的心理都不是憑空虛構的；也沒有必要去搜集資料，說明那一些海盜和蠻族的國王就是這故事中的巨怪。前德皇曾對一名英國的來訪者悲嘆說英國人已經不再喜愛他了。柏特博士在他論少年犯罪的書中，一個七歲的兒童將另一兒童溺死在運河裏，原因是他的家庭和他的同伴都沒有對他表示過溫愛。柏特博士撫愛這個兒童，給他溫暖，終於成爲一可尊敬的公民。但沒有出現另一位柏特博士去改造法蘭肯斯汀中的巨怪。

並非浪漫主義者的心理有什麼過錯：這是因爲他們的道德標準不同。他們崇仰激烈的感情，不論其屬於那一類事情，也不論其社會的影響。浪漫主義的愛情，特別是有不幸遭遇的，就足够激烈到獲得他們的贊許，但最激烈的感情却是毁滅性的——仇恨、厭惡、嫉妒、懊悔、絕望、迫害性的傲慢、受不公平壓制者的憤怒、戰爭的狂熱、對懦夫與奴隸的鄙視等等。浪漫主義尤其拜倫所鼓勵的這一類人物的典型，都是暴亂的、反社會的、一個無政府主義的反叛者、或一個征服他人的專制者。

這種現象引起一種基於人性與人類環境的要求。人類爲本身的利益而聚居，但在本能上仍是傾向於獨處的，因此，需要宗教與道德來加強人類本身的利益。但是爲將來的便利而放棄目前的滿足的習慣是可厭的，當熱情被激起時，社會行爲的審愼抑制就變爲不可忍受的了。在此時，那些解脫自己的人，從停止內心衝突獲得新的活力與權力感，雖然他們的結局可能是悲慘的，但在當時却享受到一種意氣飛揚的快感，此可與神秘主義者語，但一個僅具平凡德性的人則永遠不能有此經驗。他們性格中的孤寂部份再度湧現；但假如理智在這一孤寂性格中仍能存在，則必須爲自己披上神話的外衣。神秘主義者自認與上帝同在，而在默想「無限」時，卽感受對其鄰人已解除一切責任。無政府主義的反叛者想得更好：他感覺自己並非與上帝同在，而是他本身就是上帝。眞實與責任，這代表我們對鄰人對事務應有的態度，對於一個已經成爲上帝的人就不再存在了；至於對其他人而言，眞實只是由他所判定的，責任只是出於他的支配。假如我們都能獨居而無需工作，我們就都可以享受此一獨立的狂歡，因爲我們做不到，所以這種快樂只能屬於瘋人與獨裁者。

孤獨的天才對社會束縛的反叛卽是通往哲學、政治與熱情的鎖鑰，不僅是一般人所稱的浪漫主義運動，而且影響及於今日。哲學在德國理想主義的影響下變成了唯我論；自我發展被宣稱爲道德的基本原則。至於感情，則在尋求孤獨與熱情及經濟生活的必需之間謀取妥協。勞倫斯（David Herbert Lawrence 一八八五——一九三〇年，英國作家、查泰萊夫人一書的作者——譯者註）寫了一本小說「愛島嶼的人」，其中的男主角愈來愈輕視這種妥協，結果凍餒而死，不過他生前的確享受了完全的孤獨生活。但這些讚美孤獨的作家本身却沒有言行一致到這種程度。一個隱士是不願接受文明生活的便利設備的，一個人如想寫書或製作藝術品，必須靠別人的幫助，才能一面工作，一面可以不虞衣食。爲了要繼續保持孤獨感，他必須能够防止爲他服務的人不會去干擾他，最好的方式，就是蓄養奴隸。不過，狂熱的愛情是一件很困擾的事。只要狂熱的愛人是反抗社會束縛的，他們就能得到崇拜；但在現實的生活中，愛情關係很快就變成一種社會束縛，戀愛的人變得被人敵視，假如愛情堅強到不能加以拆散，則所受的敵視更重。因此，愛情被想像爲戰場，每個人都試圖以擊破他或她自設的藩籬而毀滅對方。這種看法在斯春德堡（August Strindberg 一八四九——一九一二年，瑞典戲劇作家、小說家——譯者註）的作品中表現得很多，在勞倫斯的作品中更多。

不僅狂熱的愛情，即一切對別人的友好關係，也只有在別人能够被認爲是自己的「投影」時，才會有這種感覺。假如有血緣關係，就可能有親密的感情，血緣愈近，則可能愈大。因此，古埃及的天文家勃托里米與其堂妹結婚。我們知道，這對拜倫是有影響的；華格納在對賽格蒙與賽琳德的愛情中也有這種傾向。尼采雖然沒有遭受非議，但他的確喜愛他的妹妹超過其他一切女人。他在寫給她的信中說：「一切你所說的，所做的，使我多麼強烈地感覺到我們畢竟是一家人。你了解我勝於一切其他人，因爲我們出自一個血緣。這一點非常適合我的哲學。」

拜倫所主要強調的民族感即是此一哲學的延伸。一個民族被認爲是一個具有共同祖先及「血緣感」的種族。馬齊尼（Guiseppe Mazzini 一八〇五——一八七二年，義大利革命家——譯者註）經常挑英國人的錯，因爲英國不能欣賞拜倫。他想像民族保有一種神秘的個性，這正是浪漫主義者在英雄人物中所尋求的。不僅馬齊尼，而且同時代的明智的政治家，都認爲民族自由是絕對的，反映在實際行動上，就會妨礙國際合作的實現。

相信血緣與種族自然就與反猶太主義發生關聯。同時，浪漫主義一部份由於是貴族的，一部份由於喜熱情而厭計算，對商務與錢財的事極端鄙視，也因此而自稱爲資本主義的反對者，而不知他們應該反對社會主義——這是代表無產階級的利益的。他們之所以反對資本主義，是因爲他們不喜歡經濟上的壟斷，尤其以爲資本主義世界是由猶太人統制的，這種反對就更趨強烈。拜倫在偶然「降格」地注意到有如經濟權力這種「鄙事」時，也表示了這種觀點：

誰在掌握世界的平衡？誰統治
征服者，保皇黨還是自由黨？
誰在激起西班牙赤貧的愛國志士？
（這使得所有歐洲的老報紙吵鬧喧嚷。）
誰使老與新的世界，痛苦或快樂？
誰使政治都變得這樣道義淪喪？
波盎那帕底貴族的影子敢這樣施行？
不，那是猶太人羅斯柴德和他基督教同道巴林！

這首詩唸起來可能並不聲調鏗鏘，但這很像我們這個時代的感覺，受到所有拜倫信徒的響應。

浪漫主義主要的目標在將人的個性自社會道德與習慣的束縛中解脫出來。有一部份的這種束縛只是對人所欲求的活動方式的一種無用的禁制，每一古老社會都有一套行爲的準則，除說這是「老規矩」之外，沒有理由可以解釋爲什麼要這麼做。自我中心的熱情，一旦奔放，就很難使它屈從於社會的需要。基督教在馴服「自我」這一點上，有相當成功。但經濟、政治、學術的因素激起對教會的反叛，而浪漫主義又將這種反叛帶入道德的領域。由於鼓勵一種新的無法律的「自我中心」，使社會合作成爲不可能，而其信徒必須在無政府主義與獨裁統治之間作一選擇。自我主義者最初希望自他人處獲得一種父母式的撫愛；但當他們憤怒地發現別人也有他們的「自我」時，由期求撫愛的失望轉爲仇恨與暴亂。人不是孤獨的動物，只要有社會生活，「自我認定」就不能成爲倫理的最高原則。

第二節　盧　梭

盧梭（Jean Jacques Roussau 一七一三——一七七八年）雖然在十八世紀的法國算是哲學家，但不是現在所稱的哲學家。不過，他對哲學以至文學、嗜好、風俗、政治都有影響。不管我們對他作爲一個思想家的地位評價如何，我們都必須承認他作爲一種社會推動力的非常重要的地位。這主要是由於他的訴諸心靈、訴諸當時所稱的「感性」（sensibility）。他是浪漫主義運動之父、「自人類感情中推想非人類事件」此一思想體系的創立者、「假民主」的獨裁用以反對傳統的絕對君權此一政治哲學的發明人。自他以後，凡自命爲改革者卽分爲兩派，一派尊奉盧梭，一派尊奉洛克。有時，他們之間也相互合作，許多人認爲彼此並沒有矛盾。但到後來，矛盾逐漸加大，希特勒是盧梭思想所產生的；羅斯福、邱吉爾則是洛克思想所產生的。

盧梭的一生事蹟有很多可見之於他的「懺悔錄」，但其中任何自作卑賤的部份都不能認爲是眞實的。他樂於將自己形容爲一個大罪人，有時在這方面是過份誇大的；但確有很多事實證明他是缺乏一般世俗的品德的。這並不使他困擾，因爲他永遠認爲自己有一顆愛心，不過這顆愛心並沒有阻止他對最好的朋友採卑劣的行爲。我只想略述他生活中爲了解其思想與影響必需知道的部份。

他出生於日內瓦，受正統的喀爾文教派的教育，他的父親很窮，兼作鐘錶匠與舞術教師；母親在他襁褓時卽已去世，他是由姑母帶大的。十二歲時卽輟學，作過各種行業的學徒，但他對此都深感厭惡，十六歲時他自日內瓦流浪至薩沃伊，無以自活，乃向一神父聲稱願改信天主教。正式的皈依在圖林的一所「初習院」中舉行，一共用了九天的時間。他自己說改信的動機完全是爲了好謀職賺錢：「我不能不自己坦承，我卽將要做的一項神聖的行爲是出自有如強盜行爲的動機。」不過，這是他回復信仰新教之後寫的，我們有理由認爲，有若干年，他是虔誠地信仰天主教的。一七四二年時，他聲稱他在一七三〇年所住的一所房屋由於神父的祈禱奇蹟般地免於被焚。

走出圖林的初習院，衣袋中祇有二十法郎，便作了戴弗西里夫人的男僕，三個月後，這位太太就死了。她死後，有人指他保有一條屬於她的絲帶，事實上是他偷的。他辯稱這是一名他所喜歡的女僕給他的；他的辯解被採信，那個女僕受到了懲罰。他這樣做的理由是很奇特的：「我沒有比在這個殘忍的時刻更邪惡的了；當我指控這個可憐的女孩時，我心裏是矛盾的，這的確是眞的，我對她的愛是我所以這樣做的原因。她存在於我的心靈中，而我要諉罪於第一個存在於我心靈中的人。」這是一個很好的例子用以說明盧梭的道德觀，以及如何以「感性」代替所有一般性的品德。

這件事故之後，他成爲戴華倫斯夫人的密友，也和他一樣，是從新教改信天主教的。她是一位很可愛的婦人，由於她對宗教的服務，自薩沃伊的國王處獲得一筆年俸。約有九到十年，他大部份的時間都消磨在她的家中。他稱她爲「夫人」（Maman），卽使成爲她的情夫之後仍是如此。有一段時間，他與她的男僕分享她的情愛；三人相處，極為和睦，當男僕死時，他感到哀傷，但却以此寬慰自己：「好吧，不管怎麼樣，我得到了他的衣服。」

在他的早年，有很多時期，他只是一個流浪者，徒步旅行，儘量選擇過一種具冒險性的生活。有一次，和他一同流浪的一個朋友在里昂街上突發癲癇症，圍觀的人擲錢爲他作療治費，盧梭却私吞了這些錢。另一次，在走向聖斯勃克里的路上，他居然成爲一位自稱爲希臘教的修道院院長的秘書；又有一次，他和一位有錢的太太發生關係，佯稱爲一個名叫杜丁的蘇格蘭保皇黨人。

一七四三年時，獲一位貴婦的援引，成爲法國駐威尼斯大使蒙泰古的秘書，此人貪杯而健忘，把事情都留給盧梭去辦却不付薪水，賓主之間自然不免爭吵，這次却不是他的錯。他到巴黎去評理；每個人都說他有理，但有很長一段時間，沒有下文。由延擱而生的煩惱對後來盧梭之反對法國政府的旣存方式有影響，雖然，最後，他還是得到了那些應得的薪水。

卽於此時（一七四五年）他與色蕊塞，伐秀爾結合，她是他在巴黎下榻的旅社中的侍女；與她同居終老，（當然其間仍不斷和別的女人發生關係）；她爲他生下五個兒女，他一律都送到芳德鄰醫院去託養。沒有人知道她對他究竟有什麼吸引力。她醜陋而無知，既不能讀也不能寫（他教她寫，但不教她讀）；她連月份的名稱都不知道，也不懂如何算錢。她的母親貪婪無厭，母女勾結在一起利用盧梭和他的朋友斂財。盧梭自稱（未辨眞假）對色蕊塞沒有絲毫的愛；在晚期她酗酒，並與馬夫們廝混。或許他喜歡這種滿足感，即無論在財力上智力上他都絕對超過她，而她是完全依賴他而生活的。不錯，他和偉大的、眞正爲他所喜歡的人在一起，就會感到侷促不安；在這一點，他的民主傾向却是很誠實的。雖然他從未與她結婚，但待她一如妻室，所有與盧梭爲友的貴婦人都必須對她忍讓。

他首次文學上的成功在他的生命史上來得較晚。第戎學院有獎徵文，題目是：「藝術與科學曾有益於人類嗎？」盧梭應徵，答案是否定的，獲得首獎（一七五〇年）。他認爲科學、文學、與藝術是道德的最大敵人，由於製造欲求，這些便成奴役制度的來源；那些裸體的、身無長物的美洲野蠻人，如何會變成奴隸而帶上鐐銬的呢？如所預期的，他贊成斯巴達，反對雅典。他七歲時曾讀過勃魯塔契的「名人生活」一書，受影響甚深。他特別崇仰黎克格斯的生活。他像斯巴達人一樣，以戰爭的勝利月旦人物；他却崇仰「高尚的野蠻人」，這是可能被文明的歐洲打敗的。他認爲，科學與品德是互不相容的，一切科學都有一個不高尚的起源。天文學起源於迷信的星象學；雄辯術起源於野心；幾何學起源於貪得；物理學起源於虛榮的好奇心；即使倫理學也有其「人類的自傲」。教育與印刷術是不值得要的，任何足以區別文明人與未受教育的野蠻人的東西都是邪惡的。

盧梭獲得徵文獎及由此一論文所帶來的「一舉成名」之後，乃開始照論文中的原則安排生活。他的生活力求單純，以至賣掉了他的錶，他說他已不再需要知道時間。

他又把第一篇論文擴大增補，寫成第二篇論文，題爲「論不平等」（成於一七五四年），但未獲獎。他相信「人性本善，使人變壞的是社會組織」——與原罪及通過教會得救之說正相反。他和當時大多數政治理論家一樣，提到「自然狀態」——雖然是假想的，他說「這種狀態已不再存在，或許從未存在過，可能將來也永遠不會出現，但僅僅有這樣的觀念是必要的，以便正確判斷我們現存的狀態。」自然法應由自然狀態推演而知，但我們既然對自然狀態的人類一無所知，就不可能判定什麼是他們最初所訂立的或最適合於他們的法律。我們所能知道的只是，那些服從這種法律的人，在意志上必定確知他們所服從的是什麼，而這種法律也必定來自「自然的願望」。他並不反對「自然的不平等」——由於年齡、健康狀態、智力所造成的不平等；他只是反對習慣賦予的特權所造成的不平等。

他說，文明社會的起源及此後形成的社會不平等皆可在私有財產制中見之。「第一個人圈定了一塊土地，自言自語地說：『這是我的』，發現別人很容易就相信他的話，這是文明社會的眞正創始人。」盧梭自稱，一項可悲嘆的革命引來了冶金術與農業，麥子是我們人類不幸的象徵。歐洲是最不幸的一洲，因爲它生產最多的麥子、最多的鐵。消除邪惡，只要放棄文明就可以了，因為人性本善，而野蠻人，當他進餐時，是和一切自然狀態與同類的朋友們和諧相處的。

盧梭把這篇論文寄給伏爾泰，獲回信（一七五五年）說：「我收到你那本反人類的新書，謝謝。從沒有這樣聰明的設想，能使我們所有的人都自覺愚蠢。讀你的書，就想爬在地上走，但我喪失這種習慣，已經六十年了，深以未能重溫舊『夢』爲憾。我也無法着手去考查加拿大的土人，因爲我的病必須有一位歐洲外科醫生；戰爭又在那個區域進行；而且我們的所作所爲已經使那裏的土人變得和我們差不多一樣壞。」

不足　奇，他與伏爾泰終於發生衝突，所奇者是這種衝突比預期的爲晚。

一七五四年，他已出名，其出生城市邀他還鄉訪問。他接受了邀請，但只有喀爾文派敎徒才能成爲日內瓦的公民，於是，他又回復改信原來的敎派。這時，他已習慣於自稱爲一名日內瓦的清敎徒與共和份子，改信後，他想在日內瓦定居。他將所著「論不平等」獻給日內瓦的神父們，但不受欣賞；他們不願意被人認爲與普通公民是平等的。他們持反對態度尚非盧梭不能在日內瓦定居的唯一原因；另有一更重要的原因是伏爾泰已經早在日內瓦居住了。伏爾泰是劇作家，熱愛戲劇，但日內瓦是屬於清敎徒的，禁止一切戲劇上演。當伏爾泰正試圖使它解禁時，盧梭則加入清敎徒行列加以反對，所舉理由是：野蠻人從不演戲；柏拉圖不贊成演戲；天主敎會拒絕爲演員主持婚禮與喪禮；波修（Jacques Benlgne Bossuet　一六二七——一七〇四年，法國傳敎家與作家——譯者註）說戲劇是「色慾的學校」。盧梭不願喪失此一攻擊伏爾泰的大好機會，所以便成爲禁慾主義的提倡者。

此尚非這兩位名人第一次公開的爭執。第一次是關於里斯本地震的事（一七五五年），伏爾泰寫了一首詩，懷疑上帝會保佑世上的政府，盧梭爲此憤憤不平。他表示：「伏爾泰看起來似乎是永遠信仰上帝的，但除對魔鬼外，却從未眞正信仰過什麼，因爲他的僞裝的上帝是一個有毒的東西，專以釀造災害爲樂。這種想法存在於一位負有一切美譽的人心中，尤其荒謬；他以由衷的幸災樂禍的心情試圖使他的同類由於嚴重災禍所留下殘忍而可怖的影像而滿懷絕望，而他自己並未因這場災禍遭受任何損失。」

在盧梭本人的想法，實在不應爲地震而愁憂。時常有一部份人被殺死是一件好事。而且，里斯本的人倒楣是因爲住七層的高樓，假如他們散居在森林裏——人應該這樣做的，就不會受到傷害。

地震與上帝的關連以及戲劇的道德性問題引起伏爾泰與盧梭激烈的相互的敵意，當時所有的哲學家都參加辯論。伏爾泰視盧梭爲惡作劇的瘋子；盧梭則認伏爾泰爲「不虔敬的鼓吹者，美好的天才而具有卑劣的靈魂。」但是美好的感情必須有表達的機會，他在一七六〇時寫信給伏爾泰說：「我恨你，事實上，這正是你所希望的；但如果你希望我愛你，則你比獲得我的恨更值得獲得我的愛。在我心中所充滿的對你的感覺之中，我保留了對你的崇仰，我不能不欽佩你的天才，不能不喜愛你的作品。假如你除了天才之外，沒有我能夠尊敬的，那就不是我的錯了。」

現在我們來談盧梭生命史中收穫最豐碩的一段時期。他的小說「夏洛色的故事」出版於一七六〇年；愛彌兒與民約論出版於一七六二年。愛彌兒是討論依「自然」原則來教育兒童的，假如其中沒有「一個薩沃伊教區牧師的信仰的自白」這一段，鼓吹盧梭所了解的「自然宗教」的原則，把天主教和新教的正統派都激怒了，就可能被當局認爲無害。民約論一書甚至更危險，因其提倡民主並反對國王的天賦權力。這兩本書雖爲他帶來盛名，却使他受到官方的嚴厲譴責。他不得不逃離法國，日內瓦不收容他（註一），瑞士的柏恩也拒絕給他庇護。最後，非德烈大帝憐憫他，允許他居於摩泰爾，這是屬於這位「哲學家國王」的領土的一部份。他在此居住了三年，最初尚相安無事，但最後至一七六五年，摩泰爾的鄉民，由牧師領導，指控他敗壞道德，要置他於死地。於是他再度逃亡至英國，一七六二年時休謨曾經幫助過他。

在英國，最初一切也都很好。他在英國社會中，克享盛譽，英王喬治三世並給予年俸。他幾乎每天都可以見到柏克（Edmund Burke 一七二九——一七九七年，英國政治家與政論家——譯者註），但後來柏克說：「他無論在尋求知識上，或控制心靈上，都是沒有原則的，他只有虛榮。」此後很快就疏遠了。休謨是敬愛他最久的人，曾說非常愛他，甚至可以在友愛與互敬的情形下，和他同住以至老死。但此時，盧梭已爲精神病所苦，終至發瘋，他懷疑休謨是謀害他生命的人。有時，他也知道這種想法很荒謬，抱住休謨說：「不，不，你不是一個背叛者，」休謨（當然是很氣惱地）以法語回答說：「對，你說對了，先生！」但最後他仍深信將被謀殺而逃離英國。他最後幾乎在巴黎窮愁潦倒，去世時傳說他是自殺的。

休謨與盧梭破裂之後說：「在整個生活中，他只是在『感覺』，他的高度敏感，我從來沒有見過類似的例子；但仍給他痛苦多於快樂。他好像一個人不僅脫光了衣服，而且剝去一層皮，以殘酷與暴烈的性格與人搏鬪。」

這是對他的性格最符合事實也是最溫和的描敍了。

在盧梭的著作中，有若干方面很重要但與哲學思想史無關。我只想討論他思想中的兩個部份，一是他的神學，二是他的政治思想。

在神學上他提出一項爲今日大多數新教神學家所接受的意見。在他之前，自柏拉圖以後的所有哲學家，假如他信仰上帝，必定爲支持他的信仰提出適當的論點。（註二）這些論點，對我們而言，似乎是不太具有說服性的，我們可以感覺到，對於那些並不原來就確信它的結論的人，聽起來是微弱無力的。但提出這些論點的哲學家自然相信它是合邏輯的，可使任何不懷偏見的具有足够的哲學理解力的人，確信上帝的存在。現代的新教徒，在籲求我們相信時，多半是鄙視那些「古老的證明」的，而以人性的某些部份爲信仰的基礎——敬畏或神秘的感情、是非感、渴望等等。這類爲宗教信仰辯護的方式是盧梭所首創的。這類方式已爲人所耳熟能詳，以致現代讀者忘其所本，除非將盧梭與笛卡兒作一比較，就很難發現這一點。

盧梭寫信給一位貴族婦人說：「有時我獨處書房，雙手緊覆我眼或置身於黑夜中，我會認爲沒有上帝。但試看彼處：旭日升起，驅走了地上的黑暗，露出自然的輝耀的奇景，同時，也泯除了我心靈中的一切疑霧。我重新找到了我的信仰，我的上帝，我對祂的信念。我崇拜祂，敬愛祂，我俯伏在祂的面前。」

在另一場合他說：「我堅信上帝，一如我堅信其他任何眞理，因爲信與不信絕不是靠我一個人的。」這種論點是自我領悟的障礙；事實上，盧梭不能不相信某些事情，但這些事情却不能提出理由，使別人也同樣相信。

他非常珍視他的有神論，有一次他威脅要退出宴席，因爲客人之一藍柏特表示了一點對上帝存在的懷疑。盧梭發怒說：「先生我是崇信上帝的！」羅伯斯比爾完全是他的信徒，也在這一點上信從他的主張。其所著「嚮往至高無上的上帝」必定是得到盧梭的全心支持的。

「一個薩沃伊教區牧師的信仰自白」是愛彌兒一書第四册的插曲，却是盧梭主義最明確的正式聲明。雖然其內容是說自然的聲音如何告知一個高尚的牧師，他因爲完全由於自然的錯誤去引誘一未婚婦女而遭受貶斥，但讀者會驚奇地發現，自然的聲音，在最初發言時，所講的是得自亞里斯多德、聖奧古斯丁、笛卡兒等的大雜燴的道理。誠然，從上述各人處竊得精確與合理的形式；這假定是可以作爲辯解的藉口的，並且使牧師可以說他完全不喜歡哲學家的智慧。

「信仰的自白」後半部比前半部較少回顧以前的思想家。牧師自信必有上帝後，繼續考量行爲的規律。他說：「我不想從一種高深的哲學中推斷這些規律，我在心的深處發現，上帝已經用　能消除的文字寫下了這些規律。」他繼續說良心可在任何情況下給予正當行爲一種絕不錯誤的引導。他在這一部份作結論說，「謝謝天，我們因此解脫了這一切哲學所加之於我們的可怕的束縛，我們不學，仍可以做人，不需要浪費我們的生命於學習道德，我們可以用較少的代價在世人議論紛紛的迷宮中獲得更可靠的引導」。他主張，雖然我們的理性要我們自私，但我們的自然感覺可以引導我們去爲公衆的利益服務。因此我們爲獲取品德，只需要聽信自己的感覺，而非自己的理性。

這位牧師稱自己的思想為自然宗教，這種宗教是不需要有神的啓示的；假如人都能傾聽上帝對他的心靈所說的話，則世界上應該只有一種宗教了。假如上帝只特別對某些人啓示而這只能由某些人來作證，這就不對了。自然宗教是直接向每一個人給予啓示。

對地獄有一段奇怪的說法。這位牧師不知道惡人是否受永恆的刑罰，祇是稍自尊大地說他對惡人的命運如何並不很感興趣；但就一般來說他傾向於相信地獄中的痛苦不是永恆的。他並且確信得救不專限於任何一個教會的信徒。

一般認為其否定啓示與地獄使法國政府與日內瓦市議會深感震驚。

我認為，抑理性而揚心靈不是一種進步。事實上，祇要理性似乎是站在宗教信仰的這一邊時，沒有人會注意這種創見。在盧梭當時的情形，伏爾泰是代表理性的，而理性是反宗教的，因此，把理性「趕走」！而且，理性是深奧的、難解的；一個野蠻人卽使和文明人一樣地同餐，也無法了解什麼是「本體論」，但野蠻人仍有其潛在的一切必要的智慧。盧梭的野蠻——不是人類學家所認識的野蠻——就是恢復人的本性，做好丈夫與慈父；除貪慾，崇信一種自然仁愛的宗教。但他如果眞能遵從這位牧師的理由去信仰上帝，他應該具有比他的天眞無邪使人所預期的更多的哲學思想。

除盧梭的「自然人」的矛盾性格外，根據心靈的情感來判斷事實這一點，也遭受到兩項反對意見，第一、沒有任何理由假定這種判斷是眞實的，第二，判斷是屬於個人的，因為人心不同，見事亦不同。某些野蠻人因「自然啓示」而相信吃人是他們的責任，甚至伏爾泰算是遵從野性的引導的，主張應該只吃耶穌的肉的，在本性上也不以此自足。對佛教徒而言，自然的啓示並沒有告訴他們上帝的存在，却告訴他們吃動物的肉是不對的。但卽使心靈作同樣的籲求，也無法證明在我們自己的感情之外有任何東西存在。不論我或全人類如何要求某些東西，不管對人類的幸福如何重要，却沒有理由假定，這個東西一定是存在的。沒有一種自然律可以保證人類一定幸福。每個人都知道，我們在世上的生命是眞實的，但由於一種奇特的溷亂，現世生命的痛苦，使我們寄望此後有更好的生命。但這一論點不能適用於其他情況。假如你爲人買了十打雞蛋，第一打都是壞蛋，則你不能推想以後的九打必定是特別好的；但這却算是一種理由，認爲「心靈」的鼓舞是對現世痛苦的撫慰。

對我而言，却是傾向於本體論與宇宙論以及其他「老店」的舊貨，不贊成盧梭所提倡的感性的反邏輯的說法。古老的論點至少是誠樸的：假如是對的，他們證明了這些論點，假如是不對的，可以聽由任何批評者提出反證。但專重心靈的新神學則是不容置辯的，不容反駁的，因爲，它並不爲自己提供證明。最基本的唯一理由祇是這種看法使我們耽溺於快樂的幻夢。但這是一種沒有價值的理由，假如我必須在聖阿奎那與盧梭之間作一選擇，我將毫不猶豫地選擇阿奎那。

盧梭的政治思想見於他一七六二年出版的「民約論」。此書與他其餘大部份著作迥不相同；其中含感情的成份很少，而很接近明智的推理。其思想表面上贊成民主，實則有意爲極權國家辯解。他兼受日內瓦與古希臘政制的影響，他較喜愛城邦的形式而非如英法這樣的大國。在標題一頁中，他自稱爲「日內瓦的公民」，在序言中他又說：「我是一名在自由邦出生的公民，也是獨立國家的一份子，我覺得，不管我的聲音對公衆意見的影響如何微弱，有權對此投票則使我同時有責任去加以研究。」他屢次以讚揚的語氣提到斯巴達，一如勃魯塔契所寫「黎克格斯的生活」一書。他說民主制最適宜於小國，貴族制適宜於中型國家，君主制則適用於大國。但他認爲必須了解，最好採小邦制，因爲在小邦更易於實行民主。當他提到民主時，意指希臘式的民主，卽每一公民皆能直接參與的民主，以及他所稱的「選舉的貴族」。由於直接民主不可能在大國實行，他讚美民主實卽等於讚美城邦制。我認爲，他之偏愛城邦制在大多數研究盧梭政治思想　著作中，沒有得到足够的重視。

這本書大體上沒有像他其餘的著作那樣刻意修辭，但在第一章的開首，却有一段修辭工整的文章：「人生來自由，但人處處皆在鎖鍊中，有一人焉，求能支配他人，但仍較他人更像一個奴隸。」自由是盧梭思想的名義上的目標，事實他所重視的是平等，甚至他認爲爲求平等不惜以自由爲代價。

他的民約觀念最初看來似乎與洛克相同，但不久卽顯示其更接近霍布士。他說，由「自然狀態」發展，到一個時期，個人不再能够以其原始的獨立保護自己；此時爲求保護自己，就覺得有必要團結在一起。但如何能在不犧牲自己利益的情況下，保持自由？「問題在尋求一種聯合的方式，以全體的共同力量保衞並維護每一個人的安全及其財產；個人雖團結在整體中，但仍可爲自己打算像以前一樣地自由，這是社會契約提供解答的基本問題。」

契約包含「每一構成份子將一切權利讓渡給整個社會；因爲，每個人皆完全獻出自己，所有人的情況都是一樣的，沒有人以成爲別人的負擔而得利。」讓渡必須是無保留的。「假如個人保留某些權利，沒有共同的上級以裁決他們和公衆利益的衝突，則每個人在某一點上做了自己的裁判者，就會要求適用於其他一切事情；那麼，自然狀態又會繼續下去，聯合的社會就必然變成是失效或專制的。」

這暗示必須完全放棄自由及人權思想的完全否定。誠然，在後面的章節中，有某些地方，這一思想表現得比較溫和。他說，雖然社會契約賦予團體對所有構成份子政治上的絕對權力，但人類仍有其做人的自然權利。「主權體不得將對社會無益的束縛強加之於他的人民，甚至，他不應有這種想法。」但君主却是一項束縛是否對社會有益的唯一裁判者。這顯然祇是對集體專制的一種很微弱的阻礙。

在盧梭的心目中，「主權體」並非指君主或政府，而是指以集體與立法能力所組成的社會。社會契約可以用以下的語言加以說明：「我們每一個人將自己及其一切權力交付給共同意志的指導，並以聯合的能力，接受每一構成份子爲整體的不可分割的一部份。」此一聯合的行爲創造了一個裁決是非的集體社會，消極時稱爲「國家」，積極時稱爲「主權體」，對於其他與相類似的團體，則爲一個「勢力」。

上文所提到的契約中「共同意志」一詞的觀念，在盧梭學說中佔很重要的地位，我將對這一點略加申述。

他說，主權體不需要給予它的人民以保障，因爲，因爲這是構成份子的個人共同創造的，它的利益不可能與他們的利益發生衝突。「主權體，只由於它的本質，就永遠行應行之事。」讀者如對盧梭特別的遣詞用句的方法不熟悉，是會發生誤解的。主權體並非政府，政府可能是專制的；主權體似乎是一種形而上的東西，不完全體現於國家任何有形的組織之中。因此，卽使承認它是永不犯錯的，它並不具有可能被假定具有的實際效果。

主權體的意志永遠是對的，亦卽是共同意志。每一公民在共同意志中有他的一份，但他作爲個人，或許也有它特殊的意志，是與共同意志相反的。社會契約規定不論何人如不服從共同意志，就必須被強制去服從。「這意思是說，他將被強制去獲得自由。」

「被強制去獲得自由」這一觀念是非常空洞的。伽利略時代的共同意見當然是反伽利略的，當宗教裁判所強迫伽利略撤回他的意見時，他是否「被強制去獲得自由」呢？甚至當一個罪人進入監獄，他是否也「被強制去獲得自由」呢？這使我們想到拜倫的詩句：

眺望深藍色的使人悅目的海水，

我們的思想無拘無束，我們的心靈是自由的。

這個人在地牢裏是否更「自由」呢？拜倫詩中所描敍的俠義的海盜是盧梭思想的直接產物，但是，在上述的文字裏，盧梭似乎忘記了他的浪漫主義，其語調却有如一個熟練的警察。黑格爾受盧梭的影響很大，也沿襲了他「自由」一詞的錯誤的用法，解釋爲有服從警察的自由，或與此相類似的事情。

盧梭並不很尊重洛克及其信徒特別重視的私有財產權。他說：「國家與國民的關係在國家是一切國民財產的主人。」他也不相信洛克與孟德斯鳩所主張的分權制。但是，在這方面，還有其他的方面，他後面所作的解釋和前文所說的原則並不完全一致。他在第三冊第一章說，主權體的立法權是有限度的，行政部門，或政府，是主權體與人民之間的仲介組織，用以互相溝通意見的。他說：「假如主權體要求統治，或行政長要制頒法律，假如人民不服從，混亂就會代替常態，國家如非變爲專制，即成爲無政府狀態。」在　些句子裏，也許所用的詞彙不同，但他似乎是贊成孟德斯鳩的。

現在讓我們來討論共同意志，這是很重要但也是意義不明確的。共同意志並非即是大多數的意志，甚至也不是全體公民的意志。這似乎可以想像爲屬於一種政治有機體。假如我們採納霍布士的看法，文明社會是一個「人」，具有「人」的個性，包括意志之內。接下來的問題是如何決定其爲此項意見的具體表示，盧梭沒有爲我們解答。他告訴我們共同意志永遠是對的，永遠是對公衆有利的；但不能因此就說人民的意見同樣都是對的，因爲共同意見與全體的意見常有很大的區別。然則，我們如何能知道共同意見是什麼？在同一章中，盧梭的答復是：

「假如，當人民獲得正確的報導後提出意見時，人民彼此之間並不互通消息，這些彼此略有不同的意見的總和即是共同意見，其選擇必定是最好的。」

盧梭心目中的觀念是：每一個人在政治上的意見皆受其本身利益的支配，但本身利益也可以分爲兩部份，一部份是特別屬於個人的，一部份是與社會的所有構成份子相同的。假如公民沒有機會作反復的相互爭議，則特別屬於個人的利益將被摒除，而剩餘的結果即可代表公衆利益，這個結果即是共同意見。或許盧梭的思想可由萬有引力的定律來解釋，地球上的每一微粒皆吸引宇宙中的一切其他微粒；上面的空氣吸引我們向上，下面的土地吸引我們向下，但由於它們是紛歧的，所有的這些「自私」的引力都互相抵銷了，結果引力皆朝向地球的中心。或許可以作一種奇詭的想像，將地球的行爲比喻爲一個社會所表現的共同意志。

所謂共同意志永遠是對的祇是說：因爲它代表許多不同公民的個人利益的共同點，它必定也代表個人利益在社會中最大的集體滿足。這種解釋似乎最能符合他原文的意義。(註三)

盧梭的意見是，事實上干擾共同意志的表示的是國家內部的附屬社團；每一社團皆其本身的共同意志，可能與整個社會的共同意志發生衝突。「是則，並非每人各有其一票，而是每一社團各有其一票。」這引入一非常重要的結論：「因此，問題的關鍵在，假如共同意志可以自己表達出來，則國家內部應該不再有局部性的社會，每一個公民應該只考慮自己的想法，而這正是偉大的黎克格斯所建立的卓越的制度。」在附說中，盧梭且以馬其維利的權威性來支持自己的意見。

考量這樣一種學說，必然牽涉到實際問題。照盧梭的學說，國家就必須禁絕教會（除非國教的教會）、政黨、工會及其他一切具有類似經濟利益者的組合，結果顯然會變成極權國家，個別的公民是沒有權力的。盧梭似乎也承認要禁絕一切組合或許是困難，因此他後來的想法是，必須可有附屬的社團，愈多愈好，如此則力量可以相互抵消。

當他在本書的後半部討論到政府時，他承認執政者不可避免地是一個具有本身的共同意志與利益而很可能與整個社會的利益相抵觸的社團。他說，當一個大國的政府比小國的政府需要更強大的權力時，也更需以「主權體」的方法對政府權力加以限制。一個當政者有三種意志：他自己的意志、政府的意志、共同意志，此三者是應該互相協調的，但事實上常常是互相牴觸的。他又說：「一個人如賦予支配他人的權力，則一切事情都會腐蝕他的理性與正義感。」

因此，儘管共同意志是永不犯錯的、總是「持續不斷的、不可變更的、純正無私的」，但如何避免走向極權的老問題仍然存在。盧梭在這方面所表示的意見，若非竊取孟德斯鳩的舊說，即堅持立法權的至高無上性，這在民主制的國家內，就是他所說的「主權體」。他所創始闡釋的廣大的一般性原則，一若解決了政治上的問題，但當接觸到次一層的細節問題時，就會知道對解決實際問題，毫無用處。

現代學者對本書的譴責導使讀者預期自其中發現比實際內容更具毀滅性的革命思想。我們可以從他對民主的論說窺知其厓略。當他用民主一詞時，我已經說過，是意指古代城邦的直接民主。他指出，這是永不可能完全實現的，因為人民不可能永遠聚集在一起，永遠忙於處理公衆事務。「假定人民是神組成的，才會有這樣的民主，完美的政府不是屬於人類的。」

我們稱為民主的，他稱為選舉的貴族制；他說這是所有政府中最好的一種，但並不適用於所有的國家。其「溫度」必須不太冷也不太熱；生產必須不過份超過需要，否則，奢侈的惡習即不可避免，而這種惡習只限於一個君主及其朝廷，不能蔓延及於百姓。在節儉方面，專制政府可以做的事情很多。但是他提倡民主，（儘管是有限度的），無疑成為法國政府對這本書深惡痛絕的原因之一；至於其他的原因，可能還有其中對國王神聖權力的否定，這一點見之於以社會契約爲政府起源的理論。

「民約論」一書成爲法國大革命大多數領袖的「聖經」，但其不幸亦有如聖經，並沒有爲信徒們所精心研讀，充分了解。它在民主的理論家之中，重新引入傾向形而上學的抽象理論的習慣，而由於其「共同意志」的說法，才使一個領袖得與人民神秘地被視同一體，而不需要世俗的工具例如選票箱來證實。此一理論又重現於黑格爾爲普魯士的獨裁政治所作的辯護。其實踐首見之於羅伯斯比爾的統治；俄國與德國的獨裁（尤其是後者）部份是盧梭思想的產物。至於將來還會有什麼是受他的幽靈支配的，我就不願妄加揣測了。

（註一）日內瓦市政會議下令將這兩本書焚毀，並下令如盧梭到達日內瓦，即予逮捕，法國政府在這以前已便下過拘捕令，巴黎大學的文理學院及巴黎市議會都對「愛彌兒」加以譴責。

（註二）唯有巴斯加（Blaise Pascal 一六二三——一六六二年，法國哲學家——譯者註）是例外。他說「心靈也有其理性的一面，但「此種理性是無知的。」其語氣與盧梭相似。

（註三）盧梭說：「全體意志與共同意志常有很大的區別；後者祇考慮公衆的利益，前者照顧到個別的利益，是個別意志的總和；但如果把這些多少在相互抵消的個別意志剔除，則共同意志仍可以作爲這許多不同意志的總和。」

第三節 康德

一、德國唯心論的一般情況

十八世紀的哲學是屬於經驗主義的時代，以洛克、柏克萊與休謨爲代表。他們在精神上的氣質與純理論的趨勢方面，也互有衝突，這一點他們自己似乎並未察覺到。在他們的精神氣質方面，他們是關切公衆事務的，絕非自我專斷者，也不願以「不義取富貴」，贊成一個寬容的社會，只要不觸犯刑法，每個人皆可各行其是。他們是本質善良的、屬於入世的，溫文爾雅的。

雖然他們的氣質是社會性的，但他們的理論哲學却傾向於主觀主義。這並非新的趨勢，在古代的末期，早就已經存在了，以聖奧古斯丁表現得最顯著；降至近代，又以笛卡兒的「我思故我在」而重現，而在萊布尼茲發表其「不能穿透的單子」學說時，到達最高潮。萊布尼茲相信，卽使世界毀滅，一切物質仍是不變的；但他仍致力於謀求天主教與新教的復合。在洛克、柏克萊、休謨的哲學中，也有類似的矛盾。

洛克在學理上仍有其前後矛盾之處。上文中曾提到，洛克一方面說：「由於心靈的一切思想與辨別除自己的概念外，沒有其他直接的目的物，這是純由心靈產生或思考的，因此，可以證明，我們的認識只與我們心靈中的這些概念有關。」又說：「認識只是在兩種觀念中作贊同或不贊同的一種選擇。」但是，他又主張，我們有三種眞正的認識的來源：㈠自己的直覺；㈡從上帝處所得的啓示；㈢由感官接觸事物所得的感覺。他認爲「純概念」是「事物在心靈中自然反映的產物。」他是如何知道的，他未作說明；但這顯然超過「在兩種觀念作贊同或不贊同的一種選擇」。

柏克萊對如何解決這一矛盾，採取了一個很重要的步驟。對他而言，只有心靈及心靈中的觀念；物質的外在的世界是不存在的。但他仍未能掌握住自洛克處得來的認識論的一切要旨。假如他是完全前後一貫的，他應該否定自上帝及自己以外的一切心靈所得的知識，但由於他作為一個教士與接觸社會廣泛的人的想法，他不能作這種否定。

休謨在尋求學理的一貫性方面，不遺餘力，但並不想使自己的行為符合自己的學說。休謨否定「自我」，對歸納法與因果律表示懷疑。他接受柏克萊放棄物質因素的說法，但不同意以上帝的觀念作為代替。誠然，像洛克就承認如無「期前印象」即無「純觀念」，無疑地，他把「印象」想像為心靈受外在某種事物直接影響的一種狀態。但他不能承認以此為印象的定義，因為他懷疑「造因」的觀念。我懷疑他或他的信徒曾經明白覺察到印象此一問題。他的看法顯然是，「印象」具有某些使其與「觀念」不同的本質上的特性。因此，他不能說印象給予我們外在事物的知識，如洛克所說，或者附和柏克萊的一種較溫和的說法。他理應相信自己被關閉在一個孤獨的世界裏，除自己的各種精神狀態及其相互關係外，一無所知。

休謨的自圓其說顯示經驗主義走向其邏輯性的結論，很少有人會接受的，這結論也使得在整個科學的領域中，無法分辨合理的信仰與輕信之間的區別。洛克已預見此一危機。他對一個假想中的批評者答復說：「假如認識包括對觀念的贊同，則狂熱的人與清醒的人是在同一個等級上了。」洛克的時代，正當世人對「狂熱」厭倦，容易使人相信他對批評者的答覆是不錯的。盧梭的時代，又正當世人對「理性」厭倦，「狂熱」主義再興，理性破產，習以心靈裁決頭腦認爲可疑的問題。自一七五〇至一七九四年，心靈的聲音愈來愈高；最後，一七九四年七月二十七日的政變（推翻了羅伯斯比爾，結束了革命的恐怖時代）遏止了這一猛烈的趨勢，至少在法國是如此。但後來在拿破崙的統治下，「心靈」和「頭腦」就都不起作用了。

在德國，反休謨的「不可知論」(agnosticism)的思想，遠較盧梭爲深入而堅定。康德、費希特、黑格爾發展了一種新型的哲學，試圖從十八世紀後期的破壞性的思想中，同時挽救知識與道德。在康德、尤其是費希特的思想中，笛卡兒所創始的主觀主義思潮更走入新的極端，在這方面，最初並沒有反對休謨。至於主觀主義，則始於黑格爾，他試圖以他自己的邏輯，尋出一條自個人的樊籬中逃脫而走向社會的新路。

德國的唯心主義都與浪漫主義有密切關係。這在費希特的思想中很顯著，在謝林 (Friedrich Wihelm Shelling 一七七五——一八五四年）與黑格爾則最少。

康德——德國的唯心論的創始人，雖然寫過一些有趣的政治評論，但他本人在政治上並不具有重要性。另一方面，費希特與黑格爾的政治言論，對當時以至對現在的歷史趨向，都有深刻的影響。但如不先研究康德，卽無法了解費希特與黑格爾，故本節專論康德。

在進入細節的討論之前，可先略述德國唯心主義者的某些共同特徵。

以對認識的批評作爲達成哲學結論的方法，是康德所強調而爲其信徒所採用的。爲了反對過份重視物質，乃轉而重視心靈，結果竟主張只有心靈存在。康德也激烈反對功利主義者的道德觀，贊成以抽象的哲學論點來證明的學說。其著作有一種學者的氣息，這是比他較早的法國與英國的哲學家所沒有的。康德、費希特、與黑格爾都是大學教授，忙於向學生講學，不是向普通聽衆演說的有閑的紳士。雖然他們的努力有部份的革命性，但他們本人不是有意成爲「破壞」性的。費希特與黑格爾都對保衞國家表現了忠誠。他們的生活是學者型的，可以作爲世人楷模的；他們對於道德問題的看法是純正統派的；他們在神學上從事革新，但這樣做是爲了有益於宗教。

在作過基本性的簡述後，讓我們現在來研究康德的哲學。

二、康德哲學的大要

康德（Immanuel Kant 一七二四——一八〇四年）被一般人推爲現代最偉大的哲學家，我本人不能同意此一評價，但如果不承認他的非常重要的地位，也是愚蠢的。

康德一生皆住在東普魯士科尼格斯堡。雖然他經過七年戰爭（其中有一段時間俄國人佔領了東普魯士）、法國大革命及拿破崙早期對歐洲的征服，他的生活却保持學者的平淡型式。他先通過伍爾夫的著作研讀萊布尼玆的哲學，但由於兩人的影響而中途放棄：盧梭與休謨。在休謨身上，是由於他對因果觀念的批評，使康德從教條的昏睡中覺醒——至少他自己如此說過，但覺醒只是暫時的，很快他又發明了一種催眠劑，使自己又墮入夢鄉。就康德而言，休謨是應該加以反駁的敵人，故影響不大，但盧梭對他的影響則較深。康德是生活非常有規律的人，有些人在他經過他們門口時校正懷錶的時間，但有幾天時間竟然錯亂了，這是因爲他正在讀愛彌兒。他說他需要對盧梭的著作一讀再讀，因爲在初讀時，其文字的優美使他不及注意其中意義。雖然他被養成爲一名虔誠敎派信徒，但在政治與神學上，他都是自由主義者。他同情法國大革命，直到恐怖統治時爲止，他也是民主的信仰者。他的哲學贊成訴諸心靈，以對抗純理性的冷酷指揮，如稍作誇張，可稱爲「薩沃伊牧師」一書的渲染與引伸。他的每個人皆必須被承認有他自己的目標此一原則是「人權論」的另一方式的闡述；他愛好自由，表現於他說的（對兒童也是對成人說的）：「一個人的行爲必須受制於另一人的意志，事之可怖，無逾於此。」

他的早期著作是有關科學方面的，不是哲學方面的。在里斯本大地震後，他寫了一篇有關地震學說的論文；他又寫過一篇短文，討論歐洲的西風是否因橫越大西洋之故而含有濕氣。他對「自然地理學」這一科目具有濃厚的興趣。

他最重要的科學著作是他的「自然通史與天國思想」（出版於一七五五年），贊成拉勃萊斯（Pirre Simon Laplace 一七四九——一八二七年，法國天文學家——譯者註）的星雲說，解釋了太陽系的可能起源。這部著作的一部份具有密爾頓的宏偉氣魄。其中作了一些後來證明爲有價値的假定，但沒有像拉勃萊斯那樣以認眞的論點去支持自己的假定。其中有一部份完全是空想的，例如他說所有的行星都有居民，最遠的行星住着最好的居民——這種以地球上居民的地位自謙的看法是值得讚揚的，但在科學上則毫無根據。

在他因懷疑主義者的論點而困擾最深時，他寫了一本很奇誕的書「一個見鬼者的夢——以形而上學者的夢作解」（一七六六年出版）見鬼者指瑞登堡，他將他的神秘主義學說寫了一大本書，只銷了四本，三本是不知姓名者分別買去，還有一本的買主就是康德。他一半認眞一半開玩笑地主張，他稱之爲「奇妙」的瑞登堡學說，或許並不比正統的神秘主義更「奇妙」。但是他並不完全藐視瑞登堡。他也有神秘主義的一面，在他的著作中却沒有明顯表現出來，他在這方面仍是敬重瑞登堡的，稱之爲「非常莊嚴」的。

像當時其他的作家一樣，他寫了一篇論「莊嚴」與「美麗」的文章。夜是莊嚴的，晝是美麗的；海是莊嚴的，地是美麗的；男是莊嚴的，女是美麗的；諸如此類。

大英百科全書說他「從未結婚，好學自壯至老，終身不倦。」我懷疑寫這一段文字的人是獨身還是結過婚的。

康德最重要的一本書是「純理性的批判」（第一版出於一七八一年，第二版出於一七八七年）。本書的目的在證明雖然知識不能超越經驗，但仍有一部份是「先期存在」的，而並非從經驗中演繹推想出來的。照他的說法，我們「先期存在」的知識有一部份不僅是邏輯，而且還有很多是邏輯所不能包括或者不是從邏輯可以推想出來的。他提出兩種區別，這在萊布尼玆的學說中是混淆不清的。第一種是「分析的」與「綜合的」命題之間的區別；第二種是「先期存在的」與「經驗的」命題之間的區別。茲將上述區別略作解釋。

一項「分析的」命題中，主詞是述詞的一部份；例如「一個長人是一個人」或「一個等邊三角形是一個三角形」。這類命題是守矛盾律約束的；如長人不是人卽爲自相矛盾。而一項「綜合的」命題則不是「分析的」。一切我們自經驗得來的命題都是「綜合的」。「我們不能僅由觀念的分析去發現「星期二是下雨天」或「拿破崙是偉大的將軍」。康德，不像他以前所有的哲學家，却不承認這種「倒轉」命題，卽一切綜合命題只能由經驗而獲知。

一項「經驗的」命題是除我們直接感覺或經由可信賴的他人的見證外無法獲知的。史地的事實及科學定理卽屬於這一類，凡是我們的確信是依賴觀察所得的資料的就都屬於這一類。另一方面，「先期存在」的命題，雖然可能被經驗所「引出」，却在經驗之外另有其基礎。一個兒童學習算學，可能依靠兩顆彈子加上兩顆彈子變成四顆彈子的經驗。但當他把握到「二加二等於四」的一般原則時，就不再需要實例來證明了；這種命題的確定性永遠不可能用歸納法去加之於一條普遍性的定律。一切純數學的命題都是「先期存在」的。

休謨曾證明因果律不是「分析的」，並推斷我們不能確定其眞實性。康德認爲因果律是「綜合性」的，但也是「先期存在」的。他認爲算學與幾何學是「綜合性」的，但也都是「先期存在」的。於是，他把問題的形式定爲：

為何綜合性判斷的「先期存在」是可能的？

結果，「純理性的批判」主要卽是回答這個問題。

康德對這個問題的解決，具有堅強的自信；他以十二年的時間去尋求答案，在他的思想成熟後，只用了幾個月的時間寫成一部巨著。在第一版的前言中，他說：「我敢說，沒有任何一個形而上的問題，不在本書中得到解答，或提供解答的鎖鑰。」在第二版中，他自比為哥白尼，他說，在哲學上，他作了一次哥白尼式的革命。

照康德的說法，外在世界只造成感覺的資料，但我們的心靈則在空間與時間上將這些資料加以整理，以我們所瞭解的經驗為手段提供觀念。事物是我們感覺的原因，但本身不在空間與時間之中；它不是主體，也不能以任何康德稱為「類別」的觀念來加以形容。空間與時間是主觀的，它是我們的感官的一部份。但正由於如此，我們可以確定，無論我們的經驗為何，皆將顯示其與幾何學及時間的科學發生關聯的特徵。假如你經常戴藍色眼鏡，你可以確定所見一切都是藍色的。（這不是康德所舉的例）。同樣地，你在心靈中經常戴了「空間的眼鏡」，你也可以確定一切東西都是有空間的。因此，幾何學在某種意義上是可以驗之於一切經驗過的事物的「先期存在」的定理的，但我們沒有理由假定，任何相同的事物，那些我們沒有經驗過的，其本身卽有眞實性。

康德說，空間與時間並非觀念，而是「直覺」的方式（德文是 Anschauung ，有加以觀察的意義，雖可譯為 intuition，但並不完全洽當。）。但是，也有「臆斷」的觀念；並有康德自三段論法得來的十二種「類別」。十二「　別」分爲四組，每組三類：㈠屬於量的：個體、多數、全體；㈡屬於質的：眞實、否定、限制；㈢屬於關係的：本體與偶然、因與果、交互狀態；㈣屬於型態的：可能、存在、需要。這些猶如空間與時間一樣，也是主觀的——在我們的心靈中，以上這些類別可以適用於任何我們所經驗的事物，但沒有理由假定，它們可以適用在它們本身內的東西。但以造因而論，則有前後矛盾之處，因爲康德認爲它們本身內的東西卽是感覺的造因，但又主張自由意志力是在空間與時間內發生事件的造因。此一矛盾並非偶然的疏失，而是他的學說中不可缺少的一部份。

「純理性的批判」大部份的內容在顯示由於引用空間與時間或引用「種類」於未經驗過的事物所發生的錯誤。康德認爲，在指出這些錯誤後，我們會發現自己爲「矛盾」所困擾——卽是說，相互矛盾的假定都可以明顯地被證實。他提出四項矛盾，每一項都有正面兩面的論點。

第一項，正面的論點說：「宇宙在時間上有一開始，其空間也有限制。」反面的論點說：「宇宙在時間上沒有開始，其空間也是無限的；時空都是無限的。」

第二項矛盾是：一切混合的實體是由單一部份組成的，或不是由單一部份組成的。

第三項矛盾是：有兩種因果關係，一種是自然律形成的，一種是自由意志造成的。反面的論點則稱因果關係只受自然律的支配。

第四項矛盾是：有或者沒有絕對必需的神。

本書的這一部份對黑格爾有很大的影響，但他的辯證法完全是由「矛盾」這條路發展出來的。

在其著名的一章中，康德駁倒一切信仰上帝的理智的證明。他明白地聲明信仰上帝另有其理由；見於他以後所著的「實用理性的批判」一書。但在本書中，其目的只在消極的批判。

他說，對於上帝的存在，只有三種純理性的證明：本體論的證明、宇宙論的證明、「物理神學」(Physico-theological) 的證明。

他說，本體論的證明，以上帝爲最眞實的存在，卽是：一切完全屬於存在的述詞的主詞。相信這一證明正確的人認爲，因爲「存在」是述詞，其主詞必定是「存在」的。康德則反駁說，存在不是一個述詞。他說，我可以想像凡是一百個銀幣都有一萬個銀幣應該有的一切述詞。

宇宙論的證明說：假如有任何東西存在，則絕對需要的上帝也必定存在，現在我知道我自己存在；因此一種絕對需要的上帝也存在，而且必定是最眞實的存在。康德認爲此一論點最後一步仍只是本體論的重複，已經在前文中反駁過了。

物理神學的證明卽是一般所熟悉的宇宙必有一設計者的論點，只是多披上一層形而上學的外衣而已。其主張大約爲，宇宙顯示其爲有目標的秩序。康德對此一論點尙表敬意，但他指出這最多能證明有一位建築師，而非創世者，因此，不能產生上帝存在的正確觀念。他作結語說：「唯一可能的理性的神學是以道德律爲基礎或自道德律中尋求引導。」

他說，上帝、自由意志、不朽是三個「理性的觀點」。雖然純理性使我們形成這些觀念，但不能自己證明其眞實性。這些觀念的重要性是實際性的，亦卽是與道德率發生關聯，理性的純知識上的運用將導致錯誤，唯一正確的運用是趨向道德的目標。

在「純理性的批判」將近結尾時，曾概略提到理性的實際運用，其論點的較充分發揮則見於「實用理性的批判」（一七八六年出版）。其論點大要是：道德律要求公平，即是幸福與道德成正比。僅有天國才能確實做到，在現世是已經證明不能一定做到。因此，必須有上帝以及未來的生命；必須要有自由意志，否則，則無道德之可言。

康德的倫理學見於其所著「道德律的形而上學」，具有歷史性的重要地位。本書提到「絕對的規律」，至少此一成語已爲職業哲學家以外的一般社會所通曉。可以料想到的，康德與功利主義無關，也與任何認爲道德有其本身以外的目標的思想無關。他說他要求「一種完全獨立的道德律的形而上學，不與任何神學、任何物理學或超物理學發生混淆。」他繼續說，一切道德在理性中皆有其「臆斷」的地位與起源；當一個人自覺有義務去做才能產生道德價值；但由於義務「或許」作這樣的要求就認爲自己應該這樣做是不够的。商人因自己的利益而守誠信，或一個人的溫藹是出於偶然的慈善心的衝動，都不算是有道德的。道德的構成要素應求之於規律的觀念；雖然自然界的一切照規律而行動，但只有具理性的人類有權照一種規律的觀念亦即自由意志而行動。以客觀原則驅迫意志的此一觀念稱爲理性的控馭，而控馭的程式則稱爲「規律」。

規律有兩種，一種是「假設」的規律：「如果你希望達到某種某種目的，你必須這樣做」；另一種是「絕對」的規律，即是有某種行爲在客觀上是必需的，不需要有任何目的。絕對規律是綜合的也是臆斷的。康德自摩西十誡的思想推論絕對規律的性質：

「假如我想到一條絕對的規律，我立卽知道其內容爲何。絕對規律，除十誡之外，只包含根據此一誡律而來的定理的必要性；但十誡不包含使自己受限制的條件，只有一種規律的普遍性，使行爲的定理成爲確當，而僅只這種吻合就可以使規律顯示爲必要的。因此，絕對規律是單純的。事實是：按照規律去行事，而同時又是出於你自己的意志，這種規律就可以變爲普遍性的。或者：按照規律行事，一若它應該透過你的意志而成爲一普遍性的自然律。」

康德解釋絕對規律說，借錢是錯的，因爲假如我們都借錢，就要變得沒有餘錢可借了。同樣，偷盜與殺人也是絕對規律所譴責的。但有某些行爲康德確定認爲是錯的，却不能以他的原則來證明它是錯的。例如自殺；很可能有一個患憂鬱症的人希望每一個人都自殺。事實上，康德的定理給予道德一個「必要」的但非「充分」的準繩。爲求充分的準繩，我們必須放棄康德的純形式的觀點，而在行爲的效果上作某種程度的考慮。康德強調說品德不依賴某一行爲所企圖達成的結果，只能基於以行爲本身爲目標的原則；假如這一點可以承認，則康德的定律就是最堅固而不可破的了。

康德認爲，雖然他的原則似乎並未引起這樣的結論，但我們把每一個人看成是他自己的目標，這或許可以被認爲是人權思想的一種抽象形式，而遭遇到相同的反對。如認眞實踐其說，則當兩個人的利益發生衝突時，就不可能有所裁決了。在政治思想中，其困難尤爲顯著，它需要某些原則，例如在多數決定中，必要時少數人的利益就要爲其他人的利益而犧牲。假如有任何「政府的倫理」，則政府的目標必須是，而且只能是符合公平原則的，爲了整個社會的利益的。但是，也可能把康德的原意解釋爲：並非每個人的本身都是絕對的目標，而是所有的人在決定關係到許多人的行爲時，都有其平等的參與權。倘作此解釋，則康德的原則可以被認爲賦予民主一個倫理的基礎。

康德在那個古老時代中的思想上的活力與創新精神見之於他論「永久和平」的文章（發表於一七九五年）。在這篇著作中，他主張自由國家合組聯邦，訂立非戰公約。他說，理性是絕對反對戰爭的，只有一個國際政府才能防止戰爭。他又說，這個聯合國的政府必須是「共和」的，但他的所謂「共和」僅指行政權與立法權的分立而已。他的意思並不是「共和」就不要國王。事實上，他說過在君主統治下，更容易有一個完善的政府。他是在法國大革命後的「恐怖統治」的刺激下，寫這篇文章的，所以對民主有懷疑；他說，由於專制能夠確立行政權，故專制是必要的。「所謂全體人民，以其名稱採取行動，並非眞正的全體，而只是多數而已：故普遍意志是自相矛盾的，也是與自由的原則相牴觸的。」從這些話可以看到盧梭的影響，但以世界聯邦作爲保障和平的方法這一重要的觀念，則並非來自盧梭。

自一九三三年後，這篇論文使康德在自己的國家受到貶抑。

三、康德的空間與時間思想

「純理性的批判」中最重要的部份是他的空間與時間思想。在本節中，我將以批判的態度對此加以檢討。

要明確解釋康德的空間與時間思想，並非易事，因爲其本身卽並不明確。其理論見於「純理性的批判」的本文及序言中；解釋後者較容易，但前者的說理較詳備。我想首先作一說明，力求客觀、公平，在說明之後，再試圖批判。

康德認爲感覺的直接目的物，一部份是來自外在事物，一部份是由於我們的感覺器官。洛克已使世人熟諳一項觀念，卽「次要品質」——顏色、聲音、氣味等等——都是主觀的，並不屬於目的物本身。康德猶如柏克萊與休謨，雖然方式不同，却都更進一步地認定「主要品質」也是主觀的。康德在大多數時間並不懷疑我們的感覺有其造因，他稱之爲「本身內的東西」。在我們感覺上所顯現的，他稱之爲「現象」，這可以分爲兩部份，一部份是由於目的物，他稱之爲「感覺」，一部份是由於我們主觀的器官，他說，這會造成某種關係的多種形式。他稱後者爲現象的「形式」。這一部份本身並非感覺，因此也不隨環境而遷異；它永遠是一樣的，我們身帶這些器官，其功能不是依賴經驗的，故也是「臆斷」的。純感覺的形式被稱爲「純直覺」；有兩種形式，卽空間與時間，空間屬於外在的感覺，時間屬於內在的感覺。

要證明空間與時間爲「臆斷」的形式，康德有其不同類別的論點，一種是形而上學的，另一種是認識論的，或先驗哲學的（transcendental）。前一論點直接出於空間與時間的性質，後一論點間接得自純數學的可能結果。有關空間的論點較有關時間的爲詳備，因爲他認爲後者的主要性質與前者相同，可舉一反三。

關於空間，其形而上學的論點有四：

㈠空間不是由外在經驗抽出的一種觀念，因爲空間早被假定爲對某些「外在」的東西的感覺，而外在的經驗只有通過空間的媒介才有可能。

㈡空間是一種「臆斷」的必要媒介，作爲一切外在感覺的基礎；因爲雖然我們能够想像空間之中空無一物，但不能想像根本沒有空間。

㈢空間不是一般物體的相互關係的一種推論式普遍性的概念，因爲僅有「獨一無二」的空間，我們所謂的「空間」只是它的一部份，並非卽是它的本身——亦卽它的實例。

㈣空間被認爲具有無限的體積，將其各部份包容在一個大空間之內；此種關係與各部份分別作爲其實例的觀念不同，故空間不是一觀念，而是一種純直覺。

他的有關空間的「先驗哲學」來自幾何學。康德認爲，歐幾利得的幾何學是「臆斷」的，雖然，它也是綜合的——卽並非僅由邏輯可以推知的。他認爲幾何學的實證是依賴圖解而完成的。例如，我們知道，兩條相交的直線，互爲直角；穿過其交叉點，對兩條線皆爲直角的，只能畫出一條垂直線。這種知識並非來自經驗。但唯一使我們能以直覺預料在這個命題上能够有何發現的，是在我們主觀中存在的、居於一切實際印象之先的「感性」。感覺的目的物必然符合幾何學，因爲幾何學是關繫到我們感覺的方法的，除此之外，我們不能有感覺。這些話解釋了何以幾何學雖然是綜合的，却仍是可以「臆斷」的，明確無疑的。

有關時間的論點大要與空間的相同，祇是以算學代替幾何學，因爲計算需要時間。

讓我們來逐一檢討這些論點。

形而上學的有關空間的第一個論點是：「空間並非自外在經驗得來的觀念，因爲某些感覺可以指我身外的某些東西（這意思是說，某些在空間上有不同地位的東西，由此而發現我自己的地位），而且，我也許能够感覺它們彼此「相離」的，因此不僅是不同的，而且所佔地位也是不同的，空間的媒介必然已經爲其差異提供基礎。」因此，外在經驗只有通過空間的媒介才有可能。

「身外」這個詞彙（卽因不同的地位而發現自己）是很難懂的。作爲一種「獨立的存在」，我沒有任何地位，沒有任何東西在空間上是在「我」之外的；只能把我的身體當作一種現象，才可以解釋。因此，眞正有關係的祇是這句話的後半段，卽是：我感覺不同的物體於不同的地位。這情形正如一個人可以想到的衣帽間的管事把不同的外衣掛在不同的釘子上，釘子一定是早就存在的，而管事則以其主觀來決定什麼外衣掛在那一個釘子上。

在康德有關空間與時間爲主觀的全部學說中，有一個困難問題他似乎是從未察覺的。卽是：什麼使我像這樣排列我所感覺到的目的物而不作其他不同的安排呢？例如，爲什麼我永遠只見人的眼在口之上而不是在口之下呢？照康德的說法，眼與口有其獨立的存在，使我發生各別的感覺，它們本身與我感覺中存在的空間的排列並不符合一致。此與顏色的物理學說相反。我們並不認爲，事實上的顏色卽是我們所感覺到的顏色，但我們確實認爲不同的顏色與不同的「光波」長短有關。但是，因爲光波牽涉到空間與時間，對康德而言，在我們的感覺上却不能有「感波」。另一方面，倘我們所感覺的空間與時間也像物理學所假定的，在物質世界中有其相關之學，則幾何學卽是此相關之學，而康德的論點就不能成立了。康德相信心靈排列感覺的目的物，但從未想到有必要說明究竟爲什麼它作此排列而不作其他的排列。

至於談到時間，由於牽入因果律，問題甚至更大。例如，我在感覺到雷聲之先，感覺到電光；獨立存在的甲使我感覺到電光，另一獨立存在的乙使我感覺到雷聲，但甲的功能並不在乙之先，因爲時間只存在於感覺的關係上。然則，兩件沒有時間先後的器官，何以在不同的時間生效呢？假如康德的想法是對的，必然是完全武斷的，而何以在感覺上有一先一後，必然不是甲與乙之間的關係。

第二個形而上學的論點是可以想像空間之內空無一物，但不能想像根本沒有空間。但在我看來，任何嚴肅的論點不能以我們能否想像爲基礎；而我仍要堅決否認我們能够想像空無一物的空間。你可以想像在一個黑而多雲的夜仰望天空，此時你自己原在空間之內，你想像天空無物，因爲你看不見雲。康德心目中的空間，一如牛頓，是絕對的。但我看不出如何可以想像絕對「空」的空間。

形而上學的第三個論點是：「空間不是推知的，或是決定一般物體關係的普遍性觀念，而是一種純直覺。因爲第一、我們只能想像單一的空間，假如以多數稱空間，其意義只能是這個唯一的空間的各個部份，而這些部份不能先於其整體存在……只能被認爲在整體之內。空間是獨一無二的，其中的許多部份祇分佈於有限的範圍內。」因此，其結論謂空間是一種「臆斷」的直覺。

此一論點的要旨在否定空間本身有多數。我們以多數稱空間，既非「一個空間」的普遍概念的多種實例，也不是一個集合體的各個部份。我不十分確定，照康德的說法，空間的各部份的邏輯地位是什麼，但無論如何，它們是在空間之後發生的。對於那些採「相對空間」看法的人，實際上現代學者都是這樣，此一論點變得無法說通，因爲無論「單一空間」或「多數空間」都不能作爲一個實體而存在。

形而上學的第四論點主要是證明空間是直覺，不是觀念。其要義在「空間被想像爲（或表現爲）一個無限的指定容積。」這是一種屬於平原國家者像科尼格斯堡那種地方的人的看法，我看不出阿爾卑士山谷的居民會有同樣的想法。也很難想像，任何無限之物可以被「指定」。我應該認爲，顯然那個被指定的空間內，充滿了感覺的目的物，而其他部份，我們則只能感覺到運動的可能性。假如這樣一種粗略的論點可以被容納，則我可以介紹現代天文家的看法，他們認爲空間事實上並非是無限的，而是週而復始的，像地球的表面一樣。

先驗哲學（或超邏輯）的論點，在序文中有最好的說明，較形而上學的論點更確定，但也是更確定地應該被反駁的。據我們現在所知，「幾何學」是包含兩種不同研究的範疇。一種是純幾何學，自定律中推知結論，不需要追問這些定律是否「眞實」；它的內容都是依照邏輯的原則而來的，不是「綜合性」的，也不需要在幾何教科書上所用的圖解。另一種是作爲物理學旁支的幾何學，例如相對論的一般原理；這是一種經驗主義的科學，定律是從測量而來的，發現與歐幾利得的舊定律不同。這兩種幾何學，一種是「臆斷」而非綜合的，另一種是綜合而非「臆斷」的。這我們就可以明白先驗哲學的論點不能成立了。

現在來檢討康德所提起的關於空間的一般性的問題。假如採納物理學所認可的看法，即我們的感覺有外在造因，它（在某種意義上）是屬於物質的，則我們可以達成一項結論，被感覺物的一切性質與不能感覺的造因的性質不同，但感覺的系統與造因的系統有其結構上的相似點。例如，顏色（感覺到的）與光波（物理學家所推知的）之間有相互關係。同樣的，作爲被感覺物的空間與作爲被感覺物的不被感覺的造因的空間也是有關聯的。這一切都依存於「同因同果」的定律。因此，一個可見的物體甲在另一可見的物體乙的左邊出現，我們就可以假定甲的造因與乙的造因必有某些相類似的關係。

照上述觀點，我們有兩個空間，一是主觀的，一是客觀的，一由經驗而知，一由推論而知，但在這方面，空間與其他方面可感覺的事物並無不同，例如顏色與聲音，皆有其主觀的形式由經驗而知，亦皆有其客觀的形式，由一種因果律的定理而推知。沒有理由認爲我們對空間的認識與對顏色、聲音與氣味的認識有任何不同。

至於時間問題，又略有不同。假如我們堅持被感覺者有不被感覺的造因，則客觀的時間必定與主觀的時間相同。否則就會發生我們已討論過的雷與閃光的關係問題。再舉例而言，你聽見一個人說話，你回答他，他也聽見了你。自你而言，他的說話、他聽見你的回答，這些都存在於不被感覺的世界；在那個世界中，他說話在聽見你回答之先。而且在物理的客觀世界中，他說話在你聽見之先；在被感覺者的主觀世界中，你聽見在你回答之先；在物理的客觀世界中，你的回答也必定在他聽見之先。在一切命題中，先後關係顯然是相同的。因此，雖然有重要的理由認爲可感覺的空間是主觀的，但不能說可感覺的時間也是主觀的。

上述的論點假定，被感覺者是「本身內的東西」所造成的，或者可以說，是物理世界的現象造成的。但是，這一假定在邏輯上已經是不必要的了。倘這一點可以放棄，被感覺者之成爲「主觀的」，就沒有任何重要性了，因爲已經沒有什麼是和它相反的。

「本身內的東西」在康德哲學中是一累贅，故他的繼承者放棄了他這個觀念，而因此回到近似「唯我論」的思想。康德哲學中的自相矛盾處，使受他影響的哲學家，不可避免地，不是迅速向經驗主義發展，就是迅速向絕對主義發展；事實上，德國哲學走的方向是後者，直到黑格爾死後爲止。

康德的直接繼承人費希特(Johann Gottlieb Fichte 一七六二——一八一四年）放棄了「本身內的東西」的觀念，却把主觀主義帶到一個近乎瘋狂的境界。他主張「自我」是唯一終極的眞實，它存在因爲它斷定自己的存在；「非自我」有其從屬性的眞實，它存在因爲「自我」斷定它存在。費希特作爲一純哲學家的地位是不重要的，但他却以「對日耳曼民族講演」而成爲日耳曼民族主義之父，他作此講演是爲了在琴那戰役後激勵其國人抵抗拿破崙。「自我」變成形而上的觀念，很容易使經驗主義的費希特感到困擾；因爲「自我」卽是日耳曼，推論是日耳曼人比所有其他民族優秀。費希特說：「有德性和做一個德國人，無疑是一回事。」以此爲基礎，他產生了民族主義的全體主義的完整哲學，對德國有很大的影響。

費希特的直接繼承人是謝林（Friedrich Wilhelm Sehelling 一七七五——一八五四年），較和藹可親，但主觀的成份並未減少。他和德國浪漫主義作家有密切關係；在哲學上，當時他雖然很有名，但並不重要。自康德哲學一脈相承而有重要發展的是黑格爾哲學。

第四節 十九世紀的思潮

十九世紀的精神生活較以前任何時期爲複雜。這有好幾個原因。第一、涉及的區域較以前任何時期爲廣；美國與俄國有了重要的貢獻，歐洲較以前更熟悉印度的現代與古代的哲學。第二、科學自十七世紀以來卽成爲新奇事物的主要來源，至十九世紀更獲得新的勝利，尤其在地質學、生物學與有機化學方面。第三、機器生產改變了社會結構，也使人類在與物質環境的關係上產生新的觀念。第四、在哲學與政治上都產生一種重大的「反叛」，反對在思想、政治、經濟各方面的傳統體系，使得許多以前認爲神聖不容侵犯的信仰與組織都受到了攻擊。「反叛」分爲兩種截然不同的形式，一是浪漫主義的，一是理性主義的（我以廣義用這兩個名詞）。浪漫主義的反叛自拜倫傳至叔本華、尼采，再傳至莫索里尼與希特勒；理性主義的反叛始於法國大革命的哲學家，以較溫和的方式傳至英國哲學中的激進份子，然後變爲馬克斯的更強烈的形式，而在蘇俄產生實際的結果。

以思想支配德國是以康德爲始的一項新的動力。萊布尼玆雖是德國人，卻總是以拉丁文或法文寫作，在他的哲學中很少有德國的影響。康德之後德國唯心主義以及後來的德國哲學則與此相反，受德國歷史的影響很深；在德國哲學的推理中，很多似乎較陌生的觀點正反映了一個原本活力充沛的民族的精神狀態，由於歷史的許多事故，而元氣盡喪。德國的國際地位應歸功於神聖羅馬帝國，但皇帝逐漸喪失了他對名義上的屬國的統治。最後一代有權力的皇帝是查理斯五世，這是由於他擁有西班牙與低地國家的緣故。宗教革命與「三十年戰爭」摧毀了德國的統一，留下若干可憐的小公國，仰法國的鼻息而苟存。在十八世紀中，日耳曼人祇有一個邦，卽普魯士，曾經成功地抵抗過法國；這是何以在非德烈的名字上冠以「偉大的」的原因所在。但普魯士却無法抵抗拿破崙的入侵，在「琴那」一役中遭遇慘敗。普魯士在俾斯麥的統治下復興似乎是阿拉烈、（第四至第五世紀的蠻族哥德人王，曾征服羅馬），查理曼、（在德國人心目中，查理曼是日耳曼人，不是法蘭西人）巴布洛沙的英雄史蹟的重現。俾斯麥說：「我們不要到卡諾沙去。」道出了他的歷史感。（卡諾沙 Canosa 爲義大利中北部一城，第十一世紀羅馬皇帝亨利五世曾於此赤足立於雪地三日，乞求教皇格利哥里的寬恕，卒恢復教籍——譯者註）。

普魯士雖在政治上居優勢，但在文化上則較大部份的德國西部地區爲落後，這就是何以許多著名的德國人包括歌德在內對拿破崙在琴那獲勝並不感覺遺憾的原因所在。十九世紀初，德國在文化上經濟上都有其特異之處。在東普魯士仍有農奴；鄉村貴族大部份是無知的；工人們甚至沒有受過最基本的教育。但另一方面，德國西部地區，在古代是部份臣服於羅馬的；自十七世紀起卽屈伏於法國的影響之下；曾被法國的革命軍佔領，並且曾建立如同當時法國同樣自由的制度。有一些王公是明智的，成爲藝術與科學的贊助者，模倣文藝復興時代他們的前朝王公，最著名的例子是威瑪大公，他是歌德的贊助人。這些王公們自然是反對日耳曼統一的，因爲這將取消他們的獨立地位。他們是反愛國主義者，許多依附他們爲生的著名人物也是如此，在他們看起來，拿破崙是傳佈一種較日耳曼爲高的文化的使者。

逐漸地，到了十九世紀，日耳曼的新教文化愈益歸趨於普魯士，菲德烈王是一個自由思想者也是一名法國哲學的崇拜者，努力使柏林成爲文化中心；柏林學院的終身院長是一位著名的法國人莫泊塔尤(Peirre Louis Moreau de Maupertuis 一六九八——一七五八年，法國數學家與天文學家——譯者註），不幸此人後來成爲伏爾泰嘲笑的犧牲者。菲德烈的努力，一如其同時代的開明專制者所爲，並不包括經濟與政治改革在內；其最大的成就祇限於養了一批知識份子而已。在他死後，大多數的文化人又祇能在德國西部才能找到了。

德國哲學與普魯士的關係較文學與藝術爲多。康德是菲德烈治下的臣民，但他受普魯士的影響很少，爲了他的自由派神學，實際上甚至與普魯士政府發生衝突。不過，費希特與黑格爾都是普魯士政府的思想上的喉舌，便於後來日耳曼愛國主義與對普魯士的崇拜融爲一體。這方面的工作是由德國的大歷史家特別是毛姆森（Theodor Mommsen 一八一七——一九〇三年）與崔契凱（Heinrich von Treitschke 一八三四——一八九六年）所完成的。俾斯麥最後說服了日耳曼民族，在普魯士之下統一，於是，日耳曼文化中較少國際性格的這一部份獲得了勝利。

黑格爾死後，大部份的學院哲學皆因襲傳統，因此，沒有很重要的地位。經驗主義在英國居支配地位，直至十九世紀末，在法國則「失勢」更早；此時，康德與黑格爾逐漸地「征服」了英國法國的各大學，至少教哲學的教授們是如此。至於，在一般受過教育的公衆之中，很少受康德黑格爾的影響，在科學家之中，也極少信從他們的哲學。著作家之中與學術傳統有關的，密爾（John Stuart Mill 一八〇六——一八七三年，英國哲學家）承襲了經驗主義；洛玆（Rudolph Hermann Lotze 一八一七——一八八一，德國哲學家）、布拉德萊（Francis Herbert Bradley 一八四六——一九二四年，英國哲學家）、波參奎特(Bernard Bosanquet 一八四八——一九二三年，英國哲學家)等則因襲了德國的唯心論——但他們在哲學家中都不是第一流的，易言之，卽不能和他們所信從的學說的創立人相提並論。以前的學院哲學常與當時最具活力的思想隔離，例如，在第十六十七世紀，學院中所講的主要仍是經院哲學。在這種時代，治哲學史的人重視非職業的「異端邪說」者，遠過於職業性的教授們。

大革命期間大多數的法國哲學家試圖將科學與盧梭有關的信念揉合在一起。艾爾維許（Glaude Adrien Helvetius 一七一五——一七七一年）與康道塞（Marquisde Condorcet 一七四三——一七九四年）或許可以被認爲是兼容理性主義與狂熱主義的典型人物。

艾爾維許的書「論精神」受到巴黎大學文理學院的攻擊，而爲人所焚毀。邊沁於一七六九年讀到他的書時，立卽決定獻身於制定符合社會倫理的法律，他說：「艾爾維許在倫理學中的地位等於物理學中的培根，倫理學算是有培根了，但倫理學的牛頓還沒有出現。」詹姆斯・密爾（James Mill 一七七三——一八三六年，英國功利主義哲學家）把艾爾維許的思想作爲教育他自己的兒子的軌範。

艾爾維許信從洛克的思想，認爲精神祇是一種現象的聚合，人與人之間的區別完全由於所受教育的不同：每一個人的才能與品德都是他們所受訓練的後果。他認爲，天才常出於偶然的機會：如果莎士比亞未因盜獵而被捕，他一定成爲一名羊毛商人。他對於立法的興趣在於他認爲對成人的主要教育者是政府的型態及由此而造成的風俗與習慣。人生來無知，但非愚蠢；由於不當的教育才變得愚蠢。

在倫理學方面，艾爾維許是一名功利主義者；他認爲快樂卽是「善」。在宗教方面，他是信奉自然神教的，激烈地反對牧師的權威地位。在認識論方面，他以一種單純的詞句接納了洛克的觀點：「由於洛克的啓廸，我們知道，觀念以至心靈都是要依靠感覺的器官的。」他說，身體的感覺是我們的行爲、思想、情感的唯一造因。在知識的價值上他強烈地反對盧梭，而對知識的估價甚高。

他的思想是樂觀的，因爲他相信造就完美的人祇需要有完美的教育。他暗示，祇要傳教師從學校中讓開，就很容易實現完美的教育。

康道塞的意見與艾爾維許類似，但受盧梭的影響較多。他說，人的諸種權利，皆出於同一眞理，卽是：人爲一理性動物，有推理及形成道德觀念的能力，因此，人類應不再分爲統治者與被統治者、騙人者與被騙者。「慷慨的雪梨爵士（Phillip Sydney 一五五四——一五八六年）爲此一原則而付出其生命，洛克願以自己的姓名冠諸此一原則，以後更由盧梭予以更精確的闡發。」他說，洛克首先指出了人類認識的限度，他的「方法很快就成爲一切哲學家所用的方法，並且，由於用在道德、政治、經濟各方面，他們成功地在這些學科方面找出一條出路，其確定性一如在自然科學方面。」

康道塞非常崇拜美國革命。「常識告訴英國殖民地的居民，在大西洋彼岸出生的英人與正好在格林威治出生的英人絕對具有相同的權利。」他說，美國憲法是以自然權利爲基礎的，美國革命使從尼瓦到戈達奎弗、全歐洲都知道了人權之說。但法國大革命所主張的原則卻較「領導美國人的原則，更純淨、更精確、更深刻。」這些話是在逃避羅伯斯比爾的隱匿生活中寫下來的。他死於獄中，而死因不明。

他相信婦女應享平等權利；他也是馬爾薩斯人口說的創始者，但他不像馬爾薩斯那樣作悲觀的結論，因爲他以節育作爲解決人口問題的方法。馬爾薩斯的父親是康道塞的學生，由此而獲知康道塞的人口學說。

康道塞甚至較艾爾維許更熱誠而樂觀。他相信，由於法國大革命思想的傳播，一切主要的社會病態皆可一掃而空。他幸而未在一七九四年後仍生存於世，及身而見事實發展與他所推想的背道而馳。

法國大革命期的哲學家思想變得較冷靜而較精確，由以邊沁爲首的哲學激進份子傳入英國。邊沁最初祇對法律有興趣，後來，年齡漸增，他的興趣也隨之開濶，而他的看法却變得更具有破壞性。一八〇八年後，他成爲共和的鼓吹者、女權平等的提倡者，帝國主義的敵人，不妥協的民主主義者。有某些看法，他得自詹姆斯・密爾。他們都相信教育的全能。他提倡「最大多數的最大快樂」無疑是出於他的民主的感情，但這也是對人權思想的攻擊，他直指人權思想爲「無意義」。

哲學上的激進份子和艾爾維許及康道塞這一類哲學家有許多地方是不同的。在性格上，他們較具忍耐，樂於從實際資料中尋求其學說。他們與經濟學有很重要的關係，這是他們自己認爲可以發展爲一門科學的。狂熱主義的傾向存在於邊沁與約翰・史都華・密爾的身上，但不在馬爾薩斯與詹姆斯・密爾的身上。這種傾向却又遭受到上述「科學」尤其是馬爾薩斯人口說的沮喪語調的有力阻遏。照馬爾薩斯的說法，大多數的工資所得者，除非在瘟疫流行後的短期內，永遠祇能賺取僅足維持其本人及家庭生存的最低工資。邊沁派與以前的法國哲學家另有一重要的不同是，在工業發達的英國雇主與工資所得者之間已有激烈的衝突，由此產生了工團主義與社會主義。大體上說，邊沁派在此一衝突中是站在雇主這一邊而反對工人的。邊沁派的最後一位代表人——約翰・史都華・密爾，却逐漸放棄執着於他父親的堅決主張，年齡愈增，則愈減少其對社會主義的敵視，也愈降低其視古典經濟學爲永恒眞理的信念。根據他的自傳，他的這一溫和轉變的過程開始於誦讀浪漫詩人的詩篇。

邊沁派的哲學家雖然在最初採取一種較溫和的革命態度，但後來卽逐漸轉變，部份是由於他們說服了英國政府採納他們的意見，部份是由於反對日益增長的社會主義與工團主義的勢力。上文提到過，反叛傳統的人分爲兩類，理性主義的與浪漫主義的，雖然康道塞似乎兼有兩種氣質。邊沁派則是純理性主義的，反對邊沁派及當時經濟秩序的社會主義者也是如此。社會主義運動並沒有獲得一完整的哲學體系，直到馬克斯爲止。

浪漫主義形式的反叛大有別於理性主義的形式，雖然兩者皆淵源於法國大革命及緊隨革命後興起的哲學家。浪漫主義形式可見之於拜倫，却披上一件「非哲學」的外衣，到了叔本華與尼采，就知道用哲學的語言來表達了。它強調意志的重要，而不惜犧牲理智，對理性的束縛感到不耐，讚美某些種類的暴亂。在實際政治上，作爲民族主義的「聯盟」者，是具有重要地位的。卽使並非事實全然如此，其趨勢確定是反理性的、反科學的。某些極端的形式可見之於俄國的無政府主義者，但在俄國，仍是理性主義形式的反叛獲得了最後勝利。德國總是較其他任何國家更容易受浪漫主義的影響的，結果爲純意志的反理性哲學，提供了一個政府形式的代理人。

截至目前我們所研究的哲學都自傳統或文學及政治獲得靈感，但哲學的看法另有兩種其他的來源卽科學與機器生產。後者對思想上的影響始於馬克斯，此後卽逐漸變得愈益重要。前者自十七世紀卽居重要地位，但在十九世紀，則以另一新的形式出現。

達爾文在十九世紀的地位等於伽利略與牛頓在十七世紀的地位。達爾文的學說分爲兩部份，一部份是物種演進說，認爲不同物種的生命皆由同一祖先逐漸演進而來。此一現在已被普遍接受的學說實則並非達爾文新創，拉馬克（Chevalier de Lamarck 一七四四——一八二九年，法國博物學家——譯者註）與達爾文的祖父伊拉斯慕斯・達爾文，卽持此說，更無論古希臘的亞那齊曼德了。達爾文爲此一學說提供了不計其數的證明。在其學說的第二部份，他相信自己發現了演進的原因，以此，他獲得了前所未有的科學支持的力量與普遍的歡迎。

達爾文第二部份的學說是「物競天擇、適者生存」。一切動物與植物的繁殖超過自然所能供養的限度；因此，每一代中都有許多在到達傳種的時間以前卽已消滅。誰能生存，是什麼因素決定的？無疑在某種程度上，完全靠運氣，但另有一更重要的原因。動物與植物通常並不絕對與其上一代相同，在每一可測見的特性上皆稍有增減。在一特定的環境內，同種類的動植物作生存的競爭，其最能適應環境者卽獲得最佳的機會。因此，在可能的變化中，有利的特性卽在每一代的「成體動植物」中佔優勢。於是，與時俱進，鹿奔跑得愈來愈快，貓潛近它的獵物時愈來愈悄靜，長頸鹿的頸愈來愈長。達爾文相信，假以足够的時間，他可以使這一「機體論」(mechanism)解釋從原生物進化到人類的整個過程。

達爾文這一部份的學說頗引起爭論，大多數的生物家認爲它還有許多重要的缺點。但這不是研究十九世紀思想的歷史家所考慮的。自歷史觀點而言，感到興趣的是達爾文的學說延伸到代表哲學激進份子的全盤經濟生活。照他看來，演進的動力是一種在自由競爭世界中的「生物經濟學」。以馬爾薩斯的人口學說延伸到動植物，使達爾文聯想到「物競天擇適者生存」是演進的原因。

達爾文本人是自由主義者，但他的學說及其影響對傳統的自由主義多少是不利的。人人生來平等及成人的區別完全由於教育不同之說和他強調同類生物有其天賦不同之說是相互矛盾的。倘達爾文一如拉馬克所主張的，本人願意讓步到，不堅持後天的特性是可以來自遺傳的，則艾爾維許反對這種看法的態度當可趨於緩和。事實上，除某些不很重要的特例之外，祇有天賦的特性是遺傳的。人各有其稟賦之說，具有基本的重要性。

除機體論之外，達爾文的演進說還有更進一層的後果。假如人類與動物有其共同祖先，假如人類由如此緩慢的過程而來，有某些動物，我們不能確知其是否爲人類，則接下來的問題就是：人類在那一個演進的階段中或者在那一代近似人類的祖先時，開始成爲人人平等的？假如野蠻人受適當的教育，就可以有牛頓一樣好的成就？貧民窟的人，假如有任何人受適當的訓練，就可以寫出和莎士比亞一樣好的詩篇？一個堅決主張生來平等的人以肯定的態度回答這問題時，會發現自己被迫承認猿和人類是平等的。爲什麼猿就停止不再進化了呢？演進論的信徒可能主張，不僅人人平等的思想而且還有人權思想都必須被指責爲違反生物學的原理，因爲它過份強調人類與其他動物之間的區別。

但是，自由主義的另一方面則因演進論而增強，即是對進步的信念。當世界情勢容許樂觀思想時，自由主義者是歡迎演進論的，一方面由於它鼓勵進步，一方面由於它爲反對正統神學提供新的論點。

生物學的聲望使具科學思想的人將生物學而非機械的觀點適用於世界。假定每一件東西都在演進中，就很容易想像有一個宇宙的目標。宇宙爲有機體的理論被認爲是以科學與哲學解釋宇宙規律的鎖鑰，十八世紀的原子學說被認爲是過時了。這種看法甚至最後影響到理論物理學。在政治上，自然引伸到強調社會而忽視個人。此與國家權力及民族主義的增強是互相調和的，達爾文的「物競天擇適者生存」之說在此不是適用於個人，而是適用於國家。但這是將一種不完全被瞭解的科學思想帶入一較大的社會，因而產生非科學的不確定的看法。

雖然生物學發生反對以機械的觀點看世事的作用，但現代的經濟技術又有相反的效果。直到大約十八世紀末，科學技術，非如科學思想，對公衆意見並無重大的影響。工業文明興起後，技術乃開始影響人的思想。即使如此，也還有很長一段時間，其影響多少是間接的。產生哲學思想的人通常是和機械很少接觸的。浪漫主義者察覺並痛恨工業文明爲原本風景美麗的地區所帶來的醜惡以及那些以工商業賺錢者的「粗鄙」（以他們對粗鄙的看法）。這使他們反中產階級，有時使他們似乎與無產階級支持者相聯合。恩格爾稱讚喀萊爾，而不知喀萊爾所希望的並非解救工資所得者，而是使他們臣服於有如中世紀那樣的主人。社會主義歡迎工業文明，但希望產業工人自雇主的權力下獲得自由。他們在考慮問題時，受工業文明的影響，但涉及解決問題的觀念時，則受影響甚少。

機械生產對世界構想最重要的影響是「人類力量自覺」的大幅提高。這祇是人類自有史以來進化過程的加速前進。當人類發明武器不再恐懼野獸、發明農業不再恐懼饑饉時，即已踏入進化的過程。但這種加速進步如此巨大，因現代技術的支配力量產生一嶄新的面貌。在昔日，山嶺與瀑布是自然現象；現在，可以消除不便利的山嶺可以用人工製造便利的瀑布。在昔日，有瘠地與沃土；現在，假如人感覺值得這樣做，就可以把瘠地變成有如玫瑰花叢一樣的繁茂，一方面，不適當的科學的樂觀主義者也可以把沃土變成瘠地。在昔日，農民的居住狀態一如其父祖，信仰一如其父祖；以教會的全部力量也不能撲滅異教的慶祝儀式，祇披上基督教的外衣，而所敬的却是當地土神。現在政府則可以下令規定農民子弟所學的內容，經過一個世代，就把農民的頭腦改變了；可以猜想到，這在俄國已經做到了。

在某些直接管理世務的人或與上述的人有接觸的人之中，產生一種對力量的新的信念；當人與自然相爭時的力量；然後是統治者對人類信念與希望的影響力，以科學化的宣傳特別是教育來控制人民。結果是很少能保持不變的事物。自然資源成爲原料；人類中不能有效參與政府的那一部份亦復如此。有些老的觀念相信人的力量是有限的；這種觀念代表上帝與眞理（我並不意指這兩者之間在邏輯上有連帶關係），已趨向沒落；即使它並沒有被公開否定，但已失去重要性，人對它的信仰也祇是浮面的。這整個面貌是嶄新的，無法確知人類如何能使自己適應。它已經產生若干劇變，將來無疑還要產生更多的劇變。建立一種哲學，足以與沉醉於無限力量的遠景的人以及弱者對社會的冷漠相抗衡，是我們這個時代更沉重的工作。

雖然仍有許多人由衷相信人類必須平等及理論上的民主，但現代人的想像却受到十九世紀工業文明引導下社會組織型態的深刻影響，這型態實際上却是非民主的。一面是工業的領袖們，一面是衆多的工人。在民主國家中，這種自內部對民主的干擾尙不爲一般國民所知，但自黑格爾以後，却爲大多數哲學家所重視，他們所發現的少數與多數利益的尖銳對立，在法西斯主義獲得實際的體現。尼采是站在少數這一邊的，馬克斯算是站在多數一邊的。或許邊沁是唯一重要的哲學家，試圖調和兩種相衝突的利益；結果兩面不討好，受到來自兩面的攻擊。

欲求建立人際關係的現代倫理的任何使人滿意的軌範，就必須承認人類對克服人類以外環境的力量以及互相壓制的力量是有限的。

第五節　黑格爾

黑格爾（Georg Wihelm Friedrich Hegel 一七七〇——一八三一年）是自康德以來德國哲學的顯峯發展。他常批評康德，但無康德，也不會產生黑格爾。他的影響，雖然現在已在消逝中，但仍然很大，不僅在德國，也並不以德國居首。十九世紀末，英、美學院派居領導地位的哲學家大多數是黑格爾的信徒。在純哲學範圍之外，許多新教的神學家採納了他的學說；他的歷史哲學對政治思想有深刻的影響。大家都知道，馬克斯年輕時，曾做過黑格爾的學生，在他後來所完成的學術體系內，就有黑格爾的成份。卽使（我自已就相信如此）黑格爾的學說幾乎全部是錯的，他仍有其重要地位，不僅是歷史性的，而且是一種比較不合邏輯且比較艱澀難懂的哲學的最佳範例。

他的生活平淡無奇。青年時，曾傾心於神秘主義，他後來的看法或許可以被認爲是最初顯現在他心內的神秘洞察力的某種程度的啓發。他最初在琴那任哲學講師，自稱正在琴那戰役結束的前夕，完成他的「精神的現象論」。後來轉往紐倫堡，再轉往海德堡（一八一六——一八一八年），此時已成爲正式教授，最後於一八一八年到柏林，卽終老於此。他在晚年是一名愛國的普魯士人、國家的忠僕，克享其哲學上的盛譽；但在早年時，他却鄙視普魯士，崇拜拿破崙，以至於爲法國在琴那獲勝而欣喜。

黑格爾的哲學是很難懂的——我可以說，他是所有大哲學家之中最難懂的一位。在詳細討論之前，作一般性的描敍也許是有助益的。

由於他早年對神秘主義的興趣，他相信物質的分隔是不眞實的，他的看法是，世界不是堅固的單元的聚合，不管其爲原子或靈魂，每一單元都是「自我生存」的。有限物體的「自我生存」對於他是錯覺：他相信，除整體以外，沒有東西最終是完全眞實的。但他與巴曼尼德斯及斯賓諾莎不同，他相信整體並非一單純的實體，而是一種我們可稱之爲有機體的複雜的體系。那些以爲構成世界的顯然分隔的物體祇不過是出於我們的錯覺；每一物體皆有或多或少的眞實性——其眞實性包含在整體的某一部份中，這是當我們在確實觀察時就可以看到的。從這個觀念，自然就會引出一個結論，即不相信時間與空間的眞實性，因爲，假如完全是眞實的，就牽涉到分隔與「多樣性」的問題。所有這些，一定首先出於他的神秘的洞察力，至於以理性來加以申述，有如在他的著作中所見到的，必定是以後的事了。

黑格爾說眞實必定是合理的，合理的也必定是眞實的。但他的所謂「眞實」，其意義與經驗主義者所解釋的不同。他認爲，甚至力言，在經驗主義者看起來是事實的，必定是不合理的；祇有在其特性轉換，看成整體的一個部份之後，才能是合理的。但是「眞實」與「合理」的一致，不可避免地引到一項信念——「凡是存在的，都是合理的。」

整體——包括其一切複雜的組織，黑格爾稱之爲「純一」，「純一」是精神的；斯賓諾莎的認爲精神有空間的屬性一如其有思想的屬性的看法被黑格爾否定了。

黑格爾與其他具有類似神秘主義色彩的人有兩點不同。其一是黑格爾強調邏輯：他認爲「眞實」的性質可由單純考量其是否自相矛盾而推斷，它必須不是自相矛盾的。其二（與第一點有密切關聯）是稱爲「辯證法」的正反合的組合。他最重要的著作是有關邏輯的兩本書，欲求瞭解他在其他著作中的主張的理由何在，必須首先瞭解他這兩本書。

照黑格爾所解釋的字義，邏輯就是形而上學，與一般人所稱的邏輯大不相同。他的看法是，任何一個普通的述詞，如以之形容眞實的整體，就會成爲自相矛盾的。或許有人把巴曼尼德斯的學說作爲一粗淺的例證，祇有「一」是眞實的，即是球形的宇宙。除非有界限，不可能是球形的；而除非有物（至少是空間）在其外圍，即不可能有界限。因此，認爲宇宙是球形的即是自相矛盾的（此一論點可用非歐幾利得的幾何學加以質疑，但把這一論點作爲一種解釋，仍是可行的）。或者讓我們提出另一解釋——仍然是粗淺的，可能是黑格爾所不屑提出的。你可以說，甲先生是一位叔父，沒有明顯的矛盾；但假如你說宇宙是一位叔父，就難於理解了。一位叔父是指一個有姪子的人，而姪子是與叔父分隔的另一個人；因此，叔父不可能是眞實的整體。

此一解釋同樣可用以解釋辯證法，它包括正、反，合三者。首先我們說：「眞實是叔父」。這是正面的論點。但既有叔父存在則必有其姪。因爲除「純一」之外，沒有是眞正存在的，而我們又必須使姪子存在，所以我們的結論必定是：「純一是姪子。」這是反面的論點。但另一反面的論點是，「純一」是叔父，因此，我們作出的結論是，「純一」即是由叔姪組成的整體。這就是「合」。但這個「合」仍是不充分的，因爲一個人必須有兄弟生子才能成爲叔父。因此，我們必須擴大我們的宇宙，將兄弟和他的妻子包括在內。就是這樣，僅由邏輯推理的力量，即可從任何述詞達成最後的辯證法的結論，黑格爾稱之爲「純粹觀念」。在整個過程中，有一基本的假定，除非作爲一個整體可以接近眞實之外，沒有什麼是「眞正眞實」的。

此一假定在傳統邏輯中，亦有它的根據，即一切命題皆有主詞與述詞。準此，一切事實皆包含在某些具有特性的事物之內。所以，關係不可能是眞實的，因爲它牽涉到「二」，不是「一」。「叔父」代表一種關係，一個人可能在不自覺中成爲叔父。自經驗主義的觀點而言，這個人並不因爲變成叔父而使本身受影響，他並未因此增加前所未有的品質，假如照我們瞭解的，「品質」是描敘一個人本身之所必需，不涉及他與其他人或事物的關係。唯一可以使「主詞與述詞」的邏輯避免此一難題的途徑是說，眞實不祇是叔父的特性，也不祇是姪子的特性，而是由叔姪組成的整體的特性。除整體外，一切東西都與其他外在之物發生關係，因此，分隔的東西就不能說是眞實的，祇有整體才是眞實的。更直接的推論是，「甲與乙爲二」不是主詞與述詞的命題，在傳統邏輯的基礎上，不可能有這樣的命題。祇有被當作一個單元的整體才是眞實的。

黑格爾並未明白說出以上的論點，祇是有如其他的形而上學者一樣，在他的學說中有所暗示而已。

舉一些黑格爾辯證法的實例，也許可以幫助我們瞭解他的學說。他首先以「純一是完全的存在」此一假定作爲闡述其邏輯論點的開始；我們就這樣假定了，並未賦予任何品質。但假如完全的存在沒有任何品質，卽是「無物」；因此，我們被導入一相反的論點：「純一卽是無物。」從正反而後達成「合」：存在與不存在的統一卽是自無而有，故我們可以說：「純一是自無而有的」。當然，這也是不通的，因爲必須要有某些東西是自無而有的。因此，我們對眞實的觀念，由不斷改正前段的錯誤而發展，所有的這些錯誤都緣於把某些有限之物當作可能的整體。「有限之物之所以有限不僅由於外在的限制；其本身的性質卽是取消自己的原因，由於自己的行動而變爲相反之物。」

照黑格爾的說法，瞭解其結果，必須瞭解其演變的過程。辯證法的每一後繼的階段，皆包括其以前的一切階段，一若其爲最後的解答；沒有一個階段是可以完全廢除的，每一階段在整體中皆各有其確當的地位，因此倘非經過辯證的所有步驟，就不可能獲得眞理。

認識有其三層次的活動，開始是官能的感覺，這祇能察知某一目的物；然後是通過對官能的懷疑性的批判，就變成純主觀的了。最後，達到「自我認識」，此時，主詞與賓詞已無區別。因此，自覺乃是認識的最高形式。當然，這必須放在黑格爾的學說中，才能解釋，因爲最高級的認識必定出於「純一」，而「純一」卽是整體，沒有在其本身以外的東西可以被認識的。

照黑格爾的說法，最好的思想是通達而有融合性的。眞與僞並非有如一般人所想的是尖銳對立的；沒有什麼是完全假的，在我們所知的事物中，也沒有什麼是完全眞的。「我們可能用一種錯誤的方法去認識」；當我們把一些片斷的資料當作純粹的眞實，就是錯誤的方法了。「凱撒誕生何處？」類此問題可以得到直截了當的答覆，這個答覆在某種意義上是眞實的，但在哲學的意義上則不然。「眞實是整體」，沒有「部份」是十分眞實的。

黑格爾說：「理性是成爲完全眞實的自覺的確定。」這並不意指，一個被分隔的人是完全眞實的，而是，在他之中的眞實是由於它參與了整體的眞實，當我們變得更理性時，這種參與的程度亦隨之增加。

邏輯的目標——純一觀念近似亞里斯多德心目中的上帝。它是思索自己的，「純一」除思索自己外，不可能想到其他事物，因爲，除我們對眞實的殘缺不全而錯誤的認識外，也沒有其他事物。他說，精神是唯一的眞實，由自覺反映到它的思想。他用於爲「純一觀念」下定義的詞彙是模糊不清的。華萊士的譯文如下：

「純一觀念。此一觀念是主觀的與客觀的觀念的合一，是觀念的信仰——其目標卽是這種純一觀念，也由於這種信仰而使觀念成爲目標——一項在它統一的形式中包含了一切特性的目標。」

德文的原文甚至更艱澀。但其要旨似不如黑格爾所闡述的那樣複雜。純一觀念卽是完全的思想——祇思索完全的思想。這就是上帝多少世紀以來所做的事——眞是一位敎授心目中的上帝。黑格爾接下去說：「這種統一最後成爲絕對的完全的眞實，一種自我思索的觀念。」

我願意在此指出黑格爾哲學的一項特徵——與柏拉圖、勃洛梯納斯或斯賓諾莎不同的特徵。雖然最終極的眞實是沒有時間性的，時間祇是由於我們不能看到「整體」而產生的，但時間過程與辯證法的純邏輯的過程仍有其密切的關係。事實上，世界歷史是在此一範疇內發展的，從中國的聖人（黑格爾除知道中國有聖人外對聖人一無所知）到「純一觀念」——這似乎在普魯士邦已經差不多都已經知道了。我看不出在他自己的形而上學中，有任何堅強理由，說世界歷史照辯證法的變化而重複搬演，但這確是他「歷史的哲學」一書中闡述的論題。這是一項饒有興味的論題，解釋世事變革的意義與一致性。但有如其他的歷史理論一樣，欲求自圓其說，就必須歪曲一些事實並抹殺很多事實。黑格爾，像後來的馬克斯、斯賓格勒一樣，對事實既歪曲又抹殺。代表宇宙性的演變程序都發生在我們這個星球上，而且祇發生在地中海附近的地區，這也是很奇怪的。假如眞實是永恒的，也沒有任何理由認爲，演變過程的後一部份必定比前一部份屬於較高的等級——除非採納一種褻瀆神祇的假定，宇宙逐漸學會了黑格爾的哲學，照他所規定的原則演變。

照黑格爾的說法，時間的過程中，無論在道德或邏輯上，都是後者較前者更接近完美。事實上，在他看來，道德與邏輯並非眞是截然兩事，因爲邏輯的完美包含在一個緊密編織的整體中，這個整體沒有不完整的邊緣，沒有獨立的分割部份，而是統一的，像人體一樣，或更像一合理的心靈，其各個部份是互相依賴的，而一切皆趨向共同的單一的目標；這也構成了道德上的完美。容引述黑格爾所說的幾段話，以闡明其理論的要旨。

「像靈魂的指揮者——莫克萊神一樣，純一觀念即是世界各民族的領導者；『精神』是指揮者的合理而必需的意志，曾經是現在也是世界歷史的決定人。熟悉『精神』在這方面的引導的功能，即是我們現在要致力的目標。」

「在研討歷史時，哲學所賦予的唯一思想即是『理性』的單純觀念；『理性』是世界的主宰，因此，世界歷史也有一合理的演變過程。此一信念與直覺自歷史而言是假定；自哲學而言則並非祇是假定。這可以從推理的辨察力中得到證明。『理性』——暫時不去研究宇宙與上帝之間所維持的關係——是『本體』，也是『無限的力量』；其本身的『無限的資料』創造了自然的與精神的生活；也以『無限的形式』安排物質的運動。理性是宇宙的『本體』。」

「觀念與理性是眞理、永生與絕對有力的要素；在宇宙中自我啓示；不啓示他物，祇啓示理性及其至誠與榮耀——這一論點，我已經說過，已經在哲學上得到證明了。」

「智慧與自覺意志不能向機會屈服，必須在自我認識的導引下表現出來。」

這是「我偶然獲知的結果，因爲我把全部問題詳盡地研討過了。」

以上所引述的皆出自「歷史的哲學」的序言。

精神及發展方向是歷史哲學的主要課題。精神可作爲物質的相對體去瞭解。物質的構成要素是重量；精神的構成要素是自由。物質本身是外在的，而精神則有其自己的中心。「精神是自我包容的存在。」假如這句話不明確，則可用下述的話來闡述：

「什麼是精神？它是永恒不變的、同一性質的無限力量——純粹的『本體』——在第二階段中將自己分隔，使分隔出來的部份成爲自己的兩極的對立者，卽是自我存在與『普遍性』的對立。」

在精神的歷史性發展中有三個主要的階段：東方的、希臘與羅馬的、日耳曼的。「世界歷史是對不受控制的自然意志的鍛鍊，使它服從一普遍性的原則並賦予主觀的自由。在東方世界過去與現在祇知某一個人的自由，希臘與羅馬世界祇知某些人的自由，日耳曼世界乃知全體是自由的。」有人或許以爲全體都有自由的地方，最適當的政府形式是民主，實則不然。民主與貴族政治都屬於祇是某些人有自由的階段，專制屬於祇一個人有自由的地方；而「君主」屬於全體皆有自由的國家。這與黑格爾對「自由」一詞的奇誕解釋有關。在他看來沒有法律也沒有自由（到此爲止，我們是可以同意的）；但他又企圖轉變爲，凡是有法律的地方就有自由。因此，在他心目中，「自由」的意義不會多於服從法律的權利。

可以預期的，在「精神」的現世的發展中，他讓日耳曼人扮演最高的角色。「日耳曼精神是新世界的精神。其目的在求絕對眞理的實現，作爲『自由』的無限制的自決——這種自由有其本身的無限性作爲其主旨。」

這是自由的「最精美」的標誌了。自由並不代表你有可以不被關在集中營裏的自由。自由不表示民主、新聞自由或任何通用的自由主義的口號，這是黑格爾以鄙視的態度加以否定的。當「精神」制訂法律時，它是自由行事的。在塵世上，「精神」制訂法律似在君主身上體現，「精神」被賜以法律則在臣民身上體現。但自「純一觀念」而言，君主與臣民之間的區別是混淆不清的。當君主監禁一名具自由思想的臣民時，仍是「精神」的自由決定。黑格爾對盧梭之區分共同意志與全體意志的學說，表示讚揚。我們可以假定，君主卽代表共同意志，而議會中的大多數祇代表全體意志，這是一種便利專制的學說。

黑格爾把日耳曼的歷史分爲三個時期：㈠查理曼以前的時期；㈡自查理曼至宗教革命；㈢宗教革命以後。這三個時期分別爲天父、子、神靈的王國。惟聖靈的王國竟須在壓制農民戰爭中的血腥屠殺後開始，甚足詫異。黑格爾自然不會提到這種「無足輕重」的事件。他對馬其維利却頗致推崇。

黑格爾對羅馬帝國滅亡後歷史的解釋，部份是德國學校中世界史教授內容的結果，部份又是其原因。在義大利與法國，少數人對日耳曼人有一種浪漫主義式的崇拜，例如泰西塔斯與馬其維利，但一般人則認爲日耳曼人是「蠻族侵略」的創始者、天主教會的敵人——最初是帝王，後來是宗教革命的領袖們。直到十九世紀，拉丁國家視日耳曼人爲文化上的落後者。在德國的新教徒自然持不同看法。他們看後期的羅馬人是衰憊的，而認爲日耳曼人之征服西羅馬帝國是走向恢復活力的一個必要步驟。對於中世紀的教皇與皇帝的衝突，他們是採取保皇黨的立場的：一直到現在，德國的學生都被教以對查理曼與巴波洛沙作無限的崇拜。宗教革命之後，日耳曼在政治上的衰弱與分裂消逝了，普魯士的逐漸興起受到日耳曼人的歡迎，這促使日耳曼得以在新教的領導下強盛起來，而非委身於天主教與奧地利的微弱的領導。黑格爾欲使歷史哲學化，在他心目中，濟奧多雷克、查理曼、巴波洛沙、馬丁路德、非德烈大帝自然就佔非常重要的地位。他的思想受到他們的豐功偉業的啓示，也受到因拿破崙而使日耳曼屈辱的心理上的影響。

由於德國的壯盛，有人或認爲這就是純一觀念的體現，不可能有更超越的發展。但這不是黑格爾的看法。相反地，他說未來是屬於美洲的，「在我們以後的時代，歷史的責任將自我說明這一點——（他特別指出）或許將來祇是北美與南美的競爭。」他似乎認爲一切重要的事情皆以戰爭的方式表達。假如有人向他表示，美洲對世界歷史的貢獻在建立一個沒有極端貧窮的社會，他是不會感覺興趣的。相反的，他說美洲沒有眞正的國家，因爲一個眞正的國家必須分成貧富兩個階級。

民族之於黑格爾，等於階級之於馬克斯。他說，歷史發展的主要推動者是民族英雄。在每一時代，都有一個民族，擔負領導世界的任務，以達成其在辯證法中應達成的階段。在我們這個時代，這個民族自然是日耳曼。但，除民族以外，我們也必須考慮到影響世界歷史的個人；這些人的努力目標，是他們那個時代的辯證法演變的體現。這些人是英雄，他們似乎有資格違反一般的道德軌範。亞歷山大、凱撒、拿破崙即是這類人物。我懷疑，在黑格爾看來，一個人如非軍事征服者，是否還可以成爲「英雄」。

黑格爾之強調民族，以及其對「自由」的奇特的觀念，表示他對國家的尊崇。——這是他的歷史哲學中非常重要的一點，不容忽視。他的國家理論在其所著「歷史哲學」與「法律哲學」中皆有所闡述。大體而言，這些和他的一般形而上學是調和的，但不一定是其形而上學的產物；不過，在某些方面，例如國與國的關係——他對於「民族國家」過份崇拜，以至與他的「喜愛整體過於部份」的學說發生矛盾。

以近代史而言，國家崇拜開始於宗教革命。在羅馬帝國時代，皇帝是被奉若神明的，國家也因此具有神聖的性質；但中世紀的哲學家都是教士（祇有少數是例外），就把教會置於國家之上。馬丁路德得到新教王公的支持，開始反其道而行；路德教會全部都是信奉伊拉斯脫者（Thomas Erastus 瑞士神學家，倡宗教應受國家支配之說）。霍布士在政治方面是信奉新教的，闡明了國家至高無上的思想，而斯賓諾莎對此完全表示贊成，盧梭認爲國家應容忍內部的其他政治團體。黑格爾是屬於路德教派的熱誠的新教徒；普魯士則是信奉伊拉斯脫的絕對君主國。這些理由可使人相信國家是受到黑格爾崇仰的，但，即使如此，他仍提出一些使人驚詫的主張。

在歷史哲學中，他說：「國家是實存的道德生命」，個人所擁有的一切精神資產，祇有通過國家才能獲得。「因爲個人的實體包含在國家之中，他本身的主要構成因素——理性——對於他是客觀的存在，爲他而具備客觀的直接的存在……因爲眞理是普遍原則與主觀意志的統一，而普遍性必須求之於國家，求之於它的法律，它的一般性的合理的處置。國家是存在於地球上的神聖觀念。」他又說：「國家是合理自由的體現，以一種客觀的方式實現並認識自己……國家是人類意志及其自由的對外表明的精神概念。」

「法律哲學」一書中有關國家的一章，更充分地闡發此一理論：「國家是道德觀念的實體——也卽是道德精神，可以察覺的堅固的意志，同時也是可以自我證明的，它思索並認識自己，以其所知的程度予以實現。國家本身是合理的也爲本身的利益而趨於合理。假如國家祇爲各個人的利益而存在（如同自由主義者所主張的），某一個人就可能是也可能不是國家的一份子。但國家與個人有不同的關係：因爲國家是客觀的，個人在他是國家一份子時，就祇能有客觀、眞理與道德，國家就是這些內容與目標的統一。自然也有壞的國家，但這種國家祇是存在而已，並沒有眞正的實體，而一個合理的國家本身是具有無限生命的。」

黑格爾就國家所作的主張有如聖奧古斯丁及其後繼者就教會所作的主張。但有兩點，教會的要求似較黑格爾爲合理。教會不是一偶然的地理上的聯合，而是由共同教條所產生的統一的團體，其構成份子使之居於無上重要的地位；因此，其構成要素卽是黑格爾所說的「觀念」的體現。第二點，天主教會獨一無二，而國家則有很多。儘管每一個國家在對其臣民的關係上，可以有如黑格爾所期望的那樣具有「絕對性」，却很難尋求一項哲學的原則來約制不同國家的關係。事實上，黑格爾在這一點上却放棄了他的哲學語調，而聽其回復到「自然狀態」，以及霍布士所說的一片混戰的狀態。

既然還沒有一個世界性的國家，經常說「這個國家」，一若它是獨一無二的，是很容易發生誤解的。照黑格爾的說法，責任祇是個人與國家之間的關係，沒有一項原則可使國與國的關係納入道德的軌範。這一點黑格爾是承認的。他說，對外而言，國家亦如同個人，每一國家對其他國家是獨立的。「在這種獨立之中，存在着『爲自己而生』的眞實精神，這是一個國家的最大自由與最高榮譽。

」他繼而反對任何種類的國際聯盟，因爲，有了聯盟，個別國家的獨立就可能受到限制。一個公民的責任（以他的國家對外關係而言）完全在於維護他自己國家的主要特性、獨立與主權。因此，戰爭並不全然有害，也不是就需要加以消除的行爲。國家的目標並不止於保護其公民的生命財產，此一事實爲戰爭提供正當的理由，它不應被認爲是絕對有害的，是偶發事件、或含有某些不當的目標。

黑格爾的意思不僅認爲一個國家在某種情況下戰爭是不可避免的，他的意思遠超過此一範圍。他反對建立組織——例如世界政府之類——防止戰爭的發生，因爲他認爲常常有戰爭是好事。他說，戰事是一種使我們把虛榮當眞的情況（這和一切戰爭都有經濟因素的說法相反），戰爭有其積極的價值：「戰爭有更高一層的意義，人民處於對重大決定的冷漠中，由戰爭而克保其道德的健全。」和平代表僵化；神聖同盟及康德所倡議的和平聯盟是不對的，因爲國家需要有一個敵人。國與國之間的衝突祇能由戰爭來決定；國家彼此間的關係是一種自然狀態，其關係不是法律的或道德的。它們有權實現獨特的意志，每一個國家的利益卽是它的最高法律。道德與政治不是對立的，因爲國家不需要服從一般性的道德律。

這就是黑格爾的國家思想——這種說法如果成立，則一切可想像的對內專制及對外侵略就都是正當的了。他的偏見表現在他大部份的理論和他自己的形而上學是互相矛盾的，矛盾到以殘暴與國際間的掠奪爲正當行爲。假如一個人爲邏輯所驅使，很遺憾地達成他自己認爲不幸的結論，這是可以原諒的，但一個人不應脫離邏輯，以便自由爲犯罪的行爲辯護。黑格爾的邏輯使他相信整體比部份更眞實而卓越（在黑格爾的心目中，這兩個字是同義字），整體的組織愈嚴密，則愈眞實而卓越。這使他喜愛國家過於個人的無政府的聚合，但按理也應使他喜愛一個世界性的國家過於國家的無政府的聚合。在國內，他的一般哲學應該使他對個人的尊重超過他已經表現的程度，因爲他心目中的「整體」並非巴曼尼德斯心目中的「一」，甚至也不是斯賓諾莎心目中的上帝，在他的「整體」中「部份」並未消失，祇是由於其與較大組織的諧和，變得更眞實而已。一個忽視個人的國家並非卽是黑格爾所稱的「整體」的雛型。

在黑格爾的形而上學中，並沒有充足的理由，認爲國家比其他的社會組織特別重要。新教徒視國家重於教會祇是偏見而已。而且，如認爲社會應該儘可能成爲有組織的，一如黑格爾的主張，則除國家與教會之外，另有許多社會組織是必要的。照黑格爾的原則推論，每一種利益，倘無害於社會，並且可由合作而增進，卽應有其專屬的組織，而每一個組織皆應具有限度的獨立性。或許有反對的意見，認爲最終極的權威不可能在國家之外存在。但卽使如此，當最終極的權威試圖作超過某一限度的壓制時，它也不是不可抗拒的。

這引起一個對黑格爾全部哲學的評判問題。整體確較部份更眞實更有價值嗎？黑格爾對此作了肯定的答覆。是否眞實是形而上學的問題，價值則是道德問題。一般認爲這兩者之間似乎很少區別，但我認爲這種區別是很重要的。讓我們先談形而上學的問題。

黑格爾以及其他許多哲學家的看法是，宇宙間任何部份的性質受其與整體及其他部份的關係的深刻影響，因此，除非指定其在整體中所佔的地位外，不可能對任何部份作眞實的說明。因爲其在整體中所佔地位牽涉到所有其他的部份，其地位的眞實說明同時也需要指定所有其他部份的地位。因此，祇能有一個眞實的說明；除整體的眞實外，沒有眞實。以此類推，除整體外，沒有任何東西是眞實的，任何東西當被分隔時，必因分隔而變質，不再顯露其眞實的面貌。另一方面，當某一部份自其與整體的關係觀之（理應如此），則它看起來就不是自我存在的，除非作爲唯一眞實的整體的一部份，就不能自存。這是形而上的理論。

至於倫理思想，主張價值存在於整體而非部份這一點，假如形而上學是對的，它也一定是對的；假如形而上學是錯的，它却不一定錯。而且，對某些整體來說是對的，對其他整體却是錯的。對一個有生命的肉體，在某種意義上，這個觀點顯然是對的。眼睛脫離了軀體，就變得毫無價值；一堆殘骨，卽使湊起來是完整的，也沒有它當初所屬的軀體那樣的價值。黑格爾想像公民與國家之間的倫理關係如同眼睛之於軀體：公民在其適當的位置上成爲有價值的整體的一部份，但如被分隔，則像一隻與軀體脫離的眼睛一樣地無用。但是，這種比喩是有問題的；某些整體有其道德上的重要性，却並非一切整體都是如此。

以上關於倫理問題的闡述，有一個重要的缺點，就是沒有把目標和手段加以區分。一隻眼睛在活着的軀體內是「有用」的，卽是說，它作爲一個手段是有價值的，但離開軀體就不再有其「固有」的價值。當一件東西爲自己而存在而不是其他東西的手段時，就有其「固有」的價值。我們重視眼睛，因爲它是「看」的手段。「看」可以是手段，也可以是目的；當它爲我們顯示出食物或敵人時，它是手段，爲我們顯示出某些東西給我們美感時，「看」就是目的。國家作爲一種手段，顯然是有價值的；它保護我們不受竊盜或殺人者的侵害；它供給道路與學校等。它也可能作爲一種作惡的手段，例如發動不正當的戰爭。我們眞正要問的與黑格爾思想有關的問題尙不在此，而是：國家本身應否作爲一種目標；國民爲國家而存在，抑國家爲國民而存在？黑格爾主前說，而自洛克以來自由主義的哲學家則主後說。假如我們認爲國家有其自己的生命，在某些方面就像一個人一樣，顯然就必須承認它有「固有」的價值。在這一點上，黑格爾的形而上學似乎很適合於解答價值的問題。一個人是一個複雜的整體，具有單一的生命；然則，能有一超人，由許多人組成，猶如人體之爲許多器官所組成，却具有單一的生命，而不是這許多人生命的總和嗎？假如像黑格爾所想的，能有這種超人存在，則國家就是這樣的「人」，其對國民的超卓地位猶如軀體之於眼睛。但假如我們認爲這種超人祇是形而上的一個怪物，則我們應承認，一個社會的固有價值來自其構成份子的固有價值，國家是一種手段，不是目的。現在我們又從倫理的範疇回到形而上學的問題。形而上問題的本身事實上卽是一邏輯問題。

現在要討論的遠較黑格爾哲學中的眞僞問題爲廣。這是一個區別「分析」工作的敵友問題。舉例言之，假如我說，「約翰是詹姆士之父」，黑格爾及所有形式邏輯學者會說：「在你瞭解這一敍述之前，必須先瞭解誰是約翰誰是詹姆士。現在要瞭解約翰，必須瞭解他的一切特徵，因爲沒有這些，就無以別於他人，但一切他的特徵都涉及其他人或物。他的特徵決定於他和父母、妻子、兒女的關係；也決定於他是好人或壞人，決定於他屬於那一個國家。這些都是在你能够被稱爲瞭解約翰這個字所指的意義之前必須先求瞭解的；而在你努力去說明約翰這個字的眞正意義的過程中，一步一步地，會使你考慮到整個宇宙，而你原來的敍述會變成談宇宙的事，而不是談分隔的兩個人。」

這樣說很好，但會引起一種基本性的反對。假如上述的論點是對的，則知識如何能够發生？我們知道若干命題，例如「甲是乙的父親」，但我不知道整個宇宙的事。假如知識是把宇宙當作一個整體來認識，就不可能有知識了。這已足够引起我們懷疑可能有某些地方發生錯誤。

事實上，欲求正確而明確地用「約翰」這個字，不需要知道約翰的「一切」，祇要足够辨認他就行了。無疑他與宇宙間的東西有或近或遠的關係，但不需要考慮有直接關連以外的事情，仍可對他作正確的描敍。他是詹姆士的父親，同時也可以是耶美瑪的父親，但爲了知道他是詹姆士的父親，我不需要再去瞭解耶美瑪和他的關係。假如黑格爾是對的，我們就不能在不提到耶美瑪的情形下，充分表達「約翰是詹姆士的父親」的意義：我們應該說：「耶美瑪的父親約翰是詹姆士的父親。」這仍然是不够的，我們必須繼續提到他的父母與祖父母，以至整個人名錄。但這使我們陷於荒謬。黑格爾的立場或許可以作以下的解釋：「約翰這個字意指約翰的一切特性。」但以一項定義而言，這是有循環性的，因爲「約翰」這個字本身就出現在立定義的辭句中。假如黑格爾是對的，則沒有一個字可能有意義，因爲我們需要先瞭解其他所有字的意義，以便說明這個字的一切特性，照他的理論說，這其他一切字的意義才是這個字的意義。

以抽象的意義而言：我們必須區分不同的特性。一件東西可能有一種不牽涉任何其他東西的特性，可稱之爲「品質」。或者，一個人可能牽涉到另外一人，那就是婚姻；牽涉到另外兩人，那就是姊夫或妹夫的關係。假如有某一件東西具有一堆「品質」，是其他東西所不能具有的，然後我們可以把它當成「具有某些某些品質的東西」。但純邏輯不能從這品質推斷出它的關係特性。黑格爾則認爲，祇要充分知道它有別於其他一切東西的特性，就可以用邏輯的方法推斷出它所有的特性。這是錯的，而由於此一錯誤而產生他全盤錯誤的學說。這說明了一項事實，卽你的邏輯愈拙劣，則產生愈有趣味的結論。

第六節　拜　倫

十九世紀與現代比較起來，是合理的、進步的、滿足的；但在此一自由的樂觀主義時代，許多傑出的人物仍具有某些相反的特性。當我們評論人物，不以其爲藝術家或發明家，不摻入個人的好惡，而以其爲改變社會結構、改變價値判斷標準及文化面貌的因素與力量，就會發現，最近發生的一連串事故使我們重估對某些人物的價値，有些人變得較次要，另有些人變得更重要。拜倫在那些比表面上看起來更偉大的人之中，應該居於很高的地位。在歐洲大陸上，這種看法或不足爲奇，但在英語國家中，就是驚世駭俗了。拜倫的重大影響在歐洲大陸，他的精神上的後裔也不能在英國求之。對於大多數的英國人而言，他的詩句常常看來是拙劣的，他的感情是浮淺的，但在國外，他的感覺方式與生活上的表現則被傳播、闡揚、改變，以至影響廣泛，成爲製造歷史重大事件的因素。

以貴族的反叛者而言，拜倫在當時是一典型人物，與農民及無產工人的暴動的領導人，是屬於兩種截然不同的型態的。那些饑餓的人無需有精深的哲學去刺激不滿或作爲不滿的藉口，這類東西在他們看起來都祇是有閒的富人的娛樂品。他們所要的是別人擁有的實物，不是一些無形的形而上的東西。雖然他們可能宣導基督的愛，一如中世紀的無產反叛者曾經做過的，但他們所以這樣做的原因很簡單：有財勢者缺乏這種愛始造成窮人的痛苦，而在暴動的同件中，這種愛又是成功的必要條件。但鬪爭的經驗使人對權力發生狂熱，祇剩下以仇恨爲推動力。像這類的反叛者，例如馬克斯，倘認爲他創立了一種哲學，則這種哲學祇用以證明其黨徒必然獲得最後勝利，與價值的判斷無關。他認爲有價值的東西是原始的：要吃得飽，吃飽了就聊天。饑餓的人不會想到別的事。

貴族的反叛者已經吃飽了，必定有其他不滿的原因。我並不意指暫時失勢的政壇人物，而祇意指抱持一項原則希望社會的變革有逾於個人的成功的人。或許嗜好權力是他們不滿的潛在原因，但在他們自覺的思想中，對政府組織是採批評態度的，深入發展後，可能出之以後無邊際的自我獨斷的形式——或可能爲希臘神話中的泰坦神式的；或者另有一些人保留了一點惡魔崇拜的迷信。這兩者拜倫都有。從他所影響的人觀察，這兩種意識都在人數衆多的社團中流行，而這些社團都不是貴族的組織。貴族的反叛哲學成長、發展、變化，以至成熟，激勵了一長串的革命運動，自拿破崙滅亡後的義大利的炭夫黨到希特勒一九三三年的政變；每一個階段，皆在知識份子與藝術家之中，醞釀出與此相近似的思想與感情。

一個貴族除非他的性格與環境特異就不會成爲反叛者。拜倫的環境就是非常奇特的。他的童年回憶是父母間的爭吵；他母親的殘酷使他恐懼，卑俗使他鄙視；他的保姆旣邪淫又信奉最嚴格的喀爾文教派的神學；跛足使他羞怯，使他不能在學校中與人合羣。十歲時，渡過貧窮的童年後，忽然發現自己成爲新斯泰德的封爵與領主。他的叔祖是「邪惡的爵士」，三十三年前在決鬪中殺死了一個人，從此卽爲其鄉人所鄙棄，拜倫就是繼承了他這位叔祖的產業。拜倫這家是目無法紀的，他的母系這一族——戈登家族更是如此。住在阿不丁的污穢小巷裏，突然有此榮銜與封地，自然是欣喜非常，樂於承受祖先的姓氏爲他們遺留下來的土地而感激。他的近代祖先雖以好鬪的惡名使他受累，但他知道他的遠祖都是享有美譽的。他最早期的一首詩「將別新斯泰德封地」，代表他當時的心情，對他的參加十字軍在克雷西、馬爾斯頓摩爾等地作戰的先祖是表示崇敬的。他以虔誠的決心作結：

新斯泰德，他爲喜愛你而生，爲喜愛你而死，
當與草木同朽時，他將與你的泥土混雜在一起。

這不是一個反叛者的心情，但却提到柴爾德・哈洛德，模倣中世紀男爵的一位現代貴族。他長大有了自己的收入後，就進入大學讀書，他自稱，他感覺自己獨立得有如「一個日耳曼王公，自鑄錢幣，或有如柴洛基的海盜首領，根本不鑄什麼錢幣，却享受更寶貴的東西——自由。當提到那裏的女

神時，我心嚮往之，因為我的母親是專制的。」在後期，他寫下讚美自由的高雅的詩句，但必須瞭解，他所讚美的自由是日耳曼王公或柴洛基首領的自由，不是那種可以想像為普通人享受的低級的自由。

儘管他的家系、榮銜、貴族的關係應袪除其羞澀之感，但他仍覺自己不屬於貴族的社會。他極不喜歡他的母親，因此而被人猜忌。他知道自己的母親是卑俗的，內心深恐自己也有類似的缺點，故而他的性格是勢利與反叛的奇異的混合。假如他不能成為一名現代紳士，就會成為勇敢的武士，像他十字軍時代的先祖一樣；或者像中世紀的保皇黨首領們一樣，更激烈、更具有浪漫的氣息，他們踐踏蹂躪，當遭遇壯烈的毀敗時，便咀咒上帝與世人。他常讀的書是中世紀的歷史與傳奇故事。他犯罪有如荷恩施陶芬王朝的人；他為了與回教徒鬪爭而死，有如曩年的十字軍。

他的羞怯與落落寡合使他向戀情中尋求安慰，但他在不知不覺間所尋求的却是母親型的人，不是情婦，除奧古斯塔外，都使他失望。一八一六年他寫信給雪萊，對喀爾文主義從未動搖，他自稱為「美以美會、喀爾文教派以及奧古斯丁的信徒」，這使他感覺他的生活方式是邪惡的。他告訴自己說，邪惡是流在他血裏的遺傳的禍因，上帝已決定了他自己的噩運。假如他「注定」要出名，他必須以作罪人而出名，必須敢於以超過他所鄙視的一般放蕩者的勇氣去違反世俗的禮法。他眞愛奧古斯塔，因為她體內流着與他相同的血——屬於被放逐的拜倫這一家的——更單純的原因，是她具有一份照顧他日常生活起居的長姊的溫柔。但這仍不足以涵蓋她對他所有的奉獻。由於她的純潔與樂善好施的天性，她對他提供了最便利的自我滿足的工具。他可能自覺與最大的罪人相等——有如曼非烈德(Manfred，十三世紀的西西里王)、該隱(Cain，聖經中亞當夏娃之子，殺其弟亞伯)，幾乎即是撒旦本身。做喀爾文教徒、貴族與反叛者，都可以使他得到同等的滿足；他也樂於做一個浪漫主義的情人，但由於失去世界上唯一仍可挑起他愛慾與同情的人而心碎不復可拾。

拜倫雖自覺與撒旦相等，但從未敢以上帝的地位自居。這進一步自大的步子是留給尼采去走的，尼采說：「假如有上帝，我怎能忍受不是其中的一位，因此，沒有上帝。」他推理的前提是：「一切足以使我的驕傲變爲謙遜的都是錯的。」尼采像拜倫一樣，受過虔誠的宗教薰陶，甚至更深，但他有更高的智慧，他找到比撒旦主義更好的逃避。他對於拜倫仍是很同情的，他說：

「可悲的是，假如我們在心腦中存有嚴格的尋求眞理的方法，就不會相信宗教與形而上的教條，但另一方面，由於人性的發展，我們變得虛弱而敏感，需要得救與撫慰的最好的手段：因此，人在遭遇危難時，可以爲他信仰的眞理而流血至死。」拜倫在他的不朽名句中表達了這一點：

知識是悲哀，那些知道得最多的人，
一定爲不幸的眞象，致最深悼惜，
知識的生長，並不是生命的果實。

雖然這種情況很少，拜倫的想法有時確很接近尼采。不過，一般倫理思想上，拜倫所持爲純傳統的觀點，和他的行爲正相反。

對尼采而言，偉人有如神明；而對拜倫而言，偉人則是在戰場上單騎馳騁的韃靼人。有時，他描敍一位聖人，有如左拉蘇斯特拉(Zarathustra 紀元前六世紀波斯祆教的創始人——譯者註）——或一名海盜首領科賽爾，應付他的夥伴：

> 用統御術，支配他們的靈魂，
> 迷惑、引導、却又鼓舞了那些卑鄙的心。

這位英雄「仇恨之心太熾，不會感覺憐憫。」他這詩的附註告訴我們，海盜科賽爾在人性上是可能的，因爲類似的特性表現於金瑟雷克——汪德爾族的王、中世紀保皇黨的獨裁者與路易西安那的某一海盜身上。

拜倫之搜求英雄，並不自限於沿愛琴海地區與中世紀，因爲他不難把拿破崙作爲浪漫主義的一件外衣。拿破崙對十九世紀歐洲人的想像力是有深刻的影響的；他鼓舞了克勞斯維玆(Karl von Clausewitz 一七八○——一八三一年，德國軍事學家）、斯坦達爾（Stendhal 一七八三——一八四二年，法國小說家批評家）與海涅（Heinrich Heine 一七九七——一八五六年，德國詩人）；也鼓舞了費希特、尼采的思想與義大利海盜的行爲。他的幽靈不斷影響着那個時代，是唯一足與工商業文明抗衡的力量，並嘲笑綏靖主義與重商思想。托爾斯泰的「戰爭與和平」曾試圖驅除此一幽靈，但徒勞無功，因爲那個鬼魂沒有比現在更猖獗的了。

在百日戰爭中，拜倫表示願見拿破崙勝利。當他聽到滑鐵盧的戰報後說：「我眞是爲拿破崙難過。」祇有很短的一次，他轉而反對他的「英雄」：一八一四年時，因失勢自殺似較安然讓位者多（他以爲如此），他在華盛頓的解職歸隱一事中獲得安慰，但拿破崙自厄爾巴島返國復位，使他不再有必要保持這種想法。當拜倫逝世時，在法國的反應是：「許多報紙報導說，本世紀兩位最偉大的人——拿破崙與拜倫幾乎在同時棄世。」喀萊爾認爲拜倫是歐洲最高的靈魂，他死使他感覺有如「喪失一位兄長」，以後他又喜愛歌德，但仍以拜倫與拿破崙相提並論：

「出版『藝術名著』，用一種語言或數種語言，是必要的。在你眞能與惡魔作戰之前，和他爭吵有什麼用呢？拜倫出版了他的『喬治爵士的悲哀』，同時用韻文與散文；包納巴德推出了『拿破崙的悲哀』歌劇，以一種非常驚人的型態；用排砲聲與殺人的尖叫聲作爲音樂，以焚城的大火作爲舞臺燈光；以赴戰的軍伍的步伐聲與城堡的倒塌聲作爲舞臺的音響與序唱。」

以後尚有三節來強調其呼籲：「闔上你的拜倫，打開你的歌德。」但拜倫已經存在於他的血液中，而歌德則祇是他的希望而已。

對喀萊爾而言，歌德與拜倫是對立的；對繆塞（Louis Charles Alfred de Musset 一八一〇——

一八五七年，法國詩人）而言，他們却是做惡事的同夥，將瘋狂的毒素灌輸入歡樂的法國人的靈魂之中。當時大多數的法國青年祇由於讀「少年維特之煩惱」而知道歌德，却從未讀過他的「奧林帕斯山」。繆塞責備拜倫沒有因亞得里亞海與歸昔奧里伯爵夫人而獲得撫慰——事實上並非如此，拜倫自認識她後就不再寫西西里暴君的事了。但「唐璜」一如歌德的更具歡樂氣氛的詩，很少在法國流傳。儘管繆塞不喜拜倫，但大多數的法國詩人仍以拜倫式的憂傷作爲他們詩句的最好素材。

在繆塞心目中，拜倫與歌德是十九世紀僅次於拿破崙的兩位最偉大的天才。繆塞生於一八一〇年，屬於他稱爲「好對口爭辯」的一代，他有一首詩描寫帝國的光榮與災難就有這個詞彙。在德國，對拿破崙的看法是紛歧的。有一班人，例如海涅，認爲他是自由主義的偉大使者、農奴制的摧毀者、王位血系繼承制的敵人、使嗣位的幼君顫抖的人；另有一班人，認爲他是反基督者、高貴的日耳曼民族的可能毀滅者、反道德主義者、證明條頓人的品德只有從對法國的永不熄滅的仇恨中才能保持。俾斯麥實現了一個中和的辦法：拿破崙仍是反基督者，但是一名值得倣效的反基督者，不能祇是加以嫉恨而已。尼采接受了此一折中的看法，以欣喜的心情表示，偉大的戰爭的時代就要來了，我們爲這一恩賜，要感謝的不是法國大革命，而是拿破崙。以此，民族主義、撒旦主義、英雄崇拜與拜倫的流風遺韻共同組合了日耳曼的複雜靈魂。

拜倫不是溫柔的，而是像雷雨一樣地暴烈。他筆下對盧梭的描敍，也同樣適用於自己。他說盧梭是：

他施魔力
　於激情，從痛苦中
　絞出動人的氣質
他還知道
　如何使瘋狂成爲美麗
　使邪惡的言行成爲神聖

但拜倫與盧梭之間有很大的不同。盧梭是令人哀憐的，拜倫是暴烈的；盧梭的儒怯表露在外，拜倫的儒怯則深藏於內，盧梭崇拜單純的品德，拜倫則崇拜原始的罪惡。其不同處雖然祇是兩個不同階段的反叛社會的天才之間的區別，却是重要的，它指出了其運動發展的方向。

我們必須知道，拜倫的浪漫主義，祇有一半是誠實的。某些時候，他會說，蒲伯的詩比他自己的好，不過他必須在某種心情下，才會作這種判斷。世人祇想使他單純化，而忽略他在極端絕望與對人類的鄙視中所表演的姿態的基本原因所在。他像其他許多名人一樣，作爲一個想像中的人物，較他本人爲重要。他以一個想像中人物的地位，具有極大的重要性，尤其在歐洲大陸是如此。

第七節　叔本華

叔本華(Arthur Schopenhauer 一七八八——一八六〇年）在哲學家之中有許多與衆不同之處。他是悲觀主義者，而幾乎所有其他哲學家都或多或少是樂觀主義者。他並不像康德與黑格爾那樣，是完全屬於學院派的，但也並不完全置身於學院之外。他不喜基督教，而喜愛印度宗教，包括印度教與佛教。在文化方面的興趣廣泛，對藝術的興趣一如其對倫理學。他不受民族主義的束縛，與英法的作家相處和本國作家一樣融洽而自然。他對職業哲學家的吸引力不如對那些追尋可以信仰的哲學的藝術家與文學家。他開始強調意志的重要——這是十八十九世紀哲學家的特徵；但對他而言，意志雖在形而上是不可缺少的基本因素，在倫理上却是有害的——祇有悲觀主義者才可能有這樣的想法。他自認他的哲學來自康德、柏拉圖與優波尼沙（印度吠陀經之一部），但我認爲他眞正得自柏拉圖的，不如他自己所想像的那樣多。他的表現有一種類似古希臘時代的氣質；疲乏、虛弱，和平重於勝利，對改革的態度懷疑多於嘗試，他認爲改革必定是徒勞無益的。

他生於但澤，其雙親都出於當地的殷商之家。他的父親是一位伏爾泰的信徒，認爲英國是代表自由與智慧的土地，和但澤其他許多領袖份子一樣，他痛恨普魯士對一個自由城市的獨立的侵害，對一七九三年但澤併入普魯士一事，深表憤慨，不顧財產上的損失而徙居漢堡。叔本華隨父居漢堡，自一七九三年至一七九七年，然後到巴黎去住了兩年，結果使他的父親很高興地發現，這位少年幾乎已忘記了德國。一八〇三年，他被送入英國的一所供住宿的學校，此時他開始對僞善與假道學生厭。兩年後，他爲了博父親歡心，到漢堡一家商店去做店員，但內心則厭惡從商，嚮往於文學與學術的生活。

他的私願因為他父親去世而獲售，（他父親大約是自殺的）；他的母親希望他放棄商業到學校去讀書，照理，他應該喜愛母親過於父親，但事實却正相反，他厭惡母親，而對父親則保持摯愛的回憶。

叔本華的母親是一位愛好文學的婦人，在琴那戰役之前兩星期定居於威瑪。她有一所文藝沙龍，自己也寫書，樂於與文化界人士結交。她很少關愛自己的兒子，却多所挑剔，她告誡他勿作誇張的言詞與無益的悲憫；而他却對她在男人間玩弄愛情感到詫異。他成年時，獲得一筆相當數目的收入，此後，他與母親愈來愈不能相處，他之鄙視女人，至少有一部份是由於他和母親之間的爭吵。

在漢堡時他已經頗受浪漫主義者特別是狄克（Ludwig Tieck 一七七三——一八五三年，德國作家）、諾伐里斯（Friedrich von Hardenberg 一七七二——一八〇一年，德國詩人）與霍夫曼（Ernst Theodor Wihelm 一七七六——一八二二年，德國作曲家與作家）等人的影響。這些人使他知道崇敬希臘而厭棄基督教義中希伯來的成份。另一浪漫主義者斯雷蓋爾（Friedrich von Schlegel 一七七二——一八二九年，德國哲學家）則使他崇拜印度哲學。一八〇九年，即他在二十一歲成年時，赴哥亭金大學就讀，此時他開始崇拜康德。兩年後，他到柏林，主要是研讀科學；他聽過費希特的演說，却看不起費希特。在整個對法抗戰的時期，他都保持冷漠。一八一九年，他在柏林受聘爲講師；與黑格爾在同一時間內授課，因無法吸引黑格爾的學生來聽他演講，不久卽辭去教職。晚年，他以一個獨身者定居於德雷斯登。他養了一條蜷毛狗叫阿特瑪（意爲世界靈魂），每天携犬散步兩小時，吸長烟斗，讀倫敦泰晤士報，雇用通訊員搜求有關自己的傳聞。他是反民主的，痛恨一八四八年的革命，相信招魂術與巫術。在他的書齋中置有一座銅的佛像與康德的半身彫像。在生活方式上，除早起這一點外，都儘量模倣康德。

他的主要著作「意志與觀念中的世界」出版於一八一八年底。他相信這本著作非常重要，甚至於說其中有些段落是把聖靈告訴他的話紀錄下來的，結果完全失敗，使他深引爲恥。一八四四年，他說服出版人爲他發行第二版，但仍等了幾年之後，才開始得到一些人的注意，這是他久所渴望的。

叔本華的學說是改頭換面的康德，祇是其所強調的「純理性的批判」的重點與費希特或黑格爾所強調的不同。他們把「自我存在」的因素消除，因而使認識基本上是屬於形而上的；叔本華則保留「自我存在」，但以此與「意志」同義。他認爲我們的身體所感覺的也就是我們的意志。他說了許多自認是引伸康德學說的話，却超過大多數康德信徒所願意承認的限度。康德的主張是：研究道德律可使我們把握現象，給予我們感覺所不能給予的認識；同時也主張道德律是與意志息息相關的。由康德看來，好人與壞人的區別在其「自我存在」的世界，也卽是意志力的區別。康德主張，意志力必須屬於眞實世界，不能屬於現象世界，現象與意志力一致的卽是身體的運動。叔本華說，這就是何以身體爲意志力的具體表現的理由所在。

惟是，在現象背後的意志不能包含若干不同的意志力。照康德的說法，而這一點也是叔本華同意的，卽時間與空間祇是一種現象；而「自我存在」却不在空間與時間之中。因此，我們的意志在眞實的感覺上不能有期限，也不能由意志出發的各種行爲所組成，因爲空間與時間是「多數」發生的來源

——用叔本華所喜歡的學術名詞，卽是「各別存在的原理」。因此，我們的意志是單一而永恆的，而且，是和整個宇宙的意志是一致的；我們的分隔感是一種錯覺，是出於我們主觀的時空感。眞正存在的是單一的「大意志」，表現於自然的全部目標，生物與無生物都包括在內。

我們此時或許以爲叔本華會把宇宙意志與上帝視爲一體，像斯賓諾莎那樣，宣導一種宇宙卽神的思想，主張品德卽包含在神聖意志中。但在這一點上，他的悲觀主義却將他引向不同的發展。他認爲，宇宙的意志是邪惡的；所有的意志都是邪惡的，無論如何，至少是我們連綿不斷的痛苦的來源。一切生命皆有痛苦，而知識愈增加，則痛苦愈深。意志無確定的目標，如達到目標，卽可帶來滿足。雖然人最終不免一死，但我們仍在追求徒勞無益的目標，「好像我們吹肥皂泡，雖然明知其最後必然爆破，却儘可能要吹得久吹得大。」世上沒有快樂這回事，因爲一個達不到的目標會產生痛苦，而達到目標也祇能帶來一時的饜足。本能驅使人生育，又帶來新的受苦而必死的生命；這是性行爲使人害羞的原因所在。自殺是無用的，輪廻之說卽使不是照字面所解釋的那樣眞實，但以神話的方式，仍表現了它的眞實性。

所有這些都是痛苦，但有一解脫之道，而這是在印度發現的。最好的神話是「涅槃」的故事（叔本華將它解釋爲「熄滅」）。他同意，這是和基督教義相反的，但「古代人類的智慧不能由加雷利海岸所發生的事來加以代替。」痛苦原於強烈的意志；我們貫澈實行意志愈少，則痛苦愈輕。如果知識是屬於某一種類的，知識也可以變爲有用。人與人之間的區別是現象世界中的一部份，當以眞實的目光看世界時，這種區別就會消失，對於一個好人，錯覺的面罩就會變成透明的了，在他看來，一切東西都是一樣的，而他自己與別人的區別祇是外表上的。他因愛而得以透視，而總是同情別人的痛苦的。當錯覺的面罩揭開後，他所見到的是整個世界的痛苦。一個好人，他的全盤的知識可以使他的意志力熄滅；其意志在生命中消逝且否定他自己的本性。「在他內心，掀起一種對本性的恐懼，他自己的現象性的存在卽是其本性的表現，也卽是宇宙的核心與內在本質，被認爲是充滿了痛苦的。」

因此，叔本華完全贊同——至少在實生活上是如此——苦行的神秘主義。艾克哈德(Eckhard，十世紀時瑞士修道院的修士，曾以拉丁文寫長篇敍事詩——譯者註）席勒塞斯(Angelus Silesius 十七世紀德國詩人，曾作長篇的神秘主義的敍事詩——譯者註）的作品比新約好。在正統的基督敎義中，也有一些可取之處，例如聖奧古斯丁與馬丁路德皆宣導原罪思想以駁斥「粗鄙的自由意志」之說，但新四福音在形而上學中是不能令人滿意的。他說，佛敎是最高的宗敎，除在「可厭的回敎思想」盛行的地區外，佛敎的道德思想支配了整個亞洲。

好人必實行絕對純潔的生活、自甘貧窮、齋戒、並以苦行修道。他一切作爲的目標皆在破滅其個人的意志。但他不是像西方的神秘主義那樣，以此與上帝相諧和；他不作這種積極性的追求。他所追求的「善」都是消極的：

「我們必須驅除對『無』的不正確的印象，我們自一切品德與神聖察辨出『無』是它們的最後目標；而我們懼怕『無』一如兒童之懼怕黑暗；我們甚至不應該像印度人那樣，以神話及無意義的詞句例如潛心於婆羅門教或佛教徒的涅槃等去逃避空虛。我們應該自由地認清，意志完全熄滅後所留下的，對於那些仍充滿了意志的人，是一無所有；相反的，對於那些將意志轉化或自我否定的人，則此一宇宙包括無數太陽與銀河系，都是一無所有。」

這似乎有一粗略的暗示，聖徒能見到某些積極性的東西，是他人所不能見的，但並未指出這究竟是什麼。叔本華說，宇宙及一切現象祇是意志的具體表現。意志消除後，「一切現象也歸於寂滅；各種等級的、沒有目標沒有休止的緊張與努力，包含在宇宙中，宇宙也由此而組成；各種各樣的形式相繼而來；這是意志的表現，最後，此一表現的普遍形式即是時間與空間，最基本的形式即是主格與受格；一切歸於寂滅，無意志、無觀念、無宇宙，在我們之前的祇是空無一物。」

我們祇能解釋說，聖徒的目的在儘可能接近「不存在」，但又永遠解釋不清，這目標何以不能由自殺來達成。也無法解釋，何以聖徒為常醉之人所喜；或許叔本華認為清醒的時刻常常是痛苦的緣故。

叔本華的消極的福音不能自圓其說，也不是很誠實的。他所嚮往的神秘主義者相信默想之功；由「祈福的洞察力」中，可以獲得最高的知識，這種認識即是至高無上的善。自巴曼尼德斯以來，表面的虛妄的知識即與另一種知識對立，但並非完全不同的一種。基督教義說上帝賜予我永恆的生命，但叔本華不相信這些。他說，通常知識的產生出於錯覺，但當我們穿過面罩時，所遇見的不是上帝，而是撒旦；邪惡的全能的意志，永恆不斷地在編織痛苦的蛛網，以肆虐於生民。聖徒爲惡魔的幻象所懾，大聲叫喊：「逃走」，然後向「虛無」躲避。如果說神秘主義者相信這種神話，對他們是侮辱。聖徒沒有達成完全的「熄滅」，在度其具有某些價值的生活，這和叔本華的悲觀主義是不調和的。聖徒存在一日，卽有其意志，且爲邪惡的意志。他或許以減弱其意志來降低其邪惡的程度，但永不可能獲得任何積極的善。

他的思想也是不誠實的，我們檢討叔本華的生活就可以知道，他經常就食於一家著名餐館，自奉甚豐，他有許多零星的艷事，是純肉慾的，不動眞情的。他特別好爭吵而極其貪財。有一次他爲一個縫衣老婦在他公寓門口與人談話而氣惱，將她推下樓梯，造成永生的創傷。老婦訴之於法，判他每季付她十五個銀幣（一塊銀幣約等於三馬克），二十年後，她死了，他在帳簿上寫道：「老婆子死了，我的負擔也去了。」除對動物愛護之外，在他的生活中，找不出有品德的證明，他愛護動物至於反對爲科學實驗而作活體解剖。在其他一切方面，他完全是自私的。似乎很難於相信，這樣一位深信苦行與退讓爲道德的人，從未試圖在他的行爲中實現他的信念。

叔本華思想有兩點是在歷史上具有重要性的：他的悲觀主義以及他的意志優於認識的思想。他的悲觀主義使人可以接受哲學而無需說服自己認爲一切邪惡都可加以解釋消除，作爲一種解毒劑，這是有用的。但從科學的觀念去看，悲觀主義與樂觀主義都是應該反對的。樂觀主義假定、或試圖證明，宇宙存在是爲了取悅我們；而悲觀主義則試圖證明，宇宙存在是爲了使我們痛苦。在科學上，這兩者都不能證明。相信悲觀主義或樂觀主義是一個性格問題，不是出於理性的辨別，但在西方哲學家中，則具樂觀性格的較普遍。反對派的用處似乎在促請注意，否則就有被忽視的可能。

比悲觀主義更重要的是他的「意志第一」的學說。顯然這與悲觀主義不必有邏輯上的關係，而且，在叔本華之後相信此說的人常常發現此說有樂觀主義的成份。很多近代的哲學家皆以不同的形式主張意志是至高無上的，如尼采、柏格森、詹姆斯、杜威等皆是，而且，這種主張還在職業哲學家的圈子以外流行。成反比例地，意志的價值愈高，則認識的價值愈低。這是我們這個時代在哲學的氣質上最值得注意的變化。此說以盧梭與康德為其先導，但首先作明確闡述的則是叔本華，因此，儘管有自相矛盾及膚淺之處，但作為哲學史發展的一個階段，叔本華的學說仍佔有很重要的地位。

第八節　尼　采

尼采（Friedrich Wihelm Nietzche 一八四四——一九〇〇年）自認為叔本華的繼承人，這是不錯的，但他在許多方面，尤其是理論的一貫性方面，超越叔本華之上。叔本華的消極性的東方道德與他意志萬能的形而上學是互不調和的；而在尼采的學說中，意志在道德上居首要地位，一如其在形而上學的地位。尼采雖然是一位哲學教授，但與其說他是學院派的哲學家，不如說他是一位作家。他在本體論或認識論上並沒有創見；他的重要性主要是在倫理學方面，其次則是作為一個公正的歷史評論家的貢獻。我的說明將完全限於他的倫理學與他對宗教的批評，因為是這方面的著作才使他發生重要的影響。

他的生活史是很單純的。父親是一位新教的牧師，他自小在虔誠的環境中長大。在大學讀書時，卽以古典文學與哲學見長，因此於一八六九年，尙未獲學位之前，卽受巴塞爾大學聘請爲語言學的教授。他的健康一向不好，經過幾次病假後，終於不得不於一八七九年退休。此後，卽在瑞士養痾。他熱烈崇拜華格納，却與他發生爭吵，表面上是爲了華格納的歌劇「帕昔伐」，他說這個人物過份信仰基督敎並且充滿了消極否定的思想。經過爭吵後，他猛烈抨擊華格納，甚至罵他是猶太人。但是，他的一般性格很像華格納的歌劇「指環」中的人物；尼采心目中的超人很像賽格弗萊德，祇是超人不懂希臘語而已。這看起來似乎是荒誕不經的，但這不是我故意揑造的。

尼采不自認爲浪漫主義者，且對浪漫主義者常施以猛烈批評。他的表現是希臘式的，祇是把歐爾菲尤斯敎派的成分去掉就行了。他崇拜蘇格拉底前期諸哲學家，只有畢達哥拉斯除外。他很近似赫拉克里特斯。亞里斯多德所稱的「慷慨的人」又很像尼采所說的「高尙的人」，但大體上，他認爲蘇格拉底以後的哲學家較他們的前輩爲遜色。他不能原諒蘇格拉底因出身貧賤所做的錯事，稱他爲「一個平民」，譴責他以民主的道德的偏見腐蝕了高貴的雅典青年。他尤其不喜柏拉圖所用的敎導方法，不過他顯然不很願意譴責柏拉圖，反而希望原諒他，因爲柏拉圖這樣做或許不是他的本意，他提倡品德祇是爲了維持低層階級的秩序。有一次，他稱柏拉圖爲「偉大的迦利奧斯楚」（十八世紀義大利的銀行家冒險家）。他喜愛狄謨克里特斯與伊比鳩魯，但他對後者的崇敬是不合邏輯的。可以預期，他對康德的評價甚低，稱之爲「那個盧梭的精神上的狂信者」。

尼采雖批評浪漫主義者，但其表現則受他們的影響很大；他的表現是一種貴族的無政府主義，很像拜倫，所以他之崇敬拜倫，實不足爲怪。他試圖把兩種不易調和的價值觀念聯結在一起；一方面他喜愛暴虐、戰爭與貴族的驕傲；另一方面，他又喜愛哲學、文學、藝術、特別是音樂。歷史上這兩種價值曾於文藝復興期間並存；敎皇朱利亞曾爲波洛格納城而作戰，並任用米開蘭基羅，尼采或許就是希望見到這種人去領導政府的。把尼采與馬其維利相提並論是很自然的，雖然這兩人之間有很重要的不同處。其不同處在於：馬其維利是實際從事政治的人，他的政見由於與公衆事務的密切接觸而形成，和他所處的時代是調和的，他不是屬於引經據典或自成體系的這一類，他的政治哲學也不是一個連貫的整體；尼采與他相反，是敎授，或者說是「書呆子」，反對當時居支配地位的政治與倫理的哲學潮流。但他們的相似處却更重要。尼采的政治哲學與「王公術」（不是「演講術」）相同，雖然它討論到並且適用於更廣的範圍。尼采與馬其維利都宣導一種以權力與蓄意反基督敎爲目標的倫理，只是尼采在這方面說得更坦誠一點而已。馬其維利心目中的波基亞，即有如尼采心目中的拿破崙：一個被小人物的對手打敗的偉人。

尼采之批評宗敎與哲學完全是出於道德的動機。他崇敬某些他相信只有貴族的少數才可能有的品性；他認爲，多數只能成爲少數達成卓越工作的工具，沒有要求幸福與富足的獨立權利。他習慣稱一般平凡爲「次等貨與凡夫俗子」，認爲如果他們受苦對造就一個偉人是必要的，則不必去反對。因此，從一七八九到一八一五年，整個時代是爲了一個拿破崙：「法國大革命產生了拿破崙，所以是正當的，如果必然的結果是我們整個文明的混亂崩壞，我們也要欣然接受。拿破崙孕育了民族主義……」他說，幾乎本世紀的一切最好的希望都由拿破崙而來。

他喜歡以正統的方式表達自己，而其意見則足以驚世駭俗。他以通常所接受的解釋辨別「善」與「惡」，然後說他喜「惡」而厭「善」。他所著「超越善惡之上」，確意在變更讀者對何者爲「善」何者爲「惡」的看法，褒「惡」而貶「善」。例如，他說，認爲把存善除惡視爲一種責任是不對的；持這種想法的是英國人，代表者是那個「笨蛋約翰史都華・密爾」，他特別對這個人深惡痛絕，他說：「當他說『對某一人爲正當行爲對另一人亦復如是』『己所不欲勿施於人』，我就對他的粗鄙感到厭憎。這種原則熱心於建立以相互服務爲基礎的整體人類關係，因此一切行爲都好像我們接受服務後所要付出的現金。這種假道學已經卑鄙到了極點；這似乎我的行爲與你的行爲，在價值上是相等的。」

他說，眞正的品德，與普通品德不同，不是屬於全體的，而應該祇保留爲貴族的少數人的特徵。它不是圖利的、或是審愼的；有這種品德的人是與衆不同的；它對秩序懷有敵意；對低層的人有害。高級的人對羣衆進行戰爭，抗拒時代的民主潮流是必要的，因爲平民在各方面聯合起來，力謀使自己成爲主人。「姑息、軟化，讓平民與婦女站到前面來，贊成普遍投票權——這就是讓『次等人』來統治。」他說，「勾引者」是盧梭，他使婦女對政治發生興趣。然後是斯陀（Harriet Beecher Stowe 一八一一——一八九六，美國小說家，黑奴籲天錄的作者——譯者註）與奴隸解放；然後是社會主義者對工人與貧民的支持，這一切都是應加以鬪爭的。

尼采的倫理不是一般人所解釋的「自我放任」；他相信斯巴達式的紀律、忍耐力與爲了重要目標承受痛苦的堅毅精神。他崇拜意志的力量，超越一切。他說：「我依照能夠提供的抵抗力的程度以及忍受痛苦與酷刑的程度來衡量意志的力量，並且知道如何使意志力增強；我不想以譴責的態度指出現存的邪惡與痛苦，而寧願預期有一日我們的生活會變得比以往任何時期更邪惡，更充滿了痛苦。」他認爲憫憐是一種必須克服的弱點。他說：「目的在獲得偉大的動力，以紀律、也以消滅千萬『次等貨』來塑造未來的人類，雖預期必造成痛苦，而這種動力則能持久不衰，這是以前從未有過的。」他欣然預測將來必有世界大戰的時期；有人懷疑他如果及時見到這一預言的實現，是否仍會感到快樂。

他不是一位國家的崇拜者，與此相距甚遠。他是一位熱烈的個人主義者、英雄的信仰者。他說，整個國家的不幸尚不如一個偉人的痛苦重要：「所有這些小人物的災難加起來並不發生總的價值，除非把偉人的感情計算在內。」

尼采不是民族主義者，也並不特別崇拜日耳曼。他希望有一國際性的統治民族，成爲世界的主人：「一個新的以最嚴密的紀律爲基礎的廣大的貴族集團，在其中強有力的哲學家與專橫的藝術家會遭受歷時幾千年的鎭壓。」他不是反猶太主義者，雖然他認爲德國已經有足夠多的猶太人，不應准許更多的猶太人流入。他不喜新約，但提到舊約時，則出之以最崇敬的語調。對尼采作公平的評斷，就必須強調，某些時代的進步的發展和他的一般倫理思想有關，却與他所明確表示的意見相反。

他在倫理思想上，有兩點是值得注意的：一是他對女人的鄙視，二是他對基督教義的嚴厲批評。他痛罵女人，從不倦息，在他僞託先知所述的話——「查拉蘇斯遮如是說」一書中，他說女人還不具備做朋友的資格，她們仍然是貓、鳥、最多是母牛。「男人應該訓練成爲戰士，女人則訓練成爲戰士的消遣物。其他一切都是無聊的。」所謂戰士的消遣物是非常奇異的說法，他有一句最引人矚目的警語：「你去女人那裏嗎？不要忘記你的鞭子！」

他雖然總是鄙視女人，却並非永遠是如此凶猛的。在「對權力的意志」一書中，他說：「我們由女人處得到的快樂，或者有如我們對可口的食物，她們是一種比男人更精美、更纖巧的動物。對這些心裏只想着跳舞、打扮那些無聊的事情的動物，應該怎樣對待她們呢？她們永遠是可以取悅每一個緊張的、思考深邃的男性的靈魂的。」但女人的優雅只能在剛強的男人控制下才能產生；一旦她們具有任何獨立性時，就變得不可忍受了。「女人有許多可恥的原因，她們炫耀、幼稚、好爲人師、心胸狹小的傲慢、放蕩、不能保守秘密……這些只能由於懼怕男人而受約束。」這是他在「超越善惡之上」一書中所說的話；他繼稱，我們應該像東方人一樣，把女人當作財產。他所有辱罵女人的話都是出自他認爲不辯自明的道理；並非根據歷史的證據或自己的經驗，他對於女人的知識，幾乎僅有的來源是她的姊姊。

尼采之反對基督教，是由於他認爲這是「奴隸的道德」。我們可以把他的論點和大革命前法國哲學家的論點作一比較。這些法國哲學家說基督教的教條是不對的；基督教要世人屈從所謂上帝的意志，而具自尊心的人類是不應該屈從任何更高的權力的；基督教會變成專制者的同盟，幫助民主的敵人否定自由，並繼續折磨窮人。尼采對基督教及其他任何宗教的形而上的眞理，都不感興趣；他相信沒有宗教是眞正對的；他完全以其對社會的影響來評判所有的宗教。他贊成法國哲學家反對屈從假想中的上帝意志，但他的敬意代之以屈從世間「藝術的專制者」的意志。除超人外，服從是對的，但不是服從上帝的意志。至於基督教會變成專制者的同盟及民主的敵人這一問題，他說這是顚倒事實的。以他看來，革命與社會主義大體上和基督教的精神是相符合的；但他對這些都反對，出於同一個理由：無論在那一方面，他不認爲所有的人是平等的。

他說，佛教與基督教都是「自滅」的宗教，在某種意義上，他們否定一個人與另一人之間有任何價値上的不同；但他反對佛教似不若反對基督教之甚。他認爲，基督教義是退化的，充滿了敗壞與廢泄的因素；它的動力來自平民——「次等貨」的反叛。這種反叛始於猶太人，由聖保羅之類的聖徒而深入基督教，而聖保羅是不誠實的人。「新約是一個完全卑賤者的福音。」基督教義是曾經存在過的最不幸、最誘人的謊言。沒有可考的人能够符合基督教的理想的；勃魯塔契的「生活」一書中的主角們也不能做到這一點。基督教是應受譴責的，因爲它否定下列諸種的價値「驕傲、未來的病苦、偉大的責任；充沛的精神、強烈的獸慾、戰爭與征服的本能、熱情的奉獻、復仇、憤怒、性感、冒險、知識。」尼采說，這些東西都是好的，而基督教義則說是壞的。

他說，基督教義的目標在馴服男人的雄心，但這是一種錯誤。野獸有其壯美之處，當馴服時，即喪失這種壯美。和杜思妥也夫斯基在一起的罪犯比他要好，因爲他們更知道自尊。尼采對悔過與贖罪深惡痛絕，稱之爲「愚蠢的循環」。我們無法自下列對行爲的看法中使自己獲得自由：「我們是兩千年前自己背負十字架被釘死的人的繼承者。」他有一段提到巴斯加（Blaise Pascal 一六二三——一六六二年，法國哲學家）的很動人的話，值得加以引述，因爲它最能代表尼采反對基督教的論點，尼采說：

「我們所要反對基督教的是什麼？因爲它的目標在毀滅強者，在擊破他們的勇氣，在他們疲乏衰弱時利用他們，把他們驕傲的自信轉變爲焦慮與良心的困擾；它知道如何戕害最高尚的本能，使之感染疾病，直到他的力量和他獲取權力的意志，向內逆轉來反對他自己爲止——直到強者由於過份的自我鄙視與自我犧牲而自趨毀滅爲止：這種可怕的毀滅方式，巴斯加是最有名的一個例證。」

尼采希望他所稱的「高尚的人」能够代替基督教的聖徒，並不是平民的性質，而是統治階級的貴族。「高尚的人」要能行殘暴之事，有時也做些世俗認爲是犯罪的事；他祇對和他平等的人盡義務。他保護藝術家、詩人以及一切懷有某些技能的人，但他必居於比他們高一等的地位。從戰士的例子中，他知道把死亡與他爲保衛生命而戰的利益聯結在一起；知道如何犧牲別人、爲認眞而充分地達到自己的目標不恤民命；執行殘酷的紀律；讓自己在戰爭中表現凶猛與狡獪。他必須承認殘酷在貴族的優越性中的重要地位：「幾乎一切我們稱爲高尚文化的東西都來自殘酷的增強與昇華。」高尚的人主要即是獲取權力的本能意志的體現。

我們對尼采的哲學作何想法？有多少是對的？它有任何用處嗎？其中有任何東西是客觀的，或者它祇是錯誤觀點的強有力的幻想呢？

不可否認地，尼采具有重大的影響，不在職業哲學家的圈內，而在一般文學與藝術家之中。必須承認，他對未來的預言，到現在爲止，證明比自由主義者與社會主義者所預言的更接近眞實。假如他是一種疾病的症候，則這種疾病在現代已經非常普遍了。

尼采思想中有很多只是自大的妄想，必須加以放棄的。他提到斯賓諾莎時說：「這個多病的隱遯的僞裝者暴露了多少個人的怯懦與授人以柄的弱點！」這些話正好可以用來說他自己，甚至更恰當，因爲他惡毒地攻擊別人，而斯賓諾莎則否。顯然在他的白晝夢中，他是一名戰士，不是教授；所有他所崇拜的都是軍人。他對女人的意見，像其他每一個人一樣，是他自己對女人感情的具體化，這顯然出於一種恐懼。「不要忘記你的鞭子」——但是十個女人之中有九個會把鞭子從他的身邊拿開，他知道這一點，所以他索性不走近女人，而以咒罵的言辭來撫慰他受傷的自尊心。

他譴責基督教的愛，因爲他認爲這是出於恐懼。我恐懼我的鄰居可能會傷害我，所以我保證說我愛他。假如我更強壯而更有勇氣，我就會公開表示看不起他。這是我眞正的感覺。尼采不可能相信一個人應該有普遍的愛，顯然他自己的感覺是普遍的恨與懼，只是喜歡以貴族的矜持來加以掩飾而已。他心目中的「高尚人」——在白晝夢裏即是他自己——一個完全沒有同情心、粗暴、狡獪、殘暴、祇關心自己的權力的人。莎翁劇中的李爾王在快要發瘋時說：

我要做這些事情——

是什麼事情，我還不知道——但必定是

讓世界恐怖的大事。

這就是尼采哲學的縮寫。

尼采從不相信，賦予他的「超人」的權力慾是一種恐懼的結果。那些對鄰居不存恐懼的人就沒有必要去鎮服他們。克服了恐懼的人並不具有尼采所稱的「藝術家兼專利者」——尼羅王的狂亂的氣質，他內心充滿了對不可避免的宮廷革命的恐懼，却試圖以音樂與大屠殺來娛樂自己。部份也是由於受尼采思想的影響，我不否認，眞正的世界已經變得近似他的「噩夢」，但他的思想並沒有使任何事物減低其可怖的程度。

對某種型態的基督教的倫理，尼采的批評是對的。巴斯加與杜思妥也夫斯基——他自己所舉的例子，在他們的品格中都有可非難的地方。巴斯加犧牲了他在數學上的卓越才能而將自己奉獻給上帝，將自己的病態的精神自虐加以無限擴大。杜思妥也夫斯基並沒有「適當的自傲」，他爲了悔改並享受坦白的樂趣而去犯罪。我不想討論，這種例子用以反對基督教義的適當性如何，但我承認我同意尼采鄙視杜思妥也夫斯基的虛弱。我認爲，某種程度的耿直、驕傲甚至固執是構成最好的性格的因素；以恐懼爲基礎的品德是不值得崇拜的。

世間有兩種聖徒，一種是自然的聖徒，一種是由恐懼而產生的聖徒。自然的聖徒對人類有自發的愛，他行善是因爲行善給他快樂。另一方面，由恐懼而產生的聖徒則有如那些祇由於有警察才放棄盜竊的人，如非因恐懼地獄中的火刑或鄰居的報復而約制自己，就會變成惡人。尼采祇能想像到第二類的聖徒，他心中充滿了仇恨與恐懼，對人類的自發的愛在他看來是不可能的。他從未想像過有這種人，無所恐懼，具有「超人」堅執的自負，却從不使人痛苦，因爲他不想這樣做。有任何人假定林肯行事是由於他恐懼地獄嗎？但在尼采心目中，林肯是卑賤渺小的，拿破崙是偉大的。

我們仍須考慮尼采所提出的一個倫理上的主要問題，卽是：我們的倫理原則，只行之於貴族嗎？或者，在某種意義上，對所有的人一視同仁嗎？我剛才說過，這是一個意義不明確的問題，第一步必須試圖把問題弄得更清楚，更確定。

首先，我們必須把貴族的倫理和貴族的政治思想分開。某人相信邊沁的原則——最大多數的最大快樂是傾向於民主的倫理的，但這個人可能認爲一般人的快樂最好由一個貴族形式的政府來增進。這不是尼采的看法。他認爲一般人的快樂與基本的好壞無關。一切基本的好壞僅存在於少數的高層人物之中，至於其他人的遭遇如何，是不在考慮之列的。

其次的問題是，什麼人才是少數的高層人物。事實上，他們通常是征服者或世襲的貴族——至少在理論上，貴族是征服者的後裔。我想尼采可能會接受這個定義。他告訴我們說：「沒有好家世就不可能有品德。」他說，通常貴族階級的祖先是蠻族，但一切人類的進步都要歸功於貴族社會的形成。

尼采對貴族的優越性究竟是天賦的還是由於後天的教育與環境，沒有明確的解釋。假如是後者，就很難爲剝除其他人的權利而辯護，因爲人人都有資格得到這種權利。因此，我假定他認爲征服者的貴族及其後裔在生物學上優於他們的臣民，猶如人類之優於家畜，雖然程度上有所不同。

然則，何謂「生物學的優秀性」？尼采的解釋是：優秀種族的個人及其後裔是「高尙的」：他們有更強的意志力，更大的勇氣，對權勢有更多的衝力，而同情心、恐懼與溫和，則較一般人爲少。

我們現在可以說明尼采的倫理觀，我認爲以下是一個比較公平的分析：

戰勝者及其後裔，通常在生物學上較戰敗者爲優秀，因此，值得希望他們掌握一切權力，特別爲他們自己的利益處理事務。

在這裏應該注意「值得希望」這一詞彙。尼采哲學中什麼是「值得希望」的？自外人的觀點衡量，凡尼采所稱「值得希望」的。卽是尼采本人所希望的。如作這樣的解釋，尼采的思想或許可以用一句話簡單而忠實地加以說明「我希望在貝雷克利斯時代的雅典或麥地西時代的佛羅倫斯生活。」但這不算是哲學；這祇是個人的際遇問題。「値得希望」一詞並不完全等於「我的希望」。雖然這祇是幻想，但却具有某種普遍性。「一神」論者也許會說「値得希望」的也就是上帝所希望的，但尼采不會這樣說。他可能說，他可以從道德的直覺探知什麼是善，但他不願這樣說：因爲這聽起來太像是康德的話。他對於「値得希望」一詞的解釋，可能會這樣說：「假如人們讀了我的書，就有相當比例的人會和我抱同樣的希望，對社會組織的希望；這些人受了我的哲學所賦予的動力與決心的鼓舞，就能保持或恢復他們的貴族性，成爲貴族或（像我一樣）貴族的擁護者。他們由此達到比做人民公僕更充實的生活。」

在尼采思想中還有一部份很接近「狂烈的個人主義者」反對工會的觀點。在人人相互爲戰中，勝利者似乎持有某些品質，爲尼采所崇拜的，諸如勇氣、機智與堅強的意志力。至於那些不具備這種品質的人（卽是廣大的羣衆）可以聯合起來，雖然個別衡量是較劣的，但仍可能獲得勝利。在集體的「下等人」反貴族的戰鬪中，基督教是他們思想的武器，法國大革命是他們的實際戰場。因此，我們必須反對在衰弱的個人之中建立任何種類的工會，以免他們的聯合力量壓過個人的影響；另一方面，在人民中的粗魯與強橫份子中，又必須推進工會組織。建立這類工會的首要步驟則見於尼采的哲學中。由此可見，要保持倫理與政治分隔是不容易的。

假如我們希望——我當然是希望的——尋求反駁尼采倫理學與政治學的論點，我們能找到什麼論點呢？

有某些重要的論點，表示試圖達到他的目標事實上會得到完全不同的結果。世襲的貴族現在已經沒落了；唯一實際的貴族形式是有如法西斯或納粹黨這樣的組織。這類組織引起強力反抗，大概會在戰爭中被擊敗；如不被擊敗，很快就會變成警察國家，統治者時刻在暗殺的恐懼中生活，而英雄們則被關在集中營裏。在這種社會中，宗教信仰與榮譽因恐懼被控訴而減弱，超人的準貴族制墮落而爲顫抖的卑怯者的幫會。

這是我們這個時代的論點，如果在貴族制不容置疑的時代，就不像現在這樣堅強有力了。例如，埃及政府的施政與尼采的思想暗合，已歷時幾千年。在美國獨立與法國大革命之前，幾乎所有大國都是由貴族統治的。因此我們必須自問，我們喜愛民主而捨棄了某種有過長期成功紀錄的政府的形式，眞是有充足理由嗎？或者說，由於我們所關切的是哲學而非政治，則否定尼采支持貴族制的道德觀點，眞是有客觀的根據嗎？

例如同情心即是一道德而非政治的問題。同情心，起於因他人的痛苦而不快，在人性上是自然的；年輕人聽到別的小孩哭泣就會感到不安。但這種感覺的發覺則因人而迥然有別。有些人以使人受苦爲樂；另有人如佛陀，則感覺祇要有任何動物仍在受苦，就不會充分快樂。大部份的人把人分爲朋友與仇敵，對前者可以同情，而對後者則否。基督教義及佛教教義皆有其普遍同情的感情基礎；尼采則全無同情心，（他常反對同情心，在這一點上他是可以做到言行相符的。）問題是：設使佛陀與尼采相晤對，他們能提出應該訴諸公正聽衆的論點嗎？我所指的不是政治的論點。我們可以想像，他們倘出現於「萬能主」之前，一如聖經中約伯記第一章所描寫的，他們都可以就祂應該創造怎樣的世界提出建議，他們會說些什麼？

佛陀會首先說到痲瘋患者，被遺棄而慘苦不堪；窮人，以痛楚的肢體勞作，貧乏的營養僅足維持生存；在戰場上的傷殘，經長期的掙扎而死去；被監護者虐待的孤兒；甚至最成功的人物亦爲思及失敗與死亡而憂心。他會說，爲了這一切苦難，我們必須得一條獲救的路，而唯有通過愛才能獲救。

尼采只有萬能主約束他不打斷別人說話，會爆炸似地說：「天呀！你必須學會具有更暴烈的性格。爲什麼要爲草芥小民的痛苦而啜泣？或者，爲了偉人的痛苦而傷心？小民的痛苦是微不足道的，偉人的痛苦也是深沉的，但對偉大的痛苦是不必感到遺憾的，因爲那是高貴的。你的理想完全是消極的。消除痛苦可以由『不存在』而完全做到。但，我的理想是積極的，我崇拜亞昔比阿德斯（Alcibiades紀元前四五〇——四〇四年，雅典政治家——譯者註）、非德烈二世與拿破崙。爲了這些人，任何痛苦都是値得忍受的。萬能的主，我向你傾訴，你是最偉大的創造的藝術家，不要讓你的藝術衝動被此一沮喪的精神病患者的墮落的爲恐懼所震懾的絮聒所遏制。」

佛陀在天庭，熟知自他圓寂後的歷史，在知識上樂於精諷科學，而哀悼人類之誤用科學，以冷靜的溫詞回答說：「尼采教授，你錯了，你以爲我的理想是純消極的。誠然，這含有消極的因素，例如消除痛苦；但也有像你的思想一樣積極的因素。雖然我並不特別崇拜亞昔比阿德斯與拿破崙，但我也有我的英雄：我的後輩耶穌，因爲他告訴世人要愛仇敵；那些發現如何搾取自然力量的人；詩人、藝術家、音樂家，捕捉了神聖的至美的閃光的人。愛、知識、美妙中的歡樂並非消極的；它們足够充實那些已經產生過的最偉大人物的生命。」

尼采回答說：「還是一樣，你的世界仍是枯燥無味的。你應該讀赫拉克里特斯，他的全部著作可以在天宮的圖書館找到。你的愛是出於憐憫，而憐憫則出於痛苦；假如你是誠實的，你的道理是不快樂的，祇有通過痛苦才能察覺到；至於美，還有什麼比老虎更美的呢？而它的壯美則出於凶猛。假如萬能主決定採用你的想法創造世界，我恐怕所有的人都會因單調乏味而厭倦至死。」

佛陀回答說：「你可能會厭倦至死，因爲你喜愛痛苦，而你愛生命是僞裝的。那些眞愛生命的人將會得到快樂，在現存世界裏沒有人會快樂。」

在我這方面，我贊同我所想像的佛陀。但我不知道如何用可以用於解決數學或科學問題之類的論點去證明他是對的。我不喜歡尼采，因爲他希望痛苦，把幻想當成責任，他最崇拜的人都是征服者，他們的光榮出於他們能置人於死的智巧。但我認爲反對他的哲學的最後論點，一如反對任何不快樂但自圓其說的倫理思想，不在於訴諸事實，而在於訴諸感情。尼采鄙視博愛；但我覺得博愛是獲取這個世界中所希求之物的最大推動力。他的信徒仍在哲學界有其地位，但我們可以預見他們很快就可以成爲過去。

第九節　功利主義者

自康德到尼采這整個時期內，英國的職業哲學家幾乎完全沒有受同時代的德國人的影響的，唯一的例外是威廉・漢彌爾敦（William Hamilton 一八〇五——一八六五年），他對於英國哲學界是沒有影響的。誠然柯勒雷芝（Samuel Tayler Coleridge 一七七二——一八三四年）與喀萊爾（Thomas Carlyle 一七九五——一八八一年，蘇格蘭散文家及歷史家）深受康德、費希特的影響，但嚴格地講，他們不算是哲學家。有一次有人向詹姆斯・密爾提起康德，他經過粗略的研究後說：「我對這位可憐的康德所想的已經瞭解得很透徹了。」像這類的接觸都算是例外，一般人對德國哲學則懵無所知。邊沁及其學派的哲學主要來自洛克、哈特里、艾爾維許；他們的重要性，在哲學方面不如其在政治方面，因爲他們是英國激進主義的領導人，無意中也成爲社會主義思想的先導。

耶雷米·邊沁，被認爲「哲學的激進主義者」的領袖，不像人們所預期的那種社會運動的首領的型態。他生於一七四八年，但到一八〇八年始成爲激進份子。他極端羞怯，和生人在一處就會戰慄不安。他寫得很多但從不想到要出版。以他的名字出版的書的原稿都是他的朋友好心偷出來付印的。他的主要興趣在法理學，在這方面，他承認艾爾維許與貝卡雷亞（Cesare Beccaria 一七三八——一七九四年，義大利經濟學家與法學家）是他最重要的先導者。他由於研究法律思想，才對倫理學與政治學發生興趣的。

他以兩項原理爲他全部哲學的基礎——「聯想」的原理與「最大快樂」的原理。一七四九年，哈特里曾強調「聯想」的原理；在此以前，雖然被認爲也有觀念的聯想，但却說這祇是一些不重要的錯誤發生的原因（例如洛克就這樣說過）。邊沁繼哈特里之後使之成爲心理學的基本原理。他承認觀念與語言之間的聯想，也承認語言與語言之間的聯想。他以此一原理爲手段企圖解釋精神現象的決定因素，大體上，這理論與以巴弗洛夫實驗爲根據的「有條件反射」（conditioned reflex）的理論相同。唯一重要的區別是，巴弗洛夫的「有條件反射」是生理學的，而觀念的聯想則是純精神方面的。巴弗洛夫的理論可以作實體的試驗，例如行爲學者所作的實驗；而觀念的聯想則毋寧是心理學上的，多少脫離了生理學的範圍。「有條件反射」無疑較以前的原理爲進步。巴弗洛夫的原理是：假定有某種反射作用，刺激B物產生反應C，如果某一動物經常與刺激物B同時經驗到刺激物A，則一旦沒有B時，A仍可以產生C的反應。要決定在什麼環境下能發生這種情況是一實驗的問題。顯然，我們倘以觀念來取代A B C，則巴弗洛夫的原理就變成觀念聯想的原理。

無可置疑地，這兩項原理在某些範圍內是正確的；唯一有爭論的問題在適用範圍的大小。邊沁及其信徒在哈特里原理上，誇大其適用的範圍，正如某些行爲派學者誇大巴弗洛夫原理的適用範圍。

對邊沁而言，「決定論」(determinism)在心理學中是很重要的，因爲他希望建立一套法典——更廣義地說是一套社會制度——可以自動使人「有德」。他的第二項原理——最大多數的最大快樂，由於確定品德的意義，就成爲必要的了。

邊沁認爲善卽是快樂或幸福——他以此爲同義詞，而惡卽是痛苦。因此，某一種狀況倘其在苦樂的平衡上，樂超過苦較多，或苦超過樂較小，就勝於另一種情況。自然在一切狀況中，最佳的卽是樂超過苦最多的一種。

這就是被稱爲「功利主義」的思想，但並非嶄新的思想，因爲早在一七二五年，赫契遜卽作過這樣的主張，邊沁欲以首倡此說之事歸於普萊斯特里，但他並沒有說過這樣的話。事實上，在洛克思想中可以找到這種主張。邊沁的價值不在首倡此一理論而在努力使之適用於各種不同的實際問題。

邊沁主張，不僅一般說來善卽是快樂，而且每一個人皆永遠在追尋他相信是使自己快樂的事。因此，立法者的工作就在使公衆與個人的利益調和。例如，我不偷盜是爲了公衆利益，但必須有一有效的刑法，則僅僅是爲了我自己的利益。因此，刑法是一種使個人利益符合社會利益的方法；這就是要有刑法的理由。

以刑法懲人是爲了禁止犯罪，並非因爲我們恨犯罪的人。犯罪必定受罰比嚴刑峻法更重要。在當時的英國，許多輕罪要處死刑，以致法官拒絕判罪，因爲他們覺得懲罰得太重。邊沁主張除罪大惡極者外應廢除死刑，這在他去世以前，刑法已經有這方面減輕了。

他說，民法應達到四種目標：生存、繁榮、安全與平等。值得注意的是，他沒有提到自由。事實上，他對於自由並不重視。他崇拜法國大革命後的溫和的獨裁者——凱塞琳女皇與法蘭昔斯皇帝。他很鄙視人權之說。他說，人權是全無意義的；所謂不可侵犯的人權祇是一付空架子而已。當法國的革命份子發表「人權宣言」時，邊沁稱之爲「一項形而上的文字」，他說其中各點可以分成三類：㈠不可理解的，㈡錯誤的，㈢兩者兼而有之的。

邊沁的理想，很像伊比鳩魯，是安全而非自由。他說「戰爭與風暴讀起來最有趣，但還是和平寧靜的日子比較好過。」

他逐漸傾向激進主義有兩個原因：一方面由於信仰平等，這是自苦樂的估計推演而來的；另一方面是由於他堅決要把每一件事置於他所瞭解的理性的裁決之下。他之愛平等很早就使他主張一個人的財產應平均分配於所有的子女，反對有立遺囑自由分配的權利。以後又使他反對君主制與世襲的貴族制；主張完全民主，包括婦女的投票權在內。他拒絕無合理根據的輕信使他反對宗教，包括對上帝的信仰在內。因此他不顧其歷史淵源如何莊嚴，對法律中的荒謬與反常的規定，皆予以尖銳的批評。他絕不以傳統為理由而有所顧惜。自青年時代起，他就反對帝國主義，不管是英國在美洲的帝國主義，或其他任何國家的帝國主義；他認為殖民地是一件荒唐的事。

由於詹姆斯・密爾的慫恿，邊沁才對實際政治參加意見。密爾較邊沁年幼二十五歲，是他的忠實學生，但也是一積極的激進份子。邊沁曾贈予密爾一所房屋(原屬於密爾頓)，並在他寫作一部印度史時給予金錢支援。此書完成後，東印度公司畀予密爾一個職位，後來又對他的兒子授職，父子受雇，直到兵變時公司解散為止。密爾非常崇拜康道塞與艾爾維許。像那個時代的一切激進份子一樣，他相信教育萬能。他把這個理論在他兒子——約翰・史都華・密爾身上實施，結果有好有惡。最重要的惡果是，卽使約翰・密爾感覺他父親的思想不够開濶，却永遠不能擺脫他父親的影響。

詹姆斯・密爾也像邊沁一樣，認為快樂是唯一的善而痛苦是唯一的惡。但伊比鳩魯則認為適度的快樂最有價值，心智的享受最可貴，節制是最主要的品德。約翰密爾說：「他以鄙視的語氣表示不贊成這種說法」，並且說他也反對現代式生活對感覺的壓力。像一切功利派學者一樣，他堅決反對一切方式的浪漫主義。他認為政治可以為理性所控制，且預期人的意見可以由實證的影響來決定。如果反對方面提出的理由與贊成方面不相軒輊，則人數較多的一面是對的。他的思想由於缺少熱情而受限制，但他的優長則是勤奮、冷靜與合理。

其子約翰·史都華·密爾生於一八〇八年，以一種較溫和的方式繼承邊沁的思想，直至一八七三年他去世爲止。

在整個十九世紀的中葉時期，邊沁派學者對英國法律與政治都有非常大的影響，而他們完全不以訴諸感情的方式影響別人。

邊沁就「普遍快樂卽是至善」這個觀念提出各種論點。其中的一部份是對其他倫理思想的確當批評。他在論政治詭辯一文中說——在文辭上頗似馬克斯——多感與禁慾的道德是貴族制的產物，是爲統治階級服務的。他繼續說，那些宣導犧牲的道德的人，却不做錯誤的犧牲品——他要別人爲他而犧牲。他說，道德秩序出於利益的平衡。統治團體佯作統治者與被統治者的利益已趨於一致，但改革者則稱這種「一致」並不存在，而需要使之「一致」。他主張，祇有功利的原則才能給予道德與法律一種準繩，也才能爲社會科學奠下基石。他主要的積極論點是，所有不同的倫理思想都暗示到此一原則。這種對自己的研究範圍的嚴格限制，也祇能使這些話變得貌似眞實而已。

邊沁學說中有一顯著的漏洞。果眞每一個人都永遠在追求自己的快樂，則如何能保證立法者會去追求一般人的快樂？邊沁本人天性仁厚（他自己的心理學的理論使他對這一點沒有注意）使這個顧慮隱藏掩蓋起來了。假如他被派爲某一個國家草擬法典，他必然以公衆利益爲依歸，不會藉此增進他個人或他那個階級的利益。（對於後者，他至少不會故意這樣做。）但假如他認淸此一事實，就必須修正自己的心理學理論。他的思想似乎是：民主加上確當的監督，立法者就會受到控制，祇能在有益公衆的條件下增進私人的利益。在他那個時代，還沒有足夠的資料判斷民主機構的工作優劣，他的樂觀是可以被原諒的，但在我們這個較清醒的時代，就顯得太天眞了。

約翰．密爾在他的「功利主義」一書中提出一個論點，其錯誤的程度使人驚訝他何以會有這種想法。他說：快樂是唯一我們所希求的，故快樂是唯一值得希求的。他辯稱，唯一可見之物是已經見到的；唯一可聞之聲是已經聽到的，準此，唯一值得希求的即是所希求的。他沒有注意到「可見」之物是由於其「能夠被看見」，而「值得希求」之物則是「應該被希求」的。因此，「值得希求」是一個牽涉到道德思想的名詞，我們不能從所希求的東西去推想什麼是值得希求的東西。

再則，假如每個人皆不可避免地追求自己的快樂，就不能說他還「應該」做別的事情。康德主張，「你應該做什麼」即暗示「你能夠做什麼」，如果「你不能做」而祇說「你應該做」是沒有用的。假定每個人皆必須永遠追求自己的快樂，就不必有什麼道德觀念，祇要審愼地考慮到：你可以努力增進他人的利益，以期他們以增進你的利益回報你。類似的情形，一切在政治上的合作都是相互利用。從功利主義的前提中，不可能推斷出其他的結論。

這牽涉到兩個不同的問題。第一、是否每個人都祇追求自己的快樂？第二、普遍快樂是否人類的正確目標？

當說到每個人希求自己的快樂時，這可能含有兩層意義，其中有一種是公認的眞理，另一種是錯誤。不論我所希求的是什麼，從如願以償中我會得一些快樂；在這層意義上，我所希求的即等於快樂。這個理論如作這種解釋卽是正確的。

但假如其意義是：當我希求某些東西，是因爲它所能給予我的快樂，這就通常是錯誤的。當我饑餓時，希求食物，祇要在饑餓存續時，食物就會給我快樂。但饑餓所引起的希求在先；快樂是希求的一種結果。我不否認某些時候對快樂有直接的希求。假如你願意消磨一個晚上在戲院裏，你必定選擇一個能給你快樂最大的戲院。但由直接希求所決定的行爲是例外的也是不重要的。每一個人的行爲都是由估算快樂與痛苦之先所發生的希求所決定的。

任何東西都可能成爲希求的目標；被虐狂患者所希求的是痛苦。被虐狂者無疑會從所希求的痛苦中獲得快樂，但快樂是由希求而來，並非由快樂而產生希求。一個人可能希求某些與他私人無關的東西，例如，中立國家的人希望交戰的某一面獲勝。他也可能希求增進一般人的快樂或減輕一般人的痛苦。或許，有如喀萊爾，其希求與此正好相反。一個人的希求不同，其快樂也隨而有異。

由於人的希求相互衝突，道德是有必要的。衝突的主要原因在自私。大多數人關切自己的利益過於他人的利益。但卽使沒有自私，也同樣會引起衝突：某人希望每個人都是天主教徒，另一人希望每個人都是喀爾文教派的教徒。這種「非自私」的希求常常牽涉到社會性的衝突。倫理學有兩個目標：其一是尋求一辨別好的或壞的希求的準繩；其二是以褒貶爲手段鼓勵好的希求而打擊壞的希求。

功利思想中的倫理部份，邏輯上與心理學的部份是分隔的，其要義是：好的希求與行爲實際上會增進一般的快樂。這不需要看某一行爲的「意向」，而祇要看它的「效果」。有什麼可以作爲贊成或反對這種思想的論點嗎？我們發現在尼采思想中有一類似的問題。他的倫理觀與功利主義不同，因爲他主張祇有人類中的少數人具有道德上的重要性——其他人的快樂或不快樂應不在考慮之列。我自己並不相信這一問題可以像用於科學問題的方法一樣，以純理論的論點來處理。顯然地，那些被尼采的貴族制排除的人必然會反對他的說法，因此，就變成政治的而非理論上的爭執了。功利主義者的倫理是民主的、反浪漫主義的。民主主義者似乎會贊同其思想，但對那些更喜愛拜倫的世界觀的人，我認爲祇能在實質上加以駁斥，而不是由於僅能訴諸事實而非訴諸希求的理由。

哲學的激進主義是一個過渡性的學派。它產生兩個比本身更重要的其他學派，即達爾文主義與社會主義。達爾文學說是把馬爾薩斯的人口論適用於整個動物界與植物界，這是邊沁學派的政治學經濟學不可分離的一部份——全球性的自由競爭，其中獲勝的動物就很像成功的資本家。達爾文本人頗受馬爾薩斯的影響而且大體上是同情哲學的激進主義者的。但是，正統派經濟學者所崇拜的競爭與達爾文指爲演進動力的生存競爭之間有很大的區別。在正統派經濟學中，「自由競爭」是虛僞的，是必須受到法律的限制的。你可以用低價打擊你的競爭者，但你不可以謀殺他。你不可以用國家的武力去幫助你壓倒外國的製造業。那些不幸得不到資本的人不能以革命來改善他們的命運。照邊沁派學者所瞭解的，「自由競爭」絕非眞正的自由。

達爾文式的競爭就不是上述這一類了，它沒有不准這樣不准那樣的規則。動物之間無法律，也沒有把戰爭排除在競爭方法之外。利用國家的力量獲取競爭中的勝利是違反邊沁學者所信仰的原則的，但不能排除在達爾文式的競爭之外。達爾文本人雖然是自由主義者，而尼采除表示輕蔑外，從未提到過達爾文的名字，但「適者生存」之說，經過充分消化後，就會覺得它更像尼采而非邊沁的思想。這些發展屬於較後的時期，因爲達爾文的「物種原始」一書是在一八五九年出版的，最初並不察覺其有政治方面的意義。

相反地，社會主義開始於邊沁學說的全盛時期，是正統經濟的直接產物。李嘉圖與邊沁、詹姆斯·密爾、馬爾薩斯都有密切關係。他說貨物的交換價值決定於生產此一貨物所耗之勞力。他將此說發表於一八一七年。八年後，湯瑪斯·霍吉斯金——一位前海軍軍官，出版了第一本社會主義的著作，「保護勞力反對資本的權利」，他說，假如照李嘉圖所說，一切價值產生於勞力，則一切報酬應歸於勞工，地主與資本家所分享的一份祇是一種勒索而已。此時，羅伯特·歐文(Robert Owen 一七七一——一八五八年合作事業的首倡人)，在獲得做一個製造家的豐富經驗後，也爲一種思想所說服，後來不久卽稱爲社會主義。（首先用「社會主義」一詞在一八二七年，是用來形容歐文的支持者的。）歐文說，機械代替了勞力，知識程度使工人階級無法與機械的力量競爭，他所建議的應付這一禍害的方法卽是原始形式的社會主義。

雖然歐文是邊沁的朋友，邊沁也在歐文的企業中投下一大筆錢，但哲學的激進主義者並不喜歡他的新思想；事實上，社會主義的降臨使他們變得比以前溫和而較少哲學性。霍吉斯金在倫敦獲得某些人的支持，而使詹姆斯·密爾感到恐懼，他寫道：

「他們對於財產的觀念甚爲可惡……他們似乎認爲財產是不應存在的，其存在對他們是禍害。沒有疑問，一定有流氓和他們在一起工作。這些傻子，竟不知他們所瘋狂希求的，正是對他們的一種災難，不是別人而正是自己的手造成的。」

此信作於一八三一年，可視爲資本主義與社會主義的長期戰爭的開端。後來，他又寫了一封信，說這種思想是出於霍吉斯金的「瘋狂的荒謬」，他繼稱：「這些意見如聽其散佈，勢將顚覆文明社會，比匈奴與韃靼人的席捲歐洲還要可怕。」

此時，社會主義仍祇限於政治或經濟的範圍，尚未成爲哲學史的一部份。但在馬克斯的手上，社會主義乃獲得哲學的根據，此將在下一節中論述。

第十節　對馬克斯的批判

馬克斯被認爲是使社會主義科學化的人，而且，他以誘惑與排斥爲手段，造成一強有力的社會運動，較其他任何人出力爲多，幾乎支配了歐洲近代的歷史。本書的範圍，除一般性的重點外，不擬包括他的經濟學與政治學，祇擬討論他的哲學及對其他哲學家的影響。在這一點上他是很難加以歸類的。一方面，他有如霍吉斯金，是哲學的激進主義者的產物，承襲了他們的理性主義，以及他們對浪漫主義的反對；另一方面，他是唯物主義的「還魂者」，賦予新的解釋並使之與人類歷史發生關聯，還有，他也是最後一個自建學說體系的人，繼承了黑格爾，像黑格爾一樣相信以一個合理的公式就可以概括人類的一切演進過程。強調一點而忽略其他將對他的哲學產生錯誤與歪曲的觀點。

他生活波折很多成爲他性格複雜的原因之一。他和聖安布路斯一樣誕生於特雷維斯，時爲一八一八年。特雷維斯在法國大革命及拿破崙時代受法國人的影響很大，比其他大部份的德國城市更具國際性的面貌。其祖先是猶太教的，但在幼年時，他的父母已經皈依基督教了。他娶了一個非猶太人的貴族小姐，此後卽與她厮守終身。在大學中他受當時仍盛行的黑格爾思想的影響，也受費爾巴哈的反黑格爾而傾向於唯物主義的影響。他曾嘗試辦雜誌，但因言論過激而遭政府取締。此後，他於一八四三年前往法國研究社會主義。在法國他遇見恩格斯，曼徹斯特的一家工廠的經理，由此他得知英國的勞工與經濟的情況。這使他在一八四八年的革命之前，卽具有不尋常的國際文化的背景。以對西歐而論，他沒有種族的偏見，但對東歐則不然，他總是瞧不起斯拉夫人的。

他參加了一八四八年的法國與德國的革命，結果不得不於一八四九年逃往倫敦，除短暫的旅行外，卽終老於倫敦，爲貧病及兒女的夭亡而困惱，却不停地寫作研究。其背後的動力是社會革命的希望，如不能及身見之，亦期待於不遠的將來實現。

馬克斯很像邊沁與詹姆斯・密爾，與浪漫主義毫無關聯；他總想使自己的思想科學化。他的經濟學是英國古典經濟學的產物，祇是把推動力量變更了。古典經濟學家有意無意地維護資本家的利益，以對抗地主與薪資所得者；馬克斯與此相反，力求代表薪資所得者的利益。他青年時代——如同在一八四八年的共產黨宣言所表現的——具有一種適合於從事新革命運動的性格，略似密爾頓時代的自由主義者。但他總是急於訴諸證據，而不依賴任何超科學的直覺。

他自稱爲唯物主義者，但不是十八世紀的那種唯物主義。他受了黑格爾的影響，他自稱爲「辯證」的，這是與傳統的唯物主義一個重要的不同點，更接近現在所稱的「實用主義」（instrumentalism）。他說，舊的唯物主義錯誤地以爲感覺是被動的，於是就把行爲的主要動機歸於其目的物。馬克斯的看法是：一切感覺都是主格與目的物之間的交互作用；純目的物，離開感覺者的行爲，就祇是「原料」，可由「被知」的過程中變形。認識在被動的默想的感覺中是不眞實的抽象物；而眞正實有的過程是「處理物體」的過程，他說：「客觀的眞實是否屬於人的思想不是一理論問題，而是一實際問題。思想的眞實——亦卽現實與力量——必須在實用上求證明。一項思想眞實或不眞實的考驗，如與實際脫離，就是一純學院的問題……哲學家祇以各種不同方式解釋世界，但眞正的工作是要改變世界。」

我想我所瞭解的馬克斯的意思是，哲學家所稱尋求知識的過程，不是如我們過去所想的，目的物永遠不變，一切改變都祇在認識者這方面，實際與此相反，主格與目的物、認識者與被認識之物，皆在不斷的互變過程之中。他稱此過程爲「辯證」的，因爲這個過程是永不可能完全結束的。

此一理論主要在否定英國經驗主義者所相信的「感覺」的眞實性。當某種狀態，最接近他們所說的「感覺」時，最好稱之爲「注意到」，這暗示是一種行爲。馬克斯一定會主張，我們祇在把某一物當作行爲過程的一部份時，才能注意到，而任何理論如脫離行爲就是一種空想。

據我所知，馬克斯是第一個自實踐主義觀點批判「眞實」的理論的人。但他自己對此並不強調，故不擬在此詳論，將在另一節中加以討論。

馬克斯的哲學是黑格爾與英國經濟學家的混合。他像黑格爾一樣，認爲世界按照一個辯證的公式發展，但他完全不同意黑格爾所指的此一發展的推動力。黑格爾相信有一種神秘的實體稱之爲「精神」，它按照黑格爾的「邏輯」所宣示的辯證法的各階段，循序發展。何以「精神」要遍歷這些階段，則未說明。有人假定「精神」在試圖揣摹黑格爾的意思，使之在每一個階段照此實現。馬克斯的辯證法除某些不可避免的雷同之處外，本質上與黑格爾有別。在馬克斯看來推動力是物質而非精神。但這是我們一般人所想的物質，並非原子論者所說的完全與人性無關的物質。馬克斯的意思是，眞正的推動力是人與物質的關係，其中最重要的是生產方式。由此，馬克斯的唯物論實際上已成爲一種經濟理論。

照馬克斯的說法，人類史中任何時代的政治、宗教、哲學、藝術祇是生產方式的一種結果，而分配也居於次要影響的地位。我想他不會主張這適用於文化上的一切細微末節，而祇是指文化的要旨。這種思想稱爲「歷史的唯物觀」。這是非常重要的理論，尤其是因爲這牽涉到哲學史家的觀點。我自已並不接受他的理論，但我認爲它包含了某些重要的因素，也多少影響了我對哲學發展史的看法。讓我們先來討論哲學史與馬克斯思想之間的關係。

每一個哲學家都主觀地認爲自已在尋求「眞理」。哲學家對「眞理」所下的定義，各自不同，但無論如何，「眞理」是一種客觀的道理，在某種意義上，每個人都應該接受的道理。假如一個人認爲一切哲學祇是不合理的偏見的表達，他就不會去鑽研哲學。但每一個哲學家都會同意，在他之外有許多哲學家爲偏見所驅使，他們的許多意見常常不自覺地帶有若干超越理性的理由。馬克斯也像這些人一樣相信自己的理論是眞理，而不自知這祇不過是十九世紀中葉一個反叛性的中產階級的德籍猶太人自然感情的流露而已。我們如何去研究一種哲學的主觀與客觀看法的衝突呢？

粗略地說，希臘哲學直到亞里斯多德表達了適合於城邦的思想；斯多噶主義適合於一般的專制政體；經院哲學是教會作爲一種組織的學術性的宣傳；自笛卡兒或洛克以來的哲學，傾向於體現對商業的中產階級的偏好；而馬克斯主義與法西斯主義則適合於在現代的工業國家中散佈。這是很重要的，但我認爲馬克斯有兩點基本的錯誤。第一、研究歷史發展必須考慮到社會環境，其中政治因素與經濟因素同等重要；這與權力有密切關係，而財富祇是權力的一種。第二、當一個問題涉及細節與技術時，社會因果關係卽大體上不再能適用。第一點的理由，我曾在「論權力」一書中敍述過，不擬再重複。第二點與哲學史更具密切關係，我將舉一些實例來說明。

首先以普遍性的問題而論。最初討論這一問題的是柏拉圖，然後是亞里斯多德、經院派哲學家、英國的經驗主義者，以至現代的邏輯。如否認偏見曾影響這些哲學家對本問題的看法，是愚蠢可笑的。柏拉圖受巴曼尼德斯與歐爾菲尤斯敎派的影響；他要求一個永恒的世界，對現世界流變的最終極的眞實性不予置信。亞里斯多德較傾向於經驗主義，對現實世界並不厭憎。現代的充分經驗主義者有一項與柏拉圖相反的偏見：他們發現一個超感覺世界的想法是不愉快的，願意力求避免；但這種反面的偏見是不斷發生的，與社會制度祇有很薄弱的一點關係。據說，愛好永恒是依靠他人勞力的有閒階級的想法。但我懷疑這一點。伊披克梯脫斯與斯賓諾莎並不是有閒的紳士。相反地，也許另有人說，天堂作為一無所事事的地方的思想，正是疲憊的苦工的思想，他們所需要的祇是休息。類此的辯論可以無限制地持續下去，但不會得到任何結果。

另一方面，當我們接觸到有關「普遍」概念的論辯中的細節時，會發現每一方都可以找出使對方承認為適當的論點。亞里斯多德批評柏拉圖的某些論點是被普遍接受的。降至現代，雖不十分確定，但一項新的方法已經產生，許多連帶的問題已獲解決。不久的將來，邏輯學者在這一問題上也許會達成一確定性的結論。

再以本體論的論點作為例證。我們知道，本體論是安西林首創的，為阿奎那所否定，為笛卡兒所接受，為康德所駁斥，又為黑格爾所重申。我想可以肯定地說，分析「存在」此一觀念的結果，現代邏輯認為這一論點是不正確的。這與社會制度的性質無關，這純粹是一方法的問題。駁斥這一論點也沒有提供支持其結論的理由，例如上帝的存在何以是不確實的；否則，阿奎那也不會加以否定了。

以唯物論而言，這一名詞可以包含很多意義；我們可以看出馬克斯激烈地改變了它的意義。爭論是非所以能持續不斷是由於避免確立定義。當定義確立時，按照可能有的某些定義來說，唯物論是錯的，按另外一些定義來說，唯物論又或許是不錯的——雖然沒有積極的理由可以作此判斷；再按照另外一些定義，又有某些對它有利的理由，雖然這些理由並沒有決定性。所有這一切，仍是一方法問題，與社會制度無關。

物質的道理眞是很單純的。一般稱爲「哲學」的都含有兩種不同的因素。一方面是若干科學的或邏輯的問題，這要靠一般都能贊同的方法。另一方面，是使許多人民發生激烈情緒的問題，這是不會有確切的證據的。後者是實際問題，也不可能保持超然與疏離，在戰時，我必須支持我的國家，否則就會和朋友和當局引起痛苦的衝突。在很多時期，在支持與反對國教之間是沒有中間路線的。爲了某些原因，我們都會發現在許多爭論上，不可能保持一超然的懷疑地位，而純理性在此則不起作用。在很通常的情形是，一種「哲學」祇是一個不講理的裁定的「有機的整體」。祇有以這個標準來衡量，馬克斯的學說才能勉強說有某些部份是不錯的。但卽使這個解釋上，一種哲學尚決定於其他的社會因素，不能祇看經濟的因素。尤其是戰爭，有它歷史上的因果關係，而勝利者並不永遠屬於擁有最大經濟資源的一方。

馬克斯把他的歷史哲學納入黑格爾的辯證的模子裏，但事實上他唯一關切的是三種因素：封建勢力，由地主代表；資本主義，由工業的雇主代表；社會主義，由工資所得人代表。黑格爾以國家爲辯證演進的工具，馬克斯則代之以階級。他常否認其偏愛社會主義與工資所得人具有任何道德上的或人道上的理由。他說，並非他所偏愛的一方在道德上較好，而是因爲它是在全盤的決定性的演進中辯證法所選擇的一方。他可能會說，他並未提倡社會主義，而祇是「預言」社會主義的興起而已。但這也不盡然。他無疑地相信每一層次辯證的運動都是進步，他確實相信，一旦社會主義實行，將較封建制與資本主義給予人類更多的快樂。他的生活雖爲這些信念所左右，但以他的著作而論，這些信念並未充分表達。有些時候，他又放棄了寧靜的預言，代之以反叛的煽動，而他的僞裝科學的預言的感情成份，在他的所有著作中隨處可見。

純以哲學家的地位而言，馬克斯也有很大的缺點。他過份重實際過份爲他那個時代的問題所束縛。他的視界限於地球，而在這個行星上，又祇限於人類。自哥白尼以來即證明，人在宇宙中並不如他們自己所想的那樣重要。沒有看到這一事實，就無權稱他自己的哲學是科學化的哲學。

局限於思索地球上的事務，容易使人相信進步是宇宙的法則。這是十九世紀的特徵，馬克斯和其他同時代的人都是如此。正因爲他相信進步的必然性，所以才把道德因素摒棄。假如社會主義要來，他以爲，那一定是一種進步。他應該可以瞭解到，至少對地主和資本家不是進步，但他可以說，這祇表示他們與這一階段的辯證演進不能調和。馬克斯自稱爲無神論者，却保持一種祇有一神論者才能同意的宇宙樂觀主義。

大體上說，馬克斯哲學中一切得自黑格爾的成份都是不科學的，因此無論如何，也沒有理由假定它是對的。

或許，馬克斯所給予社會主義的哲學的外衣，和他眞的主張並沒有多大關係。我們很容易做到重述他的言論中的主旨而無需提到辯證法。一百年前存在於英國的工業社會的殘酷給予馬克斯深刻的印象，他這方面的知識完全是得自恩格斯的轉述與皇家調查委員會的報導。他預見自由競爭有走向獨佔的趨勢，而未來的不平情況必然會產生無產者的反叛。他相信，在一充分工業化的社會，唯一可代替私人資本主義的是資本與土地的國有，這些都與哲學無關，故不擬在此加以評判。重要的問題在於，假如這證明是對的，就會有助於確立他的哲學體系，也就不需要用黑格爾的辯證法來裝飾自己了。

馬克斯學說所遭逢的命運也是很奇特的。在他自己的國家（指德國）內，他的學說產生了社會民主黨，穩步發展，直至一九一二年，曾獲得全國選票的三分之一。第一次大戰結束後不久，社會民主黨曾一度當政；艾伯特，威瑪共和國的第一任總統即是社民黨的黨員，但社民黨已不再固守正統的馬克斯主義。正在此時，俄國的馬克斯的狂熱信徒攫取了政權。在西方，具規模的勞工運動都不是馬克斯主義的；英國的工黨有時似有這種傾向，但結果仍固守其經驗主義型態的社會主義。惟是，英美的很多知識份子仍深受其影響。在德國，一切提倡他的學說的都被鎮壓下去了，但當納粹被推翻後，又會死灰復燃。

現代的歐美在政治與思想上由此而分裂爲三個集團。其一是自由主義份子，他們仍儘可能追隨洛克或邊沁，但以不同程度去適應工業組織的需要。其二是馬克斯主義者，控制俄國的政府，而它對其他國家的影響，勢將愈來愈大。以上兩者在哲學上並沒有很大的距離，兩者皆是理性主義的，兩者的意向都是科學的、經驗主義的。但從實際政治的觀點來看，這兩者的區別是很明顯的。正如上節所引述的詹姆斯·密爾在信中說的話：「他們對於財產的觀念是醜惡的。」

我們必須認識，在某些方面，馬克斯的理性主義是有限度的。雖然他自信對未來發展趨勢的解釋是眞實的，必爲事實所證明，但他也自認他的論點祇能訴諸（祇有少數例外）那些階級利益與此相符合的人。他不希望用勸誘的手段，而認爲一切須由階級鬬爭來解決。因此，他實際已牽入權力政治，他的學說就是要建立一個征服的階級，雖然不是一個征服的種族。事實上，由於社會改革之故，階級的界限最終必歸消滅，而代之以充分的政治與經濟的諧和。當然，這還祇是一遙遠的理想，就像基督復臨一樣；目前正在作戰中，與獨裁制作戰，這種制度堅持人民必須有正統的思想。

政治上由納粹與法西斯代表的第三集團，在哲學上與其他兩者的區別遠過於他們彼此之間的區別。它是反理性、反科學的，它的哲學上的祖先是盧梭、費希特、與尼采。它強調意志，尤其是獲取權力的意志；它相信這應該集中於某些種族與個人的身上，因此他們就有權統治他人。

直到盧梭，哲學世界還有某種程度的統一，但現在，這種統一已逐漸消失，但或許不會太久。哲學世界可能由於人類心靈的復歸理性而重獲統一，但不是用其他任何方式，因爲，自居權威祇能產生鬬爭。

第十一節　柏格森

（一）

柏格森（Henri Bergson 一八五九——一九四一年）執本世紀的法國哲學家的牛耳。他影響了威廉・詹姆斯與懷德海（Alfred North Whitehead 一八六一——一九四七年，英國數學家及哲學家——譯者註），對法國思想界也有很大的影響。索雷爾（Georges Sorel 一八四七——一九二二年，法國哲學家——譯者註），是「對暴力的反射」一書的作者，激烈主張工團主義，用柏格森的「無理性主義」來辯解無結果的革命性的勞工運動。最後，索雷爾放棄了工團主義，成爲一名保皇主義者。柏格森哲學的主要影響是保守性的，它很容易與維琪政府同流。惟是，柏格森的「無理性主義」具有廣泛的吸引力，而不必與政府有關。例如，蕭伯納的「回到麥修撒拉」一劇卽是純柏格森主義的。我們必須撇開政府，專論他的哲學。對理性的反叛始於盧梭，以後卽逐漸在人類的生活與思想上擴大其領域，愈演愈盛。

通常對哲學分類，或以其方法，或以其結果：「經驗的」「演繹的」是以其方法分類，「現實主義的」「理想主義的」則以其結果分類。但用同樣的方法爲柏格森哲學分類，則不易成功，因爲它幾乎打破了一切爲衆所知的界限。

但是，另有一種分類法，較不精確，却更能幫助非哲學界的人了解：卽分類原則依據促使哲學家探求哲理的主要的希求所在。於此，我們就可以說那是感覺的哲學，由喜愛快樂而來，這是理論的哲學，由喜愛知識而來，或實用的哲學，由喜愛行動而來。

在感覺的哲學這一類，我們可以歸入所有持悲觀或樂觀的哲學，所有提供獲救道路或證明獲救爲不可能的哲學；這一類大部份是宗教性的哲學。在理論的哲學這一類，我們可以歸入一切偉大的學說，雖然對知識的希求不很多，却是哲學中最好的這一部份的來源。另一方面，實用的哲學則以行動爲至善，以快樂爲行動的效果，認爲知識只是成功的行動的工具。假定哲學家就是普通人，則這類哲學可以說是在西歐最流行的了；但以哲學而論，則到最近才出現，它主要的代表卽是實驗主義者與柏格森。在這類哲學的興起中，我們可以知道，就像柏格森自己一樣，知道這是現代人以行動反叛希臘哲學的權威，尤其是柏拉圖的權威；或者有如謝林博士一樣，認爲這與帝國主義及汽車工業有關。現代世界需要有這樣一種哲學，因此，它的成功是不足爲奇的。

柏格森的哲學，與前此大部份的學說不同，它是二元論的：在他看來，世界分爲兩個不同的部份，一是生命，一是物質——或者說是某些沒有生命而被知識份子稱爲物質的東西。整個宇宙是兩種相反運動的矛盾與衝突：生命向上而物質向下。生命是一偉大力量，一廣大的衝擊，在宇宙創始時，卽一次形成，遭遇到物質的抵抗，努力要衝破物質的阻礙，逐漸學習以組織的手段來利用物質；其衝擊亦因所遇的障礙而分散成爲不同的趨勢，正如風在街角上分向一樣；它有一部份由於被迫適應物質而爲物質所征服；却永遠保留其自由行動的能力；永遠在尋求新的出路，尋求在物質的反包圍中更大的行動自由。

演進是不能以適應環境來說明的；適應只說明了演進的轉向與歪曲，如同一條通過山巒起伏的郊野到城市的彎曲的道路一樣；但這個比喻也不很精當，因爲在人類的演進中，根本沒有城市和確定的目標，有如道路的終站一樣。機械論與目的論具有同樣的缺點：兩者都假定世界本質上無新奇之事。

機械論認爲未來是過去的「默示」，因爲它相信要達到的目標可以在事先知道，否認結果會包含任何本質上是新奇的事物。

柏格森雖然在兩者之間較同情目的論，但對兩者的看法都是反對的，他主張演進是眞正的「創造」，如同藝術家的作品一樣。行動的衝力與不確定的要求是事先卽已存在的，但直到要求滿足之前，不可能預知滿足此一要求的性質。例如，我們可以假定一些不能看的動物，它們主要的希求是在接觸目的物之前就能感覺到。這就能引發若干努力，最後的結果是眼的創造。視覺滿足了希求，但在事先則無法想像。因此，演進是不可預測的，宿命論不能駁倒主張自由意志的人。

此一要旨卽用於解釋地球上生命的實際發展。最先的區別是植物與動物；植物的目標在存儲能源，動物的目標則在運用能源作突然而敏捷的運動。但在動物方面，到了後期的發展階段，一種新的區別出現：本能與智慧多少是分隔的。這兩者不能完全各自獨立存在，智慧是人類的不幸，在柏格森看來，螞蟻與蜜蜂有最好的本能。本能與智慧之分是柏格森哲學的基礎，前者是好的，後者是壞的。

最好的本能稱爲「直覺」。柏格森說：「由於直覺，我的意思卽是本能，而有公正與自知，可以思考某一目的物，精騖八極，無所窒礙。」智慧所行之事的意義，不是很容易了解的，但如想了解柏格森，我們必須盡最大努力。

才智或智慧，他說「只以無機的固體爲目的物」；它只能形成對某些不能繼續存在或不能運動的事物的觀念；它的觀念是各不相涉的，像物體在空間一樣，也具有同樣的固定性。智慧在空間上是分隔的，在時間上是固定不變的，它不是用以解釋演進的，只是代表在一系列的狀態中的變化。「智慧具有一種不能了解生命的特徵。」幾何學與邏輯是它的典型產物，只能適用於固定的物體；而在其他方面，則必須由常識來判斷，柏格森說這是和幾何學之類迥然不同的事。固定的物體似乎是心靈所創造專適用智慧的東西，正如同爲了下棋，而創造棋盤一樣。他說，智慧的創造與物質的創造是有連帶關係的，兩者以相互適應而發展。「從一個物品中同時消除物質與智慧，其程序也是相同的。」

此一物質與智慧同時成長的觀念是很「巧妙」的，値得進一步加以了解。我想它大體上的意思是 智慧是了解物體互不相屬的這種能力；而物質則是被分割爲不同物體的東西，事實上，並沒有分隔的固定不變之物，而只是不斷的「自無而有」的生命之流。但「生」可能爲向上的運動，亦可能爲向下的運動，向上者稱爲生命，向下者，照智慧所了解的，卽是物質。我假定宇宙的形狀有如一個圓錐體，尖端朝上，向上的運動使物相聚，向下的運動則使物分散，或至少看起來是如此。爲使精神的向上運動可以穿過下墜物質的向下運動，必須切斷兩者之間的通路；但有了才智，輪廓與通路出現了，最初的「生命之流」被切成分隔的物體。智慧或可比喩爲一把切肉刀，但也可能有一種奇異的想像，想像鷄永遠是被切肉刀分隔的鷄塊。

柏格森說，「智慧永遠好像被一種對死的物質的默想所迷惑。生命是向外看的，使自己超越自己之外，原則上採納無組織的自然的方法，以便在事實上可以控制這些物質。」假如我們被允許在加之於柏格森哲學的許多註釋之外另作一比喩，我們可以說宇宙是一廣大的纜車軌道，生命是上行車，物質是下行車。智慧包括着察看下行車經過的能力，而上行車卽是我們自己。一種顯然更高尙的才能吸引上行車的注意力的卽是本能或直覺。我們不可能從這列車跳到另一列車；如果這樣就會成爲自然習慣的犧牲品，或一種笑料。我們也可以把自己分成兩部份，一部份向上，一部份向下，則向下的一部份將成爲荒謬可笑的。但智慧本身不是向下的運動，只是在向上的運動中觀察向下的運動而已。

照柏格森的看法，對物體作區分的智慧只是一種夢想；它不是一切生命所應有的活躍性，只是純粹的默想。他說，當我們做夢時，自己是分散的，我們的過去分裂成爲碎片，事情相互交錯，看起來猶如分隔的物體；額外空間使自己墮落，除分隔外別無一物。因此，所有的智慧由於是分隔的，皆偏愛幾何學；邏輯學是處理觀念的，實際上是幾何學產生的結果，同樣受形體的束縛。歸納與演繹都需要直覺，他說：「以空間爲目標的運動，須有歸納與演繹的能力，實際上，卽是才智的全部。」它在心靈中創造，同時也有智慧所探索到的物體的秩序。邏輯與數學並不代表一種積極性的精神活動，而祇是夢遊症而已，這時，意志是暫時消失的，心靈不再是活躍的。因此，在數學方面的無能成爲優雅的象徵——幸而這現象很普遍。

由於智慧與空間有關，本能與直覺則與時間有關。柏格森哲學値得注意的特色之一是，他不像其他大多數的著作家那樣，他認爲空間與時間有很大的區別。空間是物質的特性之一，從虛幻的「流動」中分割出來的，在實際上有其某種程度的用途，但在理論上則絕對是錯誤的引導者。時間，與此相反，却是生命或心靈的主要特性。他說：「凡是有生命的，都是與時間的銘記有關的。」但這裏所說的時間並不是數學上的時間，這是互不相屬的晷刻的聚合。照柏格森的看法，時間其實是空間的一種形式；時間是生命的構成要件，他稱之為「持續」——這是他在哲學上的基本觀念，早在他的早期著作「時間與自由意志」中就已經出現。我們如想認識他的學說，必先了解他這個觀念，不過，這是很難懂的。我自己也不敢說完全了解，所以也不可能完全明晰透徹地加以解釋。

他說：「純粹的持續是當我們的自我覺醒時，我們放棄將現狀與過去分隔，我們的意識狀態所假定的一種形式。」，它將過去與現在造成一整體，互相穿越，互相承續，不分彼此。他說：「在自我範圍內，有承續而無相互隔離，在自我範圍外，卽純粹的空間，有相互隔離而無承續。」

「主格與受格及其分隔聯合有關的問題，應該以時間而不是以空間來計算。」在持續中，我們看到自己在動，其中有分解的因素，但在我們動的持續中，又相互融合在一起了。純粹的持續卽是最能與外界隔離而最少為外界所穿越、具有綿長的過去而現在絕對是新的一種狀態。但這時我們的意志却屬於最緊張的狀態；我們必須重拾消逝的過去，將它「完滿無缺」地推入現在。在這一瞬間，我們才眞正擁有自己，但這一時刻是非常難得的。持續正是眞實的要素，在永恆的變化中。

持續在「記憶」中最能展示自己，因為在「記憶」中，過去乃在現在之中保存。所以，有關記憶的觀念在柏格森哲學中屬於非常重要的地位。物質與記憶有助於表示心與物的關係，由於記憶的分析，兩者皆可證明為眞實的。因此，記憶卽是「心與物的交叉點」。

他說，有兩種截然不同的東西，一般人都稱之為「記憶」；柏格森哲學則強調這兩者之間的區別。他說：「保存過去有兩種不同的形式，一種是機能的作用，一種是獨立的回想。」例如一個人能複誦一首詩，就說他記得這首詩，此即是，他獲得某種習慣或機能使他能够重複過去的行爲。但一個人——至少理論上是如此，也可能自然背誦一首詩而不復記憶他過去讀過這首詩；這就表示這種記憶並不涉及對過去所發生事件的自覺。只有第一種才眞正應該稱爲記憶，能够記淸那些時候他讀過這首詩，每一次不同的場合與日期。他認爲，這不發生「習慣」的問題，因爲每一次的事件發生一次，必須要有直接的印象。他大致的意思是，我們記憶一切對我們發生過的事情，但通常的情形，只有對自己有用的這一部份能够被察覺到。對某些事情失去記憶並非記憶的精神能力的喪失，而是自然的機能不能把記憶變成「行爲」。頭腦生理學與健忘症的事實可以支持這個看法，證明眞正的記憶並不是頭腦的功能。過去必須以物質來「行動」，由心靈來想像。記憶不是事物的「發射」；相反地，假如我們說這是事物被具體的感覺所掌握，它永遠可以持續一段時間，這倒是接近眞實的。

他說：「在原則上，記憶必須是一種絕對與物質無關的力量。在記憶的現象中，精神是眞實的，我們可以由實驗的方法感覺到。」

柏格森認爲與純記憶處於相反地位的是純感覺，他以此爲一種「超現實」的地位。他說：「在純感覺中，實際上我們把自己置於身外，以最直接的直覺去接觸目的物的眞實性。」他把感覺及其目的物視爲一體，幾乎根本不願稱之爲精神作用。他說：「純感覺是最低度的精神作用——沒有記憶的精神作用——以我所了解的物質的意義而言，它實際上是物質的一部份。」純感覺是最原始的行爲組成的，它的眞實性有賴於它的行動。由此，頭腦才能變得適合於感覺，因爲頭腦並不是行爲的工具。頭腦的功能在局限我們的精神生活，使納入實用的範圍。有人也許認爲頭腦可以感覺一切，但事實上，我們只感覺我們有興趣的東西。「身體總傾向於行動，在行動中，有其限制精神生活的功能。」事實上，這將成爲一種選擇的工具。

我們必須回過頭來討論與智慧對立的直覺問題。首先我們有必要研究一下持續與記憶，因爲在柏格森學說中，這些是直覺的先決條件。以現存的人而言，直覺處於智慧的邊緣或明暗分界之處，由於其不如智慧之對行爲有用而被擠出中心圈外，但它有更深一層的用處，使它成爲值得希求的，可以取得更卓越的地位。柏格森希望智慧「得以內觀，察知直覺的潛力，它是仍處於靜止狀態的。」直覺與智慧的關係，猶如視覺與觸覺。他說，智慧不會帶來對遠距離事物的認識，科學的功能卽是以觸覺來解釋一切感覺。

他說：「只有直覺能帶來對遠距離事物的認識，它與智慧的關係，猶如視界之於觸覺。」我們由此可以見出柏格森是一個強有力的想像者，常以想見的形像爲手段塑造其思想。

直覺的主要特徵是它並不像智慧那樣將世界分隔爲各不相屬的物體；雖然柏格森自己沒有用這些字眼，但我們可以說，它是綜合的而非分析的。它察覺一個羣體，但這是一個在相互交錯混合的過程中的羣體，不是互不相關的物體的聯合。實際上本無一物，他說：「物體與狀態只是我們的心靈所見到的變化。本無一物，只有行動而已。」像這樣的世界觀，對智慧而言。是不自然而難以接受的，但對直覺而言，就變得自然而容易接受了。記憶不提供解釋意義的例證，因爲在記憶中，「過去」存在於「現在」及其交互作用中。離開精神，世界將永遠在死寂中並將再生；「過去」是沒有現實性的，因此就沒有「過去」。是由於記憶及其相關的希求才使過去與未來存在，因此創造了眞正的持續與眞正的時間。唯有直覺才能了解過去與未來的串合；對於智慧而言，它們仍是各不相屬的。在直覺的導引下，我們感覺到「形式只是一種過渡的一瞬間的形像而已，」而哲學家可以看到「物質世界重新溶化爲一股單純的流帶。」

與直覺的重要性有關的是柏格森的自由學說與對行爲的讚美。他說：「在現實世界中，一個生物即是行爲的中心，它代表了許多降臨到這個世界上的偶發事件，也就是，一些可能性的行爲。」反對自由意志的論點，一部份有賴於假定精神狀態的強度是一種「量」，至少在理論上，具有大量的容積；柏格森在其所著「時間與自由意志」的第一章中曾對此說加以駁斥。他說，宿命論者把「眞正的持續」與「數學上的時間」混淆在一起，而柏格森認爲時間只是空間的一種形式。宿命論者又根據一種錯誤的假定，就是，頭腦產生某種狀態時，在理論上，心靈的狀態早已決定。柏格森的看法與此相反，即心靈產生某種狀態時，是由頭腦決定的，但他認爲心靈較頭腦爲複雜，因此，可能有多種的心靈狀態附着於某一種頭腦的狀態。他的結論是，眞正的自由意志是可能的：「我們可以自由從自己的全部個性發爲各種行動，其表現有一種難以捉摸的相似點，如同我們某些時候在藝術家和他的作品之間所發現的一樣。」

以上的大要，我只在力求表達柏格森的看法，並沒有說明他何以這樣主張的理由。他的作法比大多數的哲學家容易，因爲他通常不爲他的意見提出理由，只是依賴它固有的吸引力，依賴其表達型態的卓越性。他就像做廣告的人一樣，依賴生動而多變的言詞，把死的說成活的。他向讀者陳述意見，有很大一部份是用類推與比喩的方式。他爲生命所作的比喩比我所知的任何詩人爲多。他說，生命像一顆砲彈。炸成碎片，却仍是砲彈。它好像是一梱物體。最初它是「在一個儲藏櫃中不斷積聚，特別是青菜的綠葉部份。」但是儲藏櫃中灌滿了滾水，就冒出熱氣來：「必須不斷地湧出，這個櫃子就是一個宇宙。」他又說：「生命整體像波浪，開始於一個圓圈的中心，然後向外擴散，等圓形波浪幾乎完全停止時，就變成游移不定的擺動：在某一點上可能會遇到障礙，但衝力可自由通過。」最奇特的，他把生命比作騎兵的突擊。他說：「一切有組織的生物，從最低到最高的，從原始的生命到我們這個時代，在一切地方，一切時代，只證明一單純的衝力，與物質的運動成相反的方向，它本身是不可分割的。一切生物結合在一起，也都產生同樣巨大的衝力。動物超越植物，人類超越了動物，人類的整體，在空間與時間中，向左右前後衝擊，我們每一個人都在此龐大的突襲中，力能戰勝任何抵抗，清除任何障礙，或許包括死亡在內。」

但一個冷靜的批評者，會感覺自己只是旁觀的人，或許是缺乏同情的旁觀者，看這種人類超越動物的衝擊，認爲平靜與謹愼的思考與這樣的行爲是不調和的。當有人告訴他思想只是行爲的手段，也是在戰場上避免遭遇障礙的唯一方法，他或許會覺得這個意見可能是屬於騎兵軍官的，但不是屬於哲學家的，他的全盤工作在思想：他可能感覺在激烈運動的狂熱與嘈雜中，沒有空隙容納理性的「微弱的音樂」，沒有餘暇去顧到尋求至大至善的無偏無私的默想，所默想的不是暴亂，而是宇宙所反映的偉大。在這種情形下，可能要問，有無任何理由要接受這樣一個衝擊不息的宇宙觀，他會發現，無論在宇宙間或柏格森的著作中，都不能接受這個看法。

（二）

柏格森哲學的基礎，在他的想像性的詩意的宇宙觀之外，是他對於空間與時間的理論。他的空間理論是由於他對智慧的貶抑，假如他對智慧的貶抑失敗了，他就會爲智慧所貶抑，因爲這兩者之間是短兵相接不能並存的。他的時間理論是由於他爲自由意志所作的辯護，也爲了他對威廉・詹姆斯所稱的「固定宇宙」，爲了他的永恆流動其中沒有東西能够流出的理論，爲了他對心物關係的全盤考慮。因此，批評將針對他這方面的理論。假如這些都是眞實的，則一些細微的錯誤與矛盾，凡是哲學家都不免有的，自然無關宏旨。假如都是錯的，除想像的詩篇外，一無所有，那就應該用審美的標準而非智慧的根據去判斷了。我願意先從他的空間理論談起，因爲這比較簡單。

柏格森的全部空間理論見於他的「時間與自由意志」一書，屬於他學說中最早期的一部份。在此書的第一章中，他說較大與較小表示空間，因爲他認爲「較大」的要素是它能够包含「較小」。他沒有提出任何論點來支持這個看法，雖然他給予一個顯然很荒謬的解釋：「就好像在既無『衆多』也沒有空間時，人還是能够談論體積的大小。」某些與此正相反的情形，例如快樂與痛苦，給他很多困擾，但他從不懷疑或重新檢討他自己最初設定的教條。

在第二章中，他對於數字作同樣的主張。他說：「一旦我們希望向自己描敍數字，不僅僅是符號或文字，我們必須求助於一種擴大的形像……一切數字的清晰觀念都表示在空間有一可見的形像。」由這兩句話，我可以證明柏格森不知何爲數字，他自己對數字就沒有清晰的觀念。從他對數字所下的定義也可以看得出來：「數字大體上可界說爲個體的集合，或更精確地說，是一與衆多的綜合。」

在討論這一點上，我必須請讀者注意某些區別所在，它最初看來或許是迂腐的，實際上却是很重要的。在柏格森上述的說明中，本來是截然不同的三種東西，就變得夾纏不清了。這三樣是：㈠數字，可適用各種不同數字的一般概念；㈡各種不同的數字；㈢可適用於各種不同數字的各種集合。柏格森所說的數字是個體的集合這一定義是指最後一種。十二使徒、以色列的十二部落、十二個月、黃道帶的十二宮都是個體的集合，但沒有一樣是十二這個數字，更不是指十二這個普遍的概念，照柏格森的定義却理應如此的。十二之數顯然是所有的這些集合的共同點，但與其他的集合沒有共同點，例如十一人參加的球板戲。因此，十二之數既非十二個「項」的集合，也不是所有集合的共同點；數字的一般概念是十二或十一或其他任何數字所共有的，但不是屬於包含十二或十一「項」的各種不同的集合。

照柏格森所說的，「求助於一種擴大的形像」與圖畫，例如擲骰子擲出一對六，加起來是十二，但我們仍無法勾出一幅十二的圖畫。事實上，十二之數是比任何圖畫更抽象的東西。在我們能說瞭解十二之數之前，必須知道何謂不同的十二個體的集合的共同點，這是無法畫出來的，因爲它是抽象的。柏格森立數字之說，把特指的集合與其名詞的數字及數字的一般概念混淆在一起了。

這種混淆猶如我們把一特指的年輕人和「青年」夾纏在一起，「青年」是「人生的一段時期」，我們不能說一個年輕人有兩條腿，故「青年」也有兩條腿，「人生的一段時期」也有兩條腿。辨別這種混淆非常重要。因爲這樣可以立即發現數字或特指數字得以在空間勾出圖形的說法來是無法接受的。這不但可以否定柏格森的數字理論，他的一切抽象觀念與邏輯都來自空間的理論也無法成立了。

但是，除數字問題之外，我們能够同意柏格森的主張一切獨立個體的多數都牽涉到空間問題嗎？他也注意到某些情形與他的理論發生矛盾，譬如聲音的持續。他說，當我們聽見行人在街上走路的步子，我們可以想像他一步接一步所佔的地位；當我們聽見鈴響，我們或想見鈴在擺來擺去的情形，或想像音波繼續在空中盪漾的範圍。但這只是一個想像者的自述，並且印證了我們以前所說過的，柏格森的看法出自他的視覺的特殊地位。在邏輯上沒有必要在想像的空間裏設定一次鐘響所涵蓋的範圍。給大多數的人聽鐘響不需要想到空間。柏格森也沒有提出何以空間爲必要的理由。但他却又把這個原則適用於時間。他說，不同的時間似乎是互不相屬的，但時間可想像爲在空間裏面伸展；眞正的時間，例如記憶裏的不同時間是互相連串在一起的，不能加以計算，因爲它們是分不開的。

現在，一切分隔都牽涉到空間，假定已經成立了，柏格森並且用以推論，無論何處有分隔就牽涉到空間，雖然似乎沒有其他理由作這樣的猜想。例如，抽象觀念顯然是互相拒斥的，白不同於黑，健康不同於疾病，愚不同於智。因此，一切抽象觀念皆牽涉到空間，邏輯是用抽象觀念的，卽是幾何學的支流，而全部智慧皆依賴一種在空間內勾畫出一個一個事物的形像的習慣。此一結論，卽柏格森以此貶抑智慧的，完全是根據一種錯誤的假定，把個人的癖性當作思想的必要條件，我所指的是，想像時間的承續有如在一條線上伸展的癖性。以數字爲例可以表示，假如柏格森是對的，則我們永遠不會接受那些充塞於空間的抽象觀念，事實與此相反，我們可以了解抽象觀念（與實證這些觀念的特指事物相反），似乎足够證明他「智慧充塞於空間」的說法是錯誤的。

柏格森之類的反智慧的哲學的惡果之一是，增加了智力的錯誤與困惑。因爲它導使偏愛壞的思想而捨棄好的思想，誤認暫時的困難是不可克服的，每一次愚蠢的錯誤都顯示智慧的破產與直覺的勝利。在柏格森的著作中，有許多地方提到數學與科學，在粗心的讀者看來，似乎大有助於增強他的哲學的聲勢。提到科學，尤其是生物學與生理學，我不够對他的解釋作批評，但關於數學方面，我確知他是有意偏愛已發現多年的錯誤，而捨棄最近八十年來一般數學家所公認的現代觀念。在這點上，他犯了大多數哲學家的通病。在十八世紀與十九世紀初葉，微分學雖已發展爲一種方法，却受許多錯誤與困惑的思想所支持。黑格爾及其信徒卽藉口這些錯誤與困惑來試圖證明一切數學是自相矛盾的。黑格爾學派的看法影響了現代的哲學家，在數學家解決了哲學家所提出的疑難之後，這種影響仍久留未去。假如哲學家的主要目標在證明，耐心與精微的思想將一無所得，應該崇拜無知的偏見，如爲黑格爾信徒，則假「理性」之名，如爲柏格森信徒，則假「直覺」之名，哲學家就會繼續無視數學家所解決的爲黑格爾所挑剔的疑難。

除我們所提到的數字之外，柏格森與數學的主要接觸點是他對稱爲「攝影機式」的宇宙觀的否定。數學家相信變，持續不斷的變，爲一連串的不同狀態所組成的變；柏格森與此相反，主張一連串的狀態不能代表持續，一件東西在變根本就不成爲狀態。他把「變爲一連串的不同狀態所組成」的看法稱爲「攝影機式」的，他說這種看法易於爲智慧所接受，但却是大錯特錯的。眞正的變只有以眞正的「持續」來解釋，這牽涉到過去與現在的互相串合，不是靜態的數學的連續。這就是以「動」來代替「靜」的宇宙觀。這問題是很重要的，不能以其繁難而略過。

柏格森的說法和批評他的理論都可以用濟諾的射箭的論點來解釋。濟諾說，箭在某一刹那皆有其固定地位，故箭在射出時和未射出時是一樣的。這個論點初看似並不堅強有力。當然，我們可以說，箭在某一刹那雖有其一定地位，但在另一刹那却在另一地位，這樣就組成了運動。假如我們堅持假定運動也是不連續的，則運動的連續性就會遭遇困難。這種困難久已成爲哲學家的死結。但如果和數學家討論，我們就可以避免「運動也可以不連續」的難題，也就不會墮入哲學家的困境。一架攝影機的膠卷有無限的畫面，永遠沒有「次一」畫面，因爲任何兩個畫面之間都是分不開的，充分代表一種連續的運動。是則，濟諾的論點又如何能站得住呢？

濟諾屬於古希臘的伊里學派（Eleatic school），其主旨在證明萬有不變。看見世界上有「變」的「事」，例如一枝箭射出去，倏忽在此，倏忽在彼，哲學家發展出兩種似是而非的論點。伊里學派說有「物」而無「變」；赫拉克里特斯與柏格森說有「變」而無「物」。也就是，伊里學派說有一枝箭，但並沒有飛動，赫拉克里特斯與柏格森說有飛動，但沒有那隻箭。每一方皆以駁斥對方爲自己立論。「靜」的一派說，沒有箭是多麼荒謬！「動」的一派說，沒有飛動是多麼可笑！站在中間的人說既有箭也在飛動，却不幸被認爲對兩者都在否定，因此受來自兩方面的攻擊，像聖塞巴斯申就是這樣。但我們始終沒有發現，濟諾的論點有可以站得住的理由。

濟諾實際上似乎暗示符合柏格森的變的學說的要旨。濟諾假定一件東西在不斷變的過程中，即使僅僅變動了地位，也必然有某些內部「狀態」的變化。這件東西如果不在變，但在每一階段，內在地必與以前不同。他指出在每一階段，箭皆有其一定地位，正如在未發射前一樣。因此，他作結論說，沒有所謂動的「狀態」，而動必須有動的「狀態」，故箭永遠是休止的。

濟諾的論點，雖然接觸到數學上的變的理由，但基本上還是反駁變的學說的。然則，柏格森如何去應付濟諾的論點呢？他根本否定箭曾經存在於任何地方。他在說明濟諾的論點之後回答說：「他是對的，如果我們假定箭曾經在它的進程的某一點上存在過，又如果在飛動中的箭，曾經與某一個地位相符合，就可以稱它是不動的。但是，這枝箭從未在它的進程中的任何一點存在過，那他就大錯特錯了。」這是對濟諾的回答，並且還有類似的話提到阿奇里斯與烏龜，在他的三本著作中都可以見到。坦言之，柏格森的理論是似是而非的。他的理論有無「可能性」，需要先討論他的「持續」的說法。他說數學上的變的理論暗示一「荒謬的主張，即運動是由不動組成的。」但此一論點的荒謬是由於他所用的詞彙，祇要我們認識運動牽涉到關係，就不會覺得是荒謬的了。例如友誼是由朋友之間的關係形成的，却不是由友誼形成的；譜系是由有血統關係的人形成的，不是由譜系形成的。準此，運動是由動的東西形成的，不是由運動形成的。這說明一項事實，一件在不同的時間可能居於不同的地位，儘管時間很接近，所居地位仍可能是不同的。所以柏格森反對數學上運動理論的觀點，分析到最後，祇是「舞弄文詞」而已。由此一結論，我們可以進一步批評他的有關「持續」的理論。

他的「持續」理論是和他的「記憶」理論牢不可分的。依照他的理論，事物保留於記憶中，因而與現在的事物互相串合；過去與現在不是互相排拒的，而是在自覺的統一中，糅和在一起的。他說行為是存在的組成者；但數學上的時間祇是一消極的影像，它既無作為，也就是「無物」。他說，過去是不再進行的行動，現在是正在進行中的行動。但在此一說明以及他全部有關「持續」的理論中，柏格森却不自覺地採用了一般數學所指的時間，倘非如此，他的話也就變得無意義了。他所說的「過去是不再進行的行動」，除表明過去是過去了的行動之外，還有什麼意義？「不再」這一詞彙卽表示過去；對於一個不具有「過去在現在之外」的觀念的人，這些話是沒有意義的。因此，他的定義也是循環而混攪不清的。例如，他所說的「過去是已經過去了的行動」卽不生多少效力，不能算是一個能使人信服的定義。他對現在所下的定義也是一樣，他說，現在是「正在進行中的行動」（which is acting），而 (is) 一詞就正好引起應該為現在的概念下定義的問題。現在是「正在進行中的行動」，有別於「過去進行中的行動」或「將要進行中的行動」，亦卽是，現在是在現在做的行動，不是過去，也非未來。這定義仍然是混攪不清的。他所說的另一段話可以說明他的進一步的錯誤。他說：「形成我們的純感覺的是我們最原始的行爲……感覺的眞實性（actuality）有賴於行爲（activity），在延長感覺的運動，而不在感覺的強度：過去祇是觀念，而現在則是眞正的推動者。」從這一段可以明顯看出，柏格森的所謂過去，並不是過去，而是現在對過去的記憶。過去存在時，其活躍一如現在；假如柏格森的想法是對的，現在的時刻就應該是世界史上唯一的含有任何活動的時間了。在過去的時代，另有其知覺，像現在一樣的活躍而眞實；過去在那個時代絕非祇是一種觀念，而是具有與現在同樣的本身的特性，但柏格森則忘記了此一眞正的過去。他所說的祇是對過去的現存觀念。眞正的過去並不和現在混淆在一起，因爲過去並非現在的一部份，這兩者有很大的分別。

柏格森關於「持續」與時間的整個學說，是出於一項基本的混淆，卽分辨不清「現在的回憶行爲」與「過去行爲的回憶」之間的區別。但事實上，我們對時間是如此的熟悉，柏格森試圖將過去貶抑爲「不再活躍的東西」，很容易被我們立卽發現是不通的。柏格森所考慮的祇是感覺與回憶的區別——兩者都是屬於現在的，或者他自認已說明過去與現在的區別，一旦瞭解其混淆所在，就立刻可以看出他的時間理論是一種把時間完全忘掉的理論。

現在的記憶與被記憶的過去事件之間的混淆，似乎是柏格森時間理論的要旨所在，這是一種更具一般性的混淆，對他的全盤思想有很大的損害，甚至影響到現代大多數哲學家的思想——我是指認識的行爲與被認識的事物之間的混淆。在記憶中，認識的行爲是屬於現在的，而被認識的事物是屬於過去的；由於此一混淆，過去與現在的界限就變得模糊不清了。

在他「物體與記憶」一書中，充滿了上述的混淆。最顯著的是他對於「形像」這一詞彙的用法，在本書的卷首就對「形像」有所解釋。他說，一切我們所知的具有「形像」之物卽是組成整個宇宙之物。他說，「我稱物體爲形像的聚合，而物體的察覺是以相同的形像歸之一特殊形像的行爲——卽是我的肉體。」照他的看法，物體與物體的察覺所包含的東西是一致的。他說，頭腦猶如物質的宇宙，如宇宙是一形像，則頭腦也是一形像。

由於照一般人的解釋，頭腦並非一形像，他說一個形像可以不被感覺，這是不足爲怪的；但他隨後又解釋說，以形像而言，存在與被感覺之間，祇有程度上的差異而已。他在另一段中說：「除非有一種不自覺的精神狀態，怎麼可能有不被感覺的物質上的目的物或不能想像的形像呢？」最後他又說：「每一個實體皆有一個同類，簡言之，卽是與意識的一種關係——代表我們對唯心論的讓步，我們把物體稱爲形像。」不過，他又試圖緩和我們最初發生的懷疑，他說，他正在從某一點開始研究，不引述哲學家已有的任何假定。他說：「此刻我們假定，我們對物質與精神的學說一無所知，對討論外在世界的眞實性與理想也未之前聞，我現在祇是置身於形像之前。」他在英文版的引言中說：「形像，我的意思是指一種確定的存在，多於唯心論者所稱的『象徵』，而少於實在論者所稱的『物體』——介於『象徵』與『物體』之間的一種存在。」

我想，柏格森心目中的區別並非作爲一種精神狀態的想像與被想像爲一個目的物的物體之間的區別，他所想的是物體的實質與其所顯現的不同。至於主格與受格的不同，一方面是思想與記憶而有形像的心靈，另一方面是被思想、記憶與想像的目的物，這兩者之間的不同，依我的觀察，在他的哲學思想裏面是根本不談的。這在唯心論看來，是很大的很不幸的缺失。以「形像」的觀念而論，他最初說這是介於心物之間的；然後又說頭腦卽使從未被描繪，但仍是一形像；然後再說物體與物體的感覺是一回事，但一個未被感覺的形像（譬如頭腦）是一種不自覺的精神狀態。但最後，「形像」一詞的用法，雖然不牽涉到任何形而上學的理論，却暗示一切眞實都各有其「類同、一致，簡言之，卽是與意識的一種關係。」

所有這些混淆都起源於主格與受格的混淆。主格——一種思想、一個形像或一片記憶——在我是一現存的事實；受格可能是萬有引力的定律、或我的朋友瓊斯、或威尼斯的古鐘樓。主格是精神上的，是屬於此時此地的。假如主格與受格是一致的，受格就變爲精神上的，是屬於此時此地的；我的朋友瓊斯，雖然他相信他自己在南美洲，是獨立存在的，但其實是在我的頭腦裏，由於我想到他才存在的；聖瑪克鐘樓，儘管體積龐大，而且在四十年前已經不再存在，照他的說法，却完整地存在於我的頭腦中。這並不是曲解他的空間與時間理論，而祇在試圖說明這些理論的確實的意義。

主格與受格的混淆並不限於柏格森的思想，也常見於許多唯心論與唯物論者。許多唯心論者說受者實際上卽是施者，許多唯物論者說施者實際上卽是受者，這兩種說法有很大的不同，但都把施受混爲一談。在這一點上，我們或許要承認柏格森有他的優點，因爲他準備以受者去證明施者，同時也準備以施者去證明受者。一旦此一證明被否定，他的全盤學說也隨之被推翻：首先是他的空間與時間理論，然後是他對智慧的貶抑，最後是他對於心物之間的關係的考量。

誠然，柏格森哲學中很大的一部份，也是最能使人矚目的這部份，並不依靠說明理由，也沒有理由可說。他想像中的宇宙的輪廓，是具有詩意的，既不能加以證明，也不能加以反證。莎士比亞說生命祇是「行走的影子」，雪萊說生命像一個彩色玻璃的圓頂，柏格森說是一枚砲彈，爆炸爲碎片後，仍爲砲彈。假如你比較喜歡柏格森的想像，它就變成眞理，各人隨其所好而已。

柏格森希望在宇宙中所實現的「至善」是爲了行動而行動。他稱一切純默想爲做「夢」，並冠以一系列的輕蔑的形容詞——靜止的、柏拉圖主義的、數學的、邏輯的、智慧等等。有人希望預先知道行動的目標何在，他的答覆是，可以預見的目標卽不是新的，因爲希求猶如回憶，是與它的目的物相同的。於是，我們在行爲上成爲本能的盲目的奴隸：生命力從後面推擠我們，無休無止，在此一哲學中，我們沒有「默想的內觀」的餘暇，當我們超越動物的生命時，便意識到人類具有較動物生命更大的目標。那些認爲行爲不需要有目標的人可以很滿足地在柏格森的著作中發現一幅宇宙的悅人的畫圖。但那些認爲行爲應有某些價值的人，就必須受到某種想像的鼓舞，預想一個世界，比我們的生活的世界較少痛苦、不平與鬪爭，簡言之，他們的行爲是出於默想的，而他們在柏格森哲學中將一無所獲，如果他們認爲沒有理由承認柏格森的哲學是對的，將不會爲此感到遺憾。

第十二節　詹姆斯

威廉・詹姆斯（William James 一八四二——一九一〇年）主要是一位心理學家，但他在哲學上的重要性有兩點：他創立了他自稱爲「激進的經驗主義」的思想，又是「實驗主義」或「實用主義」的三位創始人之一。晚年時，名符其實地成爲美國哲學界的領袖。他由於研究心理學而攻讀醫學；關於這方面，他在一八九〇年出版了一本非常傑出的書，但我不擬在此討論，因爲這毋寧是屬於一種科學上的貢獻，而與哲學的關係較少。

詹姆斯的哲學傾向於兩方面，一是科學，一是宗教。在科學方面，由於研究醫學而使他的思想偏重物質主義，但又由於他對宗教的熱情而冲淡。他是信奉新教的，態度開朗，充滿了溫藹與同情心。他不願附和他的哥哥亨利・詹姆斯去做那些苛責別人及諂媚權貴的事。他說：「有人告訴我們，邪惡的王子或許是一位紳士，但不管統御天地的神是誰，都可以確定他不可能是一位紳士。」這是一項很有特殊代表性的說明。

他的愛心與愉悅的幽默感使他幾乎普遍受人敬愛。我所知道的唯一不喜歡他的人是桑塔亞那（George Santayana 一八六三——一九五二年，西班牙出生的美國哲學家——譯者註），他的博士論文稱詹姆斯爲「腐壞的完成」。他們兩人在基本性格上是相反的，其歧異處不可能加以消除。桑塔亞那也喜愛宗教，但方式不同，他是以審美與歷史的眼光來看宗教的，並不以宗教爲幫助傾向道德生活的軌範；這是很自然的，他之喜愛天主教遠過於喜愛新教；他以自己的智慧不接受基督教的教條，却主張別人應該深信不疑，他自己祇把它當成基督教的神話來欣賞。在詹姆斯看來，這種態度是不道德的。詹姆斯自其清教徒的祖先，獲得一牢不可破的信仰，即最重要的是要有好的行爲，而他的民主氣質，使他不可能相信對哲學家有一套眞理，對普通人又另有一套。他們雖各爲天主教或新教的教士，但性格是相反的，桑塔亞那是天主教的自由思想者，而詹姆斯却是新教的守舊派。

詹姆斯的激進經驗主義思想首先發表在一篇題爲「是否有意識存在」的論文中，時爲一九〇四年。這篇論文的主要目標在否定主格與受格關係的主要性。截至當時，哲學家都同意，有一種行爲發生可稱爲「認識」，其中有一方是主格或「認識者」，察覺到另一方即「被認識之物」或受格。「認識者」被認爲是一個心靈或靈魂；「被認識之物」可能是一件物質的目的物，或一種永恆不變的元素，或另一心靈，或在自覺意識中與「認識者」相同之物。在所有被人接受的哲學中，萬物皆與施與受的二元論有關。假如主格與受格的區別不被認爲居主要地位，則心與物的區別、沉思中的理想、以及傳統上對於「眞理」的觀念都要重新加以考慮了。

我認爲詹姆斯在這方面的看法是對的，即由此一端，他也應該在哲學家中居很高的地位。在他與他的附和者說服我相信其理論的正確性之前，我的想法並不如此。現在讓我們來看他的論點是什麼。

他說，意識是「不存在」的別名，無權居於主要的地位，那些仍執着於此的人祇是執着於一種廻響——在哲學的「大氣」中消逝的靈魂所遺留下的微弱的聲音。他又說：「沒有所謂存在的原始要素或品質，與造成物質的目的物相對的東西，或由此形成我們思想的東西。」他解釋說，他並不否定我們的思想執行着一種「認識」的功能，此一功能或許可稱爲「在意識中」。他要否定的是意識是一件「東西」的看法。他認爲「祇有一種基本的要素或物質」，宇宙萬物皆由此而成。他稱之爲「純經驗」。他說「認識」是「純經驗」的兩個部份之間的特殊關係。施與受的關係是由此轉化而來的：「我相信，經驗並沒有這種內在的重複。」經驗中的未被分割的部份，可能在某一場合是「認識者」，在另一場合則是「被認識」的。

他對「純經驗」所下的定義是「生命的直接流動，向我們後來的思考提供資料者。」這可以看出這一理論消除了心物之間的區別，而祇是詹姆斯所稱兩種不同「要素」的區別。贊同詹姆斯這種看法的人稱此爲「中立的一元論」，構成宇宙的既非心靈亦非物質，而是某種較兩者更早存在的東西。詹姆斯自己並沒有作這樣的引伸，相反地，他用「純經驗」一詞時可能在無意中傾向於柏克萊的唯心論。哲學家常用「經驗」之詞，但很少下定義。讓我們研究一下它可能的解釋是什麼？

常識認爲許多發生的事是不被「經驗」的，例如，在月球看不見的那一面所發生的事。柏克萊與黑格爾所說的理由雖各自不同，但都否認這一點，認爲凡不被經驗的卽是不存在的。現在大多數的哲學都說他們的看法不對——我也這樣想。假如我們必須相信構成宇宙的「要素」是經驗，就必須尋出一詳確而不是「似是而非」的解釋，月球看不見的那一面之類的事情究何所指而言。除非我們能够從「已經驗的事」推知「未經驗的事」，我們除自己外很難有理由相信任何事物的存在。誠然，詹姆斯是否認這一點的，但他的理由並不充分。

「經驗」的意義是什麼？尋求解答最好的方法是問：不被經驗的事物與被經驗的事物的區別是什麼？看見或感覺到下雨是經驗，而雨下在無人的沙漠是不被經驗的。由此我們達到第一步的結論：沒有生命的地方就沒有經驗。但經驗不是與生命共同伸展的。有許多事情發生在我身上是我沒有注意到的，就不能說我對這些有了經驗。我所明白經驗的卽是我所記憶的，但某些我不能淸晰記憶的事情也可能暗中形成某種仍然存在的習慣。被灼傷過的兒童，卽使他已不記得被灼傷的情形，却仍然會對火發生恐懼。我們也許可以說，一個事件當它形成習慣時卽是「被經驗」的。（記憶是習慣的一種。）顯然習慣祇在有智慧的生命中形成。猪卽使被灼傷過多次，仍是不怕火的。因此，以常識而言，我們可以說，「經驗」不是與宇宙的「要素」共同伸展的。我自己不認爲有適當的理由足以否定此一常識性的看法。

除「經驗」之說外，我發現自己却同意詹姆斯的「激進的經驗主義」。

這主要是由於他的實驗主義與「信仰的意志」。尤其是後者，在我看來，是着意爲某些宗敎的敎條提供似是而非但却很成熟的辯護——這種辯護不是全心虔信的人所能接受的。

「信仰的意志」出版於一八〇六年；「實驗主義——舊思想方式的新名稱」出版於一九〇七年。後者是前者理論的擴展與延伸。

「信仰的意志」說，我們實際上常被迫採取一些爲適當理論支持的決定，而卽使「不爲」也是一種決定。詹姆斯說，宗教上的信仰卽由此而來；我們有權採取一種虔信的態度，雖然「我們以邏輯上的智慧或許不能被強制接受。」這在基本態度上和盧梭的「薩沃伊的牧師」相同，但詹姆斯的說法更新奇而已。

他告訴我們，對眞理的道德責任包含有兩種相等價值的敎訓：一是「相信眞理」，二是「避免錯誤」。懷疑論者的錯誤在祇實踐了第二點，因此卽喪失機會去相信一個比較不盤根究底的人所能相信的各種眞理。他說：假如相信眞理與避免錯誤是同等重要的，在我能作選擇時，卽能以自由意志相信某一項可能的眞理，因爲此時，我具有信仰眞理的均等機會，假如祇懷疑自己的判斷，就沒有這種機會了。

假如認眞接受此一理論，就會有很奇怪的結果。設使我在雨中遇見一個陌生人，我問自己：「他的名字是伊班尼惻．懷爾克斯．史密斯嗎？」假如我承認自己不知道，當然就是對他的名字沒有確信；但假如我決定相信這就是他的名字，我就有「相信對了」的機會。詹姆斯說，懷疑論者怕受騙，由於怕就可能失去相信重要的眞理的機會；他說：「有什麼可以證明，由希望而受騙比由恐懼而受騙更壞呢？」其推論似乎是，假如我盼望了多少年，盼望遇見名叫伊班尼惻．懷爾克斯．史密斯的人；積極而非消極的想法促使我相信我遇見的每一個陌生人都是他，一直到我獲得相反的最後證明爲止。

你可以說：「這個例子是荒謬的，因爲，雖然你不知道陌生人的名字，但你一定知道人類中確有極少數的人是叫這個名字的；所以，你在假定作自由選擇時並不是完全無知的。」誠然，所有詹姆斯的著作中，從未提到過或然率，但遇到有問題時，總可以發現它牽涉到或然率的考慮。讓我們退一步說（雖然正統的虔信者不會退這一步），世界上任何宗教都沒有正面或反面的證據。假定你是中國人，在儒教、佛教與基督教的薰染中長大，你以邏輯的觀念不能假定三者都是眞理，假定佛教與基督教佔均等的機會，卽不可能兩者都是眞理，但總有一種必定是眞理，這樣儒教就不是眞理了。假定三者都有均等的機會，則每一種都是錯的機會大於對的機會。祇要一考慮到或然率的問題，就立刻發現詹姆斯的原理是立不住的了。

足够奇怪的是，詹姆斯雖然是一位著名的心理學家，但在這一點上却是粗疏的。他言詞之間一若祇能在完全相信與完全不信之間有所選擇，對可能有的一切懷疑則加以漠視。例如，我在書架上要找一本書，我想：「它可能在這個書架上。」然後，我開始去找，但一直到我找到爲止，我不會想：「就在這個書架上。」在習慣上我們常根據假定來行動，但不能像我們根據認爲已確定的事理那樣作確當的行動；因爲，當我們根據假定行動時，却睜大着眼睛在搜求新的證據。

在我看來，眞理的規範並不像詹姆斯所說的。我應該說：「對任何値得你考慮的假定，給予信賴的程度應該恰好與其所提供的證明相稱。」假如假定是足够重要的，你必須有更多的責任去搜集進一步的證據。這是明白易曉的常識，和法庭的判事程序是一致的，但和詹姆斯所建議的程序則大不相同。

如認爲詹姆斯的信仰的意志是「游離」而無所附着的，則有失公平；它是一種過渡性的理論，以自然發展的方式走向實驗主義。在詹姆斯思想中所表現的實驗主義，主要在賦予眞理新的定義。另有兩位實驗主義的主要人物，一位是席勒（H.C.S. Schiller 一八六四——一九三七年，英國哲學家、牛津大學教授——譯者註），一位是杜威博士（Dr. John Dewey），我將在下一節中專討論杜威。三人之中，席勒的地位較其他二人爲次要。詹姆斯與杜威的區別在所強調的重點不同。杜威的表現是科學的，他的論點大都出於科學方法的實驗，而詹姆斯所關切的主要是宗教與道德。大體上說來，詹姆斯願意提倡任何傾向於使人有品德而快樂的思想；果如是，則照他解釋「眞實」的字義而言，他的理論是「眞實」的。

根據詹姆斯的說法，實驗主義的原則爲皮爾士（C.S. Peirce 一八三九——一九一四年美國哲學家——譯者註）所首創，他的主張是，爲求對某一目的物在我們思想中有淸晰的觀念，我們祇需考慮此一目的物可能涉及的實際的效果。詹姆斯解釋說，哲學的功能即是尋求，假如某些普遍性的公式是對的，我與你的區別何在？因此，思想成爲一種實用的工具，不是對疑難問題的解答。

詹姆斯告訴我們，觀念在與我們的經驗中的其他部份發生圓滿的關係時，就變爲眞實的。他說：「凡是相信對我們生活有利的就是眞實的觀念。」「眞」卽是「善」，不是兩回事。「眞」可由觀念而來；亦由其實際效果而形成。就理性主義者而言，正確的說法是，眞實的觀念必須符合現實。但「符合」並非抄襲。符合的廣義解釋是：「被引導於面對現實，或進入現實的環境中，或發生一種接觸，能够處理現實或與其有關的某些事物，較我們不符合現實時的處理效果更好的狀態。」他繼續說，「眞祇是在長期考慮及全盤目標上，便利於我們思想方法的東西而已。」換言之，「我們尋求眞理的責任祇是求功利的一般責任的一部份而已。」

他在「實驗主義與宗教」一章中說出最後的意向所在：「假如上帝的假定，在其最廣義的解釋上，得到圓滿的效果，則上帝的存在就是眞實的。」「照宗教經驗所提供的證明，我們大可以相信有一更高的力量存在，並且在與我們相類似的理想的路線上執行拯救世界的工作。」

我在此一理論中發現一些重大的理智上的困擾。它假定一項信仰如發生好的效果就是「眞實」的。假如此一定義是有用的——假如無用則爲實驗主義的測試所排斥——我們必須知道：㈠什麼是好的，㈡某項信仰的效果是什麼，在我們確定任何事物是「眞實」的以前，必須先知道這些，因爲，祇有在我們確定一項信仰的效果是好的之後，才有權稱之爲「眞實」。其結果是糾纏不清。假定你希望知道哥倫布是否於一四九二年橫渡大西洋，你不能像其他人一樣，在書本上去找。照詹姆斯的想法，你必須先問這一信念的效果是什麼，如相信他是一四九一年或一四九三年橫渡大西洋，會有什麼不同的效果。到此爲止已經足夠困擾了，但更困擾的是從道德的觀點去衡量一項信仰的效果。你可以說，顯然答一九四二年有最好的效果，因爲這可以使你在考試中得到較高的分數。但你的競爭者——假如你答一四九一或一四九三年他們就可以超過你——可能認爲你超過他們在道德上是一件憾事。除考試之外，我想不出這種信念有什麼實際的效用，或許對歷史家而言，情形有所不同。

困擾尚不止此，你必須相信，我對於一項信仰的道德或實際的後果的估計是對的，因爲，假若是錯的，你認爲自己的信仰爲眞理的論點也是不對的了。照詹姆斯的說法，你信仰的後果是對的是指產生好的後果，祇有產生好後果的才是眞理。事實顯然並非如此。

另外還有一層困擾。假定我說，有一人名叫哥倫布，每一個人都會同意我是對的。但爲什麼是對的？因爲有一位有血有肉的人活在四百五十年之前——簡言之，是由於我的信念的原因，不是它的後果。以詹姆斯的定義而言，可能發生的事情是「甲存在」是對的，雖然事實上甲並未存在。我常常發現聖誕老人的假定「在善這個字的最廣義的解釋上是有圓滿的效果的」；「聖誕老人存在」是眞實的。我再重複引述詹姆斯的話說，「假如上帝的假定，在其最廣義的解釋上，得到圓滿的效果，則上帝的存在就是眞實的。」至於上帝是否眞在天上則是一個可以忽視的次要問題；祇要祂是一個有用的假定，就已經够了。建造宇宙的上帝可以被遺忘，需要記得的祇是對上帝的信仰及其對我們生活在這個微小的行星上的動物的效用。無怪敎皇要譴責實驗主義對宗敎的辯護方式了。

至此，我們可以看出詹姆斯與以前崇信宗敎者之間的基本不同。詹姆斯的興趣祇是把宗敎當作一種人類的現象，對宗敎所思索的問題則很少感覺興趣。他希望世人快樂，假如信仰上帝可以使他們快樂就讓他們信仰上帝吧！這祇是仁愛的美德，不是哲學；當他說信仰如能使他們快樂就是眞理，那就變成哲學了。對於一個希求崇拜的對象的人，這是不能得到滿足的。他不會說：「假如我信上帝，就應該快樂。」他會說「因爲信上帝，所以我快樂。」當他信仰上帝時，他相信祂的存在，一如他之相信羅斯福、邱吉爾、或希特勒的存在；在他看來，上帝是一實體的存在，並不祇是發生好效果的一個存在於人心中的觀念。

詹姆斯的思想是嘗試在懷疑主義的基礎上建立信仰的上層結構，却像所有這類嘗試一樣，是依賴錯誤的假定的；詹姆斯的錯誤在於其試圖無視一切人類以外的事實。柏克萊的唯心論與懷疑主義使他以「對上帝的信仰」來代替上帝，而假裝這也是可以行得通的。但這祇是一種狂熱的主觀主義，也是大多數的現代哲學的共同特徵。

第十三節　杜　威

約翰・杜威（John Dewey）生於一八五九年，被公認爲當世的美國哲學家的領袖。我對這種評估，完全表示同意。他不僅對哲學家，也對敎育、美學、政治思想的學者有深遠的影響。他具有極高尚的氣質，思想開明、待人和藹，而勤學不倦。我對他的大部份意見，都表示完全贊同。由於我對他的崇敬及他對我個人的友情，我應該希望能够贊同他所有的看法，但使我遺憾的是，我必須表示異議於他最突出的哲學思想，卽是以「調查」代替「眞實」，作爲認識論與邏輯學的基本原則。

杜威亦如威廉・詹姆斯，出生於美國的新英格蘭，具有新英格蘭自由主義的傳統，這個一百年前偉大的新英格蘭人的傳統此時已爲他們的一些子孫們所拋棄。他從未做過可以稱爲「專抱一門」的哲學家。敎育是他最感興趣的，他對美國敎育的影響是無可估量的。我自己曾經試圖以較次的程度影響敎育。或許，他也像我一樣並不永遠滿足於那些遵循他的理論去敎學的實際情況，但任何一種新思想在實驗上都會做得過份一點，這並不如所想的那麼關係重要，因爲新方法的缺點比傳統方法的更容易被發現。

當杜威於一八九四年任芝加哥大學的哲學教授時，教育學卽包括在他的講授範圍內。他創辦了一所具革新意義的實驗學校，也寫了許多有關教育的論文，其後輯成一書，名爲「學校與社會」（一八九九年出版），被認爲是他著作中最具影響的。他繼續寫討論教育的文章，終身不輟，幾乎和他哲學的著作一樣多。

他的著作也有很多地方討論到社會與政治的問題。也像我一樣，受訪問俄國與中國的影響很大，前者的影響是消極的，後者是積極的。他不太贊成第一次大戰，對調查托洛斯基的罪嫌，有他的重要主張，認爲罪嫌不足，但他不認爲設使列寧的繼承人是托洛斯基而不是史達林，蘇俄的情況就能令他滿意。他相信暴力革命導向獨裁專制不是一締造良好社會的道路。他在經濟問題上的主張是傾向於自由主義的，但他從未相信馬克斯主義。有一次我聽他說過，他旣已擺脫傳統教條的束縛，就不願意再被另一教條所拘限。在這一點他幾乎和我完全一樣。

自純哲學的觀點而言，杜威的重要性在於他對傳統的「眞理」思想的批判，這是由於他的所謂「實用主義」的思想而體現的。眞理，有如大多數職業哲學家所相信的，是靜態的、終極的、完美而永恒的，以宗教的名詞來說，可以稱爲與上帝的思想一致的，我們作爲一理性的動物，與上帝分享眞理的思想。眞理的最完美的典型是「乘法表」，精確而不受一切現世的雜羼的攪亂。自畢達哥拉斯之後，尤其是柏拉圖之後，數學卽與神學發生關係，且給予大多數哲學家在認識論方面的深刻影響。杜威的興趣毋寧是生物學的，而非數學的；他相信思想是一種演進的過程。傳統的看法當然承認人類逐漸增加其知識，但每得到一項新知識時，即自認是最後的結論。黑格爾的想法不同，他認爲人類的知識是一有機的整體，每一部份皆在逐漸增長，在整體達到完美以前，沒有任何部份可能是完美的。雖然黑格爾的思想曾影響青年時代的杜威，但杜威仍有其本身的「純一」，其永恒世界較暫時的演進更眞實。黑格爾無法進入杜威的思想，因爲一切現實都是短暫的，程序雖在演進中，却並非如黑格爾所說的一種永恒觀念的表現。

截到目前所說的爲止，我仍是同意杜威的，但這不是最後的結論。在討論我們之間的不同點之前，我願意先簡單說明我自己對「眞理」的看法。

首先要問：什麼樣的事情是「對」或「錯」？最簡單的答覆是一句話：「哥倫布於一四九二年橫渡大西洋」是對的；「哥倫布於一七七六年橫渡大西洋」則是錯的。這答覆是正確的，但不够完整。一句話是對或錯端視其「意義」而其意義又端視其所用的語言。倘把這句話譯成阿拉伯文，就必須把「一四九二」換成回曆的紀年。不同語言的文句可以有相同的意義，決定其爲對爲錯的是它的意義而非它的語言。當你宣示一句話時，你在表達一項「信念」——這是用另一種語言同樣可以充分表達的「信念」。不論是什麼「信念」，不是「對」就是「錯」或「多少有些對」。因此，我們必須先研究「信念」的本質。

一個信念——假如它是足够單純的，就無需用語言表達也可以存在。但如果不用語言，却很難相信圓周與直徑的比例是三．一四一五九，或凱撒決定渡過盧比孔河與龐培作戰時，就注定要毀滅羅馬共和國的憲法。不過，也有許多簡單的不必形諸語言的信念。例如，你在下樓梯時，以爲將着地，踏錯了脚步，幾乎撞跌下來，這使你吃了一驚。你會說：「我以爲着地了。」事實上，你當時並不在想着樓梯，否則就不會有這種失誤。你的肌肉在爲適於着地而調整，雖然你此時仍然「心不在焉」。發生錯誤的毋寧是你的肉體而非你的心靈——至少用這種方式去表達所發生的事情是很自然的。但事實上，此處心靈與肉體的區別是模糊的。不如不談不確定的屬於心靈或肉體的行爲區別，而祇說這是出於一種「機能」。於是，你可以說，假如你的身體已經着地，則你的機能所作調整必定是適當的，但事實上却是不適當的。此一不當的調整造成錯誤，別人就可以說你持有一錯誤的信念。

在上述說明中考驗錯失的是「驚奇」的感覺。我想一般的信念都可以用這個方法來測試。一項錯誤的信念卽是你在適當的環境下使你以「驚奇」的經驗所抱持的信念，而正確的信念則沒有這種經驗。雖然「驚奇」在適用時是很好的測試準繩，但不能賦予「對」或「錯」的意義，也不是永遠可以適用的。假定你在雷雨中步行，你會對自己說：「我大概不會被閃電擊中的。」這一刹那，你被擊中了，你不會經驗到驚奇，因爲你已經死了。假定有一天太陽爆炸了，有如詹姆斯．金斯所預期的，我們都會立刻同歸於盡，也沒有感覺驚奇的機會，但除非我們能預知這次大毀滅，則我們都是錯誤的。這種說明表達了「對」與「錯」的客觀性：何者爲是（或錯）爲一種有機組織的狀態，但一般的情形「是非」則是由機能以外的事情來決定的。有時測試可以決定是非，有時則否；當測試不能做決定時，仍有其他的選擇，這一點是很重要的。

我不擬再進一步說明我的「是非觀」，現在讓我們來檢討杜威的理論。

杜威的目的不在討論某些裁決，稱之爲絕對的「是」，或譴責矛盾，指其爲絕對的「非」。他認有一方法可稱爲「調查」，這是一種有機體與其所處環境的自然調整。假如我顧意儘可能與杜威採取同樣的觀點，我就必須先就「含意」或「意義」作一分析。假定你在動物園，聽見擴音器報告：「有一頭獅子逃跑了」。在這種情況下，你的行動將一若你看見那頭獅子——也即是，你將儘快逃走。「有一頭獅子逃跑了」這句話的「意義」是有某件事情發生了，會促成與你看見這件事情同樣的行爲。大體而言，某一句子「意指」某一事件，前者所激發的行爲亦卽後者應該激發的行爲。假定沒有這件事情，這句話就是錯的。這情形正可以適用於一個不以言語表達的信念。或者可以說：一項信念是一個有機組織的狀態，促成某項行爲，正如某項事件在作合理宣佈時所促成的一樣；促成此一行爲的事件卽是其信念的「意義」。我的說明或過份簡略，但差可指明我所主張的理論。截至現在所說的爲止，我並不認爲我和杜威之間有很大的歧見，但檢討其進一步的理論，則發現我確定無法同意他的看法。

杜威使「調查」成爲邏輯的構成要素，而置眞實與知識於不顧。他對調查所下的定義是：「調查是一種在控制或指導下的變化，使某一不確定的情況成爲在構成特徵及其與外界關係上的確定不移的情況，亦卽將原有情況的構成要素轉換爲統一的整體。」他繼稱：「調查牽涉到主格與受格的客觀的變化。」此一定義顯然是不正確的。例如，實習班長面對一批新兵，或砌磚者面對一堆磚頭，這完全可以適用杜威對「調查」所下的定義。不過，在他的「調查」理論中，他必定忘記包括某一項要素，究竟是什麼要素，我們將設法儘快發掘，但讓我們先來研究，倘此一定義成立，將會發生什麼情況。

顯然杜威相信，「調查」是試圖使世界變得更有組織的一般方法的一部份。「統一的整體」應該卽是「調查」的結果。杜威之喜愛組織，一部份是由於生物學，一部份是由於黑格爾的延續的影響。除非根據黑格爾的形而上學，我看不出何以調查可預期產生「統一的整體」的結果。假如給我一付順序混亂的紙牌，叫我把它理順，倘照杜威的「處方」，就要在理順之後說這是由於「調查」的結果。當我在理牌時，誠然，這是「主格與受格客觀的變化」，但這是杜威的定義所造成的。假如在最後告訴我：「我們要知道給你這付牌時的順序，不是你理好以後的順序。」又假定我是杜威的學生，就會這樣回答：「你所有的觀念都過份靜止了。我是一個活動的人，當我調查任何事物時，我先把它整理得容易調查。」這種觀念祇有在黑格爾的區分形狀與實體的學說中能够存在：形狀可能是雜亂的、零碎的，而實體則永遠是有秩序的、有組織的。因此，當我將牌理順時，我祇是表達其眞實的永恒的性質。但杜威從未明白宣示他這一部份的理論。有機體的形而上學是杜威哲學的基礎，但我不知道他自己對這個事實察覺到什麼程度。

讓我們再來試圖補充杜威的定義，以此區分「調查」與其他的組織行爲，諸如班長與砌磚者之類。以前我們可能會說調查以其目標爲特徵——此卽是要確定某些眞理。但在杜威看來，「眞理」是由「調查」來決定的，不是由「眞理」來決定「調查」；他引述並贊同皮爾斯的定義：「眞理是一種所有加以研究的人最後都表示贊同的意見。」這使我們完全陷入迷霧，不知研究者在做什麼，因爲我們不能坦直地說他們在努力使眞理確定。

我認爲杜威的學說或許可作以下的解釋。一個有機體與其環境的關係有時是滿足的，有時是不滿足的。不滿足時，情況可能由相互適應調整而改善。這種改變主要是在有機體方面——永不可能兩方面都完全改變——這種方法卽是「調查」。例如：在一場戰役中，我主要所關心的在改變環境——卽是敵人；但在偵察的進行期中，你主要所關心的是如何依對方的佈署調整自己的兵力。這早期的操作卽是「調查」的一種。

在我看來，此一學說的缺點在割斷一項信念與支持它的一種或諸種事實之間的關係。讓我們仍以作戰計畫爲例。指揮官接獲偵察報告，探悉敵人的部份準備狀況，因此，也必須作某些對抗性的準備。常識會同意，如情報是正確的卽敵人確是照情報所說的有過那樣的調配，則卽使後來打了敗仗，這份情報仍是眞實的。但杜威否定了這一看法。他沒有把信念分成「對」與「錯」。他有他自己的分法，卽是打了勝仗，成爲「滿足」的；打敗了成爲「不滿足」的。一直到戰役進行有了結果，指揮官不能就他的情報員所作的報告作任何評估。

大體上說來，我們可以認爲，杜威也像其他人一樣把信念分爲兩類，一種是好的，一種是壞的。

他相信，一項信念在某一時期是好的而在另一時期又可能是壞的，這一不完整的理論較前人爲進步，但較其後的學說則遜色。一項信念是好或壞端視其所激發的行爲「滿足」或「不滿足」。照此理論，分辨已發生事故的好壞，並不根據其事實經過，而是根據其信念的未來效果。這樣做結果是很奇怪的。例如，有人對我說：「今天你吃早餐喝了咖啡嗎？」假如我是一個普通人，就會回想我是否喝了咖啡。假如我是杜威的學生，就會說：「等一等，在我告訴你之前，我必須做兩項實驗。」第一步使自己相信的確喝了咖啡，並研究其後果；然後使自己相信沒有喝咖啡，再研究其後果。我必須把這兩種後果加以比較，決定那一種更能「滿足」。假如有一面佔優勢，我就答覆這個問題，假如無法定優劣，我就必須坦承不能答覆這個問題。

困擾尙不止於此。我如何能知道早餐喝過咖啡的後果是什麼？假如我說後果如何如何，這在我能够知道自己所說的話是好或壞之前，仍然要試驗我說這句話的後果如何。卽使把這一層困難克服了，我又如何能够判斷那一種後果是更能「滿足」的呢？對是否喝過咖啡的決定或許可使自己滿意，另一關於戰役方面的，這種決定就牽涉到是否加強作戰的努力。這一切都可能被認爲是好的，但在我決定什麼是更好的之前，我不能告訴別人早餐喝過咖啡沒有，這自然是荒謬的。

杜威與通常被認爲是常識的道理背道而馳，是由於他拒絕在他的形而上學中承認「事實」，以爲「事實」是頑固的，不能操縱的。在這一點上，常識也在變化中，有一天，常識也許會變得不和杜威的看法相互牴觸。

我與杜威主要的不同在他以效果評估信念，我則以已經發生事故的原因去評估信念。我認爲某一信念是否「眞實」或接近「眞實」，要看它與其原因所發生的某種關係（有時是很複雜的）。杜威認爲它有「適當的可決性」——以此代替「眞理」——祇要它發生某種效果。此一區別淵源於宇宙觀的不同，我們現在所做的不能改變過去，因此，假如眞理是由過去所發生的事情決定的，則與現在或未來的取捨無關；以邏輯的形式說，它象徵人類力量的限度。但如果「眞理」或「適當的可決性」決定於未來，則我們有力量改變未來，也有力量改變可斷言的事項。這可以擴大人類的力量與自由。凱撒曾否渡過盧比孔河？我必須根據歷史上所必需的不可改變的資料來作確切的答覆，而杜威則根據對未來事件的評估來決定如何作覆，而人類的力量也可以改變未來，使一個否定的答覆更能「滿足」我們。假如我發現相信凱撒渡過盧比孔河是很可厭憎的事，我不需要在絕望中枯坐，假如我有足够的方法與力量，就可以安排一個社會環境使「凱撒未曾渡過盧比孔河」這個說法具有「適當的可決性」。

在本書中，我曾經儘量尋求哲學家與其所連結的社會環境之間的關係。在我看來，相信人類力量及不願承認「頑固的事實」，和我們的物質環境的科學控制與機器生產所醞釀的希望有關。這一看法，許多杜威的支持者都具同感。基格爾（George Raymond Geiger）在一篇讚賞性的論文中說，杜威的方法「在思想上似乎是中級的不重要的革命，但論其影響之驚人則有如一個世紀以前的工業革命。」我的意見也與此相類似，我曾寫過：「杜威博士思想的特點在與工業及集體企業世紀能够調和一致。他的思想自然應該對美國人具有最強大的吸引力，也同樣應該得到有如中國與墨西哥的進步份子的欣賞。」

這個說法，我自認是完全無害的，使我遺憾而感驚奇的是杜威博士竟然爲此而惱怒。他說：「羅素先生習以認識論的實驗主義與美國工業文明令人厭憎的部份聯結在一起……好像我似乎也應該把他的哲學和英國擁有封地的貴族制度聯結在一起。」

在我這方面，對於把我的意見和英國貴族混爲一談（尤其是共產黨），已經習以爲常，不足爲怪了。我很願意假定我的看法，和其他人一樣，受社會環境的影響。但杜威博士所說的，關係到社會影響這一點，他是錯的，我覺得很遺憾。這並非我一個人有這種想法。桑塔亞那說：「在杜威思想裏，有如現代的科學與倫理學，充滿了類似黑格爾的影響，把個人化解於社會機能之中，一切必需的實用的東西都變成一種關係或過渡。」

在我看來，杜威的世界中，人類充滿了想像；天文學上的宇宙，雖然知道是必然存在的，但大多數的時間是被遺忘的。他的哲學是一種力量的哲學，不是像尼采那樣的個人力量的哲學，却認爲社會力量是有價值的。在我看來，就是這種社會力量的因素，吸引了那些對能够進一步控馭自然資源比對不能控馭的限度更感興趣的人。

人類對人類以外環境的態度，因時而異。古希臘人，由於畏懼天災，並信仰甚至在宙斯之上的「註定」或命運的主宰，小心謹愼地避免他們認爲褻瀆宇宙的行爲。中世紀的人更爲屈服，對上帝的自卑是基督徒的首要義務。創造力被這種態度所抑制，偉大的創造幾乎是不可能的。文藝復興恢復了人類的自尊，但不幸引入一混亂而多難的世界。它的使命大部份由於宗教革命與反宗教革命而未能完成。但現代的科學技術對文藝復興時代個人的尊榮並不是完全有利的，又使人類社會的集體力量的意識復活。過去過份謙卑的人類現在開始自以為是上帝了。義大利實驗主義者巴比尼要求我們以「模倣上帝」代替「模倣基督」。

我對於所有的這些想法都認爲具有很大的危險性。「眞理」的理論主要以在人類控制範圍以外的事實爲根據，正是哲學敎誨人類需要謙卑的方法之一。當這種對驕傲的抑制撤除了，第二步即將踏入某種程度的瘋狂——迷醉於力量，過去費希特曾以此侵佔哲學的，而現代的人，無論哲學家或非哲學家，都迷醉於此。我相信這種迷醉是我們這個時代最大的危機，任何哲學，儘管是無意的，倘有助於這種傾向的，就舉行在增加大規模的社會災禍的危機。

第十四節　邏輯分析者的哲學

哲學自畢達哥拉斯以來，即有思想主要受數學鼓舞的人與受實驗科學影響較多者的對立。柏拉圖、阿奎那、斯賓諾莎與康德屬於數學這一派；狄謨克里特斯、亞里斯多德及洛克以來的現代經驗主義者屬於另一派。但今日，有一派哲學興起，試圖在數學原理中消除畢達哥拉斯學說的成份，而使經驗主義與人類知識中推理部份的興趣聯結在一起。此一學派的目標不如前此大部份哲學家的目標壯濶，但其某些方面的成就則有如科學家的收穫同樣堅實。

這一派哲學起源於數學家的努力，他們要清除錯誤的課題與不完整的推理。十七世紀的大數學家是樂觀派的，急於獲得結果；但結果則搖撼了解析幾何與微分學的基礎。萊布尼茲相信實用的微分學，雖然此一信念與他的數學相合，但在數學上並沒有堅實的基礎。十九世紀中葉後，魏爾史特拉斯證明如何在不需要微分的情形下建立積分學，這至少保護了邏輯的安全。然後是喬治・坎特爾(Georg Cantor 一八四五——一九一八年，德國數學家）發明了「持續」與「無限數」之說。「持續」在數學中，在他沒有下定義前，意義是模糊的，這種詞彙徒然便利某些哲學家如黑格爾者，他們希望把形而上學的雜亂引入邏輯學。坎特爾賦予此一詞彙精確的意義，說明持續照他的定義是數學家與物理學家所需要的一種觀念。在這個意義上，許多神秘主義思想，例如柏格森的思想，是陳舊過時的。

坎特爾也克服了久已存在的有關無限數的邏輯上的疑難。從「一」開始數上去，究竟有多少數字？顯然是無限的。無論你提出什麼數字，都有一個比這個更多的數字，因爲自「一」以上到不定數，正好就有那麼多數字，例如一到萬，就有一萬個數字，到一百萬，就有一百萬個數字，又必定有其他的數字比這個更多。所以有限數字的整數必定是一個無限數。現在發生一奇怪的現象，偶數之數必然與其所有整數之數相同。試看下列兩行數字。

一、二、三、四、五、六………

二、四、六、八、十、十二……

第一行的每一「項」數字都可以在第二行中有其倍數，因此兩行的「項」數必定是相等的。雖然以同一數字第二行的項數祇有第一行的半數。(以第二行的二、四、六與第一行的二、四、六相較。)萊布尼茲注意到這一點，認爲這是矛盾的，結論說雖有無限的數字聚合，但並沒有無限的數字。坎特爾與此相反，堅決否認這是矛盾的。坎特爾是對的。

坎特爾爲「無限的聚合」所下的定義是：這種聚合有各部份包含的「項」數與整個聚合所包含的「項」數是相同的。在這個基礎上，他得以建立一「無限數字」的最有趣味的數學理論，進入純邏輯的領域，過去是完全屬於神秘主義的範圍的，並且一直是困惑的問題。

其次重要的人物是弗雷芝，他的第一本書出版於一八七九年，其對「數字」的定義發表於一八八四年；儘管他的發現具有劃時代的意義，但一直不爲人知，一九〇三年，我才注意到他的重大價值。在弗雷芝之前，所有對數字的定義都含有基本的邏輯上的錯誤。習慣上總是以「數字」與「多數」爲同義。但數字的某一「階段」是一特指的數字，例如三，三的階段是三的組合。組合是一個多數，但所有組合的等級──弗雷芝以此與數字同義──都是多數的多數，而一般數字，例如三，更是多數的多數。在弗雷芝以前，以此與某一「三」的組合的單純多數混爲一談，其所犯的基本的文法上的錯誤，使整個有關數字的理論成爲無意義的廢紙。

由於弗雷芝的努力，使算學及一般純數學成爲祇是推理邏輯的延伸。這也證明了康德的學說──算學的假設是「綜合」的，牽涉到時間的關係。由邏輯學發展純數學，其詳細內容見於懷特海德(Whitehead)與我合著的「數學原理」一書中。

現在已逐漸顯示，哲學中很大的一部份可以縮減到成爲也許可稱爲「造句法」的東西，雖然這個詞彙應有其比習慣上較廣義的用法。有人例如卡爾納普曾首倡一種理論，認爲一切哲學都是「造句法」，當避免了造句的錯誤時，哲學的問題倘非迎刃而決，卽顯示不可能解決。我想，這樣說是誇張的，但無疑地，明瞭哲學的造句法與傳統問題的關係是有很大的功用的。

我願意以所謂「描敍的理論」就上述功用作簡單的解釋。所謂「描敍」，我的意思是指一個詞彙例如「美國的總統」，所指爲人或物體，不是由於其名稱，而是由於特別屬於他或它的性質。有些句子是使人困惑的。假定我說：「金山並不存在。」而你問：「那什麼是存在的?」似乎我既然提到「金山」，它就有幾分存在的可能。假如我說：「圓的方形是不存在的」，顯然這和我說金山不存在不是一回事，雖然這兩者都是不存在的。「描敍的理論」就是要解決這一類的疑難的。

根據此一理論，當一項描述包含某種描敍經過正確的分析後，這描敍卽行消逝。例如，我說：「斯各特是華弗萊一書的作者。」描敍理論卽可作以下的分析：

「有一個人，祇有一個人寫了華弗萊一書，這個人是斯各特。」或者更完整地說：

「有一個人是*C*，如*X*確定是*C*，則*X*寫了華弗萊一書這句話是對的；而且*C*就是斯各特。」

上面這句話「而且」以前的部份意指：「華弗萊一書的作者是存在的(或曾經存在或將要存在。)」

所以，「金山並不存在」的意義是：

「沒有*C*這一實體，祇有*X*是*C*不是別的時，*X*是金而且是山這句話才是對的。」

根據此一定義，則我們說「金山並不存在」所生的疑惑就消逝了。

根據此一理論，「存在」只能由描敍來確定。我們可以說：「華弗萊一書的作者是存在的」，但如說「斯各特是存在的」就是一個壞句子，或是壞的造句法。這淸除了有關「存在」的兩千年來的混亂的趨向，此一趨向在柏拉圖寫齊埃梯特斯時卽已開始。

結果之一是推翻自柏拉圖畢達哥拉斯以來數學所佔的崇高地位，並摧毀自數學產生的經驗主義的假設。數學的知識誠然並非由經驗的歸納而來；我們相信二加二等於四，並不是常常由於觀察，一對加上另一對變成了四人一組。在這方面，數學仍然不是經驗的；但也不是有關宇宙的臆斷的知識；事實上，它只是一種語言上的知識——「三」意指「二加一」，「四」意指「三加一」。因此，可推知「四」也等於「二加二」。（雖然證明起來很長。）數學的知識並不是神秘的，這和一碼有三呎具有同樣性質的眞實性。

物理學，一如純數學，爲邏輯分析的哲學提供了資料，尤其是在通過相對論與量子論的學說時，更是如此。

相對論對哲學家的重要性是以「空時」代替了空間與時間。常識認爲物質世界是由存續了若干時間並在空間裏活動的「物體」所組成的。哲學與物理學把「物體」的觀念，發展爲「物質的本體」的觀念，認爲物質的本體含有一種「質點」，每一粒極小，但永恆存在。愛因斯坦以「事件的發生」代替質點；每一「事件」與其他「事件」的相互關係可稱之爲「間隔」，可由各種不同的方式加以分析成爲時間的因素或空間因素。選擇何種方式是必須出於專斷的，在理論上沒有任何一種是比其他任何一種更可取的。假設有兩個事件A與B，發生於不同的地區；可能的情況是：照某一種方式分析，它們是同時發生的，照另一種方式，A早於B，再照另一種方式，則B早於A。沒有任何物質上的事實是符合上述不同的分析方式的。

自上述的一切推論，似乎是：事件而非質點成爲物理學的「原料」。以前認爲是一個質點的，現在必須被認爲是一連串的事件。代替質點的一連串事件在物理學上佔有重要地位，值得我們注意，但並不比我們任意選擇的其他一連串的事件更具眞實的價値。因此，「物質」並不是宇宙的基本原料的一部份，只是一種便利於聯合事件成爲一組的方式而已。

量子學說加強了此一結論，但其在哲學上的重要性是把物理上的現象視爲可能不連續的事件。其主張是：在一個原子中（照上面所解釋的意義），某一事件的狀態持續了一段時間，然後突然爲一種略有不同的其他事件的狀態所代替。運動的持續爲一般人所假定，此時似乎變爲只是一種偏見。但是，適合於量子說的哲學還沒有產生。我認爲這比相對論更需要拋棄傳統的有關空間與時間的理論。

物理學在使物體減少物質的成份，心理學在使心靈減少精神的成份。我們曾在前文中將觀念的聯繫與有條件的反射作一比較。後者代替了前者顯然是更傾向於生理學的。（這只是一種說明，我並不想擴大有條件反射的範圍。）因此，物理學與心理學已經在相互接近，使威廉·詹姆斯批評「意識」所主張的「中立的一元論」的思想有被確認的可能。雖然心物之分長久以來就似乎是有堅強理由的，但其實這還是由宗教引入哲學的。我認爲無論心物，都祇是「聚合事件」的便利方式而已。我必須承認，有某些單純的「事件」只屬於物質這一羣體，但其他事件則同時屬於兩種羣體，因此，是精神的，同時也是物質的。此一思想使我們對宇宙構造的概念趨於單純。

現代物理學與生理學也爲古老的「感覺」問題，開拓了新境。假如有任何東西可稱爲「感覺」，則對被感覺的目的物必然發生某種程度的效果，假如感覺成爲認識此一目的物的一個原因，它多少也是和目的物相類似的。只有在若干造因多少是和宇宙的其他部份隔絕時，感覺的需要始能滿足。根據物理學的原理，就是這種情形。光波自太陽傳至地球，祇遵從其本身的規律。這只能說大體上是對的。愛因斯坦認爲光線也受萬有引力的干擾。當光線到達我們的大氣層時，就發生折光作用，有些光線比其他光線更容易分散。當到達人的眼睛時發生一切在其他地方不會發生的現象，而其最後的結果我們稱之爲「看見了太陽」。我們看太陽和天文家大不相同，但仍是天文家的知識來源之一，因爲普通人「見月」與「見日」的不同與天文家所見的不同仍有其某種程度的關聯。我們所能知道的物質上的目的物只是某種構造物的抽象的特質。我們可以知道太陽是圓的，但我們沒有理由假定它是光亮的、熾熱的，因爲物理學家不需要假定而能够測出它的亮度與熱度。因此，我們對物質世界的認識是抽象的，數學理論的。

我對現代的「分析經驗主義」曾略作說明，此一理論將數學與強有力的邏輯方法聯結在一起，與洛克、柏克萊、休謨的經驗主義不同。由此，對於某些問題，可達成確定的答案，具有科學而非哲學的性質。與過去那些建立哲學體系者的學說相較，其優點在能够一次解決所遭遇的問題，而不需要一下子發明涵蓋宇宙的一大套理論。在這方面，它所用的方法，是和科學相似的。以哲學知識的可能限度而言，我相信我們必須尋求這樣的方法；我也確信，用這種方法，許多古老的問題是可以徹底解決的。

有一大片的領域，傳統上屬於哲學的，不是用科學方法可以解決的。此一領域包括終極價值的問題，譬如，科學就無法證明以受虐爲樂是否一件壞事。凡是能够知道的事情，都可以用科學的方法去探求，但屬於情感之類的事情是不在其列的。

綜觀哲學的全部歷史，哲學實含有兩個互不調和却攙雜在一起的部份：一方面是討論宇宙本質的學說；另一方面是探求最佳生活方式的倫理或政治思想。許多淆惑的想法都由於不能對這兩者作足够明晰的區分。哲學家——自柏拉圖以至威廉·詹姆斯都聽任自己對於宇宙構成的看法受到倫理希求的影響：什麼信念可以使人變得有品德。他們發明了許多論點，通常是詭辯的，來證明這些信念是眞實的。以我而言，爲了道德也爲了理智的緣故，對這種偏見是加以擯斥的。在道德上，一個哲學家以其優越能力無所不爲，却不去探求眞理，是犯了類似背叛的罪行的。當他在調查研究之前卽假定，某些信念不論其眞僞是可以推動善良的行爲的，他就是在局限哲學推理的範圍，使哲學成爲瑣屑的飣餖之學。眞正的哲學家是準備檢討一切「先入之見」的。如對探求眞理，無意或有意地加以任何限制，哲學將因恐懼而陷於癱瘓，且給予極權政府的思想檢查一個理論根據，去懲罰那些散佈「危險思想」的人——事實上，這些哲學家已經先對自己的研究作過這樣的檢查了。

就理智而言，加之於哲學的錯誤的道德性的考慮已經妨礙進步到可驚的程度。我自己不相信哲學能够證明宗教的教條爲眞爲僞，但自柏拉圖以來，哲學家即以證明不朽與上帝的存在爲己任。他們對前人的證明加以訾議——聖湯瑪斯否定了聖安西林的證明，康德否定了笛卡兒——而提出自己的新論據。爲了使他們自己的證明看來正確無誤，他們必須曲解邏輯，使數學神秘化，將牢不可破的偏見僞裝爲來自天國的直覺。

所有這些都被以邏輯分析爲其主要職責的哲學家所否定。他們坦承人類的智能不足以對許多於人類有極端重要性的問題，提出最後答案，但他們拒絕相信有某種「較高層」的認識方法，可由此發現藏在科學與理智背後的眞理。由於此一否定，他們得以發現，以前爲形而上學的迷霧所遮掩的許多問題，現在已經可以得到精確的答案，並且由於用客觀的方法去分析，只有使哲學家的氣質更趨於希求了解，而非臆斷。例如以下這些問題：什麼是數學？什麼是空間與時間？什麼是精神與物質？我的意思並非我們對所有這些古老的問題，都能給予明確的答案，而是說，已經發現一項方法，如同科學一樣，我們可由此一步一步地接近眞理，每一階段都是前者的進步，而非前者的否定。

在相互衝突的狂熱主義的混亂中，澄清統一的力量之一是科學的眞理，我的意思是指以觀察與推理爲信念根據的習慣，沒有個人的因素，儘可能做到泯除局部的性格上的偏見。堅持將此一性質引入哲學，發明一有力的方法，可由此產生良好的結果，即是此一學派的價值，而我自己就是這一學派中的一份子。運用此一哲學方法以謹愼態度探求眞理的習慣可以延伸到人類的全盤活動，以增加同情與相互了解來減緩任何地方所發生的狂熱主義。放棄一部份教條主義的矯飾，哲學仍將不斷對生活方式給予建議與鼓舞。

中華哲學叢書

西洋哲學史
——及其有關的政治與社會環境

作　　者／BERRAND RUSSELL羅素　著、邱言曦　譯
主　　編／劉郁君
美術編輯／本局編輯部

出 版 者／中華書局
發 行 人／張敏君
副總經理／陳又齊
行銷經理／王新君　林文鶯
地　　址／11494 台北市內湖區舊宗路二段181巷8號5樓
客服專線／02-8797-8396　　　傳　　真／02-8797-8909
網　　址／www.chunghwabook.com.tw
匯款帳號／華南商業銀行　西湖分行
179-10-002693-1　中華書局股份有限公司

法律顧問／安侯法律事務所
製版印刷／維中科技有限公司
出版日期／2021年1月四版
版本備註／據1991年3月三版復刻重製
定　　價／NTD 1,500

國家圖書館出版品預行編目（CIP）資料

西洋哲學史:及其有關的政治與社會環境 / 羅素
(Bertrand Russell)著 ; 邱言曦譯. -- 三版.
-- 臺北市 : 臺灣中華, 民79印刷
面 ;　公分
譯自 : The history of philosophy
ISBN 978-957-43-0062-4(精裝)
1.哲學-歷史-歐洲

018.16　　　109007048

NO.B0012Q
ISBN 978-957-43-0062-4（精裝）